辛亥革命とアジア

神奈川大学での辛亥100年シンポ報告集

編者
大里浩秋・李 廷江

御茶の水書房

辛亥革命100周年記念シンポジウム
辛亥革命とアジア
主催　神奈川大学　清華大学　中国史学会
2011月11月5日-6日
辛亥革命100周年記念シンポジウム
辛亥革命とアジ
主催　神奈川大学・清華大学

まえがき

大里浩秋

一昨年（二〇一一年）は辛亥革命が中国に起こって一〇〇年に当っており、それを記念して、中国史学会、清華大学の研究者諸氏の協力を得、日本の研究者の参加を得て、一一月五、六日神奈川大学を会場に、「辛亥革命とアジア」と題するシンポジウムを開いた。参加者は延べ一二〇〇名を超え、熱気あふれる報告と質疑応答が展開されたが、その時の諸報告をまとめたのが、この一冊である。

シンポジウムは、初日に、主催者である神奈川大学、清華大学、中国史学会の責任者の挨拶があり、続いて程永華中華人民共和国駐日大使、入江昭ハーバード大学名誉教授に講演していただき、その後は三三名の報告が行われ、最後に福川伸次日中産学官交流機構理事長に講演していただいて二日間の幕を閉じた（スケジュールの詳細は「あとがき」の後に記している）のだが、この本では、福川氏の講演記録を割愛させていただき、一名の報告を事情により載せない他は、当日の発表順に掲載した。当日の熱気を再現して読者各位にお伝えしたかったからである。もちろん、諸報告については、その後各報告者に目を通していただき、加筆訂正等をしていただいたので、その分まとまりと熱気が加わっているものと確信する。

以下には、シンポジウムを開催するに当って、神奈川大学で作成した開催趣意書を再録する。

中国で清王朝が倒れ中華民国が誕生することになる辛亥革命が起こってから、今年で一〇〇年を迎える。去年から今年にかけてそれを記念する各種の催しが中国はもちろん、日本でも行われているのは理由のあることである。

日中間の長年の交流が明治維新前後に大きな転機を迎え、多くの日本人が中国各地に仕事を求めて入っていき、中国人も同様に日本に入ってきた。次第に両国間の外交上の摩擦が生じるようになり、その最大の事件としては日清戦争が起こった。

しかし、その後も両国の人的往来は絶えることがなく続き、二〇世紀初めには新しい知識、進んだ技術を求めて中国の若者が続々と留学してきて、その中の自覚的な学生たちは、孫中山に協力して革命の必要を訴えるべく中途で帰国するか、最後まで学業を続けて帰国した後にその専門知識を生かそうとした。また、日本人の中には、清朝は統治能力を失っているとして、革命運動に同情する者が現れたし、日本の影響のもとで中国を改革すべきだと主張する者も現れた。

いずれにせよ、清朝の行く末に日本が注目している矢先に辛亥革命が勃発し中華民国が成立するにおよんで、今後の日中関係をいかに展開すべきかが日本側の関心となったのである。

そして、その後の日中関係の展開はどうだったかと言えば、辛亥革命から数年後、日本政府は欧米列強の持つ中国での特権を越える中身を得ようとして二十一か条要求を袁世凱政府に認めさせたのを皮切りにして、満洲事変、日中戦争へと摩擦・衝突を拡大していった。

飛んで二一世紀の今、日本と中国は、経済関係はますます依存度を増しているものの、政府間の外交関係にはしばしば対立が生まれ、人と人の間にも十分な信頼関係ができているとは言い難い。このような時に辛亥革命一〇〇年を迎えることになったわけである。

辛亥革命研究は、従来中国のみか日本においても革命運動の事実関係を究明することに力点が置かれていたが、長い時間を経るうちに、それだけでなくその周囲のさまざまな社会現象にも配慮した研究も盛んになってきて、一〇〇年を経て辛亥革命をどうとらえるかについて、優れた成果を発表し討論する条件が生まれていると考えられる。

そんな折、清華大学からの誘いを受け、さらに清華大学側の紹介で中国史学会の協力も得て、神奈川大学、清華大学、中国史学会三者の主催により学術シンポジウムを開催することになった。タイトルを「辛亥革命とアジア」としたのは、辛亥革命そのものとその周囲に研究の視点を定めるのは無論として、日本側の視点を含むアジアの側から見た辛亥革命とは何かを知る機会としたいと考えたからである。中国、香港、台湾の研究者の参加を得、日本の研究者の協力も得て、今回のシンポジウムが実り多いものになると確信している。

シンポジウムは、上述のごとく多くの参加を得て行われ、辛亥革命、さらには日中関係に対する関心の大きさを示すものとなった。主催三者の協力の賜物であり、日本各地から参加して下さった報告者の支援のおかげである。その後、できるだけ早く報告集を出したいと考えて準備をしてきたのであるが、予定通りには進まず、一年余を経てようやく出版する運びとなった。

その間、昨年（二〇一二年）は日中国交正常化四〇年の記念すべき年に当っていたとはいえ、両国関係の根本を揺るがすような外交問題が起こって、正常化四〇年の経過を見直し、さらには近代以降の歴史をじっくりとふり返るべき時に至っていると感じないわけにはいかなかった。このような時、深い問題提起を含んでいるに違いない私たちの一冊が、多くの読者を得ることを切に願っている。

辛亥革命とアジア　目次

日本との関わりから見た辛亥革命

辛亥革命の諸側面

辛亥革命研究の回顧と提言

辛亥革命とアジア

——神奈川大学での辛亥一〇〇年シンポ報告集——

趣旨説明

李　廷江

おはようございます。主催者側の一人として、本日の辛亥革命百周年記念国際シンポジウム「辛亥革命とアジア」の趣旨説明をさせていただきます。

今年は、東アジア世界において辛亥革命の年と言われています。一九一一年一〇月一〇日に勃発した武昌蜂起から百年目というこの歴史的な年に、中国大陸各地はもちろん、香港、台湾、シンガポール、韓国、日本を中心とした東アジア地域では、辛亥革命百周年記念の行事が盛んに行われております。日本においても、学術団体や地方自治体等により相次いで熱心に記念事業が計画され、多種多様なイベントが行われています。それは、辛亥革命が当時の日本社会と密接にかかわっており、近現代の両国関係に大きな影響をもたらしたことを考えれば、少しも不思議なことではありません。辛亥革命前後において、孫文をはじめとする中国の革命家が、一部の日本人理解者・支援者から道義的・物質的な支援を全面的に得たことは、紛れもない事実です。また、それ以前、長く日本政府に強い反感と不信の念を抱いてきた孫文及び周囲の革命家たちが急速に親日へと変化し始めたのも、辛亥革命を機に多くの日本の友人が中国革命を理解し、支援したことをこの目で見たためだと、最近の研究は指摘しております。辛亥革命時期の日中関係には、さまざまなできごとがありました。また、その後百年の日中関係も光と影に満ち、戦争と平和、いさかいと友好を繰り返してきました。そのような中で、二一世紀の今日我々が盛大に辛亥革命を記念しようとするのは、そこに生きた、狭いナショナリズムと国益を超えた、相互理解と協力共生の思想的な遺産を継承しようとするからでありましょう。

辛亥革命は、世界史的にも、日中関係史、現代史においても、貴重な遺産を残した重要な歴史的事件です。一九一一年から百年がたちました今日、国際交流を非常に活発に行っておられる日本・神奈川大学、またまさに辛亥革命の年に設立された中国・清華大学、並びに中国歴史研究の最高機構である中国史学会の三者共催で、この「辛亥革命とアジア」国際シンポジウムを開催できるということは、過去、現在と未来の日・中・アジアの関係を考えるうえで、極めて意義深いものであると言わなければなりません。

本日は、世界的に著名な国際関係史研究者である入江昭先生、また中国の改革開放後、最初に日本に留学され、現在駐日特命全権大使をおつとめの程永華先生、またいちいちお名前を挙げることができませんが、あわせて五十名近くの研究者の方々を日本各地、中国大陸・台湾・香港・韓国・ベトナムからお迎えし、「辛亥革命とアジア」について学術的発表と討論を行うこととなりました。これは過去百年間の日中学術交流の中でもなかったことであり、また今後百年の新たな日中交流の時代の最初の試みではないかと高く評価したいものであります。

従いまして、主催者側として、この度の「辛亥革命とアジア」国際シンポジウムに対して以下の三つのことを期待するものであります。

第一は、理解と協力の視点から辛亥革命を中心とする日中とアジアの歴史を再検討することです。再検討するとは、まず歴史の実態を明らかにし、その時代に生きた人間の思想と行動に光を与えるとともに、日中協力を推進する思想的な源流を再確認することです。そして、これらの人々の思想と行動、そして日中両国をめぐる国際環境が、アジアにおける最初の共和国（中華民国）にどのような影響を与えたかをも検証しなければなりません。更に辛亥革命期の日中関係の、その後の日本、中国、アジアの発展における位置づけも改めて整理すべきと思われます。

第二は、理解と協力の視点から日中とアジアとの関係を再構築することです。再構築するとは、まず、激動の時代の中から多くの困難を克服して今日まで伝わってきた理解と協力の精神を継承することであり、また戦争の時代にも平和の時代にも続いてきたアジア平和主義の思想を共有すること、更に多くの人々の生活と幸せに寄与する新しい日本、中国、アジアの関係の目標を改めて設定することです。

第三は、今日、日中間では大いなる可能性とともに多くの問題を抱えています。新たな日中関係をつくるため、政府間の交流をいっそう発展させるだけでなく、その中で一大学、一研究者としてできることは何かと考える時、我々の答えは、民間を、また青年を中心として、未来に目を向けて地道な交流を進めていくことだと思います。これは、歴史の流れであり、時代の産物であり、また運命的なものであると痛感しております。

「華僑は革命の母である」と孫文は言いました。横浜は日本華僑の発祥の地であり、中心都市であり、百年前の中国革命を支えていた重要な拠点でもあります。今日、ゆかりのある横浜・神奈川大学で開催されるこの度のシンポジウムから、日・中・アジアの相互理解と協力、共生の精神が育まれ、今後百年間の新たな日中関係の思想的原点となり、また行動の第一歩となることを祈念して、私の趣旨説明とさせていただきたいと存じます。

主催者挨拶

神奈川大学学長　中島三千男

皆様おはようございます。神奈川大学学長の中島三千男でございます。

本日は神奈川大学、清華大学ならびに中国史学会の共催による「辛亥革命一〇〇周年記念シンポジウム――辛亥革命とアジア――」に朝早くから大勢御出席いただきまして、誠に有難うございます。

とくにご多忙の中、時間を割いて御臨席賜りました、中華人民共和国特命全権大使程永華様には厚く御礼申し上げます。程永華様にはこのあと特別講演もいただきますが、この機会をお借りいたしまして、先の三月一一日の東日本大震災並びに東京電力福島第一原子力発電所の事故に際しまして、貴国より物心両面の多大なご支援をいただきましたことに対して心より厚く御礼申し上げます。また原発事故に伴う放射能の汚染につきまして、貴国に対し、少なからぬご心配とご迷惑をおかけいたしましたことを心よりお詫び申し上げます。

また、同じく特別講演をいただきます、米国外交史・国際関係史の著名な学者で、ハーバード大学名誉教授そして、米国歴史学会会長も勤められました入江昭先生にも、遠路はるばる本シンポジウムのためにお出でいただきましたこと、厚く御礼申し上げます。

それから劉北成教授を団長とする清華大学代表団の皆さま、王建朗教授を団長とする中国史学会代表団の皆様、皆様方のような名門大学、そして権威ある歴史学会とこのシンポジウムを共催できましたことを大変嬉しく、また光栄に存じております。

さて、今から一〇〇年前、数千年続いた中国の皇帝専制の政治にピリオドを打ち、アジアで最初の共和国を打ち立てることになった辛亥革命が起こりました。そして、この辛亥革命は中国のみならず、近隣のアジア諸国にも様々な影響を与えました。この辛亥革命の成功にあたり、指導者の孫文を中心とする「中国同盟会」が一九〇五年東京で結成されたこと、また在日の留学生や華僑も大きな役割を果し、さらに少なからぬ日本人士が孫文とその革命を支援し協力を行うなど、日本も大きな役割をはたしました。このことは私たち日本人が誇りに思って良いことだと思います。

しかし、他方で、今年は辛亥革命一〇〇周年であるとともに、あの一五年戦争、アジア太平洋戦争の基点ともなった「満州事変」勃発から八〇周年でもあります。日本は翌年には「満州国」を建国し、一九三七年には盧溝橋事件を機に中国との全面的な戦争に突入し、中国に多大な被害をもたらしました。私たち日本人はこの一〇〇周年と八〇周年、この歴史における光と影をしっかりと見据えることが大事なことだと考えております。

さて、このシンポジウムは、日本側の視点を含むアジアの側の視点から、一〇〇年を経て辛亥革命をどうとらえるかについて、優れた研究成果を発表し討論するというものですが、こうした学問的意義の他にも、日本と中国の伝統友誼を回顧し、両国間の学術交流を拡大し、両国民間の相互理解を一層深めるという今日的目的も持っております。

本神奈川大学は、創立以来八三年の歴史を持ち、すでに二〇万余の有為な卒業生――この数の多さは日本の大学の中でも一〇数番目に位置するものですが――を送り出しております。一七年後の神奈川大学創立一〇〇周年を迎えるころには、本学は日本の大学の中で、今よりもっと名誉と責任のある大学になるべく、様々な改革を行っていますが、その中で最も力を入れているのが、本学の国際化です。

幸いに、この数年、本学の国際化は急速に進み、中国との関係においても、中国の権威ある大学を含む一五校と交流協定を結び、留学生も二五〇余人になり、また学術交流も盛んに行われるようになりました。まだまだ、初歩的な成果で、今後益々力を尽くしたいと考えておりますが、とくに、本シンポジウムの共催者であります清華大学とは、二年前より、清華大学側の全面的ご協力をいただき、教員の相互訪問、留学生の交換、学術シンポジウムの開催と、急速に関係を強化し、本日のシンポジウムの共催にまで至っております。今回のシンポジウムの成功を機会に、清華大学との交流がより全面的なものへと発展することを心より願っております。

また、今回のシンポジウムには、清華大学の他にも中国各地の大学からたくさんのご参加をいただいております。今回の盛会を通じて、中国の各大学との学術交流がそして日本と中国の友好関係が益々発展していくことを期待しています。

今日、明日と長丁場のシンポジウムになりますが、ご出席の皆様のご支援とご協力により、必ずや立派な成果を収め、辛亥革命の研究史に重要な一頁を記すことになることを期待しております。

最後になりますが、程永華大使、入江昭先生をはじめご出席の皆様のご健勝とご活躍をお祈りいたしますとともに、書面にてご挨拶を賜りました清華大学副学長謝維和先生にも感謝申し上げまして、私の開会の挨拶とさせていただきます。どうも有難うございました。

挨拶文

清華大学副学長　謝　維和

尊敬する中島学長
尊敬する程永華大使
尊敬する入江先生

シンポジウムの準備にご尽力されました主催者側や協力組織の皆様に心より感謝の意を表します。また、シンポジウムからは手厚いお招きを頂きどうもありがとうございました。しかしながら、突然の公務により予定通り参加することができませんでした。神奈川大学を訪問したいという希望がかなわなかったことをとても残念に思っております。ここで、共同主催者である清華大学を代表し、シンポジウムの順調な開催に対し、お祝いを述べさせて頂きます。神奈川大学と中国史学会には多大なるご協力を賜り、心より感謝申し上げます。

一〇〇年前、孫中山先生を代表とする革命党の人士が、世界を揺るがす辛亥革命を起こし、中国では前代未聞の社会変革が始まりました。こうして、本当の意味での近代の民族民主革命が始まると、中華民族の思想解放が大きく推進され、進歩への扉が開かれて、中華民族の発展や進歩に繋がる道が模索されました。辛亥革命は中華民族の偉大な復興の道に、永遠に高くそびえ立つ道しるべなのです。

辛亥革命から一〇〇年経ち、その歩みを顧みると、中国を振興するという孫中山先生の切実な願いや、辛亥革命の先駆者が追い求めた前途洋々たる社会は、今日すでに実現しています。または、今まさに実現しようとしています。中華民族の偉大な復興が、前代未聞の明るい前途として実現されることを、私たちは大変誇りに感じています。

ご在席の皆様。一衣帯水の友好的な隣国である日本は、孫中山先生の革命活動の重要な舞台となっていました。多くの日本の友人が様々な方法で孫中山先生の革命活動を支援し、大勢の在日華僑が辛亥革命を支援する重要な力となっていました。これについては、私たちの記憶に新しいことと思います。

一〇〇年後の今日、清華大学と中国史学会が、神奈川大学と横浜で辛亥革命一〇〇周年学術シンポジウムを共同で開催する運びとなりました。世界各国の様々な国や地域から研究者が一堂に会し、様々な分野から辛亥革命の一〇〇年の歩みを研究討議する、非常に有意義な一〇〇周年の盛大なシンポジウムです。辛亥革命の研究の歴史に輝かしい一ページを加え、日中両国の学術交流に貢献することとなりましょう。

神奈川大学は八三年の歴史を持つ総合大学です。「質実剛健」・「積極進取」・「中正堅実」の建学精神に基づき、人類と国際社会に貢献する創造性のある人材を養成するために尽力し、大きな成果をあげていることに、深く敬服致しました。

創立一〇〇周年を迎えた清華大学は、「自己修養」と「社会貢献」の精神に基づき、中国社会の進歩とアジア文明の発展に尽力しています。特に近年は世界の一流大学を目指し、中国の特色を持つ大学の道を積極的に模索しています。各事業では絶えず新しい進展を図っています。私たちは、今回の辛亥革命一〇〇周年学術シンポジウムを契機に、神奈川大学と引続き各方面での学術交流を深め、両校の協力発展事業を促進していきたいと思っております。

最後になりましたが、辛亥革命の学術シンポジウムの成功をお祈り致します。

あいさつ

中国史学会秘書長　王　建朗

尊敬する程永華大使
尊敬する中島学長
尊敬する研究者の皆様

「辛亥革命とアジア——辛亥革命一〇〇周年記念国際学術シンポジウム」が本日ここに開幕致しました。このシンポジウムの主催者側の一員として、また中国史学会を代表致しまして、ご参加頂きました研究者の皆様を心より歓迎するとともに、このシンポジウムのために質の高い論文を準備してくださった方々に感謝申し上げます。また、お忙しいなか、今回の開幕式においで頂いた程永華大使に深く感謝の意を表します。後ほど、程大使の特別講演を拝聴させて頂きます。また特に、同じく今回の主催者である神奈川大学と清華大学には、このシンポジウムの計画や実際の準備作業にご尽力頂き、シンポジウムの場を作って頂きました。この場をお借り致しまして、清華大学と神奈川大学に心よりお礼申し上げます。

辛亥革命は中国史上の大事件で、辛亥革命により、数千年にわたる中国の封建君主制度が終結し、共和制が樹立しました。辛亥革命に対する評価は人それぞれ異なるかもしれません。しかし、辛亥革命が民主主義、共和制、立憲政治を追求し、中国の歴史の行方に深く影響を与え、進歩への扉を開いたことは誰もが認めることでしょう。

辛亥革命はアジアや世界の歴史においても大きな出来事でした。辛亥革命により、当時世界でも稀な共和国が中国で樹立され、フランスやアメリカに続き、第三の共和制大国が誕生したのです。アジアでは初めての共和国でした。貧窮や立ち遅れのもとに築かれた共和国は、アジアや世界の弱小国が民主や独立を獲得する戦いに勇気を与え、大きく励ます役割を果たしました。

中国の辛亥革命は日本と極めて密接な関係にあります。日本は二つの異なる面から、中国の革命要素を育みました。日清戦争以来、日本は中国に勢力を拡大し、空前の民族的危機感を中国に与えました。そのため、中国では救国の道が早急に求められ、革命が多くの人々から支持されました。また一方、中国は日本に真理を求め、民主主義や革命的な思想を日本を通じて取り入れました。日本の有識者も中国の革命家を支持し庇護してきました。ある意味で、日本は革命家の拠点となり避難所となったのです。世界の中でも、日本は辛亥革命との関係が最も深い国だと言えます。

ですから、この日本で辛亥革命のシンポジウムを共に開催することは非常に意義があります。今年は中国各地や世界の様々な場所で辛亥革命を記念する催しが開かれました。しかし、私の知るところでは、中国の学術団体が海外の現地の学術機関と共同で辛亥革命のシンポジウムを開催したのはここだけです。実は、海外で外国の学術機関とシンポジウムを共催するのは、中国史学会にとっても初めてのことです。今回は素晴らしい足掛かりとなりました。

最後になりましたが、今回の学術シンポジウムの成功をお祈りするとともに、皆様が横浜で楽しく過ごされますよう心よりお祈り申し上げます。どうもありがとうございました。

特別講演

辛亥革命百年とアジア復興

駐日中国大使　程　永華

友人の皆さん

今年はちょうど辛亥革命百周年で、辛亥革命は中国の近代史における時代を画す偉業であり、またアジアで初めて民主共和の旗を掲げ、アジアの政治的覚醒と歴史的進歩を促す重要な役割を果たしました。日本の神奈川大学と中国の清華大学、中国史学会が共催するシンポジウム「辛亥革命とアジア」はアジアの視点から辛亥革命を見つめ、考えるうえで重要な意義があります。ここに駐日中国大使館を代表し、また私個人として、シンポジウムの開催に祝意を表し、その成功を心よりお祈り申し上げます。

友人の皆さん

百年前、孫中山先生を代表とする中国革命党員が世界を震撼させた辛亥革命を起こし、清王朝の支配を覆し、数千年続いた中国の専制君主制に終止符を打ち、世界を揺るがす大きな力と深い影響力で近代中国の社会変革を推進しました。

古来、アジア諸国は密接不可分の運命共同体で、近代中国の革命の歴史も同様にアジアと緊密に関係しています。辛亥革命はアジアの民族解放と民主革命の潮流の重要な一ページであり、アジアの政治の方向に深い影響を与えました。

まず、辛亥革命はアジアの有識者の支援と切り離せません。日本は孫中山先生の革命活動の重要な舞台で、宮崎滔天、梅屋庄吉ら多くの日本の友人が力を傾け、支援しました。在日華僑と留学生は資金面、組織面、思想面で積極的に呼応し、孫中山先生の革命事業に全力で参画し、支援しました。一九〇五年に中国同盟会が東京で設立された際、同盟会会員の九割は在日の留学生でした。革命派と改良派の有名な論戦も東京で創刊された雑誌『民報』と『新民叢報』の誌上で繰り広げられました。東南アジア(当時は「南洋」と呼ばれていた)の華僑も辛亥革命の重要な支持勢力であり、革命資金の主要な提供者でありました。統計によると、辛亥の一年だけで、南洋華僑の寄付は五~六〇〇〇万銀という巨額に上っています。「ペナン会議」(一九一〇年一一月、翌年春に広州で武装蜂起することを決めた同盟会の秘密会議)は歴史にその名を留め、黄花崗(広州市内の地名、一一年四月広州蜂起に失敗した際の犠牲者を葬った場所)の烈士墓には多くの南洋華僑の英霊が眠っています。

次に、辛亥革命はアジアの民族解放と民主革命を力強く促しました。一九〇七年春、中印両国の志士が東京で「亜州和親会」、別名「東亜亡国同盟会」を設立し、アジアの各民族解放闘争の相互支援を模索しました。孫中山先生はベトナムの革命の志士ファン・ボイ・チャウに会ってこう言いました。「中国の革命が成功したあかつきには、アジアの被保護各国の同時独立を全力で支援する」。フィリピン、インドネシア、ミャンマー、シャム(現タイ)、ベトナムなど東南アジア各国はみな辛亥革命の影響を受け、民族解放運動が起こりました。韓国の独立運動の指導者は革命党員と深く付き合い、独立運動を指導した「大韓民国」臨時政府は一九一九年に上海のフランス租界に樹立されました。

第三に、辛亥革命はアジア主義の理想を一層呼び起こしました。一八九七年、孫中山先生は宮崎滔天と大アジア主義について話し合った際、自らの革命は「アジア黄色人種のため、そして世界の人類のため」であると明言しました。孫中山先生は生前最後となった神戸での「大アジア主義」についての講演の中で、次のように強調しました。アジアはこの数百年来衰退してきたが、厄運極まれば幸運めぐり来る、物事極まれば必ず反転する。アジアの衰退は極限まできて、転機が生まれ、それがアジア復興の起点となる。アジアの復興は固有の仁義道徳を守り、また西洋の進んだ文明を学ばなければならない。孫中山先生はまた特に日本に対し東洋の王道を守り、西洋の覇道の手先になってはならない、と訴えました。つまり、孫中山先生とその革命を支持する有識者は偉大な愛国者であるだけでなく、国際主義を目指すコスモポリタンであり、覇権主義とは異なるアジアの夢、大同世界の夢を持っていたと言えます。

友人の皆さん

辛亥革命から百年、アジア復興の道は決して平坦ではなく、二度の世界大戦と冷戦で生命、財産が奪われただけでなく、不幸な記憶と心の傷が残りました。和すれば共に利があり、闘えば共に傷つくことになります。中日関係を語る際にいつも触れるこの道理は、アジアの国家間の関係においても同じです。冷戦終結後、アジア諸国はグローバル化と地域統合のまたとないチャンスをつかみ、団結協力し、互恵・ウィンウィンをはかり、好ましい安定・発展を続けており、二一世紀はアジア発展の黄金の世紀になろうとしています。

国際金融危機が広がる難しい情勢の中で、いま、アジアは一層、平和、発展、協力の焦点となり、世界が危機を乗り越え、回復するための自信とパワーをもたらしています。昨年、アジアは経済成長率が七％に達し、GDPが世界全体の二八・三％を占めました。現在、アジアの地域統合プロセスが力強く進み、地域の姿を深く変えつつあります。

仕組みをみると、ASEANと中日韓の一〇＋三の地域協力の主導的地位が確立され、それを踏まえ、首脳、閣僚、高官会合など一連の整った仕組みが出来ています。一〇＋三と同時に一〇＋一の三つの協力の仕組み、さらに「中日韓の協力の仕組み」もあります。同時にメコン川、図們江、環日本海などの地域協力も活発化しています。

分野をみると、ASEANと中日韓がそれぞれ自由貿易協定を結び、三つの一〇＋一が肩を並べて進む好ましい状況がみられます。昨年、チェンマイイニシアティブの多国間取り決めが正式に発効し、一二〇〇億ドルの外貨融通の枠組みが設けられました。同時にアジア各国の農業、情報、エネルギーなどの分野の協力が深まり、医療衛生、環境保護、教育文化、社会保障などの対話と協力が全面的に展開されています。こうした協力は、アジア各国間の利益のつながりを強め、互いの政治的信頼を徐々に培い、アジアの協力を徐々に政治と安全保障分野に広げるものです。

友人の皆さん

アジアの大国である中日両国の関係は辛亥革命から百年間、苦しく難しい、曲折した道を歩んできました。しかし両国の民間友好のたいまつが引き継がれ、ついに歴史的奔流となり、一九七二年、中日国交正常化が実現しました。今日の中日関係はますます緊密になり、二国間の範疇を越えて、アジアの安定・復興ひいては世界の平和、安定にますます重要な影響を与えています。

しかし、アジア諸国とりわけ中日両国が自らの運命を握り、互いの関係をうまく処理できるかどうかについては、依然として多くの挑戦（試練）に直面しています。メディアの報道から、いつも、いくつかの疑問を耳にし、目にします。

疑問のその一は、中国が隆盛することで、「覇道」に向かわないかということです。ここで厳粛に強調したいことは、近代以来、中国は覇権主義の被害者であり、対決者であり、また中国には「和をもって貴しとなす」という平和、和睦の思想的、文化的伝統があり、今後強大になっても、決して覇権を求めず、平和的発展の道を確固として歩み、互恵・ウィンウィンの開放戦略を堅持するということです。中国の繁栄・発展と末永い安定はアジアにとってチャンスであり、脅威ではありません。アジア各国と善隣友好協力を積極的に進め、地域の平和、安定、発展を共に守ることを願っています。私たちは努力向上、開拓進取、開放包容、同舟相救う「アジアの精神」を常に堅持し、いつまでもアジア諸国の良き隣人、友人、パートナーであります。

疑問のその二は、中日両国はアジアで必ず一戦交えなければならないのかということです。二〇〇八年の中日両国の共同声明は「中日は互いに脅威とならず、互いに協力パートナーであり、相手の平和的発展を支持する」と強調しています。これは両国政府と首脳が国民と国際社会に対し、平和共存と平和的発展を厳かに約束したものであり、アジアはまさに中国がこの約束を果たす第一に重要な舞台であります。

新たな形勢の下、中日両国はアジアにおいて明らかに補完性があります。中国の優位性は、主にアジア諸国と深い地縁と文化的つながりがあり、非常に大きな市場と労働力資源があり、科学技術と工業開発の程度がアジアの途上国のニーズに比較的合致していることです。日本は資金、技術、管理などの面で優れ、同時にアジアとは伝統的な産業分業と貿易・投資のつながりがあります。双方はアジアにおける協力の中で、それぞれの優位性を生かし、互いに補い合い、働きかけ、地域各国の互恵・ウィンウィンの発展路線を求めることができます。アジアの枠組みの中で、中日両国ができることはたくさんあります。

第一に防災減災協力です。アジアは自然災害の多い地域です。インド洋大津波、中国四川汶川大規模地震、東日本大地震、さらに現在の容赦ないタイの大洪水など、これらの自然災害はアジアの発展に重大な影響をもたらしています。中日両国は自ら蓄積した災害対応の経験を生かし、アジアの地域的防災減災システムを共に築くことができます。

第二に金融協力です。これはアジア経済の弱い部分です。中日両国はともに地域の中で貯蓄率が高く、外貨備蓄高が世界第一位、第二位です。両国はチェンマイイニシアティブ協議でよく協力し、それぞれ三二％の資金を拠出しました。双方は引き続き力を入れ、アジア債券市場を積極的に拡大し、アジアのインフラ整備を支援できます。

第三にＦＴＡ協力です。昨年、中国ＡＳＥＡＮ自由貿易圏が設置され、経済・貿易往来が大幅に増えました。中日韓のＦＴＡ構想はすでに積極的に進められており、ＦＴＡに関する産官学連携の研究が進展し、年内に完了して、来年、正式に政府間交渉が始まります。しかし、中日二国間のＦＴＡはまだ正式議題にもなっていません。中日は互いに重要な貿易パートナーであり、ＦＴＡの早期協定締結は二国間の経済・貿易協力にプラスなだけでなく、アジアの自由貿易ネットワークの構築にも積極的意義があります。双方は切迫感をもってスピーディな進展を測るべきです。

第四に省エネ・環境協力です。今年、中国の第一二次五カ年計画（二〇一一――一五年）がスタートしました。計画期間に資源節約型の環境にやさしい社会の実現をはかり、クリーンエネルギーと循環型低炭素経済を発展させます。日本はこの面で成熟した技術と豊富な経験があり、双方は優位性による相互補完と互恵・ウィンウィンをはかり、アジアの省エネ・排出削減と環境保護の進展を促すことができます。

友人の皆さん

百年を振り返り、今昔を思えば、アジアの復興はもはや幻の夢ではなく、急台頭のアジア経済、勢い盛んな地域協力が、私たちをアジアの団結・振興の願いに一歩一歩近づけています。アジアの復興が次の百年の人類の最も壮麗な歴史の一ページとなると信じる理由がわれわれにはあります。

来年、私たちは日中国交正常化四〇周年を迎えます。両国がこれを契機に中日の戦略的互恵関係を一段と着実に推進し、中日両国の長期的発展と子々孫々にわたる友好のため、また共に繁栄する調和したアジアのため、一層積極的に努力し、貢献することを希望します。

特別講演

現代世界史の中の辛亥革命

ハーバード大学名誉教授　入江　昭

私はアメリカでの生活が長く、一九五三年に渡米しまして、五九年目が始まっているわけですが、日米の学会の交流を長いこと経験してまいりまして、最近、中国、台湾との交流、日米の学者との交流の機会が増え、喜ばしいことだと思います。今回も李廷江先生のご尽力があり、お招きいただいたわけです。

私が最近関心を持っておりますのは、近現代における世界史でして、そのなかで今年一〇〇周年を迎えた辛亥革命をどのように捉えるかということについて考えてみたいと思います。一九一一年から二〇一一年にかけて、世界は大きく変化したわけでして、中国およびアジアにおける変化も著しいものがあります。と同時にほかの地域でも大きな変化があったわけでして、そのような変動と清国で起こった辛亥革命とをどう結びつけたらよいのかということを私の問題意識としております。

世界史をどう捉えるか

その場合、過去一〇〇年間、あるいはそれ以前からの、近代および現代の世界というのは、どのような意味を持っているのか、どのような世界の流れというものを考えてみたらいいのか。私ばかりでなく、日本、アメリカ、中国、あるいはヨーロッパの歴史家のあいだで、一九世紀から今日にいたるまでの世界史というものを考えてみようというわけです。

その場合、世界史を見るといってもどのような見方があるのか。たとえば世界各地の民族、文明の間にできてきたつながりを見ようということで、最近グローバリゼーションということが言われております。グローバルというのは地球ということですが、地球における各地のつながりを見ていこうということですね。経済的なつながりができているのは明らかですが、そればかりではなく、技術の面でも思想の面でも、あるいは文化の面でもつながりが密接になってきており、そのようなグローバル化ということから世界の歴史を振り返ってみようという動きが、最近大きくなっております。とくにグローバル化ということが言われるようになりましたのは一九八〇年から九〇年、過去二〇年くらいだと思いますが、そのグローバル化の枠組みのなかで世界の歴史を眺めてみたいということが一つございます。

そのなかでも人間の動きを考えてみますと、つまり数千年、数万年生きてきた人類が各地で生息し、接触して交流ができてきて、そのつながりの結果、結合といいますか、混血、なにも血のことだけでなく、それも含めて思潮的な面でも文化的な面でも経済的にも、混ざり合ったものができてきたということですね。純民族とか純何々といいますが、今の世界ではそのようなものはなく、すべてが混ざり合っているわけです。そのような見方、つまり人類が始まってから今日にいたるまで、どのような形で諸民族、あるいは人種、宗教が混ざり合いながら今日の世界を作ってきたのか、これを仮に人類史観といってもいいかもしれませんが、人類史全体を眺めてみようというわけです。お互いがどのようにつながり合ってきたのか、そして混ざり合ってきたのか、ということですね。それは古代にもあったかもしれませんし、中世、あるいは近代にいたるまでの人類の混ざり合いを考えてみようというわけです。

あるいは、とくに最近ですが、地球に生息するのは人間だけではなく、動植物もおり、川もあれば海もあるということで、最近、アメリカで言われている惑星史観というものがあります。この地球に住んでいるものすべてのつながり、環境も含めてですが、非常に大きな話になってきます。たとえば辛亥革命を考える上でも、辛亥革命と自然環境を調べるとか、辛亥革命とアジア諸民族との関係を考えたり、あるいは辛亥革命がグローバル化ということにどのような影響を与えていったのか、そのような広い意味から考えることも可能だと思います。

一部の歴史学者の間ではそのように世界とか人類とか宇宙といってもあまりに広すぎるので、もう少し範囲を狭めて、たとえば地域的な研究、本日のテーマのように、辛亥革命とアジアというふうに、アジアという地域のなかにおけるつながりを中心に考えるという動きもございます。

もちろんここはアジアなのですが、最近、私が面白いと思ったのは、太平洋史観という見方です。大西洋史観、つまりヨーロッパやアメリカを含めた大西洋の歴史という幅広い歴史のなかで、ヨーロッパやアメリカを見るという見方はかなり前からありました。同じように、太平洋各地のつながりのなかで太平洋史というものが考えられるのではないかという動きが、とくにカナダ、オーストラリア、一部のアメリカの学者の間で最近出てきまして、これは将来性のある見方だと思います。

ですから、本日のテーマは「辛亥革命とアジア」ということなんですが、もう少し範囲を広げまして、辛亥革命と太平洋、つまりアジア諸国に加えてカナダ、オーストラリア、あるいはメキシコ、ペルーを含めた地域のなかで辛亥革命を見ることも可能ではないかと思います。

国家史の位置づけ

そのように幅広い意味での世界史的な意味を考えてみた場合、そのなかで、日本、中国、アメリカなどの「国家」というものをどのように位置づけていけばいいのか、ということになると思います。

今まで申しましたのは、いずれも国家中心の歴史とは異なる、つまり国と国との関係といった意味での国際関係だけを見る歴史観ではないわけですね。よく歴史といいますと、国と国との戦争の歴史ですとか、国際関係の歴史ということがいわれるのですが、それだけではない。もちろん国家もありましたし、戦争もあったわけですが、それだけではなくより幅広い環境なども入れて、民族とか人種、あるいは宗教とかそのようなものを含めた上での世界史というものを見ていく場合には、国家というものの存在が相対化されて、つまり、国家だけではなく他にもいろいろな存在が考えられるということになります。地球ないし世界に存在する人間個人というものもございます。個人といってもいろいろございますが、たとえば女性史という女性を中心とした歴史を考えていこうということもあります。女性史といった場合、中国の女性もいるし日本の女性もいるわけですが、中国の歴史とか日本の歴史ではなく、世界における女性の歴史を考えていこうということですね。あるいはまた子供、若者でもいいのですが、そのように国だけの枠組みだけに入るのではないものも見ていく必要があり、国家そのものは相対化していくわけですね。

そのようないろいろな人間、あるいは人間が作っていく集団、集まりが作り出してきた世界というものがございます。そのようにして考えていきますと、国というものの存在は認めるのですが、国以外にもいろいろとあると考える風潮が、最近、欧米の学者の間でも、あるいは中国、日本でもあると思うんですけど、これが起こった一つの原因というのは、今までの歴史観というものがあまりにも欧米の歴史を中心としたものであって、欧米の古代、中世、近代というものを考え、それをアジアなど他の地域や民族に当てはめる傾向、いわゆる欧米中心の歴史観が非常に影響力を持っていたということです。そうではなく、アフリカやアジアなど他の地域の歴史を合わせて考えてみた場合、必ずしも国家だけの歴史だけがあるのではないという反省が、欧米の学者の間でも最近非常に高まっていると思います。したがってカナダ、オーストラリア、あるいはアメリカ、ドイツでもそうですが、国家という枠組だけではない歴史を考えるという風潮が高まっているように思います。

ところが長い世界史、人類史の中で、今申しましたように国家の存在がすべてではないのですけど、ただ国家というものが地球の各地できわめて中心的な存在だった時代もあった、それが近代であったと見ることもできると思います。つまり、数十世紀、数千年という長い歴史のなかで、とくに国家というものが中心であった時代があることも認める必要があると思います。その時代を我々は主として近代と言っているわけなんですけれども、その近代とは何か。主として国というものができ上がって、国と国との関係が非常に大事になっていった時代、これを近代ということだとしますと、長い人類の歴史のなかで、国家というものが重要になった時代というのはいつ頃のことをいうのかということになります。これも歴史家の間でいろいろと議論されるんですけれども、コンセンサスとしては主として一九世紀半ばから二〇世紀半ばに至るくらいまで、中には一八世紀まで戻ったほうがいいという人もいますが、主として、世界中がいくつかの国に分かれて、現在でも二〇〇以上の国がありますけど、国家というものが非常に中心的な存在になってきた、人間の存在に対して「国というもののアイデンティティ」が非常に重要になっていた時代、それは一九世紀半ばから二〇世紀半ばくらいまでであるというのが一般的な見方であろうかと思います。

では国家とは何か。それまでも国というものはもちろんあって、中国という国、あるいは日本という国は一九世紀までにもあったのですが、一九世紀以降二〇世紀半ば、あるいは後半に至るまでにでき上がっていた近代国家というものは、歴史および地理によって定義された存在であるということです。

地理によって定義された存在というのは、境界の問題です。近代国家というものはここからここまでが自分の国、この先は隣の国というふうに国境、地理的な境界をそれまでに比べて厳格に定めました。それが近代国家の一つの定義です。

それと同時に歴史というものがありまして、地理的に国境というものが定められ、その国境の中に住んでいる人がその国の国民である、あるいは市民であるということですが、その市民というのはただ住んでいるというだけではなくて、歴史をシェアしている、同じ歴史、歴史観、あるいは歴史に対する記憶、メモリーといってもいいと思いますけど、自分たちはこのような歴史を持って、このような歴史についての記憶がある人間であると、それが市民なんだということになるわけです。

このように歴史および地理によってかなり厳格に規定された近代国家というものが、ヨーロッパから始まって世界各地に広まっていくわけで、そのような存在が一九世紀半ばから世界各地に普遍していくという国家の存在ということになります。

そのような近代国家というものができますと、その中に住んでいるものにとって地理的にも歴史的にも一つのアイデンティティを作っていく、そのような国というものを守っていくために、あるいは市民意識を高揚させていくために、中央政府というものができあがって、そして国境を守るために軍事力とか警察力、つまり国内的には警察、対外的には軍事力をもってその新しくできた国家というものを守っていこうということが一つの条件になるわけです。そしてそれと同時に、そのなかに住んでいる市民が、先ほども申しましたように歴史というものをシェアする、つまり自分たちの持っていた歴史というものを一般に教育して、国民の教育水準を高めることによって国民としての意識を高めていく、そういった意味での教育も大事になります。しかもそれは国家の主導で行われる。もちろん民間もありますが、政府が非常に教育に対して関心を持っていくわけです。つまりより教育を受けた市民というものができ上がっていくようにするというのも、近代国家の特徴の一つであると思います。

と同時に福祉ですね。よく近代国家には奴隷制はないと言われますけど、奴隷がいたのでは近代国家にはなりません。ある特定の国家、境界のなかに住んでいる市民はすべて平等であるということです。当初は男女は平等ではなかったのですけど、根本的には男性も女性もすべて平等であると、そしてすべての者が最小限の生活水準を保障されるべきだと、日本の憲法にもありますが、そのなかに住んでいる市民の健康状態とか最小限の生活を国家として守っていくべきで、そのような意味での社会制度、あるいはいろんな意味での教育、歴史観、社会保障を通して市民意識というものを高めていく。そういったものが近代国家の特徴であると言えると思います。

そのようにしていくつかの国が一九世紀半ばからでき上がっていきました。最初はヨーロッパが中心で、二〇世紀初めの一九〇〇年頃にはまだ独立国家は世界で三〇くらいしかなかったのですが、それが次第にモデルとして世界の他の地域にもつながっていったと言えると思います。

ただ、モデルとしてつながっていく過程で、戦争というものも避けることができなかった。つまりそれだけ多くの国ができてくると、国と国との間の、たとえば国境問題を通じての対立も深まるし、あるいは自分の国があまりにも狭すぎるというので隣の国に侵略していくということもありまして、戦争というものの頻度も高くなっていきました。あるいは自分の国の資源を守るために、また資源を獲得するために海外に出かけていく、帝国主義的な政策をとるとか植民地政策をとるということもその間にでき上がっていくし、そのような帝国主義国家の間での戦争もでき上がっていく可能性があることは、二〇世紀の歴史が示しているわけです。国家中心の世界となりますと、やはり戦争は避けられない可能性もあったのです。

しかしそれと同時に、それだけでは困る、国と国との間をできるだけ平和にやっていきましょうというので、国際法というものも一九世紀後半からでき上がって、国際法的な体系ができて、国と国との関係をできるだけ安定した平和なものに維持していこうというのも当時の大きな現象の一つだったと思うし、あるいは通商貿易などによって経済的なつながりを促進して、お互いの国境を越えた国と国の間の関係を経済的な意味で密接にしていこうと、そして戦争が起きないようにしましょうという動きもありました。あるいは国際機構、国際連盟、あるいは国際連合というようなものを作って協力体制を築き、戦争をしないようにしましょうという動きもあるわけです。ですから、国家ができたからといってすぐ戦争になるわけではなかったけれども、その可能性は常に存在したわけです。

そのような状況、つまり国家というものが地球に生息している人間にとって非常に重要であった時代というのが、最初ヨーロッパで一九世紀半ばに始まり、それから世界各地にだんだんと広まっていき、そしてアジアにも移って民族解放運動につながっていく、そして最後にはアフリカにも一九六〇年代にいろいろな国ができ上がっていくわけです。

そのような時代が現在もなお継続しているのか、その国家中心の時代が今や終わったのか、あるいは終わりに近づいているのかというのも、歴史家にとって非常に興味ある問題でありまして、それも世界各地で議論されている問題だといえると思います。

人によっては国家中心の時代はまだ終っていないと、世界を見れば現在二〇〇くらいの国があって、そういった国家というものは厳然と存在し、国が中心という時代はまだ終っていないという人もいるんですけど、私を含めた一部の人は、国家というものはもちろん存在しているんだけれども、国家以外の存在、かつてあったような民族、宗教、人種、あるいは文明といった国家以外の存在も、相対的に重要性を増していく時代に入りかかっているのではないかということを言っておりまして、多くの学者がこれを認めているような状態になっていると思います。

私の見るところでは私だけではありませんで、とくにアメリカの学者と議論する場合が多いのですが、最近アメリカなどで出た研究書を見ましても、一九七〇年代くらいからそのような国家以外のものが重要性を増していく、あるいは再びかつてと同じように国家以外の存在が重要性を増していくようになるのが二〇世紀の最後ですね。私は一九七〇年代から、人によっては一九九〇年代からといっていますが、過去二〇年、あるいは三〇年、四〇年くらいの間に、また歴史は新しい段階に入りつつあるのではないか、ということで、それをもって現代と呼ぶ人もいます。つまり一九世紀に始まった近代というものが、そろそろ終りに近づいて新しい時代に入りつつあるのではないか、そういった認識があるわけですね。

それはどうしてかと言いますと、国家と同時に、あるいは場合によっては国家というものを越えた人間の集団、たとえば宗教、民族など、昔からあったわけなんですが、こうしたものが非常に大事だった時代、それが再びまた戻りつつあるかもしれない。つまり国家という枠組を越えた存在ですね。それは民族もそうだし、宗教もそうだし、人種もといっていいかもしれません。

それと同時に国際機構ですね。先ほども申しましたような単なる国際連合のような政府間で作っていく機構だけではなくて、非国家団体、国家に属さない団体、NGOつまり非政府組織とか、あるいは企業とか、国家とは必ずしも同じものではない存在の重要性が一九七〇年以降、とくに多国籍企業とかNGOとか数を数えれば分かるのですけど、世界中で圧倒的にその数が多くなっていくわけで、現代の世界を考える場合に、昔からある国と国という枠組だけで見ていくと見誤ってしまうのではないかということを我々は言っているわけです。

それと同じように、かつてあったように国家中心の、たとえば国境を守るとか平和とか国際法といった、国単位のものだけではなくて、国単位では処理できないような問題、たとえば災害問題、伝染病の問題、あるいは環境保護問題などいろんな点で国境を越えた、トランスナショナルな、国境をつないだ努力、あるいは組織を作って対処していかねばならないような、今回の東日本大震災のときもそれが実感されたと思いますけど、どのような問題をとっても、とくに環境汚染問題とか、災害問題など一つの国で処理できる問題ではなく、むしろ国境を越えた、全人類的な努力が必要とされるし、また必要とされたということが今回よくわかったと思います。今回は自発的にいろいろな国から援助の手が差し伸べられました。このようにトランスナショナルな動きが過去二～三〇年の間に非常に顕著になってきています。

もちろん国境を越えたということは良いことだけではなくて、国際テロということもありますし、最近よく問題になっている麻薬の密輸などといった問題、人身売買など国境を越えた犯罪も非常に増加していると思います。

それに対しても、たとえばソマリアの海賊の問題などを見てもわかりますが、ある国が国として対応するだけでは間に合わなくて、むしろ国際機構を通じて、あるいは国際的なＮＧＯを通じながら対処していくようになっていったというわけです。

つまり国家の役割は重要であるにしても、それだけではないいろいろなかたちでのＮＧＯ団体、あるいは宗教団体などが、地震災害や環境汚染問題などいろんな点で活躍する時期に入っているといえると思います。

非常に簡単ではありますが、このようなことを我々は考えているわけです。したがって近代というものを考える場合、一九世紀から今日にいたるまで、国家中心の時代ができ上がって、それがふたたび国家だけではないという時代に入りつつあるのかもしれないというような歴史観を抱いているわけです。

辛亥革命の歴史的意義

それで本題の、今日明日、専門の方々がディスカスされるであろう辛亥革命の歴史的意義、現代の世界史のなかでの辛亥革命というものをどのようにして捉えることができるかという非常に興味深い問題があると思うのですが、今見てまいりましたような歴史のなかで辛亥革命をどのように捉えていくか。

一つには皆さんがおっしゃっているように、長いこと中国を支配してきた清朝、まあ清朝末期には中国を近代化しようという動きができ上がっていたと思いますけれども、それを決定づけたものが辛亥革命ということで、国としての中国は何千年もあったわけですが、近代国家としての中国、欧米や日本、トルコなどと同じように近代国家中国というものを作り上げる、その最初の段階であったといえると思います。その近代国家中国の始まりとしての辛亥革命ということになりますと、まさにそれは一九世紀半ばから始まった世界史の流れに合致するものであったということが言えると思います。

これはフランスでもドイツでも同じですが、そのような新しい近代国家作りをするためにはやはり国内的には強力な統一政権、中央政府が必要となるし、国を守るための軍隊を作る必要もあったし、そしてそのなかの近代国家の市民というものを育てていく必要があったわけです。その意味では教育制度、社会福祉制度も大事であるし、自分たちは中国人であるというナショナリズム、国家意識、民族意識も高めていかなくてはならないし、対外的にはそのように中国が独立した近代国家であることを、他の国にも認めさせていかなくてはならない。それはすべての他の国と共通している点だと思います。

そのように近代国家としての中国の出発点としての辛亥革命があったとしますと、これは世界史的な動きの一端であったと言えると思います。世界一人口の多い中国も、世界には大小多くの国がありますが、それらの国と同じような道を辿り始めるきっかけとなったのが辛亥革命ということが言えると思います。

私が最近とくに面白いと思いますのは、一九世紀、主としてヨーロッパから始まったのですが、クリミア戦争というのがありまして、これはロシアとイギリス・フランスが一八五〇年代に、中近東のオスマン帝国の土地で戦ったというものですが、それを通じてロシアも近代国家として誕生するきっかけとなり、イギリス、フランスもこの頃から近代国家へ脱皮し始めます。この意味で西洋の歴史を研究する人はクリミア戦争に注目するわけです。それから二〇年後の普仏戦争、フランスとプロイセン、ドイツとの戦争などがあって近代国家というものがヨーロッパにもでき上がっていきます。その直後に明治維新があって日本も近代国家になっていきます。

また辛亥革命の前夜にトルコで、いわゆるトルコ革命が起こり、オスマン帝国に代わって共和国としてのトルコができ上がったのが一九〇八年です。そして一九一〇年にも、それまでかなり独裁制であったメキシコでも革命が起り、メキシコも近代国家に脱皮していきます。そのように見ていきますと、トルコ、メキシコ、中国といった世界で非常に重要な国も、いわゆる近代国家として脱皮していくわけです。

よく二〇世紀の歴史といいますと、二〇世紀の出発点がたとえば日露戦争という人もいるし、あるいはヨーロッパには一九一四年に始まった第一次世界大戦が一番の転換期であったという人がいますが、そうではなくて二〇世紀が本当に始まったのは、それ以前にあったトルコ、メキシコ、中国、あるいはほかにイランにも同じような動きがあったと思いますが、そのような西欧以外の国で新しい国家作りが始まったということ、それが二〇世紀をとくに象徴するでき事であったと言えると思います。仮に一九一四年から始まる第一次世界大戦というものがなかったとしても、やはり二〇世紀は国家中心の世界ができ上がる過程であったと思いますので、その意味でも辛亥革命というのは非常に大事な革命であったと思います。

そして中国はその過程で日本と戦争をする。それは明らかなように一方で辛亥革命から始まった中国の近代国家作りに対して、日本がこれを抑えようとしたということですね。先ほど学長のお話にもありましたように、一九三一年、八〇年前の満州事変から始まって、あるいはそれ以前に日清戦争の結果すでに日本は台湾を日本の領土に入れて、そして日露戦争後は満州に進出し、一九三一年以降は満州のみならず中国大陸に進出していくわけで、それは近代国家作りを進める中国とはまったく相反するものでしたから、その意味で日本と中国は戦うことになったわけです。その中国をアメリカが助けようとした、つまり中国の独立を援助しようとした。そして日本とアメリカが戦争になったのが一九四一年で、これも今年は七〇周年ですけど、日米戦争というのも根本的には独立主権国家としての中国の誕生を日本が妨げようとした、そういった点に原因があると思います。こうして戦争になってしまうわけですが、第二次世界大戦の結果、中国はふたたび辛亥革命の道を歩むことができるようになりました。新中国として誕生したわけですね。

一九五〇～六〇年代になりますと中国は一つの統一国家としてでき上がっていき、他のアジア、アフリカ、あるいは中近東の民族解放運動も支持していくわけですから、多分に中国のインスピレーションを受けながら世界各地が独立していきます。そして一九六〇年代にアフリカの国々が独立しますと、世界で今日とほぼ同じ二〇〇くらいの独立国家ができ上がっていくわけです。これが一九六〇年代までの近代の歴史だったと思います。

先ほども申しましたように、世界で二〇〇くらいの独立国家ができ上がっていったまさにその時に、国家の重要性が相対的に低下する、弱っていく傾向が出始めたということですね。国家がなくなったわけではありませんが、国家以外の動きとか流れとか、あるいはトランスナショナルな課題ができ上がっていった。一九六〇年代にと私は申し上げましたが、これは非常に面白いと思うのです。一九六〇年代の末期までになりますとほとんどすべての国が独立して、世界がいくつかの国に分かれます。と同時に一九七〇年代に入りますと国と国とを結びつける動きも急速に進展していきます。そうしますと国というものが絶対的な存在ではなくなり始める、それが一九七〇年代以降の歴史だろうと思います。

そうしますと、一九七〇年代から今日に至るまでの中国をどう位置づけるかという問題も当然出てくると思います。近代史の流れというものを先ほど申しましたが、そのなかで中国が一つの国家として、大国として出現しました。そして一九七〇年代以降のいろいろな流れのなかで中国自身がどのような役割を果たしてきたか、あるいはどのような方向へ向かっているかというのは非常に興味深い問題だと思うんですが、国家としての中国、あるいは中国市民としてのナショナリズムというものはこれからも強力でありつづけるかもしれない。それは一つの可能性として当然ありうることで、世界自身は現代史のなかでは国家以外の存在が非常に強力になってきているけれども、中国についてはこれからも存在度を高めていく可能性があることはあります。

しかし同時に、私が見聞きする感じでは現代の中国は、先ほども申しましたトランスナショナル、国境を越えた流れのなかに存在する中国でもあると思います。もちろん経済のグローバル化ということもあり、中国はただ独立して世界から孤立しているわけではなく、世界経済のなかに浸透しておりますし、今や世界の第二の経済力をもって、今回のギリシア金融危機などについても、先ごろのG二〇などにおきましても、あるいはアジア諸国の経済ということにおきましても中国はこれからもいっそう重要性を増していくでしょうし、その意味では開かれた中国、世界各地とつながりあった中国というものの動きはいっそう進んでいくと思います。

それのみならず、中国人の民族意識はこれからも変わることはないかもしれないけれど、それと同時に世界の中国、世界の各地に進出していく中国人というのは、数から言いましても過去一〇年、二〇年で飛躍的に増大していますし、世界のなかの中国、世界市民としての中国人という意識が生まれていると思います。私がもっとも直接的に見聞きしておりますのは学界での交流、まあ今回もそうなのですが、中国の学者とか留学生などが、世界各地に出かけていって勉強・研究をして、こういう形で共同の学術研究の会議を開くというのは、三〇年前、四〇年前までは考えられなかったことです。それが今、私はアメリカに住んでおりますが、中国からの留学生が非常に多い。また単に多いだけではなくて、質的にも非常に優秀な人が多いわけです。中国の優秀な頭脳の流出かもしれないけれども、非常に優秀な人が海外に出かけていって勉強に励んでいる。中にはそのままアメリカに残って勉強をしながら仕事を続けている人もいて、非常に印象的です。

また学生とか学者に限らず、海外に出かけてくる中国の企業家もいますし、あるいは観光客もいます。二〇年ほど前には海外に出かけていくアジア人というと日本人が多かったのですが、最近では中国から来る方が非常に多くなりました。ハーバード大学にも観光客がよく来まして、ほとんど毎日朝から晩までキャンパスにいるわけですが、一〇人に九人が中国人です。最初見ただけでは中国人だか日本人だか韓国人だかわからないのですが、近づいてみてみると中国語をしゃべっている。いかに中国からの観光客が多いかということで、これはキャンパスだけではなく、たとえばヨーロッパの観光地などでも感じることなのですが、非常に多くの意味で中国が世界とつながりあっているという印象を受けます。

したがいまして、彼らの間でも意識的な変化が見られます。つまり自分の国に存在している者としてだけではなくて、世界各地に出かけていって交流を図り、経済問題でも貢献しようとする意識とか、さらにこれから、日本の災害問題もありましたが、災害問題、あるいは環境汚染問題などで貢献していく中国の人たちが増えていくに違いないと思います。もちろん観光客や中国から入ってくる商品とか食べ物も増えていくと思います。食べ物などはまさに世界を支配しているかもしれない、非常に影響力のあるものですけど、そのように中国も国の枠組を越えた活動が非常に盛んになってきています。

そのようにして一九世紀から今日に至る世界の移り変わりというものを考えますと、これは結論的になりますけど、世界が国家作りの時代であった、まず国家というものを打ち立てていこうとし、世界がいくつかの国によって特徴づけられるような国際社会ができ上がっていった、そのきっかけをもたらしたものとしての辛亥革命というものが明らかにあると思います。

それでは現在世界各地に非常に影響力を持っている、世界各地とつながりあっている中国の運命というものを考えていくと、先ほど程大使もおっしゃったことに共感を覚えます。つまり先ほどから多くの方がご指摘になっている孫文の思想、世界のなかの中国、あるいはアジアのなかの中国、もちろんこれはアジアのなかでの共存共栄を図ろうというものですが、それと同時に、孫文自身ヨーロッパにも行ったしアメリカにも行ったわけで、世界各地と結びついたような、ここで中国といった場合、あるいは孫文といった場合、ただある中国の人がこういうことをしたということではなくて、他の国、たとえばカナダやオーストラリアや日本も含めて中国をどう捉えていたかということ、中国の思想、あるいは孫文の思想にどのような影響を受けていたのかということ、さらにはどのように互いに影響しあってきたのかということを考えますと、辛亥革命というのは中国の国づくりのきっかけであったと同時に、世界における中国というものを位置づけるための大きなきっかけであったということができるのではないかと思います。

そのようにして見ていきますと、まさに現代の歴史、一九世紀から今日に至るまでの歴史を考えた場合、中国における辛亥革命の意義というのが非常に強く認識されるわけです。我々としましても、中国とアジア各地、あるいは太平洋各地の人たちとこれからの二一世紀を築いていく上で、いかにお互い協力し合いながら、お互いを助け合いなががらやっていけるかということ、これがより良い方向へ向かって、国と国との対立ではなくて、たとえばアメリカと中国、日本と中国という国家レベルの対立ではよくないのであって、むしろ国境を越えた民間のつながり、あるいは経済のつながりとして、より平和な相互依存の方向へ行くとすれば、それは現代史の要請に応えるものであろうと思います。

そういうこともありますので、今回こういう形で神奈川大学でシンポジウムが開かれたことを私は非常に嬉しく思いますし、これからも日本、中国、あるいは別の国におきまして同じような催しを通じて知的交流、文化的交流がいっそう盛んになれば、まさにそれに勝る辛亥革命の遺産はないと確信しております。

シンポジウム報告

アジア・世界から見た辛亥革命

排満・五族共和・中華民族
——孫文のモンゴル観を中心に——

伊藤一彦

はじめに

辛亥革命は、亡国の危機から中国を救うため、無力・無能と見なされた清朝を打倒して、強力な政権を樹立することを目ざした革命である。

一九世紀半ば以降、中国は帝国主義列強により次々と領土を分割されていったが、そうした状況は、瓜《ウリ》が一切れずつ切り分けられ、最後には食べつくされてしまうことに例えて「瓜分《かぶん》」、あるいはまた、サヤを割いて豆が一粒ずつ取り出されることを意味する「豆剖《とうぼう》」を付け加えて、「豆剖瓜分」とも言われた。これは当時、亡国を象徴するキーワードとなり、同時に救国を目ざす人々の合言葉ともなった。

女性革命家秋瑾（一八七五年～一九〇七年）は、「見よ、かくのごとき国土、夷狄の支配に耐えるべきか。四分五裂されしは、すべてわが故国なり」（看如此江山、忍帰胡虜?·豆剖瓜分、都為吾故土）と慨嘆した。(1)「夷狄の支配」が強調されるのは、清朝が単に腐敗堕落した王朝であるだけでなく、異民族である満洲人の建てた王朝であり、漢民族として、その屈辱に耐えるべきでないと叫んで革命の正当性を説き、それへの支持を訴えたのである。また孫文は主著『三民主義』の冒頭に「民族主義」を論じ、中国人が民族主義を失い、「バラバラな砂」(一片散沙)[2]のような状態になっているることが、亡国の危機を招いたのであり、民族主義を失ったのは、異民族に征服されたためだという。そこで民族主義の復権を最重要課題とするのである。

二一世紀の現在、中国の一部で、再び「瓜分」の危機と、それを克服するため民族主義の変形である「愛国主義」の昂揚が叫ばれている。たとえば、著名な軍事専門家で、北京大学中国戦略研究センター研究員の戴旭空軍上校は、米国が二一世紀に世界帝国を完成させるため、イスラム世界・ロシアのほか、中国の崩壊を目指して、冷戦時代の日本－台湾－南シナ海(「南海」)周辺諸国－インドの海上「半月形」に、冷戦崩壊後はインド洋から南アジア・西アジア・中央アジアに至る陸上「半月形」を加えて、C字形の対中国包囲網を完成させたとする。そして、欧州が一八四〇年アヘン戦争で最初の「瓜分」を行い、一八九四年洋務運動が失敗して、翌年日清戦争に敗れた中国に対し、世界は二度目の「瓜分」を行ったが、中国は今や三度目の「瓜分」の危機に立たされており、尖閣諸島・台湾・南海・南チベットがその対象であり、いずれもその背後に米国がいると論じた[3]。

一九世紀末～二〇世紀初めと二一世紀初め、一〇〇年前後を隔て、「東アジアの病人」(東亜病夫)と蔑まれた中国が、今や米国の向こうを張る世界第二の経済大国となる程の変化をとげたにもかかわらず、強い危機意識の存在とナショナリズムの鼓吹という状況は変わっていない。ナショナリズムは、外部勢力の不当な侵略に対する当然の抵抗の源泉であるだけではなく、自らの勢力拡大のため、他国(民族)を圧迫することをためらわない潜在性を有している。この点に関して孫文は、中国がそうした強国になったならば、「世界にとって大きな害となる」と警告していた[4]。本稿は、辛亥革命前後、亡国の危機に面して中国のナショナリズムはどのようにして形成されたか、孫文を中心に考察し、具体的事例としてはモンゴルとの関係をとりあげて検討する。今日の中国の愛国主義を理解する上で、必要な作業でもある。

Ⅰ 「排満」から「五族共和」へ

列強による領土及び属国の強奪に対して、中国が全く無抵抗、唯々諾々として従ったわけではない。孫文は「民族主義」を鼓吹することで、中国人を団結させ、危機に立ち向かおうとしたが、この「民族主義」は当初、清朝の支配者である満洲人を排除しようとする「排満」という形をとった。もともと一七世紀前半、漢民族の明朝が滅亡し、満洲人が清朝を開いて中国全土を支配したのに対し、それを不満とする一部の漢民族が明の復活を目指す「排満」としての「反清復明」運動を展開したが、清の硬軟取り混ぜた巧妙な対応により水面下に沈潜するようになっていた。しかし一九世紀中盤以降、清が衰えを見せると、太平天国は満洲人を「胡虜」(「胡」は西方や北方の異民族、「虜」は北方異民族に対する蔑称)とか「韃靼妖胡」(「韃靼」は北方遊牧民族の総称だが、当時は主に満洲人を指した)等と呼び、その討伐を主張した。(5) 孫文は一八九四年一一月二四日、亡命先のハワイで「ホノルル興中会盟書」を書き、その中で「駆除韃虜、恢復中華」(満洲人を駆除し、中華を回復する)を主張し、(6) 一九〇五年八月孫文・黄興等が東京で組織した中国同盟会の綱領に取り入れられた。(7) つまりこれは、満洲人に対抗する「漢民族の民族主義」である。

これに対して、義和団運動のスローガンが「扶清滅洋」(清を扶《たす》け、西洋を滅ぼす)だったことはよく知られているが、(8) これは外来の帝国主義勢力に対する「中国人の民族主義」であり、革命派と対立する康有為・梁啓超等の保皇派・改革派の主張と軌を一にするものであった。つまり当時、中国の「民族主義」には、中国国内の満清(満洲人の清朝)に対する漢民族の「民族主義」と、帝国主義列強に対する中国の「民族主義」という二種のものが存在した。前者は、満清が本来の中国（漢民族の）を損ね、自らの支配の維持のために帝国主義に売り渡しているのであるから、まず満清を打倒して中国を再建しなければ、中国の存立は保てないというのに対し、後者は、差し迫った帝国主義の侵略に対抗するためには、満清と漢民族との矛盾は棚上げし、協力して外国に対抗しようとする。両者とも、帝国主義に対抗する点では一致しているが、その方法として、満清を排除するか、協力するかというまったく逆の方向を目ざしたのである。

「民族」「民族主義」の語はどちらも、欧米の語彙であるnation、nationalismの訳語として日本で作られた「和製漢語」からの借用で、中国で最初に用いたのは梁啓超とされる。[9] それもあってか梁啓超の民族論には、他を圧する説得力があったようだ。革命派も、ただちに「民族」等の語を多用するようになるが、一九〇五年一一月、東京で中国同盟会の機関紙『民報』が創刊されるや、改良派の『新民叢報』との間で行われた論争を通じて、革命派の「排満」にかなりの変化が生じた。当時の中国では、それだけこの語のもつ重要性が大きかったことともに、この語に関連する問題についての、章炳麟をはじめとする革命派と梁啓超等の改良派との論争における、後者の優位性を示していた。事実、「排満」の急先鋒で、一九〇三年には「漢族が満洲を憎むのは其（満洲）の全体を憎むべきである」[10] とまで言っていた章炳麟が、一九〇七年には「氏族世系を問わずに、四億人を一族と成す」[11] と、満洲人を含む中国の全ての諸民族の統合を主張するまでになっていた。

一九〇三年に刊行された革命派鄒容の『革命軍』が一〇〇万部超のベストセラーになったとはいえ、「毛むくじゃらで角の生えた五〇〇万余の満洲種族を殺しつくす」（誅絶五百万有奇披毛戴角之満洲種）[12] というようなジェノサイドの鼓吹そのものの矯激な主張は、短期的には清朝を倒すためのスローガンとして漢民族を鼓舞する上で有効であったとしても、現実には不可能であり、それ以上に許されないことであった。種族としての満洲人を打倒の対象とするのは不可であることを排満派＝革命派としても認めざるを得なくなるのは必然的であり、こうした革命派による排満論の重大な変化は、改良派との論戦を経て生じたのである。[13] 孫文も、一九〇六年秋冬間に書かれた「中国同盟会革命方略」では、「蛮族の殲滅」(殄除胡虜)[14]を謳っていたが、同年末、東京で開かれた『民報』創刊一周年祝賀大会での演説では、「民族革命は満洲民族を絶滅するというのは大間違いだ……われわれは漢人を害する満洲人を恨むので、満洲人を恨むのではない」[15]と述べて、革命の対象を満洲人一般ではなく、一部の満洲人(清朝の支配者とその手先)に限定するようになっていた。その後の孫文の文章に「韃虜清朝の廃滅」[16]の語は見えるが、これも革命の対象が「韃虜」一般ではなく、「韃虜」の支配する清王朝であることを示すものであって、「駆除韃虜」の主張は後を絶ったようだ。[17]

つまり、一九〇六、七年頃を境に、革命派の「排満」論が、満洲人一般を敵とする単純な種族主義から、満洲人を支配層と大衆に区別して、敵は前者のみとするように変わったことが分る。

かくして、辛亥革命が勝利し中華民国が建国された後、革命派のスローガンが「駆除韃虜」から、中国各民族の平等と協力を謳う「五族共和」にスムーズに転換することが可能となった。一九一二年一月一〇日、臨時参議院が、赤＝漢、黄＝満洲、青＝モンゴル、白＝回、黒＝チベットを象徴する「五色旗」を中華民国の国旗として決定したのは、「五族共和」の定着を目的としていたといえよう。ただし孫文は、①五色旗が清の海軍で用いられていた、②黄が満洲人を代表する等、配色が不適切、③五色が上下に配置され、各色が象徴する民族を順位付けしている、という理由をあげ、強く反対した。[18]

「五族共和」が定着しつつあったとはいえ、一たび煽られた「排満」の種族主義が、スローガンの交代とともに容易に消え失せたわけではなかった。一九一一年一〇月一〇日の武昌蜂起後、各地で戦闘が生じたが、その間、投降した満洲人将兵や、女性・子供を含む一般の満洲人も少なからず殺害されたり、自殺に追いやられた。全体の状況を把握するのは困難であるが、英国バプテスト教会の宣教師ティモシー・リチャードによれば、西安では一〇月二二日に子供も含め男女一万五千人の満洲人が犠牲になり、福州・杭州・南京等各地でも満洲人が多数殺された[19]。そうした迫害から逃れるため、多くの満洲人が漢族と偽るようになった[20]。一九一二年一月一日、孫文はその日発足した中華民国の臨時大総統就任を宣言し、その中で「漢・満洲・モンゴル・回・チベット諸族を合わせて一人とする。これを民族の統一という[21]」と述べ、また新政府の成立を諸外国に通告する文書の中で、「中華民国の法の下に平穏に生活する満洲人に対して、民国は平等に扱い、保護を与える[22]」と言明した。四日後には、「漢人による（満洲人に対する）恨みをはらす殺害[23]」に言及しており、これは、革命政府の民族政策を鮮明にして、満洲人に対して行われている迫害をやめさせ、満洲人の恐怖を取り除くためでもあったろう。また、すでに臨時大総統を辞した後の同年九月には満洲人の団体と会見し、彼らの困難な境遇に対して、「五族は一家、種族を差別しない。今、満洲人は生計が困難だが、よろしく手立てを講じ、各人が自立できるようにし、偉大な国民となるべし[24]」と激励している。

Ⅱ 「中華民族」の発見

孫文は中華民国建国当初、「五族平等[25]」、「五族一家[26]」、「五大族人民[27]」などのコトバを用いており、「五族共和」を語ったのは一九一二年九月河北省張家口での演説が最初である[28]。しかし、袁世凱が、孫文から中華民国臨時大総統の座を譲られた後の同年四月二二日「大総統袁世凱命令」の中で、「今や五族共和、およそモンゴル・チベット・回疆各地方は同じく我が中華民国の領土、モンゴル・チベット・回疆各民族は同じく我が中華民国の国民」と「五族共和」を明確に表明しており、これが中華民国政府の原則となった。

ここで、なぜ漢・満洲・モンゴル・回・チベットの「五族」なのかという疑問が生じる。二〇〇〇年の人口センサスによれば、漢族は別として少数民族の人口の多い順番では、満洲族二位、回族三位、モンゴル族八位、チベット族九位であり、一位のチワン族はじめ、四～七位の苗族・ウイグル族・土家族・イ族がすべて「五族」から除外されている。現在中国では、漢族以外に五五の少数民族が存在するとされているが、それは中華人民共和国政府が認定したものであり、名称も含め中華民国初期とは事情が異なる。たとえば前述の「大総統袁世凱命令」で挙げられている「回疆」（「回部」ともいう）は本来、今日の新疆ウイグル自治区の天山山脈南部（天山南路）をさす地名であり、その民族には「回族」も含まれるが、主としてウイグル族やカザフ族等、広くイスラム教を信仰する諸民族を指した。また同文書が特に「モンゴル、チベット、回疆」をあげているのは、清代にこの三地域は、北京・上海や山東省・広東省等の「中国本部[29]」とは異なり、異民族の居住地域として、かなりの「自治」が認められた「藩部」だったからである[30]。村田雄二郎は片岡一忠の研究[31]を踏まえ、「五族共和」が中華民国の基本政策となったのは、一九一一年一二月に上海で行われた南北議和の席上、自らの安全の保証を求める清朝側が提起し革命派が受け入れたことによるものであり、また革命後の新国家は本部（漢満）に藩部（蒙回蔵）を加えた領土と民族で構成するという保皇派楊度の「五族合一論[32]」が「五族共和論」の原点であったとする[33]。孫文もまた、「中華民国大総統孫文宣言書」の中で、先に引用した部分の直前に「漢・満洲・モンゴル・回・チベット諸地域を合わせて一国とする[34]」と述べていた。つまり「五族共和」の「五族」とは、清の行政区画を前提に、民族それ自体だけでなく、各民族の居住する地域も含んだ、あいまいな概念にもとづく構想であり、そうであればこそ、漢族地域である一八省内に居住するチワン族や苗族は、いかに人口が多くとも、「五族」のリストには入ってこないのである。

この一八省は、漢族の間でも本来の中国として意識されていたようで、一九〇七年、中国同盟会の外郭団体として東京で結成された「共進会」の会旗「(鉄血)一八星旗」は、本部一八省を象徴していた。「一八星旗」は武昌蜂起で革命軍旗として用いられ、中華民国旗の候補ともなった[35]。

さて、孫文は中華民国発足当初、「五族共和」を主張したが、しかし、それは臨時大総統として、満洲人に対する虐殺を中止させる必要も含め、先に述べたように革命の進展の過程で、「五族共和」が既定の事実として定着していったためであり、彼自身がそれほど積極的であったわけではない。ただしすでに述べたように、孫文も他の革命派同様、当初は徹底した「排満」、つまり種族としての満洲人の「駆除」を主張していたが、後に、満洲人を支配者層と大衆に分け、前者のみを革命の対象とし、すべての満洲人を敵視したり、差別したりはしないという立場に変わったことも また事実である。孫文は後に、「無知でデタラメな者が、革命成功の初めに、漢・満洲・モンゴル・回・チベット五族共和の説を作った[36]」とか、「五族という名詞はきわめて不適切だ。我々の国内は五族にとどまるものか[37]」と、明確に「五族共和論」を否定するようになる。孫文の代表作『三民主義』の中の「民族主義[38]」に、「五族共和」の語は一回も使われていない。

中国の民族が「五族」にとどまらないというのは、まったくそのとおりである。また、「五族共和論」が辛亥革命で標的にされた満洲人をはじめ、その他の少数民族、特に旧「藩部」の諸民族を慰撫する役割を果したことは事実であるが[39]、孫文は革命後一〇年近くたって、もはやその目的は達し、無用となったと考えたのであろうか。しかし孫文が「五族共和論」を否定する主な理由はそれとは別の所にある。孫文はじめ、かつて革命派が唱えた「排満論」の「駆除韃虜、恢復中華」は、駆除(単に排除するだけでなく、殺戮も含む)すべき満洲人を野蛮人と蔑視し、回復すべき輝かしい伝統をもつ中華とは漢族のことであり、つまりは大漢族主義、漢族の偏狭な民族主義に他ならない[40]。「五族共和論」は、それを克服し、諸民族の平等を主張するものではあるが、孫文からもまた、大漢族主義は完全には払拭されなかった。彼は一九二一年、「満洲・モンゴル・回・チベットを我が漢族に同化させ、一大民族主義の国家とする」、「今日民族主義を語るには、漠然と五族でなく、漢族の民族主義を語るべきである」、「漢族を中華民族に改める」と述べたが、その前提として、「満洲は日本、モンゴルはロシア、チベットは英国に従属しており、それは彼らに自衛能力がないことの証しであって、そこから抜け出るには我ら漢族に頼らざるを得ない」という彼の現状認識があった[41]。

つまるところ孫文は、辛亥革命が勝利して中華民国が発足し、その臨時大総統として、満洲人はじめ漢族以外の諸民族を統合する必要から、当時すでに、袁世凱等によって既定の路線となっていた「五族共和」を受け入れはしたが、実際には少数民族に対して、あまり関心も知識もなく、偉大な漢族の保護を必要とする弱小集団といった程度の認識しかなかったのではないか。したがって、臨時大総統の職を辞し、その後袁世凱及びその後継者からなる北洋軍閥政権と対峙するようになると、公然と「五族共和」を否認し、少数民族を漢族に同化させる「中華民族」論を主張するようになったと考えられる。ある中国人研究者は、孫文のこうした主張の変化を認めながら、それはあくまで「五族共和」思想の範囲内での変化であり、「五族共和」思想の歴史的後退、致命的欠陥等としているが[42]、筆者は、孫文自身が「五族共和」を攻撃するようになった以上、彼の民族論を一貫して「五族共和」思想の枠内にとどめようとするのは無理があると考える。

孫文の代表作『三民主義』の中の「民族主義[43]」で取り上げられている民族は、ほとんどが漢族である。少数民族については、辛亥革命前の中国が満洲人の清朝であったことを繰り返し述べる以外は、「中国の民族について言えば、総数は四億人、その中に数百万のモンゴル人、百万あまりの満洲人、数百万のチベット人、百数十万のイスラムのトルコ人が混じっているだけだ。外来人の総数は一千万人に過ぎず、したがって大多数について言えば、四億の中国人はすべて漢人といってよい[44]」と、少数民族の存在をほとんど無視したり、「漢族が拡大し、もともと中国に土着していた苗・

猺・獠・獞等の民族が亡びた」[45]というように、「われらの民族」も滅亡する可能性のあることを警告する手段として言及しているに過ぎない。なお、この二つの引用文から、孫文は中国の少数民族を、「土着」と「外来」の二種に区別していたこと、それは地理的には「本部」と「藩部」という、おなじみの区分に従っていることが分る。

いずれにせよ孫文の民族論は、排満から五族共和、そして中華民族へと変遷したが、中華民族という概念を最初に提起したのも孫文ではなく梁啓超である。梁啓超は、『中国史叙論』（一九〇一年）で「中国民族」、翌一九〇二年『論中国学術思想変遷之大勢』で「中華民族」という概念を初めて提起した[46]。当初、「中華民族」を漢族のみを指したり、中国のすべての民族を指したり、あいまいに用いていたが、一九〇三年の『政治学大家伯倫知理之学説』で、他民族に対する漢族の「小民族主義」と、国外諸民族に対する中国の全ての民族を合わせた「一大民族」の「大民族主義」を区別し、一九〇五年の『歴史上中国民族之観察』で、「中華民族はもともと一族ではないが、多くの民族が混合して形成された」と、明確に規定した[47]。梁啓超は、排満革命論の孫文とは異なり、満洲人が支配する清朝の強化を通じて帝国主義の侵略を防ぐという観点から、「平満漢之界」[48]（満人と漢人を平等に）を主張し、その帰結として「中華民族」の提唱があった。梁啓超の「中華民族」は、なお漢族と重なる部分が大きいが、「満」の存在を常に意識せざるを得ないため、「漢」を比較的相対化し得たと思われる。また中国各民族の平等を唱えた点でも重要な意義をもっていた[49]。

孫文が中心となって制定した「中華民国臨時約法」は、「中華民国人民は種族・階級・宗教の相違なく、等しく平等である」[50]（第二章「人民」第五条）としている他、彼の演説で「五族平等」[51]が語られてもいる。しかしこれは、満洲人が支配民族として他の諸民族の上に立つ不平等な民族関係を革命が改めたことを確認したもので、諸民族の完全な平等を謳ったものとはいえないのではないか。同時期に制定された「中国同盟会総章」が明確に「種族同化を実行する」[52]（第三条二）と規定していることからも、同盟会（＝孫文）の漢族中心主義がうかがわれるのである。また孫文が晩年の一九二四年一月に起草した「中国国民党第一次全国代表大会宣言」には、「中国域内各民族の一律平等」、「中国内各民族の自決権の承認」[53]、「国民政府建国大綱」では、「国内の弱小民族に対して政府は助成し、自決自治ができるようにすべき」[54]との表現が見られる。これは第一次世界大戦後、世界的潮流となったナショナリズム、特に米国のウィルソン大統領やソ連のレーニン、あるいはコミンテルンの「民族自決」論に大きな影響を受けたものであろう。しかし、その後孫文が国内民族の「民族自決」を語ることはなくなる。[55]たしかに『三民主義』に「民族自決」は一切登場しない。こうして見ると孫文は、「五族共和」も「民族自決」も、時代の風潮に掉さして一時は唱えては見たものの、本心から納得していないので、時がたてば躊躇せず投げ捨ててしまう傾向が強いようだ。

次に、辛亥革命後の外モンゴル独立問題を通じて、孫文を中心に、中国のナショナリズムの特色を考察する。

Ⅲ　外モンゴル独立問題

モンゴルは、内モンゴル（南モンゴルともいう。現在の中国の内モンゴル自治区）と外モンゴル（現在のモンゴル国）に分かれるが、前者は一六三六年、後者は康熙帝の親征により一六九七年清に服属した。内外モンゴルは、朝鮮等の朝貢国が礼部管轄下にあるのと異なり、チベット・青海・新疆等とともに各省に準ずる藩部として理藩院[56]の管轄下におかれた。当初清は、モンゴル人を漢族支配に協力させるため、世襲王公の領地内での自治を許容し、徴税を緩和するなど、比較的に「優遇」したが、後期になると政策を転換して、モンゴルを圧迫するようになった。一九世紀末には、ロシアのモンゴル進出に対抗して、清が移民の拡大により辺境防衛強化をめざす「移民実辺」策を実施、従来は厳禁していた漢族のモンゴル進出を促し開墾を奨励するようになるが、その結果、遊牧を生業とするモンゴル人の生活が脅かされるようになり、抵抗運動が頻発、次第に反清機運が高まった。ロシアは一七世紀初めからモンゴルに接近してきたが、一九世紀にはイフ・フレー（現、ウランバートル。中国語表記「庫倫」からクーロンともよばれた）等に領事館を設置、ロシア商人の活動が活発に行われるようになり、特に日露戦争敗北後、進出を本格化させていた。

モンゴルでは清への反抗からロシアへの期待が強まり、一九一一年七月イフ・フレーで親露派王公・ラマが極秘会議を開き、中国からの離脱を決定、独立支援を求めてロシアに代表を派遣した。辛亥革命勃発直後の同年一二月外モンゴル（以下、特別な場合を除き「モンゴル」と表記）は「モンゴル国」として独立を宣言、イフ・フレーに最高活仏ジェプツンダンバ八世を君主とするボグド・ハーン（聖皇帝の意）政府を樹立した。その影響は内モンゴルにも及び、一九一二年一月北東端のフルンボイル（ホロンバイル、呼倫貝爾。現、内モンゴル自治区フルンボイル市）も中国からの「独立」と、ボグド・ハーン政府の下での「自治政府」の成立を宣言した。翌一九一二年一一月締結の「ロシア・モンゴル協定」は、ロシアがモンゴルの「自治制度」を承認し、モンゴルでの中国軍駐留・中国人植民の禁止を支援するとともに、ロシアに種々の特権を認めたものだった。

これに対し中国では「輿論ハ更ニ沸騰シ征蒙ノ声ハ愈々大トナリ遂ニハ征露ヲ唱フルモノサヘアル[57]」というまでになり、中華民国政府は、モンゴルは中国の領土であって、条約締結の権利はなく、「ロシア・モンゴル協定」は無効であるとロシアに抗議した。ロシアは、中国が同協定への「参加」に同意するなら、中国のモンゴルに対する「宗主権」を承認するが、そうでなければ、モンゴルの「独立」を承認し、中国に対する「従属関係」を認めないと応じた。袁世凱の北京政府はロシアの強硬姿勢を見て外交交渉を選択、一九一三年五月、以下六か条の条約案に同意した[58]。

①ロシアは、モンゴルが中国領土の不可分の一部であることを認める、②中国は、モンゴルの従来の地方自治制

度を改めないことを確認し、モンゴルが軍備・警察を組織する権利を認める、③モンゴル族人以外のモンゴルへの移民を許さない、④中国は、ロシアの調停のもと、平和的手段で、モンゴルにおける主権を行使することを希望する、⑤中国政府は、「ロシア・モンゴル協定」及び「ロシア・モンゴル通商議定書」を承認する。

しかし国民党が多数を占める中国の参議院は、「ロシア・モンゴル協定」案の承認を否決した。ロシアでもまた、モンゴルが中国領土の不可分の一部であるということが問題になり、中国の宗主権を認めることに限定した内容に条約案を変更するよう中国に要求することになった[59]。再度の交渉を経て両政府は同年一一月「中国・ロシア協定[60]」を締結したが、ロシアは中国のモンゴルに対する宗主権を認め、中国はモンゴルの自治権、そしてロシアの各種の特権を承認するというものだった。この間、ボグド・ハーン政府は内外モンゴルを統一して大モンゴル帝国の樹立を企図し、内モンゴル各王公に働きかけるとともに、ロシアの支援を得て強化した軍隊を内モンゴルに派遣、一九一三年四月以降中国軍としばしば交戦した。一九一五年一一月ロシアは中国政府と「フルンボイル条約[61]」を結び、同地を「特別地域」として、ロシアの特別な権利を認めさせた。

「中国・ロシア協定」が中国の宗主権を認め、さらにその附属文書でモンゴルは中国領土の一部と明記した点は、モンゴルには受け入れ難かった[62]。また一九一二年七月の第三回日露協約が日本の内モンゴル東部における特権を認めていたので、大モンゴル帝国構想はこれに抵触するものだった。実質的にモンゴルの支配者となったロシアが一九一五年六月、これらの問題を調整すべく中国・モンゴルを糾合して作成したのが「中国・ロシア・モンゴル協定[63]」(キャフタ協定)である。これによりモンゴルは中国の宗主権を容認し、中国・ロシアは、モンゴルの自治と中国領土の一部であることを認め(第二条)、「ボグド・ジェプツンダンバ・ホトクト・ハーンの称号は大中華民国大総統の「冊封」を受け、外モンゴルの公文は中華民国暦を用い、モンゴル干支紀年の併用が可能」（第四条）とされた。

しかしながら、「自治モンゴルは中国の主権下にありながら、事実は帝制ロシアの従属国」[64]となった。ロシア革命後の内戦による混乱の際、一九一九年一一月七日モンゴルの王公が連名で上書し、中国政府がそれを受けいれたという形で同月二二日「自治」の撤廃と中国・モンゴル・ロシア間のすべての条約・協定の廃棄命令を発布した。またフルンボイルの「特別地域」についても、一九二〇年一月六日の支配層の要請にもとづくという形をとり、同月二八日、これを撤廃した。その後ソ連の支持を得たモンゴル人民革命党が権力を握り、一九二四年ソ連に次ぐ第二の社会主義国「モンゴル人民共和国」を建国し、中国の影響は最終的に排除された。

以上、モンゴル独立の経緯を略述した。すでに述べたように、「五族共和論」は漢・満洲・回・チベットとともに中国を構成する一地域・民族としてモンゴル（人、族）を認定した。中華民国政府が一九一二年八月一九日に公布した「モンゴル待遇条例」は「今後各モンゴルはひとしく藩属待遇ではなく、内地と一律にする。中央はモンゴルの行政機関に対し、理藩・殖民・拓殖等の文字を用いない」（第一条）と規定し、またモンゴル諸王公の権限・称号等を従来通り認めており、孫文の民族平等思想を体現したものとされる。他方同条例は、共和国にはふさわしくないモンゴル王公の封建的支配の維持を明記し（第二条）、中国と属国・属領との上下関係を象徴する「覲見・進貢」（朝貢国の君主を代表する使者が、厳重な作法に則り中国皇帝に謁見し、貢物を捧げること）といった旧慣について言及せず、したがってその存続を間接的に容認した。これは当時、ロシアが内外モンゴルを併呑しようとする緊急事態のもとで必要、やむを得ないこととされる[65]。一九一六年七月、「モンゴル待遇条例」第五条、「中国・ロシア・モンゴル協定」第四条にもとづき、ジェプツンダンバを最高活仏ホトクトに冊封する式典が行われたが、これも、「中国中央政府の主権行使の表れ」というだけでなく、「国が衰弱している中でここまでやれたことで、当時の中国中央政府の民族政策が成功した部分を知り得る」とまで高く評価されている。[66]

モンゴル独立について中国が、まずはロシアによる中国領土の強奪として捉えたのは、「瓜分」の危機がなお存在していた当時としては、当然の反応であったろう。そして、辛亥革命の目的が「救亡」であるからには、中華民国政府としては新たな「瓜分」は何としても防がねばならず、したがってモンゴルの中国からの分離・独立も、絶対に容認できるものではなかった。[67] 孫文も早くからロシアに対して警戒心をもち、一九世紀末すでに、「ロシア移民が西北を開墾しているが、その意志は強い。我が国が彼の国と隣接している地方には、至急鉄道を建設し、大軍で守り、先人の屯田に倣うべきである」[68]と主張していた。中華民国成立直後、モンゴルの各王公にあてた電文では、「ロシア人が野心をたくましくし、機に乗じて事を起こそうとしている。モンゴルの情勢はきわめて危険であり、衆知を集め、大勢の力を合わせなければ、生存は計りがたい」[69]と述べた。また「ロシア・モンゴル協定」について、孫文は袁世凱臨時大総統に電報を打ち、「ロシアとモンゴルの約定は絶対に承認できない。最も強硬な抗議により、この問題で時間を引き延ばせば、必ずやよい結果になろう」[70]と叱咤激励し、参議院に対しては、「もし我々が生死をかけて頑張れば挽回も可能だが、少しでも後退すれば、新疆・チベット・満洲は必ず次々と中国本部から離れ、国土の保全は困難になる。皆さんが政府に協力してロシア・モンゴル協約を否認し、最後まで頑張ることを希望する。これは民国の存亡に関わる」[71]と檄を飛ばしている。

おわりに

モンゴル独立問題を通じて明らかになった、モンゴル等旧藩部に対する孫文の認識を整理しておこう。孫文は『三民主義』の中で、中国が「失った領土」とか「失地」として、時期ごとに次のようにまとめている。[72]

①琉球・シャム・ボルネオ・スマトラ・ジャワ・セイロン・ネパール・ブータン
②イリ河流域・コーカンド・黒龍江以北
③黒龍江・ウスリー江流域
④ビルマ・安南
⑤高麗・台湾・澎湖
⑥威海衛・旅順・大連・青島・九龍・広州湾

①だけは、「もとは中国に朝貢したことがある」とことわっているが、他は何も注釈はない。つまり①を除けば、中国本部も藩部も朝貢国も「領土」と「属国」を区別せず、ひとし並に中国の失った領土としているのである。[73]「孫文にとって、藩部や満洲を版図に収める清朝の多民族・多文化的統治体制が革命運動にもつ意味は視野の外にあったのだろう[74]」と指摘される所以である。なお、⑥に九龍があげられているが、そもそも瓜分の端緒となった香港が、このリストからはずされているのはなぜか、検討の余地があろう。

中国の属国（朝貢国）・属領（藩部）が列強の侵略を受け、自らの生存の道を模索した際に、従来通り中国に依存して危機を切り抜けるか、それとも列強の力を借りて近代化を図るかという選択肢があった。琉球・朝鮮では前者を指向する勢力が強く、特に朝鮮では、中国が従来以上に支配力の強化を図ろうとするほどだったが、結局は中国の支配は完全に払拭された。チベット・モンゴルは、新来の帝国主義勢力（英国とロシア）に依存する傾向が強かったが、チベットでは中国の支配が残り、その後は強化された。モンゴルは、内モンゴルは中国の支配下にとどまったが、外モンゴルでは中国の支配は後を絶った。

モンゴルが中国の支配から離脱し、独立しようとする背景には、以下のような認識がある。モンゴルが中国王朝に臣属したのは満清だからであり、中国（漢民族）だからではない。中国とモンゴル、すなわち漢民族とモンゴル人は、同時にそれぞれ満清王朝に隷属したが、両民族間に主従関係はない。満清王朝が消滅したので両民族は同時に解放され、各々独立し、互いに主権国家となった。したがってモンゴルが中華民国に臣属する必然性はない[75]。辛亥革命をなしとげ、中華民国を成立させた孫文等革命派は、かつて「駆除韃擄、恢復中華」を称えたが、その主張は、駆除すべき韃擄は満洲族、恢復すべき中華とは漢族、という種族革命に他ならなかった。そうであれば、モンゴルの独立指向を抑える道義的根拠はない。

孫文が辛亥革命後に唱えた「五族共和」論や「中華民族」論は、モンゴル等旧「藩部」の分離独立を否認する論拠となった。それはつまり、「藩部」を「中国本部」に組み入れることであって、中華民国建国以後も存在した辺境喪失の危機に対して、そうした形で対抗しようとしたのである。孫文の生前、「中国本部」と「藩部」、すなわち漢民族と少数民族との間の矛盾が意識されることはほとんどなかった。

註

（1）この詩は「如此江山」と題され、日本留学中（一九〇四～六年）に書かれた。

（2）「三民主义／第1讲」（一九二四年一月二七日）『孙中山全集』第9巻（中华书局、一九八六年）一八五頁。安藤彦太郎訳『三民主義』上（岩波文庫、一九五七年）一三頁。

（3）戴旭『C形包围——内忧外患下的中国突围』（文匯出版社、二〇一〇年）。

(4)「三民主义」『孙中山全集』第9巻、二五三頁。安藤訳一三五頁。

(5)一八五〇年一月金田蜂起後間もなく、楊秀清と蕭朝貴の名で発布した「奉天討胡、檄布四方」、小島晋治訳、西順三編『原典中国近代思想史』第1冊（岩波書店、一九七六年）二九七～三〇三頁。姜涛「关于太平天国的反满问题」『清史研究』二〇一一年一期（二〇一一年二月）参照。

(6)「檀香山兴中会盟书」同前二〇頁。區建英「清末の「種族」論とナショナル・アイデンティティ」『新潟国際情報大学情報文化学部紀要』10号（二〇〇七年五月）参照。

(7)「中国同盟会总章」（一九〇五年八月二〇日）第二条、『孙中山全集』第1巻、二八四頁。

(8)義和団は強固な一枚岩の組織でないため、「保清」「順清」「興清」「救清」「助清」「挙清」等の語を記した文献もあるが、中には欧米人が外国語で表記したものの訳語と思われるものもあり、実際に義和団のスローガンであったとは断定しがたい。王如绘・初晓京「论义和团运动起源的三个阶段」『东岳论丛』（山东社会科学院）二〇〇一年六期。なお、清朝が列強と結び義和団を鎮圧する側に立った一九〇〇年秋以後は「反清」「掃清」が現れた。

(9)「民族」の初出は『東籍月旦』（一八九九年）、「民族主義」は『国家思想変遷異同論』（一九〇一年）といわれる。

(10)章炳麟『駁康有為論革命書』（一九〇三年）。區建英前掲論文による。

(11)章炳麟「〈社会通詮〉商兌」『民報』第十二号（一九〇七年三月六日）。林義強「排満論再考」『東洋文化研究所紀要』第一四九冊（東京大学東洋文化研究所、二〇〇六年三月）による。

(12)鄒容『革命軍』（中華書局、一九五八年）一頁。近藤邦康訳、『新編原典中国近代思想史』第3巻（岩波書店、二〇一〇年）五五頁。なお「披毛戴角」は、张枬・王忍之編『辛亥革命前十年間时論选集』第1巻下册（生活·讀書·新知三联书店、一九六〇年）六五一頁では削除されている。

(13)林前掲「排満論再考」。なお、林は、内容の変化にもかかわらず、「「排満」の語は革命のスローガンとしてすでに定着しており、辛亥革命前、それが放棄されることはなかった」とする。

(14)「中国同盟会革命方略」『孙中山全集』第1巻、二九六頁。

(15)「在东京《民报》创刊周年庆祝大会的演说」（一九〇六年一二月二日）同前三二五頁。

(16)「中华革命党盟书」（一九一〇年二月中旬）同前四三九頁、「在旧金山丽蝉戏院的演说」（一九一〇年二月二八日）同前四四一頁。

(17)前掲『孙中山全集』による。

(18)「复参议会论国旗函」（一九一二年一月一二日）同前一八頁。

(19)Timothy Richard,"Forty-five years in China, reminiscences" (London: T. Fisher Unwin, 1916) pp.351-352. なおティモシー・リチャード

（一八四五年－一九一九年）は、一八七〇年から一九一六年まで中国で布教活動を行うかたわら、李鴻章・張之洞・康有為・梁啓超・孫文等と交流し、彼らに大きな影響を与えた。朝鮮・インド・日本等にも足を伸ばし、伊藤博文とも親交があった。中国名、李提摩太。

（20）満洲族の人口が一九九〇年には一九五三年の四倍に激増している（この間、中国の全人口は二倍弱、少数民族全体は二・六倍）が、これは従来漢族と称していた満洲族が本来の民族籍に復したためと考えられる。

（21）「临时大总统宣言书」『孙中山全集』第2巻二頁。

（22）「对外宣言书」（一九一二年一月五日）同前八頁。

（23）「劝告北军将士宣言书」（一九一二年一月五日）同前一一頁。

（24）「在北京八旗生计会等欢迎会的演说」（一九一二年九月六日）同前四五〇頁。

（25）「复参议会论国旗函」（一九一二年一月一二日）同前一八頁。

（26）「在南京参议院解职辞」（一九一二年四月一日）同前三一七頁。

（27）「在北京袁世凯欢迎席上的答词」（一九一二年八月二八日）同前四一九頁。

（28）「在张家口各界欢迎会的演说」（一九一二年九月七日）同前四五一頁。この後、同月一九日、山西省太原でも使っている。「在太原各界欢迎会的演说」同前四七〇頁、「在山西同盟会欢迎会的演说」同前四七二頁。

（29）「中国本土」とも言われるが、一七世紀頃英国人の著書に見られたChina properの訳語とされる。漢民族の元来の居住地で、ほぼ清初に設置された直隷省（現在の河北省・北京市・天津市）等一八省をさす。一九世紀後半以後、台湾省と新疆省、二〇世紀初頭に東三省（黒龍江省・吉林省・奉天省〈現在の遼寧省〉）が設置されて二三省となった。

（30）回疆は一八八四年、新疆省となり、「本部」に組み込まれた。

（31）「辛亥革命期の五族共和論をめぐって」田中正美先生退官記念論文集刊行会編『中国近現代史諸問題』（国書刊行会、一九八四年）。

（32）特に一九〇七年一月に発表された「金鉄主義説」（刘晴波編『杨度集』湖南人民出版社、一九八六年）。村田雄二郎「孙中山与辛亥革命时期的〝五族共和〟论」『广东社会科学』（广东省社会科学院）二〇〇四年第五期。

（33）同前。

（34）「临时大总统宣言书」『孙中山全集』第2巻二頁。

（35）国旗は「五色旗」が選ばれ、「青天白日満地紅旗」が海軍旗、「一九星旗」（一八省から除外される東三省〈現在の東北地方〉出身者の抵抗に遭い、星を一つ増やした）は陸軍旗となった。一九二九年、国旗が「青天白日満地紅旗」に変わるとともに廃止された。

（36）「三民主义」（一九一九年）『孙中山全集』第5巻一八七頁。

（37）「在上海中国国民党本部会议的演说」（一九二〇年一一月四日）同前三九四頁。
（38）『孙中山全集』第9巻一八三〜二五四頁。安藤訳一二〜一三六頁。
（39）チベットに関して、林冠群「試論孫文「五族共和」思想」『中山思想與人文社會科學學術研討會論文集』（吳鳳技術学院主辦、国父紀念館協辦、二〇〇四年四月）、胡岩「〝五族共和〟口号的提出及其意义」『西藏研究』（西藏社会科学院）一九九五年第一期、参照。
（40）熊坤新・戴慧琦「孙中山〝五族共和〟思想的时代进步性和历史局限性」『xiongkunxin 的博客』（http://blog.sina.com.cn/xiongkunxin1953、二〇一一年一一月二九日）。
（41）「在中国国民党本部特设驻粤办事处的演说」（一九二一年三月六日）『孙中山全集』第5巻四七三〜四七四頁。
（42）熊坤新・戴慧琦前掲論文。
（43）『孙中山全集』第9巻一八三〜二五四頁。安藤彦太郎訳（岩波文庫）一二〜一三六頁。なお、この「民族主義」の中で、「中国（の）民族」という語が多く使われているが、「中華民族」の語は見当たらない。
（44）同前一八八頁。安藤訳一九頁。
（45）同前二三七頁。安藤訳一〇五頁。なお『孙中山全集』は、民族名に「傜」「僚」「僮」字を用いている。
（46）李喜所「中国现代民族观念初步确立的历史考察——以梁启超为中心的文本梳理」『学术月刊』（上海市社会科学界联合会）二〇〇六年第二期。
（47）李喜所「中华民族是谁首提的」『中山大学西学东渐文献馆』二〇一〇年五月一七日（思雨新闻网 http://smilefish2005.blogchina.com/4899222.html）。
（48）「変法通議」（一八九六年）。安静波「论梁启超的民族观」『近代史研究』一九九九年第三期による。
（49）中国ではかつて、梁啓超は孫文の対立者として否定的に評価されていたが、近年は、国力の増強に伴い国際的な摩擦が増加したり、少数民族問題が激化する等により、民族主義の昂揚が見られる中、「中華民族」の最初の唱道者として評価が高まっている。安前掲論文はその例証。
（50）「公布参议院议决临时约法」（一九一二年三月一一日）『孙中山全集』第2巻二二〇頁。
（51）「在北京回教俱乐部欢迎会的演说」（一九一二年九月中旬）同前四七七頁。
（52）「中国同盟会总章」（一九一二年三月三日）同前一六〇頁。
（53）「中国国民党第1次全国代表大会宣言」（一九二四年一月二三日）同前第9巻一一八、一一九頁。
（54）「国民政府建国大纲」（一九二四年一月二三日）同前第9巻一二七頁。
（55）曾成贵「孙中山民族主义思想的研究概述（中）」『zengchenggui 的个人空间』（http://blog.gmw.cn/home.php?mod=space&uid=4328&do=b

log&view=me&from=space&page=3」2008.10.19)。

(56) 一六三六年蒙古衙門として設置され、一六三八年礼部所属の理藩院に改称、一六六一年礼部から独立した。

(57)〈日本〉参謀本部「蒙古問題之経過」（一九一四年一月、『蒙古情報』第5巻）五頁。外交史料館B-1-6-1-438、アジア歴史資料センターRef.B03050669500。

(58) 中国社会科学院近代史研究所『沙俄侵华史』第4巻下（人民出版社、一九九〇年）八三五頁。

(59)『沙俄侵略我国蒙古地区简史』（同编辑组著、内蒙古人民出版社、一九七九年）一三八頁。

(60)「聲明文件」王鉄崖編『中外旧約章彙編』第二冊（生活・讀書・新知三聯書店、一九五九年）九四七～九四九頁。

(61)「呼倫條約」同前一一二四～一一二五頁。

(62) この問題については、橘誠「「モンゴル」独立と領域モンゴル－露蒙協定の分析を中心に」『アジア研究』52巻3号（二〇〇六年七月）が詳しい。

(63) 前掲『中外旧約章彙編』第二冊一一一七頁。

(64) モンゴル人民革命党中央委員会附属党史研究所編『モンゴル人民革命党略史』（〈日本〉外務省アジア局中国課訳・刊、一九七二年）七頁。

(65) 齐钧「民初一项体现孙中山民族平等思想的法制变革－《蒙古待遇条例》」『法律史论集』第4巻（法律出版社、二〇〇二年七月）。

(66) 齐钧「《蒙古待遇条例》研究纲要」中国法律史学会『中国法律文化网』(http://www.law-culture.com/shownews.asp?id=6884)。

(67) 註53の「中国国民党第1次全国代表大会宣言」は、中国内諸民族の「自決」を認めており、したがって当然中国からの分離・独立も許容されるはずであるが、こうした主張は、孫文自身の中でも定着していなかった。

(68)「农功」（一八九一年前后）『孙中山全集』第1巻六頁。

(69)「致贡桑诺尔布等蒙古各王公公电」（一九一二年一月二八日）『孙中山全集』第2巻四八頁。

(70)「致袁世凯电」（一九一二年一月一六日）同前五四二頁。

(71)『民立報』一九一二年一一月二〇日。王劲・付春锋「孙中山与蒙古」『西北民族大学学报（哲学社会科学版）』二〇〇五年第六期による。

(72)『孙中山全集』第9巻、一九九～二〇〇頁。安藤訳三六～三八頁。

(73) 二一世紀の現在でも、そうした領土観が中国人から完全に消えたわけではない。たとえば中国のネットには、「收回琉球群岛治权、是解决东海问题和钓鱼岛问题的钥匙」『鉄血社区』二〇一〇年九月二八日(http://bbs.tiexue.net/post2_4521035_1.html)、「琉球群岛：你什么时候回到祖国母亲的身边?.」『军事论坛』二〇一一年八月二六日(http://hot.580k.com/n/201108/26/n20110826_306266.shtml)等、琉球を中国の領土だとする主張が少なくない。

(74) 村田雄二郎「中華民族論の系譜」『シリーズ20世紀中国史1　中華世界と近代』(東京大学出版会、二〇〇九年)二一五~二一六頁。
(75) 張啓雄「「独立外蒙」的国家認同與主権帰属交渉」〈台湾〉『中央研究院近代史研究所集刊』第二〇期(一九九一年六月)一六四頁。

孫中山が臨時大総統に就任する前の心境と行動の分析

廖　大偉

一　情勢の変化と自信の起伏

孫中山の個性は自信があり、楽観的で大望に満ちあふれたもので、何度倒れても立ち上がることができたのは、その彼の個性によるものだった。一八九六年、彼は「中国の湯王と武王、米国のワシントン」を尊敬していることを明らかにした。[1] その後、日本の友人にも「大事」を成すことを志し、時代の先駆者となりたいと打ち明けている。[2] 彼は、「天下の安危、匹夫に責あり。先知先覚たるは、義あに辞を容れんや」[3]「国家の危機は、一人ひとり全てに責任がある。先に自覚した者は、道理からいって辞退することが許されないのだ」と語っている。義和団の時期は、孫中山も謙虚であった。容閎を推挙したことも、李鴻章に希望を託したこともあった。しかし、このような振る舞いは、彼の自信が弱まり、理想を投げ出したことを意味するものでは決してない。華南の独立を重視し、これが革命を進めるための第一歩と見て、将来の基盤とするために容閎を推し李鴻章に希望を託したのである。これは勢いに乗って選んだ単なる一時的な策であり、内面から真に謙虚だったことを示すものではない。これは、孫中山が日本人と交わした二度の会話からも窺い知ることができる。一度目は宮崎寅蔵と交わした言葉である。「（香港）総督は李鴻章に広東、広西の独立を宣言させて、私に新政を敷かせようという考えである。彼（香港総督）が陰で構い立てするので、何事もなく済むだろう。そこでこの事を李鴻章に説いたところ、李はこれを承諾した。私はまたその事を軽く認めて、大計の基礎を作ろうと思っている」[4]。二度目は、また別の日本人との会話である。「中国の政治改革派の力が、たとえ多数の派閥に分かれていたとしても、私は今日、歴史の進展といくばくかの感情的要因によって、理に照らせば言い争うには及ばず、何らかの策を講じれば各派が連携して一体になれると信じている。衆望の帰する領袖として、容閎を推すべきである。彼はかつて駐米公使を務め、国内でも信頼されており、人望が厚い。また、国内の李鴻章ら各総督や康有為一派についても重視すべきであり、密かに連絡を取っている。このようにして、政治改革案は漸次に実行できると考えている」[5]。

楽観性と自信とは感覚的なもので、評価されればされるほどやる気も出てくるし、反響が大きければ大きいほど力も増してくる。一八九五年、孫中山が神戸に亡命した際、日本の新聞は孫中山を支那革命党の首領と称した[6]。その後間もなく、ロンドンで災難に見舞われたことで西側諸国から注目されるようになると[7]、彼はより熱心に「国事に奔走する」ようになった[8]。喜ばしいことに、彼は次第に中国人から尊敬され始めた。一九〇三年、章士釗は『孫逸仙』の序において、数年前には、「我が意の中の孫文は広州湾の一海賊に過ぎなかった」と記した。しかし今日に至ると、「孫逸仙という者、昨今は革命を語る始祖、革命実行の北辰であり、耳目ある者はこれを同じく認めるところである」[9]と記している。案の定、一九〇五年の同盟会設立時には、彼は総理に推薦され名実ともに革命党の領袖となった。「孫博士は、広大な中華帝国の政体を根本的に変えるときは熟しつつあり」、数年間という非常に限られた時間の中で「共和政体を打ち立てるだろうと信じている」と書いた新聞もあった[10]。武昌蜂起が勃発する二ヶ月前、彼の期待はさらに高まり、ホーマー・リーに書き送った返書にもその楽観性と自信があふれている。「今のところ、私と権力を分担したいという者はいない。各省のリーダーは皆、私が全面的に指揮を執ることを強く望んでいる。事実、彼らはただ私がこの職を断るのを恐れているのだ[11]」。

このときの楽観性と自信は決して盲目的なものではなかった。それというのも、中国国内から伝わってくる情報は彼を勇気づけるものだったからである。例えば、一九一一年六月の胡漢民の手紙によれば、これまでに直隷の劉捷に宛てた三通の書簡は北京政府側軍人の心が既に動いていることを裏付けている。呉禄貞は第六鎮統制に任命されており、将来を嘱望できるかもしれない。広西の新軍はもともとは広東に呼応しようと決めていたが、広州蜂起があっという間に失敗に終わったので、足並みを揃えることができなかっただけである。現在、各省の軍隊のいずれにも我々の同志がいて、ある程度の資金さえあれば、「蜂起の勢いとなり得る」と記している[12]。また、国内情勢も確かに「昔とは比べものにならない[13]。革命党は中途で投げ出すことはなく、ちょっと前の広州蜂起に続いて、また計画を練っており[14]、長江の中下流域さえ組織動員の地域に組み入れた。一方、立憲派の人々は道理から離れ、ますます苛烈になる国会開設の請願と保路運動（鉄道国有化反対運動）へと向かった。このため孫中山は、成功の果実は数年のうちにも得られると判断した[15]。わが党がどの省から着手するかにかかわらず、一を得ればそこが足がかりとなり、各省はそれを見て呼応するだろうと語っている[16]。しかし実際は、やはり予想通りになるとは限らず、革命の進展は彼の予想よりも早く、その上、真っ先にうまくやり遂げたのは四川でも広西、広東でもなく[17]、何と湖北だった。武昌蜂起の一ヶ月後に、「目下の進展はすべて私の想定内だが、しかし事が起きるのが少し早かった」と彼が言ったのも無理はない[18]。「全体的な状況は想定の域を出なかったが、実際には意外なこともあった」という意味だと解釈できる。

武昌を占領したことを知ると、彼は「今回の挙兵はきっと成功する」と断言したが、直ちに帰国することなく、まず欧州へ向かった。身が国外にあるのに気分は良く、彼は、「私には有能で機敏な人材がいて、主だった場所に散らばって身を置いており、彼らは号令されれば直ちに呼びかけに応えることが出来る」と言っている。彼は、今回の挙兵がもし幸運にも成功したならば、ひとまず軍政府を作るべきであると考えていた[19]。彼の楽観性と自信は、友人に宛てた手紙の中ではいよいよ収まりきれなくなっていたのである。

各地の組織の状況は頗る良く、いずれも私に指揮を執れと希望している。資金の支援が得られれば、私は必ず形勢をコントロールすることができる。私が到着するまでは、強力な政府を結成することは出来ない[20]。

しかしながら奇妙なことに、彼は一一月中下旬になって急に消極的な態度に出る。果ては国内に向けて、「総統は当然黎君を推挙するべきだが、黎は袁を推したいと言っていると聞き、これもふさわしいのであればまた良いと思う。要は適切に推挙し、ただ国の基を早く打ち固めることを願う」という電報まで打っている。これは気ままに言ったことなのか、それとも何らかの必要性があってのことかと言えば、どちらも明らかに違う。彼は秘かに「意に介さない」と語ったばかりか、公に次のように「重要ではない」とまで述べているのである。

中国人の中には、素養が高い人達が多いので、彼らが新政府を結成する任務を負うことは必ず出来ると信じている。彼らには既に周到な計画があり、中国の王朝をして共和国に変えようとしている。……私が中国の名目上の領袖になるか、それとも袁世凱か他の人々と連携するかに関わらず、私にとっては重要ではない。私は既に、自分の使命をやり遂げたのだ……[21]。

彼は帰国の途上では一層用心深くなり、途中の香港で、ある記者がやっとのことで船に乗りインタビューしたときに、「君達は私が今何も話せない状態であることを知るべきだ。近いうちに君達に話さなければならないことがたくさん出てくると思うが、今申し上げることは何もない」[22]と告げた。彼と行動を共にしていたホーマー・リーも同様に慎重な態度で、すべての質問に対して知らないと答えている。[23]

「意に介さない」ことなどあり得ないし、「重要ではない」と言うのも本心ではない。では、なぜこのようになったのか。なぜ彼の態度にこれほど大きな違いが生じたのか。これはもとより中国国内の情勢変化に起因するものだった。

まず、辛亥革命の発祥地武漢が孫中山を認めない態度を示し、袁世凱に清朝から寝返ることを促す形勢にあった。武昌蜂起の後に蜂起した者たちは、中華民国軍政府大総統孫の名義によって新聞で民衆を動員したことがあるが、[24]それは決して彼らの本心ではなかった。蔡廷乾がロンドン・タイムズの北京駐在記者であるモリソンに語ったところでは、「武昌蜂起のとき、今回の革命で孫中山はどのような役割を果たしたかと人々に尋ねたことがある。彼らは、孫中山は蜂起では何の役割も果たさなかった。武装蜂起とは純然たる軍事行動なのだと言った。蔡廷乾と会った革命家は、幾分軽蔑気味に、「彼は革命のラッパ吹きに過ぎない……今のところ、今回の革命では何の役割も果たしていない」とまで言った」[25]。また、武昌側は既に北側と話し合いを始めており、袁世凱に清朝を離れて大総統になって欲しいと希望していた。当時、このように思う者が相当数いて、黄興もそのうちの一人だった。[26]「袁に寝返りを促す」ことが一つの風潮になっていたのである。

次に、外交面では期待していた成果は挙がらないばかりか、英国が袁世凱を支持していることが分かった。孫中山は米国から直接帰国せず、英国ロンドンを経由した。目的の一つは金を借りることだった。[27]英国外務省及び英、仏、米、独の四か国の銀行団と交渉したが、彼らは中国で統一政府が成立すれば協議を始めても良いとし、拒絶した。[28]逆に英国の外務大臣は袁世凱びいきを微塵も隠すことなく、「すべての外国人と反満団体が袁世凱に総統の職を与えるだろう」と表明した。[29]その上、このような姿勢は既に英国の対華政策の既定路線となっていた。[30]金を借りられなければ国内の期待を裏切ることになり、金があれば「必ず局面をコントロールすることができる」という自信も間違いなく以前ほどではなくなっていた。より重要なことは、英国が袁世凱を支持し、英国及びその政策が決定的な力を持っているというわけで、彼個人と大局を天秤にかけて、現実を受け入れたのである。[31]

さらに、臨時政府が武昌に置かれる兆しがあった。一一月一一日、湖北と上海の両方から、臨時政府の樹立を呼びかける電報がそれぞれ発せられた。その後、各省代表が上海で積極的に準備を整えた。[32]武昌側が持論を曲げなかったため、一一月二〇日の各省代表会議において、「湖北軍を民国中央軍政府と認め、すなわち武昌都督府が中央の政務を執行することにより全体を見渡した計画を立て、軍令を統一する。その中央軍政府組織は武昌都督府に制定を要請する」ことを決定し、同時に、各省代表会議を武漢に移すことも決定した。[33]これは、最初に蜂起した場所が臨時政府の所在地となり、黎元洪が臨時政府の指揮をとることを示唆するものであった。既に趨勢はかようであり、せいぜい「民意」に逆らわないでいるのが関の山であって、臨時政府が早急に設立されることを祈り、それが「善良な」政府であることを願ったのである。政府が速やかに樹立されれば国の基盤が早急に固まり、外から分割されることも内部分裂することも避けることが出来る。[34]列強による干渉への懸念は早くにあったのである。[35]

しかし一二月二一日、香港に立ち寄った際、彼の自信は急に回復し、引き受ける意欲がまた沸き起こってきた。彼は広東には留まらず上海へ行くことにした。「形勢から言えば上海と南京は前方にあり、自らそこに飛び込まずに広東省に退き戦闘の準備を整えるのは、難を避けて易きにつくことだ[36]」と考えたからである。彼は龍済光に対して次のような書簡を書き送っている。

現在、各国政府のおえら方は、皆私が速やかに帰って中央政府を結成することを望んでいる。、この事が成れば、財政や外交はいずれも足がかりができる。この他の問題もまた、これによってたちどころに解決する。今やるべきことは、これに勝るものはない。(37)

再び姿勢が変化したのは、前と同様に時局に関係していた。もともと一二月二日に革命派が南京を奪取した二日後、各省都代表会議で「臨時政府を南京に置く」ことが決議され、上海に残っていた代表者には一週間以内に南京に赴き、ともに臨時大総統を選出するよう打電していた。(38)しかし結果は、それ以降の物事は順調に運ばず、上海側の黄興と黎元洪を臨時正副元帥(39)として選出したかと思えば、武漢側は反対する旨の打電をし、(40)袁世凱も共和を求めるが一歩一歩進めるべきだと語ったと伝えられ、(41)今度は黎元洪を大元帥に変更し、黄興を副元帥にして職権を代行させ、南京で臨時政府を組織するという話も持ち上がった。このように何度も話がひっくり返る不安定な状態だったことから、孫中山は焦慮しつつも、自分が政権を引き受ける自信を再燃させたのである。

二　上海へ直行する

孫中山はフランスのマルセイユを出発し、上海を目ざした。(42)上海を帰国後の最初の地とすることは、彼がロンドン滞在中から早くも決めていたことだった。(43)

孫中山は広州を選ばなかったわけではなく、香港に立ち寄ったときに、そこから広州に戻ってもまったく問題はなかった。そこは彼の「ふるさと」で、彼にとってはずっと思い入れの深い場所であり、しかも広東都督の胡漢民も彼に滞在を勧めていた。胡漢民は、先生が上海、南京に行けば必ず大総統に担ぎ出されるだろうが、あちらは兵士は使いものにはならず、号令は行き届かず、やることがないし何もできない。「元首であって名ばかりの地位と同じである」。だから「広東に留まり、軍隊を再編し訓練してから挙兵し北伐を図るに越したことはない。そうすれば偉業を成し遂げることが出来る」と説いた。しかし孫中山はそうは思わず、「私が上海、南京に行かなければ、国内外における大計をすべて取り仕切ることなど、他の誰にもやれるものではない」と思っていた。(44) 孫中山は初志を変えなかっただけでなく、胡漢民を逆に説得して同行させたのである。

この頃の上海は同盟会の大本営であるだけでなく、多くのエリートが集まる場所であった。上海を奪取した後、地方の名士と革命党の人々が共同で発起して各省都代表会議を設立したが、その目的は臨時政府樹立準備の主導権を握ることだった。ところが武昌側の反対により各省都代表会議を武漢に移さざるを得ず、一部の代表を上海に残し、「動静を知らせることで湖北をバックアップ」することになった。しかし、各省代表が湖北に到着したときには、ちょうど漢陽が陥落し、武昌にも危機が迫っていた。このとき、南京を占領したとの知らせが届いたことから南京を都と定め、上海に残っている代表とそこで合流し、ともに臨時大総統を選出したのである。(45) このとき、もともと「政府を湖北に設ける」ことを不満とする上海側は、人を派遣して黄興に戻ってくるよう勧め、各省代表に電報で湖北から「引き返す」ように要請した。(46) さらに滬軍都督府は時局問題に関する緊急会議を招集した。会議には上海に残っていた代表と、代表ではない黄興、陳其美、宋教仁、章太炎、程徳全、湯寿潜、張謇らが出席した。一二月四日、上海江蘇教育総会でより規模の大きな「連合」大会が開催され、そこで黄興が大元帥、黎元洪が副元帥に選出された。また、臨時政府を南京に設置する案が採択され、湖北を訪れている各省代表に宛てて電報が打たれ、「即日上海の会議に来るように」との要請がなされた[47]。規定に基づけば、上海に残っていた代表も、代表ではない人々も、このように事を運ぶ権限を持ってはいなかった[48]。

南北和議は武漢で行うことになった。一二月六日に清朝が和議を承諾したため、すぐに準備が整えられ、互いに全権代表を派遣して正式な話し合いを開く準備を進めた[49]。しかし、話し合いを始めることは難しくなかったものの、和議の場所が問題となった。一二月九日、北京政府側の全権代表者である唐紹儀が北京を発って南下し、これと同時に各省都代表会議は全権代表に伍廷芳を推挙した。黎元洪は直ちに伍に打電して、既に上海へ「出迎え」のために人を派遣したことを伝えた[50]。しかし、上海共同租界の英国籍董事李徳立の一通の電報を読んだ黎元洪はいたたまれなくなった。電報には「私は中国に来てもう二〇年になり、これまで二二の省を見て回ったが、混乱を座視するに忍びない。そこで何度もわざわざ打電して、袁内閣が人を派遣し和議を行うことを許可するよう相談し、民国政府はこれを承諾して、時期がきたら代表が協議することになっている。上海は共同で保護された中立地であり、和議の場所としては最適である」と記されていた。黎元洪はこれに反論することなく、「唐使節は早晩漢口に到着するだろう」とだけ返電した[51]。彼は唐紹儀が武漢に到着しさえすれば、問題は容易に解決すると考えていたからである。しかし伍廷芳や唐紹儀、列強国側の全てが上海で議論することを希望するとは黎の想定外であり、こうして上海側はついに望みを叶えたのである[52]。両地が争って上海が勝利した。孫中山が上海に向かいそこに留まったことも理解に難くない。

三　上海での足取りと租界

一九一一年一二月二五日早朝、孫中山が乗った客船デヴァナ号（S.S.Devanha）が呉淞口に入港した。上海軍都督府が派遣した駆逐艦「建威」号が護衛した。[53]間もなく、デヴァナ号は浦東埠頭に停泊し、黄宗仰らは「江利」号で孫中山一行を出迎え、三馬路（今の漢口路）の税関埠頭に上陸した。一緒に到着したのは、胡漢民、謝良牧、李暁生、黄子蔭、陳琴航、朱本富、余森郎、朱卓文、陸文輝、黄菊生および、米国の友人ホーマー・リー夫妻、日本の友人六名、宮崎寅蔵、池亨吉、山田純三郎、太田三次郎、群島忠次郎、緒方二三である。

孫中山の今回の上海来訪を、上海租界当局は非常に重視しており、このときの情報は今でも『警務報告』や『警務日報』に多く残されている。[54]孫中山一行がこれから上海に来ることを共同租界は事前に知っていた。一二月一二日、工部局警務処の総巡〔警察官〕ブルースは、即刻に工部局の総弁〔責任者〕レヴァンソンに「予想通り孫逸仙は間もなく上海を訪れるので、各方面で特別保護措置を採る予定である」旨報告した。[55]一二月二五日、ブルースは再び「約一ヶ月前、日本陸海軍の士官七名が日本から上海にやって来たが、そのうち五名は香港に行って孫逸仙博士に面会し、今まさに孫と一緒に上海へ戻ってきた」と報告した。[56]孫中山が間もなく上海を訪れることは既に秘密ではなく、租界当局が把握している状況は具体的なものだったことがわかる。

日本の友人は一行の行き先を知って集まって来ており、孫中山は自発的に彼らに情報を伝えていた。一一月二八日、孫は宮崎寅蔵に宛てて、自分が「デンバー号に乗って帰国する。一二月二一日に香港へ到着する予定なので、池と一緒に港まで出迎えに来て欲しい」と打電している。[57]宮崎、池亨吉ら六人は果して一二月一九日に香港に到着し、[58]孫と落ち合って一緒に上海へ来た。しかしこの情報が公に発表されたのは、一二月二三日付の『申報』に掲載された一通の電報が最初だった。この電報は胡漢民が広州を離れる前に、陳其美や黄興に宛てて打電したもので、「私は香港へ孫氏を出迎えに行き、英国の客船で上海に到着するので接待を乞う」と記されていた。[59]

孫中山の上海到着の様子は、当日の『警務報告』において、次のように大変詳細に記されている。

孫逸仙はデヴァナ号で上海に到着し、両側に革命軍旗を掲げた専用モーターボートが租界の埠頭まで出迎えに行った。その後一七六号の車に乗り、静安寺路のハルドーン公館へと向かった。孫はハルドーン公館で伍廷芳やその他の来客約三〇人と会見した後、午後二時三〇分には愛文義路一〇〇号にある伍廷芳の自宅に行き、そこに午後四時二〇分まで滞在した。夜は、戈登路七号にある彭済時（「龐青城」が正しい―筆者注）の家で友人とともに夕食をとり、夜一一時に辞去した。孫は現在、宝昌路四〇八号に滞在している。この屋敷はフランス人トゥシェ（Toche）の持ち物である。[60]

孫中山は上海に八日間滞在し、その間何度も会議に出たほか、多くの来客と面会した。二八日のブルースの報告によれば、「孫逸仙博士は一日中、宝昌路で接客に追われている。現在、フランス租界の警察署が人員を派遣してこの屋敷の警備をしており、夜間には一名が屋敷内で宿直している」とある。[61]宝昌路四〇八号は現在の上海淮海中路六五〇弄三号である。ブルースの報告によると、二九日は上海滞在中の広東人数人が、靶子路一一一号で宴席を設けて、孫逸仙博士、伍廷芳、温宗尭を招待した。この宴会に参加したのは、上海滞在中の広東商人約四〇人だった。孫は夜七時一五分に現地に到着し、九時五分に三四五号の車に乗ってそこを発った。ほか二名の客が夜七時に三一三号の車で到着し九時一〇分に発った。そのときは西洋人警官一名、華人担当警官二名が靶子路一一一号の庭園内で当直していた。[62]

一月二日の報告には、「孫逸仙は一二月三一日に靶子路一一一号のある広東人が開いた宴会に出席した。この日は午後六時二〇分に三四五号の車で到着し、夜八時に辞去した。そのときは約四〇人が宴会に参加し、住宅周辺には二二名の広東籍の商団の団員が巡回警備していた」とある。[63] また、一月三日の報告には、「一月一日午前一一時、孫逸仙博士は上海を発って南京へと向かい、県城から兵士二〇〇名が彼の護衛のため派遣された」とある。[64] 同じ内容の情報は、一月二日付の『警務日報』にも見られる。この情報では、「昨日午前一〇時二五分、孫逸仙博士は西虹口地区を経由して駅まで護衛されて送られた。午前一一時、二〇〇名の兵士が彼に同行して上海を発ち南京へと向かった」と記されている。[65] 元日も共同租界は護衛を配置しており、ブルースの報告によれば、「一月一日午前一〇時二〇分頃、孫逸仙博士は老閘区を経由して駅に行き、探目〔租界警察署署員〕のケネリー（Kennerley）が護衛した」ということである。[66] 共同租界の護衛手配は、孫中山から護衛を要請された上海領事団の指示を受けて実施されたものだった。一九一一年一二月三〇日、ベルギーの総領事兼上海領事団のリーダーであるシフェール領事が、工部局の総董事グレイに「孫逸仙総統の要請により私はここに通行許可を発行し、騎兵三名、衛兵八名が武装騎馬して総統を西新橋から駅まで護衛することを許可する」と通知し、工部局警務処はこの指示に従って手配を行った。[67]

租界当局は、孫中山本人の行き先に注目しただけでなく、彼と接触する人々にも注意を払い、とりわけ、孫中山と行動を共にしている日本人に注目していた。二九日の報告には、「孫逸仙の秘書は、現在、熙華徳路五号の豊陽館に滞在している。彼は作家と呼ばれ、ホーマー・リー将軍の著書『無知の価値』を日本語に翻訳していた。実名は保佐（Hosakawa）といい、現在は池亭吉（Kyokichi Ike）という名前を用いている。孫博士と一緒にいるもう一人の日本人は名を宮崎寅蔵（Torazo Miyazaki）といい、この人物は東京『二六新報』の編集職を七年勤め、孫逸仙の旧友であり、海外から現地情報を中国国内の革命党の人々に絶えず提供している。この他にも孫博士と一緒にいる日本人が二名いる。一人は海軍予備士官大田大尉（Captain Ota）、もう一人は陸軍予備士官本郷（Hongo）である。この二人は二週間前に他の二〇名の日本人と一緒に日本から上海にやって来て、現在、静安寺路一七二号に滞在中である」[68]とある。このような詳細な情報内容からみても、租界当局に何らかの狙いがあったことは明白である。当時の上海の英字新聞も孫中山に多くの質問をしていた。例えば、一緒に来た日本人はそれぞれ名を何と言うのか、全員軍人なのか、これほど大勢の日本人を連れて来て何をするつもりなのか、これらの人々はあなたとどのような関係があるのか、臨時政府の樹立と何か関係があるのか、日本政府とはどのような関係なのかといったことである。[69]これらの「関心」から、当時の英米両国が日本を警戒していたことが窺える。

では、孫中山は上海滞在期間中に一体どのような人々と接触したのだろうか。社会的ネットワークはどの程度広かったのだろうか。二九日の報告は、名前を上げるのが最も多かった。その報告には、「彭済時は昨晩、戈登路七号で宴会を催し三〇名の客を招待した。その中には、伍廷芳博士、孫逸仙博士、黄興将軍、陳其美都督、程徳全蘇州都督、[70]温宗堯、黄膺白、胡漢民のほか、日本人四名とホーマー・リー将軍とその夫人がいた」と記されている。[71]この報告を元に、他の資料と照らし合わせると、孫中山は上海滞在期間中、伍廷芳、温宗堯、陳其美、程徳全、黄郛、胡漢民、李平書、彭済時及び米国のホーマー・リー、日本の池亨吉、大田、本郷といった人々との接触が比較的多かったことがわかる。黄興は先に南京に向かったため接触はやや少ないが、他には、汪精衛、宋教仁、張静江、居正、趙鳳昌、張謇、唐紹儀、ハルドーン、宮崎寅蔵、犬養毅らとも会議をもったり、行き来したりしていた。劉福彪も江南製造局の攻撃時に負傷した際の写真を孫に見せている。[72]

四　内を先にしてから外への思考

上海にいる革命党の人々は、孫中山が帰国の途に着いたと知るや、早速機運を盛上げる活動を開始し、中でも、『民立報』は孫中山を臨時大総統にすべきだとは未だはっきり主張していなかったが、文章の行間に深い意味を含ませていた。例えば、一二月一五日に掲載された「孫中山帰訊」という記事では、党人は「大総統に推すつもりだが、孫は就任を拒んでいる」と記している。(73) また、一二月二〇日に馬君武が執筆した社説「記孫文之最近運動及其人物之価値」には、袁世凱より孫中山の方が良いと思うと書かれている。(74) 一二月二四日、徐血児が執筆した「歓迎孫中山先生帰国辞」では、孫をしきりに称賛している。(75) 一二月二五日に孫中山が上海に到着すると、『民立報』はまた「孫中山帰国記」、「訪問孫中山先生」など一連の記事を続けて発表した。

孫中山が上海に到着すると、予想どおり各地から続々と祝電が届いた。(76) にもかかわらず、孫中山は相変わらず消極的な姿勢を示していたが、(77) 一二月二九日になって自分の当選が確実になったと知ると、その言動は以前とは違ったものになっていった。三一日付の『民族先駆報』の記事では、一二月三一日午後二時、唐紹儀と伍廷芳は国民会議の招集について市政庁で会議を開き、湖北、江蘇、安徽、福建、浙江、広東、貴州、雲南、四川、陝西、広西、山西などの省の代表は民国の代表として出席し、直隷、河南、山東などの省の代表は清朝政府の代表として出席することで一致した。全代表の四分の三に相当する人数が集まれば、会議は直ちに開始することが出来た。関連事項については、その都度孫博士に通知済みであり、孫はこの提案に大いに賛同したと記されている。ここで用いられている「賛同」という言葉は、当選前後の態度の違いを物語っており、当選前の消極的な態度は当選を確実にするためのものであり、当選後には当然のように立場をはっきり示すようになったのである。

実のところ、孫中山が上海に到着した当日は大変忙しく、深夜になってようやく滞在先で休むことができたほどであった。必要な応対は避けられないが、何より肝心なことは何が何でも党内の意見をまとめることだった。二六日、孫中山は滞在先で同盟会の最高幹部会議を開催して、総統制と内閣制のどちらを選ぶかということについて討論し、総統の人選を行った。翌日、黄興がわざわざ南京へ出向き各省代表連合会議に三つの議案を提出した。一つは太陽暦を採用する、二つは中華民国暦を用いる、三つは政府組織における総統制を採用する、であった。代表たちは第一項と第二項に対しては異論がなかったが、第三項についてのみ宋教仁が以前に唱えた主張をなおも堅持し、討論が非常に長くなったものの、黄興が提案理由を説明した後、多数が総統制で固まったため、提案通り採択された[78]。

党内でほぼ一致した後は、各省代表との意思疎通が必要だった。黄興は既に南京でそれに取り組んでいたが、相手との直接の面談も不可欠であることは明らかだった。二七日、各省代表連合会議の代表は、上海までわざわざ出向いて孫中山と会見した。その結果、双方は二つの事項、すなわち、一つは大総統を選出し大元帥とは呼称しない、二つは袁世凱が共和制を支持するのであれば袁に地位を譲る、ということで合意した。大総統と呼ぶか臨時大総統と呼ぶか、大総統の就任日に太陽暦の採用を宣布するか、などの問題については事が大局に関わるため、各省代表連合会議に提出して討議決定するまで待つことになった[79]。

これは、孫中山と各省代表連合会議の代表の最初の接触であり、孫中山と各省代表連合会議の間に初めて直接的な関係が生じたときでもあった。双方の当事者は、それぞれ選挙人の代表及び候補者として胸襟を開いて交流し、意見を交換した。会談では各自が自分の考えを述べただけでなく、相手方の言い分を認めたり、異なる点を指摘し合ったりもした。双方が実務に励む心構えを持ち、お互いに尊重していることは明らかであり、皆が民主の原則を、疑いをさしはさむ余地のないものとしていたのである。

一九一二年一月一日一一時、孫中山は各省代表連合会議が派遣した代表である湯爾和と王寵恵の案内で、滬軍都督府が派遣した衛兵に護衛されながら、胡漢民、庄思緘、ホーマー・リーらとともに特別列車に乗り込んで上海を離れ、南京へと向かった。その夜一〇時頃、臨時大総統府の広間の暖閣で、中華民国臨時大総統の宣誓就任式が執り行われ、そして「専制政府はすでに倒れ、国内に変乱なく、民国が世界に卓立し、列邦の公認するところとなるに至れば、この時、文はまさに大総統の職を解かるべし」と改めて誓約したのである(80)。

註

（1）「自伝——為英国学者翟理思編纂『中国名人辞典』而作」（一八九六年一一月）、黄彦編『孫文選集』中冊、広東人民出版社二〇〇六年、二二五～二二六頁。
（2）「与宮崎寅藏平山周的談話」（一八九七年八月中下旬）『孫中山全集』第一巻、中華書局、一九八一年、一七三～一七四頁。
（3）「致港督卜力書」（一九〇〇年六～七月）、『孫中山全集』第一巻、一九二頁。
（4）「与宮崎寅藏平山周的談話」（一九〇〇年七月一八日）、『孫中山全集』第一巻、一九六頁。
（5）「与横浜某君的談話」（一九〇〇年八月中旬～二一日間）、『孫中山全集』第一巻、一九八頁。
（6）馮自由「革命二字之由来」、『革命逸史』初集、中華書局、一九八一年、一頁。
（7）事後に英人が自伝執筆を要請し、ロシア人の取材もあって、それぞれイギリス、ロシアで出版・公表された。
（8）「倫敦被難記」（一八九七年一月二一日）、『孫文選集』中冊、二八頁。
（9）黄中黄（章士釗）訳録「孫逸仙」、『中国近代史資料叢刊・辛亥革命』第一冊、上海人民出版社、一九五七年、九〇～九一頁。
（10）「数年内将推翻満清建立共和政体——与檀香山『太平洋商業広告報』記者的談話」（一九一〇年四月二〇日）、『孫文選集』中冊、二一九頁。
（11）「復咸馬里函」（一九一一年八月一〇日）、『孫中山全集』第一巻、五三二頁。「咸馬里」、「荷馬李」は、両方とも「Colonel Homer Lea」からの音訳であり、今はふつう「荷馬李」を採用している。
（12）「胡漢民致孫中山函」（一九一一年六月二一日）、黄彦・李伯新編『孫中山蔵檔選編——辛亥革命前後』、中華書局、一九八六年、四一頁。

(13)「復宗方小太郎函」(一九一一年七月一六日)、『孫中山全集』第一巻、五二四頁。
(14)「致劉易初函」(一九一一年七月二八日)『孫中山全集』第一巻、五二四―五二五頁。
(15)「復宗方小太郎函」(一九一一年七月一六日)、「復鄧沢如等函」(一九一一年七月一八日)、『孫中山全集』第一巻、五二四―五二五頁。
(16)「復鄧沢如函」(一九一一年八月二一日)、『孫中山全集』第一巻、五三四頁。
(17)「復蕭漢衛函」(一九一一年九月一四日)、「復咸馬里函」(一九一一年九月二五日)、『孫中山全集』第一巻、五三九～五四〇頁。
(18)「我的回憶――対紐約『浜海雑誌』記者叙述革命経歴」(一九一一年一一月下旬)、『孫文選集』中冊、二四〇頁。
(19)「与法国『朝日新聞』駐美訪員的談話」(一九一一年一〇月)、陳旭麓・郝盛潮主編『孫中山集外集』、上海人民出版社、一九九二年、一五三～一五四頁。
(20)「致咸馬里電」(一九一一年一〇月三一日)『孫中山全集』第一巻、五四四頁、「致国民軍政府電」(一九一一年一一月一六日)『孫中山全集』第一巻、五四七頁、「与康徳黎的談話」(一九一一年一一月中旬)『孫中山全集』第一巻、五五九頁。
(21)注18に同じ、二三九～二四一頁。
(22)「孫逸仙訪問記」、『華南日報』一九一一年一二月二三日、章開沅等主編『辛亥革命史資料新編』第七巻(湖北人民出版社二〇〇九年)二四五頁から引用。
(23)「荷馬李将軍訪問記」、『香港電訊』一九一一年一二月二一日、『辛亥革命史資料新編』第七巻二四五頁から引用。
(24)『孫中山年譜長編』上冊、五六九頁。
(25)駱恵敏編、劉桂梁等訳『清末民初政情内幕――『泰晤士報』駐北京記者袁世凱政治顧問乔・厄・莫理循書信集』上巻、知識出版社、一九八六年、七九四頁。
(26)湖南省社会科学院編『黄興集』、中華書局、一九八一年、八一～八二頁。
(27)「与鄧沢如等的談話」(一九一一年一二月一六日)、『孫中山全集』第一巻、五六七頁。
(28)「建国方略」、『孫中山全集』第六巻、中華書局、一九八五年、二四四～二四五頁。
(29)呉相湘『孫逸仙先生伝』下冊、台北・遠東図書公司、一九八二年、九三八～九八四頁。
(30)「格雷爵士致朱爾典電」(一九一一年一一月一五日発自外交部)、胡浜訳『英国藍皮書有関辛亥革命資料選訳』上冊、中華書局、一九八四年、五八頁。
(31)拙稿「辛亥革命時期英国対華政策及其表現」、『史林』一九九二年第二期を参照。
(32)拙稿「各省都督府代表聯合会述論」、『史林』一九九八年第三期を参照。
(33)「看看代表」、『民立報』一九一一年一一月二二日、五頁。劉星楠「辛亥各省代表会議日誌」、中国人民政治協商会議全国委員会文史資料研究委員会編『辛亥革命回憶録』第六集、文史出版社、一九八一年、二四二頁。
(34)「与康徳黎的談話」(一九一一年一一月中旬)、『孫中山全集』第一巻、五五九頁。
(35)「与日本記者的談話」(一九一一年三月上旬)、『孫中山集外集』一四九頁。
(36)「与胡漢民廖仲愷的談話」(一九一一年一二月二一日)、『孫中山全集』第一巻、五六九頁。
(37)「致龍済光函」(一九一一年一二月二一日)、『孫中山全集』第一巻、五七〇頁。
(38)「辛亥各省代表会議日誌」、『辛亥革命回憶録』第六集、二四六頁。
(39)「選挙仮定大元帥」、『時報』一九一一年一二月五日(一)。
(40)「黎副総統政書」巻一、湖北官書印刷局、一九一四年、二三頁。
(41)注38に同じ、二五〇頁。
(42)「与鄧沢如等的談話」(一九一一年一二月一六日)、『孫中山全集』第一巻、五六七頁。
(43)「与英国記者的談話」(一九一一年一一月中旬)、『孫中山全集』第一巻、五五九頁。
(44)『胡漢民自伝』、伝記文学雑誌社、一九八七年、六一頁。
(45)注38に同じ、二四三~二四六頁。
(46)「致各省諮議局電」(一九一一年一二月一日)、陳旭麓主編『宋教仁集』上冊、中華書局、一九八一年、三六九頁。
(47)「選挙仮定大元帥」、『時報』一九一一年一二月五日(二)。
(48)「中華民国臨時政府組織大綱草案」、『民立報』一九一一年一二月一一日、一頁。
(49)「宣統三年十月十七日旨」、『中国近代史資料叢刊・辛亥革命』第八冊、二〇〇頁。
(50)曹亜伯『武昌革命真史』下冊、中華書局、一九三〇年、四〇八頁。
(51)『武昌革命真史』下冊、四一一頁。
(52)拙稿「上海与辛亥議和」、『上海檔案史料研究』第四輯、上海・三聯出版社、二〇〇八年。
(53)福州船政局が自力で造った駆逐艦は、清末に長江艦隊に配属され、上海光復後、滬軍都督府に管轄されることになった。
(54)「孫中山帰国記」、『民立報』一九一一年一二月二六日、五頁。
(55)上海市檔案館の専門家の紹介によると、『警務報告』は工部局警務処刑事捜査股が編集したもので、ふつう上海市内(特に租界内)で起こった重要な事件及び活動が記録の対象で、内容は非公開とされ、警務処と総弁処の高官、及び工部局の董事会のメンバーのみが閲覧できた。
(56)「上海公共租界工部局警務処警務報告」(一九一一年一二月一二日)、上海市檔案館翻訳整理稿。

（57）同上（一九一一年一二月二五日）。
（58）「致宮崎寅蔵電」（一九一一年一一月二八日）、『孫中山全集』第一巻、五六六頁。
（59）陳錫祺主編『孫中山年譜長編』上冊、五八六頁注一を参照。
（60）「広東胡督来電」、『申報』一九一一年一二月二三日、第三版。
（61）「上海公共租界工部局警務処報告」（一九一一年一二月二七日）。
（62）同上（一九一一年一二月二八日）。
（63）同上（一九一一年一二月三一日）。
（64）同上（一九一二年一月二日）。
（65）同上（一九一二年一月三日）。
（66）同上（一九一二年一月二日）。
（67）同上（一九一二年一月三日）。
（68）同上（一九一二年一月二日）。
（69）同上（一九一一年一二月二九日）。「郝門李」は「荷馬李（Homer Lea）」を指す。
（70）「与上海『大陸報』主筆的談話」（一九一一年一二月二五－二六日間）、『孫中山全集』第一巻、五七二頁。
（71）原文では、「蘇州都督」と書かれているが、実際には江蘇都督とすべきである。
（72）「上海公共租界工部局警務処報告」（一九一一年一二月二九日）。
（73）同上（一九一二年一月一日）。
（74）「孫中山之帰訊」、『民立報』一九一一年一二月一五日、三頁。
（75）馬君武「記孫文之最近運動及其人之価値」、『民立報』一九一一年一二月二〇日、一頁。
（76）徐血児「歓迎孫中山先生帰国辞」、『民立報』一九一一年一二月二四日、一頁。
（77）詳しくは陳錫祺主編『孫中山年譜長編』上冊、五九七～五九八頁を参照。
（78）「与上海『大陸報』主筆的談話」（一九一一年一二月二五－二六日間）、『孫中山全集』第一巻、五七二～五七三頁。
（79）「辛亥札記」陳三井、居蜜合編『居正先生全集』上、中央研究院近代史研究所、一九九八年、七七頁。
（80）王有蘭「迎孫中山先生選挙総統副総統親歴記」、尚明軒等編『孫中山生平事業追憶録』、人民出版社、一九八六年、七七九～七八〇頁。
（81）「臨時大総統誓詞」（一九一二年一月一日）、『孫中山全集』第二巻、中華書局、一九八二年、一頁。

辛亥革命と韓国独立運動——民主共和への道——

金　鳳珍

はじめに

一九〇五年七月三〇日、中国同盟会（略称、同盟会）の結成大会が赤坂区の内田良平宅で開かれた(1)。そして八月二〇日、東京で、孫文（一八六六－一九二五）・汪兆銘（汪精衛、一八八三－一九四四）らの興中会、宋教仁（一八八二－一九一三）・黄興（一八七四－一九一六）らの華興会などが合併して同盟会が成立、孫文を総理、黄興を庶務に選出し、「軍政府宣言」「中国同盟会総章」および「革命方略」などの文書を採択した。同盟会は、中華民国政府のもとに立法・行政・司法の部を設置する三権分立の確立を目標とした。また孫文が提唱する「駆除韃虜、恢復中華、創立民国、平均地権」を綱領に採用し、機関誌として『民報』を発行した。そして中国各地での起義を行うがいずれも失敗している。

一九一一年一〇月一〇日、武昌新軍による起義が成功した。これに呼応して各省が独立を宣言した。一九一二年一月一日、中華民国臨時政府が孫文を臨時大総統に迎えて南京で成立した。ところが二月一二日、袁世凱（一八五九－一九一六）が宣統帝を退位させるや、翌日に孫文は辞表を提出、臨時参議院に対し袁の就任を推薦した。二月一五日に臨時参議院は袁の就任と南京を首都とすることを承認し、三月八日には中華民国臨時約法（略称、臨時約法）を制定した。この臨時約法の制定は、袁に共和制の樹立を催促すると同時に、袁の反動を牽制しようという意図をもつ。三月一〇日、袁は北京で第二代臨時大総統に就任、翌日には臨時約法を公布した。

一九一三年二月、臨時約法の規定に従い、国会選挙が実施された。結果は国民党が第一党の地位を占め、宋教仁を総理大臣とする議院内閣の組閣準備が進められた[2]。しかし三月二〇日、袁の指示によって、宋が上海で暗殺された。孫文らの革命派は、袁の北京政府に対する武装蜂起を実行したが、程なく鎮圧されている（第二革命）。袁は一九一四年に臨時約法を廃止、新たに中華民国約法を公布して大総統の権限を強化した。そして一九一五年に皇帝を自称したが失敗し、一九一六年六月に病死した。袁の死後、大総統に就任した黎元洪（一八六四－一九二八）は臨時約法の復活を宣言するが、翌年に失脚し、その後の北京政府は革命派が目指した政治とは違う方向に進んでいく[3]。

第二革命後、孫文は日本に亡命、一九一四年に中華革命党を東京で組織した。一九一七年九月一〇日、広東を基地とする中華民国軍政府（広東護法政府）が成立する。孫文はこの広東政府の大元帥に就任し、「臨時約法を護る」という護法運動を展開する。これ以降、共和革命は第二段階に入る。その過程で、五・四運動が発生した。こうした中国革命の歴史的展開を概観すると、同時期の、韓国独立運動の歴史的展開と類似した点を数多く見出すことができる。中韓両国はほぼ同じ革命状況に入っており、またお互いに連鎖し連動していたからである。しかしその類似点に注目した研究は見当たらない。最も大きな要因は、東アジア歴史研究における一国史観が挙げられる。それを解体していくための地域史や比較史の研究が必要である。

本稿では、辛亥革命と韓国独立運動との関係を考察する。まず韓国独立運動の秘密結社だった新民会に触れて、その北京支部を担当した会員の曹成煥《チョソンファン》（一八七五－一九四八）が、中国の革命状況にどう向き合っていたかを考察する。次に、中国に亡命していた申圭植《シンキュシック》（一八八〇－一九二二）の活動を考察する。最後に、三・一運動後、上海で組織された大韓民国臨時政府（上海臨時政府）の臨時憲法を臨時約法と対比してその間の共通性を確認し、また中韓両国の選んだ「民主共和」の思想的基盤について管見を述べる。

Ⅰ　中国の革命状況と曹成煥

辛亥革命とその後の中国の革命状況は、韓国独立運動に大きな反響を引き起こした。独立運動の「独立」とは、革命を含意するが、辛亥革命はそのよい手本になったといえるからである。当時の韓国は、韓国併合（一九一〇年八月）により一種の革命状況に入っていた。いや、一九〇五年一一月の第二次日韓協約（韓国では、乙巳勒約・乙巳保護条約）により保護国化されたとき、革命状況はすでに生まれていた。当時の愛国啓蒙運動の唱えた国権回復とは、もはや王朝回復（復辟）の域を超えていた。[4] とくに一九〇七年七月二四日に高宗皇帝（一八五二―一九一九：在位一八六三―一九〇七）の譲位が強制された後、独立運動の大勢は立憲派から革命派へ移り変わったと思われる。それを象徴するのが、秘密結社の新民会である。[5]

新民会は、一九〇七年二月に米国から帰国した安昌浩《アンチャンホ》（一八七八―一九三八）の発起により、梁起鐸《ヤンキテック》（一八七一―一九三八）、李東寧《イトンニョン》（一八六九―一九四〇）、李東輝《イトンフィ》（一八七三―一九三五）ら七人の創立メンバーが会合し成立した。梁起鐸を総監督、李東寧を総書記に選出し、安は組織部長格の執行員という職につき、「大韓新民会趣旨書」、「大韓新民会通用章程」などの文書を採択した。[6] そして国内各地に文会を設置して会員を増やし、当時の愛国人士をほぼ網羅した全国規模の組織となる。新民会の目的は、「大韓新民会通用章程」第2章第1節によれば、「わが韓の腐敗した思想と習慣を革新して国民を維新し、衰頽した発育と産業を改良して事業を維新し、維新された国民が統一聯合し、維新された自由文明国を成立する」ことにある。[7] つまり、新民会は共和革命を目指した革命組織であった。

一九一〇年三月、新民会は幹部多数の国外亡命を決定した。亡命幹部はそれぞれの地域を分担し、例えば安昌浩は欧米、李東寧はロシア領の沿海州、李東輝は満州の間島、曹成煥は北京支部を担当することになった。こうして同年四月から、幹部の国外亡命が始まる。亡命幹部の一陣であった安昌浩、申采浩《シンチェホ》（一八八〇―一九三六）ら一〇余人は四月に青島で会合し、目的達成のための方案を講じた。採択されたのは、安昌浩の提案による新韓民村と武官学校の建設という方案であった。

しかし一九一一年に入って、朝鮮総督府は一月から黄海道一帯の要視察人を検挙し、九月頃からは新民会の総監督梁起鐸ら中央幹部をはじめ地方会員、その他の愛国人士を保安法違反の名目で逮捕した。その過程で、新民会組織の情報を得た朝鮮総督府は、一九一二年五月までに全国の新民会幹部・会員を再び逮捕した（一〇五人事件）。これによって、韓国国内の新民会の組織は崩壊した。当時の韓国は、朝鮮総督府の武断統治により一層の暗黒時代に入っていたのである。したがって、辛亥革命が起こったことは、韓国国内の独立運動にも大きな反響を引き起こしたに違いないが、それを表現する言論・集会・結社は皆無であった。

それでは、辛亥革命に、国外に亡命していた独立運動家はどのような反応を示したのであろうか。その一端を、曹成煥が安昌浩に宛てた手紙の一部を通してうかがうことにしたい。[8] 曹は、武昌起義から一一日後の一九一一年一〇月二一日（陰暦八月三〇日）付けの手紙のなかで、辛亥革命をめぐる各国公使の態度について、「日・露等の公使は干渉しようと提議したが、英・米・仏等の公使が反対して局外中立を宣布し、観戦員［特派員］を派遣して［革命の状況を］観察させた」が、日本側は、「革命党を促して［清朝に］剛硬に対抗させる」一方で、「［清朝］政府を促して［革命党の］掃討を［日本側に］委任させようと周旋している」（五八二頁）と述べている。[9]

一〇月二二日付けの手紙は、前日の手紙の内容を繰り返した後、中国情勢を詳しく伝えている。そのうえ、中国人には「大きな希望があるが、われわれにはいつ、このような日が来るのか」（五八九頁）という感慨を表している。曹は辛亥革命を「大きな希望」と称揚したのである。一〇月二六日（陰暦九月五日）付けの手紙では、中国革命軍は「処事［処理］が方正［正確］、外交は敏活、設備は完全［準備は万全］」で、「これからの中国内乱の模範となるだろう」（五九一－五九二頁）と称揚した後、「われわれには準備［蓄積］された実力がないので、こんなよい機会に出会っても少しも［中国革命軍に］同情を表せない。それは真に寒心［とても遺憾なこと］だ」（五九四頁）と嘆く。

武昌起義の成功後、清朝は、直隷総督から罷免されていた袁世凱を復権させて北洋軍の動揺を抑えた。そして一〇月二二日の湖南独立、二三日の江西独立を受け、二七日に袁を欽差大臣に任命し武漢進攻に着手した。さらに二九日の山西独立、直隷新軍の兵諫（年内の国会開設と憲法草案の起草などの要求）の発生を受け、一一月一日には袁世凱を内閣総理大臣に任命した。[10] この動きに対して、曹成煥は一一月五日（陰暦九月一五日）付けの手紙のなかで、「袁世凱が新内閣を組織し、いくら敏活な手段で施政を改善しても、三党派（孫文の革［命］党、康［有為］・梁［啓超］の［立］憲党、袁世凱の政府党）は和衷［和解］し難く、内乱の鎮静の見込みはない」（五九八頁）と予測する。

その間に一一月三日の上海、四日の浙江、五日の江蘇など各省が次々と独立を宣言した。この消息を伝える一一月二〇日（陰暦九月三〇日）付けの手紙のなかで曹は、革命派からの「多大な同情」を得て、「わが国［韓国］との永遠なる相助関係を結びたい」（六〇五頁）と言う。その二日後の手紙では、「この国に献身するのが事理にかなっていると思うので、私の願うところを認めてほしい」（六一五頁）と請う。曹は、辛亥革命に参加しようという意志を持っていたのである。[11]

さて、中国の各省に革命政権が立ち上がるなか、統一政府の設立は緊急の要件となった。真っ先にこの呼びかけを行ったのは「首義の地」武昌からで、一一月九日に黎元洪は、各省代表を武昌に派遣するよう呼びかけた。この呼びかけは宋教仁の企図であった。他方、宋と同じく中国同盟会中部総会（一九一一年七月三一日、上海で結成。略称、中部同盟会）の幹部であり、上海都督であった陳其美（一八七八－一九一六）は一一月一一、各省代表を上海に派遣するよう要請し、一五日に上海会議が開かれ、各省都督府代表連合会が設立した。

しかし一一月二三日、武昌の湖北軍政府は上海会議の動きに反発した。その結果、各省代表は武昌に赴くことになった。その間、袁世凱は湖北軍政府に「停戦、宣統帝の退位、袁の総統就任」の講和三条件を提示し、一二月一日、双方は「武漢地区停戦協定」を締結した。そして一二月二日に開かれた武昌会議では、臨時政府組織大綱の制定が決定されると同時に、袁を臨時大総統に推挙することが確認された。翌三日、組織大綱三章二一条が議決され、大総統制による民主共和制の方針が確認された。また七日以内に南京に集結、一〇省以上の代表が集結した場合は臨時大総統選挙を実施することも定められた[12]。これに対応して袁は、一二月八日に唐紹儀（一八六〇－一九三八）を全権代表に任命、黎元洪や漢口の各省代表との会談を行うことになる。

こうした中国の情勢変化のなか、曹成煥は北京を訪ねてきた、かつて大韓帝国の陸軍武官学校の同僚であった申圭植と会う。一二月一一日（陰暦一〇月二一日）付けの手紙は、袁による唐紹儀の派遣などの中国情勢を伝えた後、申と共に「南へ行こうと決意しており、明日発程する」、「もし戦事が継続すれば銃一発でも放って微忱［革命軍への誠意］を表し、もし講和になれば……単千元でも軍餉［革命資金］を補助するつもりである。そのお金は申兄の所持金で賄う」（六一八－六一九頁）と述べ、その手紙通り、曹は申と共に南京、上海へ赴き、革命派の指導者たちと交流して親密な関係を築いていく。

曹が手紙を再び書いたのは一九一二年二月四日（陰暦一二月一五日）のことであった。その間に中国の情勢は次のように変化した。一二月二五日に孫文が帰国し、二九日には南京で臨時大総統選挙が実施された。そして一九一二年一月一日、孫文は南京にて中華民国成立を宣布した。これを受けて曹は、二月四日付けの手紙のなかで、「今月の初にこの地に到着して見て聞くに嬉しいことが多い。直隷、山東、山西、河南四省の外に十四省はすでに共和国を組織し、孫文氏が臨時大総統に被選し、多くのことが日々進展している。これは中国の幸福であるばかりでなく、アジアの幸福、わが国の幸福である」（六二四頁）と中華民国成立を称揚する。

曹の中華民国が成立したことへの称揚は、一九一二年二月二〇日（陰暦一月三日）付けの手紙にも続く。そのなかで、「五千年の老大帝国の専制政治を打破し、六洲に輝く共和政体を成立した。……これは古今東西にまれな中華が創成した大きな成功であり、アジアの歴史に光をもたらし、東西の強権国には肝胆寒からしめるものである」（六二三頁）と言う。「アジアの大陸に自由を提唱したのが中華のこの成功であり、半島江山［韓国］に革命思想を呼び起こしたのもこの成功である」とも言う。さらに、「われわれも心をくじけずに目的に向かって邁進しさえすれば、半島江山に悪魔が滅亡し、日月が重明する［主権を回復する］日も遠くないと確信する」（六二三頁）と、祖国光復への信念を表明している。

引き続き曹は、「南京へ行って重要人物を訪問した際に……心からの歓迎と感謝の気持ちを表し、家人兄弟のように歓待された」ので、その答礼として「中兄の旅費の余りから数百元を送り、軍餉［軍資金］に充ててほしいと伝え、黄興には書を送ってわが民族の精神を表した」ところ、その返信に「友邦の君子は永遠にわが成功を助けてほしいし、お互いが自由幸福を共に享受しようではないかと書いてあった」（六二四―六二五頁）と言う。そうした「真情なる接待」に感動した曹は、同盟会の「外郭団体」である「自由党の党員になって久しく、共和憲政会にも入会するつもりである」（六二〇頁）と述べている。[13]

曹は革命派の「幾人かから」、「中国各地方に貴方の機関を設けてそれらの同志と連絡し、永遠にわれわれと休戚を共に協力して進むならば障碍と困難は何もなく、一〇年を出ないうちに大成功を奏でるだろう」（六三〇頁）と言われたと言う。そして、これに従う形で申圭植が当地に残った。「申兄はまだこの地に在って、これから連絡業務に励み、また確実な機関［独立運動基地］を成立させよう」（六三〇頁）としたのである。一方、曹は北京に戻り、しばらく同志との連絡業務に従事した[14]。

Ⅱ　中国の革命状況と申圭植

申圭植の中国亡命は、彼の漢詩集『児目涙』のなかの「束装」「拝退天宮」「有感」「発漢城到鴨緑江」「到安東県留誠一号」「到山海関」など一連の漢詩をみれば、一九一一年一一月の下旬以降のことであったということが分かる[15]。すなわち武昌起義の後、辛亥革命が進行している最中、中国に亡命したのである。そして一二月一一日頃、北京の曹成煥を訪ねた。したがって閔弼鎬の『睨観申圭植先生伝記』のなかの「中国へ渡って来た後、先生は名前を申檉《シンソン》と改名し、同盟会に加入、孫文総統に従って武昌起義に参加した」という記述の下線部分は誤りである[16]。

前述したが、申は曹と共に、革命派の要人と親密な関係を築いた。その様子は『児目涙』の多数の漢詩からもうかがうことができる。例えば、そのなかには「宝剣」、「贈黄克強」二首、「挽黄克強」という漢詩四首が含まれている。そこで先に引用した曹の一九一二年二月二〇日付けの手紙のなかに登場する、黄興への「書」とは「贈黄克強」二首、もしくはそのどちらかを指すと推定される。その二首は、「義鼓一聲轟四境、高風十月到中原、日下蛍芒無少補、河辺馬革有衷言、大陸歓呼春布徳、青山痛哭夜招魂、漢興秦滅惟公理、此時誰知滄海君」と「山河逢再造、日月見重新、成功功不取、千秋一偉人」である。申は、黄興を滄海君(秦始皇帝に椎を投げつけたとされる滄海の壮士)に喩え、千秋一偉人と讃えたのである。ちなみに、「挽黄克強」は一九一六年一〇月三一日に黄興が死去したときに詠んだ哀悼詩である。

申は孫文にも漢詩二首を贈った。一つは「共和新日月、重開旧乾坤、四海群生楽、中山万歳存」、もう一つの「贈孫中山」は「荊天棘地一身軽、楚水関山路不平、鉄血彊場当日愿、数个万口是同聲」である。一九一二年四月一七日、上海で、申は孫文と会ったようである。同年四月一八日付けの『民権報』には、「拝謁孫中山記　韓人〇〇撰」という記事を載せているが、その筆者は申であると思われる。そこには「孫文先生が上海を経て、また広東へ向かわれるという消息を聞き、お会いしたく、昨夜、滙中旅館に行った。折しも先生と胡漢民〔一八八〇－一九三六：当時の広東都督、国民党の広東支部長〕が外から戻ってきて出会った。……胡漢民の懇請により一緒にエレベーターに乗って先生の部屋に行くことになった。先生がお座りくださいと言ったが、私は立ったまま『中華民国万歳、アジア初の大総統万歳』と唱えた」とある。

さて、『児目涙』のなかの「悼故友血児君」という漢詩によれば、申が上海で初めて交友した中国人は『民立報』の記者で、後に宋教仁の秘書となった徐血児である。[17]徐の死去を哀悼して書いたその漢詩には、「血児者、余往在辛亥之年、由古都遁身渡海上、翌日訂交之第一人也」と付言してある。すなわち徐は、申が辛亥年(一九一一年一一月中旬頃と推定される)に古都の南京から上海へ移動した日の翌日、交友し始めた最初の人物だったということである。

一方、申は『民権報』の戴季陶(号は天仇、一八九一－一九四九)らとも親密な関係を築いた。[18]例えば、『児目涙』には「贈天仇」という漢詩がある。そのなかで申は、自分を「夕暮れの白鳥を憐れみ眺める」ものと比喩しながら、「将来は千波萬壑[苦難に満ちた道]のようだ」と嘆いている。この漢詩を、戴季陶は一九一二年四月一〇日付けの『民権報』

に載せており、「この詩の筆者は国亡び家散った三韓［韓国］の志士であり、中国へ亡命して来て国事［独立運動］に忙殺している人である。この詩を読むと、涙に沈む。われわれもやがて三韓の前轍を踏むかもしれない」という感想を付している。その頃、申は「民報社にて三〇元［月給］を貰う帳房（会計）となっていた」という。[19] それゆえ、民報社は当時、韓国の愛国人士や留学生の連絡所としての役割を担っていたようである。[20]

また、『児目涙』には「贈宋漁夫」という漢詩もある。そこに「風雲開革幕、雪月満漁磯、漢運中興日、秦仇［日本］未報時、松茂能知悦、猩亡還可悲、倘記龍公館、青丘血涙児」とあり、革命が幕を開け中国の運命は中興（興隆）の日を迎えたが、韓国には未だ報復せずにいる秦仇があるのが悲しいとする、青丘の血涙児＝韓国の申圭植の心情が表れている。申は、宋教仁が暗殺された後、上海で催された宋の葬式に自作の挽章を掲げて参席し、周囲の視線を引いたという。[21] さらに、「公之友青丘恨人」という挽聯もある。これは、陳其美が一九一六年五月一八日に暗殺されたとき詠んだ漢詩である。そのなかで申は、陳其美（＝陳英士）を哀悼し、中国の革命と共和の前途多難を憂えている。

申は、一九一二年七月四日に上海で同済社を組織する。[22] 同済社の中心人物は、申をはじめ朴殷植《パクウンシック》（一八五九－一九二五）、金奎植《キムキュシック》（一八八一－一九五〇）、申采浩、朴贊翊らの著名な独立運動家と、多数の留学生であったと言う（『睨観申圭植先生伝記』二六六頁、以下同）。[23] また、「韓国と中国の革命志士をお互いに連結し、両国民の間の友誼を増進させるために新亜同済社を組織することを発起した」とし、その発起には「宋漁夫、陳英士、胡漢民、戴季陶……陳果夫」らの諸先生が参加したとも言う（二六六－二六七頁）。その発起人の一人とされる陳果夫（一八九二－一九五一）は、「この年［一九一二年］に上海で朝鮮人某某と共に秘密結社である新亜同済社を組織した」と回想している。[24]

しかし一九一三年に入ってから、申らが築いてきた革命派との親密な関係は大打撃を受ける。同年三月二〇日の宋教仁の暗殺、それに続く同年七月の孫文らによる第二革命の失敗が響いたからである。孫文、黄興、陳其美、胡漢民、戴季陶ら革命派は日本へ亡命した。そして一九一四年七月に東京で中華革命党を結成し、反袁活動を続けた。その後、党の総務部長であった陳は帰国し、一九一五年一二月に上海で挙兵したが（第三革命）、それは失敗に終わった。そして一九一六年五月一八日、陳が暗殺される。また、黄は種々画策するが、同年一〇月三一日に病死する。

一九一四年末、同済社の指導者は独立運動の新しい方略を模索し、新韓革命党の結成に取り掛かっていた。その名称から、中華革命党の影響があったと判断される。ならば、新韓革命党を結成する目的の一つは、中華革命党の反袁活動に連帯し、それを支援するということにあったと推定してもよかろう。しかし実際は異なっていた。その背景には、同年七月に勃発した第一次世界大戦と中日関係の悪化がある。大戦が勃発するや、日本はドイツの利権をねらって山東半島に出兵、八月にはドイツに宣戦布告し、一九一五年初めには中国の滅亡を企む二十一カ条要求を北京政府に提出し、袁の皇帝即位への支持をその交換条件とした。

一九一五年三月、独立運動の大御所である李相卨《イサンソル》（一八七〇－一九一七）が上海を訪れた(25)。彼の影響力のもとで、三月に組織された新韓革命党は、北京に本部を置き、李相卨を本部長、朴殷植を党本部の監督、成楽馨《ソンナックヒョン》（生没不明）を外交部長に選んだ。党組織の主導権は北京本部に委ねられた。上海は一支部になり、支部長には申圭植が選ばれた。ところが北京本部の活動は意外な方向に向かう。「ドイツの勝利」という予測のもとで、ドイツとの対日軍事協約、北京政府との韓中誼邦条約を締結しようと計ったのである。

そのために、北京本部は高宗の密命＝認可を得ようと試みる。その目的は、高宗の認可をもとに臨時政府を組織し、それを中国やドイツに承認させて三国連合を結成することにあったといえる。高宗の密命を得るための工作を担ったのは、外交部長成楽馨であった。成は一九一五年七月、国内に潜入して工作を行ったが逮捕され、失敗に終わる。それによって、新韓革命党は存続さえ危うくなり、間もなく解散した。申らの同済社の指導者を含む各地の独立闘士からの支持を失ったからである。

新韓革命党は解散したが、臨時政府を組織しようという党の方略は遺された。同済社の指導者は一九一五年八月頃、上海で大同輔国団を組織する。そして一九一七年七月には申圭植、朴殷植、曹成煥、金奎植、申采浩、趙素昂《チョソアン》（一八八七－一九五八）[26]ら一四人の名義で、「大同団結宣言」を発表する。[27]この宣言の「要旨文」には、国内外各地の独立闘士・団体の「一致団結」とそれによる「新韓建立」を目指すとある。その綱領（七条）は、例えば「唯一無二の最高機関を組織すること」（第一条）、「大憲を制定し民政に合う法治を実行すること」（第三条）などを掲げている。要は、独立運動の統一機関＝臨時政府を組織し、民主共和政の実行を目指すということである。

一方、同済社の指導者は一九一七年八月、ストックホルムで万国社会党大会が開催されると聞き、この大会宛てに「朝鮮社会党」の名義で電文を送った。ドイツ新聞Norddeutsche Allgemeine Zeitungの一九一七年九月二日字に掲載されたという[28]、この電文の主旨は、韓国独立を含む「すべての民族の政治的問題」を大会で討議すべきだということであった。しかしストックホルム大会は開催されず、同電文も霧散された。「朝鮮社会党」も名義上の組織であった。とはいえそれは、申らの同済社の指導者の間に国際意識とともに社会主義（国家）との連帯意識が広まっていたということを表す。

さて、ロシア革命後の一九一七年一一月一八日、ソヴィエト政権は「平和に関する布告」を出した。それは植民地を含めた領土・民族の強制的な併合を否定し、諸民族の自決を全面的に承認する規定になっている。それに応じて、韓国独立運動家の間で、ソヴィエト政権との連帯を図ろうという気運が高まったのは容易に想像されよう。一方、一九一八年一月八日に米国大統領ウィルソンは「一四カ条の平和原則」を発表した。その第5条「植民地問題の公正解決」は民族自決を謳っている。これは民族自決の一部承認という限定的な規定になっているものの、韓国独立運動家の期待が高まったのも容易に想像されよう。何より、「一四カ条の平和原則」はドイツの降伏を引き出すことになった同年一一月、第一次世界大戦の休戦協定において講和の基本原則とすることが約された。

こうした世界情勢の変化のなか、一九一八年一一月二八日、新韓青年党が上海で組織された[29]。この組織を主導したのは同済社の第二世代といえる呂運亨《ヨウンヒョン》（一八八六―一九四七）、徐丙浩《ソビョンホ》（一八八五―一九七二）、趙東祜《チョトンホ》（一八九二―一九五二）らの青年社員であった。同済社の指導者は彼らを支援し、新韓青年党の活動にも参加した。例えば、金奎植が新韓青年党の理事長に就任し、朴殷植はその機関誌『新韓青年』の主筆を担った。そして組織を整備し、内外各地の独立運動家を糾合する独立運動の統一機関となりつつあった。

一九一九年一月に開催されたパリ講和会議で、米国全権代表となったウィルソンは「一四カ条の平和原則」を米国の中心的主張とした。パリ講和会議に、新韓青年党は金奎植を特使に選び派遣した。そして韓国併合条約の廃棄、韓国の自決・独立を要求する「請願書」をパリ講和会議に提出する。しかしその請願は受け入れられず、パリ講和会議や「一四カ条の平和原則」にかけた期待も霧散される[30]。その間、韓国国内では三・一運動が展開し、これを機に、内外各地の独立闘士は多様な臨時政府を組織する。それらの動向を汲みあげて統合する形で、一九一九年四月に上海で、同済社の指導者と新韓青年党を中心に臨時議政院が組織され、大韓民国臨時政府が樹立したのである[31]。

おわりに

全文七章五六条から成る中華民国臨時約法は、東アジアにおいて最初に打ちたてられた民主共和国にふさわしい内容をそなえていた。第一章総綱の第二条「中華民国の主権は国民全体に帰属する」という主権在民の原則を明記した。第二章人民は、第五条「中華民国の人民は一律に平等であり、人種・民族・階級・宗教による区別はない」という国民平等の原則をはじめ、各種の自由権（第六条）と諸々の基本的人権（第七～一二条）、そして国民の義務（第一三～一四条）を定めた。そのほか、第三章の参議院、第四章の臨時大総統副総統、第五章の国務院、第六章の法院、第七章の附則で構成される。臨時約法の政体は三権分立（第一六条の立法権、第五章の行政権、第六章の司法権）の制度を採用して、大統領制のもとに議院内閣制を採り入れた民主共和制であった。

臨時約法が公布された一九一二年三月一一日から約七年後の一九一九年四月一一日、大韓民国臨時議政院は臨時政府を樹立し、また大韓民国臨時憲章を制定した[32]。臨時憲章の宣布文には三・一運動が「漢城［ソウル］で起義して三十有日、平和的独立を三百余州に光復して……組織された臨時政府は恒久完全な自主独立の福利をわが子孫黎民に世伝するために臨時議政院の決議によって臨時憲章を宣布する」とある[33]。臨時憲章は、第一条で「大韓民国は民主共和制」、第二条で「大韓民国は臨時政府が臨時議政院の決議によって統治する」という議院内閣制を標榜していた。そして人民の平等・自由（第三～四条）、選挙権と被選挙権（第五条）、人民の義務（第六条）などの一〇条で構成される、略式憲法であった。

この略式憲法を補正する形で[34]、一九一九年九月一一日に制定・公布されたのが大韓民国臨時憲法である。この臨時憲法（前文と八章五八条）には、中華民国臨時約法と共通する条項が多い。例えば、第一章綱領の第二条「大韓民国の主権は大韓人民全体に在る」、第四条は「大韓民国の人民は一切平等である」。そして第二章人民の権利と義務は、各種の自由権（第八条）と諸々の基本的人権（第九条）、そして国民の義務（第一〇条）を定めた。臨時約法の該当条項とほぼ同じ内容である。そのほか、臨時憲法の政体も、臨時約法のそれと同様、三権分立の制度（第五条）を採用して、大統領制のもとに議院内閣制を採り入れた民主共和制である。ただし臨時憲法の第六条は「大韓民国の主権行使は憲法範囲内で臨時大統領に委任する」と定めており、大統領中心制の性格が強い[35]。

このように中韓両国は臨時約法と臨時憲法で民主共和制を採り入れて、「民主共和」への道を歩んでいこうとした[36]。それでは、両国の選んだ民主共和の思想的基盤は何であろうか。注意を喚起したいのは、両国の民主共和は単に西洋からの輸入品ではない。そこには中韓両国の伝統、とくにその儒教伝統の思想的基盤が投影されているのである。例えば「民本」、「天下為公、天下公共」という思想・観念、これらは近代以前、固有の民主・人民主権や君民共治・共和などの思想・観念を醸し出しており、それを基盤として近代の民主や共和を受け入れたと考えることができる[37]。その意味で、中韓両国の民主共和は〈伝統〉と〈近代〉の異種交配（hybridization）の産物である。いいかえれば、伝統と近代の文化触変（acculturation）によって産みだされた複合体である。

これに反して、北一輝は「孔教と共和政の絶対的不両立」を説き、「堯舜の禅譲」を「民意に依る更迭に牽強附会」し、「人民主権説を一夫紂論に捜査する勿れ」と言う[38]。しかし、北の説は儒教に対する没理解である。孔教は共和政と両立可能であり、また堯舜の禅譲は民意による政権交代にも読み替えられる。さらに、孟子の暴君放伐＝易姓革命の論は人民主権説につながり得るのである。これから問いただすべきことは、むしろ日本儒学がもつ問題点ないし限界である。また、日本近代においては民主共和思想を政治制度に導入しようという試みが弱く、脆くも挫折したということを強調しておきたい。

註

（1）内田良平（一八七四－一九三七）は玄洋社の壮士として一八九四年の東学農民戦争で扇動工作を行うなど、朝鮮問題にも深く関与し、一九〇一年には黒龍会を創設した、いわゆる大陸浪人の巨頭である。一九〇六年には伊藤博文（一八四一－一九〇九）の韓国統監赴任にさいして随行員として渡韓、一進会（会長李容九《イヨング》）を表に立たせて一九一〇年八月の韓国併合工作を画策した。

（2）一九一二年八月二五日に北京で成立した国民党は、孫文を首班に推挙したが、実権は宋教仁が掌握していた。
（3）一九二三年一〇月一〇日に北京政府は中華民国憲法（曹錕憲法とも言われる）を施行し、臨時約法を廃止する。
（4）ただし愛国啓蒙運動のなかには、高宗皇帝への忠誠心から立憲君主制をめざす立憲派や、あるいは立憲と共和革命との間で揺れ動く中間派も含まれていたと思われる。一方、義兵運動を起した衛正斥邪派は王朝回復をめざす復辟派といってもよいが、その指導者の死後、次第に革命派に合流していったと思われる。
（5）新民会の詳細は慎鏞廈「新民会의 創建과 그 国権恢復運動」『韓国民族独立運動史研究』（乙酉文化社、一九八五）の第1章を参照。その成立時期については、一九〇七年の二月説（国友尚謙）、四月説（慎鏞廈）、九月説（金基錫）などがある。
（6）これら文書は、安昌浩が帰国前の一九〇七年初、カリフォルニア州のリバーサイドで米州地域の「大韓新民会」を組織した際に作成されたものである。
（7）韓国統監府の警務総監の内査報告によれば、「その［大韓新民会の目的の］深意は、韓国を列国保護の下で共和政体の独立国とすることにある」という。「大韓新民会の構成」、憲兵隊長機密報告（警秘五九二－一）、国史編纂委員会編『韓国独立運動史』第1巻（資料篇）、一〇二四頁。慎鏞廈「新民会의 創建과 그 国権恢復運動」、一二四頁から再引用。
（8）曹成煥から安昌浩宛ての手紙は、全部で25通があり、島山安昌浩先生全集編纂委員会編『島山安昌浩全集』（東洋印刷株式会社、二〇〇〇）の第2巻（書翰Ⅱ、一一七四～一九八）に収録されている。引用のさい、引用文の後に頁のみを表記する。
（9）武昌起義が起きて一週間後に、宋教仁は「革命軍を交戦団と認むるや、貴国当局者へ交渉尽力を請ふ」という電報を内田良平宛に送った。それを受け取った内田は、北一輝らを華中（上海、漢口）に送り、中国現地の革命派援助と情報収集の任務にあたらせた。初瀬龍平『右翼内田良平』（北九州大学出版会、一九八〇）、一三五頁。北一輝は大正・昭和前期の国家主義運動指導者として有名だが、辛亥革命に際しては、同盟会・黒龍会にあって宋教仁を支援した。そして「支那革命党及革命之支那」を執筆し、のちに加筆し『支那革命外史』を出版している。
（10）しかし袁は二日に漢口を攻撃した後、北洋軍の軍事行動を停止し、水面下で湖北軍政府との講和協議を試みた。そして一三日、北京に戻って内閣総理大臣に就任、一六日には内閣を組織し、各国の政府承認を受けている。
（11）その後、曹は辛亥革命に直接参加とはいえないが、間接参加したといえる。これは当然、当時、曹と共に行動した申にもあてはまる。この二人の外に、辛亥革命や第二革命の討袁運動など、中国の一連の革命運動に間接参加した韓国独立運動の指導者は多い。また、それに直接参加した韓国の留学生・青年や亡命人士も多い。裵京漢『孫文과 韓国　中華主義와 事大主義의 交差』（図書出版한울、二〇〇七）、四七－五二頁を参照。
（12）その後、一二月一一日、上海と漢口両地方の一七省代表が南京に入り、中央政府組織に向けた会議が続けられた。一四日に各省代表は臨時政府組織大綱に基づき大総統選挙を行うことを決定したが、黎元洪と黄興の両派に別れていた。そこで一五日、袁世凱の共和制賛成の方針を獲得したため大総統選挙は延期され、袁への政治的期待が高まった。

(13) 自由党は一九一二年二月三日に上海で成立したが、一九一三年八月三〇日に京師警察庁により解散された。一方、共和憲政会は一九一一年一二月末に上海で、伍廷芳らによって成立した、比較的に穏健な革命派の政治団体であった。

(14) しかし一九一二年七月、桂太郎（一八四八－一九一三）が大連・シベリア鉄道経由で訪欧の途についた際、彼を暗殺しようと計画したが失敗、日本警察に逮捕されて国内に送還された。曹は一年間、巨済島に流配された後、釈放されるや、再び中国へ亡命した。その後、上海に往き、申圭植と共に活動し、一九一九年に成立した大韓民国臨時政府に参加して各種の独立運動に従事した。

(15) 申は中国亡命中、漢詩一四〇余篇と輓章一九篇を作った。それらに『児目涙』という題名を付したのは、彼の婿である閔弼鎬《ミンピルホ》（一八九七－一九六三）である。閔は一九四二年、自著『韓中外交史話』を中国で刊行したとき、そのなかに『児目涙』を採録した。また閔は『睨観申圭植先生伝記』（出版年未詳）を著した。

(16) 閔弼鎬『睨観申圭植先生伝記』、石源華・金俊燁共編『申圭植・閔弼鎬와 韓中関係』（나남출판、二〇〇三）所収、二六六頁。

(17)『民立報』は一九一一年初春、于右任（一八七九－一九六四）を社長、章士釗（一八八一－一九七三）を主筆として創刊された、中部同盟会系列の新聞であった。

(18)『民権報』は一九一二年三月二八日、同盟会会員で同年から孫文の秘書になった戴季陶によって創刊された。『民立報』と同じく、中部同盟会系列の新聞であった。

(19)「金永一から安昌浩宛ての手紙」（一九一三年九月九日字）、『島山安昌浩全集』の第2巻（書翰Ⅱ）、六八頁。同書には、金永一《キムヨンイル》（生没未詳）が上海から安昌浩に宛てた手紙の五通（1－15～19：一九一三年七月二四日字、八月一一日字、九月九日字、九月一二日字、一〇月一六日字）が収集されている。この五通の手紙はなぜか一九一三年のわずか約三カ月で終わっているが、そのなかには当時、上海で活動していた亡命人士たちの動向を知らせる、貴重な内容が含まれている。そこから、金永一は上海から安昌浩や米州地域の大韓新民会への連絡を担当していた人物と判断される。

(20) 例えば、一九一三年一月に間島から上海へ亡命してきた鄭元澤《チョンウォンテック》（一八九〇－一九七一：号は志山）の場合、新民会会員として当時間島で活動していた朴賛翊《パクチャンイック》（一八八四－一九四九）から申圭植への紹介書をもらい、上海の民権報社を訪れて韓国の留学生たちと逢い、また申とも連絡することができたという。鄭元澤著・洪順玉編『志山外遊日誌』（探求堂、一九八三）、六三－六四頁。

(21)「湖南会館之悲風」、『民立報』一九一三年三月二四日字：徐天復「漁夫先生被害後十日記」、『宋漁夫』（上海、一九二四）、『中国学術叢書』第三編、八四巻、一一頁。裵京漢『孫文과 韓国』、五九頁を参照。

(22) 同済社の創立時期や活動については、鄭元澤の『志山外遊日誌』、六四－〇三頁、裵京漢『孫文과 韓国』、六二－六四頁。また、同

済社の組織と活動のみならず、それを継承した独立運動組織については、金喜坤『中国関内韓国独立運動団体研究』（知識産業社、一九九五）の第一章を参照。

（23）同済社の中心人物は、その約七年後に組織される大韓民国臨時政府の要人になる。その意味で、同済社は大韓民国臨時政府の先駆的な機関であったといえる。

（24）陳果夫「陳英士先生之革命事跡」、徐詠平編『民国陳英士先生其美年譜』（台北、中央文物供応社、一九八〇）、三〇二―三〇三頁。

（25）李相卨は一九〇六年に李東寧らの同志と共に海外へ亡命し、上海とウラジオストックを経てロシア領の沿海州へ、間島へと赴き、そこに独立運動基地や民族学校を建設した、独立闘士の先駆である。また一九〇七年春、高宗皇帝の密命を受けて第二回ハーグ万国平和会議に派遣され、韓国独立を訴えた三人の密使の一人でもある。このハーグ密使事件により、高宗皇帝は譲位を強制されたが、李の忠誠心は相変わらず堅持されていたのであろう。しかし一方で、李は一九一四年、満州や沿海州の同志を糾合し、韓国最初の亡命政府である大韓光復軍政府を設立、その正統領に選任されていた。

（26）趙素昂は、日本留学中（一九〇四年一〇月～一九一二年初め）、一九〇八年一〇月末から戴季陶と交友関係を結んだことがある。趙は一九一三年夏頃、北京を経て上海へ亡命して独立運動に参加し、一九一九年からは大韓民国臨時政府の要人の一人となった。一九三〇年一月、安昌浩、李東寧、曹成煥らの臨時政府の要人とともに韓国独立党の創立に参加し、その党綱領として「個人と個人、民族と民族、国家と国家の間の均等」を追求するという三均主義を掲げた。この三均主義には孫文の三民主義の影響が投影されているという。裵京漢『孫文과 韓国』、第8章「三均主義와三民主義」を参照。

（27）三均学会編『素昂先生文集』上（횃불사、一九八七）、四六六頁。

（28）『東亜日報』一九八七年五月二〇日字の関連記事を参照。

（29）新韓青年党の組織や活動などについては、金喜坤『中国関内韓国独立運動団体研究』の第一章の二を参照。

（30）パリ講和会議の結果は、韓国の独立闘士を失望させたのみならず、独立運動の路線をめぐる対立と葛藤を助長し浮上させることになった。パリ講和会議後、韓国の独立運動は大きく、右派の民族主義と左派の社会主義（共産主義）という二つの路線（方略）に分かれて、対立しかつ離合集散していく。

（31）大韓民国臨時政府の詳細は、金喜坤『大韓民国臨時政府研究』（知識産業社、二〇〇四）を参照。

（32）この臨時憲章を起草したのは趙素昂であるといわれる。

（33）そのなかで「起義」という言葉に注目したい。そこには、三・一運動を武昌「起義」に比喩しようという意志が投影されていると判断される。

（34）その改正・補完を主導したのは、三・一運動後に上海に亡命してきた申翼熙《シンイッヒ》（一八九二―一九五六）である。

（35）そこには当時、植民地韓国の実状や、国内外各地の独立運動を強力な権限をもつ大統領のもとに統合しようという意志が投影されていたといえよう。ところが臨時大統領に選任された李承晩《イスンマン》（一八七五－一九六五）は滞米中であり、また彼の外交優先の独立運動路線が臨時政府の要人から弾劾を受けたので、大統領中心制は機能できなくなる。結局、一九二五年四月七日に改正・公布された大韓民国臨時憲法（三八カ条）は大統領中心制を廃止し、国務領制に変更した。その第四条で「臨時政府は国務領と国務員で組織された国務会議の決定で行政と司法を統辦する」とし、国務領を中心とする内閣責任制を採択したのである。しかしこの国務領制の前途も波乱に満ちていた。独立運動路線をめぐる対立とくに左右対立が表面化したからである。こうして一九二六年一二月に国務領に就任した金九《キムグ》（一八七六－一九四九）は、翌二七年二月一五日に臨時議政院を通過した大韓民国臨時約憲（五〇カ条）を承認し、四月一一日に公布した。その第二八条は「臨時政府は国務委員で組織された国務会議の議決で国務を統辦する」、「国務会議はその主席一人を国務委員から互選する」（第三六条）とし、すなわち国務委員を中心とする集団指導体制の主席制を採択した。そして中日戦争中、重慶に定着した臨時政府は一九四〇年一〇月九日、改正された大韓民国臨時約憲（四二カ条）を公布した。その第二七条では、「臨時政府を代表する」主席の権限が強化された（主席中心制）。その後、一九四四年四月二〇日に臨時議政院は改憲案を採択し、四月二二日、大韓民国臨時憲章（前文と六二カ条）を公布した。その特徴は、左右合作による憲法として、副主席制を新設した点である（主席は金九、副主席は金奎植）。

（36）しかし中韓両国の「民主共和」への道は苦難の道となった。例えば中国の場合、北京政府と南京政府の対立やそれによる国内分裂（地方の軍閥政治）、五・四運動後に表面化された左右対立、国共合作と国共分裂・内戦の反復、中日戦争など一連の苦境の歴史が繰り広げられたからである。こうした中国の苦境の歴史と連鎖し連動する形で、韓国の場合も同じく、苦難の道を歩むことになる。

（37）管見では、民本は民主と通底する概念である。民本はそれ自体が人権・民権観念を内包しているが、それが、例えば程朱学の「天理自然」観念と結合すると人権・民権観念を醸し出す。また『礼記』礼運などにみる「天下為公」や、『史記』張釈之馮唐列伝に初出し、程朱学の発生以降に多く用いられるようになった「天下公共」は、君民共治・共和観念を内包する概念である。

（38）北一輝『増補　支那革命外史』（共同印刷株式会社、一九二一）、三三九頁。

孫中山とベトナムの華人・華僑(1)

呉　雪蘭

はじめに

孫中山は、その革命生涯の大半を、海外の活動に奔走することに費やした。ベトナムは中国の隣国として、孫中山が中国で武装蜂起を仕掛ける上で戦略的な意義を備えていた。彼は一九〇〇〜一九〇八年の間に幾度もベトナムの各地を訪れ、華人・華僑と連絡を取り、革命宣伝活動を行い、資金を調達し、革命団体を組織し、武装蜂起を計画した。とりわけ、ベトナム同盟会分会の総指令部をハノイに設立し、広東、広西、雲南の武装蜂起を指導したことは注目されるべきである。ベトナムの華僑は人、物、金の三つの面で、孫中山の革命活動を支えたのである。

一　二〇世紀初頭のベトナムの華人・華僑の概況

ベトナムと中国は山河がつながり、歴史的にみても政治、経済、文化の関係が深い。華人がベトナムに移住した歴史は古く、一七世紀中葉以降大挙してベトナムに移り住んだ。ベトナムに移住した華人のほとんどは、中国の東南沿海地域の各省出身であり、中でも広東人はベトナム華僑のうちで常に最大の数を誇った。広東人の経営活動は主にサイゴンとチョロンに集中していた。彼らは自分達のコミュニティを作り、その中には居住区、商業区、会館、寺院、学校、病院、葬儀屋などが設けられていた。社会階層としては、将校・兵士、商人、農民、手工業者、労働者などがいた。一八一九年にはサイゴン、チョロンと九龍江平原をつなぐ水上輸送の通路が開通し、サイゴンとチョロンに住む中国人商人にとっては大変便利であった。中国人商人はこの通路を介して、輸入品及び内陸のその他地域の商品をコーチシナの六省に運び、そこの住民に販売し、そしてその地の米、家畜及びその他の農産物を買い付けて、他の地域に輸送し販売していた。このため、今もってサイゴンとチョロンは華僑の商業の中心地となっている。

一八五八年、フランスがベトナムに侵攻し、一八九七年と一九一九年の二度、植民地として開発を行った。インドシナは日増しにフランスの植民者の商品消費市場、廉価な労働力と米の輸出の中心地となっていった。フランスの植民者の統治時代、特に最初の植民地開発時には、フランス人は経済面で中国人商人に依存しており、そのためサイゴンとチョロンにやって来て定住する華人には便宜を与えていた。そこで商機を求めて大勢の中国人商人がベトナムにやって来たのである。

一九〇七年、北方のクアンニンの炭鉱には、既に五〇〇〇～六〇〇〇人もの中国人労働者がいた。中国人商人の採掘水準は管理から技術に至るまで、いずれもベトナム業者より優れており、そこで当時は、金、銀、銅、鉄、石炭など鉱物の採掘に関しては中国人商人がすべて経営管理を請け負っていた(2)。

一九世紀末から二〇世紀初頭にかけては、依然として大量の中国人労働者が流入し、ベトナムの華僑の中で相当な割合を占めていた。アヘン戦争後、清朝政府は西側諸国と一連の不平等条約を締結したが、その中で清朝政府は侵略者が中国人労働者を買って出国させる、即ち契約華工〔契約により海外で働く中国人〕が出国するのを許可した。農地を失った中国人農民の大半は、フランス人のゴム、サトウキビ、胡椒、コーヒー畑で農作業に従事し、また鉱山地区で鉱山労働者として働いた。彼らは、（1）自由な移民（2）契約華工という二つのルートでベトナムに移住したのである。統計によれば、一九世紀後半の三〇年間に約一万人余りの中国人労働者が取引されて東南アジアや世界各地に至っている。[3]

フランスの植民者がベトナムに植民機構を設立する以前の数十年間は、ベトナムでのフランス人の商業的地位は中国人商人に遠く及ばなかった。一八八三年、フランス人はハノイとハイフォンにわずか八軒の商店しか持たなかったが、中国人の商店は一三八軒にも達していた。輸出入貨物の三分の二を華僑が支配していたのである。[4] フランス植民当局はベトナムに入った初期には、中国人商人のベトナム市場における優位性と経験を買って彼らとの提携を希望し、彼らをフランス人資本家と現地消費者とが貿易する上での仲介役として利用した。中国人商人はフランス人との商売を通じて多大な利益を得ただけでなく、多くの新しい技術と資本主義の経営スタイルを学び、自身の莫大な資本を築き上げた。中国人商人はこれを基礎に、精米所、食品加工及び家具・木製器具など、加工製造業という新しい事業分野に投資を始め発展させた。しかし、中国人の経済活動の強みと特徴は、やはり商業貿易活動であった。二〇世紀初め、華人はベトナムで依然として経済的な優位を保っていた。フランスの資料統計では、一九〇四年におけるベトナム経済における二・二四億フランの総投資のうち、フランス人資本は一・二六億フラン（約五六％）、中国人資本は九六〇〇万フラン（約四三％）で、残りの約二〇〇万フラン（一％）がベトナム人資本であった。

ベトナムの中国人社会において「幇」とは、閉鎖的なコミュニティーであり、それは現地社会から独立していただけでなく、それぞれの方言を話す幇も、互いに独自の活動を行っていた。幇では、「中華民族の特色」を保とうとする意識が非常に濃厚であった。各幇の管轄範囲には、中国語学校、病院、出版社、刊行物、銀行、裁判所、ホテル、クラブ、ホール、寺院が設けられ、葬儀屋まであった。二〇世紀初めには、華僑の各幇の構成員数の伸び率が加速しただけでなく、投資活動も多様化した。中でも広東幇はベトナムで最も人数が多く、規模も最大の幇であった。二〇世紀中葉には、広東幇の構成員は三三万七五〇〇人となり、ベトナムの華僑全体の四六・六%を占めた[5]。彼らのほとんどは広東省の南部沿海地域から来て、チョロン一帯に集中していた。彼らが手がける事業には、各種の家具・鉄器、装飾品、木工、靴や衣類の製造が含まれ、とりわけ多いのは雑貨製造と食堂経営だった。精米業では、広東籍の中国人の名が通っていた。チョロンの精米所では、整備、据付や調節を担当する熟練技術者のほぼ全員が広東人であった。二〇世紀初め、市場競争に対応するために幇と幇の境界が次第に曖昧になり、それに伴ってそれぞれの専業組織が華僑社会に徐々に出現するようになる。コーチシナでは、華僑が「四幇協会」(広東幇、福建幇、潮州幇及び客家幇)を設立し、同協会は一九二七年には「ベトナム華僑協会」に変わった。一九四七年になると中国国民党は、フランス植民地当局が自治を行う行政単位として華僑の幇を用いるのは海外華僑社会の分裂を謀ることだと非難した。中国国民党の圧力で、フランスの植民者は幇組織を解体することを宣言せざるを得ず、これに取って代ったのが「華僑愛国連合会」(略称「愛連」)である。

二　孫中山によるベトナム華僑に対する宣伝と革命の働きかけ

孫中山の革命の生涯に、華僑はずっと付き従ってきた。孫中山はかつて、革命における海外華僑の役割について何度となく論述している。例えば、「華僑の思想が開けたのは早く、わが党(国民党)の主義が先進的であることを理解していた。だから、彼らの革命も先進的であり、革命を起こすたびに海外の同志たちの力を得たのだ[6]」と彼は語っている。

孫中山は一九〇五年、日本で中国同盟会を設立して以降、東南アジアの華僑社会をより重視した。彼はベトナムを新たな革命拠点に選び、ベトナム華僑から義捐金を募る他に、更に兵士を召集した。

二〇世紀初め、孫中山が広東、広西及び雲南の三省を武装蜂起を仕掛ける場所として選んだのは、この三省が辺境であり、民衆の基盤もしっかりして、決起がしやすいこと、地域が広く、迂回作戦に有利であること、また、国外から武器や人を輸送するのに便利であると考えたからである。彼らは、まず広東の潮州・恵州・欽州・廉州の四つの府で同時に蜂起を起こし、次にこれらの蜂起の烽火を広西、雲南へ引き入れて、南方の数省を根拠地として、長江流域と黄河流域へと拡大していくことを企てた(7)。ベトナムは中国の隣国として、広西や雲南などの省と陸路で境を接している。孫中山は一九〇〇〜一九〇八年の間、何度もベトナムを訪れているが、これには、(1)ハノイで武装蜂起を指揮する総指令部を設立する、(2)資金を調達する、(3)武装部隊に参加する兵力を集める、という三つの主な目的があり、一九〇七年、孫中山はハノイに武装蜂起を指導する総指令部を設立した。

孫中山のベトナム滞在期間における重要な活動の一つは、現地華僑に革命の宣伝を行うことであり、この活動はすべて彼が直々に行った。一九〇〇年六月、孫中山がまず接触したベトナム華僑は、サイゴンでよく知られていた商人の曾錫周、馬培生、李竹痴らであった(8)。一九〇二年にはフランスのインドシナ総督ポール・ドゥメール(Paul Doumer)の招きを受けて、ハノイに赴き万国博覧会を見学し、数か月滞在した。このとき、孫中山は中国人商人の黄隆生とその同郷の劉岐山や甄吉廷、およびナムハイ華僑の楊寿彭、張奂池、曾克済らと知り合った。これら華僑の支援を受け、孫中山はハノイで興中会ハノイ分会を結成し、黄隆生が設立した隆生公司を臨時の事務所とした。これは、東南アジア地域の興中会の最初の分会である。これ以降、サイゴン、チョロン、ハイフォンにも相次いで興中会分会が設立された。

ハノイ滞在期間中、孫中山は安宿に泊まって、「高達生」という仮名を名乗っていた。ある古老の同盟会員の一九五六年の回想によれば、

一九〇七年に孫中山先生はハノイに来て革命活動を行ったが、私は当時まだ一七、八歳の青年で、ハノイの黄隆生の裁縫店で見習いをしていました。あのときはまだ孫先生に会ったことはありませんでしたが、黄隆生と他の同盟会員の会話から、孫先生が腐敗した清朝政府を転覆させ、植民地主義に反対し、中華民族の自由平等を追い求めて闘っている人であることを知って、内心彼をとても敬服していました。しかしその頃はまだ「孫中山」という名前は知らず、この人が「高さん」と呼ばれていることしか知りませんでした。(9)

当時、孫先生の戦友である黄興らの事務所は、私が見習いをしていた黄隆生裁縫店の後ろの家、現在のハノイ、チャンティエン通り一二号（phố Tràng Tiền）に置かれていました。彼らは当時、密偵たちの注意をそらすため、日常はチャンティエン通り一二号の前の門からは出入りせず、その後ろの家を突き抜けて、隣から三軒目の家、つまり現在のチャンティエン通り八号の門から出入りしていました。あの頃、孫先生はよくそこを訪れていたのです。(10)

一九〇三年春、孫中山はベトナムのサイゴン、チョロンに来て活動を行い、李卓峰や劉錫初ら中国人商人や小さい商いをしていた黄景南らと新たに知り合った。彼らはサイゴンに閲書報社を設立し、志士と連絡を取り、情報を得やすいようにしていたのである。間もなく、劉錫初、黄景南、陶鉄らが「萃武精廬」を設立し、進歩的な書物を購入して無料で閲覧させた。数か月後には「萃武精廬」に参加する者は二〇〇人を超えた。彼らのうち黄景南は、その後、孫中山の忠実な戦友となった。「孫中山は何度もチョロンを訪れて革命宣伝活動を行い、そのときはいつもチョ

ロンでモヤシの栽培をしている黄祥(黄景南)のところに住み、暇なときには黄祥を手伝ってモヤシを摘んだり、日に当てたりという仕事をしていたので、その身分を知らない者は、孫中山をモヤシ屋黄祥の「使用人」だと思っていた。この時期、孫中山はしばしばベトナムの六省へ出向いて革命活動を行った。経費に窮すると、いつも黄祥が代わりに工面していた」[11]。

一九〇五年、孫中山と黎仲実らはサイゴンとチョロンを訪れた。彼らは二〇人余りの中国人と集会を持った。そこには黄景南、黎仲実、李卓峰、周観臣などがいて、いずれも孫中山とは旧知であったが、初対面の著名な華僑も数人いた。また、瑞廬の王芝甫や胞懐堂の李亜洪など、秘密結社・洪門会党の首領もいた[12]。陳慶によれば、このときにサイゴンとチョロンにいる上層の中国人商人のほぼ全員と会い、特に広東籍の各幇の幇長は全て参加していた[13]。孫中山は席上、清朝は腐敗し、主権を喪失して国は恥辱を受けており、列強が中国を分割しようと企んでいることを指摘し、また中国国内の革命が風雲急を告げていることを説明し、中国存亡の危機を救わねばならず、韃虜〔韃靼、北方民族に対する蔑称〕を追い出さずして民国を建設することはできないと語った。国を救い民を救うのは、何人にも責任ありと呼びかけた。これを聞いた参加者たちはみな大変感動した。その後、周観臣が義捐金を出して革命を支援しようと提案し、その場の人々は先を争って拠出を申し出た。この一晩で申し出のあった義捐金の総額は、約一万二千元であった[14]。このとき、彼はサイゴンとチョロンで中国同盟会サイゴンチョロン分会を設立し、事務所は華僑の一人が開く店舗に設け、名前を「昌記」と称した。場所はミトー市三〇四号(phố Mỹ Tho)である[15]。これが東南アジア地域で最も早く設立された中国同盟会の分会であった[16]。

同盟会の設立後、孫中山らはサイゴンとチョロンで華僑に対する革命宣伝活動を強化した。華僑の各階層で影響力を持つコミュニティー、娯楽場、レストラン・茶館、劇場・映画館、果ては花会(字花とも呼び、サイゴンとチョロンに住む住民の半分が愛好した一種の賭博）に至るまで、すべて革命宣伝活動の場として利用された。秘密裏に行われる活動もあれば、公開で行う活動もあったが、華僑が食後や夜の空いた時間に、コミュニティーに設置した事務所へ自由に集まっておしゃべりする機会を持って、祖国の状況を論じ、革命の宣伝を行った。公の場でも秘密の宣伝活動が行われた。例えば、革命の刊行物や情報を伝えるのに、花会の場所を利用して札を持っている人に密かに渡すなどした。その後、植民地当局に察知され花会は禁止された。しかし革命的な会党やコミュニティーは、折に触れ吉慶戯院を利用して民族的な演目を公演し、粤劇〔広東オペラ〕の名優である扎脚勝、声架羅、公爺創らがサイゴンとチョロンを前後して訪問し、歴史劇「梁紅玉」、「十二金牌害岳飛」、「戚継光」などを上演し、それによって華僑の民族意識や愛国心を高揚させることで祖国の革命事業に一身を捧げたのである。(17)

一九〇六年末、日本政府は清朝政府の要請に応え、孫中山に日本を離れるよう要求した。(18)一九〇七年三月、孫中山はサイゴンを訪れ、広西の三合会の首領である王和順や、広西の農民蜂起の主なリーダーらと会って、王を同盟会員に引き入れ、ともにハイフォンを経てハノイに向かった。ハノイでは、孫中山は興中会分会を中国同盟会分会に改組し、ベトナム同盟会分会総指令部をハノイのガンベッタ通り六一号（Gambetta、現在のチャンフンダオ通り―（phố Trần Hưng Đạo）に設置し、広東、広西、雲南の武装蜂起を指導する総指令部とした。(19)ハノイ同盟会会員には、黄隆生、楊寿彭、張奐池、黄明堂、劉岐山、甄吉廷らがいた。ハノイ同盟会分会は粤東会館、日新茶楼などを活動拠点とした。

ある老華僑の回想によれば、「一九〇七〜一九〇八年当時、孫中山は何度もここ（粤東会館）で、華僑やベトナムの革命家たちと面会したり、会議を行ったりした。」「その頃、華僑と密接な関係を構築するため、革命組織（同盟会）はハノイに「富来居」という茶屋（その後「日新楼」に改名）。〔「日新」の中国語の発音は孫中山の字「逸仙」の発音に似ている〕を開いて孫先生を記念した。孫先生は度々そこに出入りして革命党員と連絡を取り、ベトナム華僑に鎮南関

（現在の友誼関）、河口、防城などの革命戦役に力を尽くすように指導した。」[20]

その他、孫中山はこの時期、ハノイで華僑が学校を建設するのを援助した。孫中山は華僑の愛国心を啓発し奮い立たせただけでなく、ハノイ華僑による華僑社会の文化的な基盤づくりを助けたのである。当時は帝国主義の統治下にあり、華僑の文化事業は非常に立ち遅れていた。孫中山の呼びかけによって、ハノイ華僑は「ハノイ広東商業中西文学堂」（略称「広東商校」、ハノイのハンブオム通り中華中学の場所にあった）[21]を設立した。

ハイフォン同盟会分会は一九〇八年初めに設立された。一九〇七〜一九〇八年の間に、ハノイとハイフォンの加盟者は数百人に達した[22]。一九〇八年三月、鎮南関の闘いが失敗に終わった後、清朝の要求によりフランス植民地当局は孫中山を国外へ追放し、孫中山はベトナムを離れてシンガポールへと向かった[23]。

ハイフォンの著名な老華僑である鐘念祖の甥、鐘炳昌は、当時のことを次のように回想している。

孫中山は一九〇八年頃にハイフォンを訪れて、革命宣伝活動を行いました。ハイフォンに来て間もなく、フランスの植民地当局から指名手配されましたが、ハイフォン華僑の支援によって幾度も危機を逃れました。孫先生は私の伯父、鐘念祖の自宅にしばらく住んでいました。フランス植民地当局が差回した兵士が叔父の家に家宅捜索に来ましたが、伯父は孫先生を屋根裏部屋にかくまいました。その後、孫先生は秘密裏に活動するためこの屋根裏部屋に住むようになり、そこに机まで置いて仕事をしました。食事のときはロープにかごを括り付け、ごはんとおかずをかごにいれて吊り上げて食べていました。孫先生はこのように苦難と闘いながら活動していたのです。……ある時孫先生が外出しようとして、伯父が服を貸して変装するのを手伝いました。……一度ハイフォンを離れるときには、出国証が手に入らなかったため、孫先生と風貌のよく似た伯父が自分の身分証を孫先生に貸し、その結果孫先生は出国証を手に入れて無事に香港にたどり着きました。……その後、孫先生が帰国して臨時大総統に選ばれた時には、中国国内から「旌義状」（賞状）が送られてきて、表には孫先生直筆の署名があり、伯父鐘念祖に賞を授与する旨が書かれていました。この旌義状はずっと手元に残してあったのですが、最近（一九五六年）私はそれを北京に送付しました。[24]

三　ベトナム華僑の革命への参加

一九〇五年から辛亥革命前夜に至るまで、孫中山の海外における主な活動は、蜂起のための資金の調達であった。孫中山は、ベトナムではサイゴンとチョロンの大商人らが革命のために巨額の義捐金を拠出してくれることに希望を託していた。

孫中山は、一九〇五年にシンガポール華僑の陳楚南に書き送った書簡の中で、サイゴンとチョロンでの資金調達計画についてこう語っている。

私は西暦一〇月七日にここを発ってサイゴンに行き、向こうの大商人らと債券での資金調達について話し合う予定である。革命資金として二〇〇万元を調達するつもりである。東南アジアの各都市の大商人たちは貸付に同意している。債券の額面は一枚千元だが実際の売値は二五〇元とし、大事が成功すれば元利千元を支払う。蜂起した日から五年以内に償還する。サイゴン、嘡華、ペナンの大商人の子弟は債券買取に同意しており、今後その父兄に話して承諾を得られるなら、近日中に二〇〇万元の資金が調達できる見込みである。[25]

孫中山はベトナムに来る前、横浜で額面千元の債券二千枚を印刷した。しかし、ベトナムの同盟会会員は労働者や小商人が多く、平素収入は多くなかった。このため孫中山はサイゴンで額面一〇〇元の革命債券を何箱も印刷した。債券は片面が英語、もう片面はフランス語で書かれており、どちらにも「中華革命政府は、この債券の所有主に一〇〇元を支払うことを約束する。本政府は中国が成立してから一年後に、広東政府の金庫又はその他の海外代理機関より支払う」と書かれていた。[26]

一九〇五年、孫中山はサイゴンに到着して、すぐに「裕華公司ビルの小さな応接室で」二〇人余りの華僑と面会した。このときは周観陳の呼びかけで、「その晩の義捐金総額は約一万二千元にもなった。」義捐金を申し出た者のうち、最も高額だったのは黄景南で、彼一人で三千元の義捐金を申し出た。「彼は小規模の商いを手がける小商人(モヤシを扱っていた)で収入は少なく、普段は衣食を倹約し手元には数千元の蓄えしかなかったが、このとき一度に三千元もの義捐金を差し出した。[27]」

孫中山は一九〇七～一九〇八の間、広東、広西、雲南の三省で清朝政府打倒の武装蜂起を行う過程で、サイゴンとチョロンの両地を訪れ、華僑が軍人の給料を寄付し支援するように何度も働きかけ、組織の資金を集めるように希望した。ある秘密の集会では、孫中山が講演を終えると、「皆の心が奮い立ち、その夜だけで三万五千元もの義捐金が集まった。[28]」この期間、ハノイやハイフォン華僑の義捐金活動は活発だった。孫中山はシンガポールの華商の張永福らを訪れた際に、次のように賞賛した。「ハイフォンの町には商工業を営む華僑は三千人しかいないが、一晩で一万元余りの義捐金が集まった。ハノイの町の華僑は千人にも満たないが、義捐金は八千元余りになった……もしも東南アジアのそれぞれの町でこれほど活動が活発になったら、革命の進展は如何ばかりか知れない。[29]」

孫中山の資金調達活動については、江満情（二〇〇三）の論述が考察するに値する。江は、一八九四年から一九一一年までの一七年間、孫中山は一貫して海外華僑からの資金調達を革命活動の主要な内容の一つとしていたと指摘している。その資金調達方法は、主に二つあり、一つは会員費の徴収で、二つに義捐金の募集であった。孫中山が華僑を革命活動の主な頼るべき力とみなしたのは、彼自身が中国で生まれ育った革命家ではなく、華僑のインテリゲンチャだったことによる。彼が挙兵しようとしたとき、中国国内では兵力として大衆を集めることが不可能であり、海外華僑は兵力としては極めて限りがあった。このため、孫中山は兵力に関しては主として会党に依存したのである。辛亥革命の前に孫中山が指導した一〇回の武装蜂起のうち八回は、主に会党と連繫して蜂起したものである。しかし、会党との連繫の主なやり方は金銭であった。会党の頭目が蜂起に参加する主たる条件は「賞与金」であり、これが蜂起のたびに財政困難に陥ることになった大きな原因である。彼はこれを裏付ける事例として、河口蜂起のときに、会党が事前に支給されるはずの給与をもらっていないとして、兵が動かないという事態に陥ったことを挙げている。「河口で蜂起するにはあらかじめ軍資金三万元を支給せねばならなかったが、漢族はこれに応えようがなく、兵をとどめて進むのをためらった。[30]」一九〇八年、鎮南関の戦いでは、「陸栄廷の部下である兵士の多くが投降した」が、「投降するとき三〇元の褒章を求め、龍州や南寧を攻略した暁には、さらに手厚い褒章を与えるよう要求した。」孫中山は当時考えたのは、「この陳栄廷の軍隊が投降すれば、龍州や南寧は確実に打ち破ることができる。現にこの軍以外に戦うに足る軍はいないからである。投降した者に初めに一人三〇元を支給すれば、四千人として計算すると費用は一〇万元余りとなる。この一〇万元余りの金を支払えば、兵士が刀を振るって血を流すことなく、南寧と龍州を攻略して革命軍の根拠地とすることができる。これは、得がたいチャンスと言える。[31]」ということであった。

しかしながら、孫中山の義捐金募集活動に奮って呼応したのは、主にサイゴンとチョロンの小商人や労働者であり、「当時、チョロンの上層部の華僑で、孫中山を支持する者はごくわずかだった。いたとしてもこっそりとした支持でおおっぴらにはできなかった。革命に最も強く反対したのは、フランス植民地当局と密接に結託していた貿易商（マーチャント）であった。孫中山がチョロンで群衆を前にして革命を宣伝している時、彼らはしばしばフランス警察とぐるになって、革命宣伝を妨害したり、口実を設けて群衆を追い払ったりしていた。[32]」

孫中山は、ベトナムのチョロン華僑のうち、洪門三合会の勢力が大きいことを考えて、同会から反清革命の支持者を探すことにした。そして「彼は、広肇、客家、潮州、海南、福建などの各幇三合会のグループの幹部を集めて会議を開き……その会議で、洪門の各堂口に対し、兄弟同士で殺し合ってはいけないと熱心に説き」、「中国人はみな兄弟、同胞であり、みな中国国内で苦しい生活を送ってきたからこそ、こうしてはるばる安南〔ベトナム〕までやってきて生計を立てているのだ。ところが安南では、お互い外国人からひどく抑圧されており、だからこそ、互いに団結して助け合うべきなのだ。兄弟同士がいがみ合っていれば、外からは嘲られどちらにもメリットはない。洪門の趣旨は「反清復明」であり、革命はつまり清朝を転覆させることなのだから、洪門の兄弟たちが心を一つにして、革命を支えてくれることを願っている[33]」と語った。また、当時を知る人の回想によると次のようである。「洪門の会党は、もともと清朝に反抗する明朝の遺臣が組織したもので、今こそ、清朝打倒という本来の趣旨に立ち返り、清朝を滅ぼし民国建設事業のために貢献すべきである……サイゴンとチョロンの洪門会党は統合以前には二〇余りもあり、それぞれに堂号〔グループの呼び名〕を持ち、頭につけた文字によって区別していた。例えば、胞懐堂、瑞廬、頭文字「和」、頭文字「洪」、頭文字「誠」などである。彼らはおのおのが仲間を募り、会党自らの実力を拡大させ、手段を選ばず他人を無理やり加入させることもあった。自分の意思ではなく強制されて加入したという者もいた……各会党間は互いに排除し合い、利益を巡って集団抗争になることもあった。初期に唐山（華僑は中国のことをこう呼ぶ）からサイゴンとチョロンに移住した華僑、特にクーリー（肉体労働者）となった者や、小商人のほとんどが、迫られて会党に参加した。孫中山の提案を受けて一部の洪門会党が合併して以降は、革命事業のために多大な貢献を成し、同盟会がサイゴンとチョロンで革命活動を展開する際の外郭組織となり、革命という使命を担う秘密の政治団体に変わったのである。そこには安南籍の革命志士が多数参加していた。その後、サイゴンとチョロンの秘密組織である華僑義勇軍が、欽州、防城、河口の戦役に参加したが、安南籍の志士が多数参加したのは、洪門会党のつながりによるものだった」[34]。

一九〇七年九月に勃発した欽廉防城蜂起には、三〇〇人以上の華僑が直接参加し、同年一二月の鎮南関蜂起には、一〇〇人以上の華僑が参加した。一九〇八年四月の河口蜂起では、華僑が主力軍となった。特に、孫中山が指導した一九一一年の広州蜂起では、戦士八六名が犠牲になり、そのうち二九名の烈士が華僑だった。ベトナム華僑からは一五人の犠牲者を出したが、これは華僑烈士の半数以上を占めたのである[35]。

四　結び

孫中山は一人の華僑として長い間海外に身を置き、海外華僑を頼みとして革命活動を行っており、それゆえに、彼は華僑のことをよく理解していた。彼の「三民主義」の学説中の「民族主義」は、国に対する華僑の責任感を喚起する上で重要な役割を果たしている。彼は『三民主義』の中で、「中国には家族主義と宗族主義があるだけで、国族主義がない……中国人の家族や宗族に対する団結力は非常に強い……中国人の団結力は、ただ宗族に及ぶだけで、国族にまで広げられたことはない」と記している[36]。筆者としては、「三民主義」学説中の「民族主義」が、中国にもとからある家族主義と宗族主義を国族主義の方向へと広げていく役割を果たしたのではないかと考えている。

孫中山が実際に行った活動から、彼の「民族主義」と「地方主義」は一つにつながっていることが分かる。彼とベトナムで知り合い、彼の革命活動に参加したほとんどの人々は広東籍の華僑だった。したがって、彼の学説にいう「民族主義」は、華僑にとって大変分かり易く、彼らの愛国精神を喚起し得るものだった。孫中山は成功裡にベトナムの「ばらばらの砂」を結びつけて、中国の革命に貢献したのである。

註

（1）本文は、課題の選定、資料収集から文の完成まで、清華大学の指導教授陳争平先生、ベトナムの章収先生（GS.Chương Thâu）、及び阮文紅（GS. Nguyễn Văn Hồng）教授から熱心な援助や貴重な指導をいただいた。特に、初稿は陳先生のたび重なるアドバイスを得てようやく完成することができた。ここで三人の先生に心からのお礼を申し上げる。

（2）珠海『在越南的華人社群』、科学出版社、一九九二年、一二〇〜一二二頁。

（3）注2に同じ。

（4）阮文慶『越南殖民地時期的社会経済結構』、河内（ハノイ）国家大学出版社、二〇〇四年、三一頁。

（5）陳慶『越南社会中的華人――従法属時期至西貢政権』、社会科学出版社、二〇〇二年、一二六頁。

（6）『孫中山選集』第一巻、五一三頁。

（7）白寿彝（総主編）『中国通史』第二〇冊、上海人民出版社、二〇〇〇年、一六〇五頁。

（8）注5に同じ。

（9）武尚清「孫中山与越南華僑」、『国民檔案』一九九八年第三期、五六〜六二頁。

（10）注9に同じ。

（11）劉漢翘「孫中山対越南華僑進行革命宣伝憶述」、『孫中山与辛亥革命史料専輯』、広東人民出版社、一九八一年、二八頁。

（12）陳良口述「在西貢堤岸三次会見孫中山的回憶」、『孫中山与辛亥革命史料専輯』、広東人民出版社、一九八一年、三一頁。

（13）注5に同じ。

(14) 注5に同じ。
(15) 注5に同じ、二四九頁。
(16) 陳度「越南華人対辛亥革命的貢献」、『辛亥革命九〇周年回顧(一九一一―二〇〇一年)』、社会科学出版社、二〇〇二年、二九一頁。
(17) 注12に同じ。
(18) 注7に同じ、一六〇五頁。
(19) 中国科学院近代史研究所中華民国史組、広東省哲学社会科学研究所歴史研究室(共編)『中華民国史資料従稿―孫中山年譜(上)』、中華書局、一九七六年、七八頁。
(20) 注9に同じ、六〇～六一頁。
(21) 注9に同じ、六一頁。
(22) 注9に同じ、五七頁。
(23) 注7に同じ、一六〇六頁。
(24) 注9に同じ、六〇～六一頁。
(25) 「復陳楚南函(一九〇五年九月三十日)」、『孫中山全集』第一巻、中華書局、一九八一年、二八六頁。
(26) 「中華民務興利公司債巻(一九〇五年十二月十一日)」、及び「中国革命政府債券(一九〇六年一月一日)」、『孫中山全集』第一巻、二九一～二九二頁。
(27) 注12に同じ、三二一頁。
(28) 注12に同じ、三四頁。
(29) 「復張永福函(一九〇七年十月十五日)」、『孫中山全集』第一巻、三四八頁。
(30) 馮自由『革命逸史』第五集、中華書局、一九八七年、四〇一頁。
(31) 孫中山『孫中山全集』第一巻、三四一頁。
(32) 劉漢翹「孫中山対越南華僑進行革命宣伝憶述」、『孫中山与辛亥革命史料専輯』広東人民出版社一九八一年版、二七頁。
(33) 注11に同じ、二八頁。
(34) 注12に同じ、三二一～三二二頁。
(35) 注16に同じ、二九四～二九六頁。
(36) 孫中山『三民主義』、岳麓書社、二〇〇〇年、二頁。

参考文献

（1）白寿彝（総主編）『中国通史』（第二〇冊）、上海人民出版社、二〇〇〇年。
（2）陳度「越南華人対辛亥革命的貢献」、『辛亥革命九〇周年回顧（一九一一—二〇〇一年）』、社会科学出版社、二〇〇二年。
（3）陳慶『越南社会中的華人——従法属時期至西貢政権』、社会科学出版社、二〇〇二年。
（4）馮自由『革命逸史』第五集、中華書局、一九八七年。
（5）馮自由『華僑革命開国史』下冊、台北商務印書館、一九四六年。
（6）龔伯洪『広府華僑華人史』、広東高等教育出版社、二〇〇三年。
（7）黄玉荘（主編）『農耐大浦—歴史与文化』、同耐出版社、一九九八年。
（8）江満情「論孫中山早期的革命活動対華僑力量得以考—以籌款活動為中心（一八九四—一九一一年）」、『華中師範大学学報』第四二巻第二期、二〇〇三年、一三〜一八頁。
（9）李凡『孫中山全伝』、北京出版社、一九九一年。
（10）尤建設「試析一七世紀後期至一九世紀中期越南封建政府的華僑華人政策」『西南師範大学学報（人文社会科学版）』第三二巻第六期、二〇〇六年、一五五〜一六〇頁。
（11）阮錦翠（主編）『華人在南部定居（従一七世紀到一九四五年）』、社会科学出版社、二〇〇〇年。
（12）阮文紅、阮氏香「〝三民主義〟旗帜和孫中山的活動与東南亜革命運動」、越南社会科学院、中国駐越南大使館主催「辛亥革命一〇〇周年国際学術会議」報告原稿、二〇一一年。
（13）阮文慶『越南植民地時期的社会経済結構』、河内国家大学出版社、二〇〇四年。
（14）史扶隣著、丘権正、符致興訳『孫中山与中国革命』（上）、山西人民出版社、二〇一〇年。
（15）孫中山『孫中山全集』第一巻、中華書局、一九八一年。
（16）呉鳳斌（主編）『東南亜華僑通史』、福建人民出版社、一九九三年。
（17）武尚清「孫中山与越南華僑」、『国民檔案』一九九八年第三期。
（18）張永福『南洋与創立民国』序言、中華書局、一九三三年。
（19）鄭懐徳『嘉定城通誌』、教育出版社、一九九八年。
（20）中国科学院近代史研究所中華民国史組、広東省哲学社会科学研究所歴史研究室共編『中華民国史資料従稿—孫中山年譜（上）』、中華書局、一九七六年。
（21）珠海『在越南的華人社群』、科学出版社、一九九二年。

辛亥革命とロシア・ソ連——国共内戦

下斗米伸夫

はじめに　辛亥革命一〇〇年とソ連崩壊二〇年

二〇一一年は辛亥革命から一〇〇年、そしてソ連崩壊から二〇年にあたった。本稿はこの二つの記念の相関の中で、辛亥革命の意義を探ろうというものである。

歴史とは因果関係のありうる選択の中で、ある特定の事象が生起していく過程である。歴史学とはそのような結果を生み出した因果関係を、多様性という混沌の中から一定の脈絡を解き明かすことである。理論家とは抽象的な命題をたて、その比較事象として「歴史」に引照することがあるとしても、最後は「予測の一般化」をするのが仕事だといわれる。これに対し歴史家とは未来予測を目的とはしない。個別現象の一般化、つまりある現象がいかに生起したかを理解するために理論を使うとしても、理論一般の予測妥当性までは想定しないものである。冷戦史家のジョン・ガディスが「過去は我々を拘束すると同時に自由にする」という名言を吐いた時、想定したのはこの歴史と理論との相互作用、そして歴史認識の固有性であった[1]。

日本での辛亥革命の位置づけとしては、これまで野村浩一教授の次のような言説によって代表される認識が一般的であった。教授によれば、一九一一年の辛亥革命とは孫文の三民主義(「民族」、「民権」、「民生」)でもって位置づけられる「二〇世紀前半の中国を動かす政治理論」であった。(2) 野村教授が二〇世紀前半とあえて限定づけたのは、一九五〇年代以降は別の理論の時代であるという考え方が背景にあったからであろう。

もっと端的にいえば、三民主義と国民党とに代表された時代は一九四九年までに終焉していた。それを乗り越える意義があったのは中国共産党と中華人民共和国であった。辛亥革命と国民党の課題とは、国共合作をへて、共産党により歴史的課題が具体化される社会主義への過程期としての意味でしかなかったということになる。一九四九年一〇月に生まれた中華人民共和国は、社会主義をめざす共産党＝国家の体制であって、それを「領導」する共産党ともども別の時代を準備したとされた。もっといえば三民主義やそれに基づく国民党の役割とはそれへの過渡期の現象であった。

だがソ連崩壊からの二〇年の経緯が示しているように、「歴史の空白を埋めよ」といった歴史の見直しが、中国現代史、東アジア政治史においても必要であろう。辛亥革命一〇〇年の現代的意味を考えるとき、同時に、その意味の現代的な意義を捉え直し、それまで拘束してきたステロタイプや論脈から思考を解き放つ必要がある。本稿は、これまで辛亥革命をそれとして認識することを、そして現代史の脈絡の中で理解することを妨げてきた要因として、冷戦期に形成された固定的な歴史認識があるとの立場から、そのような認識が形成された「東アジアの冷戦」の文脈を明らかにすることにある。

東アジア冷戦という文脈を強調するのは、現代中国史のこれまでの解釈には冷戦期に形成されたソ連的な思考や利益、歴史観が入れ子のように組み込まれている、と考えるからである。とくに国民党と共産党の関係(以下国共関係といおう)にはソ連の国益、スターリンの冷戦観が深く関与していた。その国共の相互関係は、合作・提携といった肯定的関係から、内戦の非和解的対立にいたるまで、様々なバリエーションの関係が存在していた。

アジア冷戦を専攻する筆者は、一九四六年からの国共内戦期に存在したソ連の役割を明らかにすることで、辛亥革命を含めた中国二〇世紀史の可能性が、ソ連との関係を経る中で中華人民共和国形成にいたったという角度から、アジア冷戦史と中国政治史との接点を探る。このような問題意識を前提に、辛亥革命の「限界」を決定づけたとされた中国共産党の権力掌握の背景にあるスターリンの冷戦観、とくに国共関係でのスターリンの旋回と人民共和国成立を冷戦史の史料を紹介しながら考える。

Ⅰ　スターリンと中国

辛亥革命を指導した孫文自身の影響下で一九一二年に誕生した中華民国であったが、一九一七年以降のロシア革命後、国民党は、いわば「連ソ、容共、扶助工農」といった考えでもって、革命ロシア、一九二二年からのソ連との提携に傾いた。そして民国では、本来はコミンテルンによって支援されることで作られた中国共産党と国民党との「国共合作」による、あたらしい政治的枠組ができる。一九二〇年代の国民党と共産党（以下、国共）の提携は、一九二〇年代のソ連共産党がネップのもとで農民との和解を図ったときにとられた戦術であって、スターリンの一国社会主義的な枠とも適合性を持った。一九二七年の蒋介石による北伐で国共関係は危機に瀕するが、一九三六年に中国共産党は、西安事件で国共合作へと旋回、蒋介石政権との統一戦線を志向する。これまたスターリン外交がベルサイユ体制、国際連盟と和解し、コミンテルン第七回大会で人民戦線というソフト路線を追求したときであることを理解する必要があろう。その意味では国共関係は、総じてスターリンの戦略の全般の枠内で策定された。もちろんこのことは中国共産党、とくに毛沢東とソ連共産党との間で深刻な対立があったことを無視するものではないが、大枠はこのソ連共産党の政策枠組みの中で機能した。

中でもスターリンは冷戦の予兆が見えだしたとき、一九四五年前後の国民党との提携・同盟という考え方から転回を図り、むしろ国民党から中国共産党へと支持を移し、最終的には一九四九年に至る過程で、同年一〇月の共産党による権力掌握、人民共和国形成を促した。中国内戦におけるスターリンの認識がいかに変化し、なぜ毛沢東と共産党の権力掌握支持に踏み切ったのかを解明する必要があろう。ここでは問題のポイントを整理して提示したい。

Ⅱ　冷戦期のスターリンと国共合作

一九四四年頃まで、スターリンの思考、そしてそれを支えたソ連外務人民委員部が作成した戦後構想の中では、アジアの比重はそれほど高くはなかった。第二次世界大戦中おそらく最も早い戦後構想は、一九四一年一二月末にイーデン英国外相がスターリンとの同盟協議に来たときであった。ロゾフスキー外務人民委員らがスターリン、モロトフに提起した戦後構想で、アジアでは日本とソ連との中立条約（一九四一年四月）を維持するが、日本の敗退は不可避であると見た。その上でソ連は国民党との戦略的提携が主軸となって、国民党内の親ソ的傾向を育てることが目指された(3)。この理念は一九四四年春にマイスキー次官らが纏めた戦後の和平構想でも踏襲された。

その後対独戦にめどがついたスターリンは、対日参戦へと傾斜し始めるが、その場合も国民党重視は明確であった。一九四五年二月のヤルタ体制の形成にあってもこの傾向は顕著であって、ソ連の東アジアでの提携の相手となったのは蒋介石の国民党であった。実際中立条約が生きていた一九四五年一月モロトフ外相は日本大使に対し、中国共産党はまがいものであるという見方を示していた。帝国日本が敗戦間際に、スターリンが中立条約不延長を伝えた後も、スターリンにすがって欧米との和平仲介工作を続けたこと、これが国民党を刺激し、宋子文をモスクワに送って八月一四日に中ソ友好同盟条約を締結したことはあまりにも有名である。

日本の敗北後、米国マーシャル大使らが動いて一〇月に蔣介石と毛沢東とのトップ会談が重慶で開かれ、そこで国共内戦回避が決議された。蔣介石も米ソ双方に気遣いをした。しかし他方、ソ連の対日参戦によって赤軍が北東アジア地域に進出したことは、この地域での国共間のバランスを崩した。スターリンも国共仲裁を一九四六年一月までにあきらめた。中でも中国東北部にソ連軍が進出、五月に撤退するが、そこでソ連軍が共産党側に旧日本軍の武器を優先的に提供した。このことは軍事バランスを大きく共産党側に有利とした、とロシアの歴史家は指摘している。A・サモヒンによれば、当時中国共産党軍は一二〇万人程度であったが、その四分の一がソ連を経由して旧日本軍の武器を入手、これがソ連軍撤退後の国共内戦を激しいものとした[4]。ここでは国共内戦の詳細に入らないが、一九三六年のスペインと同様「国際的内戦」、「世界代理戦争」といった性格を帯びたことを指摘したい。

しかし中国共産党の権力掌握が現実のものになる一九四〇年代末になると、中国共産党軍の勝利と蔣介石軍の敗北、そして革命政権は現実的なものになってきていた。実際一九四七−四八年には中ソ共産党間で毛沢東の訪ソに関する話し合いが行われたが、当初スターリンは慎重で、毛の公的な訪ソを拒否した。だが一九四八年には中国共産党軍の勝利と、革命政権の樹立は日程に入りはじめた。これに伴ってアジア各国の社会主義政党、とくにソ連共産党との間の相互関係の同盟関係の問題も切実なものになった。事実、一九四八年秋に毛沢東が訪ソを密かに打診したときの協議事項の二番目の議題には、東方コミンフォルム形成問題があった。

このこともあって中国東北部（旧満州）での事実上の共産党支配が強まるとスターリンは鉄道建設のためと称して

鉄道相でもあったI・V・コワリョフをソ連共産党の代表として四八年初め同地に正式に派遣、以降毛沢東との関係など両党間の公式的回路は彼を通すことになった。[5] このことは特に高崗、林彪、王稼祥といったソ連を理解する人材を擁した中国共産党東北局との関係を強めた。[6] 中でも一九四五年からその幹部となった高崗は四九年にはその書記となり、七月には「満州の民主政権」代表として中国共産党劉少奇代表団の一員ともなった。事実上中国東北部には先行的な共産党国家が成立していた。

Ⅲ　ミコヤン訪中と中国共産党

こうして一九四九年初めまでに中国共産党の権力掌握が不可避であることを認識するようになったスターリンとソ連共産党指導部は、それまでの表向き冷ややかな関係を修正した。一月半ば、毛沢東の中国情勢協議のための訪ソ提案に対しスターリンは延期を求め、かわりに副首相のアナスタス・ミコヤンを使節として北京郊外にあった毛沢東のもとに極秘裏に派遣した。スターリンはアジアでの国際問題に詳しいミコヤンを派遣することで本格的な瀬踏みを行ったのである。革命後は共産党の独裁を主張するなど中国共産党内で理論的な混乱がみられたこともミコヤン派遣の背景にあった。

こうして一九四九年一月三〇日から二月八日まで、北京郊外の西柏坡にあった中国共産党中央委員会を訪れ、行われた非公式なミコヤンの訪中は、アジア冷戦の重要な転換点となった。ミコヤン自身の回想では「毛沢東の率いるパルチザンの山中の本営、西柏坡に九日滞在し、劉少奇、朱徳、周恩来、鄧小平らと日夜をわかず討論した」と回想している。毛沢東はこの会見で基本的にミコヤンの意見をじっくり学んだ。ソ連共産党の忠告は、簡単にいえば権力を掌握したとしても中国共産党は社会主義への着手には慎重であるべきだ、ということであった。なかでもミコヤンは、一九四八年から中国におけるソ連共産党代表のI・コバリョフとともに、将来の政権党として、およびアジアの共産党としての相互関係の問題を話し合った。中ソ両党の関係を具体的に定礎するための両党間での具体的問題は二つあった。一つは、権力掌握後に他の党派を禁止するとしていた中国共産党の方針についてだった。中国共産党が権力を握ったとしても、中国は社会主義に移行するにはまだ機は熟しておらず、革命的人民民主主義の段階であるにすぎないという認識から説得を行ったとミコヤンは回顧している［Russko-Kitaiskie otnosheniya VXX Veke, t.5, k.2, p.336 以下同書はRussko5/2と略］。

もう一つは、南京の国民党政権が、蒋介石を外してでも共産党との和解をすべきだとソ連に対して希望していたことであった。この問題で強硬な立場をとっていた毛沢東に対して、スターリンは反対するだけでは敵を利するだけであると、むしろ「平和攻勢」を進めていた。南京政府側でも蒋介石を外しての対ソ交渉に望みをかけた。あたかもそれはスターリンに英米との仲介を期待した一九四五年七月の日本指導部のように、である。前年一九四八年のユーゴスラビア問題での失敗をより巨大な中国共産党との関係においても繰り返したくないというスターリンの配慮が明らかに働いていた(7)。この交渉で共産党は国共合作政府の主要閣僚をほとんど共産党が独占するような提案を出した。しかしこれは南京政府にはのめなかった。

五月初めには、中国共産党とアメリカ政府との秘密交渉が行われた。そこでは劉少奇を代表とする親ソ派と、周恩来を中心とする親米派との対立が中国共産党内にあるかのような報道が出された。アメリカが国民党を支持するから、中国共産党がソ連に傾いていると、あたかも共産党が対米正常化を求めているかに思われた。しかし実際は、コバリョフはスターリンにこの米国との工作について、中国側の毛沢東と周恩来、劉少奇とは一致していると四月一三日に事前に報告していた。アメリカとの関係改善は単なる経済的改善措置に過ぎなかった。一九日スターリンはコバリョフを通じて毛沢東に人民中国政府形成を急ぐことを勧めた。[8]その結果、共産党軍は揚子江を渡った。こうして国民党との和平案は消えた。

こうして中国指導部はますますソ連側への傾斜を進めた。一九四九年六月末、劉少奇、高崗、王稼祥を中心とする中国共産党代表団が秘密裡にソ連を訪問した。この訪ソの直接の理由は、国家、党、経済などの管理体制視察と、毛沢東の短期モスクワ滞在交渉のためであった。二〇年代初めの東方勤労者共産主義大学（略称クートベ）出身で、ソ連や欧州の党とのつながりが深い劉少奇とスターリンとの話し合いを通じて、権力掌握だけでなくその後のアジアでの国際政治秩序を決めることになる枠組みについても話し合われた。

その枠組みとは、対米関係など戦略的問題をソ連共産党が担当し、アジアの共産党への指導、解放運動の舵とりは中国共産党に任せる、というものであった。筆者はこのことに関して、ヨーロッパにおけるソ連共産党による一元主義的な東欧支配とは異なり、アジアではスターリンが中国共産党とのパワー・シェアリングを承認したことを意味している、という解釈を二〇〇四年に行った。[9]つまりスターリンは政治的抑圧を強化した東欧におけるアプローチ（とくにコミンフォルムからユーゴスラビアを追放した問題の処理に見られるやり方）とは異なり、東アジアでは中国の役割を認めた別のアプローチをとるということにしたのである。こうした事情もあって中国共産党を重視したアジア同盟体制ができた。モスクワは東アジアでは、いわば中国共産党に自主性を認める、いわば「チトー化」の危険を一定程度冒しても、権限を委嘱する方式を決めた。[10]

このようなことを理解していた毛沢東は、七月一日に発表した『人民民主独裁を論ず』の中で、「向ソ一辺倒」という表現を用いて、一見親ソ政策を鮮明にした。スターリンらソ連側は六月二七～八日の深更に行われた劉少奇代表団（劉少奇、高崗、王稼祥）との最初のレセプションにおいて、共産党政治局で中国共産党代表団の政治・軍事および経済問題報告を聴取、意見交換することに同意した［Ledovskii, A.M, SSSR I Stalin v sud'bakh Kitaya, 1999, p.85; Russko5/2/546］。実際七月四日の政治局会議では団長劉少奇の「中国共産党の中央委員会代表団報告」を聞き、政治協商会議開催による民族ブルジョワジーとの妥協といった人民民主主義独裁の政治方針を承認した。この構想は国民党抜きでの民族ブルジョワジーとの妥協といった性格をおびた。中国側は一九四五年の中ソ同盟条約を有効と考え、国連加盟にも楽観的であった。外交政策では「ソ連共産党とスターリンの指示」を待つとも指摘した。

もっとも文書として受け取ったスターリンは、この箇所に「非」と表現している。中ソ間の政治局会議は翌週の一一日にも開催されたが、その会議の席上スターリンは劉少奇によるソ連共産党への服従論には明確に反駁した。[11] 七月二七日、毛沢東の通訳だった師哲によれば、スターリンは劉少奇代表団との宴会で、中ソ両党間の分業の必要について論究した。つまり西欧での革命の立ち遅れと、中国の先進性を強調し、「革命の中心は西方から東方に移り、今また中国及び東アジアへと移っている」と述べた。そして「国際革命運動のなかで、中ソ両国は、いくらか多くの義務を負わなければならない、つまり分業合作しなければならない。中国が今後、植民地、半植民地、属国の民族民主革命運動の援助をいくらか多く担うよう希望する」とし、ソ連は東アジアでは中国のような影響を持ち得ないし、役割を果たすこともできないとして東方での中国の役割に期待した。[12] 同行したコバリョフも、マルクス時代に革命運動の中心は西方であったが「今や中国と東アジアに移行した」といった［Russko5/2/18］。七月三〇日、全く前例のないことであったがソ連共産党（マレンコフ書記）から中国共産党（劉少奇）へ三億ドルもの巨額が貸し付けられた［Ledovskii/116］。[13] こうして毛沢東と中国共産党は、スターリンの祝福のもとに東アジアでの共産党間の関係により深く関与することになる。

なおこの二七日の会議で高崗は、個人的意見と断りながら、アメリカの攻撃を抑止するためにも満州をソ連の一七番目の共和国としてソ連に加盟すべきだと提案した。劉少奇は怒り、高の帰国を求めたが、スターリンは高の意見をとらなかったものの、劉少奇と高との二人を仲介したという。この発言は公式記録には含められなかったが、コワリョフも回想に記録している。この高の発言が示唆することは、劉少奇と高との路線の違いであったが、他方では中国東北部のソ連との関係の緊密さであった。七月六日付劉少奇のスターリン宛書簡では満州地域の経済振興、特に貿易、通商といったソ連関連の関係強化を求めた［Ledovskii/106］。七月二二日劉少奇は貿易担当のミコヤン政治局員に対し「ソ連と中国／満州との貿易」に関する協議を申し入れた。こうして高崗が満州地区にもどるに際し、極秘であった高を含む代表団のモスクワ訪問が明らかにされ、ソ連外交文書には中国東北部が独自な貿易相手国として記録された。

スターリンと毛との同盟によって、スターリンに内戦の仲裁を求めた国民党の最後の望みは打ち砕かれた。八月半ばソ連人専門家とともに帰国した劉少奇は、その足で中国東北部（ハルビン、瀋陽）を訪れ、中ソの連繋のもと中国共産党東北局の会議を招集し、一〇月一日の北京での中央政府設立のための工作をしたという［師哲/263］。その後劉は、毛沢東にソ連訪問の報告を行った。北京開城を行ったのは林彪率いる東北部（旧満州）の人民解放軍であったとソ連総領事レドフスキーは指摘した[14]。中国共産党の権力掌握を前にソ連共産党との間での新たな役割設定が基本的に固まったことは、東アジアの政治気象に直ちに連動した。一〇月一日、北京で中華人民共和国政府が成立し、こうして辛亥革命に始まる中華民国と国民党の支配に終止符が打たれた。ソ連と中国の同盟体制の成立は、北朝鮮の金日成を刺激し、四月にモスクワ、五月に北京を訪問した金は六月二五日に三八度線を渡り朝鮮戦争を開始することで、アジアでの革命と戦争の時代は頂点に達したのである。

おわりに

中国の辛亥革命は、周知のように一九〇五年の日露戦争を契機として生まれた孫文の「中国同盟会」を基礎としている[15]。この一九〇五年という年は非西欧社会での政治的覚醒と政治的民主化の出発点として、グローバルな政治的近代化の年として位置づけることが出来るのではないだろうか。日本でも大正デモクラシーが成立、ロシア帝国でも日露戦争後の一九〇五年には国家議会が開設、複数政党制が出来はじめた。孫文の辛亥革命はこのような世界の民主化、民権化の流れを体現したものであった。しかしロシアでは一九一七年一〇月以降は共産党＝国家の体制への道が開かれ、一九四五年以降中国でも国共内戦と共産党＝国家の体制が出来た。このモデルはソ連・東欧でのペレストロイカや市民革命とともにヨーロッパでは完全に消えた。しかし東アジアの社会主義国では政治モデルとしてはまだ基本的に維持されている。こうしてその民主化の課題は東アジア地域で未完の課題として残っている。しかしそれこそ一九一一年の課題であったのではないだろうか。

註

（1）ジョン・ガディス（浜林正夫他訳）『歴史の風景』、大月書店、二〇〇四年、一八六頁

（2）『岩波現代政治事典』岩波書店、一九九九年、四二三頁。

（3）下斗米伸夫『日本冷戦史』岩波書店、二〇一一年

（4）Stalin, Sochiniya, t.16, .ch.1, 2011, M., p.30; Haslam, *Russia's Cold War, From the Cold War to the Fall of the Wall*, Yale Univ. New Heaven, London, p.113]

（5）Russko–Kitaieskoe otnoshenie.t.5,ch.2,p.538. 以下、本文では[Russko/528]と同様に略。

（6）ソ連側史料では一九四七年末には満州局となっていた。九月二九日には書記である林彪の健康が思わしくないのでソ連極東から医

師を派遣してほしいと代理の高崗が依頼、中央でスースロフ書記が処理することになった(Russko-Kitaieskoe otnoshenie,t.5,ch.1,p.510)。

（7）M.Shulman, Stalin's Foreign policy Reappraised, Westview, 1985, p.107.

（8）M.,Kapitsa, Na raznikh paralellyakh, M., 2002, p.43.

（9）下斗米伸夫『アジア冷戦史』中央公論新社、二〇〇四、四八頁

（10）この「チトー化」について解説の必要があろう。チトーひきいるユーゴスラビアの共産系パルチザンは、ソ連赤軍が関与することなしに共産党政権を作った。このこともあってソ連とチトーの自立的志向とは正面から衝突し、一九四八年六月にはユーゴスラビアはコミンフォルムから「破門」となり、一九五五年にいたるまでモスクワとベオグラードとは対立状態となった。共産党支配にはいった中国を英国が一九五〇年一月に承認したのは、すでに中国を共産党が実効支配しているというリアリズムと並んで、中国の「チトー化」をうながすことによって中ソの戦略的な離間をねらったことも間接的な理由の一つとなった。

（11）師哲『毛沢東側近回想録』新潮社、一九九五年、二四九頁、以下（師哲）と略。

（12）北朝鮮問題の専門家であるロシア人のワジム・トカチェンコも、一九四九年秋の中華人民共和国建国とともに、モスクワの指導部内で、極東の安全保障の確保は中国に任せる、と言う一種の義務分担が確立したという（Tkachenko, Koreiskii poluostrov i interesy rossii, p.18）。世界政策の原則問題では中国と調整しつつ、その他極東の個別の問題については「まったく中国の同志の裁量に任せた」。「朝鮮とベトナムの安全保障にかんして」このような接近が取られた。つまり、ソ連は中国と戦略レベルで同盟関係を持つだけで十分であって、その中国がベトナムと朝鮮民主主義人民共和国とを擁護する、という二段階方式であった。中ソ対立がはっきりする一九六二、六三年ころまではこの方式が続いたと考えられる。

（13）A.M.Ledovskii, SSSR i Stalin v sud'bakh Kitaya, M., 1998.

（14）A・M・レドフスキーとの下斗米のインタビュー、二〇〇四年四月一六日。三五〇〇両の車両を始めソ連が提供した旧日本軍所有分を含む兵器が林彪率いる東北野戦軍の対国民党との内戦と北京入城に有効だったと指摘した。一般にソ連側論者はソ連がアジア解放に果たした役割を誇張しがちであるが、日中ソ関係の接点として東北部の役割を再考することは必要であろう。

（15）西村成雄・国分良成『党と国家——政治体制の軌跡』岩波書店、二〇〇九年、七頁

米国政府と辛亥革命

崔　志海

一九一一年の辛亥革命は中国の近代史上における一つの重大な歴史事件である。それは清朝の滅亡を宣告するだけでなく、同時に二〇〇〇年余りにわたって踏襲されてきた君主専制制度の終結を示すものであった。清朝末期の中国の政局に生じたこの重大な変動は、中国の内部の事柄ではあるものの、それは同時に世界的な事件でもあり、当時、世界の複数の主要列強の重大な関心と反応を引き起こした。本論文においては、米国国務省に保管されている文書を利用し、米国政府の辛亥革命に対する態度と反応について、比較的系統的に考察することを目ざす。

一　米国政府の辛亥革命に対する反応

一九一一年一〇月一〇日、湖北新軍が起こした武昌蜂起によって、辛亥革命の幕が切って落とされた。武昌蜂起が勃発した日の夜、すなわち一〇月一一日の払暁一時と早朝八時に、米国の駐華代理公使ウィリアム（E. T. William、駐華公使カルホーン（W. J. Calhoun）は当時既に米国にもどって報告を行っており、中国にいなかった）はこの情報を国務省に電報で知らせ、「本日、反乱軍が武昌を占領した(1)」と報告した。その後、武昌蜂起の発生状況に基づき、ウィリアムはさらに一二日の夜半一二時、国務省宛に電報を送り、武昌蜂起を「太平天国以来、最も深刻な反乱」とし、「反乱は非常に組織的で、かつ統率されているように見える」、「外国人は今のところ、非常に鄭重に扱われている(2)」とした。在華外交官の報告によると、国務長官ノックス（Philander C. Knox）も一三日に、大統領タフト（William Howard Taft）に中国の政局の変動を報告する際、武昌蜂起を「太平天国以来、最も深刻な反乱」とし、「それは本質上、清朝の統治に反対する革命である」という認識を示すとともに、革命党人の外国人に対する保護を肯定し、「このことは今回の革命とこれまでの革命の違いであるとともに、指導層の知恵の表れであり、外国からの干渉の回避に努めていることが分かる(3)」と指摘した。

一九一一年一二月二九日に、南方の革命党人が南京で臨時政府を設立し、孫中山を中華民国の臨時大総統に選出したことについて、米国の駐華外交官の間には二つの異なる態度が存在していた。おおまかに言って、香港と上海の米国の外交官は孫中山が指導する南京臨時政府に肯定的な態度を示し、積極的な評価を与えた。一二月二一日に、孫中山が香港に到着すると、米国の駐香港領事アンダーソン（George E. Anderson）はその日の晩に会見を手配した。そして、次の日には、孫中山の革命計画と目的を国務省に伝え、孫中山の到来は「進展中の革命運動が第二段階に入ったことを意味する(4)」と述べた。孫中山が臨時大総統に就任してまもなく、アンダーソンはまた米国政府に対して臨時政府を承認するよう建議し、次のように指摘した。「革命運動全体の重要な基盤は米国式であり、財政支持、革命の理想、政治体制、さらに革命精神に至るまで、いずれも米国から来たものである。米国は直ちにこの臨時政府を承認し、支持を表明すべきである。米国は、旧中国は既に死んで一つの新政権が既に到来したという事実を無視することはできない。さらに、この新政権において、米国は自国の利益を拡大し、偉大な民族に奉仕する機会を有している。このような機会はかつてなかったものであり、今後も二度とないであろう」。[5]

これとは逆に、在北京の米国外交官、とりわけ駐華公使カルホーンは、孫中山が指導する南京臨時政府に対して、不信任の態度をとり、偏見に満ちた目で、孫中山が指導する南京臨時政府には権威性と代表性が欠けているという認識を示した。カルホーンは、各省の代表が南京で臨時大総統を選挙したのは、各省が一票であって会議に参加した代表ごとに一票というのではないことを理解せず、会議に参加した人数によって、孫中山が一六票を得て臨時大総統に当選したのは、代表性と権威性に欠けると説明し、一九一二年一月五日の国務省宛の電報では、会議に参加した四八人のうち、孫中山に投票した省の代表は僅か一七名に過ぎないと述べ、その他の報告でも、革命党人は団結しておらず、独立した省の人々の信頼を獲得していないと証言している。[6] 一月一六日、カルホーンは国務省に宛てた報告書で、孫中山は情勢を制御する能力を持たないと再度強調し、次のように指摘した。「南方の共和運動の弱点は、この運動がほぼ完全に広東人による推進、支持、制御下で行われていることにある。孫逸仙はその品格、能力の如何にかかわらず、ここでは代表性を備えた人物とはみなされていない。彼は沿海地域に生まれ、国外で教育を受け、人生の大半を国外で過ごしている。彼は中国の内地について、中国の人民の生活、性格、伝統、習慣について何もわかっていない。中国の各省の間、特に内陸と沿海各省の間では邪推と敵対観念が根深い。このため、清朝の勢力が駆逐された後、孫中山が情勢を制御し、相互に敵対する各種勢力の支持を勝ち取ることができるか否かは非常に疑わしい」。[7] 一月三〇日、カルホーンはさらに電報の中で、国務省が香港、上海両地の革命に関する報道に惑わされることがないよう願うとした上で、「公使館が受け取った中国各地からの情報は、香港と上海の革命に関する楽観的な観点を支持していない」[8]と述べた。

米国政府は孫中山が指導する南京臨時政府に対して中立政策を堅持し、南京臨時政府の承認を拒否すると同時に又、駐華公使カルホーンが提起した、袁世凱が清朝の権力を受け継ぐことを支持するという建議も受け入れなかった。一月二〇日、国務省はカルホーンに電報を送り、米国が中国の南北両政府に対する立場を明確にするには、「関連する事実と合法性を考慮することで決める。公使館はこれについて適切な考慮を加えるとともに、確かな情報を提供しなければならない」[9]とした。このため、国務省は二二日、海軍省はアジア艦隊司令官マードック(Murdock)にできるだけ早く南京に向かい、同地の政治情勢について、特に革命運動に関する団結力、および南京臨時政府が中国人民の願望をどの程度代表しているかについて、考察、報告するよう指示した。[10]次の日、国務省はカルホーンにも電報を送り、公使館の秘書であるチャールズ・D・テニー(Charles D. Tenney)を南京へ行かせ、同様の使命を執行させるよう指示し、「さらなる行動は報告を受け取った後に改めて決定すべきである」[11]という米国政府の考えを再度強調した。

総じて、一九一一年の辛亥革命について、米国の駐華外交官はそれぞれ異なる態度を示したものの、清朝の皇帝が退位するまで終始一貫して中立政策をとるとともに、「中立」の名を借りて孫中山が指導する反清革命に対して干渉したり破壊したりすることはなかった。このことは、米国政府の辛亥革命の対立側にある袁世凱と清朝政府に対する態度においても体現された。

二　米国政府と袁世凱の関係

袁世凱は清朝内の実力派の官吏として、辛亥革命の成敗をある程度決定付けるキーパーソンの一人であった。袁世凱に対して、米国の駐華外交官と米国政府は一貫して、比較的高い評価を与えていた。一九〇一年に直隷総督の李鴻章が死去した後、一一月八日に、国務長官ジョン・ヘイ(John Hay)は清朝政府に電報を送り、袁世凱が直隷総督の職務を引き継いだことについて、祝賀の意を表した[12]。一二月六日、東アジア政策を担当していたロックヒル（W. W Rockhill）も袁世凱に心のこもったお祝いの手紙を送り、その中で次のように述べた。「米国の駐北京公使からの電報で、貴殿が直隷総督に任命されたことを知り、大変うれしく思う。李鴻章の後継者として、貴殿よりふさわしく、かつ能力を備えた人をほかに探すことはできない。貴殿の任命は、米国の国務長官にとって、満足且つ愉快なことである。私は常に国務長官と大統領に貴殿に関する状況を伝えている。……貴殿の親しい友人として、謹んで最も熱烈な祝賀の意を表するとともに、貴殿の新たな職務が順調であることをお祈り申し上げる……もしも私で役に立てることがあれば、随時ご連絡頂きたい。私は全力を尽くすであろう」[13]。袁世凱が直隷総督に就任した後、駐華公使コンガー（Edwin H. Conger）も袁世凱が直隷省内の農民蜂起を鎮圧したことを褒め称え、袁世凱のように速やかに、厳しい措置を講じてこそ、他地域における類似組織の出現を防止することができると述べた[14]。一九〇九年一月二日、摂政王・載澧が袁世凱を罷免するという出来事があった後には、駐華公使・ロックヒルがまたも出馬して干渉し、袁世凱の盟友である慶親王・奕劻に適当な時機に袁世凱を改めて起用するよう口頭での承諾を追った[15]。

清朝政府が武昌蜂起勃発後に袁世凱を再度起用したことについて、米国政府と駐華外交官はいずれも歓迎の姿勢を示し、袁による秩序の回復を願った。一〇月一七日に、国務省が大統領に提出した中国の政局に関する報告書では、清朝政府が袁世凱を再度起用したことについて、「大いに希望の兆しがある」[16]とした。しかし、米国政府は袁世凱が臨時大総統に当選するまでは、中立政策に背いてまで袁世凱をもり立てることはしなかった。カルホーンから袁世凱へ貸付金を提供してはどうかとの建議を受けた後、米国政府は一一月一八日の電文による指示の中で明確に反対し、「利害関係を持つ国が中国を援助することでその国際的な義務を果たし、正常な行政および警察機能を執行することを除き、国務省としては、当面いかなる貸付も賢明ではないと考える」と指摘するとともに、米国が貸付に同意する上での原則を以下の通り定めた。一、この種のいかなる援助についても、すべて短期借款に限るものとし、かつ賠償資金や、その他の外国に関連する事情および政府が急ぎ必要とすることにのみ充てることができ、戦争目的に用いてはならない。二、貸付については、中国内部の各党派の間で厳格に中立を保つものとし、それぞれの政治党派の代表の支持を得るとともに、例えば外国側の董事を置いて、資金の合理的な使用を確保するなど、何らかの監督措置を講じなければならない。三、この種の貸付は主に各国共通の利益を保護するためのものであることから、貸付については、必ず中国と重要な関係を持つ国と共同で関与しなければならない[17]。

中立政策を放棄するか、袁世凱を支持するかという問題について、駐華公使カルホーンと米国政府の間には当時深刻な食い違いが存在していた。国務省の貸付に反対する電文を受け取った後、カルホーンは米国政府に対して袁世凱を支持するよう説得を続け、袁に対する財政支援をする必要性を強調した。一一月二一日、彼は国務省に宛てた書簡において、「情勢の発展にはいかなる改善もみられない。その最も重要な要因は、政府が資金を必要としているという点にある」、「兵士の給料および軍隊の費用を得られない部隊は土匪に変わる危険性があり、帝国の情勢は既に相当混乱している。多くの省で既に承認されている権力部門が打倒され、彼らの中から一部の無法者や犯罪行為が生まれている[18]」と指摘した。一二月六日、カルホーンはまた、北京公使団の名義で国務省に対し、袁に三〇〇万両の貸付をすることに同意するよう建議し、「袁の影響がますます顕著になるに伴い、彼は資金難にあえぐようになっている。この鍵になる時にあって、財政支援がなければ、彼はいかなる場所においても軍隊を束ねることはできず、交渉も失敗に終わることとなり、それによって血生臭い混乱が訪れるであろう[19]」と述べた。しかし、米国政府はこの電報を受け取った後にも再び拒絶し、三〇〇万両については袁世凱が自ら解決可能であるとし、国務省側では米国の政策を変更するに足る証拠を受け取っていない[20]と指摘した。

米国政府は自ら確立した貸付の原則に基づき、英国政府が袁世凱への少額貸付を提案したのに対しても、支持はしなかった。一二月一八日、米国の国務次官補は、駐米英国大使に宛てた返信の中で、米国政府は今の肝心な時にあっては、中国に対するいかなる貸付も時宜にかなわないと確信していることをはっきりと示し、上海の南北和議が成立する前には、北京当局の要求する財政援助の照会は和議の解決を妨げるだけで、和議の解決を促すものではないと指摘し、貸付については以下の二つの条件を必ず満足させるべきであると重ねて言明した。即ち中国の各党派の間で厳格に中立を守ること及び利害関係を有する国が広範に関与すること、さらに、米国政府は上述の条件下では、中国に財政援助を提供するという方向に傾いてはいるものの、この政策の結果は必然的に米国公民の貸付を奨励することにはならないという考えを率直に示した。一九一二年二月三日、国務長官はドイツ政府の中国政局の問題に関する意見に回答した際にも、同様に主張し、各国が以前に共同で執行した厳格な中立政策の結果において、米国公民が中国に貸付することに賛成しない[22]と指摘した。さらに、清の皇帝が退位し、南京臨時参議院の選挙で袁世凱が南京臨時政府大総統に選ばれた後においても、米国政府は情勢がはっきりしないことをもって、袁世凱に対する貸付の即時提供を主張することはなく、貸付については、南北当局の同意獲得を前提としなければならないという姿勢を依然として堅持するとした。二月二四日、国務長官代理は駐華公使に宛てた電文の中で、国務省は、全中国を代表する混合臨時政府が安定した形で成立するまで、あるいは、貸付について中国の南北の二つの実質的な政権の賛同が得られなければ、一般的に見て、中国に対するいかなる貸付もすべて時宜にかなわないと考える[23]とした。

上述の内容を総合すると、米国は終始、袁世凱を清朝内における改革を擁護する実権派の官吏とみなし、歓迎の意をますます強め、武昌蜂起勃発後は、駐華外交官も袁世凱支持に傾いたものの、米国政府は袁世凱が臨時大総統に推挙されるまでは、中立政策に背いてまで袁世凱の肩を持ち、袁世凱を米国の利益の代理人とみなして手を貸すようなことはしなかった。この問題において我々は、米国の駐華外交官個人の意見および態度と米国政府の意思決定者のそれとを区別する必要がある。同時に、我々は時間的観念を持つ必要があり、辛亥革命の前、または袁世凱が臨時大総統に推挙された後の米国政府の袁に対する態度と政策を、袁が臨時大総統に推挙されるまでの期間の米国政府の政策と混同してはならない。米国と袁世凱の関係は、後の蒋介石とのような関係には至っておらず、袁世凱は米国の利益の代理人とはみなされてはいなかったのである。

三　米国政府の清朝政府に対する態度

武昌蜂起が勃発するまで、清朝政府は米国が認める合法的な政府であった。その上、一九〇九年三月に、共和党員のタフトが第二七代大統領に就任した後、中米関係はセオドア・ルーズベルト（Theodore Roosevelt）大統領時代に比べて、よりいっそう緊密になった。タフトの「ドル外交」政策の指導の下で、米国は清朝政府との関係を積極的に発展させ、中国事業に介入し、例えば湖広鉄道の借款への参加、満州鉄道の中立化計画の提起、銀行団の設立、幣制実業借款の提供等々を行い、「米国ほど中国の発展と独立および領土の整備に関心を寄せている国はない[24]」と公言した。

その一方で、摂政王・載灃は登場後、自らの極東の国際関係における孤立無援の境遇を変え、日本とロシアによる侵略に対抗するため、米国との関係を積極的に発展させ、米国を頼りになる主たる対象とみなした。一九一〇年、日本とロシアが第二次日露協約を締結すると、摂政王を中心とする政府は米国に支援を求め、中、米、独の三国同盟を打ち立てたいと考え、年末に前外務部尚書・梁敦彦を特使として米国に派遣し、米国が先頭に立って門戸開放の原則を重ねて言明し、かつ中国と仲裁条約を締結するよう提案した。さらに、ドイツの援助による中国の二万人の精鋭陸軍の訓練、米国の援助による中国の海軍精鋭艦隊の設立についても計画した[25]。

タフト時代に、米国と清朝政府の関係はルーズベルト大統領時代に比べてよりいっそう緊密になった。しかし、武昌蜂起勃発後、革命の情勢が猛烈な勢いで発展し、清朝政府の軟弱・無能ぶりが徹底的に暴かれるのに伴い、駐華外交官と米国政府はすぐに清朝政府を見限った。一〇月二七日、国務省が大統領に提出した報告書には、中国における革命の情勢の発展に鑑み、今後は清朝政府に財政支援を提供しないことを決定したとあり、この時期における清朝政府に対する貸付は「時機にかなわず、賢明ではない[26]」としている。駐華代理公使は一一月上旬の報告書の中で、満州民族による清王朝の運勢は既に尽き、滅亡の縁にあると何度も断言し、清朝政府が武昌蜂起以降に示してきた軟弱かつ臆病な態度によって、各階層の清朝に対する尊敬はすっかり吹き飛び、皇帝陛下に対する憐みに取って代わられ、皇室の栄誉は既に消え去ったと指摘し、公使館は「結末は遠からず[27]」とみているとした。一一月一〇日、国務長官ノックスもまた、駐華代理公使に電報を送り、情勢が緊迫しているときにあって、公使館が単独で皇帝溥儀と皇太后を庇護することを望まないとし、他国の了解と支持を得ることを前提とすべきであると主張して、「米国政府と列強連合の一致した政策に基づき、貴殿は自分の判断で必要な臨時の避難所を提供して無辜の人命を保護することはできるが、貴殿の同僚が、そのような行動が、公使館エリアの安全に重大な脅威を形成することはないと確信しているか確認する必要がある[28]」と言明した。

米国政府は清朝皇室の人々に対して、単独で庇護を提供することを望まなかっただけでなく、関係国が中国の内政に干渉し、清朝による統治を引き続き擁護することにも反対した。一二月一八日に南北和議が始まった後、日本は中国侵略政策の目的を達成するため、その日のうちに駐米日本大使と駐日米国大使を通じて、米国政府に書簡を送り、袁世凱および南方の革命党人はいずれも中国の秩序と平和を回復し維持する能力を有していないという考えを示し、米国政府に対して、日本政府の主張を支持し、列強が共に表に立って干渉し、南方の革命党人に共和という主張を放棄して、摂政王・載灃が公布した「憲法信条十九条」の内容を受け入れ、清朝皇帝の地位をとどめるよう強迫することを提案した。[29] これに対して、米国政府は断固拒否した。一二日、国務省は日本の駐米代理公使に返信すると同時に、駐華公使カルホーンに通知し、米国は「列強がこれまで共に承諾した厳格な中立姿勢を依然として堅持する」ことを告げ、一二月一五日に、列強が南北双方の交渉代表に対して、衝突の早期終結という中立の願望を伝えた後に、「米国政府はこの努力の結果を待つことにしており、列強がさらに進めてどのような措置を講じれば中国に安定した責任を負うことのできる政府が出現するよう導くことができるかを共に考慮するという点については、態度を保留する」[30] と言明した。日本が秘かに軍事干渉を企てているのを阻止するため、一九一二年二月三日、国務長官ノックスはドイツ政府に宛てた返信で中国の情勢をめぐる問題を討論した際に、他国の中国に対する内政干渉に再度反対し、各国は中立および一致した行動をとるという原則を堅持しなければならないと主張し、目下の中国情勢の発展をめぐっては、干渉する必要性は存在しないと強調した。[31] 二月八日、米国はさらにこの立場を英国、フランス、オランダ、イタリア、ドイツの駐米大使館にも知らせ、日本による中国の政局に対する干渉を防ぐための米国の公開の政策とした。

これと同時に、袁世凱が南方の革命勢力と彼の北洋軍を利用して清の皇帝に退位を迫ったことについても、駐華外交官と米国政府はその成り行きを楽観していた。一九一二年二月一二日、清朝政府は詔を発し、皇帝の退位を宣言した。駐華公使カルホーンはその日に国務省に電報で知らせ、「南北が臨時共和政府を成立させるときには、直ちに承認すべきである」[32] と建議した。次の日、彼はさらに清の皇帝の退位の詔などの関連文書を英文に翻訳して米国政府に伝えた際、これらの文書には奥深い意味があり、満州族の清王朝とその統治が終結し、中国が新たな時代に入ったことを示している。この新たな時代の性質については、依然として確定しがたいが、彼らの国の統治が再び漢民族の手に戻ったことを表していることは疑いようがないと指摘した[33]。カルホーンの言葉には清の皇帝の退位を歓迎する姿勢があふれていた。

上述の内容からわかるように、満州族の清王朝の滅亡に対して、米国の駐華外交官や米国政府はいかなる痛惜の念も表すことはなかった、武昌蜂起が勃発するとすぐに、清朝政府は米国政府にほぼ見捨てられていたのである。

四　米国政府が辛亥革命において中立政策をとった原因

一九一一〜一九一二年、中国の政局に変革の局面が訪れた際に、米国政府が中国国内の各種政治勢力の間で厳格に中立を守り、不干渉政策を講じた原因は多方面に及ぶ。

まず、当時、中国国内の政治情勢や革命党人の策略と密接な関係があった。列強の干渉を避けるため、革命党人は一九〇五年八月に同盟会を設立した際に制定した「中国革命同盟会革命方略」の中で七項目の外交原則を確定し、中国がそれ以前に外国と締結したすべての条約および賠償金や外債は引き続き有効であるとともに、すべての駐留軍政府の占領地域内の外国人と財産およびすべての外国の中国における既得権益を保護するとした。同盟会のこの外交方略に基づき、武昌蜂起の二日後、革命軍は中華民国軍政府鄂省都督黎元洪の名義で、各国の駐漢口領事に照会して、「中国革命同盟会革命方略」中の七項目の主張を重ねて言明し、軍政府は各国に対して友好的な態度で接し、「各友好国に対して、親密の情を厚くし、世界の平和を維持し、人類の幸福を増進することを期す」と声明した。軍政府はさらに、「刑賞令」の中で明確に「外国人を傷つけた者は斬罪に処する」、「租界を守る者には褒美を与える」、「教会堂を守る者には褒美を与える」と規定した。南京臨時政府成立後、孫中山も一九一二年一月五日に発表した対外宣言の中で外国人の各条約における権利を引き続き認め、かつ保護することを同様に声明し、各国に中国の革命事業を支持するよう呼び掛けた[34]。同時に、南京臨時政府はさらに訓令を発し、各省の都督に外国人の生命と財産の安全を保護するよう求めたし、外交総長の王寵恵は一月一七、一九日の二回、米国政府に電報を送り、米国に南京臨時政府を承認するよう呼び掛けた。

革命党人が講じたこれらの外交政策と努力は、米国政府の支持を獲得するという所期の目的を達成することはできなかったものの、米国政府の理解をある程度増進させ、米国の革命に対する恐怖と懸念を取り除き、これによって米国が中国内部の政権交代に介入する根拠と必要性を排除した。また、革命情勢の急速な発展と清朝政府の軟弱・無能ぶりも、米国政府に辛亥革命に対して中立姿勢をとらせることとなり、最大限にアメリカの利益を保護し、米国の天秤が清朝政府側にかたむかないようにさせ、それによっていかなる側の損害も被ることがなかった。

さらに、米国政府が辛亥革命に対して中立政策をとったことについては、米国自身にも要因がある。一九一一〜一九一二年、中国の政権に変革の局面が生じた時期におけるタフト政府による中立政策の採用は、米国の外交上の不干渉原則と孤立主義の伝統を相当程度に継承するものであった。当時、米国国内にも中国の政局に干渉するよう建議する者がいたが、ノックスは中国の内政に干渉することは米国の外交原則に合致しないことを理由にこれを拒絶し、中立政策以外の、「その他のいかなる政策も、各国はその他の国の干渉を受けずにその国内事務を解決する権利を有するという原則に合致しない」と指摘し、「重大な問題を中国の国民が自ら解決した後にのみ、国務省はおのずと相応の措置を講じることになる[35]」とした。

孤立主義および不干渉原則のほかに、米国の中国に対する門戸開放政策も米国政府の辛亥革命に対する姿勢に影響を与えた。米国の中国に対する門戸開放政策の核となる内容には以下の二点がある。一、各国の中国における投資・

貿易の機会は均等である。二、中国の行政と領土保全を擁護する。後者の一点と前者の一点は密接に関連しており、行政と領土保全がなければ、中国における投資・貿易機会の均等を擁護することは不可能である。タフト大統領は一九一一年一二月七日に、議会の年度教書の中で、中国で発生している内戦において米国が中立を維持するのは、門戸開放という伝統的な政策を実行したものであるとし、「中国に居留する我が同胞の利益を保護すると同時に、米国政府は中華帝国とその人民に対して友好と共感を寄せる伝統的な政策を全力で守り、彼らの経済の発展、行政の進歩を誠実に願うと同時に、我々は従来通り今後もさまざまな適切な手段を活用して彼らの福祉を増進していく。これらの手段は、我々が競争関係にある各党派の間で講じる厳格な中立政策と一致するものである[36]」と指摘した。

次に、米国政府が辛亥革命に対して中立姿勢をとったことは、米国の当時の中国における実際の利益が限られていたこととも直接関係がある。ある学者の研究によると、米国の対中輸出は一九〇五年度に五千三百万米ドルに達したが、一九一二年には二千四百万米ドルまで落ち込み、米国の対外輸出総額に占める比率は一%に過ぎず、かつこの年に米国が中国から輸入した商品の額は三千万米ドルに達していて、米国の対中貿易は入超となっていた。また、米国の中国における投資も同じように非常に限られており、まったく取るに足らず、約四千万~五千万米ドルで、米国の海外投資の二%にも満たなかった。米国の中国におけるさらに多くの経済利益は潜在的なかなたにあった[37]。同時に、政治関係においても、清朝政府は米国が認める合法的な政府ではあったが、米国が扶植した傀儡ではなかった。換言すれば、当時の米国政府と清朝政府には何らかの特殊な関係も存在しなかった。まさに当時の中米関係におけるこれらの実質的な要素が、辛亥革命と中央アメリカ革命に対する米国政府の二つの異なる姿勢の採用に影響を及ぼしたのである。当然のことながら、二〇世紀の米国の東アジアにおける実力は、英、日、露などの列強と対等に振る舞うことができるものではなかったことも、辛亥革命期において、米国がその後のように中国の内部事務に巻き込まれる事はありえなかったことに影響した。

このほか、米国国内の世論と価値観も、米国の辛亥革命に対する姿勢に影響を与えた。一部の米国の駐華外交官は、革命によって秩序が破壊され、米国の利益が損なわれることを懸念して辛亥革命を敵視する態度をとったが、民主的価値観に対する信念により、米国国内の民衆と世論はかえって異なる声を上げた。彼らは、辛亥革命によって清朝の専制統治が覆されることを熱烈に歓迎し、それは米国の価値観と理想の影響を受けた革命であり、「中国で発生した米国革命」であると考え、中国が日本に代わってアジアで最も西洋化した国家になることを願った。[38] 米国で大きな影響力を持つ教会も、全面的に革命に賛成する姿勢を示した。彼らは、革命は中国の覚醒と進歩に対する追求の表れであると考え、革命の成功がキリスト教の事業の発展に役立つことを願った。[39] 同時に、米国の民衆は米国政府が中国の革命を認め、支持するよう力の限り呼び掛けた。米国の学者、ジェームズ・リード（James Reed）の研究によると、辛亥革命勃発後、国務省には郵便物や電報が潮のごとく押し寄せ、それらの大部分が米国にできるだけ早く中華民国を承認するよう求めるものだった。[40]

民衆と世論の影響の下で、一九一二年二月二九日、米国議会は上院・下院共に、下院外交委員長のウィリアム・サルツアー（William Sulzer）による、「中国の人々が代議制制度およびその理想を実現するために努力することに深い共感の念を表し」、「自治政府が権力、義務および責任を握ったことに対して祝賀の意を表す」[41] という提案を通過させた。同年一二月三日、タフト大統領は年度の教書の中でも、議会で採択されたこの決議に同意すると書き、「中国の人々が共和の原則を主張することに対する米国国民の自然な共感を適切に表している」とした。[42]

最後に、辛亥革命によって中国の政権が改まるときに、米国が中立を維持し、干渉に反対し、列強と一致した行動をとるよう主張したことには、国際的な要因に対する考慮も働いており、少数の国家、特に日本とロシアがこの機会に乗じて単独で干渉し、特別な利益を獲得しようとすることを防止するという意図もあった。

日露戦争後、日本が中国で勢力をさらに拡大し、米国の中国に対する門戸開放政策の最大の挑戦者となるのに伴い、日本が清朝政府内の親日派を育てることを通じて、または中国内部の動乱を通じて、中国をコントロールするという目的を達しようとすることに対して、米国政府は警戒を強めていた。一九〇九年一月二日に、摂政王・載灃が袁世凱を罷免するという事件が発生した後、一月七日に、国務省極東局は中国の内部事務に関するメモランダムの中で、中国で最近発生している事柄は、日本の陰謀と大きな関係があると明確に指摘するとともに、日本が中国をコントロールするため、日清戦争後に革命党員を放任し、清朝の親日派の官僚を育成する活動を行ったことについて、系統的にふり返っている。

武昌蜂起勃発前夜、中国に駐在していた米国外交官も日本が中国の動乱を利用して特別な利益を獲得しようとする可能性について、何度も重大な関心を示していた。一九一〇年八月二三日、カルホーンは国務省に宛てた報告書の中で次のように指摘している。「動乱事件の発生において、日本のみがその中から利益を獲得できる国であり、動乱を通じて利益を獲得するか、或いは中央政府による反乱の鎮圧を助けることで、北京に対する影響力を強めようとしていることは疑う余地がない」(44)。一九一〇年七月二六日、米国アジア艦隊司令官マードックは海軍省に対する報告において、中国で間もなく発生する深刻な騒乱または革命をめぐり、日本の動向にも強い関心を寄せているとし、日本は既にその時のために準備をしており、「もしも情報が正確ならば、日本の数千人の部隊が迅速に中国に上陸することになっており、三万人という説もある。これが真実ならば、彼らは日本の既得権益を守るだけではすまないだろう」と指摘した(45)。

武昌蜂起勃発後、日本が革命を利用し、機会に乗じて中国に出兵するのを防ぐため、米国の駐日外交官スカイラー

（Schuyler）は日本の外務次官を訪問し、事前に米国政府と協議を行わないうちは、いかなる行動もとらないよう懇ろに促した。彼は、「万一、想像通りになれば、満州の反乱は深刻なものとなり、日本とロシアはほかの列強に意見を求めることなく、直ちに中国に軍隊を派遣するだろう。二万人の日本の軍隊がほかのすべての列強の軍隊が駆けつける前に北京に到着する一方、香港にいる五千人の英国の軍隊は広東を気にかけ、離れることはできない……。私は日本が単独で行動するものと確信する。日本が何をするにせよ、その目的は未来の中国政府にとって、自らが欠くべからざる存在になることにある[46]」と考えていた。

一九一二年一二月三日、タフト大統領も議会の年度教書の中で米国の対中政策を詳説した際、米国政府が武昌蜂起と清の皇帝の退位に対して、中立および他国との連合行動という政策をとった理由として、「米国は中国において巨大な利益を有するその他の国と同様、外国政府が自国の利益のために単独行動をとるのは、既に複雑化している情勢をさらに混乱させるだけであると考えるからだ[47]」と明確に指摘した。

上述の内容をまとめると、米国政府の辛亥革命に対する態度は、さまざまな要素によって決定付けられたものである。中国国内の要素もあれば、米国自身の要素もある。また、国際的な要素もあれば、価値観的な要素もある。一般的に言えば、外交は内政の続きだけれども、外交は結局のところ内政と同一視することはできず、相手国の国情および国際情勢の影響や制約を受けないわけにはいかず、通常、それは総合的な考慮の結果であるとすべきである。

註

（1）William to the Secretary of State, October 11, 1911, telegram *Records of the Department of State Relating to Internal Affairs of China, 1910-1929* (hereafter RDS)(The US National Archives and Records Administration, Microcopy No. 329)。

（2）Williams to the Secretary of State, October 12, 1911, *RDS*

（3）Knox to Taft, October 14, 1911, *RDS*.

（4）George E. Anderson to the Secretry of State, December 22, 1911, *RDS*.

（5）George E. Anderson to the Secretry of State, January 11, 1912, *RDS*.

（6）W.J. Calhoun to the Secretary of State, January 5, 1912, *RDS*.

（7）W.J. Calhoun to the Secretary of State, January 16, 1912, *RDS*.

（8）W.J. Calhoun to the Secretary of State, January 30, 1912, *RDS*.

（9）The Acting Secretary of State to the American Minister, January 20, 1912, telegram, *RDS*.

（10）The Secretary of State to the Secretary of Navy, January 22, 1912, *RDS*.

（11）The Secretary of State to Calhoun, January 23, 1912, *RDS*.

（12）Hay to Conger, November 8, 1901, *Diplomatic Instructions of the Department of State, 1801-1906, China*, microfilm.

（13）W.W.Rockhill to Yuan Shih-Kai, December 6, 1901, *Rockhill Papers* (Houghton Library, Harvard University).

（14）Conger to John Hay, March 12, 1903, *Despatches from U.S. Ministers to China, 1843-1906*, microfilm.

（15）米国政府の「載灃駆袁事件」に対する対応については、拙稿「摂政王載灃駆袁事件再研究」（『近代史研究』二〇一一年第六期）を参照。

（16）The Department of State to the President, December 17,1911, *RDS*.

（17）The Secretary of State to the American Minister, November 18, 1911, *Papers Relating to the Foreign Relations of the United States (hereafter FRUS, 1912* (Washington: Government Printing Office, 1918), p102.

（18）W.J. Calhoun to the Secretary of State, November 21, 1911, *RDS*.

（19）W.J. Calhoun to the Secretary of State, December 6, 1911, telegram, *RDS*.

（20）The Secrretary of State to the American Minister, December 7,1911, *FRUS, 1912*, p103.

（21）The British Ambassador to the Secretary of State,December 18, 1911; The Assistant Secretary of State to the British Ambassador, December 18, 1911, *FRUS, 1912*, pp.106-107.

（22）The German Ambassador to the Secretary of State, January 31, 1912; The Secretary of State to the German Ambassador, February 3, 1912, *FRUS, 1912*, pp.108-109.

（23）The Acting Secretary of State to the American Minister, February 24, 1912, *FRUS, 1912*, pp.109-110.

（24）Memorandum of Interview between Liang Tun-yen and Taft and Knox, December 17, 1910, *RDS*.

（25）中米海軍合作計画に関しては、拙稿「海軍大臣載洵訪美与中美海軍合作計劃」（『近代史研究』二〇〇六年第三期）を参照。

（26）The Secretary of State to the President, October 27, 1911, telegram, *RDS.*
（27）Williams to the Secretary of State, November 7, 9, 1911, *RDS.*
（28）The Secretary of State to Williams, November 10, 1911, *RDS.*
（29）The Japanese Chargéd' Affaires at Washington to the Secretary of State, December 18, 1911, *RDS.*
（30）The Secretary of State to the Japanese Chargéd' Affaires, December 21, 1911; The Secretary of State to W. J. Calhoun, December 21, 1911, *RDS.*
（31）The Secretary of State to the German Ambassador, February 3, 1912, *FRUS, 1912,* pp. 63-64.
（32）W. J. Calhoun to the Secretary of State, February 13, 1912, *RDS.*
（33）The American Minister to the Secretary of state, February 13, 1912, *FRUS, 1912,* p52.
（34）中国史学会主編『辛亥革命』（八）、上海人民出版社一九五七年版、二二一～二二三頁。
（35）Knox to Mrs. Vilbur F.Crafts, January 13, 1912, *RDS.* ここで一言したいのは、米国の孤立主義の伝統と不干渉の原則に対して、それを文字通りに判断してはいけないということである。孤立主義と不干渉の原則については、他国と無関係のことはなく、なお、米国人が主張しているように、他国の内政に対して一切の介入をしないわけでもない。この二つの単語には、米国は世界唯一の強国になるまでは、対外関係については経済関係及び経済利益に重点を置き、国家利益と直接に関係ない国際政治紛争には介入せず、他国と同盟を結んで、米国自らの国家利益と直接関係がない戦争には巻き込まれないようにしたいという本音が含まれていたのである。つまり、孤立主義と不干渉の原則は、自国の利害関係とは直接関係がない国際的義務を避けるための政策である。一九四一年の太平洋戦争勃発以降、米国はようやく外交上の孤立主義と不干渉の原則を放棄することに決めた。
（36）Message of the President, *FRUS, 1911,* (Washington: Government Printing Office, 1915), p18.
（37）「美」孔華潤主編『剣橋美国対外関係史』上冊、五一四頁、新華出版社二〇〇四年。
（38）米国民衆及び輿論の辛亥革命に対する反応については、Nemai Sadhan Bose, *American Attitude and Policy to the Nationalist Movement in China, 1911-1912* (New Delhi: Orient Longmans, 1970), pp.11-19を参照。
（39）在華米国宣教師及び米国教会の辛亥革命に対する態度と反応に関しては、James Reed, *The Missionary Mind and American East Asia Policy, 1911-1915* (Harvard University Press, 1983), pp.121-127を参照。
（40）James Reed, *The Missionary Mind and American East Asia Policy, 1911-1915* (Harvard University Press, 1983), pp.131.
（41）Huntington Wilson to Taft, February 29, 1912, *RDS.*
（42）Message of the President, *Papers Relating to the Foreign Relations of the United States, 1912,* p21.
（43）Memorandum, January 7, 1909, *Records of the Department of State Relating to Internal Affairs of China, 1906-1910* (The US National Archives

and Records Administration, Microcopy No. 862).

（44）Calhoun to the Secretry of State, August 23, 1910, *RDS*.

（45）Murdock to the Secretary of State, July 26, 1910, *RDS*.

（46）The American Chargé d. Affaires at Tokyo to the Secretary of State, October 15, 1911, *RDS*.

（47）Message of the President, *FRUS, 1912*, p.21.

辛亥革命期における「排外」観念と近代民族主義の興起

李　育民

近代における民族主義は「排外」から生まれた。『浙江潮』に掲載された文章は次のように述べている。「我らの悲しみはずっと続いてきて、排外を敢えて公言する者はなかった。果たして、それを呼び掛ける者が現れると、我らはこれを祭り、これを祝い、これをほめたたえて、民族主義が生まれた」[1]。清朝末期以降、中国社会の対外姿勢は、「攘夷」意識を有する伝統的な「排外」から近代民族主義への過程を経験し、辛亥革命期にこの転換はほぼ完了した。この時期の「排外」に関する認識と主張は、近代民族主義の興起と密接にかかわっており、この歴史の変化を十分に反映している。これについて詳細に研究することは、我々が辛亥革命の社会的歴史的背景、中国の近代民族主義の成長過程と対外観の変遷をよりいっそう深く理解する上で役立つに違いない。

一　伝統的な「排外」の止揚と更新

アヘン戦争後、中国では列強の侵略に反対する「排外」闘争が始まり、義和団運動でピークに達した。辛亥革命期に、国民はこれについて新たな思考を持ち、伝統的な「排外」に対して、近代的な性質を備えた止揚と更新を図った。この新たな認識によって、「排外」運動は従来の「攘夷」意識から徐々に脱却し、近代民族主義の方向に向かうための基礎が築かれた。

八か国連合軍との戦闘による満身創痍を経て、国民は伝統的な「排外」の弊害と危害を本質的に、はっきりと指摘するようになった。改良派、革命党人を問わず、いずれも異口同音にこれを厳しく非難した。麦孟華は次のように指摘している。「我が国で排外という言葉が聞かれるようになって既に久しい。外国人を殺し、教会堂を破壊し、公使館を攻撃し、公使を殺害する。この世の者で、人道を害する者を誹謗しない者はなく、世界共通の敵は、万国の公法がこれを許さない」。彼は、この種の「排外」は、「攘夷の古いやり方にならって、付和雷同しているに過ぎず」、盲目的な思い上がりで「天朝」を自称し、外国人に対して「仇視主義を持ち」、他国を「夷狄」とみなし、外国人を「毒蛇、猛獣、大火、仇敵のごとく」みなしていると考えたのである[2]。革命党人もこれと同様の見解を持っていた。張耀曽は「外国人に恨みを抱き、教会堂を攻撃することを、無知な者は義憤と思って行動したものだと言う。正当な抵抗ではなくて、野蛮な排外であり、後の悪い結果は、国民の気勢を台無しにして余りあるものである」と述べ[3]、胡漢民は、正当ではない「野蛮な排外」は、「国際法上あり得ない手段を使用して」、「文明に反する」ため、「干渉を招き」、「結果はよろしくない」と指摘した[4]。この種の「排外」は、「外国人を軽蔑し恨みを抱くという観念からこれを乱用しており、国際法の平等権、交通権に背き、その害を為した結果は、滅亡を招くことになり、それは過去において排外を語る者の免れない所であった」[5]。陳天華は、「私は生を受けて以来、義和団を最も恨んでいる」、彼らは「野蛮な排外」手段で、「規則や理念を全く持たず、突然数千人が集まって教会堂を数棟焼き討ちし、宣教師や教徒、旅行する外国人、貿易を手掛ける外国商人を何人か殺せば事足れりとする。ひとたび外国兵が到着すれば、ハチの子を散らすように逃げ、領地の割譲、賠償金の支払については一切関わらない」[6]と述べている。彼らは、今や伝統的な排外は「また滅亡を促すに足る」と考えていた[7]。若しくは、伝統的な排外の源である「尊王攘夷」について、「君主と国家の区別が不明瞭であり、故に忠君を愛国とし、又当時中国の文明は交渉相手の各民族のそれを上回っていたことから、夷（えびす）という文字が充てられた」と分析した。「攘夷はすなわち今日の対外的な自衛である」が、その「用語は不適切で、範囲がはっきりせず、征服者を推戴して君主とするという弊害が生じ、どこから来たのか区別がつかないままに忠義を尽くすということになる。友好国に対して、無意識のままに排外の挙動をとることも時には免れない」。このため「尊王攘夷は過去において既に不完全な主義となっており、今日の中国においてはなおさら適用することはできない」[8]とした。

伝統的な「排外」に反対する一方で、国民は決して「排外」の精神を放棄したわけではなく、かつ依然としてこの名詞を用いて、対外的な姿勢と立場を明らかにした。革命党人、或いは改良派を問わず、いずれも「排外」は正当なものであると考え、この「最も美しくない名詞」に対する偏見を正そうとした。彼らから見れば、「排外」は国際関係における常態で、昔からこのような状態であり、中国を非難する欧米諸国もこの方針を実行しており、「排外とは、天賦の公の性質を備えたものであり、人として踏み行う道として決してやめてはならない」ものだった。欧米諸国は「日々、優勝劣敗の理に戦々兢々とし」、「外国人に勝とうとし」、「もって国民の排外の心をあおっている」。米国人は英国を排除して独立し、イタリア人はオーストリアを排除して建国しており、いずれも「排外を実行」した。さらに、「その排外は激烈で、我々よりひどい」。例えば、米国は「公理に抵触してでも、天下の大悪を犯し」、その「勢いは誰にも手が付けられない」[9]。或いはこうも言う、「今日、各国はもともと平等主義であると公言しているが、宗教・種族が異なる国について、心理的には結局打ち消すことができず、偏見をもたずにはいられない」[10]。このため、「排外という特質については、天地の極まる所に国を造っても、それを欠くことはない」[11]。

さらに、彼らは中国で発生した排外の具体的な原因についても分析した。胡漢民は、漢民族の「種族の思想」以外に、列強の侵略が中国社会の反抗を引き起こしたことも、「排外」が生じた原因であるとした。「今日における我が国の国民の排外思想は、恒常的な国際面での失敗によって生じる一方、国際法で特に保護することが認められている権利を平等に享有することができないことを主張しようとして生じたものもある。[12]」彼はさらに一歩踏み込んで、「我が国の国民の排外感情を触発したのは条約である[13]」と指摘した。『新民叢報』はまた、文章を掲載し、西側列強が「我らを傷つけ、辱め、搾取してこのような段階まで達して、猶且つ恥を知らず、些かも排外の情がわかないとしたら、それでも人間だろうか」とした[14]。

国内外の各国がいずれも「排外」を唯一無二の方法としているのに、どうして「西洋人は排外によって国権を広げ、我が国は排外によって国権が曲げられてしまうのだろうか」。彼らは、その原因は「我が国民は排外の範囲を理解しておらず、政治的な排外の仕方をわかっておらず、小さな憤りに耐え切れず、軽率に野蛮なふるまいをしている」ことにあると考えた。彼らは、態度や方法をすっかり変え、古い考え方から脱却し、更新を図り、「文明的な排外」、「正当な排外」、権利としての「排外」、「気配りをした排外」、「精神的な拝外」などを実行するよう主張した。表現は異なるものの、その基本的な精神は同じであり、いずれも「外国人を殺し、教会堂を破壊し、公使館を攻撃し、公使を殺す」といった古い手段には賛成せず、近代的な性質を備えた「文明的な」方式を採用することを主張したのである。「ひたすらその愛国心を振るい起こし、その独立の精神を広げ、その競争力を充実させて、先人と同じような野蛮な轍を踏むことなく、文明的な正しい道に従う[15]」というものである。陳天華は「必ず文明的な排外を用いること[16]」を提起し、「排外を望むならば、まずその義務と方法を知らなければならない」とした。いわゆる「排外の義務」とは、すなわち外国人の「富強」「才知」を研究し、「我らの富強、我らの才知が、外国人を上回るようにすることで、権勢や有利な条件など、外国人に頼ることはしない」ということである。いわゆる「排外の方法」とは、すなわち「対外的にはよしみを尽くし、対内的には政務を整え、朝廷に打ち勝って、気づかれぬ形で排外する」ことである。[17] 要するに、「今日の情勢下において、排外の心はなくてはならないが、排外による暴動は決してあってはならない」[18]とした。

「排外」に関する新たな思考によって、「排外」の合理性が肯定されるとともに、伝統的な方式に対する再認識が図られた。これは明らかに近代的な性質の止揚と更新であり、対外観念の進歩を体現している。まさにこの意義において、彼らは、二ていた「罪責」を洗い清め、帝国主義による侵略に反対する正当性を示した。それは「排外」が背負っ種類の「排外」には共通性があると考えた。胡漢民は、「権利を主張する」広義の排外と「外国を敵視し、外国人を卑しめる主義」の狭義の排外は、「程度の差はあるものの、性質の違いはない」[19]と述べた。或いは、排斥を提唱する「文明的な排外」と義和団の「野蛮な排外」について、「その挙動には文明と野蛮の違いはあるものの、その排外の性質は同じである」[20]という認識を示した。彼らは、「排外」の正当性は、それが世々代々受け継がれてきた事業であることによって決定づけられるとした。陳天華は、「この排外事業は止むことはないということを知らなければならない」と語った。万一、中国が列強に分割された場合、「後の人々は、二十歳になったら直ちに起ちあがって各国を追い払うのだ。一代で不可能ならば、十代続ける。十代で不可能ならば、百代続ける。百代で不可能ならば、千代続ける」[21]。「排外」観をめぐり、古い考え方から脱却し、更新が図られたことで、伝統的な「攘夷」とは異なる性質がもたらされ、これによって、近代民族主義が興ったのである。

二　「排満」は「排外」の特殊な形式である

近代民族主義の興起は、辛亥革命期の「排満」と密接不可分である。「排満」というスローガンは、同盟会の「韃虜を駆逐、中華を復興する」という誓いの言葉を踏襲したものであり、孫中山と革命党人が提唱した民族主義を具体的に表したものである。このスローガンの直接的な目的は国内の民族に対する抑圧を解決することにあったが、これは「排外」の一種特殊な形式であり、近代民族主義の初期の形態でもある。

「排満」理論の基礎の一つに、外国の侵略に反対する「排外」思想がある。革命党人は一種の誤った観念を持ち、「満州」を中国の外に切り離し、満州人を中国人の枠から排除した。例えば孫中山は、「清朝政府」は「中国政府」ではなく、「中国人は現在、自己の政府を有していない」[22]とした。『民報』はまた、おびただしい紙幅を使って文章を掲載し、歴史的、法理論的視点から、この観点について詳しく説明した。汪精衛は、「満州は山海関内に入るまで、我が国とは種族が異なり、今日言うところの隣国と同じだった」[23]と指摘し、「満州が山海関に入った後、中国は滅びた。今の政府は満州政府であり、中国政府ではない」[24]、「排満主義」とはすなわち「満州人を追い出し、故国の回復を図ることである」とした。さらに、汪精衛は国民の隷属と国家の関係の視点から論証を行った。国民の隷属という視点から言うと、「満州人は中国人ではない」。国際法によると、国民という意味は「必ず永続的な隷属関係に合致するものである」。明朝の戸籍制度、建州の機構の設置、および明史・地理志でいうところの「駐屯するのみで戸籍があるとは言わない」などから見て、「満州人は明代に中国の国籍を取得したことはなく」、「満州人が中国の人民でなかったことに疑義はない」とした。中国の国籍を有していないのだから、「中国の官職と爵位を受けていたとしても、中国の人民と見なすことはできない」。例えば、朝鮮人は玄菟州都督であっても中国人と呼ぶことはできないのだから、「満州人がかつて建州衛都督であったとしても、どうして彼を、中国人と呼ぶことができようか」。同化は社会風俗の観点から、帰化は法理論の観点からそれぞれ言われるものであり、「満州人は帰化しておらず、かつ同化もしていない」、このため、中国人とみなす事は出来ない。満州人自身は「終始一貫して明の臣民を自ら任じたことはなく」、「自らを中国の人民と認めたことはない」。国家の関係という視点から言うと、「満州建国（満州族が清国をつくったこと）前は中国の羈羈（縻）州で、建国後は中国の敵国である」。法理論上、羈縻州は中国が特別に設けた制度で、「懐柔して人を遠ざける」というものであり、その性質は「国際法上のいわゆる保護された土地に極めて近い」。国際法では、保護された土地は領土主権を得る際の一つに過ぎず、「領土主権の延長は言えない」ことが公認されている。満州は「保護された土地」としての「羈縻州」であり「中国の領土でないことは明らかである」。満州建国後、それは「中国の敵国」となった。「満州人は中国の臣民ではない」、「満州は中国の領土ではない」という「二つの前提が確かである」以上、満州建国後は、「内乱になぞらえてはならず、中国の部（隣）国とみなすべきであることは疑いを入れない」。要するに、「満州族は先には中国の臣民ではなく、後には中国の敵国となったのであり、長駆して山海関内に入ったり、中国は戦いに敗れた結果、国が亡び、満州は戦いに勝った結果、国を盗み取ったのである」。「排満」とは「国を滅ぼした醜いえびすを排除する」ことであり、決して「天子の位を奪い取った独裁者を排除することではない」[25]。

ほかの革命党人も執筆し、「満州族は中国の臣民ではない」、建州に居住していた満州族は「明代の臣民ではない[26]」と力説し、或いは、明代末期に、満州は「既に自立して国を為した」、「満と漢は久しく二つの国に分かれていた[27]」などとした。このほか、革命党人はさらに「排満」を「排外」の前提とみなし、清朝政府について、「その能力では決して国家の主権を維持することはできない」とし、この政府を取り除けば、「支那はいっぺんにこの上なく強大な国になり」、その後治外法権を取り消すことができる[28]という考えを示した。故に、「中国を救い、再び滅びることがないようにするためには、まず満虜を除き、その後に列強に抵抗することが唯一最上の方法であり[29]」、「今日にあって、排外はまず満州に用いるべきであり[30]」、今日にあって、排外を考えないのであればともかく、「排外を望むならば、まずは排満を図らなければならない。そして、排満を望むならば、革命によらざるを得ない[31]」とした。

上述の内容からわかるように、革命党人にとっては、「排満」すなわち「排外」であった。まさに「排外」という理念の力を借り、「排満」によって民族主義を奮い立たせたのである。『浙江潮』に掲載されたある文章は、「諸君に排外思想がないのであればともかく、もしあるのであれば、私は諸君に教会堂を攻撃するといった考えを排満思想に代えてほしいと願う。……まず、家庭のくびきを脱し、地方の自治に進み、続いて地方の自治から国家の建設に進み、ついには国家の建設をふくらませて民族主義にしよう[32]」と主張した。明らかに、「排外」と「排満」は対「外」という同一性を備えており、この種の同一性には近代民族主義の意識が含まれている。辛亥革命期に、「排外」と「排満」において叫ばれた「中国とは中国人の中国である」という言葉は、民族主義を示すのに「最も有力なる正論」である[33]。前者は「中国とは中国人の中国であり、外国人が手にして干渉するものではない。この精神と気魄を備え、文明的な排外という手段を用いれば、中国は殆ど中国人の中国となるのではないか[34]」といい、後者は「中国が中国人の中国と言う際に、我が同胞は皆自分達漢種中国人の中国であるという認識を持たなければならない[35]」。「中国とは中国人の中国であり……韃虜を追い払い、我が民族の国家を回復するのだ[36]」とした。両者の主旨は多少異なるものの、道は異なるが行き着く所は同じで、いずれも近代民族主義の根本的な要求を提起している。また、こうして奮い立った民族主義によって、「排満」の勢いがさらに盛んになり、民族主義が隆盛になって以来、「身の丈が三尺の童子でさえも皆、悪い種は必ず鋤で取り除くべき理由を知るようになって、革命、革命、排満、排満、の声が全国にとどろき、洪水のごとく押しよせてきて、それを遮ることはできなくなった」。

率直に言うならば、「排満」に言う「中国とは中国人の中国である」の思想的来源の一つは、中国の伝統的な種族意識である。朱元璋は、「我ら中国の民は、天の命で中国の安定を図ることが決定付けられているのであり、どうして夷狄が統治することなどできようか」として、「胡虜を駆逐し、中華を回復すべし復興」と呼び掛けた[38]。革命党人による「排満」を呼び掛けたところの民族主義は、この伝統的な意識を体現し、彼らは少しもはばかることなく、「民族主義は種族観から生まれたものであり、他種族が我が国を盗み、我が種族を損なうようなことがあれば、必ずやそれを取り除くという目的を達成しなければならない[39]」、「明代以降、最も人々の心に害毒を及ぼしたのは、君臣の名の下に、種族思想を滅ぼしたことだ[40]」とした。

但し、革命党人の「排満」は、既に伝統的な「攘夷」という単純な種族意識を超え、外国の侵略に反対する「排外」思想と近代民族主義の精神を含んでいた。「排満」では強権反対が提起され、国家主権という考えを近代民族主義が内包することをはっきりと示している。彼らは、今日民族主義を持つのは、「異民族との雑居を禁じるものではなく、異民族による統治を断ち切りたいと強く願うのみであり」、「他種族の強権による侵略を禁ずる」ことにあると表明した。「凡そ他種族の強権に抵抗する者は、いずれも民族主義を実行するのであり」、「排満は満州人の統治権を排除することにある[41]」とした。「排満」はまた外国の侵略に反対する「排外」思想の基礎であり、前提でもある。汪精衛は、もしも国民が政府に対して政治観念を持つのみで、種族観念を持たずに、「異民族が侵入して多少仁政を施したことで、それを君主として推戴するとしたら、まったくもって卑しい行為である」と指摘した。満州族は「乱に乗じて侵入してから二〇〇年余り、我が民族に恨みの心を忘れさせ、そのことが間違いではないように思わせてきて、そこに、連合軍が北京に侵入し、家々が順民旗〔他民族の支配に服した人民であることを示す旗〕を掲げる羽目になって、それでもなお時勢にふさわしい君子として推戴するのか[42]」。彼は改良派の国家主義の主張を批判して次のように言った。「満州人に征服されたのは、国家主義の名をかりて、満奴といい、他日世界の国々に征服されると、また国家主義の名をかりて、洋奴とするが、これはまさに不吉な言い方であり、その精神は既に死んだも同然である」[43]。総じて、満州人の統治権を排除する民族主義は、「強権主義への抵抗と表裏をなしており、もとより過去の儒学者が言う中外華夷の辨〔中国と外国、中国人と外国人を区別する考え方〕とは異なるものである」[44]。さらに、「排満」は種族復讐主義からも脱却した。汪精衛は、「排満」は決して「偏狭な民族復讐主義」ではなく、「排満によって民族主義の目的を達成する」ものであると明確に述べている[45]。さらに、「排満」が示すところの民族主義には、その他の民族と合わせて一国の者だという思想も含まれている。汪精衛は、我々が主張する民族主義は、「諸民族を一つの民族に同化させ、一つの国民にしようとするものであり、漢民族以外が中国に存在することを許さないというものではなく、諸民族を漢民族に同化させせ、中国の人にしようとするものである。民族は異なるものの、同化した後はおのずから共通の思いを生むことができる」[46]と述べている。

三　近代民族主義へと向かう階段

辛亥革命期の「排外」と「排満」は、中国が近代民族主義に向かう階段であり、その発生の特徴や論理の道筋を反映している。この時期に提唱された「排外」と「排満」は、依然として伝統的な「攘夷」の色彩を帯びているものの、近代民族主義の精神とそれが内に含むものを指し示している。「排外」、「排満」および民族主義の三つの概念は三位一体であり、まさに伝統から近代への転換と移行を反映している。

近代民族主義発展の過程から見ると、辛亥革命期には、「排外」に思いを巡らすと同時に、また「文明的な排外」の実践中であり、例えば国家主権、平等独立など、内に含む中身や理念は既に提起され、近代的な特徴が体現された民族運動方式、すなわち伝統的な「排外」とは異なる文明的、理性的な方式もこれに伴って生まれた。「排外」は近代民族主義誕生の促進剤となったのである。

それぞれの国で、それぞれの歴史的時期において、民族主義はそれぞれ異なる中身を有している。近代の中国について言うと、近代的な性質を備えた民族主義の、対外的な面における基本的な内容は、国家の独立と民族解放を求めるというものである。伝統的な「攘夷」意識による「排外」には主権の概念はなく、「当初は、国勢の屈辱を痛み、主権が奪われるのを憤り、国民の人権を争い、発憤して独立を求めることを知るだけだった」(47)。辛亥革命期は、まさに「排外」についての探究が行われている最中であり、国家の独立と主権平等を勝ち取るという命題が提起され、基本的にこの内容がはっきりと示された。胡漢民は、国民の排外は、「大は国家の独立権を維持するものであり、小は国民の社会的な権利を主張するものである」(48)と述べた。章太炎は、排満は決して「子が自分の血統を乱すのを恐れること」、「我が国家を覆し、我が主権を退けるといったこと」ではないと述べ、「我が党の志は、我が民族の国家と主権を回復することにある」(49)とした。これに応じて、権益の観念が徐々に広まってひとつの気風になり、「いびきをかいて寝ている者をも目覚めさせる勢いがあり」、鉄道や鉱山の争いから、さらにその他の領域へと拡大し、燎原の火のごとく盛んになった。米国に中国人移民排斥法を撤回させるための米国製品のボイコット、法廷における合同審理に関する権利の争い、日本文部省の留学生取締規則反対事件などが次々に起こった。「国民自身の利権の保護については、ここに至って国中に行き渡り、下層社会にまで広がった」(50)。「排外思想の源からほとばしり出た」(51)国家権益の意識によって、国家主権の観念も強まり、「中国の各新聞はいずれも大声で疾呼して論説を発表しない者はなく」、「主権を守ることで利益の挽回を図った」(52)。

「排外」の方式・手段および理念にも、根本的な変化が生じた。それまでの下品で野蛮な、原始的な手段は、文明的で理性的な近代的方式に取って代わった。例えば、アメリカ製品のボイコット運動は、「中国でかつてなかった行動に出た」[53]のであり、民族運動の新たなモデルが打ち立てられた。「文明的な排外」に関する理論の検討によって、近代民族主義の思想的中身が大いに豊かなものになった。とりわけ、彼らは国際公法と国際私法の運用による国家権益の擁護を重視し、「その人のやり方によって、その人を治めた」[54]。さらに、「文明的な排外」闘争の中で、国民外交の理念にも関心が寄せられ、近代民族主義の民主的中身が体現された。例えば、張之洞は「三省（広東、湖南、湖北）の名士と平民の代表」を自称し、三省の名士と平民および留学生も「張之洞を三省の名士と平民の代表に推した」。民衆と政府の役人との結び付き、およびそれによる外交に対する重要な影響と役割の発生は、これまでなかった現象だった。民衆はより一層積極的に外交にかかわるようになり、「これは我が国民の天職であり、同胞としての義務であり、今こそ急いでその義務を尽くすべきである」[55]とした。中国の外交にはこれにより、「過去にはなかった別の形」が生まれ、中国の近代民族主義がさらに完全なものへと向かう上でも、重要な基礎が築かれた。

伝統的「排外」から脱皮した「文明的排外」には、明らかに新たな内包が備わっており、それは近代民族主義に変貌するとともに、鬱勃とした生気が溢れ出た。誠に『時報』に掲載された文章が賛美しているように、「団体を作り、集団の力を合わせて公益を謀ってこの民族主義を実行し、文明の競争をし、文明排外を行った」。その文章はまた、「美しき哉、中国の民族主義が次第に発達しつつあるのは。目ざましき哉、中国の民族主義が着々と発達しつつあるのは」[56]と書かれている。辛亥革命期における民族主義の分析や解釈は、「排外」と「排満」という二つの概念から離れることはできず、そのことがまさにこの転換期の特徴を反映しているのである。

ここで指摘しておく必要があるのは、革命党人と改良派によるこの問題についての論争と主張は、近代民族主義に対する認識を深めただけでなく、それと「排外」および「排満」との関連をもはっきりと示したという点である。革命党人の満州および満州人に関する見解は明らかに間違っており、さまざまな矛盾が存在する。梁啓超は、革命派は「てんてこ舞いの状態で、根拠を見失ない、自己矛盾しており、主張が成立していない」と論駁した。革命党人の「中国は既に滅亡している」との論は、「種族を統治権の主体とする」という「種族主体説」であり、実質的には種族と国家を同一視している。もしこれに基づいて、トーテム社会と宗法社会の時代の国家を説明するならば、「ほとんど同じ」ということになり、「これを今日実行しようとするならば」、間違いなく「硬い石を秘蔵の宝とみなす」に等しいとした。[58]梁啓超ら改良派の満漢関係に対する解釈は、明らかに革命党人のそれに比べてより正確である。彼らは詳しい説明を行い、近代民族主義の成長を促進するため、重要な価値を持つ理論的検討を行った。とりわけ、梁は「大民族主義」を提起し、「漢族、満州族、モンゴル族、回族、ミャオ族、チベット族を合せて、一大民族を構成する」ことを主張し、近代民族主義の概念をよりいっそう明確に示した。

しかし、梁啓超ら改良派は比較的早くに民族主義を唱道したものの、最終的には、この旗印を放棄してしまった。梁啓超は、一九〇一年に「民族主義は、世界で最も光明に満ちた、正大で公平な主義である」という考えを提起した。「我が国には、いわゆる民族主義は未だ芽生えていないようだ」とし、このため、「我が国固有の民族主義を早期に養成しなければならず、それは、「今日、我が国民の必死に努めるべきことである」[59]とした。さらに、彼も「排満」を民族主義を喚起する手段とし、今日にあって民族主義の精神がなければ、「決して国を造ることはできない」、「よって民族精神を喚起するには、情勢から見て満州を攻撃せざるを得ない」、「中国は満州討伐を最も適切な主義とする」という考えを示した。[60]この考えに合わせて、梁啓超は「排外」に対して肯定的な姿勢を示し、次のように述べた。「なんと数十年にわたって瀕死の喘ぎを続けてもなお、わかったような、わからないような、無規則で意義を持たない排外・

自尊の思想に頼ってこれを維持してきたが、ここに途絶え、建国の具がまさに失われてしまった」[61]。但し、改良派はほどなくして民族主義を放棄した。厳復は、「民族主義は我が種族を強くするに足るものだろうか。私にはこれが絶対にそうではないと思う」[62]と述べた。梁啓超は「民族主義を極力排斥し」[63]、改めて国家主義を提唱して、「そもそも今の時勢に適合するのは、唯一国家主義のみである」[64]とした。

梁啓超ら改良派は民族主義という旗印を捨て、「排外」や「排満」にするものに賛同しなかった。英国人のジェンクス（E. Jenks）は、宗法社会は「排外して異なる種を除く」が、今の軍国社会は「混合することを種の進化の最も有利な方法とする」、「欧州に排外はない」と述べている。厳復は彼の著作を翻訳し、この見解を肯定して、「民族主義は、我々がもともと持っている知恵であり、外力に頼ったものではなかった」とした。このため、今日の党派は、「新旧の違いはあるものの、民族主義については、意見や理解がはからずも一致するのである。今日は団結を語り、明日は排外を語り、ひいては排満を語る。しかし軍国主義を語り、人々の自立を望む者はほとんどいない」[65]と述べた。厳復は「排外」および「排満」と民族主義を一つとみなしたが、ある者はさらなる解釈を行い、「宗法社会の民に、排外を喜ばない者はいない」、「民族主義は、宗法社会の真の姿にほかならない」[66]という認識を示した。「排満」も宗法観念によって生まれたものであり、当然「排外」の範疇に属する。このように、「排外」、「排満」および民族主義の三つの概念は、三位一体であり、その考えは似ているといえる。ここに梁啓超ら改良派が民族主義を放棄した原因がある。なぜなら、民族主義を提唱すると、必然的に「排満」および「排外」と関連してくるからである。梁啓超らは「排満」に極力反対し、また「排外」にも賛同せず、外国人に口実を与えることになるという考えを示した。「外国人で排外を種に人をおとし入れる者がとうとうと弁をふるう以上、どうして無謀な行動によってさらに口実を与えることなどできようか」[67]。

これとは逆に、革命党人は「排満」と「排外」および近代民族主義を結び付けて、中国の国情と社会の需要に適応することで、当然にも時代の主流となった。当時の中国社会について言うと、「百年前の外国人を卑しめる思想はないものの」、「排外思想を持ってそれから脱却できない者が依然として大多数を占めていた」。革命党人が解き明かした「排満」の主張は、種族問題を起点とし、伝統的な「攘夷」意識の求めにある程度適応していた。また、外国の侵略に反対するという「排外」精神が貫かれており、特に国家の独立、平等主権などの要求を提起したことで、それに近代民族主義の中身が備わることとなった。辛亥革命期において、この三つの概念は切り離すことのできない緊密な関係にあり、まさに中国社会が直面する現実の矛盾、および近代民族主義の成長における論理過程を反映している。「排外」から育った近代民族主義については、さらなる発展を遂げた後、その概念はその歴史的使命を徐々に完成させた。一九二〇年代以降の中国の民族主義運動には科学的な綱領と理論が備わり、「排外」もまた不平等条約の廃棄や帝国主義反対などのスローガンに取って代わられ、その正当性を改めて論証する必要はなくなった。これにより、国民はもはや「排外」を認めず、帝国主義者のでたらめな誹謗の言葉とみなして否定するようになった。「故に、民族の独立を求めるための運動は実際のところ、民族が生存を求める上での正当な行為である。我々は決してそれを「排外」と認めてはならない。なぜなら、「排外」とは、帝国主義が我々の民族運動にでたらめな誹謗を加えるための言葉だからである」[68]。総じて、辛亥革命期の更新から、大革命の陶冶を経て、伝統的な「排外」は歴史の舞台から退出し、民族の独立を勝ち取るための民族主義運動に取って代わられたのである。

註

（1）「敬告寧海之鬧教者并以声徐承礼之罪」、『浙江潮』第一〇期。

（2）傷心人「排外平議」『清議報』第六八冊。

（3）崇実「雲南之民気」、張枬、王忍之編『辛亥革命前十年間時論選集』第二巻下冊、生活・読書・三联書店、一九六三年、八三五～

八三六頁。
(4) 漢民「排外与国際法」、『民報』第四号。
(5) 漢民「排外与国際法」(続)、『民報』第八号
(6) 郅志選注『猛回頭――陳天華鄒容集』遼寧人民出版社、一九九四年、第五六、七一頁。
(7) 衛種「二十世紀之支那初言」、張枬、王忍之編『辛亥革命前十年間時論選集』第二巻上冊、六五頁。
(8) 欧「愛国主義」、章開沅等主編『辛亥革命史資料新編』第五巻、湖北人民出版社、二〇〇六年、三八四頁。
(9) 傷心人「排外平議」『清議報』第六八冊。
(10) 「海外閑談」、『申報』辛亥三月十四日。
(11) 闕名「仇一姓不仇一族論」、『民報』第一九号。
(12) 漢民「排外与国際法」、『民報』第四号。
(13) 漢民「排外与国際法」(続)、『民報』第一〇号。
(14) 「論媚外之禍」、『新民叢報』第一六号。
(15) 傷心人「排外平議」、『清議報』第六八冊。
(16) 郅志選注『猛回頭――陳天華鄒容集』七〇頁。
(17) 「論媚外之禍」、『新民叢報』第一六号。
(18) 衛種「二十世紀之支那初言」、張枬、王忍之編『辛亥革命前十年間時論選集』第一巻上冊、六七頁。
(19) 漢民「排外与国際法」、『民報』第四号。
(20) 一之「正告華商之附和抵制者」、章開沅等主編『辛亥革命史資料新編』第五巻、三三五頁。
(21) 郅志選注『猛回頭――陳天華鄒容集』七一頁。
(22) 孫中山「中国問題的真解決」『孫中山全集』第一巻、中華書局、一九八一年、二四九頁。
(23) 精衛「民族的国民」、『民報』第一号。
(24) 精衛「雑駁『新民叢報』」、『民報』第一〇号。
(25) 精衛「斥為満州辯護者之無恥」、『民報』第一二号。
(26) 韋裔「辨満州非中国之臣民」(続)、『民報』第一五号。
(27) 思古「論満州当明末時代于中国為敵国」、『民報』第二〇号。
(28) 秦力山「革命箴言」、章開沅等主編『辛亥革命史資料新編』第一巻、第二九、三八〜三九頁。

(29)徳如「中国人之特別思想」、章開沅等主編『辛亥革命史資料新編』第五巻、四三九頁。
(30)闕名「仇一姓不仇一族論」、『民報』第一九号。
(31)「呉樾遺書・革命主義」、『民報』臨時増刊『天討』。
(32)「敬告寧海之鬧教者並以声徐承礼之罪」、『浙江潮』第一〇期。
(33)「論中国近時之二大主義」、『外交報』第一六〇期。
(34)「論中国之前途及国民応尽之責任」、張枏、王忍之編『辛亥革命前十年間時論選集』、第一巻上冊、生活・読書・新知三聯書店、一九六〇年、四六六頁。
(35)郅志選注『猛回頭――陳天華鄒容集』二〇四、二一七頁。
(36)孫中山「中国同盟会革命方略」、『孫中山全集』第一巻、二九七頁。
(37)太平洋釣叟「空談革命者猛醒」、章開沅等主編『辛亥革命史資料新編』第五巻、二九二頁。
(38)『明実録・明太祖実録』巻二六、台北・中央研究院歴史語言研究所、一九六二年影印本、四〇四、四〇二頁。
(39)精衛「民族的国民」(二)、『民報』第二号。
(40)漢民「述侯官厳氏最近政見」、『民報』第二号。
(41)韋裔「辨満州非中国之臣民」(続)、『民報』第一八号。
(42)精衛「民族的国民」、『民報』第一号。
(43)精衛「斥為満州辯護者之無恥」、『民報』第一二号。
(44)韋裔「辨満州非中国之臣民」(続)、『民報』第一八号。
(45)精衛「民族的国民」、『民報』(一)第一号。
(46)精衛「研究民族与政治関係之資料」、『民報』第一三号。
(47)傷心人「排外平議」、『清議報』第六八冊。
(48)漢民「排外与国際法」(続)、『民報』第八号。
(49)太炎「社会通詮商兌」、『民報』第一二号。
(50)「論排外当有預備」、『外交報』第一三一期。
(51)「論中国近時之二大主義」、『外交報』第一六〇期。
(52)「論外人在華所得路権」、『外交報』第九八期。
(53)蘇紹柄編『山鐘集』七八頁。

(54)「閲籌拒美禁華工公啓系之以論」、阿英編『反美華工禁約文学集』中華書局、一九六二年、六〇六頁。
(55)「敬告我対付美約同胞」、『中国抵制禁約記』八三頁。
(56)「論中国民気之可用」、『時報』乙巳六月十三日。
(57)飲氷「中国不亡論」、『新民叢報』第八六号。
(58)梁啓超：「政治学大家伯倫知理之学説」、張品興主編『梁啓超全集』第二冊、北京出版社、一九九九年、一〇六九～一〇七〇頁。
(59)梁啓超「国家思想変遷異同論」、張品興主編『梁啓超全集』第二冊、四五九、四六〇頁。
(60)丁文江、趙豊田編『梁啓超年譜長編』、上海人民出版社、一九八三年、二八六頁。
(61)梁啓超「新民説」、張品興主編『梁啓超全集』第二冊、六九一頁。
(62)[英]甄克思(ジェンクス)著、厳復訳『社会通詮』商務印書館、一九八一年、一一五頁。
(63)精衛「民族的国民」、『民報』、第一号。
(64)梁啓超「中国前途之希望与国民責任」、張品興主編『梁啓超全集』第二冊、二三九〇頁。
(65)[英]甄克思(ジェンクス)著、厳復訳『社会通詮』、一八～一九、一一五頁。
(66)「読新訳甄克思『社会通詮』有感」、張枬、王忍之編『辛亥革命前十年間時論選集』、第一巻下冊、七八四頁。
(67)梁啓超「関税権問題」、張品興主編『梁啓超全集』第二冊、一六八一頁。
(68)楊幼炯「我国民族運動之理論与実際」、『東方雑誌』第二六巻、第二〇号。

辛亥革命と台湾

陳　立文

Ⅰ　序文

一九一一年一〇月一〇日に、武昌で最初の武装蜂起が勃発したことで、辛亥革命の波がまき起こり、アジアで最初の民主共和国、中華民国が成立した。瞬く間に百年が過ぎ、歴史を振り返ると、世界の各地で辛亥革命百周年の関連活動が次々に展開されているこの時に当たり、台湾出身の一個人として、光栄至極に感じつつ、「台湾は世界で最も辛亥革命を語る資格がある」と申し上げたい。

辛亥革命と台湾を語る上で、四つの面に着目することができる。第一は辛亥革命に参与した台湾、第二に辛亥革命の歴史を研究する台湾、第三に辛亥革命の成果を発揚する台湾、第四に辛亥革命百周年を祝う台湾である。本文ではこの四点について、ご列席の各地の学者・専門家の皆様と共に見ていきたいと思う。

Ⅱ　辛亥革命に参与した台湾

辛亥革命とは、辛亥の年（清宣統三年、一九一一年～一九一二年初）に発生した、清朝の専制帝政の打倒、共和政体の構築を目的とする全国的な革命を指す。狭義の辛亥革命は、一九一一年一〇月一〇日（旧暦八月一九日）の武昌蜂起の勃発から、一九一二年元旦に孫中山が中華民国臨時大総統に就任する前後までの期間に発生した革命事件を指す。広義の辛亥革命は、一九世紀末から辛亥の年に清朝の統治を覆し、民主共和国の設立に成功するまでの一連の革命運動を指す[1]。

広義の辛亥革命運動から見ると、中国各地で次から次へと湧き起こる改革思想、革命組織乃至蜂起行動、および世界各地の留学生、在外同胞の醵金や労力の提供、革命への献身はいずれも積極的な参加である。広義の革命の過程において、台湾は日本の統治下にあったものの、決して革命に加わらなかったわけではなく、積極的に参与したのであり、その点は革命運動への参与、革命の継続的な伝承、革命精神の転化という三つの方向から分析することが可能である。

一　革命運動への参与

日本の統治と管理により、革命運動への参与という部分において、台湾が提供し得る力は相対的にわずかなものであったが、革命組織の構築、革命に必要な経費の捻出・補填は勿論、或いは蜂起行動への参加など、いずれも多くの文献・記録上で確実な史実を見て取ることができる[2]。

（一）組織の構築

まず、革命組織の構築である。一八九七年一一月上旬、陳少白が台北に興中会台湾分会を創立した。会員には楊心如、呉文秀、趙満期、容祺年などがおり、会にかかわる業務については、通信手段によって、常に連絡を取り合っていた。一八九八年閏三月上旬、陳少白は台湾を二度訪れ、興中会台湾分会の党務活動を指導した。興中会や光復会などが合併し同盟会を作った後、台湾でも組織の急速な更新・発展が図られた。一九一〇年春には、中国同盟会会員の王兆培が台湾に渡り、台北医学校に入学して学習を開始した。王兆培は福建省漳州人で、学問を追求するとともに、同志を求め、中国同盟会を発展させ、孫中山先生の革命思想を台湾に広めるために台湾にやって来た。一九一〇年五月一日、王兆培はクラスメイトの翁俊明に同盟会を紹介し、翁俊明は台湾で同盟会に加入した最初の人となった。同年の夏季休暇に、王兆培は翁俊明の入会申請書を携えて漳州に戻った。九月、翁俊明(仮名:翁樵)は交通委員として、中国同盟会台湾通訊処を医学校に設立し、台湾での同盟会の業務を発展させた。民国元年(一九一二)までに、蔣渭水、蘇樵山、黄調清、林錦生、曽慶福、杜聡明、李根盛らが相次いで入会し、会員は三〇人余りに増え、その範囲も医学校から国語学校、農事試験場および工業講習所にまで拡大した。

(二)経費の捻出・補填

次に経費の寄付について実際の証拠が示すところによると、一八九八年九月、陳少白は『中国日報』の創刊に協力するため、経費を募り、台湾分会会員が三〇〇〇元を寄付した。次の年の一二月一〇日に、『中国日報』は香港で発刊されたが、これは中国革命機関紙の元祖であり、同盟会時代における東京の『民報』と同様、革命党の精神面における砦として、強力な宣伝機能を発揮した。このほか、台湾の幼女が革命のために寄付したという記載もある。一九〇八年に、日本に留学していた雲南省出身の学生が雲南独立大会を錦輝館で開催し、数千人が参加した際に、多くの同志が相次いで演説を行い、清朝政府の罪状を明らかにして、その場にいた者は深く心を打たれて涙を流し、惜しむことなく献金し、会費として寄付したが、その際に、台湾遺民である林某という五歳の幼女も賛助したというのである。比較的知られている例として、一九一一年旧暦三月二九日の広州蜂起が勃発する前に、一〇万元の資金調達を見込んだところ、アメリカ合衆国方面から七万七千元、英領インド洋地域から四万七千元余り、蘭領東インドから三万二千元余りの寄付があり、台湾方面からの献金の総額については考証可能な記録は存在しないものの、林薇閣から日本円三千円の献金があった。当時、林文(時塽)は黄興に電報で招かれたため、一九人の同志を率いて日本から広東に向かうことを決定した。しかし、旅費の調達は容易ではなく、林文は陳与燊を台湾に派遣し、王孝総の紹介を通じて、林薇閣と蔡法平の二人の同志に方法を考えてくれるよう相談をもちかけ、林薇閣はそれを知った後、直ちに三千円を寄贈したのである。この献金のお陰で、同志たちは期日通りに広州に駆けつけて広州蜂起に加わり、自らの鮮血を注ぐことによって最も輝かしい革命史を記すことができた。

(三)蜂起への参加

蜂起行動への参加については、最も象徴的な事柄として、孫中山が自ら台湾に恵州蜂起指揮所を設立したことが挙げられる。一九〇〇年九月二五日、孫中山は呉仲という変名で、神戸から「台南丸」に乗船し、下関を経て台湾に渡った。同行者には清藤幸七郎、宮崎寅蔵、内田良平、平岡浩太郎、平山周、尾崎行昌らがいた。一〇月八日、台北の新起町(現在の長沙街)に革命総司令部指揮所を設立し、ここで恵州蜂起を画策した。恵州蜂起に失敗した後の一一月一〇日、孫は依然として「呉仲」という偽名で「横浜丸」に乗船し、基隆から日本に戻った。台湾には計四四日間滞在し、同期間台湾の革命同志である楊心如、呉文秀らは皆その事にかかわった。

文献史料によると、少なくとも二人の台湾籍の志士が広州蜂起に参加したことが実証されている。そのうちの一人は台南籍の許贊元で、彼は台湾の有名な作家・許地山（ペンネームは落花生）の実兄許南英（台湾で有名な愛国詩人）の次男である。許南英は日清戦争で台湾が割譲された後、家族を連れて大陸に渡ったが、当時、許贊元は六歳に過ぎなかった。その後、辛亥の年の三月二九日、革命党員が広州で武装蜂起したとき、二三歳の許贊元もその義挙に身を投じた。武装闘争に失敗すると、許贊元は不幸にも捕えられたが、たまたま清軍の副将だった黄培松が許南英と旧交があったため、許贊元が許南英の子息であることに気付き、こっそり彼を釈放した。これにより、許贊元は広州蜂起で生還した数少ない義士の一人となった。もう一人は羅福星である。羅福星、字は東亜、号は国権といい、原籍は広東にあった。一九〇三年、羅福星は一八歳の年に、祖父に従ってインドネシアから台湾に渡り、苗栗一堡牛欄湖荘（現在の苗栗県造橋郷豊湖村）に身を寄せるとともに、苗栗公学で学んだ。台湾にやって来て、羅福星は身をもって異族である日本人による統治を経験し、強烈な民族意識、および祖国に対する強い愛情を抱くようになった。台湾に居住した数年間に、彼は台湾同胞が日本の植民統治下で受けた苦しみを痛切に感じ、国を憂い、民を憂う気持ちがよりいっそう深まった。彼は日本人を台湾の統治から追放するためには、まず祖国の革命運動に参加し、清朝を倒す必要があり、そうして初めて、台湾回復の希望を持つことができると考えた。このため、彼は台湾で進学しないことを決意するとともに、彼の祖父に台湾で行っていた事業をすべて売り払って、故郷である広東に一斉に帰るよう勧めた。一九〇七年、羅福星は故郷に帰る途中、アモイを通過するときに、革命志士の紹介によって同盟会に加入し、丘逢甲と知り合い、その後、ジャワ一帯に赴いて華僑関係の仕事を視察し、シンガポール華僑中学校長になり、胡漢民、黄興、林時塽、趙声などの革命同志と知り合った。一九一一年、広州で蜂起が起こった際には、黄興に従い、両広総督署を攻撃し、負傷しながらも危険な状態から脱し、バタビアに向かった。

武昌蜂起が起こった際は、距離が遠く、武装闘争が慌ただしく開始されたため、当時、台湾籍の者は参加していなかったが、その情報が台湾に伝わった後には、日本人の統治下にあった台湾同胞でそれに注目しない者はなく、彼らは異常な興奮ぶりを見せた。八月二九日（一〇月一九日）、まず、澎湖の漁民章吉輔が危険を冒して船をこぎ出し、日本軍が遊弋している目前を突破し、海を渡って祖国の革命に参加した。その後、毎日、彼の後に従う者が数多く出現し、福建に駐留していた孫道仁の部隊に相次いで身を投じた。後に、孫が都督に推挙されると、福建は台湾各地の愛国の志士が共に画策し、大挙して行動を起こす中、九月一九日（一一月九日）に清朝の支配を打倒した。

二　革命伝承の継続

革命は一挙に成功するものではなく、辛亥革命後、中華民国の歴史の発展は多くの苦境に直面したが、革命党員は孫中山の指導の下で、どんな困難にも屈しないという奮闘の精神を持ち続けた。台湾の青年は日本による統治を受けていたが、民族意識は旺盛で、中国の革命情勢に非常に関心を寄せ、組織面、行動面、いずれにおいても、前者が倒れたら後者が続くというように受け継がれていった。

（一）組織の継続的な発展

組織面において、台湾同盟会の会員は毎週日曜日、秘密裏に連合集会を開き、中国革命の進捗状況に関する演説・報告を行い、日本政府による抑圧を排除し、革命精神を鼓吹した。同志との連絡を便利なものにするため、蒋渭水は公園の入り口に店舗を一つ借り、東瀛商会と称して、北京語の教師を招聘し、竹の繊維で作った紙の教科書を使って北京語の勉強を開始した。民国三年（一九一四）一一月までに、台湾同盟会の会員は七六人にまで増えていた。当時、中国同盟会は既に国民党に改組されていたが、台湾では依然として同盟会と呼び、同志達は台湾同盟会の組織は緩んでいると強く感じ、改めて調整を行い、強化する必要があることから、一一月一九日に、艋舺の平楽遊料理店で会員大会を開き、改組に関する問題を議論し、もともとは組織の拡大を決めていたが、結果として解散を決定せざるを得なくなった。その原因は二つあった。第一は、羅福星が主宰した武装蜂起が失敗し、多くの革命同志が捕えられて獄につながれ、日本政府が革命運動に対する抑圧を強化したことであり、第二は、中国同盟会が国民党に改組したとしても、台湾政府の法律は政治結社を禁止しており、公開の政党は存在することができなかったことにある。しかし、中国同盟会台湾分会の成立から解散までのわずか四年の間に、台湾の知識人の間では多くの革命の種がまかれ、その後の台湾における様々な革命運動に対して、いずれも間接的、直接的な影響を受けないことはなかった。

（二）革命行動の堅持

行動面においては、翁俊明らによる細菌を用いた袁世凱の毒殺計画が最も有名な事例として挙げられる。民国二年（一九一三）、袁世凱が法規を乱したことから、台湾同盟会員はこれを心の底から憎み、袁世凱の毒殺を計画した。台北医学校に在学していた翁俊明、杜聡明がコレラ菌を培養し、それを北京に持ち込んで水道に毒物を混入することで実行しようと考え、七月一六日、二人は「信濃丸」に乗船して神戸を経由して北京に向かった。その際、ちょうど孫中山と同船となり、神戸到着後、福建商会の王会長に紹介を依頼して、舞子に赴き、孫中山に謁見したが、孫は罪のない人々に累をおよぼすことを恐れて、その志は良しとするも行いは制止した。しかし、翁、杜は孫中山の忠告を顧みず、もとの計画を進めたが、北京の水源地は開放式ではなく、警備も厳しかったため、コレラ菌を投入することができず、時間が経って細菌の毒性も低下したため、任務を達成することができなかった。袁世凱の毒殺計画は成功しなかったものの、翁俊明はますます努力を重ね、台湾の学生・青年の革命参加における先鋒と呼ぶにふさわしい存在となった。

さらに、林祖密がいる。彼は台湾の有力一族である「霧峰林家」の子孫で、羅福星、張火炉、余清芳などが指導する抗日活動に対して秘かに資金援助を行っていた。民国二年、日本の統治に不満を抱いて民国政府に国籍の回復を求め、内政部が発給した復籍許可書「許字第一号」を獲得し、中華民国の国籍を回復した最初の台湾同胞となった。民国四年に中華革命党に加入し、袁世凱討伐に向け、漳州、泉州の二つの都市の志士を招集して協議を行い、革命軍を結成する準備を進めるとともに、田畑を売り払って軍事資金を支援した。民国七年に孫中山が彼を閩南軍司令官に任命すると、部隊を率いて福建省内を転戦し、永春、仙遊、徳化、永安など七県を相次いで奪い返す中で、林は「任を受けて以来、福建全体の警備とアモイの二つの砲台に一五万元余の家財を費やした」と語り、丘念台はこれを、「革命は難しくないが、財産や地位を捨てて革命を行うことは難しい。民族を知り、忠節を見分けることはできるが、富貴を捨てて革命を行うのは特に難しい。台湾の林祖密は、それができる素晴らしい人物というべきだ」と称賛した。

三　革命精神の転化

台湾の辛亥革命への参加で、その他の地域と最も大きく異なる点として挙げることができるのは、特殊な歴史環境の下、台湾の革命志士が辛亥革命の精神を台湾の抗日運動の指標に転化したことである。台湾は、日清戦争後の下関条約で日本に割譲されて以来、反清時代の革命団体であろうが中華民国成立後の革命政府であろうが、環境の制限の下では、その運命を変える術がなかった。しかし、辛亥革命の成功、民国の成立はもともと苦楽を共にしてきた台湾に心理面でかなりの影響を与え、台湾同胞の民族意識の覚醒を促し、彼らに祖国の同胞は既に清朝の専制という桎梏から解放されたことを深く体得させることになり、彼らが自らの自由と平等を勝ち取るためには、革命の新たな目標を台湾に向けなければならないと思わせるようになった。

辛亥革命の精神が台湾の抗日行動へと転化した最も代表的な例として、羅福星の苗栗蜂起が挙げられる。羅福星が広州蜂起に参加したことは上述した通りだが、民国成立後、羅福星は再度台湾にやって来て、まず大稲埕の大瀛旅社（現在の台北市延平北路二段付近）で、台湾の連絡員である劉士明らと秘密裏に協議を行い、「同盟会支部」を設立し、総括的な機関を苗栗に設け、大瀛旅社を支部の事務所とし、党員の募集、組織の発展を主要任務とすることを決定した。羅福星は苗栗およびその近隣の村落をあまねく歩き、最終的に三方を山に囲まれ、地勢が険しく、前進するにせよ後退するにせよ、いずれも拠り所がある大湖を革命根拠地に選定した。朝鮮人参を販売する商人という身分を隠れ蓑として、各地の抗日志士の所に連絡のために赴き、一年も経たないうちに、抗日組織は全省に及んだ。そこで抗日という重要な行動を計画したが、機密事項が漏れ、不幸にも捕えられた。日本人はこれを苗栗事件と呼び、臨時法廷を設けて、冤罪の裁判事件を沢山起こし、千人余りが連座した。民国三年三月三日、羅福星は主犯という罪名で、無残にも絞首刑に処せられた。彼は従容として義に殉じ、死刑に臨んで書き残した「民国を祝う詞」に、「中華民国孫逸仙救（中華民国は孫逸仙が救う）」という八つの文字を句首に詠み込み(3)、絶筆として「家で死ななかったことを子孫が永遠に記念し、台湾で死んだことを台湾の民が永遠に記念するのみ」という言葉を残した。

一方、思想面での転化を実現した最も代表的な者として、まず蒋渭水が挙げられる。台湾史の研究に携わる者で蒋渭水を知らない者はいない。彼は生涯、孫中山を尊敬するとともに、孫中山を手本として民族解放運動に従事し、「台湾の孫中山」と尊称された。実際、彼ら二人の出身・背景、政治的主張には多くの類似点がある。例えば、孫中山は医師出身で、かつてマカオで医療に従事し、「医術を社会に出るための媒介とし」、人を救い、国を救うことを願った。蒋渭水も医者で、台湾総督府医学校を卒業し、大稲埕に大安医院を開き、医を業としていた。後に、社会運動に身を投じたが、彼がかつて医師の身分で、台湾のために有名な「臨床講義」という医療診断の文章を発表していたこと(4)は、丁度、孫中山が中国のために「実業計画」、「民権初歩」といった処方箋を打ち出したのと同様である。政治的な立場については、孫中山は革命初期に「韃虜を駆逐し、中華を回復する」という民族主義を呼び掛け、その志は清朝政府の打倒にあった。一方、蒋渭水および当時の台湾の知識分子の組織「台湾文化協会」は、民族主義を出発点として、文化啓蒙に従事し、日本の植民統治に対抗した。こうしたことから、この二人については、英雄の考えることは大体似通っているものだと言えるだけでなく、代々伝えていく革命の仲間であったと言えるであろう。

Ⅲ　辛亥革命の歴史を研究する台湾

史料の公開および研究環境の自由化により、台湾の学界による辛亥革命史の研究成果は質朴に史実を積み上げることを主とし、研究対象となる歴史、人物に対して肯定的な立場を採っている。これは台湾が歩んできた独特な歴史過程である。

国民党が台湾に移った当初は、主観的・客観的条件の様々な制限により、台湾には辛亥革命史を客観的に議論する上での十分な条件がまだ備わっていなかった。中央研究院近代史研究所を主とする学術研究および歴史・政治研究機構が、中国の史学研究における史料派の姿勢を受け継ぎ[5]、全面的な歴史編纂の条件がまだ整っていない状況下で、まず史料の収集・整理作業に力を尽くした。一九五三年より、中国国民党中央委員会党史史料編纂委員会（以下、党史会と略す）が『革命文献』史料集を編纂・出版した。その一〜五集は興中会、同盟会、辛亥革命、中華革命党の段階の重要な史料であり、その後数十年来、百余集が積み重ねられてきた[6]。この史料集は内容が豊富で、台湾の学界における辛亥革命史の研究に対して、深い影響を及ぼした。一九五八年四月、胡適が台湾に戻り、中央研究院院長に就任した。彼は、歴史は調査するものであって、著すものではないと主張した人で、回想録を書くことを唱導し、近代史における歴史の口述の推進を助成したが、その目的は史料の保存にもあった。中央研究院近代史研究所については、一九五五年二月の計画準備の開始から一九六五年四月の正式開所までの間、郭廷以が中心的な人物となった。郭は中央大学での羅家倫の学生で、羅から教えを受け、史料を重視し、年代学に長じ、近代の重大な史実の発掘を重視し、理論は強調しなかったものの、カギとなる問題を提示した。同時にまた、近代史研究所は清末民初の外交、経済・実業などに関する大量の原始資料を次々と入手し、資料を重視するとともに、重大な議題を提示するという「南港学派」の基礎を築いた[7]。

この頃の台湾は、反共という国策が歴史教育の重点であり、中国現代史は中華民国史を主とし、かつ国民革命運動のすべての過程を範囲としており、清朝の腐敗を述べ、北洋政府の無能ぶりを風刺するという傾向があったことは否定できない。革命に参与した国民党員の馮自由[8]、鄒魯[9]らによって一九四九年以前に残された、辛亥革命に関する回想や著述、論著が当時の台湾における近現代史学界に与えた影響は少なくない。つまり、中国近代史と国民革命史とが同等に扱われ、さらに国民革命史と国民党史とが同等に扱われ、国民革命史観が、台湾当局が近代史を論述する上での主軸となっていたのである。一九五〇年代において、台湾の学界はほとんど辛亥革命を独立したテーマとみなしておらず、研究は孫中山のことに集中していた。ただ、幸いなことに、台湾は西側世界に対して門戸を閉ざしたことはなく、一九六〇年代以降、台湾の学術界における第二世代の人材が留学から戻り、西側の学術面の新しい思潮をもたらし、社会科学の方法を用いた歴史研究を行い、社会科学的な史学を提唱し、台湾の学界を支配者の正統史観から脱却し、西側史学の研究方法を学ぶよう導いた。

台湾の学界には、辛亥革命史の研究を行う上で、始めから若干の有利な条件が存在していた。その一は、辛亥革命に関する史料が一九五〇年代に続々と刊行されていたことである。その二は、一九六〇年代には早くも、学者が国民党党史会が所蔵する一八九五～一九二〇年の史料の閲読を希望する場合、大きな問題はなくなっていた。その三は、台湾当局の学界に対する制御は、中国大陸に比べると確かに小さく、タブーも少なかったことである。一九六〇年代までに、台湾の学界には、辛亥革命に関する専門的な研究[10]が出現し、支配者の革命史観からの脱却が試みられていた。例えば、一九六四年に張朋園が出版した『梁啓超与辛亥革命』では、梁啓超の役割を強調しているし、一九六九年に出版された『立憲派与辛亥革命』も同様に、革命派の角度から出発するものではなかった。当時の政治的な雰囲気を考えると、台湾の近代史学界のこのような成果は、とても貴重なものであると言える[11]。

一九六〇～一九八〇年代における台湾の近代史学界は、「廟堂史学」[12]（王朝による支配の正統性を唱える歴史学）と非支配者の観点の並立という状態を呈しており、支配者は依然として歴史に関する国民の記憶を主導することを望んでいたものの[13]、その効果は実に限られていた。この段階において、国史館、国民党党史会などの台湾の歴史行政機構は、民国史研究のニーズに合わせるため、史料を徐々に公開し、史料叢書を出版し、研究を奨励し、学術会議を開き、国民党史の学術化を促進する一方で、これによって多くの人材を育成した。[14] 国民党史と国史の境界線について、この時に整理することは難しく、若干の研究分野には依然としてタブーも存在していた。ただ、中華民国史を内容とする研究成果は続々と現れて、後の王朝が前の王朝の歴史を書き換えるという概念は打破され、辛亥革命史の研究を深め、広げる上で役立った。

もう一方では、支配者側の論述とは異なる辛亥革命史研究の枠組みもすでに形成されていた。張朋園、張玉法など一種自由な気質を備えた学者の研究成果は、読者に辛亥革命の複雑性を認識させ、それまでの中国近代史に対する過度に単純化した党派的先入観を是正させることに成功した。[15] この非支配者の観点による模範的な研究が、台湾学界の辛亥革命史に対する研究成果を生み出したのである。一九七〇年代に、徐々に自由な学風に向かう中で、台北で開催された近代史学術討論会において、立憲派の立場に立つ張朋園、張玉法と、革命派のために論を立てた蔣永敬、李雲漢が辛亥革命前後の史実をめぐって鋭く対立し、議論を戦わせ、学界が大いに盛り上がったことは、多くの人が記憶していることである。この時期、「辛亥革命史」をテーマとした専門書は多くはないが、台湾の学界では、革命期の人物、組織、主義と宣伝、社会階層、地域状況、清朝の勝手放題ぶり、外交、華僑などの問題に焦点を合わせて、おびただしい数の精細な研究が蓄積され、その成果は今日に至っても中国大陸、台湾共に超え難いものがある。[16]

一九八〇年代には、全世界の多くの場所で重大な変動が生じた。台湾も例外ではなく、中国近代史の研究も影響を受け、構造の転換、新たな道の模索が始まった。台湾の変動は主に政治によるもので、一九七〇年代末期には、一党支配の局面が既に緩み始め、民主化と本土化のどよめきの下で、一九八七年七月一五日には戒厳令が解除され、静かな革命の始まりにとどまらないものとなった。これに伴い、百年余りにわたって中国の知識人が追求し続けた政党政治、言論・集会の自由、総統直接選挙が台湾で相次いで実現していった。イデオロギーと党国体制（国民党と政府が一体となった体制〕が国民に覆いかぶさることはなくなり、廟堂史学は終わりを告げ、反弾史学〔支配者の弾圧に批判的な史学〕、平反史学〔支配者の冤罪を晴らして真実を明らかにしようとする史学〕、本土史学〔台湾を主人公にした歴史研究を唱える史学〕などの新顔の近代史の著作が次々に登場し、中国近代史の研究について述べるならば、まことに斬新な局面が開かれた。

中華民国は台湾に立脚しているので、一部の人々が時間的、空間的にいずれも非常に遠い辛亥革命に対して熱い想いを抱いていないのは、奇とするに足りないであろう。史学界から見た場合、一九四五～一九七〇年の間において、台湾史は中国地方史の一つと見なされていた。方豪の『台湾民族運動小史』（一九五一）、郭廷以の『台湾史事概説』（一九五四）、台湾省文献会の『通志稿』および『通志』（一九六五、一九七三）はいずれもその典型的な例である。その後、独立性を備えた台湾史の専門書が出現し始め[17]、新たな台湾史という学問が生まれ、百年近い発展に焦点を合わせて、台湾のオランダによる占拠、清国領、日本による植民、戦後の中華民国政府による統治などの過程が強調されたが、これと、過去に支配者側の史学が「辛亥革命、北伐、抗日戦争、匪賊討伐、復興基地・台湾の経営」を強調したのとでは、路線上の違いが大きい。ただ、いずれにしても辛亥革命は台湾にとって、依然として記念し、回顧する価値があるものである。台湾の様々な体制の沿革を、一つのY字型の道筋として見るとすると、今日の状況は常に二つの源まで遡ることができる。その一つは一九四九年以前の中国大陸の発展であり、もう一つは日本の植民統治によって残された遺産である。この歴史の発展の道を振り返るため、辛亥革命前後の歴史を再認識しなければならないことは間違いない。今後の研究者が既存の手本に縛られることなく、さまざまな歴史現象を真摯に思考し、分析を行うなら、辛亥革命史の研究の未来にはなお期待できるのである。

Ⅳ　辛亥革命の理想を発揚する台湾

歴史は絶えず発展している。百年の歴史を回顧すると、台湾の辛亥革命への参与には限りがあったかもしれず、辛亥革命の歴史の研究についてもなお強化を待たなければならない。ただ、「民族、民権、民生の三大問題は一役のもとにその成果を収める」、「民が所有し、民が統治し、民が享受する民主共和国を建立する」という辛亥革命の理想は、台湾で既に真の意味ですべての人々の眼前に現れており、今まさに歴史による評価を待っているところである。この点については、台湾が最も誇りとするところであり、全世界も認めざるを得ないことであろう。

民族について言うと、孫中山が中華「民」国と称したのは、国家を人民のものにしたいと望んでいたためであり、この理想は中華民国憲法第一条「中華民国は三民主義に基づき民が所有し、民が統治し、民が享受する民主共和国である」、第二条「中華民国の主権は国民全体に属する」にはっきりと反映されている。台湾は歴史的な背景や地理的な環境などの要素により、異なる国家および各民族との間で互いに影響し合い、交流してきて、このような過去の歴史遺産の中で、台湾内部では全て民族主義精神によって、敵対を融合に変え、絶え間ない調整の中で、感情、経済など各方面で整合化を進めることで、諸民族のアイデンティティーに対して、自然に一定の影響を生みだした。絶え間ない融合と再出発を経て、今日の台湾は、真の意味で全台湾人民のものとなり、この点から見て、台湾は最も民族主義を語る資格を有しているといえるのである。

民権について言うと、孫中山の民権思想にこめられているのは、民主的な法治による政治、自由な選挙による政治、平等な政党政治、博愛の議会政治および効率的な責任ある政治である。[18] 時代の変遷に伴い、経済の急速な発展、教育の普及、政治の進展が、台湾において民権思想が定着する助けとなり、台湾を徐々に発展の過程に進ませ、安定した状態で民主の大道へと向かわせた。一九八七年七月一五日に戒厳令が解除された後、正式に新たな段階に入った。一九八八年に蒋経国総統が逝去し、副総統の李登輝が法に従って職務を引き継ぎ、つまり、憲法の手順に従って、平和裏に政権を移行させた。続いて、一九九六年の総統直接選挙で、中央政府の体制に新たな転換が生じ、政党政治のメカニズムも完成を遂げた。二〇〇〇年に、政権が長期にわたって与党の座にあった国民党から民進党に移るに至り、真の意味での平和裏の政権移行が完成し、かつ国民はその手に握った投票用紙で民意を示した。これによって、国民も長い間発揮できずにいた民主的素養を確実に表現できるようになった。これは正に孫中山が終生待ち望んでいた「中華民国の主権は国民全体に属する」ということの最良の注釈であり、辛亥革命の最終的な政治的理想が一つ一つ実現したのである。

民生問題については、台湾は一九四八年から「三七五減租」〔国民党政府の農業・土地政策で、小作料の上限を三七・五％にしたことからこの名称となった〕を実行し、一九五三年には「耕す者に其の田有り」を推進して、農地問題を解決し、一九五四年には「都市平均地権条例」を実施して、都市の土地改革を推進した。農民の勤勉倹約の努力に伴い、農村は徐々に豊かになり、社会の繁栄を牽引した。政府はさらに進んで、いわゆる「農業によって工業を育成する」、「工業によって農業を発展させる」という相互作用方式を通じて、台湾が工業で自立するという目的を求めることができるようになり、「進口替代」〔高関税で外国から工業製品を輸入するのを制限して、国内の工業を保護する、一九五〇年にとられた経済政策〕、「出口導向」〔農業製品から工業製品の輸出に切り替えるために、加工区を設け、外資を導入して製造業の発展を促した、一九六〇年にとられた政策〕によって、台湾の経済を「アジア経済の奇跡」へと一歩一歩向かわせた。一九七〇年代には、十大建設を推進したが、その内容は民生主義の理念と精神に基づくもので、一九九〇年には、「促進産業昇級条例」を公布・施行し、産業構造の転換を引き続き推進することで、国内外の経済全体を取り巻く大環境の変遷に対応した。同年末には、さらに経済の自由化、国際化政策を全面的に推進し、一九九一年には「国家建設六年計画」を推し進め、公共施設の建設を行い、また財政・税務上の奨励、金融面での優遇、技術指導および金融機関の投資への参加などの措置を通じて、産業のグレードアップを加速させ、産業構造を向上させて、再度の「台湾の奇跡」を開始し、工業先進国のレベルに向かって歩みを進めた。ここ二〇年来、世界は絶えず経済金融の嵐にさらされてきたが、台湾経済が依然として揺らぐことなく屹立しているのは、主に基礎が安定しており、真の意味での「民が享受する」富が平均化した社会が創設されたことによるのである。

歴史学者の最も貴い点は、真理と向き合い、事実を尊重するという点である。上述の内容は全て、孫中山が提起した巨視的な建国の青写真、辛亥革命で掲げられた理想——「民が所有し、民が統治し、民が享受する民主共和国」は既に台湾で一歩一歩実現しつつあることを十分に証明するに足るものである。台湾のこの六〇年来の発展は、中華民国が一歩一歩足跡を残して歩んできたものであり、消すことのできない歴史事実である。

V　辛亥革命百周年を祝う台湾——結論に代えて

今年は辛亥革命百周年の年であり、世界各地で辛亥革命一〇〇年が回顧され、中国大陸で辛亥革命百周年記念活動が盛大に行われているこの時に当たり、台湾が辛亥革命百周年を祝賀する気持ちで積極的に歴史と向き合っているのは、今年が中華民国一〇〇年に当たり、中華民国の存在は過去形ではなく、現在進行形であるためである。

台湾と中国大陸の微妙な「競合」関係という現状下において、中国大陸で辛亥革命百周年を大々的に記念するということは、疑いもなく、歴史の解釈権を握り、その「正統」性を示そうとするものである。私は台湾の学者として、巨大な政治的現状と向き合っているものの、依然として歴史的事実を堅持する必要があると考えている。一九一二年の辛亥革命、中華民国の建国当初、中国共産党は未だその影もなかった。目下の中国共産党当局の宣伝は、共産革命が辛亥革命を継承したという合法性を形作ろうと意図しているが、辛亥革命で示された民主共和の理想は今どこにあるのだろうか。記念するもよし、祝賀するもよし、辛亥革命百年は重要な歴史的意義を持つのであるが、畢竟、辛亥革命は手段に過ぎず、目的は民国を建立することにあり、かつ真の意味での結果はやはり、民国の建立を通じて、孫中山の理念と民国の革命以来の理想をいかに実践するかにあったのである。

中華民国の自由と民主化が実現したのには、歴史体系があり、辛亥革命の歴史遺産の継承にはその根源と筋道がある。六〇年余りにわたり、中華民国は台湾・澎湖・金門・馬祖地区の安全を保障し、中華文化の命脈をつなぎ、経済と政治の奇跡を生み出し、辛亥革命の理想を実現した。中華民国は台湾の中国人のために、孫中山の民族、民権、民生の理念を実現し、さらに、台湾と大陸との間の不一致の最終的な解決に向けて重要な役割を発揮するであろう。歴史を灰と化してはならず、今後、いかにこの部分の歴史を書き残すかは、依然として台湾の学者が力を注ぐべき目標である。

註

(1) 封従徳「孫文与辛亥革命」、『黃花岡』雑誌第三五―三六期合刊。
(2) 台湾辛亥革命に関しては、国父紀念館「孫中山学術研究資訊網」http://sun.yatsen.gov.tw/を参照。
(3) 「祝我民国詞」全文は次の通りである。「中」土如斯更富強、「華」封共祝著辺疆、「民」情四海皆兄弟、「国」本苞桑気運昌、「孫」真国手著初唐、「逸」楽中原久益彰、「仙」客早沾霊妙薬、「救」人千病一身当。
(4) 日本統治期の大正一〇年(一九二一)、蔣渭水は台湾文化協会の会報第一期に、「臨床講義―関於名為台湾的病人」を発表し、台湾を病人にたとえ、政策上の害毒により、道徳が退廃し、物欲は旺盛になり、永久の大計を知らず、目の前の小さな利益のみに気をとられるなどの症状が現れていると指摘した。台湾は「智識栄養不良症」を患っているとし、また台湾は「世界文化の低能児」であると診断を下した。彼が書いた処方箋は文化啓蒙運動であり、文化と教育を通じて、台湾民衆の教育程度を高めるというものであった。
(5) 戦争前の時期における中国の史学界には、「史観派」と「史料派」の対立があった。汪栄祖「後現代思潮下中国現代史学的走向」『中央研究院近代史研究所集刊』第五六期（二〇〇七年六月）、一四五～一五一頁を参照。一九三〇年代に史料を重視した学者、たとえば胡適、蔣廷黻、羅家倫から郭廷以に至る学者は相次いで台湾学術機構及び史学行政機構をリードして、台湾近代史学研究の方向に相当な影響を与えた。

（6）羅家倫は『革命文献』第一～四輯の編集主任を務めた（中国国民党中央委員会党史史料編纂委員会、一九五三―一九六三）。その後は黄季陸、秦孝儀が編集主任を引き継いだ。そのうち、秦孝儀が編集した第六四～六七輯（一九七〇年代に出版された）も辛亥革命に関する史料である。党史会の台湾民国史研究方向に関しては、蔣永敬『浮生憶往』（近代中国出版社、二〇〇二年）及び李雲漢『史学圏裏四十年』（東大図書公司、一九九六年）を参照。

（7）李国祁ら「「中国近代史研究的過去与未来」座談会発言紀録」、『中央研究院近代史研究所集刊』一四期（一九八五年）、四一四～四一五頁を参照。

（8）例えば馮自由『革命逸史』（上海・商務印書館、一九四五年）。馮自由は国民党「西山会議派」に属し、強固な反共産党の立場をとった。

（9）鄒魯『中国国民党史稿』（長沙・商務印書館、一九三八）、『中国国民党史略』（重慶・商務印書館、一九四五）。

（10）張玉法『台湾地区学者対辛亥革命的研究（一九五〇―二〇〇〇）』二二六〇頁。

（11）一九六三年張朋園が『梁啓超与清季革命』の原稿を完成した際、中央研究院近代史研究所所長であった郭廷以はその書名に躊躇して、換えさせようとした。幸い、郭廷以は責任感が強い学術指導者であり、最後に書名の修正はしないと決定した。一九七〇年代にはいって、張朋園はさらに『梁啓超与民国政治』の原稿を完成したが、当時の所長の王聿均は原稿を三年間棚上げにしたため、原稿はやむを得ずに「浮浪児」になった。当時の食貨出版社々長の陶希聖は原稿が断られたことを耳にして、原稿を読んだ後、不都合なところはないと判断し、印刷・出版業務を引き受けた。一九七八年『梁啓超与民国政治』が刊行されると、困難にあうことはなかったばかりか、翌年には台湾の売上げ数の多い十五冊中に入った。張朋園「回帰序」『梁啓超与民国政治』（中央研究院近代史研究所、二〇〇六）参照。

（12）一九八〇年代、中国大陸側が「中華民国史」を編修しようとする挑戦に対して、歴史の解釈権を争うため、教育部の主導下、三〇余人の学者は六、七年内に、四、五百万字の『中華民国建国史』一六冊の叢書を完成した。第一篇の二冊が、辛亥革命史前後の範囲に当たる。

（13）一九七四年教育部は、中国近代史を高校、専門学校、大学の必修科目と規定し、興中会、同盟会、国民党以降の革命正統史観を強化した。教育制度、試験制度などを通じて、前掲した歴史観が台湾社会の各階層に浸透した。

（14）史料の出版に関しては、例えば『中華民国開国五十年文献』（正中書局、一九六一―一九六四）が出版された。第一―二編は合計二一冊の史料であり、辛亥革命の関連史料を含んでいる。党史会も次々と『民報』、『蘇報』、『浙江潮』、『江蘇』、『湖北学生界』、『民立報』などの重要資料を影印本にして出版した。一九六九年、国史館と国民党党史会が共同で「中華民国史料研究中心」を結成し、二〇〇〇年まで維持した。学術シンポジウムとしては、辛亥革命をテーマ（あるいは部分的なテーマ）とした大規模のシンポジウムは、主として一九八〇年〜一九九〇年代初期に開かれた。例えば一九八一年「中華民国建国史討論会」、一九八二年「辛亥革命研討会」、一九八五年「孫中山先生与近代中国学術研討会」、一九八六年「辛亥革命与南洋華人研討会」、一九九一年「中華民国建国八十年学術討論会」、一九九四年「国父建党革命一百周年学術討論会」などがある。一九八二年の「辛亥革命研討会」が中央研究院近代史研究所の主催で行われた以外、ほとんどのシンポジウムは国民党史会が発案し、国内の主要な歴史行政機関が協賛する形で開催した。

(15) 張玉法『清季的革命団体』（中央研究院近代史研究所、一九七五年）は清季革命運動の背景、興中会、同盟会及び各革命団体の結成・興隆、連合、分裂などの過程に対して、深く分析をしている。同時に、統計学を利用し、数字で革命勢力分布や成長を説明した。このことによって、錯綜した革命団体の情況は、分類や統計を経て、その特徴が捉えられるようになった。これは研究方法上の進展である。

(16) 林正珍、劉瑞寛『戦後台湾的歴史学研究　一九四五—二〇〇〇・第六冊　中国近現代史』（国家科学委員会、二〇〇四年）二一五〜二二八頁。台湾における辛亥革命史の研究成果に関しては、数は膨大であり、ここでは列挙しきれないため、一九六〇年代以降の重要な著書を並べるにとどめる。周開慶編著『四川与辛亥革命』（四川文献研究社、一九六四年）、中華民国各界紀念国父百年誕辰籌備委員会学術論著編纂委員会主編『国父年譜』（中華民国各界紀念国父百年誕辰籌備委員会、一九六五年）亓冰峯『清末革命与君憲的論争』（中央研究院近代史研究所、一九六六年）、張朋園『梁啓超与清季革命』、張朋園『立憲派与辛亥革命』、張玉法『清季的立憲団体』（中央研究院近代史研究所、一九六八年）、呉相湘『宋教仁』（伝記文学社、一九六九—一九七一年）、熊守暉編『辛亥武昌首義史編』（中華書局、一九七一）、李雲漢『黄克強先生年譜』（中国国民党中央委員会党史委員会、一九七三年）、張玉法『清季的革命団体』、陳鵬仁『宮崎滔天与中国革命』（三信出版社、一九七七年）、呂芳上『朱執信与中国革命』（中国学術奨助会、一九七八年）、朱文原『辛亥革命与列強態度』（正中書局、一九八〇年）黄季陸等著『孫中山先生与辛亥革命』（中華民国史料研究中心、一九八一年）、荘政『国父革命与洪門会党』（三民主義研究所博士碩士論文奨助出版委会、一九八一年）、朱浤源『同盟会的革命理論—「民報」個案研究』（中央研究院近代史研究所、一九八五年）、陳孟堅『民報与辛亥革命』（正中書局、一九八六年）、彭澤周『近代中国之革命与日本』（商務印書館、一九八九年）、林能士『辛亥革命時期北方的革命活動』（正中書局、一九九三年）など。

(17) 例えば、史明『台湾人四百年史』（一九六二年）、王育徳『台湾　苦悶するその歴史』（一九七〇年）などの著書は、先に日本で刊行され、一九八〇年代以降になって、台湾に中国語訳書が現れた。

(18) 「国父主張与台湾経験」、国父紀念館『孫中山学術研究資訊網』。

日本との関わりから見た辛亥革命

辛亥革命と宗方小太郎

大里浩秋

はじめに

近代日中関係史において、宗方小太郎を中心に据えた研究はこれまで日本人にはなかったし、中国人の研究でも、馮正宝氏の『評伝宗方小太郎――大陸浪人の歴史的役割』(1)が唯一である。本報告は、本人が書いた日記や報告類を主な資料として、宗方小太郎が日中関係史上に残した足跡をたどり、辛亥革命前後に行った活動を通して、中国とどんな関わりを持ったのかを明らかにするとともに、その意味がどの辺にあるかを考えたい。

Ⅰ　宗方小太郎略歴

宗方は、一八八六年頃から一九二三年に亡くなる直前までずっと日記を書いていて、その大部分が上海市社会科学院歴史研究所図書室に所蔵されている。報告者は上記研究所の好意で日記をはじめとする所蔵資料に目を通すことができ、これまでに「上海歴史研究所所蔵宗方小太郎資料について」、および「宗方小太郎日記」一八八八～一九〇七年の解読文を公刊しており、(2)日記については引き続き解題を付けて公刊する予定である。

そこでまず、日記その他を参考にしてまとめた宗方の略歴を紹介する。

宗方小太郎(一八六四年八月六日――一九二三年二月三日)

肥後宇土(今の熊本県宇土市)の武士の家庭に生まれ、幼いころは藩儒について漢籍を学び、一七、八歳で佐々友房が創立した済々黌(今の済々黌高校の前身)に入って中国語を学んだ。一八八四年に清仏戦争が起こると、佐々に従ってその視察のために訪中し、そのまま上海に留まって、当時上海に末広重恭らが開いていた、日本の若者に中国語と中国事情を教える「東洋学館」に入ったが、まもなく学館が閉鎖されると、一人で華北から東北にかけて九省を歩いて各地の実情調査をし、八七年には再度北方を旅行して『北支那漫遊記』と題する大部の記録を残した。

八六年、陸軍将校荒尾精が、東京に本店を持ち上海でも開いている薬店「楽善堂」の主人岸田吟香の支援を得、その漢口支店を開くことを隠れ蓑にして中国内の地理や現況を調査するとともに、中国の現状に不満を抱く中国人と連絡を取って、その改革を手伝うことをめざした「漢口楽善堂」の活動に遅くとも八八年初めまでには参加、そこに集まった二〇名ほどの若者がその任務を果たすべく各地に赴く中、宗方は北京での支部作りに従事した。しかし、荒尾は途中で方針を変えて、日中貿易重視の考えのもと、上海で中国語と中国貿易の知識を日本の若者に教える日清貿易研究所を開くための準備を始めたため、漢口楽善堂の活動は解散状態となった。宗方は九〇年春に帰国して、荒尾が日本各地から生徒を集めるのに協力し、同年秋、上海に開設した日清貿易研究所で生徒監督の任に就いた。その後、所長荒尾と「対清方策」をめぐって衝突することがあり、中国で新聞を発行して日本の考えを中国に広めたいと考えて九三年初めに研究所の職を辞し、帰国して新聞発行のための資金集めに奔走したが、支持する者がおらず不調に終わった。

同年夏、海軍の嘱託となってからは、中国に出かけて各地で情報を集めては次々に報告書を海軍に送った。とくに、九四年夏の日清戦争勃発直前に山東省威海衛に潜入して清国軍艦の動きを偵察して書いた報告は、日本軍の方針決定に役立ち、帰国した際は広島の大本営で明治天皇に拝謁し、それは破格の扱いだったとして、一躍宗方の名前が世に知られることになった。その後も、九五年一二月の第一号から亡くなる直前の一九二三年一月の第六二八号まで、海軍宛の報告を書いており、さらには臨時の報告も多数あって[3]、それらの報告と日記を合わせて読むと、辛亥革命を含め、中国を舞台にして起こった多くの重大事件の現場に立ち会って貴重な証言を残していることがわかる。

その後、九六年には、海軍から資金を得て漢口で発行されていた中国語新聞『漢報』の買収に成功して、念願の新聞経営に乗り出し、同年中にはまた、中国の現状に不満を持つ河南省の有力者二人を訪ねて意見を交換して協力を誓いあったのは、漢口楽善堂がめざした中国改革の目標を実行に移した観があるが、翌九七年以降はさらに多くの中国人と接触している。たとえば、康有為、梁啓超、汪康年、文廷式、唐才常、鄭官応、孫文、鄭孝胥等々、歴史上に名を残す多くの知識人や活動家、さらにあまり知られていない人物の名前も日記に登場して、そうした中国人との出会いは一九〇一年以降少なくはなるものの、辛亥革命以後まで続く。また一八九八年、清朝の改革が一頓挫する戊戌政変が起こった直後には、「中国を保全する、中国の改善を助ける、中国の時事を検討して実行を図る」ことなどを謳った東亜同文会の結成に参加し、これ以後宗方はこの組織の活動に積極的に関わり、漢口支部の責任者になったり、上海に開設した東亜同文書院の経営に携わったりしながら、中国人への働きかけを継続していった。

中国人への働きかけで宗方がとくに力を入れたと思えるのは、一八九九年から一九〇〇年にかけて、唐才常、汪康年等と繰り返し会っている時のことで、唐らが武装蜂起を準備するのをてこ入れしようとしていたことが彼の日記からは読み取れる。また、孫文とは一八九八年から一九〇〇年までは毎年会い、かつ手紙をやり取りして熱心に意見交換している様子がうかがえるが、それ以後辛亥革命に至るまでは手紙のやり取りはあるものの直接には会っておらず、孫文以外の革命派の人物との接触もなかったようである。さらに、辛亥革命後は鄭孝胥との交流が数年続き、誕生したばかりの中華民国よりは清朝復活の方が望ましいとの考えに傾いている。新聞を使った中国世論への働きかけの重要性は一貫して感じており、一九一四年からは外務省の資金援助のもとで上海に「東方通信社」を設立して、亡くなるまで日本側の情報を中国および中国在駐の各国新聞社に提供する仕事に従事した。

総じて、宗方はその一生を通じて、日本が援助することで中国を改革し、日中が協力して西欧列強のアジア侵略に対抗すべきと考え、そのための種々の活動に従事した。しかし、それらは、当時の日本政府や軍部の立場を踏まえて、あるいは政府や軍部をリードして中国における日本の利権を確保し拡大することを目ざす動きでもあった。

Ⅱ　宗方の注目すべき動きについて

宗方の略歴を一で紹介したが、そのうちで報告者が注目し、今後とも明らかにしたいと考えている動きをいくつかに絞って取り出し、略歴部分を補充しつつ以下に述べることとする。

（1）熊本県に生まれ育ち、子供の頃に漢籍を学び、一七、八歳で中国語に触れたことが、その後の宗方にどんな影響を与えたかは、興味あるテーマである。皇室中心、国家主義を建学精神に掲げた済々黌に入り、恩師佐々友房をはじめとする周辺の人々から受けた思想の影響は大きかったと考えられる。一八八〇年東京で、中国や朝鮮と連帯して西欧列強のアジア侵略を防ごうと唱える「興亜会」が結成され、その会が経営する学校で中国語を学んだあと中国に渡って中国各地の実情調査を試みた若者が現れたが、そうした経歴を持つ若者たちが抱いた使命感のようなものを彼も抱いていて、それが中国を訪ねた後の行動へとつながったのは疑いないことであろう。

宗方の日記には、佐々友房の他にも国家主義者の団体である紫溟会や、熊本国権党のリーダーであった古荘嘉門、津田静一等々との交流が記され、国家主義者が発行していた『九州日日新聞』へしばしば寄稿したこと、中国と関わりを持つ熊本県出身の青年が少なからず登場して、宗方と往来しつつ日清戦争にも日露戦争にも参加していること、さらに同県出身の宮崎民蔵、滔天兄弟や徳富蘇峰と付き合いがあったこと等が記されているのは、注意を引く点である。報告者にとって、当時の熊本の思想風土を詳しく知ることは、宗方の行動の軌跡を考える上で欠くことのできない基礎作業になると考えている。(4)

（2）漢口楽善堂の活動については、「根本方針」として「吾が同志の目的は、世界人類のために第一着に支那を改造すること」を謳い、「一般の心得」、「内員概則」、「外員の探査すべき心得」など、リーダー荒尾精が定めたとされる「楽善堂規則」と称するものの存在が知られている割には、そこでの参加者の実数や活動実態については詳しい記録は残っておらず、宗方日記を含め参加者の証言をつなぎ合わせ、その異同に検討を加えることで輪郭をつかむしかない状況である。

今見ることができる外務省のわずかな資料によると、一八八六年に岸田吟香の支持を得て漢口に楽善堂支店を開設してすぐの段階での荒尾精の収入は「月給凡四十円と外に手当が一年一千円位」であり、借りた住居費は、荒尾が多く負担した他に岸田と漢口領事の町田が補助して支払っていた。(5) この事実によって、一般には岸田の支援で荒尾の指導下に運営された民間有志の活動であると理解されがちな漢口楽善堂の動きは、実は陸軍から主な活動資金が出ており、外務省関係者の補助も得たものであったことがはっきりする。しかし、陸軍の資金が十分ではないので、各地に散った参加者は楽善堂の薬や本を売って生活費と活動費に充てるしかなく、しかも机上の空論を各自の頑張りで実行に移そうとした嫌いがあって、新疆地区に向かった浦敬一が途中で生死不明になったのを始め、各地で悪戦苦闘を強いられたことは、北京支部を作った際の宗方の日記からも類推できる。

漢口から帰国した際に荒尾が陸軍に提出した「復命書」[6]を読むと、その最後の部分に、政府は表では友好に努めて、裏では「有為の志士をして其内地に入込ましめ、開港場其他に配布し・・各々商業其他各種の業を営ましめ、之に因て平時は力めて政治及び戦略戦術等に必要なる実力、及び地理等を精密に調べしめ」、具体的には「各地に幹部支部［ここで「幹部」は、指導者・リーダーの意味よりも、「支部」の上位の組織の意味で使っているようである］を置き……、上海幹部に於て、日清貿易商会を置き」、かつ上海幹部が各地幹部の活動を取りまとめて本部に報告するとの考えを示し、そのような活動を七，八年から一〇年の時間をかけて実践すれば、東洋を興し、清国に着手して久しい欧州諸強国でも制することができるとしている。荒尾のこの主張は、漢口楽善堂の活動が各地で展開されている最中に思いついており[7]、それゆえに各地で奮闘している同志の反発を買うことになったが、「復命書」に盛られた荒尾の考えは、欧州列強の動きに抗して日本が中国への影響力を増そうとする点で宗方の考えとの違いはないといってよく、そのため宗方はその後荒尾の考えに従って上海に日清貿易研究所を造ることに協力したものの、漢口楽善堂の同志が中国の改革に今後いかに関わるかについては荒尾と意見が対立したままに推移したと考えられる。漢口楽善堂で議論し、実践した内容は到底長くは実践しきれないとして、貿易重視の方針に変えるのには協力できるが、それだけでなく中国改革の活動も日常的に追及されるべきだとするのが、宗方周辺の主張であり、それがその後の宗方の行動に反映されていると思われる。そして、具体的にはまず中国語の新聞発行をめざすのであるが、支援する者がなく実現するのは難しいと知った直後に海軍の嘱託となり、その指示に従って中国に出かけては各地で調査をして報告するという仕事を亡くなるまで続けた。漢口楽善堂以前からの中国各地での調査の経験が認められたためであろうが、中国の改革をめざす宗方にとって、さらには宗方の周囲の日本人にとって、海軍に協力して情報を集めることに矛盾はなく、むしろ海軍と関係を作ることで自分の日頃の考えも実現しやすくなると考えたのであろう。

なお、日清戦争が起こった際には、宗方は海軍の嘱託として清国軍に関する情報を集める仕事に従事するとともに、戦争終了前後には、日本が取るべき領土や特権について積極的な意見を海軍あての報告で行い、台湾接収にも一役買っているのに対し、荒尾は戦局から一歩退いた位置で「対清意見」や「対清弁妄」(8)を書いて、領土や特権を得るよりも大事なこととして、清国の貧窮を助けて富強にすること、一大革新を助けてそれを成就させることがあると大所高所に立ったような主張をしているのは、興味ある対照を成しており、漢口楽善堂から撤退して以降荒尾が亡くなるまで(一八九六年)の両者の主張の相違点については、今後さらに分析を加える必要がある。

(3)日清戦争勃発直前の調査が日本軍の作戦に役立ったことから、宗方の調査能力に対する評価は高まり、海軍のみか陸軍、さらに政府首脳の信頼を得て、彼らが中国情勢に対する方針を定める際に宗方の意見を参考にすることが多くなった。また、宗方への評価が高まったことから、二年前には認められなかった中国での新聞社経営が海軍の資金で実現できることになり、一八九六年に漢口で『漢報』を発行し始めた。当初は中国人スタッフが期待したような記事を書かないとか、会計上のトラブルを起こすとかで順調に運営できなかったが、途中からは常駐の日本人を置き、何度かスタッフを交代させて体制を整え、一八九八年に東亜同文会が結成されてからは同会の資金援助があり、遅れて外務省からも資金を得た。しかし、一九〇〇年春、清朝が光緒帝に代わる皇帝を擁立する動きを示したのを批判する記事を発表したことで発禁処分となり、さらには夏に唐才常らの蜂起未遂事件が起こり、その事件への関与を疑われたことで引き続き発行するのが困難になって断念した。しかし、その後も日本人の手で中国語新聞を出して中国世論を工作することの重要性を説いて、福州の『閩報』等の発行を支援するとともに、自らは上海で中国人が発行する『時報』の顧問となり、時々はそこに文章を発表し、さらに一九一四年からは外務省の資金援助を得て東方通信社を経営するのである。

（4）日清戦争がまだ終息する前の一八九五年一月に、宗方は前年秋に中国から引き揚げた後、明治天皇の謁見を受けてそのまま滞在していた大本営所在地の広島で、漢口楽善堂の仲間たちとともに、日清戦争に通訳その他の任務で参加した日本人を集めて「乙未会」を結成した。[9] 乙未会はやがて上海に事務所を置いて、中国語による機関誌『亜東時報』を出すことにしたが、その第一号が出た九八年六月には、同じく宗方らによって同文会が結成されて[10]乙未会は解散状態になり、『亜東時報』は同文会の機関誌として引き継がれ、同年一一月に同文会が東亜会と合同して東亜同文会を名乗った時には、同会は東京では『東亜時論』を機関誌として出す一方で、『亜東時報』を引き続き上海で発行するための財政的支援を行った。中国での雑誌発行に関するこのような経過からも、宗方をはじめとする漢口楽善堂以来の仲間が中心となって乙未会を結成し、さらに同文会を結成し、やがて東亜同文会と組織を変える過程でも大いに影響力を発揮したことが推量でき、実際にも東亜同文会の中国現地における実働部分を担っているのである。[11]

なお、『亜東時報』の第五号には譚嗣同「仁学」を付録として載せ、さらに第六～一〇号にも「仁学」を分載して、戊戌政変による改革の挫折を惜しんでおり、また、第一三号に張之洞「勧学篇」を載せているのは、日本への留学を推奨する意図を示していると受け取れる。また、一八九九年から一九〇〇年にかけての号に唐才常が七篇の文章を発表しているとのことで、[12]そのうちの「日人実心保華論」（第一七号）では、日本人の中国との関わりを西欧諸国のそれと比較して信頼がおけるとしているのは、当時唐らが宗方を含む日本人と会って受けた影響を示すものと考えられるが、唐や汪康年ら中国人の『亜東時報』との関わりについては、改めて考えることにする。

（5）中国の改革を志す中国人との交流は、日清戦争後から辛亥革命後まで続いた。一八九六年には周囲の評判を聞いて、地方の有力者である河南の梁啓元、胡慶煥を訪ねて議論し協力を約束しているが、翌九七年には上海で李盛鐸、羅誠伯、梁啓超、汪康年らと会い、日本では宮崎滔天の紹介で孫文に会い、九八年には上海で汪康年、姚文藻、文廷式ら、日本では戊戌政変の難を避けてきた康有為、梁啓超、王照ら、さらに唐才常、畢永年、孫文らに会い、九九年になると、上海では汪康年、唐才常、姚文藻、文廷式、狄葆賢、張通典、鄭官応ら、漢口で鄭孝胥、長沙で文廷式、皮錫瑞ら、日本で孫文に会っている。さらに、一九〇〇年には七月までは唐才常、汪康年、姚文藻、文廷式らと頻繁に会い、汪が開いた宴席に参加したメンバーの中には広東の尤列がいたとして、「孫逸仙の党にして、髪を断ち洋装を為す。亦た一種の人物なり」と記している（五月二九日の日記）。八月唐才常らが逮捕処刑された直後の上海で孫文に会い、一一月には上海で汪康年に会っている。こうして名前を挙げるならば、従来の歴史評価からはとても改革を望んでいるとは捉えられていない人物もいるに違いないが、しかしその当時彼らはともに祖国の改革を熱心に論じており、改革派の中で意見を異にすると思われている人物同士でも、顔を突き合わせてどうすれば現政権を変えられるかを考えていることが、宗方の日記に記録されているのである。

さて、宗方の上述のごとき中国人との出会い方をどう見るかであるが、当初彼は改革を望む中国人には広く会って、相手の考えを聞き自分の考えを述べて可能な協力をしようとしており、そのスタンスはその後も変わらなかったと思われる。しかし、一八九八年四月に書かれた日記や海軍あての報告[13]に、中国の改革についての彼のイメージがそれまでになくはっきりと記されていることからすると、おそらくはその頃を起点にして、誰彼に関わらず彼の考える改革のイメージを主張していったのではないかと推量する。その考えとは、中国側で「時期を窺い義兵を挙げて、湖南、湖北、江西、四川、貴州並びに広東の一部を連ねて占拠を行い、以て一国を建立する」というものであり、日本側としては、「陰に陽に之[中国側の動き]を助長し、属国若しくは保護国の位置に置く」ことを目ざすというものであった。もちろん属国とか保護国とかの表現を中国人に漏らすことはなかったであろうが、中国の南方地区をこのような位置に置いて日本の影響力を強めることを意図して中国人への働きかけをしたと思われ、同年秋に東亜同文会が結成されると、同会のメンバーに対してもその考えを浸透させようとしたと思われる。

そして、九九年には、その頃湖南での武装蜂起を準備していた唐才常らとはしきりに会っており、翌一九〇〇年に義和団事件が起こって社会の混乱が広がった状況下で、光緒帝を「擁して湖北武昌に遷都し新政府を組織して大改革を断行し、皇太后を幽閉」し、日本を中心にして「扶植保全の実を挙」げるべきだとの意見を海軍あてに送って(六月一二日の日記)、宗方自ら天津に向かうが、すでに清国兵と連合軍の衝突が始まっていて、光緒帝擁立の考えはあきらめざるを得ず、ついで「第二の変局を待て列国の機先を制し南清経営の準備を為し、清国を七連邦に区分し、連邦政府を中原の湖北に置き、我日本は宜く此の政府を操縦」(六月一八日の日記)すべきとの考えを海軍あてに伝えて上海に戻ると、また唐才常や汪年康らと会い、湖広総督張之洞には手紙を書いて、「東南各省の総撫を連ね、火速兵を率て北上し討賊勤王の事を」すべきだと訴えている(七月一六日の日記)。

上記義和団事件の際の宗方の動きを裏づけているのは、当時上海の東亜同文会支部で仕事をしていた井上雅二が書いた日記とメモである[14]。井上は、義和団が起こした事態に東亜同文会支部としてどう対処すべきかを宗方等と議論し、唐才常らともしきりに会っている様子を伝えているのであるが、ここでは、そのうちの「明治三十三[一九〇〇]年五月団匪事件に対する吾人の策一班」と題したメモに注目したい。そこには「南方督撫を連絡一気せしめ、並に民間有志団体を幇助して」皇帝を擁して新政府を作らせるか、さもなくば、自立するよう尽力する事、「長江一帯の兵官及哥会の明白なる頭目を通じ実力を養成せし」め、「我政府をして速に……長江一帯に力を用ゆるの方針を取らしむる事。海陸軍との連絡一気を謀り、我等数人にて同文会本部を発蹤指使し、我方針に向て進ましむる事」と記し、さらに「広東に於ける孫文一派の起兵運動に就ては、刻下其挙に可否を容れず傍観の態度を取る事。勢の変に従て便宜処置すべし」と書いている。このメモによって、東亜同文会の上海支部としては本部を説得し、さらに政府・軍部に働きかけようとしたことがわかり、いささか大言壮語に近い目標を掲げて結局は何も実行できたことはなかったものの、宗方の日記の記述と合わせてみると、義和団事件を宗方の考えたプランを実行に移す絶好の機会ととらえて、唐才常らへの働きかけを強めたであろうことは容易に推量できるのである。ここで思いつくのは、辛亥革命勃発直後に、陸軍少将宇都宮太郎が秘密裡に金子新太郎を武漢に派遣して革命軍に参加させ、清国軍側と革命軍側が講和するのを妨害して、革命軍の勢力圏である中国南部に独立国を作るよう工作させようとした事実である。(15) 両陣営がしのぎを削った戦闘に一人で乗り込んで何とかなると考えた茶番劇は、金子の戦死によってあえなく失敗に終わるけれども、宇都宮と宗方は一八九八年春に漢口で出会って話をして以来交流を保っていたようであり、中国を日本の影響下に置く戦略をめぐって影響しあうところがなかったかは、興味を覚える点である。

ここで孫文との交流について触れるならば、一八九七年から二〇〇〇年までは毎年会ったり手紙をやり取りしたりして、かなり親密に交流していることが分かる。まず、一八九七年には、宮崎滔天からの手紙で「清国の亡命者孫文(逸仙)」が近々ひそかに熊本に来て宗方を訪ねたいと言っていると伝えてきて、結局宮崎の実家で会い、「孫今年三十一才、大器に非ずと雖ども才学兼優豪邁果敢にして天下を廓清するの志有り。膝を交へて東方の大事を論じ、鶏鳴に到る。孫喜ぶ事甚し」(一一月二〇日の日記)と書いている。孫文に好印象を持ったようである。翌九八年には、一〇月下旬から一一月初めにかけて三回、東京か横浜で顔を合わせている。うち二回は宮崎滔天と平山周が一緒であり、あと一回は宮崎のみが一緒で、横浜の孫文の滞在先を訪ねている。その時何を話したかは日記に記していないが、その時期は戊戌政変の後で、康有為や梁啓超らが日本に亡命した時期にあたり、また東亜同文会の結成の時期とも重なり、かつ宮崎は香港から、平山は北京、天津から帰国したばかりの時期で、あれこれと情報交換を行ったと推量される。

九九年には、七月二七日から二九日まで東京で連日会っているが、それまでの二回と違うのは、宮崎と一緒ではなく、孫文の方から一人で会いに来て、宗方の宿に泊り、宗方が熊本に帰る際には新橋駅まで見送りに来ている点である。どうしてこのように積極的に宗方に接近したかといえば、この時宗方は、「清日同盟」を結べという西太后の密旨を奉じて日本にやってきた劉学詢一行を要人に会わせる任務を負っていたが、孫文はその機会を利用して劉に会って話したいことがあるというので、宗方に頼んで秘密の会見をセッテングしてもらったいきさつがあったからであろう。孫文がどんな意図で劉に会ったかは不明とするしかないが、会った際に劉が孫文に梁啓超暗殺を持ちかけ、孫文からはその見返りとして革命資金二〇万両を求めたという噂が流れたとのことである。[16]さらに一九〇〇年には、八月二九日に上海の宗方の住居に平山周が訪ねてきて、孫文が上海に来たことを告げたので孫文の宿泊先に会いに行き、三〇日も会い、九月一日には日本に向かう孫文を船まで送っている。この時孫文としては、上海に上陸後華南の形勢をゆっくりと視察し、機会を見て劉坤一や張之洞に会って彼らの考えを聞いて今後の方向を決めたいと考えていたが、唐才常逮捕事件の直後で警戒が高まっている時であり、計画は実現できないまま日本に戻ったという。[17]宗方はこの時、日記には会ったことしか書いていないが、孫文に対して、義和団事件発生後、唐才常弾圧に至る諸情勢について、自分の知り得たことを紹介したのではないかと推量する。ここで、先に触れた井上雅二のメモ「明治三十三年五月団匪事件に対する吾人の策一班」に、孫文たちが準備している蜂起計画には傍観の態度を取ると書いていることに言及する。義和団事件の混乱に乗じて孫文が広東恵州で蜂起を起こそうとしていることは、宗方の日記中には一言の言及もないけれども、実際にその蜂起に参加して戦死した山田良政との手紙のやり取りや会った際の話で聞いているであろうし、その準備に関わった宮崎滔天や平山周の動静も伝わっていたはずであるので、そうした動きを知った上で距離を置いていたのである。しかし、山田の安否について気になっていて、翌年陳少白に問い合わせ、山田の弟純三郎とも手紙のやり取りをしている。

以下には、宗方の一九〇一年以後の中国人との出会いについて簡単に触れる。まず孫文であるが、彼とはそれ以降辛亥革命勃発までは会う機会がなかった。孫文にとってまさに清朝打倒の革命を本格的に準備する期間に直接会うことも手紙のやり取りもなかったのは、孫文が宗方に相談する必要を感じなかったからであろうし、宗方としても孫文を始めとする革命派に対して、唐才常らの運動に示したような関心を持たなかったからではないかと思われる。宗方は、その時期各地の革命派の動きに注目して日記や報告に書き留めてはいるが、それ以上の関心は示さなかったようである。但し、辛亥革命が起こる直前の一九一一年七月には、孫文が宗方あてに日本政府に援助を求める仲介役を頼む手紙を出しており、八月にも内容は記していないものの、孫文からの手紙があったことは日記に記している。辛亥革命直後、孫文が帰国して上海に着いてすぐに会い、その後日本で開いた孫文歓迎会にも参加しているところを見ると、二人の関係はそれ以前と変わりなく続いたことがわかる。

唐才常とともに会うことが多かった汪康年、姚文藻、文廷式らとはその後も何年かにわたって上海で会っているが、何を語らったかは日記には記されていない。また、漢口に行った時には、旧知の李泉渓、楊小栓に会っているが、どんな用件でかは不明である。一九〇一年には、福建の王孝縄、孫葆桂、王仁東らと数回会う等、それまでの日記には名前があがらなかった中国人と数日を置かず会うことがあり、翌年以降も、個人的にか東亜同文会の公式な席かは問わず、一九〇〇年までよりは少ないもののそれでもかなりの数の中国人と顔を合わせている。そして、辛亥革命以降になると清朝復辟に共感を懐いて、その関係者に会っているのを知ることになるのは、清朝の堕落を批判して改革の必要を訴えてきた人物としては、後味の悪い変質ではあるが、そうした内容を含め一九〇一年以降の中国人との交流については、さらに分析を加える必要を感じている。

Ⅲ　結びに代えて

従来の、とくに中国の歴史研究者の評価によると、宗方は海軍の諜報活動を行い、日本の中国侵略のお先棒を担いだ否定的な人物であり、彼の行動を詳しく調べる価値はないとされており、ただ日清戦争の事実関係を知る際の証言者、孫文の行動を知る際の証言者として利用されてきたのではないかと思われる。今回報告者が一と二で紹介した内容からも、中国との関係において宗方が果たした役割はかなりの程度侵略性を帯びるものであることは確かである。しかし、宗方が中国との連帯を叫んだ近代日本の多くの「興亜」論者と同様、あるいはその中でも抜きん出て自らの主張を行動に移して多くの中国人と接触しており、東亜同文会が結成されて以降は、同会が目指したところの中国の改革支援を率先して実行しようとした点は、もっと注目していいことではないかと報告者は考えている。海軍のために活動したけれども、すべてが海軍や政府の指令で動いたのではなく、宗方独自の考えで行動した側面もあり、西洋列強の侵略を批判して、日本こそは中国の改革のために協力しているとして、当初は改革を唱える中国人と幅広く付き合い、しだいに孫文達の革命運動には距離を置いたように見えるけれども、それでも孫文を含む大勢の人に協力しようとする姿勢に偽りはなかったと思われるからである。

他国の改革や革命を支援するという時に、自国の利益を念頭に置いての他国の利益でしかない状況が露呈するのは大いにありうることであろう。しかし宗方における問題は、そしてそれは多くの興亜論者、アジア主義者に共通する問題であるが、中国の改革を支援する際に自国の利益を念頭に置いていたということよりも、辛亥革命が行われた後にも、日本こそが中国を正しく改革できる唯一の国だとの思い込みを改めないまま、中華民国の現状の混乱を利用して政府が侵略政策に一層踏み出したのを支える役回りを演じたことであった、と報告者は考えている。そして、孫文の活動に誠心誠意協力した日本人に注目すると同時に、矛盾をはらみながらも協力を試みた日本人の行動にもやはり注目する必要があり、そうすることが辛亥革命に至る過程をより豊富な形で明らかにすることにもつながると考えるものである。

註

（1）熊本出版文化会館、一九九七年。
（2）神奈川大学人文学研究所『人文学研究所報』。上海社会科学院歴史研究所所蔵資料の解説と一八八八年の日記の一部はNo.37、八九～九二年の日記はNo.40、九三～九六年はNo.41、九七、九八年はNo.44、九九、一九〇〇年はNo.46、一九〇一、〇二年はNo.47、〇三～〇五年はNo.48、〇六、〇七年はNo.49に載せた。
（3）その一部分は上海社会科学院に所蔵されているが、大部分は日本の国会図書館憲政資料室にあり、その解読文は『宗方小太郎文書』（明治百年史叢書、原書房、一九七四年）に収録されている。
（4）熊本の国家主義者の動向については、上村希美雄「熊本国権党の成立」、『近代熊本』No.17、一九七五年を参照した。
（5）拙書「漢口楽善堂の歴史（上）」、神奈川大学『人文研究』第一五五集、二〇〇五年。
（6）『東亜同文会史』（財団法人霞山会、一九八八年）所収。
（7）注（5）と同じ。
（8）注（6）と同じ。
（9）『乙未会通告書』（上海社会科学院歴史研究所所蔵）中の「乙未会主旨」には、中国と往来する者は、目的は各自異なるけれども、志は「各々期する処の事業を成就し、以て国家の富強を図らんと」するに在るのだから、「連絡を通し親交を厚」くする団体を作り、「終局後【日清戦争の後始末が一段落したらの意味であろう】の事に至ては、猶組織を改め団結を鞏固にし、敏活の運動をなすを図らんとす」とある。この文面からは、日清戦争の勝利を見通せる段階でとりあえずの団体として乙未会を作り、その後に別組織への再編を予定していたと読め、それが三年後の同文会の結成につながったと考えることができよう。乙未会主旨に名を連ねた発起人七人中、宗方と緒方二三、前田彪の三人は漢口楽善堂の同志であり、白岩龍平、三澤真一は日清貿易研究所の卒業生である。

(10)一八九八年春、宗方と井手三郎が相談して、「日清両国有志者の交通機関に供する為め、同文会創立の事を計画し」(『対支回顧録上』)、井手は中西正樹、白岩龍平らと相談して、六月に近衛篤麿の賛同を得て創立にこぎつけている。井手、中西とも漢口楽善堂の同志である。

(11)例えば、同会が結成後中国に数年間設置した五つの支部中の四つの支部責任者は、漢口楽善堂参加者である。北京・中西正樹、上海・井手三郎、漢口・宗方小太郎、広東・高橋謙。

(12)文操「唐才常遺著目録草編」、『唐才常集』、中華書局、一九八〇年。

(13)一八九八年四月一一日の日記と同年四月一五日付け海軍あて報告・号外「列国の中国侵略と日本の進路」。本文中の直後の引用は、海軍あて報告から採った。

(14)近藤邦康「『井上雅二日記』――唐才常自立軍蜂起」(『国家学会雑誌』第九八巻第一・二号)所収。

(15)「孫文の革命は東京から始まった」、『朝日新聞』二〇〇七年一〇月一日、「歴史は生きている」。

(16)狭間直樹「劉学詢と孫文の関係についての一解釈」『孫文研究』三八を参照。

(17)『孫中山年譜長編』第一巻、一二三四頁。

日本陸軍参謀本部と辛亥革命

佐藤守男

はじめに

二〇一一年は日露戦争終結から一〇六年、また、中国辛亥革命から一〇〇年を数える。近代日本は、日露戦争の危うい勝利が一大転機となり、欧米列強と伍して東アジアの国際関係に強い影響を与えるに至る。他方、中国において生起した辛亥革命は、古代から続いた帝政を打倒し、アジア初の共和制国家を樹立した一大出来事であった。それは、東アジアにおける国際政治の潮流が生み出した歴史的な革命であった。隣邦の革命に対して、わが国陸軍参謀本部は、いかなる方針のもとに、どのような情報活動を展開していったのだろうか。

本稿では、辛亥革命の勃発に即応した陸軍参謀本部の基本的対清方針に視点を当てる。なお、論考にあたっては、二〇〇七(平成一九)年に公刊された『日本陸軍とアジア政策・陸軍大将宇都宮太郎日記』(以下、「日記」と略す)に負うところが大きい。従って、ここでの記述の中心人物は、宇都宮太郎参謀本部第二部長(陸軍少将、佐賀県、五〇歳)である。

Ⅰ　辛亥革命勃発の時代背景

一九世紀中葉に始まる西欧列強の積極的な中国進出が、二〇〇有余年に亘って中国に君臨した満州王朝を根底から動揺させ、中国の近代的覚醒を促す要因となった(1)。一八四〇（天保一一）年の阿片戦争、一八五〇（嘉永三）年から一五年におよぶ太平天国の乱、一八六〇（万延元）年のアロー戦争、一八八四（明治一七）年の清仏戦争、一八九四（明治二七）年の日清戦争等、さらに一八五八（安政五）年の愛琿条約、一八六〇年の北京条約などによる極東方面における帝政ロシアの容赦なき中国蚕食が、清朝の体力衰退に拍車をかけた。

中国に対する資本主義列強の侵略は日清戦争後、ますます激しく拡大する。特に、日本の戦勝を奇貨とする列国の大規模な領土分割、利権侵害の動きが顕著になる。ロシアの旅順・大連、フランスの広州湾、ドイツの膠州湾、イギリスの威海衛などの租借がそれである(2)。これら列強は、当該租借地を拠点として鉄道・電信の敷設、鉱山・農場の開発を通じて勢力圏の拡張を図り、ロシアは満蒙・華北、フランスは広東・広西、ドイツは山東半島、イギリスは長江沿岸一帯に支配権を伸ばして行ったのである(3)。

西欧列強の侵略的利権獲得に対する中国民衆の反発は、次第に先鋭化・不穏化の度合いを高めた。その集中的表現(4)が、一九〇〇（明治三三）年初頭の義和団事件である。この運動が各地に拡大するや、清朝は「滅洋扶清」をスローガンに掲げて列強勢力の国外駆逐を推進した。しかし、欧米列強の強力な武力干渉を招き、清朝は深刻な窮地に直面するに至った。日、英、米、仏、独、墺、伊、露の八か国は、在留自国民を救援するための警察行動を名目に出兵し、この事件を制圧する。その結果、列国は、莫大な賠償金と軍隊の北京常駐を清国に認めさせ、いわゆる「北清事変」を終結させたのである。

一方、清朝末期の国内政治における二つの動向は、清朝を中心とする立憲政治体制への革新運動と、清朝を転覆して近代的共和国を樹立せんとする民族主義的革命運動の潮流であった。[5] 前者については、近代日本の発展と日露戦争における勝利は、日本が立憲政治を推進したことにあるとの国内世論を受けて、清朝末期の一九〇六（明治三九）年九月、清国に立憲政治を採用する旨の詔書が発布された。[6] しかし、満州朝廷の憲政樹立への試みは結局、満漢両勢力の軋轢を高め、反清的革命気運を助長せしめることになった。後者の革命運動は、その端緒を一八九四（明治二七）年の孫文の「興中会」（秘密結社）設立に見ることができる。[7] 孫文は日清戦争が勃発するや、ハワイに渡り、同地において数十人の同志と共に、同会を創設し、海外華僑の援助によって民族革命の成就を企図したのである。これが、清朝末期における組織的革命運動の発端になった。[8] 孫文の革命理論「三民主義」（民族、民権、民生）は、当時の中国革命派の思想の中で、最も体系的かつ急進的な革命理論であった。[9] 革命運動は、「興中会」の設立から約二〇年間、幾度か失敗を繰り返しながら、徐々に全国的な広がりを見せるに至った。

一九〇七（明治四〇）年から翌年にかけた革命気運の高潮は、一旦終息していたが、一九一〇（明治四三）年二月と一九一一（明治四四）年四月に、くすぶり続けていた革命運動が再び起こり、拡大の兆しを見せるに至る。一九一一年一〇月一〇日、武昌に起こった革命運動は、忽ち全国各地に飛び火し、清朝三〇〇年の治を転覆させる端緒となった。直接の導火線となったのは、清廷による鉄道国有政策に反対して起こされた四川省民の暴動であった。[10]

清朝政府は、四川暴動の武力弾圧を決定し、武漢駐屯の軍隊を四川省に派遣した。その結果、武昌の残留部隊は、僅かな兵力を残すことになった。[11] しかも、武昌残留の新軍をすでに味方に引き入れていた革命派は一九一一年一〇月一〇日、漢口のロシア租界[12]における革命党員の拘束を奇貨として、武昌城内において叛旗を翻した。これが、辛亥革命発端の皮相的な経緯である。[14]

Ⅱ　陸軍参謀本部の対清基本方針

参謀本部付・寺西秀武歩兵中佐（石川県、四二歳）は辛亥革命勃発当時、湖広総督・張之洞の要請を受けて武昌に応聘将校として在任していた(15)。寺西は後年、事件発生時の模様について、次のように述懐している(16)。極めて興味深い内容である。

「其夜我参謀本部に打電して、事態の容易ならざるを報告した。然るに参謀本部では寝耳に水の電報に接して、これは恐らく寺西が発狂したのであろう位に思っていたらしく、其翌日私は又長江一帯革命化せんとする旨、第二電を発すると、本部では愈々、狂気の沙汰と断定した。其内十五日頃に至り、本部でも支那通連を召集し、其見聞する所を総合して初めて私の報告が事実であることを認めた次第であった」

当時、参謀本部第二部長宇都宮太郎陸軍少将の「日記」には、寺西の言うような参謀本部内の狼狽ぶりは、どこにも見当たらない。しかし、武藤信義第二部第四課長（歩兵大佐、佐賀県、四四歳）以下の各部員が、慌しく部内を飛び回っていたことは想像に難くない。宇都宮は一九一一年一〇月一三日の「日記」に、「清国武昌の乱、騎兵連隊も終に叛軍に投じ、兵器製造所等も其手に帰し、長沙亦た変乱の報あり。清廷は陸軍大臣蔭昌に、保定の第二、第六師団を率い武昌の叛軍を討伐すべきを昨十二日命ぜり。愈々の場合出兵することに付き、田中〔義一〕軍務局長と協議す」と書き記している。

この記述から、先に述べた清朝政府の対応が裏付けられる。つまり、清廷は同年一〇月一二日、蔭昌陸軍大臣に対し、保定駐屯の第二、第六師団に武昌革命軍の制圧出動を命じている。また、宇都宮が陸軍省田中義一軍務局長と協議に入っている様子が分かる。なお、この電報は同年一〇月一二日、北京駐在・斉藤恒少佐（石川県、三四歳）が打電したものである。そして、宇都宮はこの日、参謀本部において皇太子殿下に清国事変の大要を報告している。

宇都宮は同年一〇月一五日、日曜日にもかかわらず、参謀本部に出勤している。そして、この夜、宇都宮の側近中の側近、井戸川辰三歩兵中佐（宮崎県、四二歳）および小山秋作予備役歩兵大佐（新潟県、四九歳）と自宅で夕食を共にして鼎談している。[17] 宇都宮は同日深更（正確には翌一六日午前三時）に起きて、「対支那私見」を起草し、「之を以て今回対清行動の基準と為さんと欲するなり」と「日記」に書き留めている。[18]

この「対支那私見」が、辛亥革命に対する宇都宮参謀本部第二部長の基本的行動方針である。同「私見」の要点は、次の通りである。

「此度の内乱は今少しく真面目に発達せば、少くとも満漢二族の二国家に分立せしめ得るの望無きにあらず。我は胸底深く此方針を秘し、以て今回の時局に対するを必要とす。即ち国際の儀礼上及我対清政策上、表面には当然現清朝を援けて其顛覆を支へ、裡面に於ては時機を見計らひ極めて隠密に叛徒を援助し以て益々其強大を致さしめ、適当の時期に及んで居中調停二国に分立せしめ、而して出来得れば其双方と特殊の関係（例えば一は保護国若くは其類似、一は同盟とする等にして、此間報酬的に満州問題等を我に有利に解決せしむべきは勿論なり）を結び、以て時局再転の時期を待つ可きなり」

宇都宮は、この「対支那私見」を翌一六日、参謀本部において参謀本部出仕将校・武田、水町両大尉に各一通ずつ浄書させ、宇都宮自身が書いた分と合わせて三部作成した。そして、その内の一通を武藤信義第四課長と松井石根第四課支那班長（歩兵少佐、愛知県、三三歳）に示し、もう一通を福島安正参謀次長（長野県、五九歳）に提出して同意を求めている。(19) さらに宇都宮は同次長に対して西園寺公望総理大臣（京都府、六二歳）、奥保鞏参謀総長（福岡県、六五歳）、石本新六陸軍大臣（兵庫県、五七歳）その他の関係者、山県有朋元帥（山口県、七三歳）に説明を依頼している。つまり、宇都宮は自らの「対支那私見」を、帝国の「対支那基本方針」とすることを希望していたのである。その日の午後、福島参謀次長の同意を得ている。

そのほか、宇都宮は、次の人々にも「対支那私見」を示して、説明している。

・同年一〇月一七日　内務省警保局長　古賀廉造（佐賀県、五三歳）
・同年一〇月二一日　第一四師団長（宇都宮）　上原勇作陸軍中将（宮崎県、五五歳）
・同年一〇月二八日　三菱合資会社　男爵岩崎久弥（高知県、四六歳）
・同年一一月　五日　東亜同文会　根津一（山梨県、五一歳）
・同年一一月二〇日　由比光衛参謀本部第一部長（高知県、五一歳）、田中義一陸軍省軍務局長（山口県、四七歳）

宇都宮はこのように、自己の対支那基本構想を実現するために各方面の要人説得に動いていたようである。

Ⅲ　情報工作資金

次に、宇都宮は、どのようにして「情報工作資金」を確保したのであろうか。興味深い点である。それを「日記」が詳細に伝えている。

宇都宮は一九一一年一〇月二八日、午前一一時、東京丸の内に三菱合資会社・岩崎久弥社長[20]を訪ねている。[21]そして、宇都宮は岩崎に対し、「甚卒然なれども、余は男爵を見込み御相談の筋あり推参せり。そは余は借金に苦めり。男爵はその金高と事情によりては之を救ふべきや、将絶対に救はざるや」と問いかけた。岩崎は少しの間、首をかしげて宇都宮を見つめていたが、微笑みながら「見込んでの御出であれば御救い申すべし。尤も金高にも依れども」と答えている。宇都宮は、「此一言を聴き余は已に我事成ると思へり」と「日記」に認めている。宇都宮は、当日の「日記」にさらに続けている。

「然らば、事情を申上げんが、先ず此事は絶対に秘密に出来るやを問ひ、其厳守すべきを聞き、然らば之を一読あり度しとて彼「対支那私見」を示し、実は余の借金にはあらず、此時局に於て此私見の実行には、先ず内乱の局面を局面発展が目下尤も大切なり。即ち今の儘にては革命軍は成功確かならず、之を統一せしめ、之を組織せしむる等、中心人物の発見若しくは作出等、革命党の為め為すべきこと多々なれども、此事たる他日は知らず、目下の場合国家が直接関係すべき事柄にあらず。是れ余が男爵に推参せる所以なり。彼れ問ふ、而して私への御要求の点は。

余曰く、金十万円頂戴致度なり。

彼霎時黙考せしが、決然として曰く、承知致しました。

夫れより互に多少の応答ありて後、彼曰く、国家若し関係するの時期に達せば返金せらるゝものなるや。余曰く、否な捨金に願度し。彼曰く、諾。

此談判は僅に三十分間に談纏り、即ち十万円の大金を僅に一面識なる余の言に聴き、殆ど立談の間に投げ出したる彼の行為はさすがに故弥太郎の子供なり。彼れは金員受授の仲介者として荘清次郎（三菱合資会社内事部長、小石川小日向水道町八十七、電話番号五一七）を紹介し、余は余の代理者として井戸川辰三、松井石根の両人を用ゆること、余は青山権六なる変名を用ゆることを告げ、且つ重ねて絶対極秘に約して辞し帰庁す」

宇都宮は初対面の岩崎に対して、自らの「対支那私見」を示し、参謀本部第二部の対清、対満蒙、対南洋などの情報工作資金として一〇万円という大金を捻出したのである。そして、宇都宮は岩崎からの返済意思の確認に対して、「捨金と思って欲しい」と依頼している[22]。

宇都宮は岩崎を訪問した一週間後の一一月四日、腹心の井戸川辰三歩兵中佐と松井石根歩兵少佐の両名を、岩崎の所へ使わせた。その日の「日記」に、次のように認めている。

「余が変名（青山権六にして、岩崎に対しては之を用ゆる約束なり）用として彫刻して青山なる印鑑を持たせ、金一万円（十万円のうち第一回引き出し）を受取らしめ、夕刻井戸川右一万円を持参す。同人にうち七千円を渡し勝手に使用せしむ。同人には本部よりの三千円も渡せし故合計一万円なり「私見」も一読、次に別紙の如き訓示を口授し要点を筆記せしめたり」

なお、宇都宮は翌五日の日曜日、内田康哉外相[23]を訪ねて、参謀本部の対清方針を説明している。内田外相は辛亥革命勃発直後の一〇月一六日、林董前外相のあとを継いで就任した。宇都宮は外務省倉知鉄吉政策局長[24]を窓口にして外務省との意思疎通に意を用いた。

その「芝資金」(上述の一〇万円の別名)の運用は、すべて宇都宮の自由裁量によるものであった。宇都宮は一九一二(明治四五)年五月九日、直属上司の福島参謀次長に岩崎との関係を告げた翌日、上原勇作陸軍大臣にも詳細を報告して事後承諾を求めている。

一九一二(明治四五)年一一月二五日の「日記」に、次のような記述が残されている。

「此夜、支那動乱の際、余の相談に応じ金十万円(実消費せしは約五万円)を出金(残金五万円は引出さずして岩崎にあり、其儘と為せしなり)し呉れたる男爵岩崎久弥に、夫れと無く礼意を表する為め、大臣官邸に同人を主賓として福島関東都督並に余を招き、主人大臣、同夫人、令嬢も同席、晩餐を催ふし呉れらる」

岩崎の名前が「日記」から消えるのは、一九一四(大正三)年五月二九日、岩崎が参謀本部に宇都宮を訪ねたとき以降である。宇都宮は同年五月一一日、旭川第七師団長に補職(陸軍中将に昇進)され、岩崎が参謀本部を訪問した翌日に東京をあとにしている。宇都宮(五二歳)と岩崎(四九歳)との交友は、その後も続いていたものと思われるが、その細部については分かっていない。自らの「対支基本構想」実現のために、岩崎による「芝資金」の拠出が宇都宮にとって、何ものにも替え難い貴重な協力であったことは確かである。

Ⅳ　辛亥革命の帰結

宇都宮は参謀本部第二部長として、辛亥革命の勃発から極めて積極的に対応した。そして、この動乱を巧みに利用して、自らの描く「中国二国家分立構想」実現のために様々な手段を講じてきた。しかし、宇都宮による革命軍への梃入れは、宇都宮の思惑を裏切る結果を招いたのである。当時の革命軍は、まだ満州王朝を転覆させるほどの武力も組織的な政治力も持ち合わせていなかった[25]。一方、革命鎮圧にてこずる清朝は、北洋軍閥の巨頭・袁世凱を起用することによって局面の打開を図った。謀略家・袁世凱の登場によって、動乱の様相は一変する。

一九一一年一一月二八日の「日記」に、革命軍に対する宇都宮の落胆ぶりが書き残されている。

「昨二十七日漢陽陥落の報至る。革軍の腑甲斐無き言語に絶せり。是にて形勢に大変化を生ずべく、支那人の口舌文弱の民族にして与に相携へて欧米の侵略に当らん等とは実に滑稽の感あり。恃まんものは益々唯だ我自力あるのみの感を深ふす。同時に支那の征服の甚だ難からざるを思ふ。併しこれは列強亦た同様の感を起したるなるべし」

袁世凱軍が、辛亥革命の震源地・武漢（武昌、漢陽、漢口）を制圧するに及んで、革命軍の挫折は、決定的なものになったのである。

同年一二月四日の「日記」によれば、奥参謀総長は宇都宮に対し、政府の対清方針を内密に伝え、政府がイギリスとの間で情勢収拾工作（立憲君主制）に着手したことを説明した。それは、清国を立憲君主政体として統一し、止むを得ない場合、革命軍に武力弾圧を加えるというものであった。宇都宮の「対支基本構想」は、すでに述べたように、革命派を支持し、あるいは清国政府を懐柔して南北に二つの国家を成立させることにあった。しかし、政府方針の確定により、宇都宮構想の実現は、もはや不可能になったのである。(26)

わが国の立憲君主制による清国存続方針に対し、イギリスは、清朝側の実権を握った袁世凱を操縦し、清朝廃止を条件として内戦(革命)の停止を企図した。(27) 結局、イギリスの工作が成功し一九一二年二月一二日、宣統帝が退位した。ここに、大清帝国は敢え無く滅亡して中華民国が成立し、袁世凱による独裁体制が確立した。それは、辛亥革命におけるわが国外交政策の失敗(28)と共に、宇都宮の「対支基本構想」の消滅を意味するものであった。しかし、袁世凱の独裁強化に対する革命派の反発が、第二革命（一九一三［大正二］年七月）、第三革命（一九一五［大正四］年一二月）につながっていくことになる。(29)

宇都宮は、一九一二年二月一三日の「日記」の中で、次のように述懐している。

「清国皇帝、昨十二日譲位の上諭発表せられたる旨、公報に接す。愛親覚羅氏三百年（二百七十年）の社稷、斯の如くにして滅亡す。何等の惨事ぞ。殊に一人義憤の士の起て社稷に殉ずるもの無き満人腐敗の極、想像以上と謂ふべし。時局此に至るまで我政府には一貫の方針無く、外交は失敗に失敗を重ね、本部にも指導匡救の実を挙ぐる能はずして此大有為の好機を逸せるは、実に終生の遺憾なり。併し時局は是にて終結したるにあらず。或は益々紛糾せんとするの望も無きにあらざれば、切めては今後に於て邦家の為め前敗を償度ものなり」

すでに述べてきたように、宇都宮参謀本部第二部長は辛亥革命に際し、中国の南北対立状態を助長して「二国家分立論」の推進に対支政策の基本方針をおいた。云うまでもなく、参謀本部第二部長としての革命軍に対する人的・物的支援が、この方針の延長線上にあった。宇都宮は自らの描いた構想の破綻に際し、「実に終世の遺憾なり」と「日記」に書き留めて捲土重来を期している。

おわりに

宇都宮は、一九〇一（明治三四）年から六年近く英国において駐在武官を務めた。そして、一九〇二（明治三五）年一月に調印された日英同盟から派生した「日英軍事協商」の交渉において英国側と積極的に接触し、その交渉の口火を切った。日英両国の軍事・外交当局者を動かした陰の立役者が宇都宮太郎、その人であった。そこでの貴重な体験を通し、宇都宮の対支構想の一面には大英帝国的な視点が投影されているように見える。日本が勝利した日清戦争により、日本は始めて、植民地として台湾を領有して、その後の南進の拠点を獲得し[30]、さらなる中国大陸への積極的な拡大政策を推進することになる。それは、その一翼を担う宇都宮が英国赴任中に知見した英国の帝国主義・植民地政策に少なからぬ影響を受けていたと思われるからである。そして、宇都宮は、先述した「対支那私見」の中で、日本帝国の存亡をかけて「自大自強」政策の必要性を提唱しているが、それは又、欧米列強の領土拡張主義と無関係ではあり得ないからでもある。

その反面で、宇都宮は日韓中の提携によって欧米列強の専横に対抗するというアジア主義的理想を描いていた。アジアに対する関心の強さを特徴づける宇都宮の大陸政策は、日本による韓国、中国の同化・統合やキリスト教白人種の排斥、「南洋」進出などを内容とするアジア主義や軍部拡張論の色彩の濃いものであった[31]。とりわけ、朝鮮に対する関心が顕著であった。宇都宮は朝鮮への帰化をも真剣に考慮し[32]、日本帝国が強大になるためには、日本の利害に衝突しない限り、日韓合同を推進するという持論を展開した[33]。大陸と特別な関係をもつ佐賀鍋島藩出身の宇都宮は、軍職を犠牲にしてもアジア主義（アジア連邦樹立の礎）に生きようと考えていたのである。[34] 宇都宮は終始、その相反する両極の桎梏と向き合っていたようである。

宇都宮は辛亥革命期、陸軍参謀本部第二部長として幕下に陸大出の俊傑を数多く配し、当時の参謀本部を主導した。その後、宇都宮は第七（旭川）、第四（大阪）の各師団長（陸軍中将職）を歴任後、辛亥革命から約七年後、朝鮮軍司令官（陸軍大将職）に任ぜられ、朝鮮半島と深い関わり合いをもつに至る。そして、宇都宮は朝鮮でも、日本帝国軍人でありながら、独自のアジア認識をもつ行政官としての、「武断政治」ではない「文化政治」的な施策を打ち出している。[35]

宇都宮の描いたアジア連帯主義的理想の視点が、宇都宮配下の俊英たちを通じて、爾後の日本帝国陸軍の大陸政策に少なからず影響を与えたものと思われる。すでに触れたが、宇都宮の中国分割論（「対支那私見」）は、まず第一に幕下腹心の武藤信義（のち、元帥、関東軍司令官）と松井石根（のち、大将、中支方面軍司令官）に示され、田中義一（のち、大将、首相）にも共有された。そして、石原莞爾（のち、中将、師団長）、荒木貞夫（のち、大将、陸相）、永田鉄山（のち、中将、軍務局長）らにも受け継がれていくことになる。[36] 宇都宮のアジア主義・対中政策は満州事変後、宇都宮が後継者として期待した松井石根を中心とする大亜細亜協会によって忠実に継承されていくのである。[37]

その考察には、別の角度からの分析が必要であり、稿を改めたい。

註

（1）及川恒忠『中国政治史』（慶応通信、一九八四年）一頁。
（2）菊池貴晴『現代中国革命の起源』（巌南堂、一九七四年）一頁。
（3）同上。

（4）同上、二頁。
（5）及川、前掲書、一頁。
（6）桜井良樹『辛亥革命と日本政治の変動』（岩波書店、二〇〇九年）二六頁。
（7）及川、前掲書、一三頁。
（8）同上、一四頁。
（9）野沢豊編『中国近現代史（三）』（東京大学出版会、一九七八年）二頁。
（10）菊池、前掲書、二一頁。
（11）同上、二〇五頁。
（12）同上、一一四頁。
（13）同上、二二五頁。漢口には当時、英、仏、独、露および日本の租界があり、領事が駐在していた。
（14）及川、前掲書、二二頁。
（15）寺西秀武。一八六九（明治二）年一二月、石川県生まれ。家は旧金沢藩八家老の一つ、禄高七千石の大身。母は前田家の家老職本多生均の娘（對支功労者伝記編纂会『続對支回顧録』下巻〔大日本教化図書、一九四一年〕七九八頁）。
（16）對支功労者伝記編纂会『對支回顧録』下巻（對支功労者伝記編纂会、一九三六年）八〇五頁。
（17）宇都宮太郎関係資料研究会編『日本陸軍とアジア政策　陸軍大将宇都宮太郎日記一』（岩波書店、二〇〇七年）四八三頁。註においては以下、『宇都宮日記一、二』と略す。
（18）同上。
（19）同上、四八四頁。
（20）岩崎久弥。一八六五（慶応元）年一〇月、高知県生まれ。三菱財閥三代目当主。創始者・弥太郎の長男。一八九一（明治二四）年ペンシルベニア大学卒。一八九三（明治二六）年三菱合資会社設立（社長）。一八九六（明治二九）年男爵（小泉欽司編『朝日人物事典』〔朝日新聞社、一九九〇年〕二七〇頁）。
（21）『宇都宮日記一』、四八八頁。
（22）金銭の出納に関し、宇都宮は「青山権六」、岩崎は「芝権八」の変名を用い、一〇万円に「芝資金」と名付けている（『宇都宮日記二』、一四六頁）。
（23）内田康哉。一八六五（慶応元）年九月～一九三六（昭和一一）年三月。熊本県生まれ。一八八七（明治二〇）年東大卒。外務省政策局長、中国、米国、ロシア各大使、外相などを歴任。伯爵（黒龍会『東亜先覚者志士紀伝』下巻、〔原書房、一九六六年〕三九九頁）。

(24)倉知鉄吉。一八七〇（明治三）年一二月、石川県生まれ。一八九四（明治二七）年東大卒。一八九八（明治三一）年ドイツ公使館付、外務省参事官を経て、一九〇八（明治四一）年外務省政策局長（『外務省年鑑三巻』、一一二五頁）。
(25)及川、前掲書、二三二頁。
(26)『宇都宮日記一』、四三頁。
(27)古屋・山室編『近代日本における東アジア問題』（吉川弘文館、二〇〇一年）一八七頁。
(28)北岡伸一『日本陸軍と大陸政策』（東京大学出版会、一九七八年）九一頁。
(29)古屋・山室、前掲書、一八八頁。
(30)松浦正孝『「大東亜戦争」はなぜ起きたのか』（名古屋大学出版会、二〇一〇年）一四一頁。
(31)同上、一四二頁。
(32)同上、一四一頁。
(33)『宇都宮日記一』（「刊行にあたって」xii）。
(34)『宇都宮日記一』、一〇頁。
(35)『朝日新聞』二〇〇七（平成一九）年二月二八日付朝刊。
(36)松浦、前掲書、一四四頁。
(37)同上、一四六頁。

坂西利八郎と辛亥革命——書簡と日記を中心として——

李　廷江

はじめに

辛亥革命期は、中国歴史の転換期であり、日本史の視点から見れば、ちょうど明治から大正への移行期にあたる。一九一一年一〇月一〇日武昌蜂起後、日本外務省と軍部及び大陸浪人をはじめとする諸政治勢力は、中国の革命と動乱を日本の利権拡張の好機と捉えているが、時々刻々激しく変化する中国の政治状況を正しく把握できずに、様々なシナリオを描きながら対中国外交舞台の表と裏の両面で奔走していた。本稿で取り上げる坂西利八郎陸軍中佐は、参謀本部に派遣されて駐北京日本公使伊集院彦吉の周辺で活躍した情報将校であった。辛亥革命期における坂西利八郎の活動について、従来の研究では少し触れてはいたがその実像は必ずしも十分に明らかにされていない。本稿は、今まで注目しなかった坂西利八郎から宇都宮太郎に宛てた書簡、宇都宮太郎日記、及び伊集院日記等を手掛かりに、辛亥革命勃発後の一九一一年一一月から、袁世凱が中華民国大総統に就任した直後の一九一二年三月までの短い期間での坂西利八郎の活動を参謀本部の派遣員として、また対袁世凱外交における伊集院公使の協力者としての二つの側面を解明しようとするものである。

Ⅰ　参謀本部の対清派遣者として──宇都宮太郎「対支那私見」との関連で

坂西利八郎の中国行きは、日本陸軍に派遣されたものであった(1)。一九一一年一〇月一〇日、武昌蜂起が勃発した際、坂西は、金沢にある野砲兵第九連隊長として勤務中だった(2)。『続対支回顧録』によれば、四四年一〇月彼の武漢革命が蜂起した。君は招電に依って上京、直ちに支那出張を命ぜられたという(3)。実際、坂西を招電したのは、参謀本部第二部長宇都宮太郎であった(4)。

宇都宮は、明治初期から中国に関心が強く、自ら中国へ出向いて情報収集したり、また中国の実力者を取り巻く工作を行うため、わざわざ湖北まで張之洞に会いに行ったりして、戦略的、かつ行動的な中国通として知られ、明治四四年には参謀本部第二部長の重要なポストについた(5)。「対清派遣者」とは、彼が武昌蜂起のニュースに接した後一五日夜に起草した「対支那私見」の中で提起した対中国政策の産物である。「対支那私見」は、宇都宮が考えていた、革命を契機に中国を分割しようとし、かつ中国の政権とのよい関係を築こうとする参謀本部の中国政策の基本方針である。彼は「支那保全論にして支那の為めに支那を保全せんとするにはあらざるなり、支那を保全するには其様式は一、二にして足らず。幾何かの独立国に分割して之を保存せんことは帝国としては尤も望ましき所なり、更に清朝と叛徒(革命軍)両方を援助し、其双方と特種の関係を結び、以て時局再転の時期を待つ」と述べている(6)。

宇都宮は、上記の意見を日本の対中国政策方針とすべく、政府と軍部の要人の説得に動くとともに陸軍情報将校による作戦を展開した。それは対清派遣者であった。彼は革命勃発後の一〇月一四日から翌年二月までに、一四回にわたり、延べ二九人の陸軍情報将校に特別任務(「EEL;Essential Elements Lnformation　情報主要素)を与え、「海外派遣者」

の形で中国各地へ急派した。(7)派遣先を見ると、一九一一年一〇月一四日から同年の一二月末までに一三人を漢口、福州、上海、北京、済南、長江、北清、南清へ、南京臨時革命政府が成立した後の一九一二年一月一五日から派遣した一六人中の九人を満州、雲南、蒙古、奉天、庫倫、梧州へと向かわせた。これは、参謀本部の対中国の関心が次第に北方、満州と蒙古へ変わったことを伺わせる。対清派遣員には歩兵、騎兵、工兵の中尉から大佐まで様々あるが、情報収集の任務以外にも中国側の諸政治勢力との緊密な関係作りにも力を入れていた。(8)

坂西は、かつて袁世凱の顧問を務めた関係で、ただ一人対袁世凱工作の専門員として選ばれた。『宇都宮日記』には「一〇月二四日、特別任務を以て武昌と長沙とに向ふべき丸山、木村両大尉に秘密の訓示を口授す（機会を見て賊革命軍に投じ之を助くること、但し飽くまで個人の資格にて終始変名を以て生死すること）。袁世凱を手に入る、為特派する坂西中佐に亦た此意味の訓示を与ふ。(9)」一一月二日の『宇都宮日記』には「袁世凱を握るためには既に坂西中佐を派遣しあり(10)」と、坂西の任務はあくまで袁世凱を懐柔することにあると改めて書いた。

ところが、坂西は出発後、宇都宮との連絡が極端に少なく、宇都宮日記を検証する限り、彼はあたかも無視されたような存在となった。それは、日記には、一一月から三月二〇日までの間に、他の派遣員に関連する記述は毎日のように登場するが、坂西については一一月二日と一二月四日の二回だけだったからである。その二回の記述でも、最初は坂西の任務に関する短いもので、二度目も袁世凱の要請を伝えた一言だけだった。日記では、袁世凱関係のことについて時々触れてはいるが、情報の出所も明示することなく、坂西の名前も一度も出てこなかった。日記を見れば坂西は明らかに宇都宮に冷遇されていたのである。では、坂西と宇都宮との間に何があったのであろうか。

ここで、この謎を解く一通の書簡を紹介する。(11)書簡は、坂西が北京到着後に宇都宮に宛てて書いたものである。日付は一一月三日で、便箋一三枚もあり、北京到着後に見た中国情勢および日本の対袁世凱政策に関する基本的見解を表している。要点は以下の通りである。第一に中国の政治状況は北党(皇室)、中党(袁世凱)と南党(革命党)の三つの政治勢力に分けて見る必要があり、それぞれの状況は以下の如くと分析した。まず皇室(北党)、すなわち清朝皇室はもう維持することができないばかりか、中国全体では、第二の義和団が起こりうる危険さえあると指摘した。そして中党、即ち袁世凱一派については、坂西は次のように報告した。息子の袁克定と袁の幕僚らは、「彼等ニモ何等定見アルニハ無之只袁世凱カ立テバ必スヨクナルノダロウト云フ袁世凱崇拝者ノ議論故多クハ楽観ナル」、特に「昨袁克定ノ家ヲ辞セントスル時袁克定曰ク、〝老人辯的事情大概弄好了、不用惦記〟、即チ父ノ行フヘキ事概ネ可ナリ懸念ヲ要セストハ楽観モ亦甚シトイフ事モ支那人ノ特色」と嘲笑し、またそれが「父タル世凱モ案外意気豪タル所」があると見ていたと指摘した。さらに坂西にとって南党は、撲滅すべき対象であった。こうして、第二に日本の採るべき政策として、坂西は「所謂北党ハ今ヤ時局ノ面ヨリ落セルヲ以テ今後此時局ニ対シ我利益圏ヲ拡張スヘク行動セシニハ中党(即チ袁)ヲ抑ヘ南党(革命)ヲ制」すべきだと提案した。

この坂西構想の基本が宇都宮の対中国政策と対立したことが、結果的に彼が対袁世凱工作員でありながら、派遣元である参謀本部及び宇都宮に疎遠にされた所以である。すなわち、袁世凱を利用しようとする坂西提案と違って、宇都宮の場合は、最初から袁世凱は眼中になく、只管満蒙独立の実現に全力を尽くすとともに、南方革命軍にも期待をかけていた。一月二〇日以降になると、宇都宮は、「清国皇帝の退位決行前に居中調停を行う事、南方派を承認して建国に助力し各種の援助を与えて良好な関係を結ぶこと、北方に関しては満州調停の崩壊を食いとめ兵力を派遣して防御的に事実上の保護国とするという意見(つまり中国二分策)」を内田康哉外相に提案したのである。(12)

また宇都宮は、あくまでも袁を排日、反日の悪人と見なしており、大嫌いであった。一〇月三一日の日記には、「袁世凱を中心として政変の兆現れる。すなわち彼は漢人や諮政院、軍隊の一部と通謀、満人を圧して已に実権を握らんとする形大に現れ来る」と記して、翌日にも「袁世凱の野心漸く実現し来る」と予想した[13]。一二月一二日には、派遣員の寺西、井戸川、本庄宛に「此度の講和は不成立に帰するよう努力すべき旨」の長電を発した[14]。一月以降の日記には、袁世凱が登場したのは八回ほどで、終始軽蔑と批判に満ちた記述であった。一月一七日、「袁世凱の陰謀益々其歩を進め、愛親覚羅の運命殆ど窮す」[15]。一〇日後の一月二七日、袁世凱の「選挙法を簡略にし会場を天津に移しても差し支えなし」との電報に接し、「己大総統たらんと欲するものにして、我が政府者等は実に彼袁世凱の為其掌中に翻弄せられあるものと謂ふべきなり」[16]と袁を厳しく批判した。二月一日、「北京にて袁世凱の毒針益々成功の歩を進め、満州朝廷の運命益縮まる」と記し、二月一二日、清国皇帝の退位について、「愛親覚羅氏三百年の社稷、斯の如くにして滅亡す、何等の惨事ぞ」[17]と哀感を表し、三月一〇日には袁世凱の中華民国大総統就任式について、「袁世凱、所謂中華民国第一世大統領就任式を北京に行ふ。有ゆる詐術を用ひ、陰謀毒針人の寡婦孤児を欺て天下を盗みし彼も、悪運強き間は殆ど天に勝つの有様あり」[18]と猛烈に袁世凱を批判した。こうした宇都宮の袁世凱嫌いは、参謀本部がなんとしても清朝を維持しようとする策略と直接結びついたとも考えられる。また当然の事であるが、宇都宮としては坂西の袁世凱工作に興味がないどころか、快く思わず反感さえ有していたことも容易に理解できよう。

宇都宮の中国認識には、彼の個人的な状況判断もあるが、川島浪速らの現地からの情報に影響された部分も大きいと坂西は見ていた。川島らの情報は現状に合わず間違っていると坂西は批判し、その理由は清王朝を一枚岩と見て、粛、恭二親王の話だけを信用したからであると指摘した。要するに現地の情報将校、東京の当局ともに、一派の情報のみを偏信したことに問題があると坂西は後年の回想録で述べている。即ち川島らは清朝内部に主流派と傍流があることさえ知らず、皇室を一枚岩と見ていた。粛、恭二親王一派からの情報のみを見て、それを清朝皇族全体の意見と勘違いしたからである[19]。また日本の当局は、当時の実情と甚だしく相反する川島たちの情報をそのまま信用し、清朝はまだ大いに脈があるものと思っていたのであろう。[20]当時の参謀本部は五里霧中の間を低迷した感があった。それは川島らの情報を私の情報よりも買ったためであると坂西は悔しがった。要するに、坂西は対袁世凱工作員として派遣されたが、対中国認識で宇都宮と対立したため、その存在と役割を期待されず、中心から離れていったのである。

Ⅱ　対袁交渉の「闇の外交官」として――伊集院彦吉との関係を中心に

伊集院彦吉は、辛亥革命期の北京駐在の日本公使である。[21]一九九六年に出版された、広瀬順晧・桜井良樹編『伊集院彦吉関係文書第一巻』「辛亥革命期」』には、辛亥革命勃発後の一九一一年一〇月一〇日から、袁世凱が中華民国大総統に就任した直後、伊集院が一時帰国するまでの行動を克明に記録した日記が収録されている。[22]「伊集院彦吉日記」は、歴史的大事件に遭遇し、革命の渦中で日本公使として如何に対応したかを知るうえで、貴重な資料である。これまで伊集院と辛亥革命に関する研究も若干行われているが、新しく公開された日記に多数の陸軍情報将校が登場し、彼らと公使とのかかわりも詳細に記録されていたことは興味深いものである。また『宇都宮日記』が、辛亥革命勃発後、参謀本部の対清派遣員の動きを詳細に記録したのに対し、「伊集院日記」は、むしろ対中国外交の現場からの情報将校の活動実態を如実に観察した資料である。

下表に示したように、対清派遣員が一一月一日に北京に到着してから日記終了の三月二〇日までの約一四一日間で、坂西と伊集院公使との面会回数は、陸軍少将で大使館武官の青木宣純の三九回に次ぐ第二位の三二回である。しかも坂西が北京に到着する前の一〇月末までに青木が公使と会った一四回を除けば、伊集院公使が対清派遣員と会う回数が一番多いのは、坂西であった。

対清派遣員と伊集院彦吉公使との面会（日記登場）数

	派遣先	1911年10月	11月	12月	1912年1月	2月	3月	合計
青木宣純		14	10	7	3	4	1	39
坂西利八郎	北清		9	10	1	10	2	32
多賀宗之	北京		1	1	2	4	1	9
高山公通	奉天							2
松井清助	北京				1	2		3
蒲　穣	北清							1
渡辺為太郎	北京				1			1
田中昌次郎	北京				1			1

出典：「伊集院彦吉日記」により作成。『伊集院彦吉関係文書第一巻「辛亥革命期」』所収。

では次に、なぜ日本を代表する公使の伊集院彦吉が、陸軍中佐の坂西利八郎とこれほど会わなければならない用事があったのか、そして、二人の間で一体どのような話が交わされたのか、更に二人の間で対袁政策においてどのような合意があり、どう行動したかを中心に考察する。

従来の研究では、辛亥革命期における駐清公使伊集院の対応を、初期の三分策から静観政策、そして立憲君主制を固持することへの変化過程を検証している。一九一二年二月一二日、皇帝退位、共和承認の上諭が発せられるに至ると、一四日に伊集院は、内田外相に宛てた電報をもって、立憲君主制を主張して来た経緯に鑑み、新共和政府の承認前に召還してほしいと稟請した[23]。すなわち、伊集院は対袁外交の失敗を認め、敗戦の帰還を要請したというのである。池井優氏によれば、日本の対清外交の失敗原因として、出先機関すなわち北京の伊集院公使の判断の誤りがある。伊集院の接触範囲が北京中心に限られ、また袁世凱を年来の友人と信じて行動したため、その情報の収集、判断が偏りがちで、大局を見通す洞察力を欠いたとする[24]。飯森明子氏は伊集院彦吉日記を材料とし、辛亥革命期における伊集院の行動を三つの段階に分けて、彼の対応に三つの問題点が存在すると分析し[25]、辛亥革命は伊集院の外交情報収集能力を問い、その実力欠如をあらわにしたと結論づけている[26]。

では、上記の問題点を念頭に置きながら、対袁外交の視点から伊集院と坂西との関係を再検討したい。坂西が北京に到着した一一月一日は、上記の第一期から第二期に移行する時期にあたり、伊集院との接点もその時から始まった。日記によれば、伊集院と袁世凱との接触回数は直接九回、間接二五回、合計三四回である。[27]直接の接触は、一九一一年一一月一七日、一八日、一二月一一日、一六日、二二日、二四日、二六日、二八日と翌年一月二一日で、時期的に袁世凱の出馬から大総統に就任するまでに集中している。日記を検証した限り、坂西は伊集院と袁との接触の最初から五回目までのすべてに関わっていた。その詳細を日記を手掛りに検討してみよう。一回目については、一一月五日、「坂西中佐来館、時局の事あり。袁世凱見舞方の件に付相談、昼食を共にし別る」[28]と記す。すなわち袁世凱は北京に入る前の段階で、伊集院と坂西との間で、既に袁世凱と会見することを計画していたという事実である。一三日、「坂西中佐来館、種々時局の談を交へたり」[29]。この一三日とは、袁世凱が上京する日だった。[30]当日、坂西は昼に伊集院と会談し、夕方六時頃、袁と久しぶりに再会し、すぐにも伊集院との会見について相談した。夜、伊集院に袁世凱との会談を準備するための袁克定との打ち合わせについて報告した。おそらく、袁克定との間では、袁世凱と伊集院との会談について話されたのだろう。このことは、同じ一三日の日記で裏付けられる。「坂西来館、袁克定より明日十時頃には来宅し呉れとの事情、就ては袁世凱と会見の応対振に関して打ち合わせをなす」[31]。一四日夜、伊集院に袁克定との会談を報告して、[32]一七日にも伊集院を訪問し、袁世凱との会談について打ち合わせをし、[33]その日午後、伊集院は袁世凱を訪問し、会談した。こうして坂西は、伊集院公使に協力し袁世凱との会談の企画と実行を任せられたのである。その後の第二回、第三回、第四回と第五回の伊集院と袁の会談には、坂西も企画段階から実施まで終始関わっていた。

実際、伊集院が一一月一日に北京に着いた坂西に対袁外交の展開を期待したことは、早くも一一月二日の日記から読み取ることができる。「坂西中佐来訪。本邦の模様等を聞き、陸軍方面の準備は多少余等の希望を叶ふものあるを覚ゆるも、まだ何等着手したるものなしと。是れ政府の方針決定せざるか為めなりと。道理あることなり。坂西氏には当方面の事情及袁世凱に関する模様等相話し、他日同氏の参考に供す」[34]。伊集院にとっての坂西の存在価値は、まず袁世凱関係の情報を直に提供できることである。坂西が伊集院と三二回面会した議題のほとんどは、袁世凱関係であった。坂西の能力を評価し、その情報の信憑性を信用した伊集院は、しばしば坂西情報をそのまま東京に打電した。例えば、（11月）「二七日、坂西中佐来訪、袁世凱か藍天尉大連に在り切りに計画し居るとの情報に接せり、就ては東三省に於ては此際無事なるを希望する次第に付き、本館に配慮方依頼し超せり、本省に電報す」[35]。同様の電報がほかにも多数確認できることは、坂西の情報を信用した証であるだけではなく、北京の日本大使館を中心に暗躍した様々な日本関係者の中で突出した二人の信頼関係を物語っているのである[36]。

会田勉氏は「はじめ川島の南北分離に賛成した伊集院彦吉公使は袁登場が決定すると、にわかに袁本位に一変した」[37]と指摘しているが、伊集院が内田外務大臣に宛てた電報と合わせて日記を検証すれば、一一月以降、伊集院の対袁世凱及び中国認識が次第に変化を見せたのも明らかである。一一月一日に坂西と会談し、翌二日に内田外務大臣宛電報では、次のような点を強調している。「第一に中央における局面は驚くべき速力をもって時々刻々に変転推移し満人の権勢、満朝の根抵意外に薄弱なりとの感想を深く（中略）本日の局面は既に数日前の事態にあらざるノ事実は特に之を認むる。第二に袁世凱を以て代表されべき新内閣成立後の清国政府が果たして如何なる態度を以て我に臨むべきや之れ未だ疑問ナキヲ得さる問題なりとす然らば単に必要の場合我に有利なる様之を牽制に資するの策としても亦右様の術策は之を施し置く必要アリ」[38]。これは、坂西の対中国認識に近い、清政府の無力と袁世凱の登場を重視する趣旨であった。その後、一二月四日、伊集院が川島らが親しい関係にある粛、恭親王ではなく、清王朝の本流である慶親王に接近したことも、坂西の意見に沿った行動と解釈できよう。そしてこの一連の動きにより川島と伊集院との信頼関係が崩れ、たもとを分かつことになったのであろう。

次に伊集院の対袁政策を見てみよう。一二月一一日、内田外務大臣に宛てた電報に「彼に対する我措置としては要するに我も甘んじて彼に利用せられつつ実は夫れ以上に我に於て彼を利用せんことを期する外なし由来本使の袁世凱に対する用意は常に此の要諦を基礎とするものにして（袁世凱に対する我態度としては暫く傍観無干渉の姿勢を取り之に依り彼をして却って薄気味悪く感ぜしめつつ徐々に握むへ機会の到来を待つことに致すこと我に取り最得策なりと信じ」[39]。すなわち、袁を取り込むため、必要な忍耐と譲歩をしながら、最終的に袁の信頼を得ようとした。これも坂西の意見と全く同じである。これは袁世凱の上京を阻止しようとし暗殺すら計画した川島らから見ればどうしても許せなかった[40]。上述した史料から見れば、坂西の登場こそ、伊集院の対袁認識変化の契機であり、また対袁外交の始まりでもあったといっても過言ではなかろう。

ここで坂西と伊集院の関係を簡単に整理してみることとする。二人の関係を以下の三つの時期、第一期は一一月から一二月末まで、第二期は一月、第三期は二月から三月初めまでと分けてみることが出来る。第一期では、伊集院の対袁外交の攻勢がみられる。伊集院と袁との九回の会談のうち八回がこの期間に行われ、坂西がその殆どを演出した。坂西と伊集院も約二〇回も会っており、時局対応と対袁政策を中心に議論したと思われる。第二期は、一九一二年一月の一か月で、伊集院と坂西の接触は一回しかなく、伊集院と袁との会談も一回しかなかった。それは、前年一二月二四日、東京元老会議で日本の対中政策が変更されたことや、袁が負傷したことも関連している。また中華民国臨時政府の設立もこの時期であった。第三期では、坂西は伊集院と一〇回以上も会っていたが、その殆どが袁の使者として、伊集院との間で双方の意見を確認したり、伝えたりしていた。この間、伊集院と袁は直接に会うことはなかった。こうして、坂西は伊集院の対袁外交を推進する上で欠かせない最重要な人物であったとともに、彼も伊集院に信頼されて「闇の外交官」以上の役割を果たしたと言ってよいであろう。

さて、次に対袁外交について、坂西と伊集院が意気投合した内在的な要因に触れてみよう。まず坂西は袁と深い付き合いがあり、一番信頼されていると伊集院は見ていた。坂西について、彼ほど袁と密接な関係をもつ人は他に一人もいないとイギリス人新聞記者のモリソンは指摘している。[41] また伊集院も坂西と同じく袁世凱とは多年の親交があることを自負している。[42] つまり二人とも袁の旧友であった。第二に、袁の実力を評価する坂西の提案に対して宇都宮が全く反応せず、坂西は川島らと違って参謀本部の情報中心から離れた存在となり、伊集院も内田外務大臣と意見が合わず、気まずい関係であった。要するに二人とも陸軍と外務省の中央から疎遠にされていた。第三に伊集院と坂西の間で、清国が既に再起できず、袁を首班とする方向で時局の収拾を計るしかないという点でも意見が一致している。こうして対袁外交において二人は、あたかもコインの表と裏の如く、うまく役割を分担し、協力し合っていたのである。

むすびに

上述した如く、坂西は袁世凱工作員として派遣されていたが、対中国政策をめぐって宇都宮太郎や現地の情報将校と意見が合わず、北京滞在中、主に裏舞台で公使伊集院の対袁外交に協力したのである。本稿では坂西と伊集院彦吉との関係に焦点を当てて、従来曖昧だった対中政策をめぐる外務省と陸軍内部の相違点を明らかにすることが出来たとともに、対袁工作の視点から、伊集院と袁世凱との関係、更に後に袁世凱顧問に就任した坂西と袁世凱との関係や、辛亥革命期における坂西の対中認識とその活動の全容を提示することが出来た。

第一に武昌蜂起後、崩壊直前の清国を一体どう見るかについて、日本側には真っ向から対立する二つの意見が存在した。宇都宮太郎を初め北京で活動する川島ら情報将校は、粛親王と恭親王と親しい関係にあり、その影響を受けて全力で清王朝を建て直し援助しようとした。他方、坂西は、清王朝皇族の本流である慶親王から得た情報を元に、清王朝の復活と再起がもはや不可能であるとの考えに至った。その為、清国の将来は実力のある袁世凱しか頼れる人がいないと判断した。一一月三日付の坂西書簡は、坂西の時局認識を明白に反映している。しかし、坂西の意見と提案は袁世凱嫌いの宇都宮に無視された。その延長線として、その後の坂西の対袁世凱活動について参謀本部からの指示と協力は殆どなく、伊集院公使との間で独自に進めるようになったと言えよう。

第二に、辛亥革命期における坂西の存在と役割は、従来過小評価されていた。本稿で言及したように、少なくとも対袁外交において、伊集院公使に協力した坂西の役割は極めて大きかった。換言すれば、この時期に坂西なしには日本の対袁外交はなかったまでとは言えなくとも、直ぐには実行できるチャンネルが他にはなかった。伊集院公使に協力して日本の対袁世凱外交を展開した坂西の存在を再認識すべきであろう。坂西から見れば、日本の対中国認識と政策の間違いの原因は、現地の川島を初めとする情報将校が粛、恭二親王に頼りすぎ、また軍の上層部も川島らの情報だけを偏信したことにある。粛、恭二親王は清王朝の皇族ではあるが、発言権だけあって内部では全く影響力がなかったと、坂西が一一月三日の書簡で既に指摘していた問題である。対袁工作については、確かに一時的に効果がなく失敗したと言われていたが、その後袁世凱が大総統に就任するやいなや坂西を大総統顧問として招聘したことは、日本外交にとって大きな成果であったことを評価しなければならないであろう。このことは、辛亥革命後の中国に日本人顧問を派遣しようとした日本側にとって、重要な意味を持つと言わなければならない。

第三に、伊集院彦吉と袁世凱との関係を再認識する手掛りを、坂西と共に展開した袁世凱工作に見ることが出来る。従来、伊集院の対袁外交の陰に見落とされていた坂西の存在を明らかにすることにより、川島らが強硬に推進した満蒙独立運動への拒否から、袁世凱の共和立憲性への批判及びあくまでも立憲君主制に固執した一連の対応にも新たな説明が可能であり、その中に坂西の影響を受けた痕跡を裏づける材料も確認出来るのである。

第四に、辛亥革命は、近代日中関係の転換期として、日本の対中国政策にも大きな転機をもたらした。清末から始まった日本人顧問は、袁世凱の登場を契機に新しい形態で存続し、また坂西が早くに袁世凱の顧問に就任したのは、辛亥革命期における彼の働きが評価されたからであろう。

註

（1）「陸軍は革命勃発直後から、早速特別任務を帯びた武官を殆ど全支にわたって派遣した。」栗原健編著『日本対満蒙政策史の一面』原書房、一九六六年、二八六頁。

（2）「四四年一〇月に金沢の連隊長をして居た。其時、支那に革命が起こって、袁世凱が出馬したので、「そらお前行け」という訳で、殆ど取るものも取えず、北京に飛ぶようにして行った。」坂西利八郎『現代支那研究の態度—在支23年間の経験—』岩波書店、一九三〇年、一六頁。

（3）東亜同文会編『続対支回顧録』下巻、一九七七年、八二一頁。

（4）同月一五日東京を出発し、今は白玉楼中の人となった亀井陸良、高尾亨の豪傑連と同行し、一一月一日北京に着いたが、恰も袁世凱が衛輝の艸蘆より起ち、総理大臣に任ぜられたその日であった、と記したが「宇都宮太郎日記」によれば坂西の出発は、一五日ではなく、二六日であった。一〇月二五日、坂西中佐は「袁世凱を手に入る、を試みる為め派遣を命じ明日出発渡清」宇都宮太郎関係資料研究会『日本陸軍とアジア政策—陸軍大将宇都宮太郎日記』1巻、岩波書店、二〇〇七年、四八八頁。

（5）宇都宮太郎と中国については、宇都宮太郎関係資料研究会が整理出版した『日本陸軍とアジア政策——陸軍大将宇都宮太郎日記』1〜3巻（岩波書店、二〇〇七年）があり、日本陸軍情報将校と辛亥革命について佐藤守男氏による優れた先行研究（「日本陸軍情報将校と辛亥革命-1878-1911-」『北法』60）がある。

（6）註4、四八三–四頁。

（7）佐藤守男「日本陸軍情報将校と辛亥革命-1878-1911-」、一三六頁。

（8）註7、一三五頁。

（9）註4、四八七頁。明治45年密大日記官姓名に「歩兵中佐、坂西利八郎、訓令年月日、同右」とあり、訓令は残っていない。参本召集は井戸川中佐と同時、しかも北支に派遣されたこと確実。特殊密命（口達は即対袁世凱工作であったと思われる。註1、二九三頁。

（10）註4、四九一頁。
（11）一九一一年一一月三日、宇都宮太郎宛坂西利八郎書簡、「宇都宮太郎文書」661-1。書簡の閲覧と複写は、日本女子大学吉良芳恵先生のご好意の賜物であり、解読には菅原彬州先生に大変お世話になったことを記して感謝の意を表する。
（12）桜井良樹「大正時代初期の宇都宮太郎」、宇都宮太郎関係資料研究会『日本陸軍とアジア政策—陸軍大将宇都宮太郎日記』2巻、岩波書店、二〇〇七年、三頁
（13）註4、四九〇－一頁。
（14）「此度の講和は日本を除外し専ら英国等に依り、殊に排日の袁一派の計画故、一旦は是非共之を防止し他日日本主動にて講和せしめんとするの意を伝ふ」。註4、五〇七頁。
（15）註12、七六頁。
（16）註12、七九頁。
（17）註12、八五頁。
（18）註12、九三頁。
（19）「元来、粛、恭両親王と清朝の事に付いて発言する権利はあるが、皇族には親疎の別あって、此等門外の意見は何等実行力なく、権威なき発言である。之に反して濤王等直属の発言は宮廷内部における彼等の地位勢力の反映である。然るに川島等一派はこの皇族関係を善く知らずして、唯自分等の接近せる粛、恭二王を皇族代表の如くに過信した。」東亜同文会編『続対支回顧録』下巻、原書房、一九七三年、八二一～二頁。
（20）註19、八二一～四頁。
（21）一九一一年一二月末にモリソンは伊集院彦吉の清朝観を次のように記録した。「日本では、革命が勃発した際、国家の上層指導者が愛国精神の面で模範的な偉業を成した。私の岳父（大久保利通、一八七八年に暗殺された）は暗殺される前に、すべての財産を寄付した。彼が暗殺された時の財産はわずか五〇円足らずだった。中国の要人は自分の国家を少しでも熱愛していれば、危機が発生した際に、革命の蔓延を阻止するため、政府を助けるため、（自分が）埋蔵している財宝を寄付すべきであろうが、彼らは何もしなかった。彼らは財宝を国家より大切とみなした。」駱恵敏編・劉桂梁等訳『清末民初政情内幕——『泰晤士報』駐北京記者袁世凱政治顧問喬莫理循書信集上1895-1912』知識出版社、一九八六年、八一七頁。
（22）尚友倶楽部、広瀬順晧・桜井良樹編『伊集院彦吉関係文書第一巻「辛亥革命期」』芙蓉書房出版、一九九六年。
（23）馬場明「書簡に見る駐清公使伊集院彦吉」『日露戦争後の日中関係』原書房、一九九三年、一三五頁。
（24）池井優「日本の対袁外交（辛亥革命期）（一）（二）」『法学研究』第35巻第4.5号、一九六二年、八二頁。

(25) 三つの段階とは、すなわち（一）革命勃発からイギリスの官革交渉仲介まで、（二）官革交渉から宣統帝退位まで、（三）退位から袁世凱大総統就任までである。飯森明子「中心に辛亥革命と駐清公使伊集院彦吉─伊集院日記を中心に─」『法学政治学論究』第321号、一九九六年一二月、四〇二頁。
(26) 註25、四二五頁。
(27) 註22、四七頁。
(28) 註22、一〇一頁。
(29) 註22、一一〇頁。
(30) 「在清国伊集院公使より内田外務大臣宛の電報に「袁世凱は愈本日午後5時着京」とある。『日本外交文書』清国事変、二三頁。「13日愈々袁世凱午後6時着す、半日立ちつくす。然れとも坂西中佐の後に握手をなし得たり、相等鎌田も同じ」。栗原健編著『対満蒙政策史一面』、原書房、一九六六年、三二九頁。
(31) 註22、九七頁。
(32) 相像風説の如く袁氏も素より総理を欲せす、乍去外交上の困難もあり一度是非上京せよとの事にて入京したるも、更に成算なく前途憂慮に不勘種々助力を請う必要あれば、同中佐に是非当地に止まり居り呉れとの事なりしと。右本省に電報す。併せて過日袁入京の節提出すべしと思考せる余の意見に対する回答催促す」。註22、一一三頁。
(33) 「坂西中佐、菊池少佐来館。坂西中佐は袁世凱との道指《ママ》の件」。註22、一一六頁。
(34) 註22、九七頁。
(35) 註22、一三〇頁。また一九一一年一一月二七日伊集院彦吉より内田外務大臣宛「袁ヨリ藍天尉ノ大連ニ於ケル動静ニ付注意アリタル件」（『日本外交文書』第44巻45巻別冊、辛亥革命、二七〇－二七一頁もその例である。）
(36) それとは対照的に、一一月一一日川島の意見書に対して、伊集院は「余リ賛成スベキ事柄ニモアラザル」と既に発送済みの第一項を除いて首相、外相への仲介を見合わせた。註25、四一九頁。
(37) 「そして、川島と伊集院彦吉はたもとを分かつことになる」、会田勉『川島浪速翁』文粋閣、一九三六年。
(38) 一九一一年一一月二日伊集院彦吉より内田外務大臣宛「武昌広東ノ革命党ニ援助ヲ与ヘ北京政府ヲけん制スルノ肝要ナル件」、『日本外交文書』第44巻45巻別冊、辛亥革命、一四八－一四九頁。
(39) 一九一一年一二月一一日在清国伊集院公使ヨリ内田外務大臣宛電報「袁世凱ニ対シ傍観無干渉策ヲ採リツツアル件」註38、六五－六六頁。
(40) 註37、一一八－一二〇頁。

(41) 註21、七八八頁。
(42) 一九一一年一一月一五日、在清国伊集院公使より内田外務大臣宛電報「慶親王トノ会談ヨリ察スレハ清廷ハ一切ヲ袁世凱ニ期待シツツアル件」、『日本外交文書』第44巻45巻別冊、辛亥革命、二一四頁。

辛亥革命と千葉医学専門学校留学生

見城悌治

はじめに

日露戦争後、急増した清国留日学生が不十分な速成教育を受けるに留まっていたことを憂えた清国政府は、日本政府に働きかけ、教学レベルの高い官立学校五校、第一高等学校、東京高等師範学校、東京高等工業学校、山口高等商業学校、千葉医学専門学校に留学生の受入特別枠を確保することを得た。いわゆる「五校特約」である[1]。千葉医学専門学校(現 千葉大学医学部・薬学部。一九二三年から「千葉医科大学」へと組織替えされるが、以下では、原則的に「千葉医専」で統一する)は、医薬専攻を希望する学生の指定校とされ、一九〇八年から一九二二年までの一五年間、毎年一〇名前後の中国留学生を受け入れ続けた[2]。その結果、辛亥革命を挟む清末民初時期に、千葉医専では、絶えず四〇名余の留学生が学んでおり、またその必然として卒業生も多く輩出することになる。

この千葉医専留学生たちが、辛亥革命時において、紅十字隊を組織し、本国で傷病者の救護にあたったことは、すでに小島淑男氏が明らかにしている通りである[3]。ただ小島氏は彼らが卒業帰国した後の活動についてまでは言及していない。辛亥革命という未曽有の変動を経る中で、日本で修学した若者たちが、新しい国家の社会・文化の建設にどのように関わったのかを明らかにすることも重要な作業であろう。そこで、本稿は、辛亥革命時における千葉医専留学生の動向について、多少の新史料を補充し、改めて確認するとともに、彼等の卒業後の動向も見る中で、上記の課題に迫っていきたいと考える。

Ⅰ 辛亥革命の勃発と千葉医専留学生

一九〇五年八月、東京で中国同盟会が結成された際、多くの留日学生がメンバーに加わったことは周知の通りであり、彼らは様々な形で辛亥革命に関わっていく。一九一一年四月二七日の広州・黄花崗蜂起の際、犠牲になった「七二烈士」にも留日学生が含まれており、その中の二名、方声洞、喩培倫は千葉医専留学生であった[4]。

そして、同年一〇月一〇日の武昌蜂起以降、革命の火が各地に広がる状況下、留日学生たちは、本国の動きにいかに対応するかを焦眉の課題にしていく。四〇余名が在学していた千葉医専留学生も例外ではなかった。たとえば、一〇月一七日に山口高商留学生から、ある働きかけを受けていたことが、一〇月二七日付の外交文書に残っている。それによると、千葉医専留学生・余継敏の下宿を山口高等商業学校在籍の孫韜が訪れ、「革命軍は医官の不足及病院の設備なき為め、傷病兵の収容並に救療の途に窮せり。此条在日学生は赤十字軍を組織し、革命軍の為め、大に勢援せざるべからず。本校在学生は全部この任に当たられたし」と説得勧誘した。しかしながら、千葉医専の在学生たちは「集合凝議の結果、敢て不同意者なかりしも、目下同校在学生は二十七名（原史料ママ――引用者）にして、うち僅かに四年生四名、他は何れも一二年生なるを以て、未だ実務に通ぜざれば、活動力乏しく、而已ならず、費用の出所なきより、ヤ、躊躇するに至れり」[5]との状況であったという。すなわち、「学生なので経験も資金も足りない。そのため迷っている」との反応を示したようだ。

一方、この報告がなされた同日の一〇月二七日付『東京朝日新聞』には、「千葉医専留学生と革命」という記事が掲載されている。「千葉県《ママ》医学専門学校留学生は、清国今回の動乱に就て、表面何気なき体を装ひ居れるも、事実は然らず。同校留学生三十九名中、蒙古人恩和を除く外、悉く広東四川其他南清の出身なるより、今回の動乱に就ては、革命軍に同情を寄せ、只管勝利成功を祈りつつある有様なる（略）。（仲間の下宿に集まった留学生たちは――引用者注）今回母国に於ける争乱に関して、数時間秘密会議を開きたるが、一同交々演壇に立ち、卓を叩き、北京政府を攻撃せる激越悲痛の言辞を弄し、時々声の外に洩るるを聞けり。（略）しかし是等学生は北京政府より月謝及毎月三十三円宛を支給され居る関係より、頗る謹慎を表し居れり」云々。

この記事は、千葉医専留学生たちの革命への熱い想いと清朝派遣学生であることの自覚、戸惑いを伝える。しかしながら、留学生たちは激論の末に、清朝派、革命派を分け隔てなく救護する「紅十字隊（赤十字隊）」を組織し、祖国に赴くことを決意するのであった。

Ⅱ　紅十字隊結成と千葉医専による支援

一九一一年一〇月三〇日付『東京朝日新聞』は「清国医学生の奮起」と題し、千葉医専留学生が協定した条項を紹介している。「①赤十字社の旨趣に基き、赤十字軍を組織し、官軍革命軍を問はず、負傷疾病病者を救護する事、②清国公使及び学生監督に稟請し、之が許可を受くる事、③赤十字軍組織の認可あれば、公使の手を経て、北京政府に電報する事、④赤十字軍に関する費用は、予て横浜神戸其他各地に在留する清商の義捐に仰ぐ事、⑤赤十字軍組織成れば、日本有名の医家を傭聘し、之を顧問とする事、⑥赤十字軍組織に関し、熊本仙台岡山名古屋其他在留清国学生に向って檄を飛ばすこと、⑦赤十字軍成ると同時に檄文を各地に飛ばし、且之を新聞に掲載を請ひ、その旨趣を明かにする事、⑧上海に於て組織されたる赤十字社と連絡し、共に活動する事」、云々。そして「飽まで中立の態度を固持して之に従事し、戦争終局するに至れば、直に日本に帰来し、専心医学を修め得業せんことを期す」とも加えられていた。

⑤の紅十字隊顧問医については、千葉医専教授・三輪徳寛の紹介になる千葉医専OB鈴木寿賀治が、大陸への帯同を快諾した。鈴木は、「突然の事で何の準備もありません。着のみ着の儘で出掛けて行くつもりです」と、その意気を語っている(6)。

この鈴木の弁なども含む在日清国留学生の動向は、連日新聞各紙で大きく報じられた。そのため、一〇月三〇日には、紅十字軍の事務所としていた千葉医専留学生の下宿へ、「金縁眼鏡に洋服を着けた三六、七歳の立派なる紳士風の男が訪ね来り、『自分は(略)今回の留学生諸君の赤十字軍は非常に賛成する所なれば、従軍を請わんとて来たり』。(略)『自分は医師にあらざるも、日露戦争の時、従軍して傷病兵救護には経験あれば、何卒従軍を承諾されよ。衛生材料等は自分の一手にて引き受けても宜し』と一時間半にわたり」弁説をふるったという(7)。さらに、その翌日にも「年頃五十くらいの筋肉逞しき大男来訪し、(略)以前清国に在留する事あり。今回、革命党の主将黎元洪の軍に投ぜんと、同時三十名を募集したれば、卿らの帰国する時、同行せずやと頼みしも、赤十字の眼中に、革命軍も官軍もなければ、とて断わりたるに、件の男は一時間許にして立去れり」(8)という出来事が立て続けに起こっている。こうした人士が現れたこと、それがまた実際の記事になっていることは、市民の辛亥革命への関心が高かったことを伝えるだろう。

一方、紅十字隊組織の話を聞いた千葉医専校長・荻生録造は、「戦争勃発に際し、なるべくその惨害を小ならしめるに努めるは、文明の精神を発揮する所以にして、その第一手段は傷病者に対する衛生設備を完全にすることにあり。（略）留学生諸君の団体は（略）仁愛の精神に基く人類相愛の至情に出でたる」[9]という考えを披歴の上、評価し、教授の三輪徳寛らとともに、留学生に対する応急医療技術講習会を開催した。一一月一日から八日間実施された講習会では、「創傷療法」、「外科手術」、「包帯および担架術」、「看護法」などの講義が行われた[10]。とりわけ三輪は、戊辰戦争時に、岳父の高松凌雲が箱館で官軍・幕軍を問わず医療活動をしたことを「赤十字の先駆」と位置づけ、同じ精神で大陸に赴こうとする留学生たちを激励したという[11]。講習会が終わった一一月九日には、千葉医専の日本人在校生、教職員六五〇名による壮行会が開かれた。参加者は、薬品や衛生資材の購入資金として、一人五〇銭ずつの寄付を行い、また会が終わると、全員で千葉駅まで行進し、万歳の歓呼の中、見送りをしたと伝えられる[12]。

東京に着いた千葉医専留学生たちは、他校の医薬留学生と「留日学生同盟中国紅十字隊」を組織し、出発の準備を整えていく。そして、一一月一八日、神田の旅館から「中国紅十字会」の旗を翻し、医療器械・薬品等百余個の大小荷物を、馬車二台・荷車二台に載せ、新橋駅に向った。その途上、留学生たちが「政治的争闘の圏外に立ち、博愛慈善の事業に尽瘁」することを祈念するとした三越呉服店が、写真撮影や茶菓饗応の接待をした記録も残る[13]。これもまた、市民が関心や共感を有していたことの例証となるであろう。

Ⅲ　大陸での医療救護活動

一九一一年一一月一九日に横浜港を発ち、二六日上海に到着した留日医薬学生は、甲乙二隊に分かれ、甲隊（千葉医専生が主体）は湖南省長沙に、乙隊は江蘇省浦口と江西省九江に赴いた。また、それ以外に湖北・安徽省などでも、救護活動に当たったとされる[14]。それらの実際については不明な点が多いが、千葉医専留学生たちの役割については、長沙在住の日本人医師・全徳岩蔵が残した手紙から、ある程度窺うことができる。

全徳によれば、彼が江西鉄道局に四年間勤務した後、長沙日本人会の招聘で、一九一一年一〇月に長沙に赴任し、自身の医院を開院した直後に、革命が始まった。そして医療救護のため、「湖南紅十字会組織の交渉有之、助手五十名の速成講習を嘱托被致、十二月第一回講習を結了致し申候。折柄千葉医学士・黄孟祥君の訪問を受け、衛戍病院組織の援助を被為依頼、十二月四日着手。一週間内に収容負傷兵百名、外来患者百二三十名、当事者としては黄君と迂生の二名のみ。他は速成講習生十四五名にて、必死義務的に傷病兵治療に従事致居候。何分突然の事とて、器械薬品の供給意の如くならず、一時は大いに狼狽致候得共、去月(十二月――引用者)末日、日本留学生赤十字団の来沙するあり。団員中、千葉四年生呉亜良、二年生田(瑞龍)及何(煥奎)の三名は、黄君の親友にも有之、かつ現状に同情を寄せ来て応援するあり。旁々目下大に秩序も相立ち、些か余暇を得て、自宅院務に従事罷在候。(略)何分、当省には外国医学校出としては、黄君の外一人もなき事とて、都督部内に於ける信用、益々順調にて、野戦病院組織および医科大学設備員大いに活動致居候」[15]云々。

全徳は、同仁会[16]から派遣されていた医師だが、辛亥革命時に、湖南紅十字会からは助手の速成医療講習を、黄孟祥(一九一一年千葉医専卒)からは病院の手伝いを要請され、おおわらわの状況であった。しかし、そこに千葉医専学生の紅十字隊が到着し、状況は一挙に好転する。卒業したばかりの黄孟祥にとって、旧知の学友との連携は取りやすく、円滑な医療活動が進められるようになり、全徳自身も自身の医院経営に専念することができるようになった、というのが彼の証言(手紙)の概要である。

これにより、千葉医専紅十字隊が現地で大きな力になったことが明らかになる。一方で、当時の長沙には外国の医学校を卒業した医師は黄孟祥一人しかおらず、評価を高めた黄が、その後、各方面から重用されていった事情も読み取れる。つまり日本で医学を修め、帰国した人士への期待はきわめて高かったのである。

このような千葉医専留学生たちの貢献ぶりは、革命軍幹部の耳にも届いた。南京陸軍医院長一等軍医長に就いていた千葉医専ＯＢの王琨芳が、母校の荻生校長に宛てた手紙（一九一二年二月一六日付）には、校長たちから「御深厚なる御教示に預り候事は、陸軍部総長・黄閣下（黄興――引用者）にも伝言致し候処、深く感謝致居候。就而は、御手紙なりと、申笘に候へども、目下政務多端を極め居り候へば、失礼ながら小生より可然御礼申し上げくれとの事に御座候」と記されていたという[17]。

千葉医専留学生二名が落命した黄花崗蜂起は黄興の指揮によるものであった。その千葉医専の仲間たちが学校の理解と助力により紅十字隊を組織し、長沙（黄興の出身地でもあった）などで負傷者救助に当った奇縁の下、黄興からこのメッセージが届いたことは、千葉医専留学生や学校関係者にとって、この上ない慶びであったと思われる。

Ⅳ　千葉医専への復学と「紀念碑」建設

革命の帰趨が一段落つくと、ほとんどの学生は千葉医専に復学を果たす。そして、万歳の歓呼の中、学校を出発してから一年後の一九一二年一一月九日、校内に、辛亥革命紅十字隊支援への感謝を示す「紀念碑」を建てた。そこに刻まれた内容概要は、以下である。

辛亥（一九一一年）秋、革命が起きた。死傷者が増えてきたため、私たちは留日医学薬学生による赤十字隊を組織し、救援活動を行おうとした。千葉医専の校長や先生方はこれを高く評価して、治療看護に関して懇切に指導してくださった。また、学友は資金を集め、医薬品を寄贈してくれた。私たちは、祖国で負傷兵の大きな頼りとなった。戦局が終りを告げた今、母校に帰ってきて、諸先生や諸学友の行為を忘れないため、ここに樹を植え碑を建てて記念とする。[18]

また、建碑式典の後、荻生録造校長が、「日支関係今日の如き日に当り、殊に多数の留学生を有する本校に於て、支那語研究を始むるは大に時期に適せるに非ずや」[19]と提起したのを受け、同年一一月二七日に「千葉医学専門学校支那語研究会」が始まったことは、日本側が中国との提携協力を望む意識を高めていた事例として注目したい。

一方、千葉医専に戻った留学生たちの動向報告が外務省外交文書（一九一三年七月二四日付）に残っている。そこに曰く、「支那擾乱に関する千葉医学専門学校在学生の行動に付て、（略）なおその後の行動より内査報するに、先に同校を卒業し、現に南軍所属の軍医部長にして江蘇省に在る王若巌より、このほど在校幹事何熾奎（煥奎が正しい——引用者注）に宛て、個人として此際帰国すべき旨通信し来れり。爰に於て、在学生等協議の結果、何幹事代表となり、夏季休暇を利用し、その実況視察の為め、数日前帰国致候。而して、現留学生三十二名中南軍所属は三十名にして、北軍は僅かに二名の由なり。目下彼等は極めて静穏なるも、何幹事より帰国を促し来れるに於ては、一同帰国するやも測り難き状況に有之候」[20]云々。

内務官僚（千葉県知事）が内務大臣に送ったこの秘密報告は、留学生たちが急いで同盟帰国することを、当局者が予期、懸念していたことを窺わせる。しかし、千葉医専留学生は中途退学する者もほとんどなく、日本で最新の医薬知識や技術を学び終えた上で、母国に戻っていくことになるのである。

V　中華民国建設期における帰国留学生たちの活躍

同仁会が一九三〇年夏に、中国に戻った元留日医薬学生約八〇〇名の出身校調査を行っている。それによると、千葉医専出身者は一五四名で第一位だった。この数値は全体の二割を占め、第二位の長崎医大一〇二名、三位東京帝大医学部の九〇名を大きく上回っていた[21]。これは千葉医専が「五校特約校」であったがための結果ではあるが、留学生に熱心な指導を重ねてきた教員たち、赤十字を文明精神の発露とみて積極的な援助をした荻生校長や三輪教授の存在も無視できないであろう。

同仁会は、一九〇六年から何度かの断続を挟みつつ雑誌を発刊していたが、一九二八年に至ると中国語による『同仁会医学雑誌』も発刊している。その一九二九年二月号には「千葉医科大学教授　医学博士　松本高三郎先生」という顔写真付きの囲み記事が掲載され、松本が一九二四年から二八年まで千葉医大学長を務めていた略歴とともに、「千葉医大は専門学校時代より、民国留学生を頗る歓迎し、そのため、松本先生の薫陶を受けた者は少なくない」という紹介がされていた。この雑誌の他号に類似の記事は少なく、千葉医専の歴史と教員を前面に出すことが、中国側に対する訴求性があると理解されていたこと、別の言い方をすれば、千葉医専が留学生と良好な関係性を保ち続けていたことを推測しうる史料となっている。

学術活動面では、辛亥革命前の一九〇六年、千葉医専留学生たちが「中国医薬学会」という学術団体を千葉医学専門学校内に誕生させ、翌年二月『医薬学報』という中国語による学術雑誌を発刊した史実にも触れておきたい。同誌では、千葉医専留学生たちが、「内科学」「解剖学」「薬物学」などの専門分野の知見を紹介するとともに、論文も収録していた。黄花崗蜂起で犠牲になった方声洞も、「坐浴法」（1号）、「生理学：食物論」（2号）などを寄稿している。

現代中国で発刊された近代医学通史には、「一九一二〜一九三七年、民国建国から抗日戦争勃発に至るまでの間は、わが国西洋医薬雑誌の発展成長期であった。辛亥革命後に社会の空気が変わり、西洋医学の医院と医学校が日を追うごとに増加した。それに加え、新文化運動の影響により、西洋医薬雑誌が雨後の筍の如く次々に誕生して行った」と記述した後、その先駆として、一九〇七年、日本の千葉で留日学生による「中国医薬学会」編集出版の『医薬学報』が創刊されたことを挙げている。同書によれば、中国で最初に発刊された西洋医学紹介雑誌は、一八八〇年の『西医新報』（広州、編者はアメリカ人）で、千葉医専生の『医薬学報』は、近代中国医学史上、六番目に発刊された雑誌とされている。以後、金沢医専などでも中国語による医学雑誌が発刊されていくが、千葉医専留学生の先駆的主導的役割は大きかったと思われる。[22]

筆者の調査によれば、千葉医専に一九〇〇年から一九四五年の間に入学した中国学生は二二四名（うち卒業した者は一六六名）である。帰国後は医学校教員に就いた者が最も多く、六七名を数える。また、医学薬学の専門書、啓蒙書を出版した元留学生は、確認できた範囲で二五名いる。[23] 一九二四年に卒業した趙師震（南通医科大学教授）が一九三五年に上海で発刊した『近世内科全書』の「序文」は、千葉医大で共に学んでいた陳卓人（上海東南医学院教授）の手になる。そこで陳は日本医学界への評価をこう綴っている。「我が国の医学界は、なおいまだ翻訳と輸入の時代を脱していない。それが事実であることは言うまでもない。日本は明治維新以来、わずか七十年、初めはオランダから新医学を輸入し、さらにフランス・ドイツ医学も継続的に取り入れ、政府の提唱と学者の努力とによって、日進月歩の状態である。医術は深くて詳しく、各国の評価も高い。ついに輸入者から転じて、輸出者となった。しかも日本の医者は知識を求めることが甚だ盛んで、国外すべての価値ある新刊物は、数ケ月を待たずして訳本が出版されている。教科書もまた同様である。売れ行きの早さは人を驚かせ、二、三年の間には必ず改訂新本が出る。これを読む者は最新の知識を獲ることと世界医学の趨勢を窺い知ることができる。その勢いは突飛猛進と言え、その益が尽きることはない」云々。

陳の回顧に見るように、多くの留日医薬学生たちは、「世界医学の趨勢」に迫ることを目指し、日本で学んだ知識を母国で活かし発展させていった。なかでも千葉医専卒業生たちは、帰国後、西洋医学による医学校を創設し、そこで後進の教育に携わっていく者が多かった。とりわけ、北京医学専門学校（一九一二年創設）、浙江省立医学専門学校（同年創設）、また上海東南医学院（一九二六年創設）などとの関連が深く、後二者は、教員の半数近くが千葉ＯＢであった時期さえある。[24] また行政機関に勤め、公共衛生業務などに当る人士も多く輩出したことも分かっている。[25]

おわりに

「辛亥革命後に社会の空気が変わり、西洋医学の医院と医学校が日を追うごとに増加した」との表現が、中国近代医学史の叙述中にあったことを先に見た。千葉医専の留学生たちは、辛亥革命時に「紅十字」という形での人道支援を選択した上、拙速に修学を切り上げることなく、十二分に最新の医学を学んだ上で、母国の近代医学発展を積極的に牽引していったのである。たとえば、千葉医専三年生の時、辛亥革命紅十字隊に参加した留学生に呉祥鳳（一八八六～一九五六）がいる。呉は、千葉医専卒業後、アメリカのジョンホプキンス大学への再留学等を経て、北京医学専門学校教授に就くが、一九二五年に孫文が亡くなる際の医師団メンバーとして招聘されるほどの評価を受けていくことになる。[26]

その後の日中戦争（抗日戦争）の歴史があまりに重いため、本稿で紹介した史実は顧みられない現状にあると言えるだろう。しかしながら、辛亥革命期において、日本近代の幕開けとなった戊辰戦争の逸話を引きつつ、中国留学生に人道支援協力を惜しまなかった教員たちがいたこと、またその意を汲みつつ、母国での近代医学発展を担っていった元留学生たちがいたこと、それらを辛亥革命百年に当たる今日、日中文化交流史の一側面として、改めて想起しても良いのではないだろうか。

註

（1）呂順長「清末『五校特約』留学と浙江省の対応」『中国研究月報』六〇〇号、一九九八年二月。
（2）見城「明治～昭和期の千葉医学専門学校・千葉医科大学における留学生の動向」『国際教育』第二号、二〇〇九年三月、同「戦前期留日医薬学生の帰国後の活動と現代中国における評価」『国際教育』第三号、二〇一〇年三月、同『近代の千葉と中国留学生たち』千葉日報社、二〇〇九年。
（3）小島淑男『留日学生の辛亥革命』、青木書店、一九八九年。同書第Ⅷ章は、千葉医専留学生の活動を主題としている。
（4）盧潔峰『黄花崗』広東人民出版社、二〇〇六年、三五頁。
（5）千葉県知事告森良の外務大臣内田康哉宛文書「清国留学生ノ動静ニ関スル件報告」外務省外交史料館蔵『清国革命動乱の際在本邦同国留学生の動静調一件』（3－10－5－19）。
（6）「紅十字団の出発準備完く成る」『報知新聞』一九一一年一一月九日付。
（7）「妙な男、従軍を望む」『報知新聞』一〇月三一日付。
（8）「又々従軍を求む」『報知新聞』一一月一日付。
（9）「医生団と荻生博士」『東京朝日新聞』一一月五日付。
（10）「赤十字軍医術速成講習」『報知新聞』一一月一日付。
（11）加藤普佐次郎「三輪先生逸話集」（鈴木要吾編『三輪徳寛』一九三八年、一三一～一三二頁）。注（9）の新聞資料にも同内容の記載がある。
（12）「在校清国留学生故国の急に趣く」『千葉医学専門学校校友会雑誌』第55号、一九一一年一二月、六一頁。
（13）「紅十字隊を餞けす」『三越』一九一一年一二月号、七頁。
（14）小島前掲書、二一七頁。

(15)「長沙来東」(一九一二年一月二七日付書簡)『同仁』一九一二年三月号、一六頁。
(16)同仁会は一九〇二年に創設され、中国などへの医療技術普及と現地への病院建設、留学生への支援などを目的として創設された医学関連団体である。(大里浩秋「同仁会と『同仁』」『人文学研究所報』(神奈川大学)三九号、二〇〇六年三月、参照。)
(17)「南京陸軍軍医長一等軍医長王琨芳氏よりの書簡」『千葉医学専門学校校友会雑誌』第五六号、一九一二年四月、一七五頁。
(18)碑の全文は、前掲「明治~昭和期の千葉医学専門学校・千葉医科大学における留学生の動向」で紹介したが、一部の誤写が判明したため、見城「戦前期における千葉高等園芸学校留学生とその動向」『国際教育』第四号、二〇一一年三月、七四~七五頁で訂正している。
(19)「支那語研究会起る」『千葉医学専門学校校友会雑誌』第五八号、一九一二年一二月、三五頁。
(20)外務省外交史料館蔵『在本邦清国留学生関係雑纂　雑の部』(3-10-5-3-6-①)。
(21)「中華留日医薬学出身者名簿」『同仁医学』三巻九号(一九三〇年九月)、八九~九〇頁。
(22)鄭鉄涛・程之范編『中国医学通史　近代巻』人民衛生出版社、二〇〇〇年、五〇八、五一〇頁。
(23)前掲、見城「戦前期　留日医薬学生の帰国後の活動と現代中国における評価」。卒業生数については一〇八頁、著書等については、八九~九〇頁を参照のこと。
(24)前掲、見城「明治~昭和期の千葉医学専門学校・千葉医科大学における留学生の動向」三七~四〇頁を参照。
(25)代表的な人物に、南京国民政府衛生部保健司司長や中央衛生署署長、また北京大学医学院教授などを歴任した金宝善(一八九三~一九八四年)がいる。金については、前掲、見城「戦前期　留日医薬学生の帰国後の活動と現代中国における評価」七九~八〇頁を参照のこと。
(26)呉は、一九二七年九月、国立北平大学医学院附属院長、一九三一年八月から三七年九月まで、北平大学医学院の院長を務めるなど、中国医学界の重鎮になっていく(徐天民他編『北京医科大学人物志』、北京医科大学・中国協和医科大学聯合出版社、一九九七年、九頁)。

日本地方社会の〈中国《China》〉問題《Issue》——一九一一～一九一六——

松本武彦

Ⅰ　問題の所在

本稿は、一九一〇年代、民国初年の中国がどのような存在として、大正初年の日本人（社会）に対し、その眼前に在ったかを検討するものである。「〈中国〉問題」とはその在り様の総体を指している。加えて、社会的地位や職務に応じて中国と関係（関心）を持った人物や実務担当者、専門家ではなく、特定の意図・意思を以って中国との関わりを持つことがなかったと考えられる日本人を、検討の対象とする。なぜならそうした人々こそが当時の日本人の多数派であったと思われるからである。

こうした観点からの考察の初歩的試みとして、首都東京の西隣、日本列島の本州中央部の内陸県で、県庁所在地甲府市を中心とする国中《くになか》地方、富士北麓の郡内《ぐんない》地方、それに明治に入っても国中地方と外界とを連絡する重要な交通路であった富士川の流域である河内《かわうち》地方とからなり、養蚕製糸業と果樹栽培に偏向した農村地帯山梨県について、以下の観点から分析する。①山梨県人の辛亥革命以前の中国体験　②中国との経済的関係　③実業家（団体）の動向　④

中国・辛亥革命情報との接触　⑤県人の革命理解。

山梨県を対象とするのは、人口・情報の集積する大都市や国際貿易港を抱える府県こそ一九一〇年代の日本においては例外的存在であったという認識、および同県が当時次のような特質を持っていたことを前提としている。明治四四年末の現住人口五六万七五〇〇人、四七道府県中第四三位。[1] 総戸数九万六〇〇〇余のうち農業が約七万四六〇〇戸で八〇％近い。[2] 小学校就学率九八・七九％、第一七位。[3] 人口一〇〇人あたりの電燈箇数三・〇箇、第二七位。[4] 人口一万人あたりの医師数六・八九人、第二六位。[5] 県庁所在地甲府市の現住人口四万九八八二人、全国六六市中第三〇位。[6] 県都甲府は家々の外観がそれぞれ「数寄」をこらし、市街は美しく、東京大阪間の都市の中で横浜・名古屋・京都を除けば、「市街の体裁甲府の右に出づる都邑なく」、東京青森間では、仙台の市域が甲府より大きいというだけで「繁華の程度」は甲府に劣る、とされていた。[7] しかし一方で、首都周辺の諸都市、宇都宮・長野・水戸・静岡・千葉の鉄道各駅の開業が明治一〇年代後半から二〇年代半ばであったのに対し、甲府東京間の開通は、明治三六年六月であった。[8] 鉄道の開通はそれ以前に人力車や馬車などを乗り継いでも丸一日かかった東京中心部との時間距離を約六時間に短縮した一方、主要産業であった製糸業に従事する工女の県外流出を招いた。[9] 大正二年三月末時点で山梨県には自動車が一台も無く、未だ馬車・人力車・自転車などに頼るほかない全国に一八県あったいわば交通後進地域のひとつであった。[10] 電話加入者数は八二三人、四七道府県中第四一位。[11] 首都東京に隣接しながらも、人や物資・情報の流通に関わる社会資本の整備は明治期を通じて不十分であった。

Ⅱ　〈中国〉問題の諸相

①辛亥革命以前の中国体験

当時の山梨県人一般にとって中国は、ある観点からすると欧米よりも遠い存在であった。明治四四年末における県内在留外国人は、イギリス人六人、アメリカ人三人、フランス人一人で、中国人は一人もいなかった[12]。渡航者や在留者の数も、中国を含むアジア地域全体へのそれですら一七二人で、アメリカ一国への渡航者・在留者一二九〇人にはるかに及ばない[13]。中国（清国）への渡航者は三八人を数えたが、「官用」一一人、「商用」一〇人、「工雇」六人、「工業用」五人などとなっており、さらに中国在留者一二二人は、「商用」三二人、「官用」二三人、「工雇」二〇人などで、留学者は女性一人を含む九人が存在するに過ぎず、山梨県人によって最も多く留学先として選ばれていたのは、二一八人が在留したアメリカであった[14]。では、当時の山梨県人が直接中国人や中国社会と接触することはほとんど無かったかというと、必ずしもそうではない。日清日露の戦争によって、山梨県からは約一万三〇〇〇人が兵士として中国の戦場に臨んだ、と推計される。この数は、明治三〇年代末の生産年齢人口からみると県人男子の一割近くを占めた。明治期の山梨県人、特に徴集された兵士（すなわち一般民衆）にとっての〈中国〉は、敵としての中国、戦場としての中国であって、みずから（の父親や子弟）が「血であがなった」存在というイメージが多数を占めており[15]、職場や家庭での彼らの言動、在郷軍人としての地域社会での活動は、県人の中国観に影響を与えなかったはずがない。

②経済的関係

外国貿易港を持たない山梨が中国との間にどのような経済的関係を結んでいたかは、それを示す史料がほとんど無く、そのこと自体が関係性の希薄さを示唆しているとも言えるかもしれない。農商務省がおこなった全国の輸出品調査に挙げられた数値によって実態の一端を検討すると、明治三九年当時山梨県からはいずれも工業製品に分類される八品目が輸出重要品として挙がっており、そのうち輸出先として中国(清国)を含んでいる産品は、甲斐絹(絹織物)、綿糸、水晶加工品、葡萄酒、革細工の五品であった。これら五品の中で革細工の外国向販出量は「僅少」であり、また綿糸・水晶加工品・葡萄酒は外国向販出量が不明で、山梨からの中国向け輸出品の多くはおそらく甲斐絹によって占められていたものと推測される[16]。日露戦争後明治三〇年代末の山梨県経済は、県内農業の中心であった養蚕業を基盤に、郡内地方の特産品であった甲斐絹を通じて、中国との結びつきを形成しており、山梨県にとっての経済上の中国は、絹織物の輸出市場としてかろうじて存在していた、と言えよう。

③実業家(団体)の動向

農業県山梨にあって当時唯一の商業都市が県庁所在地でもある甲府であった。大正二年の甲府の商業戸数は四三五一戸で総人口の約四〇%、雇人も含めれば半数以上は何らかの形で商業に従事していたものと推察される[17]。また、周辺農村部の養蚕業を背景として、機械製糸工場が集中的に立地する一方、いわゆる座繰製糸は明治末年の不況や第一次世界大戦を契機とする生糸ブームなどに影響されるなどして、その生産額を大きく変動させつつ存在した[18]。会社組織は、甲府におけるそれが山梨県における中心的地位を占めていたものと推測されるだけでなく、全国的に見てもその数や規模において上位から中位を占めていた。たとえば明治四四年末時点で、山梨県における銀行の本店数は五一を数え、全国四七道府県中第八位、会社数は一五二で同第二八位、商業者の団体である甲府商業会議所の年間経費は三六四四円で全国六〇団体中第二五位であった[19]。ただし甲府は山梨県の産業経済の中心ではあったが、甲府に本店を置く会社の役員の半数は周辺の郡部出身者であり、近世から続く甲府商人が実権を握っていたわけではない[20]、という。甲府における商業者の団体、甲府商業会議所の設立は、明治二三年の商業会議所条例制定に遅れること一九年の明治四二年二月で、前年九月にいずれも甲府に本店を置く銀行の頭取三人によって、発議された。(21) 当該時期の同会議所の活動は、たとえば商品陳列館の設置、富士川舟運を鉄道に代置する身延線の建設促進、税務当局との対立問題を惹起した十一屋事件への対応、中央線の電化促進運動など、(22) ほとんどが地域の個別利害に関わるものであった。他商業会議所との共同による対外的活動と言えるのは、第一次世界大戦の各種商工業への影響を調査するため設置された「対時局調査委員会」の活動と「甲府産業奨励会」設立などであるが、(23) これとても直接辛亥革命の勃発・中国情勢に対処しようとしたものではない。いち早く武昌における革命党の情況を会員に伝え、対中国金融機関の設置建議などをおこなった東京商業会議所、(24) 臨時総会を開いて「清国動乱」の影響調査をおこなう委員会設置を決定し、対応策を考究した横浜商業会議所(25)などとくらべれば、甲府商業会議所にとっての辛亥革命は、対応を必要とされる問題として存在していなかった。

個別には中国情勢に関心を払った有力実業家も存在した。たとえば甲府商業会議所の設立に大きな役割を果たした前出三人のうちのひとり、大木喬命である。当時彼は、甲府で呉服を扱う近世以来の豪商の当主であり、銀行頭取、電力会社取締役などのかたわら市会・県会議員、甲府商業会議所副会頭、衆議院議員(大正四年三月第一二回総選挙で当選)をつとめた。(26) 彼が残したと思われる文書資料の中には、満鉄(南満州鉄道会社)の株式申し込み用紙や衆議院議員の訪中日記(油印)などがある。(27) 大木が満鉄の株式を所有したか否かは不明である。衆議院議員の訪中は、大木在任中に実施されたものではあるが彼自身は参加していない。さらに、大木家所蔵の書画の中には、喬命の代に入手したと思われる李鴻章、粛親王、何如璋などの書が含まれており、(28) 彼が中国に対し一定の関心を有していたことを窺わせる。

④山梨における中国・辛亥革命情報

当時としては最大の大衆性を帯びた媒体としての新聞、ここでは山梨県地域で最も影響力を持ったと考えられる『山梨日日新聞(山日)』[29]について、検討する。武昌の蜂起は、『東京日日新聞』、『大阪朝日新聞』が一〇月一二日、『神戸又新日報』、『横浜貿易新報』、『信濃毎日新聞』、『静岡民友新聞』そして『山日』も一三日紙面で報道した[30]。『東京日日』は北京に本部、河南省彰徳・湖北省漢口などに特派員・通信員を置き、写真班も派遣するなどしたが[31]、『山日』はおそらくそうした大規模な報道体制を敷くことは無かった。そのことはたとえば、革命情勢に関する事実報道が中国での直接取材によるのではなく、「東京電話」によるものであったり、写真による報道が欠如していたことに窺える。大衆的媒体として写真の果たす役割は大きかったものと思われ、『山日』はすでに明治四〇年一〇月の創刊一万号記念紙から写真を掲載し始めていたが[32]、辛亥革命報道においては独自の写真素材を持っていなかったものと考えられる。

辛亥革命の過程に関し何が報道され何が報道されていないかを『山日』について通覧すると、革命情勢の重要な転機に関してはほぼ触れられている。ただし、革命派が袁世凱と妥協して実権を失うと、報道内容に偏りが出てくる。未だ情勢が流動的な一一年時点では、孫文の動静や革命派の主張が「共和政体」にあることなども丁寧に触れられているが[33]、国民党の結成や第二革命終息後の革命派の動きについては、護国軍蜂起[34]以外にはまとまった記事がほとんど無い。中華民国約法の成立や対華二十一カ条要求問題、袁の帝制復活、袁の死去と黎元洪の総統就任[35]といった北京政府に関しては膨大な記事が書かれているのと対照的である。論説記事においては、武昌蜂起を従来の内乱とは違い、原因は満洲人と漢人との「反目」にあり、各地の革命派には海外知識を持つ者もある[36]、といった革命情勢に関する解説がある一方、第二革命の際、邦人の虐殺や略奪などがあったとして陸海軍の派遣を主張する論説も複数みられる[37]。こうした強硬な干渉論は日本外交への不満など[38]を背景としていた。以上のほか政治家や識者などによる論説・解説記事[39]が随時掲載されたが、これらが『山日』の独自記事であるか否かについては未確認である。

⑤県人の革命理解

県内の新聞では清朝・北京政府の動向に関する報道に比し、革命側のそれが断片的であったことは上述の通りだが、革命情勢の比較的早期の段階で、革命派の人物や主張に関して紹介することを目的とした記事が無いわけではなかった[40]。そうした記事の中では、孫文は「数十年来専心一志以て中国の革命を謀れり」とされ、彼の忍耐強い活動が今日の情勢を招き寄せたが、すぐに帰国せず「国是」のために海外で奔走し「浅近なる栄誉に就かず」にいるが、革命に関し「首創の大功ある者なり」と評価・紹介している。中国情勢のおおまかな枠組みとして清朝・袁世凱の帝政、革命側が共和制を唱えたことは、しばしば記事の中でも触れられ、一定の教育水準にある読者には理解されたものと思われる。

しかし、そうした理解が果たして現実の中国の変革との関係の中で十全に行われたかについては、当時の山梨県人の政治に関わる活動、たとえば国会議員選挙における候補者や選挙民の現実的な行動に徴すると、はなはだ怪しいものとなる。当時、県内の各種選挙においては、選挙の名に値しない行為がしばしばおこなわれていた。たとえば大正四年三月におこなわれた衆議院議員選挙では甲府市部の実業界を代表する候補者が選挙前に抽選で一本化されたとして、新聞で批判された[41]。有力者が仲介して候補者を一本化するといったことは、前年の市会議員選挙でもおこなわれたという[42]。また、当選を優先する候補者が「中立」を標榜して政見を明確にしないといった行為も、批判の対象とされている[43]。さらに、県選出政治家の所属政党の選択が、政治家や支持者の政見によるのではなく、中央政界における政党の対立状況に応じた「保険的対応」としてなされることもあったという[44]。

そもそも当時の山梨県において、衆議院議員選挙の選挙権を有する者は県人口のわずか二%、一万三〇〇〇人足らずであったから[45]、選挙そのものが文字通りコップの中の嵐に過ぎなかった。

大正政変・第一次護憲運動において、山梨県では、大正二年一月、甲府でいくつかの集会が開かれた。こうした集会の最初のものと考えられる一月一六日二〇〇〇人余の聴衆を集めた「憲政擁護県民大会」では、憲政擁護・藩閥打破と同時に、これに批判的とみなされた『山梨日日新聞』を非難する決議が、県下最大の規模を誇る『山日』のもとで県内斯界の少数派に置かれていた甲府市内発行四紙の社長連などによって発意され、その政派的基盤として存在した地方政党山梨同志会によって主導されていた[46]。しかし山梨同志会は、根津嘉一郎をはじめ幹部がしだいに中央政界の再編状況に引きずられ、「護憲よりも政党的去就」に大きな関心を示す方向へ変質していった[47]。こうした状況が生まれた背景には、明治末年に県内で相次いだ大規模な自然災害による財政的逼迫下で、従来の民党的要素を継承した政友会派の「局地的地域利益の取り合い」による分裂があった[48]、とされている。

憲法・議会が山の「頂」にあるとするなら、帝国憲法が発布されて四半世紀、大正初年になっても、立憲政治の「裾野」はこうした水準に浮遊していたのである。

Ⅲ　小結

明治末・大正初年の地方社会であり農業県の山梨において、辛亥革命期の中国像は、日清日露の中国（清朝）、すなわち兵士としての体験によって照星の先に結ばれたそれを核に、革命派の動向よりも北京政府に偏った情報が凝集して形成された。従って当時の山梨における〈中国〉問題は、新聞の論説記事にみられるように、内容が偏向していたのと同時に、社会に与える影響力、影響がおよぶ範囲という意味で、一定の限界があった。たとえばその一端は、実業者団体甲府商業会議所の辛亥革命ならびに中国情勢への会としての無関心に現れている。

ではなぜそうなったのか。ひとつの解釈として言えることは、中国の革命が提起した共和制を知識としてではなく実体的なものとして理解する基盤が、そもそも当時の日本の地方社会山梨には欠けていたのではないか、ということである。議会や憲法を持つという点において中国に先行したはずの日本で、選挙の名に値しない選挙、政党政治の有名無実、これらのことが存在したことは、実は議会や憲法の意義そのものに対する理解が不十分であったことの証左である。自国の憲政理解がそうであったとすれば、ましてや他国の革命が提起する共和制を理解することなど到底及びもつかないことであった、というのは即断に過ぎるだろうか。

山梨県出身者のなかにも、東亜同文書院初代院長根津一をはじめとして、辮髪を結って孫文・内田良平と行動をともにした村田忠三郎、革命前夜の四川で『重慶日報』を発刊して改革を主張した竹川藤太郎などがいる。しかし彼らは、当時の山梨県人一般すなわち小作人かその子弟で、選挙権は無く、大陸の戦場で真っ先かけて突貫せねばならなかった人々から見れば、清末民国初年の中国に特別な関心を寄せた特別な人々であって、その行動や思惟の基盤が「山梨」にあったわけではないのである。

註

（1）内閣統計局編『日本帝国統計年鑑　第三十二』三六～三七頁。

（2）山梨県編『明治四十四年　山梨県統計書』一九一三年、六五・九七頁。同九七頁によれば専業農家五万三二九一戸中、純然たる自作農（小作との兼業を除く）は一万三九八六戸で約二六％。山梨県の耕地面積は大正二年一月時点で約五万九〇〇〇町歩、全国四七道府県中第四二位。米の作付面積が同第四六位であるのに対し、桑第八位（明治四五年）、葡萄第一位（明治四四年）、人口一〇〇人あた

りの飼養蚕戸数第一位。前掲『日本帝国統計年鑑　第三十二』九八～九九・一〇八～一一一頁。
（3）前掲『日本帝国統計年鑑　第三十二』五一二頁。
（4）同前、三〇〇頁。
（5）同前、四九九頁。
（6）同前、三八頁。
（7）「論説　甲府繁栄策研究（一）」『山梨日日新聞』明治四五（一九一二）年六月八日第一面。
（8）日本国有鉄道編『日本国有鉄道百年史　索引・便覧』一九七四年、三〇〇～三一八頁。
（9）甲府商工会議所編『甲府商工会議所八十年史』一九九〇年、一八七頁。甲府市史編さん委員会編『甲府市史　通史編3』甲府市役所、一九九〇年、二四五頁。
（10）前掲『日本帝国統計年鑑　第三十二』三二六～三二七頁。
（11）同前、三八〇頁。
（12）前掲『明治四十四年　山梨県統計書』三四八頁。
（13）前掲『明治四十四年　山梨県統計書』八〇・八一頁。
（14）同前。
（15）拙稿「明治期山梨県人のアジア体験――通交・在留・従軍――」『社会科学研究（山梨学院大学）』二四、一九九九年二月、参照。
（16）拙稿「明治期山梨の対アジア輸出産業――輸出産品に占めるアジアの位置――」『山梨学院大学一般教育部論集』二三、二〇〇一年一月、参照。甲斐絹は明治三〇年代以降、郡内地方の特産品として知られるようになり、絹織物として、また製品としては洋服の裏地や洋傘地として用いられ、輸出用のハンカチーフの素材ともされていた。南都留郡甲斐絹同業組合史編纂会編『南都留郡甲斐絹同業組合史』南都留郡甲斐絹同業組合、一九四〇年、一五五・一六三頁。
（17）四三五一戸中、雑貨商四五〇戸・菓子商三〇六戸・煙草商二三五戸・乾物商二二五戸・宿屋（湯屋を含む）一五一戸・小間物商一三六戸・酒類商一一四戸などとなっている。前掲『甲府市史　通史編3』四二三頁。
（18）齋藤康彦『地方産業の展開と地域編成』多賀出版、一九九八年、五八～五九頁。
（19）前掲『日本帝国統計年鑑　第三十二』二七三・二七四・二八八・二八九・四二五頁。
（20）前掲『甲府市史　通史編3』二四八頁。このことに関連して、郡部、とくに国内地域西部の中巨摩郡居住者等は貴族院多額納税者議員互選人を核として郡・市域を越えて積極的に閨閥形成を行ったが、甲府市居住の豪商・豪農層にはそうした同族結合をおこなった形跡が無い、という。前掲『地方産業の展開と地域編成』二二七～二三〇頁。

(21)『甲府商工会議所八十年史』甲府商工会議所、一九九〇年、七二二頁。『甲府商業会議所第一報告』一九一〇年九月、一～二頁。
(22)『甲府商工会議所七十年史』甲府商工会議所、一九八一年、一六頁。
(23)前掲『甲府市史　通史編3』四一六頁。『甲府商業会議所第六報告』一九一五年一二月、四・一八・一九頁。
(24)「時報　清国の内乱」『東京商業会議所月報』四-一〇、一九一一年一〇月。百年史編纂委員会編『東京商工会議所百年史』東京商工会議所、一九七九年、一〇〇～一〇二頁。
(25)『横浜商工会議所百年史』横浜商工会議所、一九八一年、四二八頁。
(26)『山梨人事興信録　第一版』甲府興信所、一九一八年、一八五～一八六頁。山梨県編『山梨県政六十年誌』一九五二年、四二六頁。
(27)「南満洲鉄道株式会社株式申込證」(大木家文書・山梨県立博物館所蔵)。「大正四年支那訪問衆議院議員団日誌」(同前)。
(28)山梨県立美術館編『大木コレクションの名品・図録』山梨県立美術館、一九九二年。一三三～一三八頁。現在、これらの書も文書資料同様県立博物館に収蔵されている。
(29)日本最初の日刊邦字紙『横浜毎日新聞』創刊の二年後明治五年『峡中新聞』として創刊。明治末年に県内で刊行されていた日刊紙六紙中、最古の歴史を持つ。また、発行部数は六紙をあわせた県内配布部数二万四五五四部のうち最多の七四六六部であった。県内に配布された山梨県内発行の日刊紙中、およそ三分の一は『山日』だったことになり、県内世論に一定の影響を与える存在であった。県内大正元年の発行部数は二万一五〇〇部。前掲『明治四十四年　山梨県統計書』三五二頁。山梨日日新聞社編『山梨日日新聞百年史』一九七二年、六二頁。明治四四年時点で『報知新聞』一五万部、『国民新聞』一〇万部、『東京日日新聞』七万部、『二六新報』二～三万部、『中外商業新報』二万部、『日本』六〇〇〇部。山本武利『近代日本の新聞読者層』法政大学出版局、一九八一年、四一二～四一四頁。
(30)「革命党の陰謀(上海)」『東京日日新聞』一九一一年一〇月一二日第二面。「上海電報　武昌電信局破壊」『大阪朝日新聞』一二日第二面。「湖北の反乱(上)」『神戸又新日報』一三日第一面。「南清の暴動　叛軍武昌占領」『横浜貿易新報』一三日第二面。「東京電話　十二日　清国の革命軍」『信濃毎日新聞』一三日第一面。「東京電話(十二日)清国官兵叛乱(十一日武昌発同夕其筋着電)」『静岡民友新聞』一三日第二面。「東京電話(十二日)武昌の大騒乱」『山梨日日新聞』一三日第二面。
(31)「清国動乱と我社の通信」『東京日日新聞』一九一一年一〇月二五日第一面。
(32)前掲『山梨日日新聞百年史』五六頁。
(33)「孫逸仙の消息」・「革命軍の大主義」『山日』一九一一年一一月七日第二面。「臨時大統領選挙」同一九一二年一月一日第二面。
(34)「在京革命《ママ》党の慷慨」同一九一五年一二月二六日第二面。
(35)「中華国民大総統令」同一九一四年五月四日第一面。「日置公使と陸総長」同一九一五年二月四日第二面。「北京の物情」同五月一四日第二面。「袁氏帝制取消宣言」同一九一六年三月二四日第二面。「袁総統薨去」・「黎氏総統就任」同六月八日第二面。
(36)「清国の内乱」同一九一一年一〇月一六日第一面、等。
(37)「国論に従え」同一九一三年九月九日第一面、等。
(38)「対支外交失敗」同一六日第一面、等。
(39)大隈重信「清国動乱の原因」同一九一一年一〇月二七日第一面、等。
(40)「支那人物月旦　孫文」同一二月一日第一面。
(41)「抽籤の結果」同一九一五年二月一〇日第一面。
(42)「抽籤選挙」同九日第一面。
(43)「中立候補」同一六日第一面。
(44)『山梨県史　通史編5』山梨県、二〇〇五年、三六一～三六二頁。
(45)前掲『明治四十四年　山梨県統計書』六六、四四三頁。
(46)「未曾有の県民大会」『峡中日報』一九一三年一月一七日第二面。山梨県議会事務局編『山梨県議会史』三、山梨県議会、一九七四年、一一六～一一八頁。
(47)同前『山梨県議会史』三、一一六～一一八頁。
(48)前掲『山梨県史　通史編5』五六九～五七〇頁。

辛亥革命後の宋慶齢と日本

石川照子

はじめに

宋慶齢は、まず〝偉大なる革命指導者である孫文の夫人〟としてその多くを語られるのであるが、九〇年近いその生涯を辿ってみた時、激動の中国革命の中で自身の思想と行動を模索し選択していった一人の主体的な女性の姿を見出すことができるのである。

辛亥革命一〇〇周年を迎え、中国と台湾の現状に照らして辛亥革命の現代的意義が問い直されている中で、宋慶齢に関する研究も進展している。例えば上海市孫中山宋慶齢文物管理委員会では、実務活動と共に精力的に資料収集や研究が行われていて、その成果が年一回『孫中山宋慶齢文献与研究』という形で刊行されている。(1) 北京の宋慶齢故居内にも宋慶齢研究センターが設置されて、資料収集と研究活動が活発に行われているという。

また、二〇一一年の五月には辛亥革命一〇〇周年、宋慶齢逝去三〇周年を記念して、上海で前述の上海市孫中山宋慶齢文物管理委員会、上海宋慶齢基金会、上海宋慶齢研究会の主催による「宋慶齢とその時代(宋慶齢及其時代)」国際シンポジウムが開催された。会議には中国、台湾、ロシア、日本から多くの参加者が集まり、多岐にわたるテーマが報告され、宋慶齢への関心とその現代的重要性というものを感じさせられた[2]。

清末から中華人民共和国までの長く激動の時代を生き、その生涯の大半を中国の革命と政治の中心において送った宋慶齢については、様々な視点からの研究が可能であろう[3]。その一つが中国女性史からの考察である。中国のもっとも初期の女子留学生は一八七〇年代に遡ることができるが、当初は父兄や夫に従って家族として渡航した者がほとんどだった。しかしアヘン戦争後の開港以来女子教育が徐々に浸透してゆく中で、清末の女性革命家の秋瑾のように自身の意志で留学を試みる女性たちも登場するようになっていった。宋慶齢もまたアメリカ留学を果たし、新しい知識と思想を身につけた近代女性として、帰国後は現実の中国革命の奔流に飛び込んで独自の活動を展開することになるのであった[4]。

さらに、日中女性関係史という視点も考えられるだろう。宋慶齢はアメリカ留学を終えた後に日本に滞在することになるが、その間に後述するように梅屋庄吉夫人のトクと親しく交際し、下田歌子にも会う機会を持つなど、特に若い二〇代の時期に日本人女性との接点を多く持っていた。辛亥革命直後の中国が大きく揺れ動いていた時代に、宋慶齢が日本に滞在し、日本人女性たちと交流した経験はどのような意味を持ったのだろうか。

本報告では、こうした女性史、ジェンダーの視点から、辛亥革命後の宋慶齢と日本との関わりについて検討してみたい。

Ⅰ 「二十世紀の最大事件」

宋慶齢は一八九三年に上海の裕福な家庭に生まれた。母親の倪桂貞（珍）は明代の著名な政治家・学者でカトリック教徒の徐光啓を祖先に持つ、上海の名門家庭出身の女性であった。当時としては珍しく纏足ではなかった桂貞は、数学が得意でピアノも弾くというモダン女性で、敬虔なキリスト教徒として熱心に慈善活動にも取り組んでいた。(5)

父親の宋嘉樹は海南島の出身で、後にアメリカに渡ってキリスト教と出会い、洗礼を受けた。ヴァンダービルト大学神学院等で学び、帰国後はメソジスト教会の宣教師として、上海及びその近郊で布教活動に従事した。やがて宋嘉樹は印刷業や製粉業を営む実業家に転じたが、中国ＹＭＣＡの創設にも携わり教会への資金的援助も継続するなど、一貫して熱心なクリスチャンであった。そして孫文と知り合い、その革命活動を金銭的にも精神的にも支援してゆくこととなった。

宋慶齢は姉妹と共に上海のメソジスト教会系の中西女塾（現在の上海市第三女子中学）に入学して、同塾で家庭と同様に聖書の教えに接し、また早い時期から英語等も学んだ。そして姉の靄齢に続いて一九〇七年に妹の美齢とアメリカに留学し、翌年ジョージア州メイコンのウェスレアン・カレッジに入学した。こうした宋家の三姉妹のように幼い頃から外国語を学んで留学をするといった女性は、当時の中国においては極めて稀であり、若い年齢での外国経験は、慶齢に実に多くの見聞をもたらしたのであった。

特に、近代の市民革命と産業革命を経験したアメリカ社会での生活は、宋慶齢に祖国を離れて、改めて中国の改革の必要性を痛感させることとなった。宋慶齢が孫文との出会いによってその思想を大きく発展させたことは確かであろう。しかし、中国の現状を変革し自身もその担い手になるという思いもまた、既に十代のアメリカ留学中に確かなものとして芽生えていたのである。例えば、大学の雑誌 The Wesleyan に掲載された「中国における外国で教育を受けた学生の影響」という文章では、外国に留学し近代西洋の教育を受けた留学生たちは、中国の政治、教育、社会改革の面で多大な影響を及ぼすことができ、現在の中国が抱える様々な重大問題を解決することができると述べている。(6)

また、宋慶齢は第一波フェミニズムのうねりの中で、女性問題についても既に強い関心を抱いていた。同じく雑誌The Wesleyan上で「現代中国女性」と題して、婦人参政権運動家のイギリス人女性パンクハースト等にも言及しつつ、女性の地位向上のための教育の重要性に着目している。慶齢は「キリスト教が中国に伝わってから、中国女性の社会的地位と文化水準はかつてと比べて明らかに高まった。……私立学校や教会学校は、文学、詩歌、音楽以外に、自然科学、数学、体育等もカリキュラムに加えている」[8]と述べて、中国におけるキリスト教と教会学校の役割を高く評価したのだった。

そして、一九一一年に辛亥革命の勃発の報に接すると、宋慶齢はその感激の思いを「二十世紀の最大事件」と題する、若いみずみずしい感性に溢れた文章に著した。

多くの有名な教育者や政治家の意見によると、二十世紀の最大の事件、ワーテルロー以来の最大の出来事の一つが中国革命である。それは、最も光栄ある偉業である。……五ヶ月前には、われわれのもっとも大胆な夢想も、『共和国』のことまでは及ばなかった。ある人々にとっては、初歩的な『立憲政府』の約束さえ、懐疑的に受けとられた。……圧制こそが、不幸に見えて実は幸いをもたらした、このすばらしい革命の原因であった。[9]

宋慶齢はこの革命を民族革命と認識して、暴虐の満州王朝こそ革命を起こす直接の契機とし、その打倒を歓喜したのだった。また、予想を超えた『共和国』の誕生を歓迎して、「さらに現在、中国では、数々の改革が進行中である。それらの中には、社会の改革があり、教育の改革があり、あるいは、工業の改革がある」[10]と述べている。さらに、コルゲート大学学部長の、博愛が自由と平等の両者の基礎であるという指摘に注目しているが、これは孫文の民生主義の発想と通じるものである。[11]

Ⅱ　日本――孫文との再会・結婚、革命運動の奔流の中へ

一九一三年大学を卒業した宋慶齢は、第二革命に失敗して孫文と同様に亡命中の家族を追って来日し、幼い頃に自宅を訪れたことのある孫文との再会を果たした。[12]その後、孫文の秘書を務めていた姉の靄齢が一四年九月に孔祥熙と結婚したため、慶齢はその後任となり、文書整理や英文翻訳、対外連絡等に従事することとなった。当時の心境について慶齢はアメリカ留学中の妹美齢への手紙の中で、「私はこの種の仕事を小さな頃からしたいと思っていたのです。私は真に革命運動の中心に近づいたのです。……私は中国を助けることができ、孫博士を助けることができるのです。彼は私を必要としているのです」[13]と記している。一方孫文は宋慶齢が一時帰国した際に、慶齢の堪能な英語力を欠いた不便さを痛感すると共に、彼もまた慶齢を慕う想いを抱いていたことが伝えられている。[14]

やがて長い時間行動を共にし、同じキリスト教思想を備え革命への揺るぎない志を抱いた二人は、慶齢の両親の強い反対を押し切って、一九一五年一〇月二五日に東京で結婚した。

前日の二四日に上海から戻った宋慶齢を、孫文は東京駅まで出迎えた。そして二五日に、「午後四時三十分孫文ハ同宿ノ宋慶林（ママ）ヲ伴ヒ自働車（ママ）ニテ外出　牛込区袋町五番地和田瑞方ニ乙（ママ）リ晩餐ノ饗応ヲ受ケ仝七時和田ヲ連レ自働車（ママ）ニテ退出赤坂区溜池待合三島へ和田ヲ送リ仝七時三十分帰宅セリ」[15]と記されている、和田瑞立会いの下で誓約書に署名を交わした。[16]孫文は前妻の盧慕貞との間に子供もいたが、既に協議離婚を済ませていた。盧慕貞は中国の古い習慣に従って孫文に第二夫人を娶るよう勧めていたが、近代的教育を受け新しい女性を体現して

いた宋慶齢はそれを是とすることはできず、誓約書という証しを求めたのであった。

アメリカ留学時代の親しい友人に宛てた手紙の中で、宋慶齢は「私は勇気を持って恐れと疑いや心配を克服して、結婚を決めたのです。……私は彼の為に手紙の返事を書かねばならず、すべての電報を中国語に訳す責任を負っているのです。……私は彼［孫文］から多くのことを学びました」[17]と記している。孫文への確固たる愛情を抱きつつも家族が反対する中で揺れる気持ちを振り切って、宋慶齢は孫文との結婚に踏み切ったのである。

宋慶齢と孫文は親子ほども年齢は離れていたが、その結婚は強く共鳴し合う思想を有する独立した個と個の結合を意味していた。そして二人は夫婦であると共に同志として、その後の革命活動に専念してゆくことになったのである。

宋慶齢自身、来日してから孫文の秘書としてまた妻として、多くの日本人や中国人との出会いや交流という経験を重ねていた。外務省記録その他に見られるだけでも、朱卓文、廖仲愷、何香凝、廖夢醒、廖承志、戴季陶、胡漢民、陳其美、朱執信、鄧仲元、蔣介石、黄実、馬素、王統一夫妻、林賡、黄玉珍、王子明、王子衡、梅屋庄吉・トク夫妻、萱野長知夫妻、頭山満、宮崎滔天、山田純三郎、寺尾亨、海妻猪勇彦、田中昴、武藤全吾、下田歌子等の名前を挙げることができる。日本でのこうした様々な人物との出会いや再会は、確実に宋慶齢を成長させ、革命活動への思いをさらに確固たるものにしていったと推測できるだろう。

その中で日本人女性との交流について見てみると、貿易商として成功し、孫文の革命運動を金銭的、精神的に支えた梅屋庄吉の夫人トクとの親密な関係をうかがい知ることができる。外務省記録によると、一九一三年九月一八日、孫文に連れられて梅屋邸を訪れた宋慶齢は、梅屋夫妻と初めて出会った。その後、共に大正博覧会や浅草公園見物に出かけたり、トクは結婚の準備の為に家具や夜具、箪笥等を購入する孫文に付き添ったり、結婚後の孫文宋慶齢夫妻を両国国技館、上野公園、動物園に誘うなど、プライベートな交流を深めている[18]。宋慶齢も一六年五月に帰国してからも、トク宛てに数通の手紙を送っていた。その中で、「彼［孫文］だけがこの困難な時期において中国が滅亡から免れるよう救うことのできる人です。ですから国家の利益と救済の為に私も多くの危険を冒さなくてはならないのです」[19]と革命事業に対する決意を伝えている。

また、来日間もない宋慶齢は、孫文に連れられて姉宋藹齢と共に下田歌子宅を訪ねている。[20]下田が創設した実践女学校には、秋瑾をはじめ多数の中国人女子留学生が学んでいた。残された記録はないものの、短時間の訪問の中で何が話されたのか興味深い。

後年、孫文と北京へ向かう途中神戸に立ち寄った際に、神戸高等女学校での孫文の「大アジア主義」の演説と共に、宋慶齢も日本の女性たちに向けて講演を行った。

私はこの貴重な機会に私たちの共通の関心あるテーマ――女性運動について数分ばかり話したいと思います。私は日本の女性の事理に通じ、正直で忍耐強いという多くの突出した性格を深く敬服しております。そして重大な犠牲を引き受けるという力はとりわけ重要です。これらの品性が日本の女性を十分にアジアの女性運動の指導者たらしめているのです。……女性の地位は民族の発展の尺度です。……女性の公的活動への参加に反対する女性蔑視の古い塀を倒す為に、中国の女性たちもみなさんと肩を並べて戦っています。……東洋と西洋の女性たちよ、世界を改造する為に団結しましょう！　団結して遍く軍備を縮小し、蔑視政策を排除し、不平等条約を排除することを要求しましょう。[21]

この演説は、宋慶齢が直接日本の女性たちについて言及した数少ない貴重な言論である。日本女性たちの資質に敬意を表すと共に、孫文の「大アジア主義」と通底する日本人に対して向けられた期待も見ることができるのである。宋慶齢の日中女性関係史に関するさらなる資料の発見を期待したい。

おわりに

宋慶齢にとって孫文との結婚はその生涯における決定的な転機となり、孫文の活動の展開に伴って慶齢もまた中国革命の渦中へ飛び込んでゆくことになった。そして日本は宋慶齢が孫文と再会し、孫文と革命活動を共にする生涯の伴侶として歩み出した地となった。一六年の帰国後、宋慶齢は亡くなるまで再び日本を訪れる機会はなかったが、日本への関心と再訪の思いは変わらず抱いていたという(22)。

中国へ戻ってからも宋慶齢は機密文書の処理等、常に孫文の革命活動を支えていった。そしてその活動は一九二五年の孫文の死によっても途絶えることはなく、以後三大政策等、孫文の遺志を継承していったのである。宋慶齢は献身・博愛の精神にのっとり、夫孫文死後の中国革命の進展の中で人民に依拠する重要性を痛感した。そして孫文の三民主義の中でも特に民生主義と民権主義の実現を一貫して模索し続け、やがてそれは抗戦期を通じて民主の希求へと結実していったのである。正しく慶齢は孫文思想の継承・発展を体現したのだと言えるだろう(23)。

辛亥革命一〇〇周年を迎えた今日、「進まない政治改革、深刻な官僚の腐敗、広がる貧富の格差」に直面して、「『革命』という言葉が、今の中国では敏感なものになってしまった」現在、「民権」の概念が改めて問われているという(24)。孫文、そして宋慶齢の思想と活動の意味もまた、再検討、再評価されなくてはならないのではないだろうか。

註

(1) 同委員会主編により上海世紀出版股份有限公司上海書店出版社から、現在まで既に第三号まで刊行されている。その内容は研究論文以外に、国内やアメリカ、ロシア等海外に所蔵されている一次史料も多数掲載されている。

(2) 上海宋慶齢研究会他編『宋慶齢及其時代国際学術研討会論文集』(中国福利会出版社、二〇一一年)、及び石川照子「〝宋慶齢及其時代〟国際学術研討会参加記」(『中国女性史研究』第二一号、二〇一二年二月)を参照。

(3) 宋慶齢の生涯については、Israel・Epstein, *WOMAN IN WORLD HISTORY Soong Ching Ling (Mme. Sun Yatsen)*, New World Press, Beijing, 1993(I・エプシュタイン著、久保田博子訳『宋慶齢——中国の良心・その全生涯』サイマル出版会、一九九五年)、NHK取材班『宋姉妹　中国を支配した華麗なる一族』角川書店、一九九五年、石川照子「中国革命の中の女性解放——宋慶齢」米田佐代子編『歴史に人権を刻んだ女たち』かもがわ出版、一九九六年等を参照。

(4) 中国女性史の詳細については、中国女性史研究会編『中国女性の一〇〇年　史料にみる歩み』青木書店、二〇〇四年、関西中国女性史研究会編『中国女性史入門　女たちの今と昔』人文書院、二〇〇五年を参照。

(5) 宋家については、石川照子「宋家一族——近代都市家族の形成」日本上海史研究会編『上海人物誌』東方書店、一九九七年を参照。

(6) *The Influence of Foreign Educated Students on China, The Wesleyan*, November 1911. 但し、執筆時期は辛亥革命以前と思われる。

(7) 一九世紀の終わりから一九二〇年代にかけて世界的に高まった女権運動で、特に女性参政権の実現と、公娼制度の廃止が目標として掲げられた。中国でも一九一二年の中華民国成立前後から、女性参政権要求運動が始まったが、強い反対意見によって臨時約法に男女平等の規定は盛り込まれなかった。詳細は「参政権運動——第一波フェミニズムに呼応して」中国女性史研究会編、前掲書、四五－四八頁を参照。

(8) *The Modern Chinese Women, The Wesleyan*, March 1913. 同文は、「現代中国婦女」と訳されて、『宋慶齢選集　上巻』人民出版社、一九九二年、五－七頁に収められている。

(9) *The Greatest Event of the Twentieth Century, The Wesleyan*, April 1912. 日本語訳は、久保田博子「二十世紀の最大事件」(宋慶齢著、仁木ふみ子訳『宋慶齢選集』ドメス出版、一九七九年所収の栞に掲載)による。中国語訳は、「二十世紀最偉大的事件」(同右『宋慶齢選集　上巻』一－四頁)。

(10) 同右。

(11) 同右。なお、博愛は原文ではFraternityとなっており、その意味は友愛ということになる。一方孫文は、中国の古典から博愛を発想したと言われる。この〝博愛〟は孫文、宋慶齢両者の思想を考える上で、重要な概念であり、更なる検討が必要である。

(12) 日本滞在中の宋慶齢の行動の詳細は、外交史料館所蔵外務省記録「孫文ノ動静」を参照。宋慶齢の来日については、「(八月二九日)午前九時卅分宋嘉樹外出　十時卅分帰宿　十一時十分再ビ外出(本人ノ妹(ママ)、米国ヨリ来着シタル由ナレバ多分出迎ノ為メ横浜ニ至レルナラント)」と記録されている。

(13) Cornelia Spencer, *Three Sisters: The Story of the Soong Family of China*, John Day, New York, 1939, p151,157.

(14) 車田譲吉『国父孫文と梅屋庄吉——中国に捧げたある日本人の生涯』六興出版、一九七五年、二八五‐二八七頁。

(15) 前掲、外務省記録「孫文ノ動静」。

(16) 誓約書については、趙金敏「孫中山、宋慶齢婚姻誓約書」『文物天地』一九八一年第二期を参照。

(17) 「致阿莉」(一九一五年一一月一八日)『宋慶齢書信集　上』人民出版社、一九九九年、一一頁。宋慶齢は後年にも自身の結婚について触れている(「上海交通大学檔案館蔵宋慶齢致黎照寰夫婦函」『孫中山宋慶齢文献与研究』第一号、二〇〇九年一二月、二〇一頁。手紙の日付は一九五七年五月一八日)。

(18) 前掲、外務省記録「孫文ノ動静」一九一三年九月一八日、一九一四年三月二一日、一九一五年一〇月一二日、一〇月一四日、一九一六年四月二二日。

(19) 「致梅屋夫人」(一九一六年五月二七日)前掲『宋慶齢選集　上巻』一一頁。その他、同年五月二〇日と一七年二月一九日付の手紙も書いている。また、梅屋庄吉宛にも一七年四月二日付の手紙がある。

(20) 前掲、外務省記録「孫文ノ動静」一九一三年九月二三日。

(21) 「在神戸高等女子学校的講演」(一九二四年一一月二八日)前掲『宋慶齢選集　上巻』二二‐二三頁。

(22) 一九五〇年には、前年八月一七日に起こった松川事件で逮捕された労働者たちを支援するメッセージを送っている(「声援〝松川事件〟被捕工人——致日本労農救援会函」同右、五八六‐五八七頁)。他に一九五〇年代から七〇年代の間に、宮本百合子、有吉幸治、「日本の平和を愛する友人たち」、宮崎龍介(宮崎滔天の長男)夫妻、松平治一郎(日中友好協会会長)、仁木ふみ子、国方千勢子(梅屋庄吉の娘)夫妻宛ての手紙が残っている(『宋慶齢書信集　下』人民出版社、一九九九年に所収)。

(23) 宋慶齢の思想を検討する際に、キリスト教思想は重要な意味を持っている。宋慶齢におけるキリスト教の継承と発展・変容とはどのようなものだったのだろうか。民主というものが個々の人民の権利を尊重し、基本的人権を尊重しようとするものならば、個を尊重し人道主義を掲げたキリスト教の精神は、宋慶齢の民主への思いの中に昇華していったと言えるのではないだろうか。

(24) 「孫文の理想　身構える中国——辛亥革命一〇〇年　上」『朝日新聞』二〇一一年九月二九日、朝刊。

辛亥革命と日本——挿絵・写真・風刺画に見る図像資料の再検討

孫　安石

はじめに

本稿は、辛亥革命が起きた当時の日本側の新聞や雑誌、なかでも挿絵や写真、風刺画を多用した『風俗画報』、『グラヒック』、『日本及日本人』などを取り上げ、これら新聞、雑誌が辛亥革命をどのように描いたのか、について紹介したい。その際、図像資料を取り扱う理論枠組みとして、日本風刺画史学会清水勲編『風刺画研究』に掲載された様々な論考から学べることは少なくない(1)。また、飯倉章『日露戦争風刺画大全』は日露戦争の風刺画が日本社会にいかなる影響を与えたのか、について鋭く分析し、「テレビもウェブサイトもないこの時代に、念入りに描かれた図像は、流れ去る映像よりもはるかに時間をかけて鑑賞されたことであろう」と指摘している(2)。

近代日中関係史で最も大量の中国情報は、日清戦争を契機とした多くの従軍記者と画家の中国派遣によってもたらされたものであった。原田敬一は論文「戦争を伝えた人びと」のなかで、日本の参謀本部編『明治二十七八年日清戦史』第八巻の資料を引用し、日清戦争の際に日本国内六六社の報道機関から合計で一一四名の記者が派遣され、画家一一名、写真技師四名が派遣されたことを指摘している(3)。日清戦争に関連してこれら従軍記者と画家が制作した錦絵版画は現存する作品が多く、例えば、『風俗画報』の臨時増刊号として発行された「日清戦争図絵」は、二〇〇二年にゆまに書房から復刻が刊行され、全国の大学図書館などで容易に閲覧することが可能である[4]。

この「日清戦争図絵」の表現について岡村志嘉子は、（1）絵巻の表現に多用される絵解きの手法が導入されていたこと、（2）戦闘を描いた図は事実を伝えるだけではなく、美しさと娯楽性を兼ね備えた物語絵という特徴をもっていること、を指摘している[5]。また、岡村は、日清戦争から一〇年後の一九〇五年になると既に写真が錦絵を圧倒し、「日清戦争図絵」のような絵解きの世界は、ニュース報道の第一線から後退したことも指摘している。戦争と革命などの歴史的な事件を記録する媒体としての写真の登場が、一九一〇年代を前後し絵画を圧倒した、という議論は多くの人が認めるところであろう。

ところが、『風俗画報』の臨時増刊号「支那戦争図絵」（ここの「支那戦争」は義和団事変を指す）は依然として錦絵と地図などの図像資料が主な挿絵として登場している点に注目したい。すなわち、「支那戦争図絵」の第二一三号は、義和団事変に対して「支那に於ける戦争は列国軍隊の競争試験なり」という題名の論説を掲載している。

「今や各国の軍隊一斉に銃砲を執りて戦争に従うを以て北清の各地は列国軍隊の試験場となりたるの観あり。是れ吾曹の本題を掲けて世人の注目を惹かむを欲する所以なり。（中略）実に我が軍隊は吾曹の希望する所の如く、特に異彩を放ち、試験場裏に於て目下好成績を奏し居ること明確なり。然れは即ち、今後軍隊競争の試験には第一位を占むべきは吾曹の固く信して疑わざる所…（後略）[6]」

『風俗画報』は、日本の軍隊が欧米諸国とともに八ヵ国連合軍の「一員」として参加し、良好な成績を収めることで、日本が欧米列国の奴隷や猟犬ではないことを見せるべきである、と主張しており、これは当時の日本側の日中関係を巡る時代認識として注目に値する。また、「支那戦争図絵」はこれら論説の他にも、義和団戦争に関連する挿絵、地図などを数多く掲載し、義和団事変の経過を詳細に報道していた。この欧米列強への仲間入りは、服装という「外見」からも、そして、紀律を守るという「内面」からも証明される必要があった。例えば、『風俗画報』には、欧米列強の軍服と同じく正服・礼服・軍服・略服に分類された日本の陸海軍の服装の図像が頻繁に登場するが、そこからはいよいよ欧米列強の仲間入りを果たした、という日本の自負を窺うことができよう。

その一方で、服装という外面ではなく、組織の紀律を守るという内面的要素は、「軍紀」を厳粛に守る日本の軍隊として宣伝された。例えば、『風俗画報』の第二一五号には、「軍紀の厳粛」と題する次のような社説が掲載されている。

「我軍の良民に対する精神は専ら撫育に在る所以を示し、帰来して其の堵にあんすべきことを諭せり。而して我が軍隊に令して云う。占領区域内の住民に対しては充分の保護を与え、彼らを虐待し、或は住民の所有物を掠奪する等は厳に禁止すべし。（中略）日本の戦法、日本の紀律、日本の勇気こそ、此日の観物にして戦争の開始も結局勝利も、皆日本のものなりしなり。嗚呼列国軍隊中に於て、特に此の名誉を博し得たるは是れ全く大和魂の致す所にして…（後略）[7]」（原文・旧かなづかい、以下同）

このように軍紀を守る日本の軍隊は、北京と天津に在留する日本人居留民の歓迎を受けただけではなく、多くの中国人からも歓迎されたという。『風俗画報』は、日本の軍隊が「占領区の何れに関わらず戸毎に日章旗を掲げ、日本帝国国民、若くは良民を記し、戸外に出る者は老幼男女を問わず、手に同様の小旗を翻し我が保護に依頼す。旭旗数万城の内外に翻るの光景宛も我が国に於る大祭日の如し[8]」歓迎を受けた、という記事を掲載している。

以上、日清戦争と義和団事件に関連する図像資料を紹介した『風俗画報』について簡単に触れてきたが、このような問題意識を、同時代の日本で刊行された辛亥革命を取り上げた一連の雑誌に当てはめてみれば、我々はいかなる結果を得ることができるのだろうか。そして、これら雑誌に登場する挿絵・写真・風刺画などの図像資料は歴史研究においてどのような新たな可能性を提示できるのかについて、以下、順次、触れていくことにしたい。

Ⅰ 『風俗画報』と辛亥革命

それではまず、『風俗画報』の中で辛亥革命はどのように紹介されていたのだろうか。確かに、『風俗画報』は辛亥革命については、日清戦争や義和団事変のように臨時増刊号は発行しておらず、挿絵なども以前の日清戦争や義和団事変の時と比べれば多く登場しているわけではないが、辛亥革命の様子は時々刻々と詳細に報道されていたことを【表1】の記事目次からも確認することができる。

『風俗画報』が辛亥革命をどのような観点からとらえていたのかを整理することは容易なことではないが、『風俗画報』の第四二六号に登場する山下重民「外邦の変乱に就て」という論説は、その一端を窺わせる材料を提供してくれる。

即ち、同論説は、日本とは国体と国情が違う中国とはいえ、国家を守護し外的を防御すべき軍隊が君主を攻撃する革命が、隣国で起きたことの衝撃は計り知れない、とした上で、日本で同じことが起きないような対策が必要であるとして次のように記している。

【表1】『風俗画報』と辛亥革命関連の記事目次（部分、第426号～第431号）

第426号（1911年11月5日）	第427号（1911年12月5日）	第428号（1912年1月5日）
◎銃声砲響 清国の変乱 革命軍暴発 武昌陥落 帝国軍艦出動 張彪旗下の満兵 漢口引揚準備 長沙陥落 邦人の安否 漢口陥る 邦人全部引揚了 漢陽の叛徒 沙市は無事 防衛隊総指揮官 日本租界地護衛 江岸占領同詳報 日本義勇隊編成 海軍大臣の訓示 宜昌陥落 長沙常徳陥落 革命軍が外国に対する声明 同国人に対する宣言書 伊土戦争 局外中立詔書	◎銃声砲響 駐清軍隊の増遣 清国派遣隊 日本赤十字社第一救護団の出発 清国に在る我軍艦 紅十字団 清国革命戦の経過 漢口海陸の応戦 漢口恢復戦況 悲惨なる上諭 革命軍支那街固守　同漢口恢復 支那街の焼打 革命軍上海占領 憲法信条十九条 時局上諭 六安徐州陥落 九江叉陥 南京提督死守 広東独立 福州戦況 北京人口四分一避難 江陰蕪湖占領せらる 芝罘亦占領 新内閣成立 共和政要望 奉天保安会 軍政府と都督 南京両軍の状況 潮州の陥落	◎銃声礮響 松井参事官の急行 羅振玉氏珍籍を携て乱を本邦に避く 梁啓超の意見書 革命戦の経過 漢陽克復 同状況　確実占領 同上諭　革命軍南京総攻撃開始 戦闘中止 軍艦の南京攻撃 革命軍の奮戦 紫金山占領 砲台軍艦の砲戦 日本領事館避難 南京陥落　同詳報 南京秩序恢復 凄惨なる憲法宣誓式 摂生王辞職 同別報都督代表会檄 黄興大元帥就諾 南京都督選任 休戦並に講話談判　西京丸追跡せらる 我維新後の如し 備考　赤十字の起原
第429号（1912年2月5日）	**第430号（1912年3月5日）**	**第431号（1912年4月5日）**
◎銃声礮響 六国の警告 帝国再び守備隊を増遣す 中清派遣隊 指揮官尾野大佐 帝国の渤海警戒 革命戦乱の経過 官軍娘子関占領 断髪励行 講話談判の開始 唐紹怡の意見 講話協定原文 国会召集の上諭 官軍撤兵 北伐軍の輸送と京奉鉄道の守備 五国鉄道守備の配置 秦皇島の警備 川島指揮官の下江	◎隣変近騒 清帝辞位の奏上 同上通牒 四国軍艦は与らず 満官帥の要求に応じず 我守備隊の好評 赤十字救護団の帰朝 清国事件費予算 支那革命の経過 第一回御前会議 那親王の強硬 第二回 第三回 袁世凱の退位密奏全文 伍廷芳の和漢経過報告 皇帝辞位上諭 外務部の通牒 袁全権の諭告 満州の民国旗	◎隣変近騒 我軍隊開原の警戒を撤す 武昌の騒乱 北京の騒乱 ◎外交団の決議 満州より出兵 北清の増兵に就て 袁世凱の布告 大統領正式就任式 宣誓式の実況 臨時約法の発布

「今後清国の兵乱いかに変ずるや予め測り知るべからざるも、隣邦にして我が臣民の駐在するもの多く、関係する所甚だ大なれば、我が政府が慎重に事を処し、内外支持の機宜を誤るなきを切望す。（中略）我が臣民が克く聖旨を奉戴し、忠誠の上にも尚お忠誠ならむことを期し、乃ち一片の感慨を記して同胞諸子に告ぐという[9]」

辛亥革命の勃発が日本の天皇制に与える影響を心配し、日本の臣民の忠誠を強調した山下重民は、『風俗画報』の第四二七号の社説「隣国の禍乱如何」のなかで、欧米列強の利益確保という視点と天皇制擁護という政治的な安定を確保するために、中国の立憲君主制を支持し、共和革命に反対する必要があったことをも指摘している。

『風俗画報』と辛亥革命との関連でもう一つ注目すべきことは、辛亥革命の救護に向かう千葉医学専門学校の中国人留学生の出発光景を写した写真が掲載されている点である（【図1－①】を参照）。辛亥革命の救護活動に参加した千葉医学専門学校の留学生の活動については、すでに見城悌治の論文「辛亥革命と千葉医学専門学校留学生」があり、日本赤十字救護隊の派遣については、山崎祐二の「一九一〇年代における日本赤十字社の救護看護人」などの先行研究が発表されている[10]。これら先行研究によれば、辛亥革命の負傷者を助けるために組織された中国人留学生の救援隊は、千葉医学専門学校で開催された応急医療のための講習会に参加し、一九一一年一一月九日には千葉駅を出発し、一一月一八日には東京の新橋駅を出発し、横浜にむけて出発したことが明らかになっているが、その具体的な様子を記録した写真などは紹介されることがなかった。

ところが、この『風俗画報』に掲載された写真によって、千葉医学専門学校を中心とした中国人留学生の中国派遣隊が東京の宿泊先であった三崎館で記念行事を行ったこと（【図1－②】を参照）や神田青年会館での活動の様子などを知ることができるし、千葉医学専門学校の呼びかけに呼応した東京女医学校の女子留学生銭旭琴、熊松雪、王梅仙

図1　『風俗画報』、第427号、「清乱赤十字出発の光景」

らの活動の一端が確認できるようになったのである（【図1―③】を参照）。

さて、辛亥革命の時期に中国で救護活動を展開したのは、千葉医学専門学校の留学生だけではなく、日本から派遣された赤十字救護団も武漢を拠点にした医療活動を展開した。この日本赤十字第一次救護隊の活動の詳細については前述山崎祐二の論文が詳しいが、『風俗画報』第四二七号も「日本赤十字社第一次救護隊の出発」という記事を掲載し、その出発の様子を伝えている。

「団員は何れもカーキー色改正制服を着け、深緑の鉢巻したる制帽を載き、巻脚袢に赤靴を穿き、背嚢を脊負い腰間には短剣及び救護用繃帯、水筒、飯盒を携帯する等凡て陸軍軍人の戦時武装と異なる処なし。慈悲博愛の精神を表現する左腕赤十字の中立徽章いと神々しく。胸間に輝く従軍記章と勲章とは宛然彼等が人道の戦士として奮闘する名誉ある過去の閲歴を語りて尊くぞみたりき（後略）[11]」

また、日本赤十字救護隊の帰国についても、『風俗画報』の第四二九号は「赤十字救護団の帰朝」と題する記事を掲載している。「支那に派遣されたる日本赤十字社第一救護団一行は昨年十一月二十日漢口リットル商会楼上に救護収容所を設け、爾来官革両軍障害兵二百三十余名を収用せるが、今や其任務も終了したるを以て、来る二十三日解散に決し…(後略)[12]」。

ところで、『風俗画報』が伝える日本赤十字社の活動は、山崎祐二が指摘している日本赤十字社の活動内容とほぼ合致するものであるが、実はこの日本赤十字社の活動は、「人道主義」と「博愛精神」という崇高なる精神の他に、中国の混乱した国内事情に関する情報を集めたいという日本側の政治的な目的が背景にあったことも忘れてはならない。なぜならば、日本外務省が保存する辛亥革命関連資料の中には、日本赤十字の派遣の背景には、辛亥革命をめぐる中国国内の情報収集という、人道主義とは異なり、中国国内の情勢を調べることで日本の対中国政策において何らかの利益につながるのではないか、という別の目的があったことが記されているからである[13]。

さらに、日本赤十字救護隊の服装と国旗掲揚などをめぐっては、全く予期せぬトラブルも起きていた。即ち、漢口の第三艦隊司令部は日本赤十字救護隊の服装が清国の官軍の服装と酷似していることから、「清国官軍の服装と類似するため遠く之を臨むときは肩章の赤十字明瞭に認めざる為全く清国官軍と誤認せらるる虞あり、若し官軍にして破れ革軍漢口を占領せしか混乱の際、銃撃せられずとも限らず故に此の服装を変更を加えることは出来ぬか」という要請を行っている[14]。

もう一つ、人道主義を掲げたはずの日本赤十字救護隊の活動は、「国旗」を掲揚する問題で国際政治という難題に直面した。即ち、日本赤十字救護隊の上野医長は、一九一一年一二月三日にイギリス租界に設置された救護所に日本の「国旗」を揚げることができず、「赤十字旗」のみを掲揚していることについて次のように報告している。

「居留地には居留地に関する国際上の関係あり。他国の居留地に於ては□に自国の国旗を揚げるを許さず。即ち其国領事の承認を必要とす。故に我が救護所は英国租界に在るを以て同国領事の承認をえざるべからず。依て我総領事より之が届出を為したるも今日まで尚未だ承認の通報に接せず…（後略、□は不明）」[15]

辛亥革命を前後した時期に漢口における医療活動を展開した組織は、日本赤十字の他に、イギリス租界では聖公赤十字会、カトリック病院が、ロシア租界では上海紅十字会医院、上海万国赤十字会病院が、フランス租界ではフランス赤十字病院が、ドイツ租界ではドイツ病院が、日本租界では日本海軍病院などが運営されていることが知られているが、日本赤十字隊の派遣の背景には、人道主義の他に「国威」の宣揚という背景が横たわっていたことは注目に値する。以上、『風俗画報』には触れられていない日本赤十字社救護隊の意図や実情について外務省資料によって補充した。

Ⅱ　雑誌『グラヒック』と辛亥革命関連の写真

辛亥革命を前後した時期に日本で発行された雑誌の中で、『グラヒック』（The Graphic、一九〇九年一月～一九一二年六月、有楽社発行）は、一九一一年一二月一五日、第三巻二七号として「支那革命号」特集号を刊行している。この号は、「支那革命大勢一覧図」を表紙として飾り、以下、「満人の北京と漢人の南京」、「革命軍の中枢人物」、「清国の皇室と北京政府の人物」、「革命と外交関係」、「武漢及び上海方面の戦況」、「革命動乱写真日誌」の小項目に分け、一二八枚の写真を掲載している。

図2（左）　革命軍の中枢人物（『グラヒック』第3巻27号、1911年12月、辛亥革命号）
図3（右）　満人の北京と漢人の南京（『グラヒック』第3巻27号、1911年12月、辛亥革命号）

この『グラヒック』の「支那革命号」のなかで、石山福治は「支那革命の根本的解説」を掲載し、辛亥革命の原因を満族と漢族の対立にあると指摘している。「単に支那の革命といえば、亦此御多分に漏れない政府と人民との衝突に外なるまいと思われるのであるが、（中略）支那の革命にはさらに深い々々他の根底が内部に潜んで居ることを知らねばならぬ。乃ち『支那と清国とは区別がある』ということが、今度の革命の根本的な原因である」[16]

すなわち石山福治は、「一部の支那人が今の清朝の政治に倦きて、茲に清朝の主権を斥け、支那の国土から清という名を除いて終おうというのが今度の革命の根本的な発足点である」として、満州族と漢族の対決構図を辛亥革命勃発の原因と説明しているのである（【図2】と【図3】を参照）。

ところで、『グラヒック』が掲載している写真の出典については、今後さらなる分析が必要である。すなわち、『グラヒック』に掲載された写真は、実

革軍步兵の士官　官軍將校から腕
に白布を纏いて革軍となつたもの
Au infantry of icer of the
R volutionaries.

A Manchu spy to be killed by the revolutinaries.

The Illustrated London News からの転載が確認できた写真（一部、左から）
図4-1（左）　革軍歩兵の士官（『グラヒック』、第3巻27号、1911年12月、支那革命号）
図4-2（中）　満人を斬る（『グラヒック』、第3巻27号、1911年12月、支那革命号）
図5（右）　避難官民の上海到着（『グラヒック』、第4巻2号、1912年1月）

は発行元有楽社の自前の写真ではなく、欧米の新聞や雑誌に掲載された写真などを転載している可能性があるからである。筆者は、本稿を準備する段階でCloud State Univ.から一九一一年八月〜一九一二年三月までのThe Illustrated London Newsのマイクロフィルムを借用し、『グラヒック』に掲載された写真の転載の有無を確認したが、そのなかで『グラヒック』が多くの写真をThe Illustrated London Newsから転載したことを確認することができた（【図4－1】と【図4－2】、【図5】を参照）。

欧米の新聞雑誌などに掲載された辛亥革命に関連する挿絵、写真などについては、徐家寧撰文『辛亥革命現場報導』が刊行されており、欧米人が辛亥革命をどのように認識していたのかについて紹介している。[17] 今後、これらの新聞雑誌に掲載された写真と挿絵などをより詳細に検討していけば、『グラヒック』に掲載された写真資料がどの新聞雑誌から転載していたのかを確かめることができよう。ちなみに木下直之は、グラヒックの復刻版によせた解説「座らにして世間の大活劇を目撃」（『グラヒック』復刻版、二〇〇五年、柏書房）のなかで、明治後期における画報の流行についてふれているものの、これら画報が依拠した欧米の雑誌や写

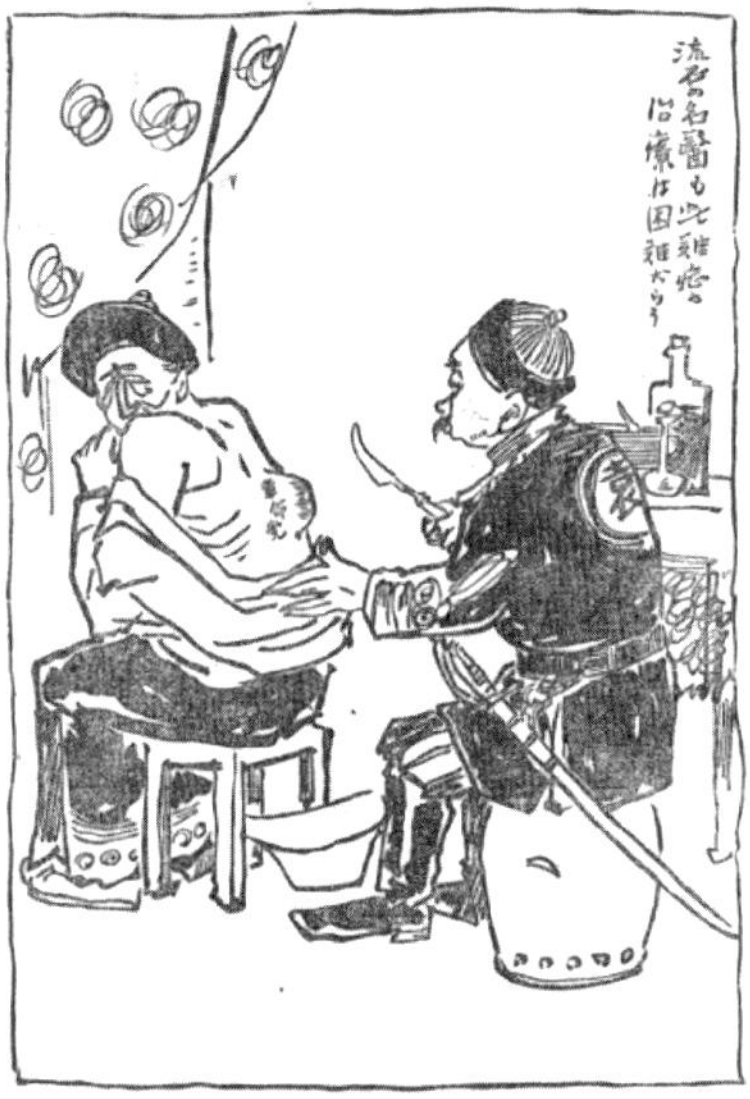

図6-1（上）、**2**（下）　『日本及日本人』、第569号、1911年9月

真などの資料の重複問題については触れていない。

Ⅲ『日本及日本人』の風刺画と辛亥革命

辛亥革命の勃発を日本側に伝えた新聞雑誌の中でも、『日本及日本人』は多くの風刺漫画を掲載しており、同時代の日本人が辛亥革命を前後した中国事情をどのようにみていたのかを垣間見ることができる。(18) そこで、以下には辛亥革命を前後した時期の『日本及日本人』に掲載された「時事漫画」を取り上げ、これら風刺画が描いた辛亥革命のイメージはいかなるものであったのかについて紹介することにしたい。

武昌革命

辛亥革命の直接的な背景になったのは、一九一一年五月の清朝政府による鉄道の国有化政策の実施に伴う民間鉄道の買収とこれに反発する四川省を中心とした保路運動であった。この保路運動の動きについては『日本及日本人』も第五六九号の記事のなかでその概略を伝えていたが、とくに、中国内陸の中心として九省が集まる都市、または東洋のシカゴと称された武漢で革命の火が上がったことは、日本にも大きな衝撃を与えた。

【図6-1】は「流石の名医も此難症の治療は困難だろう」という題名で、歳をとった老人（清朝）が背中にできた腫瘍（革命党）を心配そうに見つめ、その腫瘍にメスを入れようとする袁世凱を描いている。また、【図6-2】は中国各地で革命の火の手が上がったことを象徴するために、四台の釜戸を描きそれぞれの釜戸に火吹き竹を使い空気を送り込む背広姿の革命党の人を描いている。

図7-1（上）、**2**（下）　『日本及日本人』、第570号、1911年10月

『日本及日本人』は辛亥革命に対して日本がとるべき方策として、(1)北京政府が反乱を鎮圧し、全国を小国に分割し、満州族と漢族の功績ある臣下を王として封じ、ドイツのような聯邦制度をつくり、北京政府が聯邦の盟主になる案、(2)革命軍が勝利を収め、現在の一省を一州に当て、アメリカの制度を学んで、共和政治を施して、支那合州国を建立する案、(3)官軍と革命軍の戦闘が決着せず、支那が南北に二分されて、満州帝国と漢族共和国が両立し、それぞれが独立国になる案が考えられるとし、日本としては(1)案が最も望ましいという考え方を提示している。

袁世凱と辛亥革命

武昌蜂起が起きた一九一一年一〇月を前後した時期、ヨーロッパではイタリアとオスマン帝国との間で戦争が勃発した(当時の日本では「伊土戦争」と呼ばれた)。この戦争でイタリアは、オスマン帝国との間で「ローザンヌ講和」を締結し、トリポリタニア・フェザーン・キレナイカを獲得している。[19]【図7－1、上】は中清動乱(辛亥革命)という大彗星の出現で「伊土戦争」とモロッコ問題(第二次モロッコ事件)が消されてしまったことを風刺している。【図7－1、上】は総理大臣として任命された袁世凱が横になって櫃を眺める場面を描いていたもので、【図7－2、下】は「賊を見て縄を結ぶ」という題名で、袁世凱が賊匪(革命軍)を見ながら縄(武器)をこしらえる準備をしている様子を風刺している。袁世凱は一九一一年一一月一日、「内閣総理大臣」に任命され、湖北の革命軍を鎮圧した後、直ちに北京に上京し、内閣の組織と政治改良を任されることになるが、【図7－2、下】は、この時期の袁世凱を風刺した作品であろう。武昌における革命の勃発は、長江流域に展開していた日本海軍の大幅な兵力増強を意味し、その分、戦場でおきる突発的な戦闘に巻き込まれる可能性は高くなる。【図7－2、下】は、革命軍と官軍の戦闘に巻き込まれ日本の駆逐艦初霜が被弾した様子を描いたものである。

図8-1(上)、**2**(下)　『日本及日本人』、第571号、1911年11月

断髪と張勲

【図8－1、上】は袁世凱に背負われた老人（清朝）が、両手で弁髪をつかんでいる様子を描いたもので、【図8－1、上】は、断髪が実行され、大繁昌する帽子屋さんを風刺している。しかし、革命派が断髪の実行を命じたとしても、理髪人が西洋式の斬髪法を習熟しておらず、一般の人々も長い間、愛蓄した弁髪を直ちに切断することは大きな勇気が必要なものであったのだろう。その上、革命派の決定的な勝利が見込めないということになれば、一般市民が断髪を実行することは難しかった。この断髪令をめぐって南京の船津辰一郎領事は、一九一二年六月に「断髪強制命令告示に関する報告之件」という報告の中で、一般市民の対応ぶりを次のように記している。

「加うるに南北未だ統一せられずして彼等の最も恐懼せる張勲は徐州にありて威を逞うし数々南下襲来の噂さえ伝わりたれば一朝斬髪して後日北軍の勝利に帰せんか危害の身上に及ぶべきを危惧し暗々裏に弁髪を畜えし者も尠からず（後略）[20]」

【図8－2、下】は辛亥革命を前後した時期の保皇派の中心人物であった張勲を描いたものである。張勲は、一九〇九年の溥儀の皇帝即位後に江南提督として南京に留まり、清朝の新式兵備で武装した「陸軍第九鎮」を導き、革命軍との戦いの先頭に立った。武昌での革命勃発後、清朝から江蘇巡撫と両江総督、南洋大臣の兼務を命じられた張勲は、一九一一年一一月には南京攻略戦の際の官軍を指揮した後、一二月には日本経由で北京に合流することを企図していたというが、舞台の裏ではすでに官軍が戦闘に破れたことが知られ、人々が逃げる支度にとりかかっている

図9　『日本及日本人』、第572号、1911年11月

様子を風刺している。

四国借款

中国における辛亥革命の勃発をめぐって欧米列強は、清国に借款を供与する対価として利権を確保することに全力を挙げていた。いわゆるイギリス、アメリカ、フランス、ドイツの四か国が中心になった「四国団体」による借款供与の計画である。日本は当初、この四国団体の構成員ではなかったため四国団体を解散し、日本とロシア、イギリス、フランスを中心とする新たな借款団体を組織することを目指していた[21]。しかし、現存する四国団体を解散することは容易なことではなく、また、現実的ではなかったため、日本はイギリスの協力をえて、日本とロシアが同時に四国団体に加入すること調整を試み、一九一一年一一月頃、イギリス側から四国借款への参加を容認する旨の返事を受け取っている。

図10-1(上)、2(下) 『日本及日本人』、第574号、1911年12月

「日露両国政府は清国借款に付共に之に加入すべき権利あるものと認むることは過半両国政府間に交換せられたる（中略）若し日本に於て加入の希望あらば日本方より提起せらるるを至当の順序とすべく英国政府に於ては毫も之に異議なき[22]」

【図9－上】は、相撲の土俵の上で、なかなか勝負がつかず困っている革命軍と官軍を眺めながら、早く引き分けに終わってほしい、と見ている四国団体を描いている。【図9－下】は漢口における革命軍と官軍の戦闘において官軍が勝利したのは、ドイツがその後ろ盾として官軍を援助していた、という内容を風刺している。武漢占領を巡った革命軍と官軍の戦闘において諸外国は、租界に居住する自国民の生命と財産の保護を理由に、それぞれ軍隊を派遣していた。

日本とイギリス

【図10－1】の「達磨の失敗」と題した風刺画は、清国動乱の発生に右往左往する日本の姿勢を風刺したもので、最初は君主政体を擁護するかのようにみえた袁世凱が、後には共和政体を支持するように豹変し、日本はイギリスと共に君主政体を支持することを依頼するが、イギリスから好ましい反応を得ることができず、不干渉に逆戻りした様子を描いている。日本の辛亥革命に対する大きな関心の一つは、中国が立憲君主制をとるか、または共和政治の体制をとるか、という問題であり、【図10－1】はこの立憲君主と共和革命の支持に揺れ動く日本の姿を描いている。【図10－2、下】の「端方兄弟生存」は一九一一年一一月二七日、四川省の資州で革命軍によって殺害されたとされ、日本側の外交文書に端方の死亡が伝えられたのは、一二月九日の重慶河西事務代理からの電報第一四四号に収められてい

図11-1(上)、**2**(下)　『日本及日本人』、第575号、1912年1月

るが、『日本及日本人』はこの情報をほぼ正確に描写していることになる。(23)

蒙古問題

「蒙古問題」という表題の【図11－1、上】は、独立の旗を掲げた僧侶（蒙古）を抱き上げたロシアと、それを見て慌てる革命軍と清国の官僚を描いている。辛亥革命時期の蒙古問題を巡っては、同号の記事が「清国内外情勢の危迫」という記事のなかで、「現に今日に於いてすら、露国は蒙古の独立に対し、已に搏噬の爪牙を露わし、驚くべき警報の伝われるあり、露国半官報の諸報及び外務省発表の公報は、此に対して極力弁解に匪めつつあるも、弁解の中自ら禍心を包蔵せるの跡は歴々として蔽う可からざるのみならず、露骨にこれを言明して…（後略）」として、蒙古に対する利権獲得に乗り出したロシアを強く警戒する記事を掲載している。しかし、実は日本は満州における日本の権益を守るために一九一二年一二月頃には、蒙古喀喇沁王との間で同国の鉱山を担保とする借款を横浜正金銀行や大倉組を経由して供与することを極秘に進めていた。

【図11－2、下】は、上に欧米列強が中国の新たな大統領としてだれを選ぶのかを品定めする光景を描き、下には当時、清国の巡洋艦「海圻号」がイギリスの訪問から帰国できず、立ち往生している場面を描いている。イギリスのArmstrong 廠で建造された「海圻号」は日清戦争後の清国が保有した軍艦で、一九〇九年に香港、シンガポール、サイゴンなどを回る南洋巡視を行い、イギリスのジョージ五世の戴冠式に参加した後、アメリカ、キューバなどを歴訪し、中国に向けて帰国中であった。

図12-1(上)、2(下)　『日本及日本人』、第576号、1912年2月

日本の財閥と借款

辛亥革命の勃発に際して欧米列強と日本が最も強い関心を寄せていたのは、中国の混乱を利用した利権確保という問題であった。そして、革命軍と清朝は、国内の鉄道や鉱山の利権などを担保に、外国から借款を調達し、それぞれ軍備を確保する必要があったことから、欧米列強と革命軍・清朝の双方の利益は、皮肉にも一致していたといえる。【図12－1】の「借款問題」は、日本の財閥を代表する三井、三菱、大倉組、そして、横浜正金銀行が中国の鉄道敷設権、輪船招商局の施設、漢陽製鉄所を担保に革命軍と清朝政府のどちらに借款を提供すべきか、に悩んでいる様子を描いている。

辛亥革命の当時、日本は革命軍と清朝の両方に大規模な借款と軍事物資を提供する肩代わりに、中国の利権を獲得することを狙っていた[24]。この借款計画のなかで主要なものは、

（1）大倉組が中心となった江蘇省鉄路を担保とした借款の供与
（2）三井と日本郵船かなどが加わった輪船舶招商局を担保とした借款の供与
（3）横浜正金銀行が進めた漢冶萍公司の鉄鉱石を担保とした借款の供与

であったが、【図12－1】は、この日本側の借款供与を描きながら、「浙江鉄道三〇〇万両」、「招商局一千万両」、「製鐵場二千万両」とその詳細を書き込んでいる。当時、中国側への借款供与に最も積極的だったのは大倉組であったが、背広を着た紳士（大倉組）が一歩先をリードし、その他の財閥に参加を呼び掛けている様子も生々しい。

一九一二年二月に入り、いよいよ清朝皇帝が退位し、共和政体の中華民国が樹立されることが確定した際、日本を含めた欧米諸国は、革命政府の承認問題をめぐって難しい選択を余儀なくされた。この革命政府の承認問題をついては、『日本及日本人』の中でも、賛否両論に分かれ、様々な議論が展開されたが、【図12－2】の風刺画は、背広を着

た巨人（西側諸国）に革命政府を承認することを薦める三名の小柄な人物（日本）を描き、新政府の承認問題の背後に欧米諸国と日本の綱引きがあることを克明に描写していることが分かる。

結びにかえて

以上、本稿は、辛亥革命が起きた当時の日本側の新聞や雑誌、なかでも『風俗画報』、『グラヒック』、『日本及日本人』を取り上げ、これら雑誌のなかで辛亥革命がどのように描かれたのか、について検討を加えた。そこで、確認できたことは次の三つに要約することができる。

第一に、欧米諸国の仲間入りを果たした日本にとって隣国の清国で起きた辛亥革命は、利権を確保する絶好のチャンスであったが、立憲君主制を否定する共和革命の主張はなかなか受け入れることができなかった。『風俗画報』に掲載された多くの社説や記事にも、当時の日本側の悩みが見事に表現されている。その他に『風俗画報』と辛亥革命との関連で注目に値する図像資料は、千葉医学専門学校に在籍していた中国人留学生が本国の負傷兵を支援するために赤十字隊を組織し、東京を出発する時を写した写真資料であった。

また、辛亥革命には日本の赤十字社からも救護隊が派遣されたことが知られ、今までの先行研究では、その「人道主義」という崇高な理念が強調されてきた。しかし、この赤十字隊の派遣の背後には、辛亥革命によって混乱する中国側の情報を収集したいという政治的意図が隠れていたことも確認することができた。

第二に、辛亥革命を紹介する日本側の雑誌のなかで『グラヒック』は、特集号の「支那革命号」を刊行し、革命軍と清朝の中心人物の肖像写真を掲載し、北京から上海、そして、武漢の混乱した様子を伝えたことで知られる。しかし、これらの写真の多くは『グラヒック』が独自に撮影、または、入手したものではなく、欧米諸国の新聞や雑誌に掲載された写真を転載していた可能性が極めて高く、The Illustrated London Newsが掲載した写真との重複を確認することができた。今後、欧米側の新聞、雑誌などをより詳細に検討していけば、『グラヒック』が転載した写真の出典を確認できると共に、当時の日本側の報道機関の一つであった『グラヒック』がどのような範囲において欧米の新聞、写真を参照していたのか、その実態に迫ることができよう。

第三に、辛亥革命に関連する多くの時事漫画を掲載した『日本及日本人』は、武昌における革命の勃発、袁世凱と辛亥革命、断髪、四カ国借款、蒙古問題、日本の財閥と対中国借款など実に多くの風刺漫画を掲載し、日本人の辛亥革命に対するイメージがいかなるものであったのか、を克明に描いていることを確認できた。中でも、日本の財閥が中国の革命軍と清朝政府の両方に借款を供与し、利権を確保しようとした様子を描いた風刺画や清朝と革命軍の両方いずれからもその処遇に困っていた袁世凱を時には清朝の官憲として、時には背広をきた紳士や革命軍の一員として表現した風刺画は、『日本及日本人』の時事漫画が辛亥革命を極めて正確に捉えていたことを窺わせる。

以上、本稿は、日本人がみた辛亥革命のイメージを、『風俗画報』、『グラヒック』、『日本及日本人』という三つの雑誌を通して紹介してきた。勿論、辛亥革命を取り上げたこれら雑誌は日本側の言論を代表するものではなく、例えば、『東京日日新聞』、『東京朝日新聞』、『報知新聞』などの新聞や、『太陽』、『国民之友』、『中央公論』などの雑誌に掲載された言論内容や風刺画などとも比較する必要がある。今後の研究課題として稿を改めたい。

註

（1）日本風刺画史学会清水勲編『風刺画研究』（臨川書店、保存版、創刊号、一九九一年～第55号、二〇一〇年まで）を参照。
（2）飯倉章『日露戦争風刺画大全』（芙蓉書房出版、二〇一〇年）、同書のまえがきより。
（3）原田敬一氏「戦争を伝えた人びと」（『文学部論集』84号、二〇〇〇年、仏教大学）。

(4)槌田満文監修『風俗画報』(CD-ROM版、Ver.2　全11枚、別冊解説書)、ゆまに書房、二〇〇二年。
(5)岡本志嘉子「日清戦争を描いた雑誌」(『国立国会図書館』月報、二〇一二年、No611号)、一六〜一七頁。
(6)『風俗画報』の臨時増刊「支那戦争図絵」、第213号、一－二頁。
(7)『風俗画報』「支那戦争図絵」の第215号、「軍紀の厳粛」、一－二頁。
(8)『風俗画報』「支那戦争図絵」、第215号、「日章旗の恩光」、四〇－四一頁。
(9)『風俗画報』第426号、「外邦の変乱に就て」、二頁。
(10)見城悌治氏「辛亥革命と千葉医学専門学校留学生」(『中国研究月報』二〇一二年三月、第769号)、山崎祐二「一九一〇年代における日本赤十字社の救護看護人」(日本赤十字武蔵野短期大学紀要、一九九九年)。
(11)『風俗画報』第427号、「日本赤十字社第一救護団の出発」、三三－三四頁。
(12)『風俗画報』第429号、「赤十字救護団の帰朝」、一九頁。
(13)日本外務省外交史料館「清国革命動乱の際在同国本邦居留民並に官革軍の傷病者に対する帝国の救護事業関係雑纂」(請求番号5－3－2－114　以下、日本外務省「帝国の救護事業」と略称)。
(14)日本赤十字社から外務省宛、救第、39号、「事務報告」、日本外務省「帝国の救護事業」所収。
(15)「一二月三日附上野医長報告抜粋」、日本外務省「帝国の救護事業」所収。
(16)『グラヒック』第3巻27号、一九頁。
(17)徐家寧撰文『辛亥革命現場報導』(徐宗懋図文館編、台北、大塊文化出版、二〇一一年一〇月)。
(18)雑誌『日本及日本人』は、一八八八年に東京で結成された政治評論団体の政教社の機関誌として刊行されたもので、同誌の主張は盲目的な西欧化を批判する国粋主義を貫くものであったことで知られる。
(19)この戦争ではイタリア陸軍航空隊が飛行船による爆弾投下を行ったことが有名。
(20)日本外務省外交資料館蔵、『清国革命叛乱に際し断髪令実施一件』、(請求番号：1－6－1－54)、所収)。
(21)「四国団体による財政援助に関する件」、『清国事変』(日本外交文書、一九六二年)、二三一－二四九頁。
(22)「日露両国の対清国借款参加に英国は異議なしと英外相談話の件」、『清国事変』、前掲書、二三七頁。
(23)「端方兄弟殺害の件」、『清国事変』、前掲書、三五頁。
(24)この借款交渉については、李廷江『日本財界と近代中国』(御茶の水書房、二〇〇三年)、二一四〜二一九頁が詳しい。

辛亥革命以前の香港における梅屋庄吉の活動

呉　偉明

前　言

日本人にとって梅屋庄吉（一八六八－一九三四）は日本映画の先駆者であるが、中国人にとっては、彼は孫中山（一八六六－一九二五）の忠実な支持者である。清末の香港が梅屋庄吉の主な活動場所であり、中華と西洋が入り混じったこのイギリスの植民地で、彼は撮影事業の開拓を成功裡に進めるとともに、孫中山との終生の友情を培った。一八九五年、梅屋庄吉は孫中山と香港の中環で初めて出会った際にきっぱりと言った。「君もし兵を挙ぐるなら、我財を以って支援せん」[1]。これは彼が一生を通じて守り抜いた盟約となった。梅屋は終生変わることなく孫中山の革命事業を支持し、金銭面での支援を行った。四〇年間（一八九五－一九三四）に拠出した金額は合計一〇億円といわれ、その金額は現在の価値に換算すると二兆円以上にもなる[2]。二人の友情は近代の中日交流における美談とされている。

東京の紀伊國屋ホールで二〇〇七年から二〇一〇年までの間「孫文と梅屋庄吉」の劇が上演されたが、この劇は中国各地でも上演された。二〇一〇年の上海万国博覧会の日本館には「孫文と梅屋庄吉展」が出展され、福田康夫元首相は開幕式の挨拶で「二人が香港で出会ったときは共に二十代。二人の生涯にわたる生死をかけた交わりは現在の若い人たちにとっても示唆するところがあり、目標になりうる」と話した。[3] 二〇一一年、中日両国は辛亥革命一〇〇周年を記念するために、共同で映画「孫文と梅屋庄吉」を製作し、二〇一一年春に両国で上映することになっている。孫文と梅屋庄吉は、中日友好の象徴となったかのごとくである。

梅屋庄吉に関する専門的な研究は、史料に限りがあるためにそれほど多くはない。[4] 本論文では、梅屋庄吉と孫中山の原始資料や関連する研究を基礎として、梅屋が一八八六年に初めて香港を訪れて一九〇五年に離れるまでの二〇年間の足跡を尋ね、辛亥革命および中日関係の歴史において果たした役割を探り、ここから彼が中国の革命を支持した動機や経緯を理解し、彼の中国革命に対する貢献について評価することを試みる。

梅屋庄吉と一九世紀後半（一八八六－一八九九）の香港

一八七〇年代から一八九〇年代にかけて、香港は日本の九州地方からの冒険者たちの天国となり、娼妓はもとより、小商いを行う商人も多数九州地方からやってきた。彼らの活動は主に香港島の湾仔及び中環一帯に集中していた。[5] 長崎出身の梅屋庄吉もまた香港で撮影事業を立ち上げ、戦前の香港において自力で成功した日本人商人の模範となった。

梅屋庄吉、長崎出身、煙波亭主人と号した。彼は裕福な商人の家に生まれ、父親は三菱財閥の創業者岩崎弥太郎（一八三五－一八八五）と親しく、家族経営の梅屋商店は上海と貿易関係があり、長崎と上海を往来する商船を数隻持っていた。少年時代は豪放不羈で、一八八二年の一三歳の時に梅屋商店の商船鶴江丸で密航して上海に渡り、肉体労働の傍ら中国語と英語を学んで数か月を過ごした。これが彼にとって初めての海外渡航である。彼は中国や海外に

非常に惹かれ、海外に雄飛したいという想いを抱くようになる。(6)

上海の港でイギリス人が中国人を奴隷のように扱っているのを目の当たりにし、アジアの隣国に対する同情と西洋の列強への強い警戒心が芽生えた。一八八六年、彼は毅然として全てを投げ打ち、アメリカのサンフランシスコに留学することを計画した。しかし彼が乗船したアメリカの貨物船は、長崎を出港して上海、香港を経た後、不幸にもフィリピンで台風に遭い、火災になる。梅屋は海に飛び込み難を逃れ、救助されて香港から長崎へと引き返す。一八八六年に二回香港へ足を踏み入れるが、いずれも通過しただけで深い印象には残らなかった。その時、彼はまだ後に自分が香港で成功することになるとは思ってもいなかった。

戦前の香港は冒険家たちの楽園であり、金儲けのチャンスに溢れていた。そこはまた東方のカサブランカといわれ、政治の裏取引、情報戦や兵器密輸の根城であった。香港で商売をしていた梅屋庄吉と革命活動に従事していた孫中山は、こういった特殊な時空において香港で出会い、火花を散らすようにして歴史に名を残したのである。

一八九三年、長崎での商売に失敗した梅屋は、厦門、香港を経てシンガポールで再起を図った。彼はシンガポールで小さな写真館を開き、自ら撮影と現像技術の実験を行った。一八九四年六月、日清戦争が勃発しシンガポール華僑の間で排日の風潮が生じた。七月、梅屋は香港に居を移し、一〇月中環で写真館を開業する。当時、中環は香港において商業の中心地であり、日本の大きな企業の多くがここに事務所を構えていた。湾仔は庶民が活動する中心地で、日本の妓楼や日本人が経営する店舗の多くが集中する場所であった。

梅屋照相館は中環で一番にぎやかな場所にあったことからして、梅屋は資金に恵まれ、写真館は高級路線を取っていたことがわかる。湾仔で商店を営んでいる他の日本人とは違い、彼の主な客は日本人ではなく、様々な所からやって来る富裕な人々であった。当時撮影業は新しい商売で、競争が少なく、高い利益が得られた。彼の撮影技術は優れていて、室内での人物撮影以外に戸外での撮影も行い、それに加えて交際上手だったために客足が途切れることはなかった。

梅屋は英語が少し話せたために西洋人の客も多く、その一人が西医書院（香港大学の前身）の英国籍教務長ジェームズ・カントリー博士（Dr. James Cantlie, 一八五一－一九二六）であり、孫中山はその愛弟子であった[7]。梅屋はカントリーを通して孫と知り合う。一八九四年、孫中山はホノルルで興中会を立ち上げ、一八九五年一月、資金集めのために香港に行くと、カントリーは孫に、革命事業には欧米の人々からの支持が必要なばかりではなく、志を同じくする日本人との関係も築かなければならないと言った。孫は、中国と日本は戦争中であり、日本語もわからないことから、初めはやや懸念していたが、カントリーは、戦争しているのは両国の政府であり、人民ではないと諭した。

一月三日、カントリーはある慈善パーティーの席で梅屋を孫に紹介し、二人は英語で話をして意気投合する。孫は、私はカントリー先生からあなたが中国を愛し、アジアの前途に関心を寄せる方だと聞きましたと言い[8]、名刺を交換し、再会の上存分に話をすることを約した。二日後の午後、二九歳の孫は背広を着て辮髪を留めつつ、自ら中環大馬路二八号（現在の皇后大道に当る）に出向き、二階建ての梅屋照相館に二七歳の梅屋を訪れた。梅屋はまず孫の写真を撮り（皮肉なことに後に清朝は孫の手配写真にこれを使った）、その後二階の書斎に連れて行き、理想を熱く語り合った。梅屋は西洋列強に抑圧されているアジア人への不満を表現してこう言った。

欧米諸国は、租借地はひろげるわ、領事裁判は押し通すわ、治外法権の場はひろげるわで、横暴の限りを尽くしています。われわれ東洋人は、小さくなっていなくてはなりません。屈辱に耐えていなくてはなりません[9]。

孫中山はこう述べて庄吉の心を動かした。

しかしどうでしょう。眠っている人間があまりにも多い、とお感じになりませんか。支那は眠れる獅子、と欧米諸国に呼ばれたことがありましたね。獅子であったかどうかは、さておきましょう。眠っているのは支那人だ、国民ではないのでしょうか。目を厚い鱗でおおわれていることに気がつかないでいる者が多い、と思いませんか。

あなたがおっしゃったように、現在の状態を許せば、支那は西欧列強の植民地主義のため、分割されましょう。いや、支那だけではない。東洋すべてが、西欧の奴隷になりましょう。私の祖国と日本とは、不幸にも戦争をしましたが、ほんとうは手を結ばなくてはいけません。両国民があいたずさえて、支那の植民地化の危機をのり越えることこそ、東洋を守る第一歩ではないでしょうか。支那を救うため、いま私と同志たちは、清朝を倒す準備をすすめています。革命を起し、私たち漢民族のほんとうの国家をつくろう、と誓っています。(10)

当時梅屋は写真館の経営を始めて三か月しか経っておらず、商売が繁盛していたといっても家族経営の店であり、決して大金持ちの企業ではなかった。しかし彼は孫の革命事業を財政面で支援することを快く承諾した。(11)後に孫文の霊前に捧げた祭文で、彼はこう回顧している。

三十有五年前、一日香港ノ敝屋ニ始メテ先生ヲ迎ヘ、興酣ニシテ談天下ノ事ニ及ブヤ、中日ノ親善、東洋ノ興隆将、又人類ノ平等ニ就テ全ク所見ヲ同ウシ、殊ニ之ガ実現ノ道程トシテ、先ヅ大中華ノ革命ヲ遂行セントスル先生ノ雄図、熱誠ハ、甚シク我ガ壮心ヲ感激セシメ、一午ノ誼、遂ニ固ク将来ヲ契フニ至ル[12]。

これが孫中山がアジアにおいて革命を支持する日本人との交わりの始めとなったのである[13]。一八九五年一〇月、孫は香港に梅屋を訪問し、広州蜂起の計画を打ち明け、梅屋と香港日本領事館の協力を希望すると述べた[14]。梅屋は表向きには商人の身分を装い、この蜂起のために密かに六〇〇丁の拳銃を購入するが、最後には清朝税関によって差し押さえられてしまう。一八九五年一一月、広州蜂起が失敗すると、清朝の圧力の下で、香港政府は孫中山の五年間の入境を禁止する[15]。梅屋とカントリーの説得により、孫文は香港から神戸に逃れ、これが孫にとって最初の訪日となった。一二月二〇日、梅屋は香港から孫に一〇〇〇米ドルを送金する。一八九六年、横浜にいる孫中山は欧米に行って活動しようと考え梅屋に援助を求めると、梅屋はすぐに香港から一三〇〇米ドルを送金する。彼は『永代日記』にこう記している。「この後何度も資金を提供したが、詳細な記録はつけていなかった」[16]。

一八九六年秋、孫はロンドンで一度清朝の手に落ちるが、釈放後梅屋からの手紙による勧めを聞き入れ、日本への避難を決意する。一八九七年から一九〇〇年まで孫中山は日本で活動し、この間ずっと香港の梅屋と連絡を取り合っている。また、梅屋は宮崎滔天(一八七一-一九二二)に彼に代わって孫の面倒をみることを託している。

梅屋庄吉の性格は豪胆で、度々香港の日本人を助けた[17]。梅屋と宮崎滔天の付き合いは一八九六年に始まった。この年の三月、宮崎は香港に渡航したが、六月、帰りの乗船券を買う金がなくなり、梅屋が喜んで人を助けることを聞いて梅屋を訪れ、助けを求めた[18]。一八九七年に孫中山が日本に避難した際、梅屋は宮崎にその世話を託し、宮崎はこの時から孫中山の忠実な支持者となる。宮崎が一八九八年に戊戌の政変に失敗して手配された康有為(一八五八-一九二七)と梁啓超(一八七三-一九二九)を救済したときも、梅屋は気前よく協力している。

同年梅屋は香港に亡命中のフィリピン独立運動の指導者アギナルド（Emilio Aguinaldo, 一八六九－一九六四）と知り合う。当時アギナルドは湾仔で身分を隠してバイク店を営んでいた。一八九九年、アギナルドの同志であるポンセ（Mariano Ponce, 一八六三－一九一七）は梅屋の推薦書を携えて日本の孫中山を訪れ、フィリピン独立運動への孫の支持を取り付ける。梅屋は二七万米ドルをフィリピン独立軍に寄付して援助する。梅屋は中国革命とフィリピン独立運動を支持したことから清朝と日本政府の注意を惹き、日本外務省は彼を「要視察者」のリストに加えた[19]。

梅屋庄吉と二〇世紀初頭（一九〇〇－一九〇五年）の香港

一九〇〇年七月、孫中山は宮崎滔天と共に日本の客船佐渡丸で香港に向かったが、上陸許可が下りなかったために、佐渡丸の船内で中日の革命同志と会合を開き、恵州で蜂起することを決めた[20]。梅屋はこの会議に出席しておらず、直接蜂起に参加もしなかったが、経済的な援助を行い、武器を輸送した。この戦いは失敗に終わり、山田良政（一八六八－一九〇〇）が戦死した。一九〇二年一二月、孫文は隠密裏に香港にやって来て、梅屋照相館に身を隠した。

梅屋照相館の商売は日増しに発展し、人手も規模も拡大を続け、映画産業を開拓する計画も出た。庄吉の妻トクは一九〇三年に香港にやって来たが、仕事ができ、人づきあいもうまく、英語を解して内助の功を尽くした。豊富な財力と人脈によって梅屋は香港の日本人社会に大きな影響力を持つようになっていた。香港の日本人は彼の事を「先生」と呼び、彼の写真館は日本人の若者が集う場所となった[21]。

一九〇二年、梅屋はインドから仏舎利塔を取り寄せ、香港で寺院を探して安置する。彼は銅鑼湾の荒廃した寺院に供養する人もなく打ち捨てられた一群の日本人の墓碑を見つけたのだった。その中には九州出身の遊女のものが最も多かった。彼は資金を投じて墓地を購入し、墓碑を修繕した。一九〇三年には湾仔に土地を購入して日本式の寺院を建立し、住職として京都の東本願寺から高田栖岸を迎えて、舎利塔を安置し、盛大な法要を行って、香港での日本の宗教布教の先駆けとなった。[22]

一九〇四年、梅屋が広州と恵州における蜂起に資金援助をしたことから、広東省政府が香港警察と連絡をとり、梅屋を逮捕するよう要求した。この情報を聞きつけた彼は、香港の写真館経営を親戚に任せてシンガポールに逃れた。彼は、シンガポールで新たに梅屋照相館を開き、更に映画館も手掛けた。本来であれば香港で劇場を経営するつもりであったが、シンガポールで露天の劇場を創業することにして、フランスから購入した設備を香港からシンガポールに運び込んだ。梅屋は西洋映画も導入して大好評を博し、巨万の富を築いた。彼は小商人から実業家へと変貌を遂げたのである。

一九〇五年六月、梅屋は五〇万円を持って帰国し、映画会社M・パテー商会(M.Pathe)を創設し、夫人はシンガポールに留まらせて写真館と映画劇場の経営を任せた。彼は帰国してからの数年間映画製作に力を入れ、日本でも有名な実業家となった。[23]しかし彼は中国の革命事業を支持することを忘れてはいなかった。一九〇五年八月、孫中山が東京で中国同盟会を設立し、梅屋は日本人支持者を組織して東京有楽町で同盟会を財政面から支援するための中国同盟会後援事務所を設立した。彼個人は一万円以上を出資して同盟会の機関刊行物『民報』に協力し、孫中山はここに三民主義を発表する。梅屋は東京の大久保百人町に一万平米の私邸(兼撮影所)を構え、そこが中国の革命分子たちがいつも集まる場所となった。[24]

一九〇七年三月一〇日、梅屋は香港で外国の映画用器材と映画を購入する。同月一四日、孫は萱野長知(一八七三

―一九四七）と共に日本を離れて香港に向かい、梅屋に五月の潮州黄岡蜂起のために香港で資金を調達するよう委託する。七月、梅屋は日本に帰国して萱野と共に武器を買い付け援助する。一九一〇年、孫中山は翌一九一一年に広州で蜂起することを計画し、梅屋は日本で武器の密輸に協力しつつ、日本の税関を袖の下で懐柔する。庄吉は、宮崎滔天や萱野長知らが中国で革命派を支援するための資金援助を行った。一九一一年四月に「黄花崗七十二烈士」たちが使用した武器は、梅屋から提供されたものである。

一九一一年一〇月一〇日、武昌蜂起が勃発し、梅屋は直ちに全面的支援を行った。同盟会の陳其美（一八七八―一九一六）は手紙で梅屋に送金と、萱野長知に武昌蜂起の支援に来るよう頼んだ。一〇月末、梅屋は一一万円を拠出した。また、彼は撮影隊（M・パテー商会の撮影技師荻屋堅蔵をリーダーとする）を武漢三鎮に送り込んで七分間の記録映画「武昌蜂起」、及び大量の写真を撮影し、辛亥革命の貴重な歴史的記録を残した。一一月、梅屋と頭山満（一八五五―一九四四）を主な発起人として日本の辛亥革命支持者の間で友隣会が組織される。一二月、梅屋は友隣会を代表して医療隊（梅屋夫人の主治医山科多久馬率いる医師六名、看護師一〇名、頭山満も同行）を武昌の前線に派遣して革命軍の手助けをし、このための支出は全て梅屋が一人で負担した。同月、彼は黄興（一八七四―一九一六）の求めに応じて革命軍が武器を買うための資金援助として二八万六千円を送り、これにより巨額の債務を負うこととなる。[25] 彼はまた、陳其美の依頼を受け、東京新宿の石田印刷所で革命軍に協力して額面五元の軍票二五〇万元分を印刷した。これは革命軍が初めて発行した軍票であり、革命軍やその領地の財政を安定させる助けとなった。

一二月二五日、アメリカに亡命していた孫中山が中国に帰還し、中華民国の臨時大総統となった。梅屋はこの望外の喜びに日本から祝電を送った。彼は映画会社を売り払って六〇万円を得ると、その一部を臨時大統領に就任したばかりの孫中山に送った。その後も梅屋はずっと孫中山に付き従い、事業の計画や二度目の革命及び護国運動においていずれも大いに力を尽くして協力した。彼は遺言の中で中国の革命事業に対する四〇年間の支援を振り返り、こう記している。「我中国革命ノ為ニナセル一切ハスベテ孫中山トノ盟約ヲ遵守セルモノナリ」[26]。

まとめ

香港は清末の革命運動の重要な拠点であり、また孫中山と梅屋庄吉が出会った場でもある。一八八六年から一九〇五年までの二〇年間、香港は梅屋のホームグラウンドであった。孫はしばしば香港を訪れて革命活動に従事し、ほとんど毎回のように梅屋と連絡をとり、時には彼の写真館に滞在した。当時まだそれほど裕福でなかった梅屋は、孫に対して出来る限りの範囲で最大の支援を行った。梅屋は財政上の支援によって孫に武器を買い与えたり各地を巡って資金を募ったりすることで、中国革命運動の強力な後ろ盾となり続けた。孫中山も梅屋庄吉も武昌蜂起には直接加わってはいないが、彼らの長年の努力により辛亥革命が起こる環境が整ったのである[27]。

日本の学者の多くは梅屋庄吉を「アジア主義者」「大陸浪人」と決めつけているが、この称号は我々が歴史の中における梅屋や彼に対する公正な評価を知る助けとはならない。「アジア主義者」や「大陸浪人」の中には、実際には様々な種類の人物が含まれているためである[28]。この範疇には、日本の利益から出発して、政府または軍部に関わっていた野心家(頭山満や内田良平ら)や、ロマンチストな行動派(宮崎滔天や山田良政ら)や、後方からの支援者(梅屋庄吉ら)が含まれている。

梅屋が最終的に関心を寄せたのは日本国のみの利害ではなく、アジアの前途であった。彼は日本政府とも軍部とも関係を持たず、また、常に孫中山の傍らに侍していたわけでもない。彼は革命派の政治的な決議にも軍事行動にも参加することはなかった。彼は正義感のある日本商人であり、中国革命を寄付と武器の買い付けという形で支援したのである。一八八六年に梅屋と孫が香港で盟約を結んで以来、梅屋はこれを守り抜いた。孫中山に対する支援は純粋に彼の理想から出発したものであり、政治的な投資や個人的な名誉や利益とは無縁である。この点が、彼が尊敬するに足る人物として独特なところであり、近代中日交流史の美談として語られる理由である。

註

（1）元の出典は梅屋庄吉『永代日記』である。
（2）これは梅屋庄吉の曾孫小坂文乃の推測である。小坂文乃『革命をプロデュースした日本人』（講談社二〇〇九年）を参照。歴史小説作家である井澤元彦は約一兆円と推量している（井澤元彦「友情無限——孫文に一兆円を与えた男」、『夕刊フジ』連載、二〇一二年）。
（3）「日本館で「孫文と梅屋庄吉展」、辛亥革命を支援した日本人」『産経新聞』二〇一〇年八月二四日。
（4）梅屋庄吉は遺言で自分と孫文に関する文献を公開するなと言いつけたので、一九七三年になってようやく、子孫が一部の文献を公開したが、出版はされなかったので、学者が参考にするのは困難だった。南開大学教授兪辛焞は、梅屋について研究する際、何度も梅屋の子孫から借りたことがある。『梅屋庄吉関係文書』（近代法過程研究会収集文書No.16一九七二年）に収めた日記及び手紙はすべて辛亥革命後のものである。その他、梅屋は中国革命の舞台に上る役者ではなく、舞台裏で支援した人物だったので、孫中山や宮崎滔天などの中日革命派の文章においては梅屋に言及したものはほとんどない。今、梅屋に関する書籍はほとんど概説的なもので、専門的で分析的な研究はない。概説的な書籍としては、読売新聞西部本社編『梅屋庄吉と孫文——盟約ニテ成セル』（海鳥社二〇〇二年）、車田譲治『国父孫文と梅屋庄吉——中国に捧げたある日本人の生涯』（六興出版、一九七五年）及び小坂文乃『革命をプロデュースした日本人』（講談社、二〇〇九年）などがある。車田譲治の著作は主に梅屋の娘である国方千勢子が口述した歴史に基づいて、書かれたものである。小坂文乃は梅屋の曾孫で、家中に秘蔵していた資料を利用して本書を著した。
（5）呉偉明「ある在外日本人コミュニテーの光と影：戦前の香港における日本人社会のサーベィ」、貴志俊彦編『近代アジアの自画像と他者』（京都大学学術出版会二〇一一年）二六一〜二八四頁。
（6）梅屋庄吉『わが影』（出版地不詳、一九二六年）四頁。
（7）カントリーと孫中山との交流については、James Cantlie and Sheridan Jones, Sun Yat Sen and the Awakening of China (New York :Fleming H. Revell Co. 1912) を参照。

（8）郝盛潮、王耿雄編『孫中山集外集』（上海人民出版社一九九〇年）一二二頁。
（9）車田譲治『国父孫文と梅屋庄吉』（六興出版、一九七五年）二六三頁。
（10）注9、九、一六頁。
（11）注9、一六頁。なお、いつから孫中山を支援したかについて、兪辛焞と熊沛彪及び車田譲治は一八九五年の広州蜂起の前に、梅屋は武器購入に資金を提供したという見方を持っている。しかし梅屋の『永代日記』には、一八八六年二月初めて孫文に一・三〇〇ドルを提供したと記録されている。
（12）元の出典は梅屋庄吉『梅屋庄吉文書』。
（13）李廷江の研究では、孫中山が最初に知り合った日本人は、一八九四年ハワイで出会ったキリスト教牧師で自由民権主義者の菅原伝（一八六三―一九三七）である。菅原は興中会を支援して、宮崎滔天を孫中山に紹介した。李廷江『日本財界与辛亥革命』（中国社会科学出版社、一九九四年）一五二頁参照。
（14）J. Y. Wong, Sun Yatsen: His International Idea and International Connections (Sidney :Wild Peony Book Publishers, 1987) 四十頁。
（15）Peter B. High, Umeya Shokichi: The Revolutionist as Impresario『多元文化と未来社会』（名古屋大学 二〇〇四）一一一～一一二頁。
（16）「孫文を支えた日本人、辛亥革命と梅屋庄吉」 NHK特集二〇一〇年五月二二日 NHK-BS放送
（17）梅屋は香港滞在中に麻雀に熱中していた。それをきっかけに多くの日本人と知り合い、その中には一生梅屋に従った人もいる。
（18）宮崎滔天『宮崎滔天全集』巻一（東京：平凡社一九七一年）三二七～三三八頁。同年、梅屋は香港で専門に混血児を世話する孤児院を創設した。
（19）「要視察人関係雑纂、本邦人ノ部」 一八巻 外務省資料I-0831、国立公文書館アジア歴史資料センター（http://www.jacar.go.jp/）。
（20）日本人の出席者は、宮崎滔天、近藤五郎、清藤幸七郎（一八七二―一九三一）、近藤周（一八七〇―一九四〇）及び福本日南（一八五七―一九二一）。
（21）Umeya Shokichi: The Revolutionist as Impresario 一一二頁。
（22）高田栖岸は、福岡出身、浄土真宗大谷派（東本願寺）の僧侶で、相前後して朝鮮及び広東で布教した。彼は一八九九年に一人で香港に行って布教をした。高田は梅屋の古い友人で、梅屋に誘われて一九〇三年二月香港に来て布教した。その間マカオや広東に行って活動したこともあり、翌年の二月は香港から離れて、潮汕で布教をした。彼は中国革命派及び玄洋社とも関係があり、孫中山と内田良平（一八七四―一九三七）を支援したこともある。高田の香港での布教は個人的な行為である。西本願寺は一九〇七年に正式に香港に拠点を置き、大々的に布教活動を展開した。小島勝「香港日本人学校の動向と香港本願寺」『仏教文化研究所紀要』四三期（龍谷大学、二〇〇四年一一月）四十一～四十三頁。

（23）松下長重は、梅屋庄吉を日本の近代における実業家の典型的な人物の一人だと考えている。松下長重『東洋成功軌範』（中央教育社一九一一年）三十四～三十五頁。梅屋は商業映画のほかには、孫中山の影響を受けて、教育映画を広めることで、国民を啓蒙しようとした。Umeya Shokichi: The Revolutionist as Impresario 一二四～一四五頁を参照。
（24）張家鳳『中山先生与国際人士』上冊（秀威出版社、二〇一〇年）三二六頁。
（25）『孫中山宋慶齢与梅屋庄吉夫婦』五十一頁。四五万円という見方もある。「孫文を支えた日本人、辛亥革命と梅屋庄吉」第四部。
（26）『孫中山宋慶齢与梅屋庄吉夫婦』一二九頁。
（27）ある研究が示すところでは、孫文の辛亥革命における役割は直接的なものではなく、彼はアメリカでニュースを通じて革命のことを知った。彼が臨時大総統に委任されたことも各勢力の一時的な妥協としての産物であった。Harold Schiffrin, Sun Yat-sen Reluctant Revolutionary (Boston: Little Brown 1980) ;Maric Claire Bergere, Sun Yat-sen (Stanford: Stanford University Press 2000)
（28）趙軍『辛亥革命与大陸浪人』（中国大百科全書出版社、一九九一年）

辛亥革命の諸側面

辛亥革命、国民革命と中国における対外経済貿易関係の発展

陳　争平

中国近代化の後発性、外来性という特徴から、近現代中国で何度か起こった大きな改革と革命は、いずれも内的、外的要因の結びつきによる産物であり、かつ世界的な環境の変化と密接な関わりを持っている。今回筆者は、「辛亥革命、国民革命と中国における対外経済貿易関係の発展」をテーマとして、考察を行った。

一　「大民族主義」と辛亥革命

辛亥革命と国民革命はいずれも資産階級による民主革命である。孫中山が提唱した「三民主義」は、二回の革命において、人心を集め、革命を指導するという極めて大きな役割を果たした。

孫中山の旧三民主義における民族主義について、過去には一部の学者が批判的な態度をとり、これを狭隘な「排満」思想であり、反帝国主義の内容はないという見解を示していた。一例を挙げれば、沈寂は、「辛亥革命における民族主義とは、血縁を良しとする種族主義であり、外国に対する民族の独立建国を一致して行ったというのではなく、国

内に融け込んでいる少数民族を排斥するというものだった」という見解を述べている。[1]

また、他の一部の学者の中には、辛亥革命期の孫中山の民族主義は、「排満」に限られるものではなく、帝国主義による侵略に反対し、民族の独立を勝ち取ろうという意味も含まれているとする反対意見もある。その一例として、金冲及は次のように指摘している。

中国の近代民族主義については、梁啓超が二〇世紀初頭に既に提唱していたが、その後、清朝政府打倒を求める「排満」の主張を惹起しかねないという懸念から、この旗印は放棄された。孫中山が中国近代民族主義のために果たした大きな貢献は、民族主義と民主主義、国民生活の幸福を密接に結び付けただけでなく、民族平等の理念をひときわ強調し、他の民族が自身の民族を圧迫したり奴隷のような扱いをすることを許さず、かつ自身の民族が他の民族を圧迫したり、奴隷のような扱いをすることも許さないとしている点に表れている、と。[2]

梁啓超は二〇世紀初めに、「大民族主義」と「小民族主義」という概念を打ち出し、「小民族主義とは何か。漢民族が国内の他の民族と対することである。大民族主義とは何か。国内の本部・属部の諸族を合わせて、国外の諸族に対することである」と述べた。彼はまた「小民族主義以外にも、大民族主義をより一層提唱すべきである」と考えた。[3]梁啓超の「大民族主義」と「小民族主義」という区別は合理的であり、引用に足るものである。こうしたことから、金冲及等の学者の見解では、辛亥革命は、事実上「大民族主義」と「小民族主義」の結合という影響下で発生したと見なされている。

中国の甲午〔日清〕戦争敗戦により、帝国主義列強は中国において勢力範囲を分割し、中国民族は八か国連合軍の侵略など、空前の深刻な危機に見舞われた。さらに、清朝政府と列強が調印した「辛丑条約」により、列強は、清朝の政治、経済及び軍事に対する統制を一段と強め、中国社会の半植民地化を大々的に拡大することにより、中国国民に深刻な災難をもたらし、清朝政府は帝国主義列強の道具になり果てた。こうした情勢の中、中国人の反帝救国と反清革命の連携は日増しに緊密になり、「大民族主義」と「小民族主義」の結合も緊密の度を増していった。清朝政府による一九〇三年の拒俄運動の破壊と一九〇五年の米国製品不買運動の制圧は、「大民族主義」と「小民族主義」の結合を一段と促した。例えば拒俄運動に失敗した黄興、陳天華等、日本に留学していた愛国学生は、直ちに革命組織を結成し、反清革命の道を歩んだ。

梁啓超は「大民族主義」と「小民族主義」の違いを強調したが、革命派は事実上、「大民族主義」と「小民族主義」の結合を主張していた。孫中山が一九〇六年に東京で行われた『民報』創刊一周年祝賀会で演説を行ったほか、鄒容、陳天華は熱涙を流して『革命軍』、『猛回頭』、『警世鐘』を書き上げ、帝国主義による侵略行為を大いに暴き、清朝政府は「洋人朝廷」であると痛烈に非難した。鄒容は『革命軍』の中で、狭隘な民族主義的憤懣を少なからず露わにしているものの、通底しているのは、国内においては国民を迫害し、国外に対しては国を売って栄華を極めようとする清朝統治者の罪業の数々であり、中国は既に「内では満州政府の圧政、外からは列強の強迫を受けている」という危険な状況にあるとして、「外患を制御せんとするなら、まず内憂を清算すること」が当面の急務であると述べている。陳天華は、「条約改正、政権回復、完全独立」を声高に主張しており、清朝政府打倒を主張する理由は、清朝政府はいまや中国における帝国主義の「領地を守る役人」に過ぎず、外国侵略者の統治の道具になっているからだと述べていた。鄒容、陳天華が主張する「大民族主義」と「小民族主義」の結合は、彼らの著作によって巨大な革命の伝播力を持つに至った。『革命軍』は国内外に広まり、清朝末期の革命扇動において予想を超える役割を果たし、孫中山も「その効果は正に計り知れない」と認めた。『猛回頭』と『警世鐘』は、出版されるや「瞬く間に世間に広まり、湖南省から広西省とくに甚しく、人の集まる市で、少しでも字が読める者はこぞって『猛回頭』を声に出して読んだ」。とりわけに湖北などの新軍での広がりは大きく、「兵士達は、皆『猛回頭』、『警世鐘』を読み、これを宝と崇めた」[4]。さらに、他の革命思想の宣伝も多くが「大民族主義」と「小民族主義」を結合させたものであった。例えば、広東の革命派の人々は、休日を利用して新軍の官兵集会を開催し、「アヘン戦争、清仏戦争、山東黄海海戦〔日清戦争〕、八か国連合軍による天津・北京進攻、円明園焼き討ち」などの悲惨な歴史についての講演を行い、清朝政府は腐敗し、軍隊を失って国が辱めを受けたことを暴き、反清の革命思想を宣伝した。講演の効果は極めて高く、「新軍の兵士達はよく感動しては頭を抱えて慟哭した」[5]。「大民族主義」と「小民族主義」の結合がなければ、革命の宣伝がこれほどの効果をあげることがあったであろうか。辛亥革命の発生と発展の歴史は、こうした革命の宣伝に影響された新軍の官兵達が、革命の分岐点ともいうべき時期に、状況を一変させる役割を果たしていたことを証明しているのである。

辛亥革命のプレリュードとなった保路運動においても、外資の借款を拒み、鉄道の権利保護が呼びかけられた。ここで「大民族主義」がなく「小民族主義」しか存在しなかったとしたら、或いは反帝愛国の精神が存在せず、反清革命の主張のみであったなら、これほど多くの立憲派を呼び込むことや、保路運動がこれほど壮大になることは難しかったし、また、辛亥革命を起こすことも難しかった。

辛亥革命が段階的に勝利を収めた後に提唱された「五族共和」と「約法」における各民族平等に関する規定にも、革命に対する「大民族主義」の影響が大きく反映されている。

二　辛亥革命後の中国における対外経済貿易思想の発展

辛亥革命が清王朝政府を倒し、段階的に勝利を収めてから、「大民族主義」と「小民族主義」の結合において「大民族主義」が一段と主導的な地位を占めるようになり、かつ一層理性的な方向へと向かった。その具体的な表れとしては、国に対する群衆の認識が向上し、実業が国を救うという思想が高まりを見せたことである。民国初年は、北洋軍閥政府の時代に逆行する政策により、中国の対外経済貿易関係は、清朝政府の時代から大きく改善されることはなく、外資利用の面ではむしろやや悪化した。その一方で、「大民族主義」の理性化に後押しされる形で、対外経済貿易思想には発展がみられた。民国初年の対外経済貿易思想の発展においては、臨時政府の大総統を務めた孫中山と同政府の実業総長を務めた張謇が重要な役割を果たしている。

孫中山は、辛亥革命を率いて清朝政府を倒した後、反清革命の動機について次のように追想している。「生産力を開拓できれば豊かになり、生産力を開拓できなければ貧しくなる。これまでは清朝政府による制約があり、開拓しようにもできなかったのだ」[6]。この一文から、孫中山の関心は清朝政府の打倒と政権奪取のみにあったのではなく、いかに新政権を利用して、中国の経済を発展させるかに、より大きな関心を示していたことがうかがえる。彼は、新政権は国民経済の発展を「国を興す重要な計画であり……国の没落を救うための急務」[7]としなければならず、「抜本的な解決を第一として、貧困救済を急ぎ」[8]、中国の経済建設を加速しなければならないと主張した。さらに「強くなるには、まず豊かになることであり」、「豊かになるための源泉は実業にある」、「実業の振興は貧困救済の薬である」と指摘した[9]。一九一二年八月、孫中山は宋教仁に送った書簡の中で、「国内の力が日々弱まり、外部からの圧力が日々強まっているが、これは断じて一時に解決できるものではない。政治の面からだけ薬を投じれば、状況の混乱は必至であり、悪化の一途を辿るばかりだ。まずは根本から着手し、物力を発展させ、国民の生活を充足させることから始めなければならない。国の勢いが揺るがなければ、政治も活性化する」と述べている[10]。一九一二年一〇月、孫中山は、安徽省視察の際に次のように語った。「今や、仕事もなく、飢えと寒さに苦しむ数多くの同胞がいたるところにいる。我々は無慈悲に彼らを突き離すことができるのか。自らの幸福のみを顧み、これを長く享受することができるのか。我々が文化的な幸福を永遠に享受するためには、まず全国の同胞に職を与え、飢えや寒さから逃れさせなければならない。この目的を達するには、鉄道整備、鉱山開発、工業、商業、農林などの偉大な事業を進めなければならない」[11]。彼は、実業による救国を再度強調した上で、「今後の中国存亡の鍵を握るのは、実業発展の一事に尽きる」と述べた[12]。

孫中山は、貧しく遅れた中国には必要な資本、人材、技術が不足しており、対外開放政策を実行して積極的に外資を利用し、西洋の先進諸国が構築したあらゆる文明の成果に積極的に学んでこれを利用すべきであり、「実業の発展を考えるなら、門戸開放主義を採らざるを得ない」と考えていた[13]。彼はまた、現在の中国が経済を発展させるための唯一の正しい方法は、「この開放主義を利用することだ」と考えていた[14]。孫中山は「資金を調達できず、一刻の猶予も許されない以上、我々はこの開放主義を利用しなければならない。我々が事業を興すにあたり、資金がなければ外国からの借款を利用する。人材がいなければ、外国の人材を利用する。我々の手法が適切でなければ、外国の手法を利用する」ことだと述べ[15]、開放主義を利用した「実業振興」を主張し、実業を振興することにより、「国民の衣・食・住・交通手段の四大需要」[16]を満たし、国民の生活に関わる問題を解決すべきであるとした。孫中山は、外資利用により中国の実業を発展させるための壮大な「実業計画」を打ち出したのである。これは中国の工業化計画であり、さらには対外通商発展計画でもあり、「(世界)大戦時の大規模な機械設備、完全に組織化された人力を利用し、中国における実業の発展を促すことにより、我が国民の飛躍的な進歩を達成する」ことを目指すものであった[17]。

孫中山は、外資の利用にあたっては、多くの国から借款を受けるべきであり、これにより、中国における一国の勢力範囲拡大を阻止することができると考えていた。彼は、「近世経済の力は、国境を崩壊させるに足るものだ。ある国の勢力圏内にある場所も、各国の資本がそこに集中すれば、その勢力圏は攻めずとも自然に消滅する」と述べ、「企業の本社を組織し、各国の大資本家を集めて全国の鉄道を運営させるゆえんは、経済的な勢力を利用して、国際的な勢力を破壊するためであり、そうすればいかなる国の勢力圏にあろうとも、障害となることはない」と主張した[18]。

孫中山は、外資の利用においては、国家主権の原則を維持することを強調し、「もし新政府が外国の借款を受ける場合は、一つには主権を失わないこと、二つには抵当権を設定しないこと、三つには利息を極度の低率とすることだ」と指摘した。これらは、彼が辛亥革命後の困難な時期に堅持した貸借の原則である。この原則は、外国の借款を受けるにあたり国の主権を顧みなかった清朝政府とは大きな隔たりがある。彼は「清朝政府の借款による大きな弊害は、一つに主権を失ったことであり、二つには際限なく浪費したこと、三つには担保提供が必要となったことである[19]」、「外国からの借款は、利益を生むものでなければならず、消費であってはならない[20]」と述べ、さらに「(外国の)資本家と中国人が団結し、共同で中国の実業を開発する」、「外国人は機械設備を提供し、外国人専門家の出費を負担する。中国人は原材料と労働力を提供する。提携の基本は平等互恵の原則の上に築かれる[21]」と述べている。

孫中山は実業の振興には対外開放が必須であるとの主張に加え、再三にわたって保護関税の実行を主張した。彼は、中国は不平等条約の束縛を受けており、自国の工業を保護できないばかりか、外国の工業を保護させられている、欧米の平等な独立国家においては、全ての政府は自由に課税し、保護関税を実行することができる、米国とドイツは、いずれも保護関税の実行により、自国の工業を発達させていると指摘し、「我々が自国の工業を発達させるためには、ドイツや米国の保護政策に倣い、外国製品を排除し、自国製品を保護しなければならない」と述べた[22]。

著名な実業家である張謇は、実業による救国を極力宣伝した。彼もまた「実業を発達させるには、依るべき法律を整備し、これをもって監督、保障する」ことを強調し、「実業の命脈は政治に関わる」として、実業の振興においては、「法律を頼みとし」、「金融に助けを求め」、「徴税規則に注意を払い」、「奨励に尽力すべきであり」、「政治を軌道に乗せることができれば、全てがうまくいく」と考えていた[23]。

張謇は「実業救国」実践の過程での資金逼迫を痛感したことから、外資の利用についても主張しており、「実業の振興をもって貧困を救う手段とし、さらに門戸を開放し、外資の利用をもって、実業を振興するための計略とする」ことを強調した。彼は、「外国の借款は利用すべきであるが、利用においては返済計画を立てなければならない。利益を生むための利用は可とするが、利益分配に利用することは不可とする。とりわけ、何に使用するか、だれが使用するのか、どのような方法で使用するのかについては、しっかりと計画しなければならない」、「そもそも借金においては条件を考慮すべきであり、内外を同一に扱ってはならない。条件が厳しければ国内でも許されないし、条件が緩やかであれば外国でも許される。条件の拘束は、元本と利息が返済できればそれで終わるということのみであり、それはよく知られているところである。とくに重要なことは、外国の借款を受けても主権を失い、国際関係を損なってはならないということである」[24]。彼は外資の導入により、主権を失うことがあってはならないという立場を堅持した。

張謇は、商品の地方通過税(厘金)を廃止して輸入税を増やすべきであり、ぜいたく品の輸入に対しては重税を課し、輸出税については「減免が非常に望ましい」として、これらを実施するには、関税自主権を奪回すべきであるとの立場を繰り返し主張した[25]。

一九一八年に第一次世界大戦が終わりを告げたことにより、中国は関税自主権奪回闘争において、新たに有利な条件を得た。張謇は、パリ講和会議の開催は中国にとって関税自主権奪回の絶好の機会であると考え、一九一八年一二月一日に、北洋政府外交総長の陸徴祥に電話し、次の点を強調した。「税法についてはこれまで誤りがあり、極めて不平等な協定による拘束を受け、国には自由に税法を定める権限がなく、商人は永久に報われないような損害を被っていた。新聞報道の内容を伝え聞くところでは、商業界の衆議は、税率の引き上げを求めて、収入がいささか増えればよしとするのみという。国には抜本的な策がないとしたら、むしろ国民の側が深く関わる必要があるのではないか。民意は今回の常ならざる会議は通常の条約改正とは同じではない、抜本的な改正は、世界の国際慣例においては、協定による税制の制定を国による税の制定に改めることであり、待遇が平等であってこそ、初めて自主国家の体面が保たれる。枝葉末節にこだわってはならない。協定の範囲で多くを求めることが、全国商人の切迫した要望であり、万の民がそれを政府が主導するよう請願している」[26]。張謇は北洋政府に対して、関税収入の若干の増加に満足せず、関税自主権を勝ち取るよう求めているのである。

さらに張謇は、一九一八年一二月、朱葆三ら商工界の関係者とともに「国際税法の平等を主張する会」を結成し、『申報』紙上において、「国際税法の平等を主張する会の結成について」と題する広告を掲載し、協定に基づく関税制度がもたらした中国の主権への損害を列挙し、商工実業界の関係者は、中国が被っている不平等な待遇に対して、まもなく開かれる戦後和平会議において訴えるべきであり、また、「当会においては、輸入を業とする商人、輸出を業とする商人を問わず、一致団結して我が国の体面を勝ち取るために闘い、自らの人格を勝ち取るために闘おう」と訴えた[27]。張謇らの主張に対し、各地の商会本部、省議会からは大きな反応があり、相次いで賛成の声が寄せられた。このうち北京商会本部からは、「我が国は鎖国を解いて以来、外交上は失敗をしてきたが、それが一部或いは一時のことであれば、まだ救済の余地がある。ただ関税に関しては、各国の協定により我が国には一切主権がないのは、全国四億の人民子孫に永久に続く苦しみである。これを解除する策を講じ、条約による税法を世界的に平等な税法に改めなければ、国は日々弱体化し、亡国の災いとなるだけでなく、民族絶滅の苦しみとなる」という声があがった[28]。その他各地の商会本部等からも積極的な反響があり、「国際税法の平等を主張する会」に対して、代表を推挙して北洋政府にパリ講和会議に公式文書を送るよう求めさせ、協定に基づく関税制度が中国にもたらした数々の危害と度重なる税規則改正の状況を伝え、中国は関税自主権を失っており、その結果国内の各事業は発展できない状況にあることを訴えるべきであると主張した[29]。

一九一九年一月、中国の政府と民間が大きな期待を抱いていたパリ講和会議が開かれた。当時の国内世論の主流は、講和会議を通じて、山東省における中国の権益に関する「対華二十一か条要求」が撤廃されることへの期待であったが、「国際税法の平等を主張する会」による関税自主権奪回の要求も同じく幅広い支持を集めた。全国人民の世論による圧力のもと、中国代表団は講和会議に「中国の希望条件に関する意見書」を提出し、中国は外国人の対華特権撤廃を希望する旨を正式に表明した。これには、領事裁判権の撤廃、関税自主権の回復などが含まれていた。中国の関税問題解決の方法について、中国代表団は、「中国は各国と時期について協議することを宣言していただきたい。この時期が終了した時点で、中国は自ら関税を改正することができる。さらにこの時期内に、中国は各国と自由に関税を定めることができ、協定を交わす際には、必需品とぜいたく品に対する税規則を区別することができる。必需品の税率については一二・五％を下回ってはならない。この協定が締結されるまでに、まず一九二二年から現行規則を撤廃し、中国は新たな協定の締結後に、地方通過税の撤廃を認める[30]」とする意見を提出した。

しかしながら、関税自主権奪回を含む正当な各要求は、全て講和会議により拒否された。この事態に全国民は激怒し、一九一九年には「五四」愛国運動が勃発し、その勢いは激化した。学生達は、「対外的には国権を奪回し、国内においては国賊を成敗する」、「講和条約署名拒否」、「二十一か条要求撤廃」などのスローガンを掲げ、帝国主義による不当な権利分割をしたパリ会議に対して断固反対を表明した。帝国主義反対、不平等条約撤廃は、まもなく全国の労働者、市民など多くの民衆の一致した主張となった。

三　国民革命と対外経済貿易関係の発展

孫中山の指導のもと、一九二四年には国民党と共産党の合作が成立し、両党は共同で不平等条約撤廃等の政治綱領を定め、北洋政府は帝国主義の傀儡であり、軍閥統治を打倒しない限り、中国は外国の支配から逃れ、独立、富強の道を歩むことはできないとして、両党が共同で北伐を行い、国民革命を展開することを表明した。

一九二五年五月に発生した「五・三〇」事件により、全国の反帝運動は一気に高まり、これと同時に国民革命と関税自主権奪回の運動も高まりを見せた。不平等条約撤廃という世論の圧力のもとで、北洋政府は情勢に順応し、国民の意識を利用して、「条約改正」運動を起こし、不平等条約の改正により、政府の国際的地位が向上し、国内における立場が改善されることを期待した。六月二四日、北洋政府は在中国各国公館に不平等条約の改正を求める文書を送った。[31] 世論はこれに大きな関心を寄せ、全国商聯会評議会は一九二五年八月一五日に関税に関する三つの議題を決議し、九月七日には外交部に電話をして、政府が関税自主の目的を達成するよう要請した。[32]

一九二五年一〇月二六日、北京において特別会議が招集され、ワシントン条約に署名した中国、アメリカ、ベルギー、イギリス、フランス、イタリア、日本、オランダ、ポルトガルの九か国のほか、デンマーク、ノルウェー、スペイン、スウェーデンの代表が参加した。この会議における議論の過程で、列強の代表は、地方通過税撤廃等の問題でたびたび中国を非難し、関税自主の問題は九か国条約の枠組み内で議論すべきであると繰り返し強調した。

こうした状況の中、中国各界の世論は列強を攻撃し始めると同時に、段祺瑞政権に圧力を加え、強硬な立場を採るよう促した。一例を挙げれば、全国商聯会は関税問題に関する臨時大会を開催し、発表した宣言において、「我々全国商業界の主張は、関税自主、すなわち完全な関税の自主権を得ることを目的としている」と指摘し、「いかなる犠牲を払おうとも、道理に基づいて徹底して闘争すべきである」とする意見を表明した[33]。全国学生総会、上海学生聯合会、上海各界の婦女聯合会は、『申報』に関税自主の堅持に関する意見を掲載した。会議地北京では、大勢の国民が積極的に動いて、関税自主を訴える大規模な運動を展開した。北京各校の上海事件後援会、北京学生聯合会、北京国民外交代表団等の団体は、会議開催日に各学校の団体を集めて新華門でデモを行い、「参加者の数は五万人余りに達した」[34]。

国民革命と世論の巨大な圧力に直面した段祺瑞政権は、統治の合法性を保持するため、交渉において強硬な態度に転じた。一九二六年、軍閥による混戦、政局不安という状況の中、関税特別会議の中国代表は、自身の安全を守るため相次いで北京を離れた。列強の代表も他に事寄せて自己主張を繰り返すか、会議に参加しないか、理由を付けて帰国するなどした。一九二六年四月一九日、段祺瑞は正式に退陣を発表し、ここに至って関税特別会議は有名無実化した。五月一一日、「関税会議委員会」は、各界に宛てて「これにより会議は自然消滅した」旨を報告し、関税特別会議は結論を見ないまま終了してしまった。

一九二六年七月、国民革命軍は広東から出兵し、全国民支持のもとで、連戦連勝した。国民党政府は勝ちに乗じて攻勢に出、広州等の地で「特別税」と「内地税」の名目で、ワシントン会議で承諾した税率二・五％の付加税（「二五附税」）の徴収を開始した。

これに対し、列強は直ちに抗議を提出した。しかしながら、中国で高まりを見せている民族主義の風潮に直面した米国政府は、「英日とともに、海軍による示威行動又は他の強力な措置の実施を検討する」という提案を拒否し、抗議を行うにとどまった[35]。一九二七年一月四日、米国下院外交委員会委員長のポーター（Stephen G. Porter）は議案を提出し、大統領に対し、中国全国民を代表して発言できる中国政府の代表と適時に交渉することを要求し、政府に対しては、中国に対する他の列強との共同行為に参加しないことを要求するとともに、「米国と中国が中米間のこれまでの不平等条約に代わるものとして、新たな条約を締結するための交渉を行う」ことを求めた。米国民からはポーターのこの議案を支持する声が高かったため、議案採択の際には、下院で反対票を投じるものは皆無に近かった。深刻な見解の相違から、列強は統一行動を採ることができなくなり、事実上、列強の対華協調一致の原則は崩壊した。こうしたことも、以降、国民党政府が各国撃破の戦略を講じる契機となった。

一九二八年六月、国民党政府は全国統一をほぼ完成させ、関税自主に関する外交活動を展開するとともに、各国代表を会議に招集して議論する北洋政府時代の手段を、単独突破の戦略へと転換し、各国と個別に条約改正について交渉した。当時、中米間の通商条約は期限が到来していなかったが、米国は、太平洋地域、なかでも中国における利益が日本の脅威にさらされていたので、自国の利益を守るために、日本に対して抑制を図り、対華政策を急速に転換することを望んでいた。国民党政府は、まず米国との単独での条約改正交渉を選択し、七月一〇日、在米の伍朝枢・前外交部長に対して電令を発し、米国政府に代表を派遣して新条約を締結するよう求めた。七月二〇日、宋子文財政部長は（John V.A. Mac-Murray）駐中国大使と交渉を行った。七月二五日、宋子文は、同大使と正式に「中米両国関税関係整理条約」を交わした。この条約は二つの条項からなり、中国が「国家関税完全自主の原則」を実行し、これまでの中米条約に記載されていた中国における輸出入貨物の税率、預金預り証、「子口税」及びトン税などに関する各条項については、「これを即時撤廃する」ことが定められた。ただし、これと同時に、締約国の上記及び関係する事項につき、両国は「互いの領土内で享受する待遇については、他の国に対する待遇と一切区別しない」、すなわち米国には「最恵国待遇」が付与されることが明文化された。[36] 西側の大国の中で、米国は、南京政府と関税に関する新たな条約を交わし、中国の関税自主を承認した初めての国となった。

中米による関税条約締結により、関税問題に関する中国と外国の交渉の行き詰まりは打開された。さらに国民党政府は同年八月一七日、ドイツと「中国・ドイツ関税条約」を締結し、一一月一二日にはノルウェーと「中国・ノルウェー関税条約」を締結した。当時、中国とベルギー、スペイン、イタリア、ポルトガル、デンマーク、日本との通商条約が相次いで期間満了を迎えており、外交部は一九二八年七月中旬から下旬にかけて、上記各国の在中国公館に対し、中国と締結した通商条約の期限が到来したことを通知し、現条約の廃止を宣言するとともに、各国に対して、即刻全権代表を派遣して中国と新たな平等互恵条約を締結するよう申し入れた。ベルギー、スペイン、イタリア、ポルトガル、デンマークの五か国は、いずれも返答の際、中国との早期の新条約締結を希望していることを伝えた。数か月に及ぶ交渉の末、五か国はそれぞれが年内に「友好通商条約」を締結した。これに続き、中国は、オランダ、イギリス、スウェーデン、フランスと相次いで交渉を行い、新たな「関税条約」を締結した。一九二八年末の時点で、中国と商取引関係のある主な国々は、日本を除き、中国と「関税条約」又は「友好通商条約」を交わしたことになる。これらの条約では、いずれの国も中国に対する一切の関税特権を撤廃し、中国に完全な関税自主権を認めている。ただし、既存の「片務的な最恵国待遇」が損なわれないよう、いずれにも「他の国に対する待遇と一切区別しない」などの文言が盛り込まれていた[37]。

一九二八年末の時点で、ほとんどの締約国は中国と新たな条約を締結し、完全な関税自主権を承認していたが、日本のみは条約改正を拒んでいた。ただし、新たに締結された条約は、いずれも「他の国に対する待遇と一切区別しない」という条項又は文言が盛り込まれていたため、既存の「片務的最恵国待遇」は何ら損なわれることはなかった。日本だけは、協定に基づく関税権を放棄しなかったために、他の国も同様にこの特権的利益を享受することができたのである。従って、日本との交渉は、中国が関税自主を真に実現できるかどうかの鍵を握るものとなった。

日本政府は、かつて国民党政府が公布した前述の暫定規則を「国際的な信義をないがしろにした暴挙であり、帝国政府はこれを何としても容認し難い」と非難し、[38]中国の条約改正の要求に対して、激しく敵対する態度を示した。これにより、中国全土に日本製品不買を中心とする抗議行動が広がった。日本の商工会議所は一九二九年の「支那、南洋における最近の日貨排斥の経過並びに影響」と題する報告書において次のように述べた。「中国各地の商工業者と国民党の急進派が地方を組織して進めた経済断交運動は、事実上中国における日本の経済活動を妨害するものである。一例を挙げれば抗日運動団体は、日本製品を扱う商人は「救国基金」を納めなければならないと定めており、その「税率」は、日本製のぜいたく品と雑貨は価額の七〇%、陶磁器、海産物、紡績製品は価額の三〇%、綿製品は価額の五%~二〇%とされ、客観的に保護関税の効果を有するものである。これにより生じた日本製品輸出による損失は、一九二八年五~一二月の対中国輸出額のおよそ二〇%に相当する」。こうした状況にあって、これまで日本政府の強硬な外交姿勢を支持してきた日本の商工界も、一転して政府に譲歩を求めるようになった。[39]他の国々が相次いで中国との条約を改正している中、日本はこの問題においては明らかに孤立していたため、自らの立場を考え直さざるをえなくなった。一九三〇年五月六日、日中両国は「関税協定」を締結し、日本側は中国に関税自主権を認めた。民族主義運動の激しいうねりの中、官民によるたゆまぬ抗争により、ここに至って中国はようやく関税自主権を回復したのである。

辛亥革命前の国内の先進的な知識人による革命の宣伝、革命期に孫中山の主導により制定された「約法」の各民族平等に関する規定、民国初年の孫中山による対外経済貿易思想とその影響を結び付けて考えれば、重要な面で、金冲及氏の観点が証明されているというのが筆者の見解である。これは、すなわち孫中山の民族主義思想には非常に際立った長所があり、それは民族の平等を極めて重んじ、各民族間の相互の尊重、相互の協力を提唱しているというこ

と、さらに「民族」「民権」、「民生」の三者の相互関係を重視しているということである。(40)
孫中山の民族主義は「大民族主義」と「小民族主義」の結合であり、辛亥革命後は「大民族主義」が指導的な地位を占めるに至ったのである。

註

(1) 沈寂「辛亥革命与民族主義」、『安徽史学』二〇〇五年第三期。
(2) 金沖及「辛亥革命和中国近代民族主義」、『近代史研究』二〇〇一年第五期。
(3) 『梁啓超全集』、北京出版社、一九九九年、一〇六九頁。
(4) 中国史学会主編『辛亥革命』第一冊、上海人民出版社、一九五七年、五七七頁、張書志「亦武亦文為報国」、『湘潮』二〇〇六年第一期を参照。
(5) 『広東辛亥革命史料』、広東人民出版社、一九六二年、八十六頁。
(6) 『孫中山全集』第二巻、中華書局、一九八二年、三三二頁。
(7) 『孫中山全集』第六巻、中華書局、一九八五年、二二七〜二二八頁。
(8) 『孫中山選集』、人民出版社、一九八一年、一九一頁。
(9) 『孫中山全集』第二巻、三四一頁。
(10) 『孫中山全集』第二巻、四〇四頁。
(11) 『孫中山全集』第二巻、五三二〜五三四頁。
(12) 『孫中山全集』第六巻、二四九頁。
(13) 『孫中山全集』第二巻、五三二頁。
(14) 『孫中山全集』第二巻、五三三頁。
(15) 『孫中山全集』第二巻、五三三頁。
(16) 『孫中山全集』第九巻、中華書局、一九八六年　四一〇頁。
(17) 『孫中山全集』第二巻、四八一頁。
(18) 『孫中山集外集』、上海人民出版社、一九九〇年、一九二、一九三頁。

(19)『孫中山全集』第一巻、中華書局、一九八一年、五六八頁。
(20)『孫中山全集』第五巻、中華書局、一九八五年、四七九頁。
(21)『孫中山全集』第五巻、二四九頁。
(22)『孫中山全集』第九巻、四二四頁。
(23)『張謇全集』第一巻、江蘇古籍出版社、一九九四年、二七一～二七四頁。
(24)『張謇全集』第三巻、江蘇古籍出版社、一九九四年、六六二、六六四頁。
(25)『張謇全集』第一巻、二八三～二八四頁。
(26)『張謇全集』第一巻、三七七頁。
(27)「主張国際税法平等会集会縁起」、『申報』一九一八年一二月六日。
(28)「北京総商会請改税法之公電」、『申報』一九一八年一二月一二日。
(29)「主張国際税法平等会致巴黎和会電」、『申報』一九一九年一月一九日、『張謇全集』第一巻、三八五～三八七頁。
(30)「中国代表提出希望条件説貼」、中国社会科学院近代史研究所『近代史資料』編輯室編『秘笈録存』、中国社会科学院出版社、一九八四年、一七九～一八一頁。
(31)王建朗「中国廃除不平等条約的歴史考察」、『歴史研究』、一九九七年五期。
(32)・(33)賈中福「試論関税特別会議前後的商人社団 - 兼及商人社団与政府之間的関係」、『貴州社会科学』、二〇〇六年九月。
(34)楊紅林「朝野糾葛：北京政府時期的輿論与外交 - 以関税特別会議個案的考察」、『史学月刊』、二〇〇五年第一二期。
(35)『美国対外関係文件』第一巻、一九二六年、八七一、八八五～八八六頁。王立新「華盛頓体系与中国国民革命：二十年代中美関係新探」、『歴史研究』二〇〇一年第二期から重引。
(36)王鉄崖編『中外旧約章匯編』第三冊、三聯書店、一九六二年、六二八、六二九頁。
(37)王鉄崖編『中外旧約章匯編』第三冊、六三〇、六四一、六四三、六四六、六五〇、六五三、六五六、六六一、六六八、六七一、六七五頁。
(38)「日本駐華公使致中国外交部照会」、『外交部公報』第一巻第四号、一一六～一一八頁。
(39)久保亨著　王小嘉訳『走向自立之路――両次世界大戦之間中国的関税通貨政策和経済発展』、中国社会科学出版社、二〇〇四年、五三、五四頁。
(40)金冲及「辛亥革命和中国近代民族主義」。

湖南省の辛亥革命と軍事勢力——新軍と巡防営を中心に——

藤谷浩悦

はじめに

本論文は、湖南省の辛亥革命に新軍と巡防営の将校や兵士がいかなる役割を果たし、このことが湖南都督府にどのような影響を与えたのかについて考察する。一九一一年一〇月二二日の湖南省の革命軍の蜂起は、巡防営中路統領の黄忠浩の殺害以外、ほぼ無血革命に近い状態で行われた。この蜂起には、新軍の兵士や将校の活動だけでなく、巡防営の将校や兵士の役割、及び焦達峯の巡防営に対する策動を見逃すことはできない。何となれば、巡防営の将校や兵士が蜂起に同調しなかった場合、新軍と巡防営の間で全面戦争の起こる危険性があったからである。しかし、これまでの辛亥革命研究では、軍隊の辛亥革命に果たした役割を考察した研究が少ないだけでなく、巡防営の活動に着目した研究も皆無に近い(1)。この理由には、次の三点がある。第一点は、辛亥革命研究が辛亥革命の性格をめぐり、階級分析に基づいて行なわれたために、郷紳、会党、民衆の動向の分析に重点を置いた反面、軍隊の動向を等閑視してきた点である。第二点は、軍隊の動向に関心を置いた場合でも、革命派の軍隊に対する工作、軍隊の反応が中心となり、将校や兵士の思想、軍隊と社会の関係には考察が及ばなかった点である。第三点は、巡防営に即していうならば、新軍が新式の軍隊であり、一定の教養を備えていたのに対して、巡防営が旧式の軍隊であり、革命に対して消極的と見なされた点である。

新軍と巡防営の将校や兵士の辛亥革命における役割を考えようとした場合、軍隊の組織や兵器、戦略の問題だけでなく、軍隊と社会の関係、更に軍隊の動向を支える時代の思潮に分析を加える必要がある。そして、本論文で軍隊の動向と時代の思潮の関係を分析する際に手掛かりとするのは、軍国民主義と末劫論である。軍国民主義は清末の流行語であり、極めて曖昧な内容を持った。ただし、軍国民主義の特徴は、国家を軍隊、国民を兵士になぞらえ、尚武の精神や克己心などの精神主義を説き、個人の自由を国家の建設の手段と位置付けた点にある。いわば、個人の自由は、国家の建設の劣位に立った。これに対して、末劫論は、燃燈仏・釈迦仏・弥勒仏が過去・現在・未来の三劫を各々掌るという三期三仏説によって、各劫の末期、すなわち末劫に天変地異など、種々の災難が起こるというものである。この場合、問題とされるのは、現世の終末に起こるとされた劫難災難であり、時に救世主が降臨し、選ばれた人々を救い、至福の世界を顕現するとされた。そして、この至福の世界には、民衆の願望、例えば「平均主義」(財産の平等)などが色濃く投影された。それでは、軍国民主義や末劫論という相異なる考えがどのように民国初頭の軍隊の台頭と関わり、民国初頭の湖南省の政治や社会を規定したのであろうか。この点について、清末の新軍や巡防営から民国初頭の愛国団、建国団、湘政改良会に至る過程を中心に考察を加える。

第一章　湖南省の辛亥革命

第一節　革命軍の蜂起

一九一一年九月二四日、湖北省の革命団体、文学社と共進会は、文学社の蔣翊武を総司令、共進会の孫武を参謀長とする統一革命司令部を設置し、蜂起日を一〇月六日、旧暦では八月一五日の中秋節に定めた。しかし、統一革命司令部の蜂起の準備が整わないうちに、中秋節の蜂起の謡言が起き、湖広総督瑞澂らが厳戒態勢を布いたために、蜂起日も延期された。ところが、一〇月九日、漢口のロシア租界にある革命派の拠点で製造中の爆弾が暴発し、孫武は重傷を負って入院した。ロシア租界の警察は、事態の重大性に鑑みて革命党員の名簿や書類などを押収し、これを湖広総督瑞澂に報告した。蔣翊武らは武昌の蜂起司令部で緊急会議を開き、当日の夜中一二時の蜂起を決めた。しかし、総司令部が湖北省の軍警に踏み込まれ、劉復基、彭楚藩ら二〇数人が逮捕され、一〇月一〇日の朝に劉復基らが銃殺されたため、一〇月一〇日、新軍の兵士は急遽、武昌城の内外で蜂起した。まず、第八鎮の第八営が決起して、事前の計画通り楚望台の武器庫を占領し、湖広総督衙門・第八鎮司令部を攻撃した。湖広総督瑞澂・第八鎮統制張彪は逃亡した。続いて、新軍の兵士は、漢陽と漢口を攻撃した。翌一〇月一一日、蔡済民らは湖北諮議局に集い、湖北諮議局議長の湯化龍らと会議を開いて、湖北軍政府を樹立すると共に、第二一混成協協統の黎元洪を湖北軍政府の都督に推挙した。同時に、蔡済民らは、革命派からなる謀略処を設置すると共に、湖南省に使節を派遣し、湖北省に呼応するよう求めた(2)。

一九一一年一〇月一八日、湖南省で革命派の会議が開かれ、湖北省に従って革命軍の蜂起を決議し、蜂起日を一〇月二一日に定めた。しかし、一〇月二一日には準備が整わずに、蜂起日を翌二二日に延期した。一〇月二二日午前八時、新軍の兵士は事前の打ち合わせ通り、運動場に集結し、まず安定超が三発の信号弾を発し、兵士に革命の意義を演説すると共に、妄りに隊列を離れないこと、規律を守り反抗せず勝手に銃を撃たないこと、民間の物を取らないことの、三点の禁令を伝えた。同時に、革命軍を三隊に分けると共に、各隊に次の動員令を下した。第一陣は、彭友勝が第四九標第二営后隊を率い、第五〇標と馬隊営と合流して、北門より湖南省城内に進み、荷花池の軍装局を占拠する。第二陣は、安定超が第四九標第二営前隊、左隊、右隊を率い、輜重営、砲兵営、工程営の三営と合流し、東北の小呉門より湖南省城内に入城し、直ちに湖南諮議局を占拠する。第三陣は、李金山が砲兵営を率いて湖南省城内に進んでのち、軍装局に至り砲弾を奪取し、巡撫衙門を威嚇する。この後、各隊は、計画通り進軍した。[3] 彭友勝の第一陣は、北門に向かった。巡防営の北門の守備兵は、新軍の兵士を攻撃せずに、城門を開いて新軍の兵士を迎え入れた。そして、北門より入城した第五〇標第一営右隊隊官の易棠齢が軍械局を占拠後、小呉門を破壊し、第二陣を城内に引き入れた。革命軍は、湖南省城内に入ると巡撫衙門に押しかけ、巡撫衙門に漢と記した白い旗を掲げた。革命軍は、巡防営中路統領黄忠浩を発見すると、これを殺害した。黄忠浩の殺害は、新軍と巡防営の事前の会議で、巡防営代表の徐鴻斌が提起したといわれる。[4]

一九一一年一〇月二二日、革命軍は、巡防営中路統領黄忠浩の殺害後、湖南諮議局の寄宿舎で会議を開き、中華民国軍政府の組織を相談し、焦達峯の正都督、陳作新の副都督就任が決まった。翌一〇月二三日、中華民国軍政府は、中華民国軍政府湖南都督府と改称した(以下、湖南都督府と呼ぶ)。一〇月二二日、湖南都督府が成立すると、湖南省の軍隊は士官派(日本の士官学校の卒業生)、新軍派(湖南武備学堂、将弁学堂、兵目学堂、陸軍中学堂の卒業生)、旧軍派(巡防営の出身者)、外江派(日本の東斌学堂や他省の武備学堂、江南陸師学堂、将備学堂、将弁学堂の卒業生)、以上の四派に分かれた。[5] 一〇月二二日の革命軍の蜂起で中核を担ったのは、陳作新、易棠齢など、新軍派の中下級の将校と兵士であった。焦達峯は正都督就任後、彼らを昇格させた。これに対して不満を抱いたのは、軍隊の士官派、すなわち日本への留学経験者である。何となれば、一〇月二二日の革命軍の蜂起当時、第五〇標の第一営が寧郷、第三営が益陽に、第四九標の第一営が岳州、第三営が臨湘に分駐しており、士官派の多くは功績を上げることができなかったからである。一〇月二四日、焦達峯は、第四九標を湖北省に赴かせるため、寧郷と益陽に駐屯中の第五〇標第一営管帯の蒋国経、同第三営管帯の梅馨を長沙に呼び寄せ、湖南省城の防備を委ねた。一〇月二九日、これら士官派にあたる蒋国経と梅馨は長沙に戻ると、軍関係者の会議を召集し、焦達峯と陳作新の殺害を提議した。一〇月三一日、陳作新と焦達峯は殺害され、清代の湖南諮議局議長の譚延闓が湖南都督に擁立された。(6)

第二節　新軍と巡防営

湖南省の軍隊は、巡防営と新軍、緑営などから構成されていた。巡防営は中、前、後、左、右の五路からなり、毎営約三〇〇人で、中路(長沙)が一八営、後路(衡州、郴州、永州)が一三営であった以外は、前(岳州)、左(湘潭、醴陵)、右(常徳、辰州、沅州)の各路とも約五営であった。このため、前路、後路、左路、右路の四路を合わせても総計二〇営に満たなかった。各路の統領は、中路が黄忠浩、前路が呉耀金、左路が謝澍泉、右路が陳斌生、後路が張其鍠であり、中路統領の黄忠浩が全軍総統提督軍門として巡防営全体を統括した。この他に、緑営が八〇〇〇人から九〇〇〇人、鎮筸鎮が四〇〇〇人、綏靖鎮が一〇〇〇人余りおり、永綏協、乾州協には一部に苗族がいた。また、新軍の第二五混成協は、一九〇九年に新式軍隊を再編したものであり、歩兵二標(第四九標と第五〇標)、砲兵一営、馬隊一営、工程一営、輜重一営からなった。第二五混成協の協統は、当初は楊晋であったが一九一〇年に辞任し、代わって蕭良臣が就任した。ただし、蕭良臣は北方の出身者で、部下を統率することができず、転任した。(7)新軍と巡防営の差は、歴然としていた。すなわち、新軍の上級、中級の将校は多くが日本の仕官学校の卒業生で中国同盟会に参加し、兵士も一定の教育水準を保って待遇もよかったのに対して、巡防営の将校は多くが小部隊の出身で、学歴も低い上に給与も安く、軍服も粗末なものであった。(8)

清末の一九〇一年、湖南巡撫兪廉三は、清朝政府の命令に応じて、湖南試用道の兪明熙を総辦として武備学堂の設立を図り、一九〇三年に武備学堂が正式に開学した。毎年の入学定員は一二〇名、学習期間は三年であり、卒業後は排長や哨長となった。武備学堂には兵目学堂が付設され、弁目の下級将校を養成した。一九〇五年、武備学堂は閉校し、翌一九〇六年に陸軍小学堂が代わって新設され、総辦には引き続いて兪明熙が就任した。一九〇五年、武備学堂と兵目学堂では、蔡鍔が一時期、教練処の帮辦と兼任して教鞭をとった[9]。蔡鍔はこの三年前、すなわち一九〇二年二月、「軍国民篇」を著し、中国の救亡のためには軍国民主義の普及を急務とするとして、「立国の大本」に「鉄血主義」をあげた。そして、中国における軍国民主義の欠乏の原因として、一．教育、二．学派、三．文学、四．風俗、五．体魄（身体と精神）、六．武器、七．鄭楽（淫らな音楽）、八．国勢、以上の八点を指摘した[10]。軍国民主義は、清末の流行語であった。一九〇三年四月二九日、日本の東京では留学生会館幹事や評議員がロシアに抗議して義勇隊の結成を決議し、義勇隊は後に学生軍、更には軍国民教育会と改称し、宗旨を「尚武の精神を養成し、愛国主義を実行する」に置き、同年七月に再改組して公開から非公開に改めて、中国本国の各省に運動員を帰国させ蜂起を画策した[11]。軍国民主義の特徴は、国家を軍隊、国民を兵士になぞらえ、尚武精神と精神主義を説き、個人の自由を国家建設の手段と位置付ける点にあった。

巡防営は、湖南巡撫余誠格が革命勢力の浸透している新軍に代わり、清朝政府の藩屏として期待した軍隊である。しかし、共進会の焦達峯は、巡防営に四正社の社員を送り込み、巡防営の中に会党の勢力を扶植した。このことが、巡防営の清朝からの離反を決定付けた。四正社は、一九〇七年に焦達峯が設立した会党の機関である。「四正」とは、「心正、身正、名正、旗正」から名が取られた。焦達峯の工作は、巡防営だけでなく、巡撫衙門の衛兵、更には巡防営統領の黄忠浩の身辺の護衛にも及んだ。このため、一〇月二二日の革命軍の蜂起では、巡防営が湖南省城の城門を開いて新軍の将校や兵士を受け入れただけでなく、黄忠浩の殺害にも積極的に関わった[12]。黄忠浩が湖南巡撫余誠格の意向を受けて新軍や巡防営の規制を強めたことが、巡防営の将校や兵士の反感を買ったといわれている。清末、湖南省の軍隊、すなわち巡防営と新軍、緑営を合わせた兵員数は、約三万人であった。ところが、一〇月二二日、焦達峯は正都督に就任すると、援鄂軍の派遣を計画して大規模な募兵を行い、陸軍四鎮を創設して第一鎮統制に余欽翼を、第二鎮統制に趙春霆を、第三鎮統制に易棠齢を、第四鎮統制に閻鴻翥を任命した[13]。このうち、趙春霆と易棠齢は、四正社と関係があった。そして、湖南省の軍隊の兵員数は、五万人もしくは七万人に膨張した。兵員数が短期間で二倍近くに増えた背景には、四正社を通じた会党の動員があった[14]。

第二章　愛国団の設立と亀裂

第一節　湖南都督譚延闓と軍隊

一九一一年一〇月三一日、譚延闓が新しく湖南都督に就任した。譚延闓は、一八七九年に譚鍾麟の子として生まれた。譚鍾麟は、一八五六年の進士で、陝西巡撫、陝甘総督、両広総督、閩浙総督などを歴任した大官僚であり、一九〇五年に没した。譚延闓は、科挙最後の年の一九〇四年に進士となったが、同年の進士には、のちに湖北諮議局議長になる湯化龍、先謙の門弟にあたる蘇輿がいた。譚延闓は、一九〇五年の譚鍾麟の没後、譚鍾麟の湖南省における名望を受け継ぎ、湖南省の振興に携わり、新式教育の普及に務め、胡元倓の設立した明徳学堂を援助すると共に、中路師範学堂の監督となり、湖南省では教育界を基盤に地歩を固め、更に湖南憲政公会を組織して立憲運動を進めた。一九〇九年一〇月、湖南諮議局議員に当選し、初代の湖南諮議局議長に選出された。譚延闓は、一九一〇年に北京に赴き、預備立憲期限の短縮と国会速開を求めた。また、湖南省の鉄道利権回収運動でも、積極的な役割を果たした。同年、資政院が設立されると、資政院議員に選ばれた。一九一一年五月に清朝政府が鉄道国有化令を発すると反対運動を起こし、同月に開かれた諮議局連合会大会では会長に選出された。一九一一年七月、譚延闓は湖北省の湯化龍らと共に北京で憲友会を設立し、湖南省では憲友会湖南支部を設立した。一〇月三一日、譚延闓は、暗殺された正都督の焦達峯に代わり、湖南都督に就任した。[15] 譚延闓が湖南都督に就任すると、真っ先に直面したのは軍隊の問題であった。

湖南省の軍隊は、清末には約三万人であったものが、革命軍の湖北省への派遣のために五万人或いは七万人近くに膨れ上がった。湖南都督府は、将校や兵士の給与を湖北省の例に倣って本給の三割増とし、かつ従前の巡防営を陸軍歩隊に再編したため、軍事費は従来の五倍増に跳ね上がった。湖南都督府は、各部の人員を召集して会議し、籌餉局の設立と東西各国の戦時制度に倣った国民捐（公債捐）の徴収を決定した。[16] すなわち、湖南都督譚延闓は、軍事費の増大に対して、清朝大官の財産の没収と籌餉局の設置による義捐金、すなわち国民捐の徴収によって対応した。ただし、国民捐は名目こそ義捐金であったが、実質的には強制であった。そして、籌餉局の局長には黄興の盟友であり、日本に留学経験のある周震鱗が就任した。国民捐の徴収は、籌餉局局員の任意に委ねられたため、籌餉局局員の義捐金の徴収を名目とした苛斂誅求を招き、郷紳や民衆の怨嗟の的となった。一九一二年三月、譚延闓は軍事会議を開催し、軍事会議では軍隊の肥大を憂慮して各営の欠員を補充しないこと、敢死隊や決死隊などの非正規の軍隊を解散すること、兵士の褒章は当該長官の調査後に行うこと、兵士の要求は上官の稟議によること、兵士の月給の七両から五両二銭への減額を定めた。[17] 軍隊の中下級の将校や兵士は、革命に大きな貢献をしたにもかかわらず、褒章が不公平であるとして、譚延闓に不満を抱いた。

譚延闓は湖南都督就任後、「民主立憲の精神」を体現するために臨時特別議会を開催した[18]。一九一二年三月、臨時約法の公布と袁世凱の臨時大総統就任により、参議院議員の選出が議題に上った。四月五日、湖南都督譚延闓は、湖南特別議会の議員の互選により参議院議員の選出を図ろうとした。『長沙日報』の文経緯は、籌餉局局長の周震鱗と共に湘民研究会を設立して、湖南特別議会の解散を要求した。同時期、郷紳や富商、民衆は籌餉局の横暴に不満を抱き、湖南特別議会に実情を調査して弾劾するよう要請していた。周震鱗は湘民研究会を設立して湖南特別議会に対抗した。また、軍隊の一部の将校も、議員の罪状に一．籌餉局の裁併の議論、二．兵員数の裁併の議論、三．兵員の給与の削減の議論、四．参議院議員の不承認、五．事毎に湖南都督に指示を仰ぐこと、六．法律を知らず全省の人民の代表に足らないこと、以上の六点をあげ、湖南特別議会の解散を求めた[19]。湖南特別議会は、湖南都督府の政策遂行を監督・補佐する目的で設立されたが、正規の選挙にはよらず、いわば「民意」による正当性を欠いた。湖南特別議会は、軍隊の肥大と予算の膨張、籌餉局の搾取を問題視した。ただし、湖南都督譚延闓による湖南特別議会と協調した政策の遂行は、一部の将校にとっては政策の遅延と映った。そして、一部の将校は、湖南特別議会が軍隊の削減や籌餉局の改廃を議論したことに激昂し、湖南特別議会の解散を要求した。

第二節　焦達峯と末劫論

革命軍は、蜂起にあたり、民間の伝承や風習、預言書の類を積極的に利用した。一九一一年一〇月二二日、湖南省の革命軍が蜂起した日は、日蝕が見られた。一九一一年一〇月一三日付け『申報』紙上は、一〇月二二日午前一〇時以降の日蝕の出現を予言しており、革命軍は一〇月二二日の日蝕を熟知して、同日に蜂起を起こした可能性がある[20]。一〇月二二日の明け方には金星、すなわち暁の明星が最高光度に達した。また、彗星も出現した[21]。一〇月二二日の湖南省の革命軍の蜂起では、新軍の兵士や会党の成員は白い腕章を付け、巡撫衙門を占拠すると、白地に漢と記した旗を掲げた。[22] 革命軍は、人びとに白い腕章を付けさせ、家々や兵船に白い旗を掲げさせることで、この革命が末劫の到来に伴う救世主の手になることを印象付けようとしたのではなかろうか。何となれば、一九一〇年の長沙米騒動後の掲帖では、末劫の到来における救世主が、白い頭巾を付けると記されていたからである。[23] 陶菊隠は、目撃者の回憶として、革命軍の蜂起直後、湖南省城の各街巷で戯劇の武生のように化粧した青少年が出現したことを記している。[24] 戯劇の武生の装いをした若者たちは、一九〇〇年の山東省の義和団でも出現していた。一九〇〇年の義和団の場合、武生の装いをした若者たちは、自らを戯劇の世界の英雄と一体化させることで、悪を滅ぼし至福の世界を実現しようとした。[25] このため、湖南省城の武生の装いをした若者たちも、同様の効果を狙ったと考えられる。上海では、黒い雨が降ったという謡言も流布した。[26] そして、『五公末劫経』などの経典では、黒い雨をこの世の汚濁の洗浄を意味するものとして記していたのである。

このような民衆の救世主待望信仰を利用して蜂起を起こし、一九一一年一〇月二二日に正都督に就任したのが焦達峯であった。閻幼甫は、一〇月三一日に焦達峯が暗殺された時、暗殺者が照壁「焦達峯は匪徒の首領である姜守旦が名を騙ったものであり、処刑すべきである〔焦達峯系匪首姜守旦冒充、応予処決〕」と書いたことを記している。[27] 一九一一年一一月一五日付『民立報』には、姜守旦が焦達峯の名前を騙ったものであるとする記事が掲載されている。[28] ただし、一九一一年一一月一八日付『ノース・チャイナ・ヘラルド』の記事では、姜守旦が焦達峯の名前を詐称したのではなく、焦達峯が姜守旦の名前を詐称したことになる。[29] もともと、一九〇二年に焦達峯は姜守旦の洪福会に入会していたため、二人は師弟の関係にあった。二人の共通点は、次の三点にある。第一点は、湖南省瀏陽県の出身であったことである。第二点は、湖南省の会党の頭目で、一九〇六年の萍瀏醴蜂起に加わったことである。第三点は、神打の優れた担い手であったことである。このため、焦達峯を姜守旦と同一視する謡言、及び匪徒と救世主という二つの異なる像は、焦達峯が姜守旦の名前を意図的に利用した結果による。焦達峯は、民衆が姜守旦に仮託した救世主像を演じ、会党の成員に官位を与えようとした。しかし、このことが郷紳や新軍の将校の反発を買い、焦達峯は暗殺された。従って、郷紳や新軍の将校が怯えたのは、焦達峯それ自体よりも、焦達峯に付与された救世主像にあったということも可能である。

一九一一年一〇月三一日、譚延闓が湖南都督に就任すると、軍隊の将校、郷紳、教育界の支持の下に、「文明革命」を標榜した[30]。軍隊の新軍派の将校は、清末の武備学堂や陸軍小学堂の教育の下に育ち、強大な国家の建設のためには強い軍隊を作り、強い軍隊の設立のためには個人の鍛錬が必要であるとして、個人の鍛錬と国家の建設を強く結び付けていた。彼らは、軍国民主義を奉じて、清末の民族主義の高まりの中で、清朝政府の改革の見切りをつけ清朝の打倒に転じたが、革命成就後は国家建設のために軍事を優先させた。これら新軍派の将校は、軍隊に基づく強大な国家を標榜したため、必ずしも専制的な政治を否定するものではなかった。これに対して、一般の兵士は、会党の成員と出自を同じくし、会党の「平均主義」に同調的な態度を示した。二〇世紀初頭、湖南省の会党は民間信仰、特に紅燈教などと融合し、末劫論などを基底に持った。末劫論は、末劫の到来と救世主の降臨、至福の世界の顕現という特徴を持った。ただし、末劫論は、救世主という絶対者による救済を望むものである。この結果、軍隊内には軍国民主義と末劫論という相対立する考えが併存したが、専制的な政治の許容という点では、共通項を持った。

第三節　軍国民主義と末劫論

一九一二年二月初旬、一九一一年一〇月二二日の革命軍の蜂起の功労者、すなわち中路巡防隊隊官の徐鴻斌と、新軍の中下級将校の易棠齢と安定超らは、湖南省内の動揺を憂慮して内部維持会を設立した。易棠齢は、陳作新と同様、武備学堂附属の兵目学堂の卒業生であり、一九一〇年に陳作新と共に積健社を組織し、軍事学術の研究を名目として下級仕官や兵士を組織し、秘密裡に「排満」活動を行った。[31] 内部維持会は、中下級の将校を中心に、「鉄血主義を建国の目的とし、振興の宗旨とする」と定め、「同志を結合し、一切の実行の能力を図り、政体の改良、軍紀の整頓、専制の余毒の除去、国民の幸福の増進、人民の生計の拡張、貿易の発達の保障、国民の幸福を中心とする〔こと〕」を目的に設立された。[32] そして、一九一二年四月二八日、愛国団が軍国民主義の内容を受け継ぎながら、内部維持会を発展させて設立大会を開催し、団長に易棠齢を選出した。[33] 五月九日、愛国団は、社会党の綱領における「世襲遺産制度を破除する」を問題視して社会党を攻撃し、封鎖した。「世襲遺産制度を破除する」とは、個人の私有権を生前には認めるが死後に公に帰すことで、「均産〔財産の平等〕の利」を図るものである。五月一四日、愛国団は教育総会で緊急集会を開催し、愛国団団長易棠齢が「現在は国の基盤が固定せず、〔社会秩序を〕維持する契機は軍隊にある。今回〔社会党を〕厳罰に処さなければ、彼らは益々増長するであろう。もしそのような事態になれば、我々はいかにこの事態に対処できようか」と主張した。[34]

愛国団が社会党の綱領と会党の「平均主義」を結び付け、社会党を攻撃したのには、理由があった。一九一二年七月、湖北省軍務司長の蔡済民は、襄陽の兵士が「平均財産の説」に惑わされて附和雷同し、反抗的な行動を取っているとして、『解釈社会主義文』という冊子を各鎮の協、標、営の長官に配布して兵士に講演し、路を誤らないようにさせた。この冊子では、ヨーロッパやアメリカの各国で称える社会主義には普通と極端の二種があるとして、普通主義が国家の経済に依拠し人民の生計を維持し、各々に生業を営ませて長く治安を保つ一方で、極端主義が均産〔財産の平等〕の学説を称え、人々の生計を平等に限定し、弊害が大きく、国が病み民も貧しくなり、滅亡に瀕すると主張している。そして、民国の創立期に、社会主義が唱えられると民生は壊滅的な打撃を受けるとして、社会主義の「均産の謬説」に惑わされないよう説いた[35]。蔡済民が『解釈社会主義文』の冊子を配布したことは、一部の兵士が「平均主義」に同調していたことを示している。一九一二年三月、四川省で、張知競が政治参加を求めて中華民国国民社会党四川本部を組織した。しかし、同組織は、名前に社会党の文字を冠しながら実体は哥老会であり、組織の中に社会党の学説や綱領を知る者が皆無であった[36]。これらの事件の特徴は、会党が社会党を標榜して「平均主義」を要求した点にある。

一九一二年八月、湖南都督譚延闓は、九月一日における籌餉局の廃止を布告した[37]。籌餉局の廃止は財源の枯渇をもたらし、軍隊の解散を余儀なくさせた。八月、譚延闓は軍隊の解散を布告し、臨時大総統の袁世凱の了承をえて、趙恒惕の広西軍を湖南省に招き、かつ検察使の王芝祥を湖南省に至らせた。九月末、五つの師団、二つの独立旅団が全て解散させられた。譚延闓は、治安維持の必要上、巡防営や南武軍などの軍隊を残存させ、六つの軍区に再編・分駐させた。この六つの軍区には、四七営、一万一〇〇〇人の兵士が存在した。この他に、湘西の旧緑営の一万、長沙に広西軍の二〇〇〇人が駐屯したため、兵員の総計は二万三〇〇〇人となった[38]。この結果、三万人前後の将校や兵士が失業したことになる。一九一三年二月、『時報』の記事が「軍隊は破壊と維持を主張する者に二分されている。破壊党は建国団を組織し、維持党は愛国団を組織し、互いに対峙している。建国団には将校が多く、愛国団には将校と現役の兵士が多い」と記したように、軍隊は湖南都督譚延闓への対応をめぐり二分した[39]。建国団の団約では、「一．宗旨。軍国国家を建造し、国是を厲行し、国権を恢復する。二．政策。甲．全国の統一を謀り、省界を破除し、党見を消融し、軍備を整頓し、十年以内に決起し、対外作戦の準備をし、教育、実業、交通の諸端を注視して軍隊に裨益する。乙．本団が中央や各省で重要な地位を占め、本団の主張を貫徹する」と記されていた[40]。また、湘政改良会が設立され、譚延闓政権の打倒、湖南省の政治の改良を訴えたが、参加者には謝介僧、劉文錦、周来蘇と共に、易棠齢の名があった[41]。

おわりに

これまでの辛亥革命をめぐる議論の一つに、辛亥革命が理念的には孫文の三民主義、すなわち民族主義、民権主義、民生主義に支えられていたにもかかわらず、革命の成就後になぜ軍隊の台頭を許し、やがて軍閥混戦時代を招いたのかという問題がある。これまでの研究は、この理由を軍隊の台頭に抗しきれなかった革命勢力の弱体、及び革命政権の樹立に貢献しながら袁世凱に寝返った軍隊の変節に求めてきた。しかし、民国初頭の軍隊の台頭は、革命勢力の側に多様な考えが混在する中で、もともと軍事を優先する考えが重要な位置を占めており、かつこの考えが民国初頭に行政と議会が対立し、社会的混迷が深まる中で浮上し、軍隊の台頭を促したとみることができる。湖南省の中下級の将校は、清末の武備学堂や陸軍小学堂の教育の下に育ち、強い国家を建設するためには強い軍隊を作らなければならず、強い軍隊を作るためには個人が強固な精神を備えなければならないとして、個人の自由を国家建設の手段と位置付けていた。そして、清末、民族の危機意識が高まり、中国の変革が清朝の下ではできないと判断すると、清朝の打倒に身を投じたのである。しかし、これとは別に、軍隊の一部の兵士は、会党の称える「平均主義」の影響を強く受けていた。そして、清末から民国初頭にかけて末劫の到来と救世主の降臨、「平均主義」の実現を強く説いていたのが、末劫論であった。

民国初頭の湖南省の軍隊は、清末の兵員数で巡防営と新軍、緑営を合わせて約三万人にすぎなかったものが、焦達峯が正都督に就任すると援鄂軍の派遣のために大規模な募兵を行い、兵員数は約五万人から七万人となり、約二倍前後に膨れ上がっていた。このため、湖南都督府は、財政難と軍事力の肥大に苦しんだ。軍隊の増加と財政の困窮は、因果関係にあった。籌餉局の廃止は、軍隊の解散と失業兵士の増大をもたらした。一九一一年一〇月二二日の革命軍の蜂起は、陳作新、易棠齢など、新軍派の中下級の将校と兵士によって引き起こされたが、巡防営の将校や兵士の呼応なしには成功がおぼつかなかった。巡防営の兵士の出自は、会党と同様、農村にあった。焦達峯は、四正社の社員を巡防営の中に送り込み、巡防営の将校や兵士を会党の成員とした。このことは、巡防営の将校や兵士が新軍の蜂起に呼応する原因となった。のみならず、新軍派の中下級の将校、例えば易棠齢や趙春霆も、四正社と関連があった。会党が彼らに約束した事柄は、「平均主義」の実現にあった。この点は、軍国民主義とは目的を異にした。しかし、会党の「平均主義」は、救世主という絶対者による救済を待望するという点で、専制的な政治の出現を許容するものであった。そして、軍国民主義もまた、国家建設の手段に個人の自由を位置付けることによって、専制的な政治の出現を否定するものではなかった。いわば、民国初頭の湖南省の軍隊を支える二つの思潮、すなわち軍国民主義と末劫論は、専制的な政治の許容という点で奇妙な一致をみせたのである。

註

＊本論文では、年月日は原則として西暦を記し、旧暦を用いる場合は「旧暦」の文字を記した。引用文中の（　）は原注、〔　〕は引用者の補注、「……」は中略である。

（1）辛亥革命と新軍の関係を扱った先行研究には、次がある。波多野善大「民国革命と新軍——武昌の新軍を中心として——」（『名古屋大学文学部研究論集一四　史学五』一九五六年、のち同『中国近代軍閥の研究』河出書房新社、一九七三年に再録）、陳旭麓・労紹華「清末的新軍与辛亥革命」（湖北省哲学社会科学学会聯合会編『辛亥革命五十周年紀念論文集』上冊、中華書局、一九六二年）、杜邁之「譚延闓与湖南軍閥」（西南軍閥史研究会編『西南軍閥史研究叢刊』第一輯、四川人民出版社、一九八二年）、王興科「武昌起義中旧軍官扮演的角色」（湖北省社会科学聯合会編『辛亥両湖史事新論』湖南人民出版社、一九八八年）、Edward. A. McCord, The Power of the Gun, *The Emergence of Modern Chinese Warlordism*, University of California Press, 1993. ただし、これらの研究は、軍隊と社会、時代の思潮との関係に考察を及ぼすものではない。なお、本論文の内容と深く関わるものに、次がある。拙稿「湖南省の辛亥革命と新軍――愛国団の設立を中心に――」(『中国研究月報』第七六九号、二〇一二年)。

(2) 厳昌洪・張銘玉・傅蟾珍編『張難先文集』「武昌首義之発動」(華中師範大学出版社、二〇〇五年)。

(3) 鄒永成口述、楊思義筆記「鄒永成回憶録」(『近代史資料』一九五六年第三期)。

(4) 王嘯蘇「長沙光復身歴記」(『湖南文史』第四三輯、一九九一年)。

(5) 閻幼甫「回憶陳作新」(『辛亥革命回憶録』第七集、文史資料出版社、一九八一年)。

(6) 戴鳳翔「我在辛亥革命前后的一段経歴」(『湖南文史』第四三輯、一九九一年)。

(7) 文公直『最新三十年中国軍事史』(一九三〇年、文海出版社一九七一年版)二九六―三〇六頁。

(8) 李魯青「辛亥起義前夕湖南軍界二三事」(『湖南文史資料選輯』第一五輯、一九八一年)。

(9) 馬少僑「蔡鍔将軍事略」(『邵陽文史資料』第6輯、一九八六年)。

(10)『新民叢報』第一、三、七、一一号(一九〇二年二月八日、三月一〇日、五月八日、七月五日)奮翮生(蔡鍔)「軍国民篇」。

(11)『湖北学生界』第五期(一九〇三年五月二七日)「留学紀録」「軍国民教育会組織」。

(12) 閻幼甫「関于焦達峯二三事」(『辛亥革命回憶録』第二集、文史資料出版社、一九八一年)。

(13) 閻幼甫「辛亥湖南光復的回憶」(『辛亥革命回憶録』第二集、文史資料出版社、一九八一年)。

(14) 閻幼甫「関于焦達峯二三事」(『辛亥革命回憶録』第二集、文史資料出版社、一九八一年)。

(15) 閻幼甫「譚延闓的生平」(『湖南文史資料選輯』第一〇輯、一九七八年)。

(16)『時報』一九一一年一一月二三日「湘省革命之大風雲」。

(17)『民立報』一九一二年三月二五日「瀟湘之春潮」。

(18)『民立報』一九一一年一一月二三日「湘省之両大会」。

(19)『民立報』一九一二年四月二二日「湘議会強迫解散」。

(20)『申報』一九一一年一〇月一三日「天文家葉友琴君推算日食之予言」。

(21)『時報』一九一一年一〇月二一日「彗星又見」。

(22) 粟戡時「湖南反正追記」(同明・志盛・雪雲編『湖南反正追記』湖南人民出版社、一九八一年)一八頁。

(23) 拙稿「晩清的〝末劫論〟和革命――以一九一〇年長沙搶米風潮的有関掲帖為中心」(田伏隆・饒懐民主編『辛亥革命与中国近代社会』岳麓書社、二〇〇三年)一七八頁。

(24) 陶菊隠「長沙嚮応起義見聞」(『辛亥革命回憶録』第二集、文史資料出版社、一九八一年)。

(25) Joseph W. Esherick, *The Origins of The Boxer Uprising*, Barkley, University of California Press, 1987, pp.315-331.
(26) 『滑稽時報』一九一一年一〇月二五日、天峻「下流社会之革命談」。
(27) 閻幼甫「辛亥湖南光復的回憶」（『辛亥革命回憶録』第二集、文史資料出版社、一九八一年）。
(28) 『民立報』一九一一年一一月一五日「焦大章之假冒」。
(29) *The North-China Herald & S.C. & C. Gazette*, November 18, 1911, "The Revolution in Changsha".
(30) 子虚子「湘事記」巻一「軍事篇一」（同明・志盛・雪雲編『湖南反正追記』湖南人民出版社、一九八一年）六二頁。
(31) 「易堂〔棠〕齢」「安定超」（『湖南省志第三十巻　人物志』上冊、湖南出版社、一九九二年）。
(32) 『時報』一九一二年二月四日「湘水魚鱗片片」。
(33) 『民立報』一九一二年五月八日「健児組織愛国団」。
(34) 『申報』一九一二年五月二四日、五月二五日「長沙愛国団与社会党衝突紀事」。
(35) 『申報』一九一二年七月七日「湖北之不良会党」。
(36) 『民立報』一九一二年三月三一日「哥老会変社会党」、同一九一二年四月八日「四川社会之現状」。
(37) 『大公報』〔天津〕一九一二年九月一八日「湘省取消籌餉局」。
(38) Edward, A. McCord, *The Power of the Gun, The Emergence of Modern Chinese Warlordism*, University of California Press, 1993, pp.147-151.
(39) 『時報』一九一三年二月二八日「湖南五次革命之暗潮」。
(40) 『時報』一九一三年三月一〇日「湖南第五次革命内幕」。
(41) 『時報』一九一三年三月八日「湖南大小元勲之最近動作」。

辛亥革命期〜民国前期の地方自治の現代的な意味

——陝西省における省議会と県自治財政の事例から——

村井寛志

はじめに

辛亥革命前、清朝最後の十年間に行われた光緒新政により、立憲制への移行のための一つの過程として、地方自治制度が導入された。一九世紀以来、相次ぐ地方反乱や列強に対する軍事的敗北に苦しんできた清朝中国において、地方の民間の力を取り込んだ社会統合の再編が目指されたわけだが、その理念とは裏腹に、導入と共に多くの地域で官と自治機関、あるいは自治機関と地域住民の間に軋轢を生じた。そこで生じた問題点は、辛亥革命後の民国期の社会再編の際にも大きな課題として引き継がれていく。

本稿では、この辛亥革命後の民国前期（一九一二〜二七）の地方自治について、地方財政システムという観点から考察する。その際[1]、この時期の地方自治において、清代後期に進行していた地方財政システムの変容に由来する問題点がどのように継承されていたか[2]、同時に、そうした歴史的な地方財政システムについての考察から、現代の地方財政システムの問題を見るためのどのような啓発が得られるか、という二点に特に留意する。

民国前期の具体的な事例としては、陝西省の省議会関連の文献に見える、県自治、県自治財政に関連する内容を中心に考察する。一九九〇年代以降、清末から民国時期における地方自治の研究は一定の蓄積を見せたが[1]、その多くは経済的に発展していた江南地域や、天津、山西省などにおける実験的な事例など、何らかの意味で〝先進的な〟事例に集中しているように見える。しかし、近代産業の発展や対外交易などによる財源を持たなかった陝西省の事例は、中国の伝統的財政システムの構造的な問題をより深刻な形で反映させており、その意味で、現在の、内陸部など相対的な経済未発達地域が抱える問題を考えるための参照項として適していると思われる。

以下、第一節では、問題の前提として、清代後期の地方財政システム変容において、正規財政の外側で徴収された費用をめぐる官、民双方の枠組みが、清末の制度的地方自治にどのように引き継がれたかを概観する。続く第二節では、民国前期の陝西省の事例から、同時期の陝西省議会がどのようにして各県から上がってくる要求を集約していたかを明らかにし、第三節では、そうした要求の中心となる県自治、県自治財政の問題について、清代から引き継がれた正税外の徴収の一種、「差徭」の帰属をめぐる例を中心に考察する。最後に第四節で、このような歴史的な考察を踏まえた上で、現代中国における地方財政における「予算外財政資金」の問題について考えたい。

第一節　清代後期の地方財政システムの変容と地域社会

岩井茂樹の研究によると、清朝の正規財政は、中央集権的管理に適した税の定額徴収を遵守する〝原額主義〟によって規定されており、そこに中央と地方の区分はなかった。そして区分がない故に、中央は独自の徴税機構を持たず、実際の徴税については地方官府が責任を持っていた。中央集権的ではあるが、中央政府と地方官府の間には、同一の財政資源をめぐる綱の引き合いが起こる可能性が潜在していたと言える[2]。

正税を中心とするシステムは、人口増加に伴う行政コスト増、度重なる反乱に起因する軍事費の増加、あるいは列強に対する軍事的敗北による賠償金の支払いなどの支出増加に対応できず、各地方では「差徭」、「津貼」など、様々な名目の、正税以外の費用徴収が行われ、釐金など商品流通を対象とした間接税も導入された。これらの費用は各地方の実情に合わせて徴収され、清代後期にはこれらが財政に占める割合が増加した(3)。

それは、以下の二点において重要である。一つは、中央に対し自律的な地方(省)財政が形成されたことだが、もう一つは、こうした正税外の徴収は、実際にはその徴収経費を上乗せした形で徴収され、県以下の地域社会では、その上乗せ分が、誰によって、どの程度、どのような目的で徴収されるべきかという問題を発生させたことだ。

清代後期、官による税・費用徴収は、官の末端で働く「胥吏」などと呼ばれる人々によって担われることが多く、胥吏は官から報酬を支払われず、徴税業務や訴訟の手数料を取って収入としていた。このため、正税以外の徴収が増えることは、胥吏による中間搾取(「中飽」)も同時に増えるとされ、地域住民に対する過重な負担は、暴動や反乱の原因となることもあった。そこで、清末には胥吏の不正を防ぐため、官による一定の監督の下、正税外の費用徴収過程に地域エリート(郷紳など)を参加させる「公局」が各地で登場する(4)。

一方で、しばしば公局では、これら正税外徴収から、官に上納する分を差し引いて、水利事業や飢饉対策など地域の公益事業に転用した(5)。胥吏によって「私」的に着服されるにせよ、地域エリートによって「公」的に転用されるにせよ、官の必要によって正税外徴収がなされる際、何らかの転用分が上乗せされることが前提となっていたと言えよう。

地域エリートによるこうした転用分の管理、及び公益事業への運用は、官から区別される財政システムの登場を意味した。清朝最末期の光緒新政においては、地方の近代化のために民間の活力を取り込むことが課題となり、制度的な「地方自治」が導入されていくが、その際、後述するように「自治機関」の経費として、しばしばこれら正税外徴収の転用分が充当されることになった。その意味で、二〇世紀初頭の「自治機関」には、新たな外来の制度の導入という以外に、一九世紀後半の地方財政再編の流れを引き継いだ側面もあったと言える。

このように、一九世紀後半以降の清朝の国家体制の変容の中、官権力内部では中央に対して地方（省）が、官に対しては「公局」的機関が、それぞれ正税外の費用徴収などを財源に自律的な財政システムを形成しつつあった。二〇世紀初頭の「地方自治」にもその一部は引き継がれていくのだが、その際、それら正税外の費用徴収過程が有していた、誰によって、どの程度、どのような目的で徴収されるべきかという問題をめぐる緊張もまた引き継がれていく。

例えば、光緒新政期の直隷省の県議会・諮議局などの自治機関では正税外の費用徴収の一種である「差徭」の整理・軽減が盛んに議論されたが、しばしば「差徭」の〝廃止〟とは、文字通りの廃止というより、自治財源への転用を意味した。(6) 江蘇省の一部では、正税外の費用徴収の際の胥吏の中間搾取（「陋規」）を〝廃止〟して自治経費に組み込もうとしたが、このことが従来徴税過程から利権を得ていた層からの反発を呼び、自治反対の暴動に発展した地域もある。(7) 自治機関側からすれば、正税外の徴収過程の管理は、胥吏などの中間搾取の廃止を目指すものであったが、往々にして近代化事業のための経費（「教育捐」、「巡警捐」など）が新たに上乗せされるなど、納税者からすればそれ自体が新たな中間搾取の口実になっているとして不満を招きやすく、一九〇五年以降、民衆暴動が頻発した。(8)

このように、清末、光緒新政期の地方自治は、私的な中間搾取と地域近代化への転用が競合する、正税外の徴収をその財源の一部としており、そうした問題点も含め、一九世紀後半の「公局」設置の流れから多くを引き継いでいたと言えよう。ただし、全国政治に関わる問題として、この時期、義和団事件に関する列強への賠償金（「庚子賠款」）の負担分担に応えるため、実質的に各県の財源を構成していた「差徭」などの費用が省に移管される傾向があった。(9) 自治経費としての正税外徴収をめぐる矛盾の背景として、こうした国政レベルの状況も考慮されるべきであろう。

第二節　民国前期の陝西省議会と各県財政

前節で見たような、辛亥革命前の地方自治導入にまつわる問題点を踏まえ、本節、及び次節では、事例研究として、民国前期の陝西省における県自治財政に関する問題の分析を行う。その前提として、本節では、民国前期の省議会関連の刊行物を用い、各県の要求がどのような経路を通って行政側（省長）に伝えられたのかを明らかにする。

一九二〇年代、軍政長官・督軍や行政長官・省長（しばしば兼任）は、陝西省議会の議員選挙に際して自らに有利なように選挙区を改編したり、関係の深い人物が議長になるよう工作するなど[10]、これをコントロールしようとしていた。しかし、省議会において議決された案件はしばしば官（行政）の意向と先鋭に対立するものであり、これを単純に督軍や省長の御用機関であったと見なすことはできない。

省議会で議決された案件の大部分は、「咨」（同級の官庁間の伝達に用いる公文）という形で省長に提出され、行政に対する様々な要求が提示される。省議会から省長に提出された案件には、地方、特に県レベルでの税、あるいは正税外の徴収の負担軽減や、それらの機会を利用して私腹を肥やす県知事の不正を訴えたものが多く含まれる。その割合を示したのが表一である。多くの会期で、全体の半数近く、あるいはそれ以上を占めているのが見て取れよう（割合が少ないのは、予算審議などを主目的とする常年会のみ）。

県レベルでの自治機関としては、県議会が清末に創設され、辛亥革命後にはこれが一層広まるが、袁世凱政権の中央集権化政策により一九一四年に停止された。その後、一九一六年頃から県自治の復活が度々議論に上り、一九一九年九月に県自治法が制定される。しかし、この県自治法においても県自治機関の行政に対する権限は明記されてお

表一　省議会と省長のやりとりに見える地方負担に関わる案件数

史料名	会期	省議会から省長に送られた案件数合計	内、地方の負担軽減に関わるもの（括弧内は知事の不正）
陝西省議会第一届第一期常年会議決案類編	一九一六・一〇～一二	五二	七（四）
陝西省議会第一届第二期臨時会議決案	一九一七・？（九月以前）	一七	一〇（六）
陝西省議会第一届第三期常年会議決案	一九一七・一一～一九一八・二	三一	二（二）
陝西省議会第二届第一期常年会議決案	一九二〇・一一～？	八六	五九（六）
陝西省議会第二届第三期第二次臨時会議決案	一九二三・四	二七	一五（三）
陝西省議会第二届第三期第四次臨時会議決案	一九二三・九	二一	一五（〇）
陝西省議会第三届第二期第一・二・三次臨時会議決案	一九二四・四～八	九四	五七（二）

（出典：各史料より作成）

ず、「県議会は地方行政に対し、県自治事務と関係する事柄については随時意見を述べることができる」（第二十三条）とされるのみであった。[11] したがって、民間、あるいは県自治機関が負担軽減要求を行政に伝えるためには、省議会を介して圧力をかけることが有効であり、こうした要求を省長に伝えることが省議会の重要な役割となっていたと言えよう。

では、こうした要求を伝える相手である、行政の側は一体どのような指令経路で動いていたのだろうか。一九一四年以後、各省で徴税などの財政問題に関わる事項を管轄していたのは省財政庁であった。省財政庁は、中央の財政部の直属機関であり、財政庁長の任命権も制度的には財政部にあった。しかし一方で、省行政長官（一九一四年当時は巡按使、後、省長）もまた省財政に関する指揮・監督権を有し、財政庁長は徴収官の任命について、省行政長官の裁可を得た上で中央・財政部に報告することになっていた。[12]

つまり、省財政庁は制度的に中央（財政部）と地方（省行政長官）の双方に帰属する性質を有していたと言える。両者の影響力は中央―地方の軍事バランスの変化に左右されたが、一般的な傾向として、袁世凱時期には半ば制度化していた、各省の地方歳入の一部を中央に送る「解款」が、一九一八年頃からほとんどの省で停止されていたことに象徴されるように、財政上の中央による統制力は弱まっていたと言える。

一方、省議会が行政に対して何らかの要求を行う場合、その直接の対象は基本的には省行政長官であった（省行政長官の弾劾を除く）。一九一三年公布の省議会暫行法では、[13]省議会は省行政長官に対し、省内の行政事項について建議（第十六条十項）・質問（第十九、二十条）、あるいは汚職の査辦（第十八条）などの要求を行う権利を認められていた。省行政長官は省議会の議決を十日以内に公布しなければならず（第三十七条）、不服がある場合には五日以内に理由を表明した咨を省議会に送らなくてはならなかった（第三十八条）。少なくとも法制上は、省議会は省行政長官に対して一定の拘束力を有していたと言える。

こうした点を考慮して省議会史料に登場する文書の流れを整理すると、徴税方法などの事項は、中央の出先機関である財政庁と地方＝省行政長官の力関係の中で決められことが多かったが、省議会は地域社会からの要請を背景にこれに介入し、中央対地方の他に、行政対自治機関というもう一つの対立軸を形成していたことが見て取れる。

そして、県自治財政の問題は、後者の矛盾が最も先鋭に表れた領域と言える。魏光奇は、清末から国民政府初期までの間、各県には実質的に県公署（政府）を実体とする〝官治〟と、教育、警察、実業、財政など地方の局所を中心とした〝自治〟という二つの行政システムが存在し、後者に関して、国家財政システムの一部である県級地方財政の外部に、県自治財政が形成されていたとする。[14]〝官治〟の外部の各県自治機関は孤立したものでなく、省議会を通じてそれらの要求が集約されることによって行政対自治機関という構図を形成していたと言えよう。

こうした考察を踏まえ、次節では、各県自治財政をめぐるより具体的な問題を見ていく。

第三節　財政局の再開をめぐる議論

先に述べたように、袁世凱政権下、一旦廃止された県自治制度は、袁の死後、一九一九年の県自治法制定によって復活するが、それに先立ち、陝西省では一九一〇年代後半、県自治財政を管理する機関として、県財政局復活の主張が登場していた。

一九一六年一〇月四日の、陝西省議会第一届第二期第一次会議で、同会議全体の議題として提起されたのは、①前将軍陸建章の弾劾提議、②匪賊問題収拾[弭匪]、③各県財政局回復、④各県臨時議会回復、⑤省議会議事細則の修正、の五点であった。翌日の討論では、この内、①と②は起草が間に合わなかったなどの理由で、③が最初の議題となる。(15)県財政局再開の議題は、県臨時議会再開に先んじて取り上げられる重要な事項であったことに注目しておきたい。

省議会での多くの議決案に表れているのは、官に対する不信感であり、本来教育・実業・警察に使われるべき県歳入(「地方財政」)が官(「財務行政」)によって収奪されている、という省議会多数派の現状認識である。県自治機関回復の要求の中で、県財政局回復が特に急がれなければならなかったのは、こうした理由によるものと考えられる。

一九二〇年代には多くの県で実際に財政局、県議会などその他の自治機関が復活するが、そうした自治機関が主催する教育・実業などの活動の経費として注目されたのが、「差徭」であった。「差徭」は、第一節でも登場したが、清代、官員や軍隊の往来などの臨時の国家業務に対応するために主に華北各省の州県に課された費用で、清代後期には相次ぐ反乱の鎮圧などのため、陝西省では、関中地方を中心にこの名目の徴発が増加した。頻発化する「差徭」徴収とそれに伴う胥吏による中間搾取に対処するため、多くの県で士紳を参加させた「差徭局」、「公局」などの機関が設けられ、徴収された「差徭」の一部は県に留め置かれ、飢饉対策などの「地方公事」に転用された[16]。

このように、清代後期の「差徭」は、一部で実質的に「地方公事」の財源として機能していたが、二〇世紀初頭になると、様々なレベルから、この項目の再編が図られる。詳細については別稿を予定しているが、概略を述べておくと、二〇世紀に入り、陝西省では義和団事件後の庚子賠款に対処するため、「差徭」が銀納化されて省の統制下に置かれたが、一方で依然としてその一部は「留支差徭」として州県に留め置かれ[17]、多くの県ではこれが辛亥革命前後の地方自治の経費として引き継がれた。袁世凱時期、地方自治停止に伴い、「差徭」は省の予算に編入されてしまったが、県自治の復活に伴い、「差徭」の自治経費への返還が要求されることとなり、その一部は一九二〇年代半ばに実現を見た[18]。

差徭の帰属をめぐる二〇年代の省議会と省行政長官との攻防は、当時の自治と行政の間の矛盾を最も端的に表した事例であり、そこからは、辛亥革命前から引き継がれた、この項目をめぐる自治機関と行政の綱の引き合いの過程がよく見える。陝西省における地方自治復活要求の背景には、本来教育・実業・警察などの自治事業を支えるべき地方自治の財源が行政によって収奪されているという認識があった。そして、民国前期の地方自治のシステムでは、県自治機関は、前節で見たような省議会による集約を経て、一度行政によって取り上げられた税源（「差徭」）の返還を要求するという回路を有していたのであった。

第四節　現代地方財政と「予算外財政資金」への視点

以上、清末から民国前期の陝西省において、危うさを抱えつつも一定の自律性を有していた県自治財政と、その領域を侵食しようとする行政の間のやりとりを見てきた。通常、歴史学の論文であれば遠い過去の分析だけに留めるのだろうが、辛亥革命百周年の記念論集の中の一篇として、本稿ではより長期的な視野に立ち、この時期についての考察が持つ現代的意味を考えたい。以下では「予算外財政資金」という視点からこの問題を見ていく。

一九四九年以降の中国では、中央集権的だが、実際は地方政府が税を徴収し、一部を上級政府に上納するという財政制度が採られた(「統一指導、分級管理」)[19]。改革開放初期(一九七九〜一九九三)には、地方の徴税インセンティブを高め、歳入全体を増やすため、財政請負制が導入される。これによって、特に一九八五年以降財政的な地方分権化が進行した。財政請負制は地方の経済活性化に貢献したが、一方で中央財政は弱体化し、地方政府による無秩序な開発競争がもたらすインフレ圧力や、少数民族地域への移転支出の制約、地域間格差の拡大など、経済のマクロコントロールの上で様々な問題が生じてくる[20]。

このような状況の中で、一九九三年、「分税制」が導入され、中央と地方の役割、財源の配分を明確化し、国税と地方税を「分離管理」することが図られた。その結果、中央政府と省政府の間の分担関係はひとまず解決し、また安定的な高い税収が見込まれる税源の多くが中央税、もしくは中央地方共有税とされ、中央財政の強化がもたらされた[21]。

しかし、分税制においては省以下の各級の権限の区分については明確な規定がなく、「圧力型体制」(栄敬本ら)の下では、中央によって税源を吸い上げられた省政府は、より下級の政府から財政権(「財権」)を取り上げ、実務上の責任(「事権」)を政府に押し付ける傾向があった。その結果、県レベル以下、郷鎮、行政村と、下に行くほど財政難に直面することとなる。二〇〇六年の農業税廃止は、こうした傾向に拍車をかけ、多くの村で教育や社会保障などの公共サービスへの投資の不足をもたらしている[22]。

このような県以下の財政状況の逼迫化の中で、地方財政にとって大きな意味を持ってくるのが「予算外財政資金」

である。「予算外財政資金」とは、地方政府が徴収した財政収入のうち、中央や上級の政府に上納する必要がなく、地方政府のもとに自主財源として留保される資金であり、改革・開放初期の財政の地方分権化の中でこの部分が増大していた。

この「予算外財政資金」には、地域のインフラ投資や設備投資資金への流用を通し、地方主導の経済発展に寄与する側面もあり、企業などからの利潤上納や管理費徴収など、経済発展から得られる収入が大きな比重を占めていたが、(23)他方、そのような経済発展に由来する財源が希少な地域では、八〇年代以来、農民・企業に対する恣意的な費用徴収(「攤派」)や、農民に課された無償労働(「義務工」)などの問題が度々発生していた。(24)

分税制導入で「予算内」財源を失った地方政府にとって、「予算外」収入は更にその重要性を増していく。中国全体の予算外財政収入の内、地方政府と中央政府の占める割合は、一九九三年の三三・七：六六・三から、二〇〇五年には九二・七：七・三へと増加し、この収入が地方政府に集中していることを示している。(25)二〇〇六年の農業税廃止は、本来〝予算外財政資金〟に依存した地方政府が民間から費用徴集を行うことを制限するものだが、結果地方政府は一層の財政困難に陥り、土地の強制収容や多額の「社会撫養費」(実質的な一人っ子政策違反者に対する罰金)徴集など、様々な社会問題の背景となっている。

これらはしばしば、国家や上級が主導する事業に付随した徴収であり、財源を取り上げられた下級政府にとって、財源を確保するために必要な手段であると同時に、私的な着服との境界が不分明な領域でもある。附加的な財源をめぐる中央と地方の綱引の中で、こうした不分明な領域が拡大しているという点で、国際環境や経済発展の段階などの時代背景の違いにも拘わらず、清末から民国前期の正税外の費用徴収をめぐる経緯と通じるものを見いだせる。

とはいえ重要な違いも存在する。清末に導入された地方自治は、官(行政)の外部に付着した補助的な機関に過ぎなかったが、一方で第二、第三節に見たように、民国前期には地方議会のシステムを通じ、正税外の徴収の負担、用途などをめぐって行政に対し、（少なくとも主観的には）地域社会の観点に立って異議を申し立てることが可能であった。もちろん、詳細は別稿を予定しているが、実際には民国前期の地方議会は様々な問題を抱え、決して安定した統治を生み出したわけではない。しかし、その失敗をも含め、官の内部の中央−地方関係の綱引きに対し、地域住民の側に立った監督が行われるための導入の一つの実験として、民国前期の地方自治の経験は研究に値すると言えよう。

おわりに

以下、本稿の内容をまとめる。

辛亥革命前、清朝最末期に導入された地方自治制度においては、一九世紀後半以来の地方財政システムの変容の流れを部分的に継承し、正税外の徴収における中間搾取の廃止を主張しつつ、その一部を、地域近代化を目指す自治財源に転用することが目指された（第一節）。陝西省の事例において、一九一〇年代後半に復活した省議会は、各県自治機関の要求を行政側に伝える媒介として機能していたが（第二節）、その際、自治と行政の間の矛盾が最も端的に表れていたのは、地方自治の財源が行政によって収奪されているという点であり、行政に取り上げられた自治税源（「差徭」）返還の要求が、省議会を通じてなされた（第三節）。分税制導入以後の現代の中国では、財源を失った地方政府にとって「予算外財政資金」の重要性が増しているが、それは財源を確保するために必要な手段であると同時に、農村部での負担増などの問題を招いている。地方財政と住民自治をめぐる実験として、民国前期の地方自治から学ぶことはまだ残されていると言えよう（第四節）。

本稿はごくわずかな事例から、清末〜民国期の地方自治の多面的な側面のごく一部に焦点を当てたに過ぎない。その意味で、なんらかの実証された結論を導き出すというよりは、仮説を提示するものに過ぎない。とかく再分化しがちな歴史研究を現代的な問題意識の中で考える際の、一つの手がかりとなれば幸いである。

註

（1）田中比呂志『近代中国の政治統合と地域社会――立憲・地方自治・地域エリート』（研文出版、二〇一〇年）三八～四〇、七五～七九、九七～一〇〇、一四六～一四七頁、及びその注に詳細な研究史が紹介されている。
（2）岩井茂樹『中国近世財政史の研究』（京都大学学術出版会、二〇〇四年）四七六～四七九頁。
（3）岩井前掲書、四九四～五〇〇頁。
（4）「差徭局」、「里局」など名称は地域により様々だが、本稿では「公局」と総称する。清代後期の財政改革については、山本進『清代財政史研究』（汲古書院、二〇〇二年）がある。
（5）片岡一忠「清代後期陝西省の差徭について」（『東洋史研究』44（3）、一九八五年）、山田賢『移住民の秩序――清代四川地域社会史研究――』（名古屋大学出版会、一九九五年）第5、6章。
（6）魏光奇《清代直隷的差徭》（《清史研究》二〇〇〇年第三期）、浜口允子「清末直隷における諮議局と県議会」（辛亥革命研究会編『中国近現代史論集――菊池貴晴先生追悼論集――』汲古書院、一九八五年）。
（7）黄東蘭『近代中国の地方自治と明治日本』（汲古書院、二〇〇五年）第9章、佐藤仁史「清末民初の政争における地域対立の構図――江蘇省嘉定県におけるエリート・自治・政党――」（『歴史学研究』八〇六、二〇〇五年）。
（8）岩井前掲書、五〇二～五〇三頁。
（9）片岡前掲論文。
（10）「陝西三省選風潮益烈」（『晨報』一九二二年一二月二八日）、中共陝西省委党校党史教研質・陝西省社会科学院党史研究室『新民主主義革命時期陝西大事記述』（西安、陝西人民出版社、一九八〇年）四二～四四頁。
（11）『政府公報』第一二九〇号、一九一九年九月八日。
（12）金子肇『近代中国の中央と地方――民国前期の国家統合と行財政――』（汲古書院、二〇〇八年）第2章、銭実甫『北洋政府時期的政治制度』（北京、中華書局、一九八四年）上、第7章。
（13）『政府公報』第三二六号、一九一三年四月三日。
（14）魏光奇《官治与自治：20世纪上半期的中国县制》（商务印书馆、二〇〇四年）第6章。

（15）『陝西省議会常年会議事録・第一届第二期』（刊年不明）一葉表～十二葉裏。
（16）片岡前掲論文。
（17）片岡前掲論文。
（18）『陝西省第一届第二期常年会議決案類編』（刊年不明）三十葉裏～三十二葉表。
（19）田島俊雄「中国の財政金融制度改革――属地的経済システムの形成と変容――」（中兼和津次編『現代中国の構造変動2・経済――構造変動と市場化――』（東京大学出版会、二〇〇〇年）。
（20）甘長青「分税制と圧力型体制――二重束縛下の中国農村財政――」（『九州情報大学研究論集』12、二〇一〇年）。
（21）甘前掲論文。
（22）罗媛《浅析农业税的取消与我国分税制的改革》（《法制与社会》二〇〇六年第二〇期）、蔡国华、冯喆《县域财政困难的制度原因及对策》（《经济纵横》二〇〇七年第一期）、马昊、庞力《中国县级财政制度的历史变迁与改革思路》（《湖南师范大学社会科学学报》二〇一〇年第五期）、陳雲・森田憲「中国における分税制下の中央地方関係――立憲的地方自治制度のすすめ――」（『広島大學經濟論叢』33（1）、二〇〇九年）、吉岡孝昭「中国における農業税改革と郷鎮級政府財政――農業税廃止を中心に――」（『国際公共政策研究15（1）、二〇一〇年）、甘前掲論文。
（23）梶谷懐『現代中国の財政金融システム――グローバル化と中央-地方関係の経済学――』（名古屋大学出版会、二〇一一年）第6章。
（24）岩井前掲書、第5章。
（25）陳・森田前掲論文。

革命と学統：辛亥革命と常州学派に関する論述の成立

戚　学民

辛亥革命は偉大な民族民主革命であり、思想文化の面で中国に大きな変化と深い影響をもたらした。本稿では「常州学派」の成立をテーマとして、辛亥革命が学術史研究に与えた影響を論じる。

常州学派は、今日までに形成された清学史における重要学派の一つであり、辛亥革命期は、まさに常州学派に関する論述が成立した要となる時期であった。学術史研究の勃興は辛亥革命期の重要なできごとであり、この時期には、章太炎、梁啓超、劉師培という大家が、いずれも清代学術史論に精彩を放ち、学界からは一貫して重んじられていた。学界はこれら学者の清代学術論について早くから研究を行っている[1]。章太炎、梁啓超、劉師培はいずれもこの時期に常州学術に論及しており、その議論は薀蓄が深く、後世の関係研究に大きな影響を与えていることから、辛亥革命の思想的意義の典型例となっている。

本稿では、辛亥革命は、章太炎、梁啓超、劉師培による清学史論の外的背景のみでなく、一貫して内在する議論の糸口でもあり、民主革命と民族意識は、常州学術論を構成する重要な要素になっていると考えている。

一

辛亥革命期の革命派と改良派の代表的な人物が関心を注ぎ続けたことは、常州学派が学術史に加わることを促す重要な契機となった。戊戌の政変以降、常州学派は章太炎、梁啓超、劉師培から持続的に関心を注がれていたのである。戊戌政変期の学術の争いは、この論争の発端であり、一九〇四年に出版された章太炎の『訄書』重訂版はこの論争を再燃させた。『訄書』の「清儒」では清代学術全体の略史について論じており、常州学派に関する論述はその中の重要な構成要素となっている。章太炎が『訄書』を改訂する大きな動機となったのは、革命に賛同して、康有為とその学術に反対することにあり、『訄書』重訂版の「訂孔」篇などは、これを実証している。[2] 同様に新たに加えられた「清儒」と「学隠」篇は、康有為をさらに批判する内容であった。[3] これらは、梁啓超らが『新民叢報』などの定期刊行物により宣伝を行った改良思想に対する回答である。

清末の今文学派に対する『訄書』・「清儒」の主な観点は次の通りである。一、常州今文の学は、文士が経を説いたものである。章太炎は、常州学派の実態は文人であり、その文章の気風は誇張に過ぎ、桐城派に由来するもので、考証学とは道を異にすると見なしていた。二、常州の荘存与、劉逢禄の経書解説は比較的整っており、今文学のみを重んじることはなく、文辞・内容ともに穏健である。宋翔鳳以降は付会に長け、占術的文言がちりばめられている。その内容は美辞麗句に溢れ、文章にも長けていたため、とくに文士に好まれた。三、魏源、龔自珍も今文経学に通じ、前漢の経術を用いてその文才の助けとしていたが、いずれも今文の家法には通じていなかった。四、経に傾注するその他の今文学者には、王闓運、廖平等がいる。彼らは荘周を儒家の学術としており、その学説には根拠はなかったが、龔自珍、魏源よりは有力であった。

「清儒」は康有為本人を名指しで非難するものではなかったが、康有為を非難する力が弱まっていることを意味するものでは決してなかった。康有為は、戊戌の政変前後に経文経学の観念を持っていたが、章太炎は全面にわたり、今文経学の基本的な観念を多方面から批判しており、その議論の意味するところは、まさに康有為に対する批判であった。章太炎は、常州学派全体の学術的資質を批判し、疑問を呈していた。とくに、今文学の立場を維持する魏源と龔自珍を批判し、彼らの学説には大きな誤謬があると主張したが、これらも康有為に対する攻撃であった。こうしたことから、常州学派の学術と評価は重要なテーマとなったのである。

章太炎の『訄書』重訂版は、一九〇四年に日本で出版されたが、梁啓超は、同年の『新民叢報』に「論中国学術思想変遷之大勢」中の「近世之学術」の一章を続けて発表して、これに応じた。「論中国学術思想変遷之大勢」は、『新民叢報』が新たな学術をもって新国民を育成するという趣旨を具体化したものであり、『新民叢報』の第三、四、五、七、九、一二、一六、一八、二一、二二号で発表された。研究によれば「論中国学術思想変遷之大勢」の体裁と構成は日本人白河次郎と国府種徳の共著『支那学術史綱』に倣ったものであった。[4] その続きとして書いた「近世之学術」は、一九〇四年に発表され、同年九～一二月に発行された『新民叢報』第五三～五五、五八号に掲載された。

梁啓超は、「近世之学術（自明亡迄於今日）」を補充して発表した理由については、「この三〇〇年来の変遷が最も大きく、密接な関わりがあることから、先にこれを論ずる」と自ら述べている。[5] 彼によれば、全編中第六章の原稿は未完成であり、第七章は、第八章が完成してから改めて執筆するということであったが、諸般の理由によりこの二章は結局書き終えたため、「論中国学術思想変遷之大勢」は、宋・元・明の部分の内容を欠いており、完璧なものとはならなかったと言う。しかし、なぜ梁啓超は時間の順番によらず、先に清代学術の部分を執筆したのであろうか。「近世之学術」では、同年に出版された『訄書』・「清儒」の内容を参照したと言明しており、[6] しかも同じ学派に言及する際観点が時に違うところもある点から考えると、梁啓超の執筆の動機には少なくとも章太炎の文章に回答しようとする意味合いがあったのである。

「近世之学術」では、明末から二〇世紀初頭の学術の発展状況が述べられているが、このうち常州学派に関する記述は、『訄書』・「清儒」に対する回答である。

梁啓超の「近世之学術」は、清代の学術全体に対する評価は高くないものの、康有為を清代学術発展史における最高位に置く考えは変わっていない。梁は、清朝の「二〇〇年来の学術は、これに先立つ二〇〇〇年の学術を取り入れ、これを倒影させ、撚り合わせたものである」とし、これにより清代学術史の発展段階を次のように分類した。第一期：順治・康熙年間、程朱陸王の問題、第二期：雍正・乾隆・嘉慶年間、漢宋の問題、第三期：道光・咸豊・同治年間、今古文の問題、第四期：光緒年間、孟荀の問題、孔老墨の問題。康有為の思想は第四期の主流であったとする。(7)

梁啓超も康有為を含む今文学運動とその学者を改めて評価しているが、このなかで最も重要なのは、龔自珍、魏源の学術的地位を認めたことである。同様に梁啓超は、龔自珍の学術には淵源があり、血縁上では段玉裁の外孫にあたることから、「小学は段氏から多くを学んでおり、経義については荘、劉に学び、治史を好んで、進んで章実斎に学んだ」、「『春秋』によって得た知識により、深淵で茫漠とした理想を強いて解釈することで、古い誼を明らかにすることができた」とする。梁啓超は、龔自珍思想の現代的価値をより重視しており、龔自珍は「専制政治による国家体制は、これを憎むこと甚だしく、しばしば嘆き且つ恨んだ。また社会主義によく通じ、基本的な解決法を知ることができた。――近世の思想の自由を説く導き手といえば、必ず定庵（龔自珍）の名が挙がる。」と述べた。

魏源については、梁啓超はその功績は二つあるとする。第一は、今文学の範囲を拡大したことである。今文学から研究し、『春秋』から『詩』、『書』へと拡大発展した。第二は、「魏氏は、経世の術を語ることを好み、『海国図志』は、国民が対外的な意識を持つことを奨励し」、日本の佐久間象山、吉田松陰、西郷隆盛らに刺激を与え、明治の維新運動に間接的な影響を与えたとする。

上記の言論は全て章太炎の言い方に対立するもので、常州学派に関する章太炎の言論に対する反発であり、梁啓超が「近世之学術」を執筆した一つの動機が康有為とその学術に代わって正当性を主張することであったことを表している。こうして常州学派の議論はその後も続いた。

梁啓超がこの論文を発表したときは、章太炎は『蘇報』事件で獄中にあり、当初はこれに対抗することはできなかった。しかし、章太炎は一九〇六年五月に刑期を終えて出所して日本に渡ると、すぐに同盟会に加わり、『民報』の主筆を務めた。章太炎は『民報』に清代学術史に関する一連の論文を発表したが、そのうち常州学派に関する評価は、梁啓超の関係する言論に対する回答であった。このころ『民報』と『新民叢報』は論戦の最中にあり、章太炎が『民報』に加わるまでは、汪精衛、胡漢民らと梁啓超の論戦は、中国の歴史問題に精力が注がれていた。章太炎が参加してからは、中国の伝統的な学術の面での梁啓超に対する批判がにわかに増加し、かつ舌鋒も鋭くなった。清代学術の問題はその中の重要な部分であった。章太炎は『民報』の「説林」等の文章中に常州学派に関する評論を発表したが、それは梁啓超の「近世之学術」における主張に呼応していた。

「説林」に曰く、「戴望は『公羊春秋』を深く修め、先人を見ても戴はそれにとらわれない。――仕官を求めず、その学流は湖南、嶺広に広まり、その結果論戦を事とする者に、無用の文を書かせ、もって「新学偽経」の説となった」[8]。「説林」中の「定経師」は「常州の荘、劉が遺したものは、真実か偽りかの争いではなく、ただ朋党と周を比べるだけのものである」。章太炎は学者を五つの等級に分けた。このうち「前漢を高く評価するも、実証に誤謬があり、大義を大げさに語り、誇張が混じっており、文を飾り文人を喜ばせる」ものを四等とし、「ただただ王の言うがままとなり、その言を一歩も踏み外さない。未来のことは亀甲で占うがごとく、大海の広さは、掌を見るがごとくである。経を説くには、わずかに今文に則るが、その条理には通じておらず、一字一字を宝物とする訳文者に近い。四川井研の廖平の如き」ものを五等、すなわち最低の等級とした。学界は、康有為の学説と廖平の関係を知っており、章太炎の意味するところは、今文経学を主張して廖平を継承した康有為を五等の外とし、等内に入れないというものであった[9]。

魏源、龔自珍については、章太炎は一層の軽蔑を露わにしていた、「魏源、龔自珍は、いわゆるいかさま師である。源は学ぶことをしていない——自珍は外祖父の学問を受け継ぎ、経術師と多く交わり、その後その誑かしを真に受け、その道の大家となった。まこと万事安きに就き、浮ついた言辞が多い。それで、若者は安易になびいてしまう。自珍の文が好しとされてより真の文学は地に塗れた。漢以来の種子を滅ぼす妖怪ならずや」[10]。常州学派の人物に対する批評は、章太炎の公私にわたる文章の中で、康有為の学術的観点を批評したものの構成部分となっている。

劉師培の「清儒得失論」、「近儒学術統系論」、「近代漢学変遷論」の三編の論文は、一九〇七年に発表されたが、それはまさに革命派と改良派の激しい論戦が繰り広げられていた時に当り、そのうちの「清儒得失論」は章太炎が編集している『民報』の第一四号に掲載された。この時期の劉師培の動向と文章の内容は、梁啓超と『新民叢報』に対する論戦であることを物語っている。一九〇二年から一九〇八年までは、劉師培が激しく革命に突き進んだ時期であった。彼は一九〇五年にはすでに中国同盟会に参加していた。その年九月八日に同盟会上海分会が設立され、蔡元培が会長に就任し、光復会のメンバーの大部分がこれに加わり、劉師培もその一人であった。一九〇五年から一九〇六年まで、劉師培は嘉興、揚州、蕪湖等を行き来し、多方面で革命の宣伝を行った。一九〇七年二月には日本へ渡り、孫中山に会ったが、劉師培がその年積極的に無政府主義を宣伝したことは、学界でもよく知られている。劉師培が日本に着いたときには、同盟会機関紙の『民報』と立憲派の『新民叢報』が正に激論を繰り広げていた。この時期の劉師培と章太炎は密接な関係にあり、劉の来日はつまり章太炎の招請によるものであり、来日後は住まいを共にした。二人は学術的観点が近く、当時は「二叔」と呼ばれており、また政治的な立場も近く、ともに同盟会に参加し、ともに『民報』の編集に携わり、ともに反満革命の立場をとり、同じく「亜洲和親会」のメンバーとなるなど、ともに数多くの政治活動に参加していた。

劉師培は、一九〇七年四月二五日に出版された『民報』増刊の「天討」に、「韋裔」の筆名で「普告漢人」を発表し、さらに五月五日に出版された『民報』第一三号では、「利害平等論」を発表、「清儒得失論」は「論満人非中国之臣民」とともに、六月八日に出版された『民報』第一四号に掲載された。これらは例外なく全てが反満革命の文章であり、劉師培の「論満人非中国之臣民」は梁啓超に反撃したものであった(11)。

「清儒得失論」は論戦の文章であり、なかでも常州学派に対する記述は重視するに値する。これは章太炎の「説林」に関係する項目や性質が同じで、いずれも『民報』と『新民叢報』における論争の文章であり、梁啓超の「論中国学術思想変遷之大勢」の「近世之学術」への回答であった。

劉師培は文士と経学者との区分を引き継いで、常州学派を文士の列に加えたが、この観察には合理的な面がある。しかしながら、劉師培には侮蔑や抑圧的な表現があり、文士という言葉を用いて常州学派以下の学者と学術への軽蔑を示しており、その意味するところは、常州の荘氏一門は学者にあらずということであった。この論述は、つまりは梁啓超に対する反駁である。

劉師培は魏源、龔自珍についても同様に見下している。「邵陽の魏源も、多弁をもって世渡りをし、家臣の中から抜きん出て来た。権門の高位高官も、頻繁に謁見を願い出て、やっと誼を通じ、その上で高論をもって世間を驚かせている」。「常州の今文学は、龔、魏からその流れが発し、丹徒の荘棫、仁和の譚献、湘潭の王闓運は、いずれも『公羊』

を深く信奉し、言葉をもって経術を飾り立てている。――また闓運の弟子である廖平は、これを用いて、五経を転倒させている」。「清儒得失論」における常州学派を論じたところで章太炎を支持し、梁啓超の論述に反撃を加えている。劉師培のこの立場は、同年に発表された「漢学変遷論」においても具現化されている。[12]この文章でも四段階の期別分類法が用いられており、梁啓超の清学史の期別分類を改めて詳説し、とくに常州の学術を低く評価している。

以上の状況から分かるように、章太炎の『訄書』・「清儒」に始まり、以降の梁啓超、劉師培は相次いで清代学術史について論述した。常州学派は一貫してその話題となっており、常州学派に関するこれらの議論は、時間的に継続しているのみならず、その内容も前後で呼応するものとなっていた。

二

前述した通り、辛亥革命期の革命派と改良派の論戦は、「清儒得失論」等の論文を生み出した。そして辛亥革命が「清儒得失論」等の文章における常州学派に関する論述に与えた影響はこの一端にとどまらず、他に重要な意義を持っていた。

章太炎、梁啓超、劉師培ら清代学術史の論述について、学界には現在大きく分けて二種類のほぼ相似た観点が存在する。一つは反満意識の影響を大いに受けているが、清代学術面を全面的かつ細密に分析している点ではやはり秀れているという見解、[13]もう一つは清末以降の章、梁、劉の清代学術史に関する論述は、セクト間で正統な意識を争うことから脱け出し、道統観念にとらわれることなく、基本は学理から出発し、清代学術の進展を研究してこれを総括しており、求めているものは学術性と科学性であるという見解である。章、梁、劉の三人の研究は、清代学術史研究を学術の公器たらしめており、彼らの研究は網羅的で、態度は客観公正、学理は深淵細密で、体裁は現代に近いものである等等[14]。上記二種類の意見はいずれにも道理がある。ただし章、梁、劉の三人の常州学派の評価については、いずれもいささか妥当性を欠いている。なぜなら、革命派と保皇派の論争のコンテクストは、常州学派の論述に重大な影響を与えていたからである。

章太炎、梁啓超、劉師培などの論争は、常州学派の名を鮮明にした。常州学派は今日の清代学術史における重要な学術流派の一つであり、清末学術史においては主流としての地位が一段と確立された。常州学派の名は、同治年間に発表された譚献の『復堂日記』の中にすでに見られるが、常州学派の名が学術史論に加わるまでの経緯については、さらに整理しておく必要がある。常州学派が学術史の論述に加わった重要な時期は、清末民初であり、章太炎、梁啓超、劉師培、皮錫瑞らによる論述が重要な影響を与えた。なかでも梁啓超の「清代学術概論」における論述が学界に与えた影響は最大で、一部の研究者からは一種のモデルとして称えられ[15]、章太炎、劉師培の関連する論述も学界で重視されている。

章太炎、梁啓超、劉師培による辛亥革命期の常州学派に関する論述において、我々は、彼らがいずれも常州学派の存在を認めていることに気づく。今日の清代学術史において、「常州学派」には相対的に固定された学者の系譜がある。これらはいずれも常州荘氏を中心としており、荘存与を創始者とし、その後が荘述祖、これに続くのが劉逢禄、宋翔鳳で、彼らは常州荘氏の学術の後継者である。次に続くのが龔自珍、魏源で、彼らは道光年間の最も著名な今文学者となった。その後がつまり康有為である。この常州雪人の系譜は梁啓超の「清代学術概論」の影響を大きく受けており、梁啓超の「清代学術概論」における常州学派についての論述は、正に辛亥革命期の学説を基礎として形成されたものである。以下に、章太炎、梁啓超、劉師培による各主要な清学史の論述における常州学派の系譜を記す。

「清儒」において章太炎が列挙した常州学者の系譜：荘存与（創始者）、劉逢禄（荘の弟子）、宋翔鳳（以上は常州学派）、魏源、龔自珍、邵懿辰（以上の三人は併称される）、戴望、王闓運、廖平。

「近世之学術」において梁啓超が列挙した系譜：荘存与、劉俸禄（荘の弟子）、龔自珍、魏源（以上二人は道光年間に併称される）、李兆洛、宋翔鳳、邵懿辰（以上は同じく道光年間）、王闓運、廖平、康有為。

「近儒学術統系論」において劉師培が列挙した系譜：臧琳、孫星衍、洪亮吉、張恵言、荘存与、荘綬甲、劉逢禄、宋翔鳳。

「清儒得失論」において劉師培が列挙した系譜：孫星衍、洪亮吉、荘存与、張恵言、劉逢禄、宋翔鳳、龔自珍、魏源、荘棫、譚献、王闓運、廖平。

「近代漢学変遷論」において劉師培が列挙した系譜：荘存与、荘綬甲、劉逢禄、宋翔鳳。

「清代学術概論」において梁啓超が列挙した系譜：荘存与、劉逢禄、龔自珍、魏源、邵懿辰、康有為。

以上から、常州学派の系譜においては、それぞれに似ている面があり、いずれも常州荘氏を起点としていることがわかる。荘氏は常州学派であるという説には歴史的根拠があるものの、全てが合理的であるとはいえない。常州の学者は極めて多く、荘氏一派にとどまらない。荘氏をもって常州の代表としては狭義に過ぎ、常州学術の全ての特色を表すことはできない。劉師培が臧琳を漢学研究の創始者とし、孫星衍と洪亮吉を常州学派の重要人物としていることには、一定の道理があり、他の学者にもこれに類する見解がある。つまるところ、今日の常州学派の系譜は辛亥革命期の章、梁、劉が、数年間に及ぶ学術史議論の中で提示し、十数年後に梁啓超がこれを「清代学術史概論」により確立したということができる。

清代における常州学派の崇高な地位は、辛亥革命期の章太炎、梁啓超、劉師培の論述における影響も受けている。

章太炎の「清儒」では実際に一種の三分類法が採られており、乾隆・嘉慶・道光を跨ぐ常州今文の学とその支流を呉・皖・恵・戴の学派の対立面としており、これを貶めようという意図が含まれているとはいえ[16]、この工夫をこらした低い評価は同時に顕彰するものともなっており、常州今文学派は乾隆・嘉慶・道光・咸豊の時代に呉・皖・恵・戴の学派と肩を並べる主要な流派と目されるようになったのである。

章太炎の常州学派に関する記載は、実質的に梁啓超の「近世之学術」に継承され、梁啓超は、論文の中で清代学術を四つの段階に分類し、段階ごとにテーマを設けた。周予同らは梁啓超の主張は章太炎の影響を受けていたのは確かだと考えていた。なぜなら梁啓超のいう四期とは、実際のところは三期しかなく、いずれも章太炎の論述を敷衍し、拡張した痕迹が認められるためである。

梁啓超の主張する常州学派に関する清学の第三、第四期の二期は、いずれも「近世之学術」第三節「最近世」中に記されており、実際に論じられているのは主に清末の今文学運動である。そしてここでは依然として章太炎の創意が援用されており、今文経学運動を恵、戴の学派の対立面としているが、その主旨は章太炎とは相反するものであり、章太炎が常州今文学を論ずる真意はこれを低く評価することにあった。一方の梁啓超は節ごとに分析し、今文学運動を正面から評価し、彼は前漢の今文学が大宗であるという見解を示し、また常州荘氏の一派を清代今文学研究の創始者と認め、龔自珍と魏源を弁護し、かつまた章太炎に排斥された邵懿辰、王闓運、廖平など他の主な今文学者の「名誉を回復した」[17]。

最終的に梁啓超は真意を明らかにし、康有為を正面から弁護した。彼は康有為と清末の公羊学との関係を肯定したが、康有為の研究には独自の優れた点があることをさらに強調した。梁啓超は、康有為の学説の要となるのは、今文学の中に現代の進化論等の学理を見出し、中国のために自由思想の学説を開いたことにあると考えた。「三世の義が立てば、すなわち進化の理をもって経世の志を説き――人を今後への希望に導くことが現在の義務である」[18]。

梁啓超による清学の四期の分類は、全て章太炎を鑑としてこれを進化させたものであり、さらに章とは打って変わって、章が極力貶めようとする人物を高く評価した。梁啓超の筆のもとで、常州学派は同様に道光・咸豊・同治以降の革命性を具えた主流学派となった。

劉師培の「清儒得失論」は、梁啓超の「近世之学術」への系統的な回答である。梁啓超も清代学術を四期に分類しており、清代の前二期は、恵、戴が朱、王に取って代わっている。第三期には、恵・戴一派とは異なる純正経学の龔・魏一派による「応用経学」が出現した。これは第四期において「現代社会の根本的な組織においては、疑念が起きる。交通が開ければ、他の社会の思想を輸入してこれと比較し、刺激し、磨き上げることができる。康・譚一派は、これによって起ったものである」[19]。劉師培の「清儒得失論」はこれに鋭く対立して、清代学術変遷の原因は、清朝廷の圧迫により儒者の道徳心が低下し、厚顔無恥となり、小賢しく立ち回って保身に走ることのみを知り、これを役立たせようという心がなくなったことにあると主張した。「才智の士は、文字の獄を恐れる、……これにより儒の名目は賤しく、治める所の学もまた異なる」[20]。こうした全面否定にも似た痛烈な厳しい言葉は、康有為の学術を清代学術進化の最高位に置く梁啓超に対する回答となっている。

文章は以下、清代学術の変遷について述べている。清初の学術を総括すれば「清代学術の変遷を見るに、学ぶところは同じでもその旨とするところは異なり、創始者は学ぶのは己のためとし、継承者は学ぶのは人に殉じるためとした」。全体的な論旨も二段の議論に分かれ、劉師培は、清儒にして諸儒の講義をし、修辞文学をなす者は皆気骨があったが、清朝廷の威嚇と利による誘いを受けて、節操を全うすることはできなかったと考えた。こうしたことから儒学者は文人の行いを蔑み、考証学に向かった。考証学は、順治康熙年間に源を発し、顧炎武、張爾岐、朱鶴齢、陳啓源、臧琳、恵周惕、恵士奇、恵棟ら創始者はいずれもその思想を表に現わさず、朝廷に出仕するようなことはなかった。しかし、閻若璩、胡渭、毛奇齢、梅文鼎らは、それぞれが学術に成果を挙げていたが、学術を立身出世の具としていた。乾隆時代の考証学者、江永、戴震の一派なども学術に専念して正しく身を立て、学をもって自らを飾ることをしなかった。畢沅門下の汪中、孫星衍、洪亮吉からは貴顕の好む所に赴き、雅文をそらんじて反復朗誦することにより経を恣にした。これより経学と文辞は混然一体となり、経学者が世間から非難されるのはここから始まった。

孫星衍、洪亮吉はいずれも常州籍の著名な学者であるが、劉師培は彼らについて、内実は大いに汚れているが、外側は雅な言葉で飾っているとした。なぜなら後に続く常州の多くの学者が、おそらくは客観的な目的を達成するために、郷里の賢人汪中が引き立てられ犠牲となることを惜しまなかったからだと述べている。また遠慮なくこうも述べている。常州の学者は気骨がないことこの上ないと。また同時期の士には、巧みな言葉で、経済学を互いに讃えあうのもいた。包世臣、魏源はさらに経世の高論をもって、世間を驚かせ、利を図っていた。今文学を治めた劉逢禄、陳立の儀礼断獄は、奸計に長けた役人のとる早道であり、董、賈は道理を曲げて迎合するという罪を犯した[21]。つまるところ、文章の結論は、清儒の学は実を求めることを主旨とし、巧みな言葉で世を治めようとするものは偽学であるということである。

劉師培の「清儒得失論」のトーンは甚だ不鮮明で、清儒を限定的に肯定し、彼らの経学研究の成果と彼らの利得を求めない行為を結び付けながらも、いわゆる経世の学を、ひどく嘲るものであった。この奇怪な言論は梁啓超の言論と結び付けることで初めて理解することができる。

また同じく一九〇七年に発表された「近代漢字変遷論」で、劉師培は清代漢学を四期に分類している。第一期は懐疑派で順治康熙年間の頃をいう。第二期は征実派である。康熙雍正年間の頃をいい、学術は実証を特徴とし、江永、戴震の一門と恵氏、江氏がいる。第三期は叢綴派、第四期は虚誣派である。他の数派についてはここでは論じない。虚誣派とは常州学派以降の漢学者をいう。[22] これは、梁啓超が提示した清代学術の分類に変化が生じていることにより、劉師培の常州今文学に対する評価が高くないのは、梁啓超への回答であることは明らかである。梁啓超は、常州学派を漢学の進化であると見なし、劉師培は、漢学の退化であると見なしているが、両者はいずれも、嘉慶道光年間の常州今文学を漢学に対する一種の反動としている。劉師培も章太炎と同様に、常州の学術を低く評価していたが、常州学術に清代学術史上の重要な地位を与えてもいる。

一九〇二年から一九〇七年までの、清代学術史全体に関する章太炎、梁啓超から劉師培の記述を見れば、全てにおいて常州学派は関心を注がれている。彼らの政治的な立場は革命派と改良派に分かれていることから、常州学派の価値に対する評価は異なるものの、いずれもが、常州学派を嘉慶道光年間以降の学術史の主要な地位に置いている。これは、康有為の維新思想の源泉と属性が常州学術と今文学に相当の関係があるためで、これにより常州の学術は革命派と改良派の論争における話題の一つとなり、清代学術における地位も繰り返し議論されてきた。最終的には、梁啓超が一九二〇年に「清代学術概論」を発表した際、章太炎、劉師培及び他の学者の学説を全て記録にとどめ、新たに纏め上げ、ここにおいて常州学派は、嘉慶道光年間以来の重要な地位を確立したのである。今日の清代学術史研究は、多くが清末民初を基本として行われており、章、梁、劉等の論述は、多分に辛亥革命期の反満思想の影響を受けている。

辛亥革命期における章太炎、梁啓超、劉師培の常州学派に関する議論には、他の意義もある。その議論は、清末学術の視野を広げ、清末学術史の枠組みを確立し、清代学術史研究全体に重大な影響をもたらした。近年、常州学派に関する研究者は、その研究の過程で、梁啓超の論述形式には非常に大きな影響力があったことに気付いた。梁啓超は実体験者の身分で、常州学派の系譜を確立し、荘述祖、劉逢禄、宋翔鳳、龔自珍、魏源、康有為をもって伝承の基本系譜とした。この論述は、今日大多数の研究者が信奉するところとなっている。ただし、この論述は清代学術は「幾重にも重なりあった復古である」との判断を基礎として打ち立てたもので、一つの単線進化のモデルであり、実際は康有為などの後進が一段と注目されている一方で、「常州学派」は康梁などの清末改良主義運動の「学術的背景」にまで弱められることで、常州の学者に関する研究はむしろある程度において阻害されているのである。[23]

この現象の発生は、辛亥革命期の章、梁、劉が常州学派を議論した際の時空条件と密接な関わりを持っている。常州学派が学術史の論述に加わったことは、康有為の学術と政論を批判し、又は擁護するという目的と密接に関わっているという点である。康有為の思想学説の合理性と合法性の問題はより多くの注目を集めた。龔、魏の両名は、康有為との学術的な関係については、梁啓超が彼らと康有為の改革路線に一種の関係を築き上げた。例えば、龔自珍と魏源係から、より多くの注目を浴びることとなり、章太炎等の批判における着眼点や梁啓超の弁護の重点は、いずれも龔、魏両名に置かれた。一方で本当の「常州学派」のメンバーは、議論の中心とはならなかった。

以上に述べた通り、辛亥革命期の章太炎、梁啓超、劉師培の論争は、常州学派が学術史に加わるにあたっての重要な結節点となった。このような論争の環境は、常州学派に関する学術研究に極めて大きな影響をもたらし、常州学派の名と学者の系譜が確立し、清末学術史の主要な地位に置かれ、常州学派と今文学運動には密接な関係が築かれたのである。

三

以上に述べたように、辛亥革命は、少なくとも二つの面で常州学派に関する論述に影響を与えた。一つは革命派と改良派の論戦であり、これにより常州学派に関する論述の勃興が促された。常州学派に関する論述は、革命派と改良派の主要な理論家が持続的に関心を注いだテーマの一つとなった。章太炎、梁啓超、劉師培の常州学派に関する論述には、明らかな継承と呼応の関係が認められ、論戦の完全なチェーンが構築されている。『訄書』・「清儒」以降の常州学術に関する論述は、さらに『民報』と『新民叢報』おける論戦の構成要素となっている。二つめに、民主革命と民族意識は、常州学術を論述する際の重要な構成要素となった。論戦双方、劉師培、章太炎及びそのライバルである梁啓超の常州学派に対する評価は異なるものの、関係する学者の系譜は基本的に同じであり、学術に対する論述も基本的に同じである。双方は相反することにより相成り、ともに常州学派のイメージを樹立し、清代学術における常州学派の重要な地位を確立した。

常州学派に関する論述の発生は、辛亥革命の一つの思想的な意義を説明している。この革命は政治と社会の革命にはとどまらず、深層での学術研究においても表現されている。辛亥革命は、政治、軍事、社会の面で旧朝廷時代を覆しただけでなく、かつ新時代の思想学術の基礎を積極的に築き上げるものともなっているのである。

註

（1）関連する専門書としては、李帆『章太炎、劉師培、梁啓超清学史著述之研究』、北京・商務印書館、二〇〇六年がある。また、主な論文としては、羅志田「導読、道咸〝新学〟与清代学術研究」（章太炎、劉師培撰『中国近三百年学術史論』、上海古籍出版社、二〇〇六年）、朱維錚「導言」（李妙根編『劉師培辛亥前文選』、北京・生活読書新知三聯書店、一九九八年）、李妙根「編選者序」（李妙根編『国粋与西化――劉師培文選』、上海遠東出版社、一九九六年）がある。劉師培の清学史の論述を専門に討論しているのは李帆であり、その他は劉の学術史に関する概説である。

（2）王汎森『章太炎的思想――兼論其対儒学伝統的衝撃』、台北・花木蘭文化出版社、二〇一〇年、一一三頁、朱維铮「導言」、章炳麟『訄書　書刻本　重訂本』、北京・生活読書新知三聯書店、一九九八年、一～四〇頁。

（3）朱維铮「導言」、章炳麟『訄書　書刻本　重訂本』一八頁。

（4）夏曉虹「論中国学術思想変遷之大勢導読」、梁啓超『論中国学術思想変遷之大勢』、上海古籍出版社、二〇〇一年、一三頁。

（5）梁啓超『論中国学術思想変遷之大勢』一〇一頁。

（6）梁啓超『論中国学術思想変遷之大勢』一〇一頁。

（7）梁啓超は『近世之学術』で皖派の学術を紹介する時に、章太炎の観点を引用し、「伝授流別を述べる際に、章氏の『訄書』を使って補充し、かつ自ら判断を下した」と書いている。『論中国学術思想変遷之大勢』一二一～一二二頁。

（8）章太炎「説林」上、徐亮工編校、章太炎、劉師培等撰『中国近三百年学術史論』一二二頁。

（9）章太炎「説林」下、徐亮工編校、章太炎、劉師培等撰『中国近三百年学術史論』一四頁。

（10）章太炎「説林」下、徐亮工編校、章太炎、劉師培等撰『中国近三百年学術史論』一六～一七頁。

（11）朱維铮「導言」、李妙根編『劉師培辛亥前文選』一〇～一一頁。

（12）劉師培「近代漢学変遷論」、徐亮工編校、章太炎、劉師培等撰『中国近三百年学術史論』　一六七頁。

（13）朱維铮「導言」、李妙根編『劉師培辛亥前文選』一〇～一一頁。

（14）李帆『章太炎、劉師培、梁啓超清学史著述之研究』一三三～一三四頁。

（15）蔡長林「導言」、『従文士到経生――考据学風潮下的常州学派』、台北・中央研究院中国文哲研究所、二〇一〇年、一五～一七頁。

（16）章太炎の考えでは、文人に属する常州今文学者の大多数及び龔自珍、魏源、王闓運、廖平などは学者とは言えない。「清儒」で羅列している今文経研究の成果としては、『公羊春秋』では陳立の「義疏」を尊び、常州の学者は劉逢禄しか掲載していない。劉師培には『書序述聞』、『尚書今古文集解』、『公羊何氏釈例』、『公羊解沽箋』などの著作があり、その公羊学は凌曙と包慎伯と列を並べる。要するに、章太炎の清代学術の系図においては、常州の学者は肯定的な学術意味を持つものはない。晩年の『清代学術之系統』においては、常州の学者は「人数が多いが、秀れた学術は少ない」と考えていた。李帆『章太炎、劉師培、梁啓超清学史著述之研究』一二五頁。

（17）梁啓超『論中国学術思想変遷之大勢』一一八頁。

（18）梁啓超『論中国学術思想変遷之大勢』一一八～一一九頁。

（19）梁啓超『論中国学術思想変遷之大勢』一一三、一一九、一一三一～一一三四頁。

(20) 劉師培『清儒得失論』、徐亮工編校、章太炎、劉師培等撰『中国近三百年学術史論』一六七頁。
(21) 劉師培『清儒得失論』、徐亮工編校、章太炎、劉師培等撰『中国近三百年学術史論』一五七、一五八頁。
(22) 劉師培『近代漢学変遷論』、徐亮工編校、章太炎、劉師培等撰『中国近三百年学術史論』一六七頁。
(23) 蔡長林「導言」、『従文士到経生──考据学風潮下的常州学派』一五～一七頁。

辛亥革命の思想的意義

章士釗と法治――国共内戦

佐藤　豊

はじめに

一九〇五年の科挙制の廃止を伴う清朝の「新政」における憲政実施の方針は、儒教イデオロギーによる徳治主義によってはもはや政治の権威化は不十分であり、法律作成手続きそのものに権威を持たせることの重要性を認識した結果であると言える。そして辛亥革命による共和制の成立は、皇帝個人の徳による権威にも頼らない政治、つまり共和立憲主義を目差すものであった。立憲主義とは、文字通り憲法によって政治の行動原理を定め、「合法的支配」[1]によって支配の権威と正統性とを獲得しようとするものである。「合法的支配」を成立させる大きな要素が「法の支配」であることは疑いない。その主要な方式は、形式的に正しい手続きによって任意の法を制定し、整合的な法体系を構築しながら、個人的動機や感情的影響を受けずに（従って人による差別はない）、形式主義的に、合理的規則に従って案件を処理するものである。こうした時代的要請に自覚的であったのが章士釗であった。

彼は「法律を改正したり作成する際は、まず理想を出発点とする必要がある。その理想のことを主義という」として、法律を作成する時の原理としてベンサムの「効用主義」を主張している。彼によれば、ベンサムの「効用主義」は、日本・中国では倫理説として受容されたが、その本質は法律にある。つまり「一般人の感じる苦楽」に拠って幸福を計算し、最大多数の最大幸福を実現するように法を作成するという点である。現在世界各国の法律はこの原則によって作られているのに、中国は取り残されている。[2] こうした認識から彼はまず「倫理」と「政治」の区別を次のように強調する。

ただ我が国は倫理と政治の概念がこれまではっきり区別されず常に倫理の迂遠な議論によって政治の大計を誤らせてきたのである。……倫理は道徳に帰結し政治は法制に帰結する。政治は法制によって一国を管理し、元首から一介の人民に至るまで、賢者から愚者まで、法律的視野では差別されず、すべて一定の枠組みの中でそれを管理するのである。その人の道徳的な価値は不問に付される。「自利」は倫理では許されないものであり…、しかし政治組織の中では存在する地位が認められている。認められているばかりか法制の中の要素である。世の根本的法規と称されるもので、最良なものは、各方面の自利の質が最も均等に配分されている。だから我が国の現在の懸念は倫理の不良にあるのではなく、政治の不善にある。道徳の不進にあるのではなく法制の不立にある。[3]

またこれに続けて、新たな道徳は直接的に獲得できるものではなく、新たな法制を実現することによって間接的に獲得するものであるとも述べる。

では、法律によって最大多数の最大幸福を実現するにはどうしたらよいのか。ベンサムの功利主義が法実証主義を構成する重要な要素であることは、法哲学の分野ではよく知られている。[4] 法実証主義とは、一九世紀以降ヨーロッパの法哲学で一般的になった考え方で、客観的に観察可能な社会規範を重視して、その体系を出来るだけ形式合理的に構築しようとする立場である。そして、現にある法を道徳的な価値から区別し、社会規範を原理・原則として体系化しようとする。甚だしくは、「適正な」立法手続きを経た法律である以上、それがどのような内容であれ法律として妥当性（効力）を有すると見なす傾向さえある。なぜ区別するのかと言えば、道徳や宗教などの強固な信念体系や、大衆の熱狂を原動力とするようなイデオロギーを介在して恣意的に法律を構築するのは、社会秩序の安定を阻害すると考えるからである。章士釗はダイシー（Albert Venn Dicey）の『憲法論』に代表される欧米の法律関係の書物を読んで、法による支配等の概念に慣れ親しんでいた。

ダイシーはベンサム説を敷衍して、幸福の定義を求め、幸福とは「それぞれの階級が皆法律の範囲内で相当の娯楽を享受せしめることにある」と言っている[5]。

後藤延子氏が「法制の導入・移植にとりわけ熱心」な「自覚的制度信仰民主主義者」と評しているのは[6]、彼の法実証主義的傾向についてである。

Ⅰ　張振武事件に関わる論争

彼のこうした傾向が典型的に表れ、周囲と軋轢をもたらし、同盟会機関紙『民立報』主筆の座を辞任するきっかけを引き起こしたのが張振武事件（一九一二年八月）である。張振武は辛亥革命の成功に大いに貢献した前湖北軍務部副部長である。当時彼と不仲であった副総統黎元洪からの密電による請託を受けた袁世凱が、彼を北京におびき出し、大総統命令により逮捕し軍事裁判によって即座に処刑する。これにより革命派は大いに憤り、袁を糾弾する声を挙げた。これに対して章士釗は、『中華民国臨時約法』（以下『約法』と記す）の条文からは袁世凱に責任を帰せることは不可能で、責任を取るのは彼の命令に副署した陸軍総長の段祺瑞のみであるべきだと主張して、革命派の非難の的になったのである。ここでの章と革命派の論争は、「悪人」を討伐するべきだとして実質的解決策を主張する革命派に対して、章があくまで条文を盾にとった形式的な論理に終始したことに特徴がある。その意義は、両者の政治的な立場の対立と言うより、中国が本格的に受容しはじめた西洋近代的な政治運用方式に対する姿勢の相違という側面をより重視するべきだというのが筆者の見解である。

張振武事件における章士釗に対する非難は、彼の議論が袁世凱の「専制」政治におもねるもので、政府の高等顧問に就任の噂があるとか、もともと保皇党であって革命を裏切る言論をしていたといった人身攻撃を伴うものであった。これに対して章は、我々が「法理」に通暁しないで、こうした「感情」的議論を優勢のまま放置すると「必ず我々の法治国としての基礎を揺るがすことになる」と指摘する。そして総統が袁世凱であれば何でも攻撃する者が、法文からは元首の責任を問えないとする制度的議論を、元首の地位にいる袁世凱個人を弁護するための議論と見なすのは論外であり、自分は純粋な（形式的）法律論を展開していることを強調する。(7)

そうした中でも法解釈上の議論として成立したものが、日本留学中、日本大学で法制を学んだことがある戴季陶との論争であった。戴の主張の要点を示せば次のようになる。(8)

①張振武は既に退役していて一般人と同じ立場である。だから犯罪行為があれば検察官によって起訴され証拠に基づいた審理が行われるべきである。それを軍法によって根拠の薄い証拠に基づいてほとんど審理も行われずに、早急に銃殺されるのは『約法』の破壊行為である。

②章士釗の発言は中国の現在の政情を無視した抽象的な発言である。現在副署は有名無実化し、袁が政治の実権を握っている。現に唐紹儀の辞職のきっかけとなった事件の時、袁世凱は副署なしで王芝祥を南方軍宣慰使にする命令を発している。だから今回の事件の本質は、袁世凱は実行者としての法律上の責任、黎元洪は発案者としての法律上の責任、段祺瑞は故意に犯罪に加担したものとして法律上の責任を負っている。

③袁世凱達には行政責任の上に刑法責任もあり、弾劾の対象になるが、もはや武力によって法律を破壊した相手には、法律ではなく武力を用いるしかない。

これに対して章士釗は、①に対しては何ら反論していないので、同意する立場であろう。②③については、現在の論争は、『約法』の条文に則して考えた時、副署のある総統命令の実行に総統が行政責任を取るべきかどうかという点であって、刑法上の問題とは関係ないことを前提とする。その上で『約法』が責任内閣制を採っている以上内閣が議会に対して責任を負っているのであって、総統に責任はない。たとえ総統に責任があっても『約法』では「謀叛行為」が認められる時に弾劾が可能とされており、行政上の過失では弾劾できない、と主張する。[9] これに対して戴季陶は『約法』違反行為自身が「謀叛行為」に相当すると反論したが、[10] これが余りに拡大解釈であることは戴自身わかっていっているはずと逆に揶揄される。[11]

張振武・方維事件が起き、輿論が総統に非難を集中すると、昔総統集権を主張していた者は事態を憂い、なんとすぐに論調を変えて、総統制と内閣制の精神を厳格に区別し内閣制の擁護者になった。昔責任内閣を主張していた者は今回の事件で非難を集中するべき目標が失われるのを心配して、なんとその論調を変え、総統に責任がないわけではない、『約法』上の責任は実に総統をも含めて言っているのだと述べるようになった。数日の間に両派の論調はたがいに立場を交換している。[12]

実は、『約法』が責任内閣制を規定したものであるか、総統制を規定したものであるのか、総統の権限がどの範囲まで及ぶのかは現在もなお見解が一致しているわけではない。原因は『約法』の条文の不備にある。[13]しかし、この相反する立場にある者は同様に不備には関係なく自分の都合で議論をして、法文解釈に根拠を求めてはいない。ここで章士釗は、実証主義的立場から批判しているのである。戴季陶との関連でのみ言えば、両者ともに当初から『約法』は責任内閣制を規定したものだという解釈である。内閣の決定に法律に抵触しない形で影響力を行使しても、法的に責任は問えない。責任を問えるとすれば総統制であると解釈する立場しかあり得ない、というのが章の見解である。しかし、そうなると袁世凱は『約法』上責任を免除される立場にいて実質的権力を握っていることになる。章によれば、それは否定しがたいとした上で、次のように述べる。

もし困難な問題が前に出てくると目標を取り去って現実に合わせてしまうなら、それは進もうとして退却しているようなものであって、共に政治を語る資格はない。総統の責任問題について言えば、我々が総統には責任がないほうがよいと考える時、総統が個人の力で内閣の責任を排し、それを形骸化させたなら、我々は内閣の責任を扶助してそれを救援するしかなく、決して内閣の責任を取り上げて総統に与え政治制度上の理を乱してはならない。まして今回の事件は陸軍総長の副署が明らかに存在し、形式的には、総統は内閣の責任を形骸化させてはいないのだから尚更である。[14]

条文に不備はあっても、革命派が総統に権限を集中させない意図で作り上げた『約法』である以上、その体制を維持するのが、今なすべき事なのである。この「個人の力」とは『約法』外に由来する影響力を指していると見て間違いない。章士釗は「論畸形内閣」[15]等の論文で張振武事件が起きる直前に、袁世凱が実質的な権力を握っている情況を批判している。実際そうした政治の危険性を十分認識していた。しかしそれ以上に「合法的支配」あるいは制度の堅持に固執していたのである。その立場では、根本的な対策は『約法』を改正した上で現実に対処するしかない。

私がこうした議論をするのは、ただ『約法』を一法案として擁護したいからであって、『約法』を良好な法案として擁護しているのではない。『約法』中に不当なものがあれば、国民は当然それを批判し参議院に反省を促して改訂せしめるべきである。[16]

法的な根拠がない場合、「非難することは出来ても、道徳的な意味が大半で法律上の意味はほとんどない」[17]という認識である。

II　同盟会急進派との相異

章士釗と戴季陶に代表される同盟会急進派の立場の根本的な相異は「卵は石に適わない。空言は実力に抗しきれない。武力によって法律を破壊した者には、武力で対処するしかない」[18]という法律外に行動の原理を求める戴に対して、章が『約法』の条文に解決策を求め、民国体制をあくまで維持しようとする所にあることは明らかである。

戴季陶君も武力を最終的解決策と考えているが、この論調を述べる時この発言の責任について思い至っているのか。[19]

皮肉なことに、このいわば「法律外の思索」が顕著な点は同盟会急進派も袁世凱側も共通しているのである。この事件で革命派に非難されている（戴季陶の主張の）①に相当する事例も、革命派自身の地方政権で、実はすでに行われていた。一九一二年四月二七日の『民立報』に章士釗は「論軍律」という記事を書いている。広東の新聞記者陳聴香が「公告を偽造し軍心を乱した」という罪で、都督（陳炯明）の命令で「軍律」で銃殺された事件に関するものである。その時、省議会は、陳の罪状は一般刑法を適用するべきで、『約法』施行後に「軍律」は適用できない、という抗議声明をおこなった。これに対して陳炯明は「戒厳」下では、『約法』施行後でも一般人にも「軍律」を適用できると回答した。これについて章士釗は、軍人を律する「軍律」が適用不可能なことはもちろん、戦時下でもなく、検事による審理まで一般法に基づいて行われながら、裁判段階で急に「軍法」を使うのも、「法理」に照らせば不可能な措置であると論評している。[20] 張振武事件への糾弾は、被害者が革命の功労者であったことと加害者が袁世凱であった点が重要な要因であったと言えよう。

ところで、章士釗と同盟会急進派（「激烈派」）との対立は張振武事件に始まったことではない。于右任は、章士釗と同盟会急進派との対立が始まったのは「国民公報」事件（一九一二年七月六日）からであると証言している。[21]「国民公報」事件とは、当時立憲派の『国民公報』と革命派の『国光新聞』との間で激烈な論戦が戦わされたあげく、革命派の幹部が『国民公報』社に押しかけて、主筆の徐仏蘇などに暴力行為に及んだ事件を指す。当初、章は『民立報』を代表して、政党が暴力を起こしたのではなく、個人が起こした事件という見解を採った[22]。

しかし、章は後に「政党組織案」という論文で次のように述べる。「政党」とは暴力によって反対党を圧倒する徒党などとは異なる。そして現在の政体に動揺を来す、国家組織などに関わる「根本問題」ではなく、「実際の政治の範囲内」(現在の政体の範囲内)の問題で他党と政策を争う集団であって、反対党を合法的な団体と見なして、交替しながら政策を実行するものである。「革命党」は「実際の政治の範囲」から逸脱しているから、「政党」とは異なる。「同盟会はもとより革命党から新たに作られた」「政治結社」であり、「政党」として脱皮するには、旧来の組織から明確に区別されたものでなければならない。「国民公報」事件における「同盟会側の所行は明確に適当な政治の範囲内にあるものとは認められない」[23]と。ここでいう「政治の範囲内」とは法律に準拠した行動を指していることは明らかである。彼は当時「毀党造党」論を主張していたが、こうした観点によって、体制内政党を作ることを主張していたのである。

いま我が国は革命が既に成功した以上は、これまでの猜疑心を一掃し、ともに実際政治の改革に従事する道を求めている。そこでもし争いがあるとすれば、この猜疑心のみであり、国の基本に関わる行動を児戯にも等しいものとみなし、こぞって行動や言論によって動揺させてはならない[24]。

以上が『約法』を逸脱して袁世凱を糾弾することは許されないという章士釗の基本的立場である。彼は『約法』外に行動規範を有し、『約法』から逸脱する傾向を持った二つの勢力に挟まれながら、当時イギリスに範を採った政治方式(合法的支配)を主張しているのである。

また、これに関連して、上述した実定法と道徳の明確な区別も、彼らの間の論争で際だった相違点として挙げられよう。

戴季陶君の考えでは、総統は殺人を犯したのだから他人に責任を押しつけるべきではないというのであろう。その道徳上の問題は記者も同意するが、いかんせん、本日の論文の紙幅にはわが倫理上の研究を吐露する余裕はない。…副署の制度がある以上、この制度の条文と直接に抵触している事実に出会ってから、この制度が動揺しているというのはよいが、法律外の思索が直接法制に影響することは許されない。[25]

これに対して、同盟会急進派らの章への批判は明らかに章の主張が「道徳」に則っていない点にある。呉稚暉は『民立報』誌上（一九一二年八月二三日「総統責任問題」）で、袁世凱の責任を追及するのは、深い学問のない「老百姓」の常識からしても極めて明解である、と述べているのは「道徳」を言ったものと解釈できる。また何海鳴は、章士釗らの議論は、袁世凱の行為が道徳上許されないとなると法律論を持ち出して対処し、中国の法律で許されないとなると英仏の法律を持ち出して追求論を混乱させる、と評している。[26]その法実証主義的な態度も西洋的な知識をひけらかして中国人を煙に巻く詭弁であるという印象を急進派に与えているのである。また例えば尹仲材は、章士釗はロンドン留学から帰国したばかりで、身体は中国にあるが心はまだロンドンにあるようだ。なぜならイギリスにしか通用しないことばかり言って、中国の政情には全く無関心であるからだと揶揄し、[27]戴季陶は、「中国の法学思想の幼稚さを利用」して「保皇党の末裔」として権力にこびをうっているのであって、自分が論争するに足る人物ではないと非難している。[28]章士釗は論文で随所に西洋の政治学者・法学者の発言を引用する。従ってこの論戦での法と道徳の区別も、西洋的教養からのものであることは急進派も理解していたはずであり、その上での論戦は章に有利に展開することになる。

そこで何海鳴や尹仲材の発言となるのである。

当時革命派にとってさえ、法律と道徳を区別し、政治的行動はすべて法律的な根拠に基づかねばならないという考えは、近代西洋由来の新たな論理であったともいえる。それを体現していたのが章士釗だったのである。

Ⅲ　文明段階としての法実証主義

このように法実証主義的傾向を濃厚に持つ章士釗ではあるが、議院内閣制推進論者である宋教仁が暗殺され、袁世凱自身に直接会って、事件の首謀者が彼であり、彼にに帝制への野望があると判断すると、武力による討伐（二次革命）に参加する。(29) 袁世凱の独裁体制がいくら「法制」の破壊行為であり、その「法制」を取り戻す為とはいえ、『約法』の条文から逸脱するいわば不法行為に加担するのは、明らかに「法実証主義」とは矛盾する。この点を彼はどう考えていたのであろうか。

二次革命失敗後、章士釗は日本で『甲寅雑誌』を出版し、巻頭に「政本」を掲載する。ここで彼は中華民国の挫折の元凶を「好同悪異」（同調者をとりたてて反対者を排除する）精神に求め、これが優勢な内は、政治の進歩を促す「有容」（多様性を容認する）精神の近代的な表れである立憲制も挫折することを指摘し、多様性を容認する精神を涵養して人材を適材適所に配置することが、危機に瀕した中国を救う処方箋であることを力説する。

これに対して周悟民は投書の中で、章の説は「道徳」に偏り旧来の人治精神の踏襲でしかなく、必要なのは中国人が経験してこなかった「法治之精理」であると批判する。周は、「人の好悪の情は極めて無限定なものである。同異は無いわけにはいかないし、好悪の情もなくすことはできない。これは人類の恒性である」として、人の自然な本性として存在する「好同悪異」の情を無くするのは無理である。むしろそれを極端にはびこらせて国家危機にまで到らせないのが「法治之精神」である、と主張する。[30]

一方、章は「好同悪異」は「獣欲」或いは「人類共通の野性」であって、克服しないと「法治之精神」は成立しない。「法治之精神」が先にあって法治体制がある。そして国家の文明度はその精神を守る程度で決まる、と応ずる。[31] つまりここには「好同悪異」（野蛮）⇔「法治之精神」（文明）という図式があるのである。彼は「好同悪異」の典型である「専制」への対処法には「革命」「立憲」「諫諍」があるとしているのだが[32]、袁世凱による宋教仁の暗殺は、その政権の下で「立憲」によって文明化を模索する道が閉ざされていることを意味する、と理解した。他の対処法としては事実上「革命」しか残されていないことになる。彼は民初の立憲体制においては文明的な姿勢として法実証主義的な行動を採ったが、野蛮な専制体制においては、「革命」という変則的（「変」）な方法を採らざるを得ないと言う考えなのであろう。フランス革命に見られるように「革命」は必ずしも多様性を容認する体制を保証するものではないにしても、社会を文明段階に引き上げる目的故に合理化されるのである。

また、周の「人治に偏り法治が粗略になっている。道徳面に偏り法律面が粗略になっている」という批判[33]に対して、章の考えは、権力者が有能な人材を抜擢する「人治」とは違い、自然に有能な人材が才能に応じて登用される状態を作り出すことが重要である。それには好悪の情に抑制をきかせる精神を一般化した後で法治を実現する必要があるとする。[34] ここには制度的な改革のみで精神的な刷新が行われなかったため、独善的傾向による混乱が袁世凱独裁体制を導いてしまったという反省がある。しかし、この答えは「法治が粗略になっている」という指摘に対する答えとはなっていようが、「道徳面に偏っている」という指摘に対する答えとはなっていない。つまり、章士釗が社会の存亡の基礎には人的要素、一人一人の精神的あり方（倫理性）があって、法制面はその土台の上に築かれるものと考えているからである。ベンサムについて言えば「人類の恒性」を前提として、それを貫くことが「最大多数の最大幸福」を導き出すように強制装置として法典が設定されており、むしろ周悟民の考え方に近い。章士釗の考えをベンサムに即して考えるなら、中国的な「好同悪異」の状況では「最大多数の最大幸福」を導き出すように強制装置として法典を創出することは不可能だと言うことなのであろう。それほどに、章士釗は、私的な感情を暫定的に括弧に入れて全体的な利益を計算する場が中国に欠けているという悲観的な思いが強かったのであろう。

終わりに

従来、辛亥革命を分析する基準の一つに、急進的革命派、穏健的革命派、梁啓超に代表される立憲派、袁世凱を中心とする軍閥という分類がある。しかし、革命後の政権を維持する方法について考察するとき、章士釗を単に穏健的革命派に位置づけては見えてこないものがある。章士釗は、単に中国の現状を見ずに西洋の知識をひけらかすだけの「詭弁家」ではない。中国近代の「合法的支配」を課題として論じようとするとき、必ず注目するに値する人物である。張振武事件から二次革命までの政治的事件と論争は、革命後に権力を握った政治家達が憲法をめぐっていかなる政治を行おうとしていたのか、ひいては辛亥革命そのものの性格を知る上で重要な問題を提起している。

註

（1）M・ウェーバー（世良晃志郎訳）『支配の社会学I』「第二節　政党的支配の三つの純粋型」創文社、一九六〇年。

（2）「法律改造論」『民立報』一九一二年七月三日（王均熙・楊建英編『章士釗全集』第2巻、文匯出版社、二〇〇〇年、三九五頁）。「国家与責任」『甲寅雜誌』第1巻2号、一九一四年六月一〇日（王均熙・楊建英編『章士釗全集』第3巻、文匯出版社、二〇〇〇年、一二二頁）。

（3）「迷而不復」『甲寅雑誌』第1巻3号、一九一四年八月（『章士釗全集』第3巻、二三〇頁）。
（4）深田三徳『法実証主義と功利主義——ベンサムとその周辺——』木鐸社、一九八四年。
（5）「功利」『甲寅雑誌』第1巻5号、一九一五年五月一〇日（『章士釗全集』第3巻、四一八頁）。
（6）「『民立報』期の章士釗（完）」『信州大学人文科学論集』23号、一九八九年三月。
（7）「再論総統責任問題」『民立報』一九一二年八月二三日（『章士釗全集』第2巻、四九五頁）。
（8）「張振武案之善後策」『民権報』一九一二年八月二一日。「張方被殺再論——並駁為袁世凱辯護者」『民権報』一九一二年八月二二日「法学上之疑問——質問行厳」『民権報』一九一二年八月二三日。いずれも、桑兵、黄毅、唐文権合編『戴季陶辛亥文集（下）』（中文大学出版社、一九九一年）に拠る。
（9）以上は、「総統責任問題」『民立報』一九一二年八月二一日、「行政過失」『民立報』一九一二年八月二四日、「張方案之餘論」『民立報』一九一二年九月二二日。いずれも『章士釗全集』第2巻に拠る。
（10）前掲「張方被殺再論——並駁為袁世凱辯護者」（『戴季陶辛亥文集（下）』一一四七頁）。
（11）前掲「再論総統責任問題」（『章士釗全集』第2巻、四九六頁）。
（12）「概言」『民立報』一九一二年八月二二日（『章士釗全集』第2巻、四九四頁）。
（13）耿雲志『西方民主在近代中国』中国青年出版社、二〇〇三年、二五〇頁。帰東「《臨時約法》的非穏定性研究」（夏新華編著『近代中国憲法与憲政研究』中国法制出版社、二〇〇七年、一九〇頁）。
（14）注（11）に同じ。
（15）「論崎形内閣」『民立報』一九一二年八月九日（『章士釗全集』第2巻、四七〇－四七一頁）。
（16）「論否認《臨時約法》之無当」『民立報』一九一二年三月二九日（『章士釗全集』第2巻、一四一頁）。
（17）「張振武案解決法」『民立報』一九一二年八月二〇日（『章士釗全集』第2巻、四八九頁）。
（18）前掲「張振武案之善後策」（『戴季陶辛亥文集（下）』一一四四頁）。
（19）前掲「再論総統責任問題」（『章士釗全集』第2巻、四九六－四九七頁）。
（20）『章士釗全集』第2巻、二三四－二三五頁。
（21）「于右任答某君書」『民立報』一九一二年九月一二日（朱宗震・楊光輝編『民初政争与二次革命（上篇）』上海人民出版社、一九八一年、一五三頁）。
（22）「論北京報刊衝突事」『民立報』一九一二年七月一〇日（『章士釗全集』第2巻、四一一頁）
（23）「政党組織案」『民立報』一九一二年七月一五、一六、一七、一九日（『章士釗全集』第2巻、四一九頁）。

(24) 同上、四一八－四一九頁。

(25) 注（11）に同じ。

(26)「国民与総統（告《民立報》記者血児）」『民権報』一九一二年九月一四日（朱宗震・楊光輝編『民初政争与二次革命（上篇）』五一頁）。

(27)「閲民立報者請注意」『民権報』一九一二年九月一四日（朱宗震『真假共和（上）』山西人民出版社、二〇〇八年、二〇五頁）。

(28)「章行厳之人格観」『民権報』一九一二年八月二五日（『戴季陶辛亥文集（下）』一一五六頁）。

(29) 白吉庵『章士釗伝』作家出版社、二〇〇四年、七五頁。

(30)「周悟民致《甲寅雑誌》記者函」『甲寅雑誌』第1巻2号、一九一四年六月一〇日（『章士釗全集』第3巻、一五五頁）。

(31)「論人治与法治」『甲寅雑誌』第1巻2号（『章士釗全集』第3巻、一五二頁）。

(32)「政本」『甲寅雑誌』第1巻1号、一九一四年五月（『章士釗全集』第3巻、七頁）。

(33) 前掲「周悟民致《甲寅雑誌》記者函」（『章士釗全集』第3巻、一五三頁）。

(34) 前掲「論人治与法治」（『章士釗全集』第3巻、一五一－一五二頁）。

※なおこの報告と同じく張振武事件と章士釗との関係について扱った論文には、注記論文の他に森川裕貫「民国元年における国家制度構想と章士釗」（『東洋学報』89巻1号、二〇〇七年六月）、鏑屋一「『民立報』における章士釗の議会主義政治論」『章士釗と近代中国政治史研究』（芙蓉書房出版、二〇〇二年）、郭華清『寛容与妥協――章士釗的調和論研究』（天津古籍出版社、二〇〇四年）、王建華『夭折的合法反対――民初政党政治研究』（江蘇人民出版社、二〇一一年）がある。

中国近代史学の創成と辛亥革命

川上哲正

はじめに

今日では、中国近代史学の研究は一九世紀のアヘン戦争前後の歴史から振り返る。[1] つまり一九世紀的現象の中から西方学術の力が東方へと波及し、それが中国の国家的危機の中で急速に醸成されたとの認識から出発する。いわば清朝の国家的危機の視点から辺境研究がなされたと同時に、宣教師ら西洋知識人の中国での出版活動が中国に大きな影響を与え、それらを契機として新しい外国認識が育ち、旧中国を脱却する歴史認識が登場したとの見解である。それは清朝社会の衰微を感じ取った先駆者龔自珍の登場に始まり、林則徐が主導した翻訳類と魏源が一八五二年に完成した『海国図志』などに代表される外国研究に結実する。洋務運動期には王韜が一八七〇年に帰国後出版した『法国史略』『普法戦記』に代表されるフランス史研究がある。一方、アメリカの宣教師アレンY. J.Allenが創刊して一九〇七年まで続いた『万国公報』と彼等の出版物による情報や、広学会総幹事リチャードT. RichardらがマッケンジR. Mackenzie『十九世紀』を翻訳して一八九六年に出版した『泰西新史攬要』などを始めとする著作もまた、新鮮な外国史研究を提供した。また、一八九六年に梁啓超らが創刊した『時務報』、一八九七年に唐才常らが創刊した『湘学報』、同年、厳復・夏曽佑らが編集した『国聞報』を始めとする改良派（変法派）のジャーナリズムによる外国・外国史研究がある。こうした外国・外国史研究の流れと同時に、歴史理論としてはこの時期、康有為に代表される公羊学の三世説の援用と厳復に代表される進化論とが大きな影響力をもった。こうして、戊戌変法以降は封建史学に対する批判が急増し、羅振玉なども一八九九年に刊行された那珂通世『支那通史』の序で、進化論的観点から中国の旧史を構築しようとの思いを述べたが、このような動きは微々たるものにすぎなかった。

二〇世紀に入ると、梁啓超が亡命先の日本で『清議報』、次いで『新民叢報』を刊行して、「歴史は人群進化の現象を叙述し、その公理公例を求めようとする」（「新史学」）と述べ、いよいよ、本格的な近代史学が登場する。この中国における本格的な近代史学の創成に大きな影響を与えたのが日本の近代史学であった。西洋の近代史学をいち早く咀嚼した日本が中国への影響を誇示するようになるのは、中国が日清戦争の敗北と戊戌変法の挫折を経過してのことであり、その成果が梁啓超の「史学革命」を生んだ。一九〇一年の「中国史叙論」と一九〇二年の「新史学」の登場によって、西洋近代史学の影響を受けた近代史学が本格的に成立した。しかし、中国における近代史学の本格的創成は、同時に革命派の章炳麟らの活動によるところもまた大であり、改良派・革命派を問わずこの時期の雑誌には日本における近代史学との深い関係性が存在するが、それは日本の近代史学を直接享受したというより、それを媒介として中国近代史学の新たな転回が生み出され、その主体が中国自身の政治的社会的変動を生み出していったといえるのである。それは辛亥革命につながる歴史激動の最中のことであるが、本国での活動を制限され、在日の亡命者・留学生としての日々を送った知識人による啓蒙・扇動は、中国における政治的社会的変動を増幅した。一九〇三年に刊行された鄒容の通俗読物『革命軍』が歴史事実を援用しつつ革命の必然を語ったこと、一九〇二年の章炳麟の『中国通史』編纂計画や一九〇三年の「駁康有為論革命書」による改良派批判、更に、一九〇五年創刊の鄧実らの『国粋学報』の出版と国学保存会の結成は、革命派知識人の近代史学への歴史的貢献といえよう。本格的近代史学の創成と展開は、辛亥革命へと向かう時代を支える一つの思想的柱を構築したといえよう。

日本の近代史学との直接的交流を経た時代があってはじめて西洋近代史学が怒涛の如く中国に入り込んでいき、そこに日中の交錯が生まれ、中国の近代史学が本格的に成立した。この時、国民国家、民族主義に立つ近代史学の思想・方法論が中国に成立したのであり、それは必然的に王朝変革と打倒への政治的方向性を生み出していった。それをここでは、本格的「近代史学の創成」と呼んだのである。本稿では辛亥革命期における日本の近代史学・近代思想との交錯の視点から、中国の本格的近代史学の成立を考察したい。

Ⅰ　史学革命とその展開

(1) 梁啓超の史学革命（史界革命）

中国で日本への関心が深まったのは日清戦争後のことである。変法派の康有為や梁啓超の啓蒙活動のみならず、更には、洋務派の張之洞も日本書を翻訳する意義を述べて日本留学を奨励した。実際、日清戦争から辛亥革命までの間、日本書の中国語訳は九五八種に及んだが、その中で歴史書への関心は初めそれほどではなかった。しかしながら、啓蒙の必要に不可欠として歴史書は次第に増加した。当初、梁啓超が一八九六年にまとめ時務報館から刊行された『西学書目表』では、二五種の外国史の書籍があげられたが、それらを西学・西政・雑類に分類し、明末清初以来の西学に関わる書目をとりあげている。それらの中には洋務運動期の書籍が多かったのだが、日本の歴史書に関しては岡本監輔『万国史記』、岡千仭『米利堅志』を数えるばかりであり、十分に日本の近代史学を吸収してはいない段階であった[2]。

更に梁が主編者となり、一八九七年に刊行された『西政叢書』では史志・官制・学制・公法・農政・工政・兵政・商政を取り上げているが、当時の梁は史学を「四民に知を与える業」[3]であるとみなし、啓蒙のための道具立てとして考えていた風がある。

その後、戊戌変法の挫折を体験して一八九八年一〇月に日本に亡命してからは、亡命先の不自由な生活の中で、『清議報』『新民叢報』を刊行し、彼の啓蒙者としての役割は更に拡大した。「日本に来て思想が一変した」と「三十自述」[4]で述べる梁が亡命期に書いた一九〇二年の「東籍月旦」[5]では、七〇種の日本書籍の中で二〇種が倫理学関係であるのに対し、五〇種が歴史学関連の書籍であった。いかに歴史書が摂取対象となっていたかが了解される。梁はここで、「政治、経済、法律の諸学を学ぼうとすると、歴史が最も大事であり、詳しく該博な本を取ってこれを読むべき」とし、歴史書を八種に分類し、世界史（西洋史を含む）、東洋史（中国史を含む）、日本史、国別史、雑史、史論、史学、伝記に分けた。そのうち「最も簡明に初学者用に適する」世界史としては一二種を選んだが、その中には本多浅次郎著『新体西洋歴史教科書』、元良勇次郎・家永豊吉『万国史綱』、箕作元八・峰岸米造『西洋史綱』、天野為之『万国歴史』、重野安繹『万国史綱目』などが含まれている。この中で、天野為之『万国歴史』（一八八七年）はヨーロッパ中心の世界史であり、元良勇次郎・家永豊吉『万国史綱』（一八九三年）は、歴史とは国家の発達及び変遷に関する古今人事の諸現象の記録であるとみなすスウィントンW. Swintons的な世界通史であった。また、時代区分に基づいて断代史的に描いた世界史は一七種で、浮田和民『西洋上古史』、坪内雄蔵『上古史』・『中古史』、松平康国『世界近世史』、坪井九馬三『最近世界史上巻』、松平康国『最近世史』、有賀長雄『近時外交史』、家永豊吉『文明史』、高山林次郎『世界文明史』などがある。文明史への関心が高まっていた日本史学界の状況がうかがえる。更に、東洋史は桑原鷺蔵『中等東洋史』、高桑駒吉『東洋史』、淺川亀太郎『支那史』、那珂通世『支那通史』といった具合だが、これまた西洋近代史学にならった時代区分の明確な東洋史・中国史ということになる。[6]

梁はこれらをそのまま受け入れたのでは無論ない。例えば、天野為之がその著『万国歴史』の自序で「東方民族には世界史の中に入れる価値がない」と述べたことに対して、梁は「東籍月旦」で激しく憤っている。梁は日本の近代史学そのものに共鳴したのではなく、そこにある外国史・外国情報に関心を寄せ、その方法論に学ぼうとしたのである。

こうした梁の日本の歴史書への関心を前提として、彼の歴史観の変化を追ってみよう。戊戌時期の梁の歴史観は、歴史進化の観念、「民史」への視点に特徴があった。一八九七年の「変法通議・論訳書」[7]では、彼は進化論思想を媒介にして「変」を「古今の公理」であるとみなした。中国の旧史は「重んじるところは一朝一姓の興亡の由るところにあり、これを君史という」、西洋の歴史は「重んじるところは一城一郷の教養の起こるところにあり、これを民史という」と述べ、王朝交替史にとらわれた中国の伝統史学への批判を展開している。その後、戊戌政変により日本に亡命してからの一九〇一年の「中国史叙論」[8]では、中国通史を叙述しようとするのは国民の発達を促そうとする立場に他ならないことを明らかにする。一九〇二年の「新史学」[9]では、「ああ！史界革命が起こらなければわが国は遂に救うことができず、悠々として万事がただただ大たるのみ」と述べ、「史学は学問の最も博大で最も大事なものである。国民の明鏡であり、愛国心の源泉である。今日、欧州民族主義が発達し、列国が日に日に文明に進んだ理由は、半ばは史学の功である」と述べ、伝統史学は「朝廷があることを知って国家があることを知らない」、「個人があることを知って群体があることを知らない」と痛烈に批判する。

梁が在日した当時の日本近代史学は、アカデミズム史学としてランケL. von. RankeやリースL. Riessらのドイツの実証主義史学が強い影響力を持つと同時に、一方では文明史学とも呼ぶべき「社会の発展を解明しようとする史論」

とその後継者としての民間史学があるが、そこではギゾーF. P. G. Guizotやバックル H. T. Buckleらの文明史観とスペンサーH. Spencerの社会進化論が大きな影響力をもっていた。梁は明らかに日本の近代史学の成果を学び、そのままといってよいほどに中国社会を啓蒙すべくその成果を流し込んだが、それはいわば、中国を改良するための摂取にほかならなかった。

そうした梁らの啓蒙の成果によって、坪井九馬三『史学研究法』や浮田和民『史学原論』なども積極的に中国語に翻訳された。当時、留日学生の刊行物は三〇種以上あり、そこに西洋の歴史を翻訳し、紹介した。例えば、一九〇〇年に『訳書彙編』が創刊されると、「歴史」欄が設けられ、同様に『游学訳編』『湖北学生界』『直説』も「歴史」欄を設け、『浙江潮』『江蘇』の「訳篇」欄では日本で翻訳された西洋の歴史書や日本人の歴史書を掲載した。とりわけ一九〇二年に創刊された『游学訳編』は、学術・教育・軍事・理財・時事・歴史・地理・外論などの方面の翻訳を提供した。かくて、直接に留学生が原本を翻訳するようになると、その作業を通じて留学生たちも梁の紹介の雑駁さに気づくようにもなり、留日学生による日本を媒介とした西洋近代史学の紹介を通じて、近代史学の新たな紹介が展開してゆくのである。

（2）章炳麟の国粋主義への転回

章炳麟は変法派から革命派に転じたが、章と梁啓超の関係は夏曽佑を通じてのことであった。章は夏との関係から上海で『時務報』の編集に参加するが、戊戌変法を目前にして二人から離れた。『自定年譜』[10]によれば、「余の持する所の論は『通典』『通考』『資治通鑑』の諸書を出でず。帰宿は孫卿と韓非とに在り」（一八九七年）とあり、旧『訄書』に見える議論は年譜の語りに重なる。彼が日本書に打ち込んだのは、一九〇二年二月から七月の二度目の来日の後と一九〇六年六月から一九一一年一一月までの亡命中のことである。しかし、それは主に彼の伝統思想との格闘の中で求められた西洋近代思想への貪欲な摂取であり、歴史書に関しては、岡本監輔『万国史記』、白河次郎・国府種徳『支那文明史』、渋江保『希臘羅馬文学史』、戸水寛人『春秋時代楚国相続法』といった類を数えるだけで、梁に比べると章は日本の歴史書自体にそれほど関心を注いではいない。

章は一九〇二年七月の梁啓超への手紙「章太炎来簡」[11]で、通史の優れた点として「ひとつに社会・政治の進化・衰弱の原理を発明することを主としており、典志にそれがみられる。もうひとつに民気を鼓舞し、方来を啓導することを主としており、これも紀伝にみられる」として、伝統史学の正史の構成を踏まえつつ、通史を構想した。更に考察を重ね、『訄書』重訂本「哀清史五十九」の「中国通史略例」では、伝統史学の「紀伝表記は司馬遷に始まり、編年は荀悦が建て、紀事本末は袁枢より作るも、みな具体の記述で、抽象の原論に非ず」と述べて、伝統史学は歴史の具体的叙述があるだけで、歴史法則への展望や時代区分のないことを批判し、「今日の歴史を治めるには域内の典籍に頼ってはならない」とした。「中国通史目録」には「洪秀全考紀」を入れて、歴代皇帝に比するものとし、「洪王は三七の際に起ち、金田に旗を建て、南都に入り、十二年にわたり支配をつづけた」[12]として、その反清の先駆性を評価した。更に、『訄書』重訂本「尊史第五十六」で、「中夏の典はその記事を貴ぶが、文明史は詳らにせず、それゆえ実、理に乏しい」と伝統史学を批判し、その内容は偏狭で、文明史的視点が欠落しているとした。この時点では、明らかに章は梁啓超と伝統史学への批判点を共有しており、西洋近代史学の視点への配慮があったといえる。

しかしながら、一九〇三年に蘇報案事件が発生して入獄三年の後、章は一九〇六年七月、三度目の来日後の留学生の歓迎会の演説（『民報』第六号）で、われわれ中国人は「第一は宗教を用いて信念を発起し、国民の道徳を増進する。第二は国粋を用いて種族性を刺激し、愛国の熱情を増進する」と説いて、中国文化そのものを「歴史」とみなした。章は強烈な愛国的情緒を表現しつつ進化的歴史観を表現したが、彼の進化論に対する観点は『訄書』では反満感情と結合することで、満州族は決して中華の民とはなれないとの政治的判断を下した。章の歴史研究の重点は文化史研究にあり、古代学術思想、典章制度、言語文字の変化を対象とし、中国文化の根源と先秦より清朝の学術文化への関心が極めて高かった。章には強烈なナショナリズムが存在し、それを国学運動と結びつけることで、国学運動とは距離を置いた梁と際立った違いを示した。

ところで、日本では一八九〇年代に入ると国粋主義が台頭してきていた。三宅雪嶺らに代表される国粋主義の「国粋」とは欧米への単純な反発ではなく、世界レベルの文明性を前提としたものであったが、その点で中国における国粋主義も欧米帝国主義への東アジア的反応の同一性を示すものにほかならなかった。そうした国粋主義が出現するのは中国においては一九〇〇年代のことである。一九〇三年末、『政芸通報』の「広告」欄に鄧実は国粋主義を提唱し、翌年には「国学保存論」(『政芸通報』第三号)を書いて、「国学」が元来は『礼記』の「国有学」に由来するものであり、異民族によって国も学も失われたが、「保国保学」こそいま求められるべきであるとした。また、黄節は同年に「国粋学社発起辞」[13]を発表して、「日本の国粋を言うは政論を争うに与り、わが国の国粋を言うは科学を争うに与る」と述べて、「国粋」は政治目的ではなく、学術への傾斜を説くのである。一九〇五年には「国学を研究し、国粋を保存する」目的で国粋保存会が成立し、機関紙『国粋学報』が創刊された。「国粋」もまた当時の日本よりの摂取であるが、中国人としての自恃が独自の主張を生もうとしていた。しかし、それは狭隘なナショナリズムとしてのそれではなく、「国粋」は決して西方の学問に抵抗したのではない。鄧実は史界革命を提唱し、一九〇二年の「史学通論」[14]に「悲しいかな。中国の史界革命の風潮が起こらなければ、中国はずっと歴史がなくなり、歴史がなくなれば国がなくなる」と述べて、梁と同様に新史学の創設に努め、先ずは西方の進化論思想を導入した歴史観をもって歴史を叙述しようとしていた。その後、鄧実は『政芸通報』と『国粋学報』を編集したが、前者は西洋の学問を紹介する目的、後者は「国学を発明し、国粋を保存する」目的で運営した。こうした革命派の「国粋」への傾斜の中で、大漢族主義に立つ陶成章は一九〇四年『警鐘日報』に「中国民族権力消長史叙例七則」[15]を執筆し、「国は民族の国であり、民族は必ず由りて起こる所がある」として、中国民族の由来を明らかにしようとし、中国の歴史叙述の伝統は王朝の歴史ばかりであることを批判して、「我が中国には歴史無く、僅かに記述有るのみ、ならびに所謂記述するところ無く、一家一姓の譜諜帳簿有るのみ」と述べて世界人類全体への展望なき歴史像を批判した。宋教仁も一九〇五年『二十世紀之支那』第一号に「漢族侵略史叙例」を執筆し、「歴史は民族の進化を述べ、後来の発達を導くものである」と書いたことに西洋近代史学への関心の深さが読みとれる。この「国粋」が排満革命への傾斜を増幅したのは間違いない。その後、国権論から帝国主義へと傾斜していった日本の国粋主義に対し、中国の国粋主義は政治的に辛亥革命が完遂すると、国学への傾斜を深めていくのである。

Ⅱ　革命派と改良派の歴史研究をめぐる交錯——革命であれ改良であれ——

革命派は世界の革命史を翻訳し、革命主義を大いに鼓吹したが、改良派は革命を否定した。一九〇四年に書かれた梁啓超の「中国歴史上革命之研究」[16]では、中国の王朝革命と欧米の革命を比較して、中国の王朝革命には、私人革命はあるが集団革命がない、野心による革命で自衛の革命ではない、上等・下等社会の革命で中等社会の革命がない、革命の地段が西洋に較べて複雑である、革命の時間が西洋に較べて長い、革命家同士が殺しあう、革命によって外民族が侵入してくる、といった事例をあげてその殺戮の激しさゆえに中国には革命が不適切としている。これに対してすぐに陳天華が「中国革命史論」[17]を書いて批判し、「乱失相尋して、殺戮已まず」の状況は、中国もギリシア・ローマ・

ドイツ・フランス・イギリスなどの革命と同じであることを看破し、歴代の革命が社会進歩を進める働きをしていることを指摘した。また、中国における歴代の農民蜂起は挫折して終わったものの革命の連続性を肯定したものであるとし、更に国民革命の実行を説いた。また、鄒容の場合は一九〇三年に『革命軍』[18]を著して、「革命は進化の通例であり、革命は世界の公理だ。革命は存亡を争う過渡の時代の要義だ。革命は天に順い、人に応じることだ。革命は腐敗を除き優良を残すことだ。革命は野蛮より文明に進むことだ。革命は奴隷を除き主人となることだ」「上下古今、宗教道徳、政治学術から微生物に至るまで、無数の革命を経ていないものはない」と述べる一方で、中国の革命は「野蛮の革命」と嘆き、いまこそ「文明の革命」を呼び起こそうとした。これに同調したのが革命派の人々であり、例えば『蘇報』では章士釗が「愛読革命軍者」の筆名で「読革命軍」[19]を書き、章炳麟が「序『革命軍』」を書いたことから、大いに国内で読まれることとなったのである。

ところで、フランス革命について、改良派の康有為は『法国革命記』[20]では「最近世界各国が立憲政治を行うようになったのは、みなフランス革命に由来している」として、清朝に政治改革を促していた。一九〇四・一九〇五年、広学会刊行の『万国通史』ではフランス革命の禍が説かれ、康有為は一九〇六年の「法国革命史論」[21]で、フランス革命が展開した時代の惨状を活写して大革命の破壊性と革命の悲劇性を問題とし、革命反対論を提示する。一方、革命派の知識人のフランス革命史研究に着目するならば、一九〇〇年、『開智録』の第一期より日本の渋江保著・馮自由抄訳「法国革命戦史」が連載されたが、そこでは「この革命の目的は封建の余習を一掃し、門閥の積弊を打破し、平等主義を提唱し、新鮮な社会を建設するものであった」[22]と革命を評価する。一九〇一年には中江兆民『革命前仏朗西二世記事』が日本出洋学生編訳所『法国革命事略』として刊行され、一九〇二年には福本誠著馬君武訳『仏蘭西近世史』、一九〇三年には奥田竹松著青年会訳『佛蘭西革命史』が刊行され、同年の『游学訳編』第四冊から第七冊の「歴史」欄には「紀十八世紀末法国之乱」として、河津祐著「法蘭西革命史」、松平康国著「世界近世史」、大内暢三訳「欧州十九世紀史」の三編を掲載している。『民報』では一九〇七年に汪東「正明夷法国革命史論」（第一一号）、一九〇七年から一九〇八年にかけて汪東「法国革命史論」[23]を掲載している。そこでは、フランス革命の重要人物の伝記と著作紹介や「法蘭西革命歌」「人権宣言」「民約論」などの翻訳、ルソーなどの図版資料も掲載されたが、その執筆の参考には河津祐『佛国革命史』、奥田竹松『佛蘭西革命史』、有賀長雄・本多浅次郎『西洋歴史』、煙山専太郎『フランス史講義』などが参考とされた。ここで汪は、中国に革命が勃発した場合、「革命の主動者は中等社会であって乱民ではない」と予告した。

更に、ロシア革命については、改良派の『新民叢報』でも一九〇二年に梁啓超の「革命！俄羅新革命！」（第九号）などを掲載し、革命の結果、「世界に残る完全専制の大国は中国だけ」になると予測している。革命派の『民報』では同時代としての関心が強く、一九〇六年の宋教仁の「一千九百〇五年露国之革命」[24]では「革命は専ら暴動、暗殺、同盟罷工など一切の強い迫力をもって政府に反抗する」ものだとし、その蜂起の方法は革命派にとって先例となることを伝えている。しかし、一九〇五年のロシア革命は実際には革命派の手本として正面からは取り上げられず、ロシア革命への評価は五四運動の時代に引き継がれるのである。

革命論のみならず亡国論もまた、革命派、改良派を問わず盛んであった。一九〇〇年から一九一一年まで亡国論は五〇種以上に上り、ヴェトナム・ビルマ・朝鮮・インド・ポーランド・エジプトなどの亡国史に関心が及んだ。例えば、梁啓超は『佳人之奇遇』の翻訳のみならず、「匈加利愛国者噶蘇士伝」[25]などを書いた。前者は近代亡国史ともいうべき著作の翻訳であり、後者のコッシュート伝はハンガリーに対するオーストリアの抑圧という事態に直面したときに立ち上がった英雄譚にほかならないが、梁啓超はそれを自らに引き付けて解釈しようとしたのである。同様に、革命派の柳亜子なども薛公侠訳『波蘭衰亡史』[26]の序に中国がポーランドの轍を踏むことへの危機感を吐露している。それらはまさしく、中国の亡国の危機が迫り来る中、亡国の事例を取り上げることで自国の変革に火をつける役割を果たすこととなったわけであり、悲嘆にくれていたばかりではない。亡国史を取り上げるのはナショナルな意識の反映にほかならず、変革を求める行為にほかならなかったのである。

終わりに

二〇世紀初年の辛亥革命期に中国の伝統史学が全面的に批判され乗り越えられたのは、西洋近代史学に負うところ大であるということになるのだろう。中国における研究では、その「西方」近代史学とは日本の近代史学を含めた言い方なのである。日本人としてそのことを考える時、当時の日本の近代史学自体は西洋一辺倒であったわけではなく、実証主義を根幹とする歴史方法の広範な支持と同時に史論ともいうべきジャーナリズムの噴出もあり、そうした近代日本の史学環境が中国の亡命者・留学生に与えた影響は大きいのである。しかも、一九〇〇年代といえば、民権から国権への展開、更には帝国主義化へと傾斜を始めた時代であり、それに反対する初期社会主義の登場の時代でもあった。こうした中に身を置いた当時の中国知識人は、自らの国家と社会の自立を模索しなければならなかった。革命派であれ改良派であれ、その課題に応えるべく苦闘し、日本を通して自国の将来を鳥瞰したはずである。

確かに辛亥革命は満州族王朝を打倒した民族主義革命であったが、同時に、辛亥革命の時代は二〇世紀中国をつくりあげる準備の時代でもあり、改良派であれ革命派であれ、ともに歴史に参画する協同作業があったというべきであろう。梁啓超は瓦礫と化した第一次世界大戦後のヨーロッパを旅行した後、中華民国の将来に思いをはせ、自らの政治運動を反省して『清代学術概論』などの国学的成果をものした。章炳麟は民国後、国学運動に自らの学問的生命をかけ、『国故論衡』や『検論』などのこれまた国学的成果をものするだけでなく、距離をもちつつも政治運動との関係は持続した。

一方、多くの辛亥革命期の若き留日学生は、五四運動という新たな反帝国主義の政治運動の中でそれぞれの思想的格闘を再編成しつつあったということになろう。そのとき、日本は中国の新たな政治的社会的運動のうねりをもはや自らのこととして理解できずにいたのである。

註

（1）例えば、劉蘭肖『晩清報刊与近代史学』（国家清史編纂委員会・研究叢刊　中国人民大学出版社二〇〇七、一一）では中国近代史学の始まりをアヘン戦争期に遡り、検討している。

（2）一八七〇年代の日本史学では、歴史は事件史とみなし、歴史の主体は国家・君主・軍人とする事例が多い。例えば、西村茂樹訳『万国史略』（一八七三年）はアジアやラテンアメリカを視野に入れているが、これはタイトラルF. Titlerの翻訳で、上古・中古・近世と区分する。岡本監輔『万国史記』は同時代の一八七八年刊行。

（3）『湘学報』第1冊。『湘学報』は唐才常らが編集し、二二種の外国史著作や概要、二七冊の中国と西洋の史学の働きや歴史家がどのように歴史を整理しているかといった理論と方法、外国史研究の試みを行っている。

（4）『飲冰室文集』第4冊。

（5）『新民叢報』第9・11号。

（6）一八八〇年代、歴史展開の要因として自由、文明が登場する。その文明は思想・文学・技術・芸術を包括するものであり、スウィントンの訳では人民people、国民nation、人種race、文明civilizationの訳に整理される。上古・中古・近世の三区分も盛んである。フリーマンE. A. Freeman著『弗氏万国史要』（一八八五年）は文明の進歩を指導したヨーロッパを中心に万国史を編成しているが、同様の史観に立つものには、スウィントン著西山義行訳『万国史直訳』（一八八三年）、天野為之『万国歴史』（一八八七年）がある。それらに対して柴四朗（東海散士）『佳人之奇遇』（一八八五年）は小国、亡国の連携を説き、異例である。更に、一八九〇年代には、歴史スタイルには王侯将相の政策業績、交戦の勝敗などの情況の詳細を叙述する叙事史体と精確に事実を叙述し、これに論評を加え、原因結果を述べる文明史体が出現する。長沢市蔵『新編万国歴史』（一八九三年）では、歴史とは「人間生活の伝記」であり、歴史学はただ過去の事蹟を記載するにとどまらない、「各事実の原因結果を探究し、事実相互の関係をあきらかにし、而して一世を支配したるの主義は前世後世に行われたる主義と如何なる関係を有するやを考察すべし」とし、近世の始まりををオスマントルコのコンスタンティノープル占領においた。また雨谷羊太郎『世界史要』（一八九九年）では、「本書は世界史というが、要するにアーリア人種の歴史なり」として、ヨーロッパ中心の世界史を批判しており、坂本健一『世界史』（一九〇三年）は「今日、世界史、万国史というも欧州中心で、アーリア中心だ」と批判し、ヨーロッパの時代区分を採用していない。

（7）『新民叢報』第1号。

（8）『清議報』第90・91冊。

（9）『新民叢報』第1・3・11・14・16・20号。

（10）『新編中國名人年譜集成第十輯　民國章太炎先生炳麟自訂年譜』。

（11）『新民叢報』第13号。

（12）『章太炎年譜長編』上。

（13）『政芸通報』第1号（胡逢祥張文建『中国近代史学思潮与流派』）。

（14）『政芸叢書壬寅全書』中編、史学文編巻1

（15）『警鐘日報』一九〇四年七月一四日・一五日・一六日・一七日・二〇日・二七日号。

（16）『新民叢報』第46～48号。

（17）『民報』第1・2号。

（18）『革命先烈先進詩文選集』第1冊。

（19）『蘇報』一九〇三年六月九日号。

（20）『進呈法国革命記序』（『康有為政論集』上冊）。

（21）『新民叢報』第85・87号。

（22）『開智録』第1期より5回連載。（佐藤慎一「フランス革命と中国」『近代中国の知識人と文明』）。

（23）『民報』第13号・第15号・第16・第18号・第19号。

（24）『民報』第3・7号。

（25）『新民叢報』第4・6・7号（一九〇二年）。松尾洋二「梁啓超と史伝「――東アジアにおける近代精神史の奔流――」によれば、この伝記は石川安次郎「ルイ、コッスート」（『太陽』第22巻5号、一八九九年五月）をかなり参照していることが指摘されている。尚、『佳人之奇遇』は一八九八年から一九〇〇年にかけて翻訳された「近世亡国史」ともいうべきものであることが指摘されている。また、吉田薫「康孟卿の翻訳作業とその周辺「戊戌政変から『清議報』刊行までを中心に－」（『中国研究月報』二〇一一年一〇月号）によれば、康有為の従兄である康孟卿がその翻訳に協力したことが立証された。

（26）呉沢主編桂遵義・袁英光著『中国近代史学史』下（修訂本）。

革命の余波――中華民国成立初期の西洋式民主政治の実験とその挫折

汪　朝光

一九一一年一〇月一〇日、中国湖北省の省都武昌に駐屯する新軍は、革命党人の策動により蜂起した。清朝の君主制統治を転覆し、共和民主国家を確立するのが目標であった。この蜂起に各地がすぐさま呼応し、影響は即座に全国へ広まった。一九一二年一月一日、中華民国臨時政府が南京に成立して、孫中山が臨時大総統に就任し、二月一二日には、清朝皇帝が退位を宣言した。これは一九一一年の中国共和革命（すなわち辛亥革命）における最も重要な成果である。中国の数千年にも及ぶ君主制時代は終わりを告げ、新たな共和時代が幕を開けた[1]。

一　政党の勃興

民国の成立後、中央政府の実権は、北洋系軍隊の首領袁世凱の手中に落ちた。袁世凱は政権を握った当初から、すでに個人専制の傾向を明らかに示していたが、その時点では、いまだ各地に革命の余波が続いており、革命党人も中央及び地方において一定の権力を掌握していた。責任内閣制と立法、行政、司法の三権分立による制度は、実施されたばかりであり、世論は開放され、思想活動は活発化し、民主自由の思潮が至る所でふきだし、さまざまな政治勢力が興って、袁世凱の権力は各方面で牽制された。この比較的均衡した政治状勢下、西洋式の民主主義が盛んになる様相を呈したが、その中でも際立ったのは政党の勃興であった。

民国初期には非常に多くの党派があり、後の研究によると、その総数は三〇〇を超える。最も多かったのは、北京（八二党派）と上海（八〇党派）である。これらの党派のうち、「一部は政党の性質を備えていたが、一部は何らかの目的を達するための圧力団体であり、一部は社会運動家の集まりであった」。具体的な政治綱領を有するのは三五の党派に過ぎず、その政治綱領も多くは方向性が同じであり、中でも最も多いのは「実業の振興」（一三党）と「教育の普及」（一一党）であった。[2] このことから分かるように、民国初期における党派の勃興は、当時の特殊な環境の産物である。その政治的基礎は弱く、また多くが一般にいうところの「政治的傾向」を備えておらず、党派の結び付きも政治的見解ではなく、利益によるものが多かった。これら党派のうち、組織や綱領が比較的整っており、全国的な影響力もあった主な党派は、革命派を代表する同盟会及びその改組により結成された国民党、並びに、旧清朝時代の立憲派、有力者、有産者の利益を代表する統一党、共和党、民主党及び後に上記三党が合併して結成された進歩党である。

一九一二年三月三日、同盟会は政党への改組を宣言し、「中華民国を強固なものとし、民生主義を実行することを趣旨とする」とした。[3] 新たな同盟会総章は、「努めて国際的平等を図る」で民族主義に、「地方自治を促進する」で民権主義にそれぞれ通じており、かつ民生主義を実行することをはっきりとうたっているが、三民主義を特別に強調するものではなく、革命の色彩はやや弱まっている。また、その政治綱領における「行政の統一を完成させる」という主張も、当時の同盟会に袁世凱と対等に渡り合う意志がなく、平和的且つ合法的な政治競争による国家権力の掌握を願っていることを示すものである。

同盟会の指導者の一人である宋教仁は、政党政治に全力を注ぎ、他の五党と連合して、八月二五日に北京で国民党を結成し、孫中山が理事長を務め、宋自身は理事長代理として党務を主管した。国民党は、「共和を強固なものとし、平民政治を実行する」ことを趣旨とし、「政治統一を保持し、地方自治を発展させ、種族の同化に努め、民生政策を採用して、国際平和を維持する」ことを政治綱領とした。[4] 国民党の政治綱領における政治的な意義はさらにあいまいで、三民主義の精神は薄らぎ、他の党派の政治的立場により近いものとなった。

国民党以外の主要政党では、統一党が一九一二年三月一日に、共和党が一九一二年五月九日に、民主党が一九一二年九月二七日にそれぞれ結成されている。この三党の党綱領で強調されているのは、統一、進歩、平和、自由、調和であり、[5] 民国初期の革命派と北洋派の間における中間の政治勢力を代表していた。その構成メンバーの多くは旧清朝の官吏、政客、立憲派、有産者、並びに革命党人と異なる見解を有する軍や政界の人物であり、思想傾向は妥協、保守、行動は穏健である。このため、革命派と北洋派の対立抗争において、彼らの政治的立場はより袁世凱に傾き、甚だしきに至っては、「袁政府が最大与党を組織する必要に応じて設立されたもので、御用政党の嫌いがあった」[6]。

民国初期の政党は数が多くて目もくらむほどであったが、実際には大概が利益に駆られたものであり、主義や信条による結び付きではない。後の研究者が論じるように、民国初期の政党には、「一、党員が政党を掛け持ちしている、二、党綱領が中身のない看板に過ぎない、三、民衆を基礎としていない[7]」といった特徴があった。しかし、これは実に控えめな論である。民国初期の各党の政治綱領を細かく調べると、その差異を見分けるのはほとんど困難であり、且つ、政治綱領はまやかしを記しており、語意ははっきりせず、説明もそれぞれ違い、実践に移すのは難しいものだった。さらには、そもそも政治綱領と呼べるものがない党派が多くて、誰かが提案しさえすれば、即座に名利を求めて結党となった。その上、政党を掛け持ちする党員も非常に多く、一人で複数掛け持つことも珍しくなかった。「朝入党して夕方には離党し、夕方入党して翌朝にはまた離党する。節操も定見もなく、一人で一日に何度も変えて、悪びれることもなく党や政治の徳など微塵もない」[8]。まさに、民国初期の党派は、その政治綱領、政策から構成員に至るまで、いずれも一般の民衆には関わりがなかったので、民衆はこれら党派の盛衰や命運に興味を持たなかったのである。

二　責任内閣制の実行

政党の勃興や政党政治に対応して、民国初期の政治舞台には一定程度において立法、行政、司法の三権分立という西洋式民主の構図が現れた。それを顕著に示したのが、責任内閣制の実行及び立法機関の活発化である。

民国の成立後、政府の体制には責任内閣制が採用された。「臨時約法」の規定によると、国務総理及び各部総長は「臨時大総統による法案の提出、法律の公布、命令の発布に際し、副署を行わなければならなかった」[9]。一九一二年四月二一日、唐紹儀総理の内閣が成立すると、同盟会のメンバー四名が内閣の総長の任に就いた。しかし、閣内や内閣と総統府の間における不一致が絶えず、日々対立が生じ、唐紹儀の施政は倍の掣肘を受けた。袁、唐の関係も急速に悪化し、唐を排除しなければ袁が収まらない状況に至った[10]。

一九一二年六月、袁世凱は革命派が提案した王芝祥を直隷都督に任命する請求を強引に否決し、かつ唐紹儀の副署を待たずに王を南方軍宣慰使に任命した。これは公然とした責任内閣体制の破壊であり、また唐紹儀の施政に対する不満の表明でもあった。唐紹儀は続投が無理であることを自ら悟り、六月一五日に辞任し、北京から天津へ出奔して、政治危機が醸成された。袁、唐の対立は、形式上は責任内閣制を堅持するか否かという問題であるが、実質的には袁世凱及び北洋派と革命派との対立であった。なぜなら、副署権に体現される責任内閣制は、革命派が袁世凱の個人独裁を制約する最も重要な防御線の一つだったからである。しかし、袁世凱のこのような臨時約法に背く行為に対し、革命派は情勢認識の不一致から実際の反撃を行わず、逆に唐紹儀の「混合内閣」において「党派が入り乱れ、意見が一致しなかった」ことに原因を転嫁し、「今後の政治の進行を望むには、完全な政党内閣によらなければならない」と考えた。七月一日、同盟会は所属閣僚が「全て引退する」と宣言し、以後は「政党内閣を絶対的に主張する」とし、「純粋な」政党内閣によりその政策を進め、袁世凱の権力を牽制、制約しようと企図した。しかし、革命派のこのような挙動は、仮に実現したとしても、根本的に袁世凱を制約することは不可能なことであった。臨時約法の副署規定に違反する行為により、袁は自身の行動が法律の枠内に制限されないことをすでに表明していたからである。ましてや、袁世凱が政権を握っている状況において、彼が革命派に「純粋な」政党内閣を組織する機会を与えるはずもなく、仮にその言のとおりであるならば、袁が「引退して、諸君が政党内閣を組織してもよい」[11]というまで待つしかないのである。その後、「事実上、国務院は総統府の秘書庁となり、国務大臣はいずれも総統の命令に従うだけであり、国務総理の有無には何らの重要性もなく、そのような装飾品が形式上は必要であるというに過ぎなかった」[12]。このように、立憲政治体制による制約も、軍事的な実力の前では無力であることが露見したのである。

三　立法機関の活発化

一九一二年四月下旬、南京臨時参議院が北京に移った。当時、多くの議員の間に袁世凱の個人独裁傾向に対する一定の警戒があり、「参議院は決して政府の傀儡となることがあってはならない」と考え、立法の動議を通じて、さまざまな程度で、袁世凱の個人独裁に対する牽制や掣肘を行った。一方、袁世凱には力を集中して革命党人に対処する必要があったことから、その施政の「合法性」を具体的に示すものとして臨時参議院を利用した。このため、一時期は臨時参議院がやることに寛大な姿勢を示し、結果として、民国初期の臨時参議院は非常に活発なものとなり、例えば、政府提案についての厳格な審理、独裁を制限する法律の可決、政府を批評する言論の発表等々、袁世凱と対立する立場を取る場面もしばしば見られた。しかし、臨時参議院におけるこれらの行為も、民国初期の実際の政治構造を変えるには至らず、袁世凱の側も参議院をまともに扱ったことなどなかった。参議院の決議に対しては、面従腹背するか、放置して取り合わないか、最初から参議院を通さずに勝手に実行するかした。実力に物を言わせる袁世凱にとって、三権分立という西洋式の民主のやり方は、使うも棄てるも自由な道具に過ぎなかった。

一九一二年八月、臨時参議院は「中華民国国会組織法」、「参議院議員選挙法」、「衆議院議員選挙法」等の議案を可決して、中国初の国会選挙へ向けた準備が開始された。「中華民国国会組織法」の規定では、国会は二院制とし、参議院議員は各省及びモンゴル、チベット、青海の地方議会選挙において選ばれ、これとは別に中央の学会及び華僑に若干名を配分し、任期は六年で、二年ごとに三分の一を改選する。衆議院議員は地方普通選挙により選ばれる。定数は人口比率に基づいて決まり、八〇万人当たり一名の議員を選出、任期は三年である。選挙人の資格については、通常の年齢（二一歳）及び居住年数（選挙区内に満二年居住）の制限の他に、財産、教育程度及び性別の要件が特別に規定されている。すなわち、直接税の納税額が年間二元以上か、五〇〇元以上の価値のある不動産を所有するか、小学校卒業以上の学歴等を持つかのいずれかを備えた男性の国民に選挙資格があった。被選挙人の資格については、上記の条件以外に、衆議院議員二五歳、参議院議員三〇歳という、より高い年齢制限が設けられた(13)。

選挙法に規定される選挙参加の条件は非常に厳しく、まず人口の半数を占める女性が排除され、次に男性人口の多数を占める非識字者が排除され、さらに収入の少ない都市・農村の貧困層が排除されるため、選挙に参加できる人数は大幅に少なくなった。その後選出された国会議員の多くは、「清朝政府の元官吏（新政権に参加した旧官吏を含む）及び地方有力者の血筋の者や封建的経済、政治、文化に密接に関連する議員」であり、真に有産階級出身の議員はかえって少なく、統計によると議員全体の三％以下であった[14]。

選挙法の規定には多くの足りない部分があるとはいえ、中国数千年の歴史において初めての国会選挙であった。統計によると、当時、登録された有権者は四〇〇〇万人を超えており、総人口の約一割で、旧清朝の諮議局選挙の有権者数と比べると二〇倍余り増えている。民主概念の普及、民主政治の実践における意義は、やはり大きかった。しかし、各派の政治勢力にとっては、以後の政治闘争に資するよう、国会の多数を獲得し、有利な政治的地位を占めることが、この選挙に参加する意義であった。だからこそ、各党派は全力を投入した。このような成り行きからその戦況は緊迫し、熾烈であり、より多くの票を獲得するため、各党はさまざまな手段を弄して選挙を操ろうとし、本来は選挙の見せ場であるべき政治的見解の争いは、陰に隠れてしまった。選挙における争奪戦は、必然の流れとして各種の不正行為を生み出し、有権者資格の不正申告や他人名義での投票は珍しくなく、金銭による買収はどこにでも見られた。「票の買収は、一票が一、二元、或いは四、五元であり、数百元の投資で当選することができた。本選挙でも数百元あれば、すでに立派な国会議員になれ」[15]。加えて、中国には元来国民選挙の伝統がなく、一般の民衆は選挙にまったく熱心ではなかった。

一九一二年末から一九一三年初めにかけて、国会両院及び地方省議会の選挙が続々と行われ、結果は国民党が国会選挙において全面的に勝利した。衆議院において国民党は二六九議席を獲得、共和、統一、民主各党の合計は一五四議席に過ぎず、複数の党に所属する者は一四七議席、無党派は二六議席であった。また、参議院においては国民党は一二三議席を獲得、共和、統一、民主各党の合計は六九議席に過ぎず、複数の党に所属する者は三八議席、無党派は四四議席であった。[16] 一九一三年四月八日、第一期の国会が北京にて開幕した。国民党と共和、民主、統一の三党（後に進歩党を結成）は、国会内において反袁と親袁の二大陣営を形成し、ほぼすべての重要問題において対立した。注目に値するのは、民国初期の政党政治の実験において、袁世凱は統一、共和、民主及び三党が合併して結党した進歩党を支持し、それを利用して革命派との闘争における同盟軍としたが、袁世凱並びに彼が代表する北洋派は、自ら政党を組織して政界の闘いや選挙戦等々の民主政治のプロセスに直接参加することはなく、民主政治の象徴の一つである国会にも基本的に北洋派の代表はいなかったという点である。これは、西洋の民主政治の体制においては執政者自身も民主政治の参加者であるという状況とは根本的に異なるものである。

四　政争の激化と武力対抗

一九一三年初め、国会選挙が終り「宋教仁事件」が発生したことを受けて、それまでは半ば隠れた状態であった革命派と北洋派の対立が急速に激化して水面上に現れ、政争は内戦へと発展して、中国における西洋式民主主義の実験は危機に瀕した。

民国の成立後、政治は正道を歩んでいるように見えたが、実際には暗流が渦巻いていた。袁世凱を代表とする北洋軍閥は、政治権力を独占し、専制統治を実行しようと企図して、革命党人に対する懐柔、排斥、攻撃を、あらゆる手段を使って実行した。孫中山を代表とする革命党人は、中央権力を引き渡したとはいえ、政治参加により中央における影響力を保ち、かつ南方のいくつかの省では実際に権力を掌握していて、袁世凱への警戒心をいぜんとして保ち、その対策を急いだ。双方は、陰に陽に接触を持ち、付いたり離れたりしながら、絶えず衝突を繰り返し、民国初期の政界の主要な対立面となった。

革命派と北洋派の対立が激化したきっかけは、国会選挙である。一九一三年初めに終わった国会選挙において、国民党が国会の第一党になると、国民党勝利の主な立役者である宋教仁の興奮は冷めやらなかった。選挙応援に赴いた先でさまざまに発言して、議会政治を実行し政党内閣を組織することを主張し、「目下の急務は、完全な政府を組織することである。政府を完全なものにするためには、政党内閣が必須である。今、国民党はこの地位にいて、選挙で勢力が得られたならば、自ずと国民党政府が成立する」[17]と考えた。袁世凱や北洋派の反感を買ったのは、まさにこのためである。宋教仁が組閣すれば、必ずその政治理念を実践することになり、袁が個人専制を画策するには相当の不利益になるからである。五〇万元という巨費を投じた宋の懐柔に失敗すると、袁世凱は「高官高禄では買収できないと知り、殺意を芽生えさせ」[18]、極端な手段により、自らへの脅威を永久に消し去ろうと企図した。

一九一三年三月二〇日夜、北京へ戻るため上海駅で列車を待っていた宋教仁は、突然の銃撃を受けて病院に運ばれ手当を受けたが、二二日の朝に死亡した。宋教仁は西洋式の政党間で競争するという理念を深く信じ、「生涯、光明磊落であり、平素より恨みや仇には縁がない」と自負していた。臨終の前、彼は「大総統に伏して願う。私心をはさまず誠意を示し、民権の保障に力を尽くし、国会をして不抜の憲法を確立せしめんことを。さすれば、死して尚、生けるが如し」と、袁世凱宛の電文を口授した。これは、その追求する民主政治の崇高な理想を表している。袁世凱は「宋教仁事件」の最大の受益者であり、事件との関わりからは逃れられそうになかった[19]。

「宋教仁事件」の発生により、曖昧であった政治情勢は明確となり、革命派を抑圧して最終的には消滅させるという北洋派の企みがはっきりし、それまで議会や政党政治に熱心であった国民党員も情勢の深刻さを悟った。しかし、この情勢に対処するための戦略、策略については、革命派内部にはいぜん明らかな意見の食い違いがあった。孫中山は、武力に訴えることを主張し、「袁氏は大権を握っており、命令を下せば自由に兵を動かすことができる。ここは不意を突き、準備が整わないうちに攻撃して、対処する暇を与えず、機先を制するしかない」と考えた。一方、国民党のもう一人の主要な指導者である黄興は、「民国はすでに成立しており、法律も無効ではない。この問題は冷静に対処し、合法的に解決すべきである」と考えた。黄興の意見は、国民党内のかなりの部分の見方を代表していた。当時、国民党は準備が整っておらず、あわてて出陣しても結果は計り難いためである。孫中山は「衆議に阻まれて、先延ばしするしかなく」、革命派は「宋教仁事件」について「法的解決」を主張した。しかし実際には、「宋教仁事件」の容疑者たちは洪述祖の場合は租界に身を潜めて引渡の術がなく、趙秉鈞の場合は公然と法廷を軽視して訴訟に応じなかった。一九一三年五月末、上海地方審判庁において事件の審理が開廷したが、被告人の趙秉鈞、洪述祖は出廷せず、審理が始まらないまま棚上げとなった。

「法的解決」は成立せず、革命派が袁世凱との関係をどのように処理すべきかを決めかねていた間に、袁世凱は政治、軍事、世論等に関する一連の入念な準備を完成させ、革命派を威圧する強硬な態度を取るに至った。六月中、袁世凱は国民党員が担当する江西、広東、安徽の都督の解任を相次いで命じ、革命派に対し最後のカードを切る準備があることを示した。この時、孫中山は反袁世凱の挙兵を断固主張し、革命派内部における協議を経て、最終的には袁世凱打倒のために挙兵するということで意見が一致した。一九一三年七月一二日、江西都督の李烈鈞は湖口において江西の独立を宣言し、袁世凱打倒の戦いを始めた。いわゆる「第二革命」である。続いて、江蘇(上海を含む)、安徽、広東、福建、湖南、四川等の省がこれに呼応し、袁世凱打倒の陣営に加わった。これらの省は基本的に革命派の従来からの勢力範囲であるが、事が順調に運んだわけではなく、特に各省上層部の軍人や政界人の多くは、袁との完全な決裂を主張しなかった。革命派は、袁世凱に反対する広範な社会的支持を得ることができず、また内部の認識も完全には一致しておらず、やや孤立した立場に置かれていた。

革命派は袁世凱打倒の軍事行動を起こし、袁世凱の北洋軍と交戦したが、各方面において北洋軍が優勢であり、二ヶ月足らずで革命派の側は全面的に敗北し、九月中旬、北洋軍は国民党が政権を握っていた各省の地盤を占拠した。孫中山等の革命派の指導者は日本への亡命を余儀なくされ、民国初期における中国の政治局面に重大な変化が生じた。

五　北洋軍閥による独裁統治の確立

「第二革命」の失敗により、民国成立から始まった短期間の西洋式政党民主政治の実験期は基本的に終結し、以後、北洋軍閥が単独で北京政府を掌握し、袁世凱はその軍の実力者という地位により北京政府の主宰者となった。彼はただちに、正式な大総統を選び、行政体制の改革を進め、革命党人により加えられた「臨時約法」の枠組みから早急に脱却し、合法的で正当な執政の名分と手段を獲得するための準備に着手した。

一九一三年一〇月六日、国会において正式な大総統選挙が行われた。「総統選挙法」の規定では、大総統は国会議員の無記名投票により選出され、必ず議員総数の三分の二が投票に参加しなければならず、投票総数の四分の三をもって当選人を決定する。二回目の投票でも当選者が出ない場合は、二回目の投票における上位二名により決選投票を行い、過半数をもって当選者を決めることになっていた[20]。この時の袁世凱は軍の指揮権を掌握しており、他に比する者のない政治的実力を備え、列強との妥協によって国外の支持も獲得しており、国内の有産階級や世論も彼に傾いていた。しかし、総統選挙の経過は袁世凱にとって順調とはいえず、三回の投票を経て、ようやく中華民国の正式な大総統に当選した。

いわゆる「民選」を通じて正式な大総統となった袁世凱は、念願かないすでに「天命を奉じた」と自ら忖度し、もはや国会等の西洋式民主制度にわざわざ付き合う必要はなくなったと考え、国会民主制の廃止、個人専制の実現を最終目標として、ただちに、民国初期に確立された西洋式民主政体の改造に着手した。

袁世凱にとっては、総統の権力が無制限に拡大される政治体制が最も都合がよかったが、国会では国民党や一部の進歩党議員が、これに消極的抵抗の態度を示した。一〇月三一日、憲法起草委員会が完成させた「中華民国憲法」草案は、基本的に責任内閣制の精神を堅持しており、すなわち、内閣は衆議院に対して責任を負い、内閣の副署権が保留されたが、同時に総統の権限も拡大されて、例えば、総統は国会の会議を停止することができ、参議院の三分の二の同意をもって衆議院を解散させることができ、また、国会の同意を経ずに閣僚を任命できることになった。[21]しかし、それでも袁世凱は甚だ不満足であった。一一月四日、国民党の解散を命じ、同時に国民党籍の国会議員の資格を取り消して国会が法定人数を満たさず、開会できない状態にさせた。一一月一二日、袁世凱は各省議会の国民党籍議員の資格取消を命じ、省レベルの議会も法定人数を満たさなくなった。その後、袁世凱は中央及び地方の指定した人員により構成される政治会議を組織することを命令した。これは「衆人の考えを集め、忠義報恩の益を広める」ことを任務とし、根本的な大計を討議するものとしたが、実際には完全に袁の支配下に置くものであった。一二月一五日、政治会議が開幕した。一九一四年一月九日、政治会議は、国会を「政治のよい模範軌道に非ず」とし、国会議員の職務を停止するよう袁世凱に請願した。その翌日、袁世凱はただちに、国会が「悉く党派の見解を強要する者に蹂躙され、暴民による専制状態に近い」との理由で、残りの国会議員の職務を停止するとともに国会の解散を命じた。二月三日には、「玉石混淆である」との理由で、地方の各レベルの自治会の停止を命じ、二月二八日には、「内乱に関係した疑いがある」、「ほとんど成果を上げていない」との理由で、各省の省議会の解散を命じた。こうして、選挙で選ばれてから一年にも満たない各議会は、すべて解散させられた。二月一二日、袁世凱はまた内閣改造を命令し、進歩党の閣僚は尽く退任となり、中央政府は完全に北洋派によって独占された。かつて袁世凱を支持した進歩党も、つまるところは西洋式の民主主義、議会、政党政治の実行を主張しており、個人による専制統治を一心に追求する袁世凱とは同じ道を歩むことできないとして。最終的には袁に棄てられる運命にあった。

一九一四年一月、袁世凱は約法会議の組織化を命令し、その候補者はすべて政府すなわち袁世凱が指名し、完全にその支配下に置いた。三月一八日、約法会議が開幕し、その後「中華民国約法」を可決し、五月一日に袁世凱がこれを公布、施行した。「中華民国約法」の政治体制に関する最大の特徴は、責任内閣制が総統制に改められた点であり、大総統は立法院の召集、解散を行う権限を有し、立法院の同意を経ずに官僚制度、官僚規則の制定、国務大臣の任命、条約の締結、宣戦、講和、緊急命令の発布、緊急財政処分、等々を行うことができると規定された。立法院の設立及び権限について、「約法」には、立法院は各省で選挙された議員により構成され、その職権は法律及び予算の議決、大総統の諮問への回答、人民による請願の受理等であると規定されたが、立法院の議決した法律は、参政院における再審議を受けなければならず、また、大総統は重大な「危害」又は「障害」を理由に、その公布を行わないことができたので、その実際の権限はかなり限られたものであった[22]。全体的に見て、「中華民国約法」は中央集権を主旨としており、全面的に民権を制限し、行政権を拡大させ、立法権を抑圧するものであった。また、行政権の中でも総統の権限が極端に拡大されており、総統には、ほとんど制限を受けない権力が与えられた。この「約法」の可決、実施により、袁世凱が欲してやまなかった無制限の総統権限が法律上認められ、これにより、合法、正当な形で「総統政治という名の下に、独裁政治を実行する」ことができた。辛亥革命の残した最も重要な政治的遺産であり、袁世凱の個人独裁を制約する最も重要な法的根拠でもある「中華民国臨時約法」は、ここに至って廃止された。

歴史上の独裁者は、いずれも自らの権力を無制限に拡大することに腐心し、その権力が永遠に自らのものであることを望んだが、袁世凱も例外ではなかった。「約法」の可決後、彼は総統の任期及び継承に関する問題に頭を働かせ、大総統の地位に無期限で居座り続け、さらには自分の後継者にそれを伝えることさえ望んだ。一九一四年一二月二八日に約法会議を通過した改正後の「大総統選挙法」では、大総統の任期が一〇年とされ、制限なく再選再任が可能であると規定された。これにより、袁世凱は終身の総統となることができる。大総統選挙会は参政院の参政及び立法院の議員により構成されたが、参政院がもし政治上必要であると認める場合、三分の二以上の同意により、大総統の再任を決定することができる。袁世凱にとっては、総統選挙の形式的な通過すら面倒であった。規定はこれだけではない。大総統の後任については、現職の大総統が三名を推薦し、それを金の札(嘉禾金簡)に書き込み、国璽を押して、大総統府に特別に設けた文書保管場所(金匱石室)に隠しておき、大総統選挙を行う日に、現職の大総統がこれを開き、候補者名簿を選挙会に渡して選挙を行うとされた[23]。この規定により、袁世凱は終身の総統となるだけでなく、その地位を意中の誰かに引き継がせることができる。この選挙法は、世界の各共和国の選挙法の中でも特別に「奇妙なもの」であるといえ、そこに民主主義の精神などは微塵もなく、あるのは封建時代の息遣いだけである。

「第二革命」が鎮圧されると、袁世凱は正式な大総統に就任し、しばらくの間、革命派は袁世凱に対する脅威ではなくなった。その後、袁世凱は政府の改造、国会の解散、約法の制定等、一連の行動を通じて、辛亥革命が残した政治的遺産を廃棄し、北洋軍閥による中央及び地方政権の全面的な支配を完成させた。また、行政体制の改革を通じて、個人による政治の掌握を強め、その独裁、さらには世襲に向けて、より十分な環境を整備したのだから、帝王にあらずして帝王にまさるといえるのであり、一九一一年の共和革命から続いてきた西洋民主主義の実験は、ここに至って失敗をもって終わりを告げたのである。

六　民主の理想と独裁の現実

民国初期における西洋式民主主義の実験は、近代中国史の特定の状況における珍しい事例であり、研究総括するに値する遺産が後代に伝えられた。この実験には、例えば民主主義概念の普及、民主主義の実践といった重要な意義がある。しかし、民国の創設者がその美しい理想により導入した西洋式の民主主義は、短期間の実験の末、風土に馴染まず、一年余りで夭折してしまった。その経緯は、後世の人間に深く考えさせるに足るものである。他の要因はともかくも、革命派の指導者と袁世凱の間における理想追求や行動様式の違いは、やはり革命党人が失敗した重要な要因の一つである。

革命派の衆望を担う主要な指導者である孫中山は、民国成立後の情勢について、次のように述べている。「今日、満清は退位し、中華民国が成立した。民族、民権の両主義はいずれも達成された。ただ民生主義のみがいまだ未着手である。今後、我らが力を注ぐべきはこれである」。このため、彼は臨時大総統の任を解かれると、国内各省の遊歴を開始するとともに、各所で演説、談話を発表し、その政治的見解を広め、特に「実業を提唱し、民生主義を実行する」ことが、自らの趣旨であり、素志であるとした。実業の発展、とりわけ鉄道事業の発展を重要視して、一〇年で一〇万キロメートルの鉄道を敷設するという壮大な計画を示し、また、自らそれを実践した。一九一二年一〇月、上海に中国鉄路総公司を創設し、その理想実現に向けて準備を進めた。孫中山のこのような行いは、第一に、情勢を見誤り、革命は完成したと認識して、今後は建設を中心にすべきだと考えた結果である。第二に、袁世凱の政治的立場についての判断を誤り、袁がさまざまな制約の下で民主共和を拠り所に国を治めると考えた結果である。さらにいえば、中国の伝統文化の影響から、「功成りて身退く」が政治家としての理想の境地であると感じたためであろう。故に、孫中山は民国初期に旅の苦労を重ねつつ各地を奔走して、その建国理念を宣揚し、実業建設に身を投じたのであるが、表面上は雄大で激しいものがあったけれども、実際上は益するところがなかった。

しかし、孫中山が民国の成立に満足して、実業の幻想に浸って、建設に奔走していた頃、すでに袁世凱は革命派との対決に向けた実際的な準備を始めていた。革命派との闘争における袁世凱の戦略、策略は巧みであり、戦略上は、事前に手はずを整え、計画的に中央集権を実行し、中間勢力を懐柔して、革命派を徐々に周辺へと追いやった。その手法は、穏健を前面に出したもので、「平和」、「統一」といった言辞や利益により誘惑し、有産階級や社会世論の獲得に努め、同時に密かに準備して軍事力を強化し、革命派との最終決戦に備えた。このことが示すように、袁世凱は官界での経歴が長く、政治的な経験や謀略に富んでおり、それにより北京の政局を次第に掌握して、革命派の根本を脅かす勢いを形成したのである。

辛亥革命が成り、民国が創建された後、革命派は西洋式民主政治の確立を理想の目標として、能力の限りを尽くし、党の組織、世論、施政の各方面において一定の成果を上げた。しかし、長く続いた専制統治の伝統が中国社会に残した非常に大きな影響を軽視し、民主政治というものを軽々に過信してしまった。さらに重要なのは、清末以来、日を追うごとにその重要性が際立つ実力政治の原則、特に軍隊の重要性であるが、革命派は基本的にこれを無視した。自らの軍隊を自主的に縮減し、勢力範囲の支配にも多くの努力を払っていない。「第二革命」を発動するに至り、袁世凱の軍の優勢に直面して、ようやく革命派も遅ればせながら実力を掌握することの重要性を感じた。当然ながら、国が軍を有し、政軍を分離して、政が軍を統べ、党派間で競争するというのが、西洋における民主政治の基本原則である。しかし遺憾ながら、少なくとも当時にあっては、中国における政治の基本原則ではなかった。革命派及びその指導者は、実際の政治経験や鍛錬を欠いていた。優れた民主政治の理想だけが空しくあり、その理想を実現するための実力が足らず、戦略、戦術も計画的でなく、事に当たっての周到さを欠き、組織が弛緩し、指導層は軟弱で基本的に頼りにならず、また、政治上の盟友を得ることにも不得手で、内部が動揺して定まらなかった。最終的な失敗は、或いは必然かもしれない。

註

(1) 民国初年の西洋式民主政治の実験について、中国学界では多く研究されており、各学術誌で発表されている論文もたくさんある。しかし、その多くが例えば、政党、国会、内閣についての単一的な研究であり、総合的な研究がまだ少ないことが本研究の出発点である。
(2) 張玉法『民国初年的政党』台北・中央研究院近代史研究所、二〇〇二年、四一～四六頁。
(3) 『民立報』一九一二年三月五日、新聞報導。
(4) 鄒魯『中国国民党史略』、重慶・商務印書館、一九四五年、六十二頁。
(5) 中国第二歴史檔案館編『北洋軍閥統治時期的党派』、檔案出版社、一九九四年、五～一〇頁、一四～一八頁、一九九～二〇三頁、二三六～二三九頁。
(6) 賈逸君『中華民国政治史』、北京文化学社、一九二九年、二四頁。
(7) 李剣農『戊戌以後三十年中国政治史』、北京・中華書局、一九八〇年、一五六～一六〇頁。
(8) 楊幼炯『中国政党史』、上海・商務印書館、一九三六年、七五頁。
(9) 中国第二歴史檔案館編『中華民国史檔案資料汇編』第二輯、江蘇古籍出版社、一九九一年、一〇九～一一〇頁。
(10) 馮自由『革命逸史』第二集、北京・中華書局、一九八一年、三〇二頁。
(11) 中国社会科学院近代史研究所中華民国史研究室主編『民初政争与二次革命』上冊、上海人民出版社、一九八三年、四九、五五、六二頁。
(12) 李剣農『戊戌以後三十年中国政治史』一六六頁。
(13) 謝振民『中国民国立法史』、北京・中国政法大学出版社、二〇〇〇年、六三～六四頁。
(14) 張亦工「第一届国会的建立及階級結構」、『歴史研究』一九八四年第六期、徐輝琪「論第一届国会選挙」、『近代史研究』一九八八年第二期。
(15)張玉法主編『中国現代史論集』第四輯、台北・聯経出版社事業公司、一九八〇年、九一、九五頁。
(16)謝振民『中国民国立法史』七九頁。
(17)『宋教仁集』下冊、四四六、四五八、四六三、四二六頁。
(18)中国人民政治協商会議湖北省委員会編『辛亥首義回億録』第一輯、武漢・湖北人民出版社、一九五七年、五八頁。
(19)徐血児等編『宋教仁血案』、長砂・岳麓書社、一九八六年、二六〜二八、一三九、二八五、三二九〜三三五、四五四頁。
(20)『現行法令全書・立法』、上海・中華書局、一九二二年、七〜八頁。
(21)「憲法草案全文披露」、『申報』一九一三年一〇月一七日〜二三日。
(22)『東方雑誌』第十巻十二号「中国大事記」。立法院の権力に制限があり、選挙側と選挙される側に対して厳しい制限を設定する一方、なかなか実現できなくて、その職能を一九一四年六月二〇日に成立した諮詢機関である参政院(人選は袁世凱が決める)が代わりに執行した。
(23)『法令大全・約法議会』、上海・商務印書館、一九二一年、八〜一〇頁。

辛亥革命前夜における中国Red Cross事情

篠崎守利

Ⅰ　はじめに

日露戦争から辛亥革命までの数年間は、中国Red Cross史にとって大変重要な意味をもつ過渡期であった。一九〇四年当時、清国政府はRed Cross思潮の高まり[1]と日露戦に伴う亡国的危機感の深まりに促されてジュネーブ赤十字条約に加盟した（これを条約加盟と呼ぶこととする）。高揚するRed Cross思潮は、上海在住の中外の紳士や富商、宣教師らを結集させ、紅十字会を創設させた。戦場にされた中国東三省（いわゆる〝満州〟）での紅十字救護事業では、清国政府の条約加盟にもかかわらず、中立・公正のRed Cross原則[2]が発揮されなかった。日露両国との外交折衝が不調で、上海人らによる紅十字会活動が公認されなかったからである。〝満州〟での救護事業を現実に実行できたのは欧米人宣教師らであり、その協力があればこそ事業の成果が出たに過ぎなかった。

日露戦後の中国には、しばらく戦時救護の必要な状況は発生しなかった。そうしたなか当然の結果として、戦時救護を主とする紅十字活動の存在性も希薄化し、上海の中国人や清国政府周辺からは紅十字会への疑問や批判の声が挙がった。紅十字会を好意的に支援する上海日刊紙『申報』にさえ批判文が掲載される事態が生じた（後述）。この状況を打開すべく上海の紅十字会が展開したのは、平時の災民救済事業や医療事業である。この平時の紅十字事業が軌道に乗ったその時、辛亥革命が発生した。内乱、革命という戦時状況があらためて紅十字の存在性を問い質すこととなる。多くのRed Cross諸結社が蹶起するなか、上海の紅十字会は正統性と有意義性とを高め、中国の諸結社を代表するRed Cross結社として認められ、万国赤十字聯合の一員となる（これを聯合加盟と呼ぶこととする）。

本論考では、中国Red Cross史における条約加盟から聯合加盟へのプロセスを辿り、条約加盟と聯合加盟の意味するところを考えつつ、日露戦時の中国紅十字活動にどのような内外事情や国際上の課題があったのか、また、聯合加盟に至るのに数年を要した事情は何か、上海紅十字会はその正統性をどう主張したのか、また、その事業の有意義性をどう発揮したのか等を考察し、それぞれの局面における課題と特質を析出することとしたい。あわせて研究史上の課題にも言及する。

Ⅱ　上海紅十字会の創設——日露戦時の活動と戦後の平時事業

日露戦争が勃発すると、上海の中国人と欧米人とが結集し災民救済に乗り出す。彼らが創設した結社は上海万国紅十字会と呼ばれる（以下、万国紅十字会と略称）。万国紅十字会に結集した理事のうち、中国人は上海観察沈敦和、道員施子英ら一〇名であり、欧米人は会長に就任した上海英国高等法院長ウィルキンソン以下、米国人宣教師のティモシー・リチャードら三五名であり、うち専務理事は前述記名者を含む七名（欧米人五名、中国人二名）である。[3] 構成人員のバランスから見て当会のイニシアティヴが欧米人に偏在したことは否めない。当会の挙げた成果は二点ある。一点は、清国政府に働きかけて一八六四年ジュネーブ赤十字条約への加盟を実現させたこと——条約加盟の申請は一九〇四年六月。国際承認は同年八月。申請に先立つ四月、清国政府は当会を国内紅十字結社として初承認し、清朝皇帝は銀一〇万両を下賜した(4)。もう一点は戦禍の中で苦難する傷病者一三万人余を治療し、窮民二二万人余を救済したことである。ところが、戦争当事者の日露両国はともに、万国紅十字会の活動をRed Cross事業として認知していない。なぜか。万国紅十字会理事会報告によれば、〝満州〟における事業活動承認を日露両国(上海領事レベルか?)と折衝したものの、とくに日本が「不便」と回答した後、「今の今まで未回答」のまま沙汰止みとなってしまったという事情があるからである(5)。結果的に、露軍は〝満州〟における船舶自由航行禁止、都市住民の門外退去禁止の挙に出たりするなど日露以外のRed Cross事業を封じてしまう。一方、日本側においては欧米人宣教師による慈善救民事業は許容したものの、万国紅十字会についてはこれを認知していないがため、その事業が日本側の視野に入ることは無かった(6)。

戦時救護・災民救済は、日露の激突(一九〇四年春~翌〇五年夏)終息後も一年ほど続き、一九〇六年夏秋の間には活動が停止した(7)。『申報』は紅十字活動を熱心に取り上げた上海日刊紙であるが、万国紅十会の名が紙面に踊るのは一九〇五年夏までである(万国紅十字会の名の入った最後の記事は八月二九日「彙解紅十字会捐款」)。その後紙面に見られる上海の紅十字会名には万国の冠が付かなくなる。とはいえ、その後の『申報』上には万国紅十字会が解散したとの記事も発見されない。万国紅十字会消滅というよりは、数年後には明らかになったことであるが、沈敦和ら中国人理事が会務を主持し中国人による自立した紅十字会の性格を強め、結社は存続したものと推察される(この結社を以下、上海紅十字会と呼ぶ)(8)。

上海紅十字会は、日露戦後しばし活動停止に陥る。再活性期を迎えるのは一九〇八年以降である。

再活性のきっかけは、一九〇七年七月三日～五日『申報』上に一文（王熙普「創設紅十字会之理由」）が掲載され、従前の紅十字活動が非難されたことにある。王は紅十字会「創設」を主唱する。文面では万国紅十字会の名が隠されているものの、その主唱するところを勘案すれば、万国紅十字会を中国人の独立した紅十字活動と認めないとの意図をもって「創設」の文字を題辞に挿入したとしか考えられない。「自分で救済することもできず、救済の権限を外国人に操られ、声を挙げて救護を外国人に乞うことなど、こんな恥ずかしいことはない」、中国人が自力で、平時には救民活動を、戦時には救護活動をせよ。できないならば、国民と国家の恥、国民と国家を危うくすると叫ぶ。こう叫んだ上で、彼は新案を提言する。①紅十字会事務所の創設、②組織大会の開催、大会にて職員を選任する、③政府への許諾と保護の要請、④医院・医学堂や看護婦学堂の設立など一〇件ほどである。

王の批判的提言（平時救民事業とくには④提言）に学び、上海の沈敦和らが動いたのが翌〇八年であった。この年ⓐ八月下旬に施救急痧医院を開院、また、ⓑ九月には医学生募集を『申報』上に掲載し、紅十字活動の周知に乗り出す。[9] ⓐは時疫医院事業であり、彼らは流行病患者救済のためバラック病棟を英仏租界などに仮設していった。ⓑは施療・看護人員を育成する事業であり、一九一〇年五月には中国紅十字会総医院（徐家滙路）および医学堂（同地に併設）を建設、医学生募集も行った。また、ⓐの事業は半年程度の時限措置ではあったが、一九〇九年、一〇年、一一年と連続して実行された。このことから、断続的ではあるが、一過性の事業でないことが分かる。また、ⓑの事業では、一九一〇年一一月に上海公立医院（北河南路）、一二月にはその分医院（天津路）を開設するなど事業拡張を企てた。くわえて、一九一〇年一一月には資金面でも紅十字会をバックアップする有力な支援団体との関係強化を図る。この団体を華洋義賑会という。西人議長には米国人宣教師ファーガソンが、東人議長には上海紅十字会の沈敦和が就いた。災害飢饉の続発する革命前夜の中国において、義賑会は広く中外の有志仁人の心をつかみ、半年間で一五二万元余という大金の収集に成功した[10]。

事業面でも資金面でも活路を見い出した上海紅十字会は、一九一一年春夏の間までには救民事業を軌道に乗せた。とくにペスト流行等の緊急対策として開始された時疫医院、公立医院等の医療事業は、誇れる活動成果を出す。このことは『申報』上に見られるいくつもの患者感謝状や活動報告等に着目すれば、察するに余りある[11]。沈敦和の言を借りるならば、「大いに博せし」事業、「世界が公認する一大痛快事」ということになる[12]。これは単なる自負ではない。この事業が成功して上海官民、広くは救済された中国民衆一般の信頼を得たからこそ内発的に表出された沈敦和の自信であり、上海紅十字会の中国における存在性、活動の有意義性が高まったことを反映するもの、と筆者は考える。

あとは戦時救護の必要に際して、他の結社や諸団体より大きく抜き出た正統性や有意義性を明示し、指導力を発揮する一社となること、それが上海紅十字会に投げかけられた課題であった。課題が克服された時、国際外交上での評価も得られ、国際社会から認知されるステージに立つこと（聯合加盟）が可能になるはずである。聯合加盟の業務はジュネーブ赤十字国際委員会（略称ＩＣＲＣ）が受け持つ。ＩＣＲＣは他国情報等を参考にしつつ、一国のRed Crossが国際的に認知されるに値するかを見定め、国際承認を関係各国に通知する。中国人自身が闇雲に希望したとしても聯合加盟できる訳ではない。申請しなければなおさら、承認などあり得ない。

それでは当時の中国はどうであったのだろうか。条約加盟からすでに五年以上の時間が経過しており、聯合加盟の機は熟しつつあった。あとは申請希望の有無とタイミングの問題であったはずであるが、上海紅十字会は、救民事業に成功しつつあったものの、北京側の紅十字会との正統性をめぐる内抗に立ち向かわねばならなかった（筆者は、これを「大清紅十字会」問題と名づける）。また、いざ戦時となった時には、戦時救護における存在性を問われる問題も抱えることとなる（同じく、「中国赤十字会」問題と名づける）。

以下では、聯合加盟への過程に生じた二つの問題状況とその問題克服の事情について究明する。

Ⅲ 「大清紅十字会」問題——紅十字会の正統性をめぐる葛藤

「大清紅十字会」問題は、一九一〇年二月郵伝部大臣である盛宣懐の紅十字会長充填、同年五月「大清紅十字会」名称の使用開始命令が清国政府から降されたことによって、紅十字会官立の意図が露わとなったことに発する。[13]

一九〇七年以来、上海紅十字会には中国人会長職が設置されてきたが[14]、実質上の経営権は上海の沈敦和らが掌握しており、会長職は名誉職と言えるものであった。また、沈らは中国紅十字会試弁章程をすでに作成し、「清国」でなく中国を冠とした中国紅十字会の正式経営を構想していた。が、これは清国政府の官立の意向と矛盾するものであった。また、試弁章程が「国際交通に便利な」上海を本拠地とすることを称讃しており、この点も、上海を離れ北京に本拠地を置こうという政府の企図と合致しない。同年五月、政府陸軍部が「軍諮処奏詳核紅十字会原奏敬陳管見摺」を奏上して、①総裁に親貴（清朝皇族）を仰ぐこと、②総会を上海から北京に移設することなどを具申、会長盛宣懐の考えと軌を一にすることを示した[15]。また、この機に合わせて考察軍政大臣濤貝勒がスイスに赴き「紅十字条約及びその弁法」の調査を行った[16]。一九一〇年の前半はまさに皇族や陸軍部などの強力なバックアップを受けた盛宣懐が、会長として紅十字会経営の正統性を振りかざす状況が生まれた。

しかし、その盛宣懐ら北京サイドの動向に対して、沈敦和ら上海サイドは、陰に陽に「大清」の文字を容認することに抵抗する。たとえば一九一〇年五月（「大清紅十字会」名称の使用開始命令）〜一九一一年一〇月（武昌起義）の間で、『申報』上には約七〇本の紅十字会の発信広告、報告記事等が掲載された。が、「大清」の文字が入った事例はわずかに五本である。[17]その他はみな実際上は紅十字事業でありながら、紅十字会の銘が打たれていない。多くが沈敦和の名が入った記事であり、彼の個人事業の体裁をとったものとして扱われていた。それは、あたかも「大清」の文字を表出させないために取られたネガティヴ・サボタージュのごときであった。沈敦和の名と「大清紅十字会」の文字が同一記事中に並ぶ事例はたった一件（医院の遷移広告）でしかない。とはいえ、沈敦和がネガティヴ一辺倒で対応した訳ではない。中立・公正の原則はRed Crossに関与する近代人であれば譲ることのできないRed Cross上のテーゼである。個の自立があってこそ中立・公正のRed Cross原則は守られるものであろう。成否は別にして、沈敦和は正面切って「改名に反対」の意向を盛宣懐に伝えたこともあった。[18]沈敦和は一個の近代人としてRed Cross活動に挑みつづけてきたのであり、最終的には盛宣懐との決別を選択する覚悟を秘め行動していた。陰に陽に展開した沈・盛の葛藤はまさしく紅十字会の正統性を争う内抗であったが、そこには一個の人間として近代人たるのか、前近代人に退くのかという分岐点があったことを見逃せない。

沈・盛の葛藤内抗は辛亥の秋まで続く。革命勃発を機に、沈・盛双方が最後の決断へと動く。沈敦和は一九一一年一〇月二四日、盛宣懐らの北京サイドのプレッシャーと受傷兵救護に対処するため、[19]上海紅十字会を拡張した中国紅十字会万国董事会を立ち上げる。沈敦和と英租界按察使蘇瑪利が議長となり、その支持者には米国人宣教師T・リチャードらが含まれた。かつて日露戦時に出現した万国紅十字会に近似した組織であるが、あくまでも「中国」を冠とする点が大きく異なる。ここには、かつて一九〇七年に突きつけられた国民性、ナショナリズムを欠くまいと噛みしめた沈敦和らの上海サイドの思念が想起される。なお、中外人士七〇〇人余が大集結しており、[20]旧万国紅十字会の人員を大きく超え、盛らの北京サイドに対抗するのに十分なマン・パワーが備わったことも明確であった。

一方、「大清紅十字会」会長盛宣懐は、中立・公正を旨とするRed Cross原則を貫くことがままならず、「大清」の看板を自ら降ろすに至る。すなわち、清軍救護に偏した慈善救済会という別看板を発案し、これを以後の呼称としようとした。紅十字会の正統性を放擲するまでして官立に固執した盛宣懐であったが、武漢陥落四日後（一九一一年一〇月二七日）には申し出て辞任する。三週間後の一一月一三日、後継会長に就いたのは呂海寰（鏡宇）であった。呂は沈敦和に打電し、「救済会拡張」を名目に立て一気に合併するよう迫ったが失敗、結局は組織を有しない会長名だけを北京サイドに残し、手元の義捐残金五千両さえ放棄し、沈らの上海サイドに送金してしまう。[21] これをもって、沈らの上海サイドは紅十字会としての実体的正統性が容認されることとなり、「大清紅十字会」問題は事実上消滅する。

一連の紅十字会の正統性をめぐる混乱は、国際的に疑義が生じても不思議ではなく、少なからず沈らの上海サイドに危機感を興させただろう。こうしたなか沈らが次に打った手立てが、正統性を問われず疑義の生ずることのない紅十字会の形体や諸規定を整備することであった。そのために助言を他国のRed Crossに請うこととする。助言を授かる選択肢は多方面にあったと考えられるが、この件で万国董事会が主体となり中心となって動いた形跡は見当たらない。[22] 沈ら上海サイドによって、助言者として選ばれたのは日本（すなわち日本赤十字社。以下、日赤と略称）であった。助言要請を受けた日赤は、外事顧問有賀長雄を上海に派遣する。有賀は日本国内での事前調査で、ジュネーブ赤十字条約加盟国でありながら清国には万国赤十字聯合に加盟した国内結社が存在しないこと、また、国際的に認知された結社が無い経緯について確信を得、一一月一九日中国に向けて出発した。上海上陸は二六日であり帰国の途に就くのが一二月五日である。滞在九日間の中で、有賀は聯合加盟に際して不足があったことを含め助言を行った。有賀の言によれば、助言を受けて初めて、沈ら上海サイドは聯合加盟の不首尾について気づかされたという。[23] となれば、沈敦和らは、一九〇四年の条約加盟をもってRed Cross加盟手続きが完了したと誤解し、その誤解を有したまま一九一一年を迎えていたこととなる。

日露戦争後、Red Crossに関わる国際会議は少なくとも二度あった。一つは一九〇七年六月一〇日～一五日のロンドン万国赤十字聯合総会（第八回）であり、もう一つは同年六月一五日～一〇月一八日のハーグ万国平和会議（第二回）である。ハーグ平和会議には駐オランダ公使陸徴祥が出席し、ジュネーブ赤十字条約改正問題を討議、Red Cross徽章濫用問題について清国として調印を留保するなどした。[24]直前に開催されたロンドン赤十字総会に自国紅十字結社が不参加（未加盟）であることを承知の上で、清国代表はハーグ万国平和会議に出席した。討議内容から考えるに、清国代表が聯合加盟問題に無関心のまま外交交渉に臨んだとするのは相当不自然である。前後関係を究明する必要があるが、本論考では問題究明の必要性を指摘するにとどめる。少なくとも中国国内では当時、聯合加盟問題が浮上していない。一九一一年末に至って、日赤の仲介を得、聯合加盟手続きに急遽入ったことは紛れもない事実である。一二月も残すところ数日というなか、日赤保証書と経費三〇〇フランの為替が添付された一二月二六日付の中国紅十字会加盟申請書がスイスへと回送された。あとはジュネーブＩＣＲＣからの回答待ちとなった。

Ⅳ 「中国赤十字会」問題——紅十字会の有意義性を問う対立

辛亥革命の勃発は、Red Crossの正統性にくわえて事業の意義がどこにあるのかを問うこととなった。それが「中国赤十字会」問題である。「中国赤十字会」は、広東出身の女医張竹君が設立した。彼女は、革命勃発後、誰よりも先んじて医療救傷隊結成を企てた。上海日刊紙『民立報』上に彼女が掲載した広告「発起中国赤十字会広告」に云う——「天が災を降らし中原に故死者多し」、「蜀鄂両省の同朋で国事のために死する者が数え切れぬ」、「死傷者を救済せよ、医者の職は人に仁を成す事、不敏なるも鄙人の志ここに在り」と。[25]まさに革命蹶起を思わせる檄文である。彼女はこの檄文広告をもって一九一一年一〇月一九日、上海医院〔南市〕において蹶起大会を開催する。彼女の思念は「国事のために死する者」を救済することにあり、「蜀鄂の同朋」すなわち革命軍に加担することにあった。それゆえ彼女は、医療隊には革命派孫文の右腕とされた黄興とその妻徐宗漢が隊員および看護員に変装して潜り込むことを許した[26]。明らかに革命軍に偏した行動であり、中立・公正のRed Cross原則に違反する。それでも赤十字会の名を掲げて起ち上がり、一〇月二四日には自ら隊を率いて漢口に向かう[27]。張竹君の出立したのと同日のこと、上海の沈敦和も特別大会を開催し、漢口派遣医療隊を立ち上げる。特別大会前日、『民立報』に広告を掲載して言う——「武漢の兵事は激烈、因って官軍と革軍の双方に死傷者あり」、「武漢に着いたなら分医院を組織し、負傷軍民を一律療治できるよう……相談した」と[28]。中立・公正のRed Cross原則にもとづいた趣意を語っており、明らかに革命軍に偏した張竹君のスタンスと異なる。

沈の医療隊は甲乙丙三隊から成るが、大会当日の夕方には漢口に向けて第一隊を出発させた。その沈敦和に対し、張竹君は人格を問うた挑戦状をたたき付ける。その挑戦状は出発日に民立報社に託され、一〇月二六日の紙面に踊った。「致沈仲礼書」である[29]。〝公（沈敦和）は慈善の二字を公窃して世を欺き名を盗む。日露戦争以来「二万金」の義捐金を集めながら未だかつて一回の事業報告も会計報告もしていない。それどころか、上海の紅十字会を大清紅十字会、さらに紳弁紅十字会に改変した。だから、川鄂の事（四川および武昌における暴動）が起こっても、まだ一度も紅十字会員を派し同朋救助をしてないではないか〟——以上が彼女の言い分（要旨）である。ほとんど沈個人に対する罵詈雑言であり、誇張の激しい個人攻撃、人格攻撃となっている。

人格攻撃を受けた沈敦和は二日後、『民立報』『申報』両報上に「沈仲礼覆張竹君女士書」、「沈仲礼駁張竹君書」を掲載して公開返書とする[30]。その内容から四フレーズを取り出してみる。（1）「中国に紅十字会が興ってちょうど八年、清国が承認し、万国が承認したが、あくまでも（民間の）紳士が運営し、どこからも干渉されずやってきています、何が変わったというのでしょうか？」。（2）「武漢の事が起こり、鄙人〔沈敦和〕は物資を募り人員を招き義捐金を公募し、これまで一日として息ついたことなどありません。（陰暦九月）初三日に大会を開き、五日にも（救護隊を漢口などに）出発させました。自問するに何んの科も無いと言えます」。（3）「鄙人は慈善事業に携わってこの方、三百余万（元）の義捐金を集めました。しかしながら、未だ会計処理が仕切れていません。会計処理は総董の施子英観察が担当してきており、毎年の帳簿は整理してあります。……（日露戦後）義捐残余によって（紅十字会）事務所や医院、学堂を建設し、年々に事業は充実してきております」。（4）「鄙人は紅十字会から少しの手当もいただいてはおりません。（紅十字会に対しては）本来、利を図る思いなどはありません。石ころのような愚か者ではありますが、女士のことが信じられません。何をもって（鄙人が）世を欺き名を盗んだと言われるのでしょうか？　女士のお教えを受けることは大変有難いのですが、先般の新聞報道の件は、恐れながら不見識であられましょう」。以上四フレーズは公開返書のポイントである。（1）（2）では、紅十字会を中立・公正に運営し、武漢の内乱時にも一日も憩うことなく取り組んだことに言及、恥じることがないと主張するもの。（3）は会計処理を説明した件りであり、義捐金額が二万元どころか、三百万の大金であるとわざと明かし、日露戦後は義捐残金を平時の医療事業、教育事業に投じて一元のムダも出させなかったとの矜持の念を示す。義捐金を「二万元」と見くびった張竹君、この過小評価を「三百余万（元）」ですよと沈は訂正し、疑問があるなら帳簿をお見せしましょうと言わんばかりである。（4）は個人攻撃に及んだ女史への不信感を抱くも、怒りを抑え、その根拠のない人格攻撃を不見識と突く。筆致は、あくまでも合理性を貫き通し、徹底的に冷静である。堂々と対応する沈敦和、その冷静さと自信満々さに張竹君は圧倒されたのであろう、公開返書に対し、張竹君が個人攻撃をすることは二度と無かった。沈敦和らの中立・公正に徹した近代的な紅十字会経営、そして事業の有意義性が張竹君にも理解されたと考えられる。かくして、沈敦和らの紅十字会は一九一二年の年明けとともに、ようやく国際的な承認を受けることとなる。

V　むすびにかえて――ジュネーブからの聯合加盟通知

一九一二年一月アジアで初の共和国となる中華民国が誕生した。これを祝福するかのごとく中国に届いた朗報が、ジュネーブＩＣＲＣからの聯合加盟承認の知らせである。一月一五日付の赤十字国際広報〈国際委員会〉回状には、「上海に中央事務所を有する」結社を中国紅十字会と認める記述箇所があり、沈敦和らの紅十字会はまぎれもなく国内の諸結社を代表する紅十字会となった(31)。

革命前夜の中国には、多くのRed Cross諸結社が群起した。上海では張竹君の「中国赤十字会」、田北湖の「中国赤十字会」第二団、陸樹藩の「赤十字社」などが、また天津には天津紅十字会が、さらに広東では広東紅十字会、中華紅十字会、粤東紅十字会などが結成された(32)。これらはみな必死なる群起の結果であった。が、上海紅十字会が聯合加盟を果たしたことで、あるいは吸収され、あるいは消滅に向かう。なお、万国董事会も、事業主体を沈敦和ら上海紅十字会に戻した上、一九一二年七月一六日解散した(33)。

一九一二年一〇月三〇日～一一月一日、紅十字統一大会が上海の大馬路黄浦瓏の五楼大会堂で開催される。大会を取り仕切ったのは中国紅十字会副会長沈敦和である（会長呂鏡宇は病欠した）。参加者は、中華民国政府関係者など数百人。日赤の助言を参考に修訂した中国紅十字会章程六章二〇条が議定された。同時に分会組織法、分会章程等も例示され、全国にある関係各結社、諸団体は分会として中国紅十字会の下に集結することとなった。統一大会の成功は、一九一二年以降の中国紅十字会の歴史に、しばしの統一安定期をもたらすことになる(34)。

東アジアに眼を広げるならば、一九世紀末・二〇世紀初頭に朝鮮半島や台湾、フィリピンにも現地のRed Cross活動が芽生えたが、日本や米国による植民地化によってその芽が潰され、統治国のRed Cross結社（日赤、そして米国赤十字社, American National Red Cross）が現地人にとって替わった。[35] こうしたなか、中国の場合は自前のRed Cross史を紡ぎ出し、活動を途切れさせることがなかった。本論考はそのプロセスの一端を究明し、中国紅十字活動が中国近代史の中で展開した意味を探ってみた。希わくば、東アジアひいては近代世界におけるRed Cross活動の歴史的意義を解明する一歩としたい。解明すべき点や不備な箇所を多く残しており、微々たる一歩でしか過ぎないが、識者諸氏のご批正を待つものである。

註

（1）清末のRed Cross思潮については、上海の富裕な有産者（富紳）、知識人や学生、また留日中国人学生界がRed Crossの思想・精神を称讃し、結社や活動参加を訴えるなどした。拙稿「清末中国の赤十字活動に関する一考察」（『学習院史学』第34号、一九九六年）を参照されたい。

（2）中立・公正の原則とは、簡潔に言うならば、敵味方の別なく救護し、救護人は局外中立として保護され、傷つけられないことである。一八六四年のジュネーブ赤十字条約全一〇条を貫く大原則である。日赤機関誌『日本赤十字』第37、38号（一八九五年八月、九月）「赤十字条約解釈」（正、続）に、明治日本の溌剌とした解釈があり、参考となる。

（3）万国紅十字会理事の周辺には協力者たちがいる。上海日刊紙『申報』一九〇四年三月二一日「二月初一日万国紅十字会初次集議問答」、四月一〇日「万国紅十字会公啓」には、万国紅十字会の立ち上げに際し、尚書呂海寰（鏡宇）や宮保盛宣懐、侍郎呉重熹も協力、救助船借用の労を取った一件が言及されている。

（4）日赤『日本赤十字』第二九〇号（一九一二年一月）「日本赤十字と清国紅十字」p.14。

（5）『申報』一九〇四年七月一日「詳記万国紅十字会問答之詞」。

（6）『日本赤十字』第二九一号（一九一二年二月）「中国紅十字の過去及将来」pp.3～9。

（7）池子華・郝如一主編『中国紅十字歴史編年［一九〇四－二〇〇四］』（二〇〇五年、安徽人民出版社）p.8および池子華『紅十字与近代中国』（二〇〇四年、安徽人民出版社）p.54。

（8）上海紅十字会については、中国紅十字会総会編『中国紅十字会的九十年』（一九九四年）p.9、顧英奇主編『中国紅十字会九十周年』（同年）p.27、王立忠ほか主編『中国紅十字会百年』（上、二〇〇四年）p.63はいずれも一九〇七年に会名が「大清紅十字会」と改まったとする。筆者は『申報』に関連情報が皆無であることをもって、仮に上海紅十字会と呼称することとする。

（9）『申報』一九〇八年九月四日「中国紅十字会招考医学生広告」ほか。

（10）『申報』一九一一年九月二一日「華洋義賑会報告大会誌盛」。華洋義賑会創設、その名称が『申報』上に初めて登場したのは一九〇六年一二月二八日「華洋義賑会弁事董事為災黎請命」においてである。以後、当会は義賑広告をたびたび掲載、中国人富紳らに協力を呼びかける。また、同年末までに万国紅十字会の義捐残金を義賑会支援金として受領する。（『申報』一九一二年一二月一三日「紅十字会研究大会記事」）。その後、一九〇七年安徽水災救民事業に関わる（同一九〇七年一月三一日「皖北水災節略」）。義賑会義捐金は、〇七年一月時点で開弁以来の合計が二万元であった（同年一月二五日「華洋義賑会員沈敦和復安徽霊璧県紳士函」）。一九一〇年～一一年の集金一五二万元が、義捐金としてはいかに巨額なものであったか、分かろう。

（11）たとえば、『申報』一九一〇年八月四日「顧実致時疫医院沈仲礼函」は、コレラ患者からの感謝の書簡である。また、一九一〇年一二月二一日「中国公立医院抽査鼠疫近情」は公立医院による上海福建路方面のペスト禍調査報告書である。この種の記事が多出する。

（12）「大いに博せし」事業の件は日赤機関誌『日本赤十字』第二九一号「日本赤十字と中国紅十字会」p.11にあり。「一大痛快事」の件は『申報』一九一一年四月六日「中国公立医院調査北省瘟報告」に言及されている。

（13）『申報』一九一一年一二月一三日「紅十字会研究大会記事」に一九一〇年の清国政府の紅十字会改変の企図について「去年（一九一〇年）清国政府は確かに本会（紅十字会）を政府管轄に改隷せんとする議を有していた」（英人蘇瑪利の大会発言）と言う。その「改隷」企図に沈敦和らは抵抗した。

（14）紅十字会会長職について、註（8）前出の90周年、百周年記念関係三冊はともに、呂鏡宇を一九〇七年の「大清紅十字会」会長とする。なお、台湾刊行の中華民国紅十字会総会編『中華民国紅十字会百年会史』（二〇〇四年）は一九〇七年の会名改称、呂鏡宇会長職就任には言及していない。

（15）『申報』一九一〇年五月二〇日「軍諮処奏詳核紅十字会原奏敬陳管見摺」。

（16）『申報』一九一〇年六月三〇日「〈専電〉考察軍政大臣濤貝勒電告。オーストリアよりスイスに赴き、紅十字条約及びその弁法を調査したり。……帰国し弁理の参考とせん」とある。

（17）『申報』上の「大清紅十字会」関連記事事例としては、医学堂招生広告二本（一九一一年一月二六日、二月七日）、開院広告一本（同年三月一七日）、施療注意報告1本（同年五月二三日）、遷移広告一本（同年六月一一日）がある。

（18）『日本赤十字』第二九二号（一九一二年二月）「中国紅十字会の万国赤十字聯合加入始末」p.6参照。

（19）盛宣懐の北京サイドからのプレッシャーおよび沈敦和らの上海サイドの対応については、たとえば、沈敦和が起義発生直後に会長盛宣懐に救護隊派遣の許諾と「洋銀五万元」の資金援助を申し出たが、盛宣懐は「叛党受傷（者）准会一律医治優待可なり」と回答する一方、資金援助については「叛党を治療するものなるに由り為に官金を支給し難く……」と拒否し、プレッシャーをかけた（前掲「中国紅十字会の万国赤十字聯合加入始末」p.7）。また、万国董事会の設立趣旨については、戦時救護事業を第一としたことが、辛亥革命が成功裏に収束した一九一二年七月一六日をもって早くも解散した事実から確認できる。解散大会にて会長蘇瑪利は「中国戦事すでに已む。董事会はこれですべて撤退する」と宣言した（『申報』一九一二年七月一八日「紅十字報告大会詳誌」）。なお、張建俅氏が、万国董事会は「北京方面の影響を拭い去った」とその役割を評価する（中華書局『中国紅十字会初期之発展』二〇〇七年、p.48）。筆者も同感である。

（20）『申報』一九一一年一〇月二六日「紅十字会大会志盛」。万国董事会を設立する特別大会（一〇月二四日、旧暦九月初三日）について記述しており、そこには「中西来賓七百数十人」とある。

（21）前掲、「中国紅十字会の過去及将来」p.8。

（22）万国董事会に関する研究については、周秋光氏が、万国董事会は「中国紅十字会の発展と新生にとって巨大な貢献をした」とする（人民出版社『紅十字会在中国』二〇〇八年、p.55）。筆者は、「巨大な貢献」については、戦時事業以外、解散までの経緯にどのような具体的な貢献があったのだろうか、と疑問をもつ。具体的な貢献が明らかにされねばならない。

（23）前掲、「日本赤十字と清国紅十字」pp.14～15、前掲「中国紅十字会の万国赤十字聯合加入始末」p.4。日赤助言以前の沈敦和の記述に「中国に紅十字会が興ってちょうど八年、清国が承認し、万国が承認した」（『民立報』一九一一年一一月二八日「沈仲礼覆張竹君女士書」）とあり。これは沈が聯合加盟の一件について理解不足であったことを教えており、傍証とすることができる。

（24）同上、「中国紅十字会の万国赤十字聯合加入始末」p.6。

（25）『民立報』一九一一年一〇月一八日「発起中国赤十字会広告」。

（26）馮自由『革命逸史』第2集（一九六〇年、商務印書館）「女医士張竹君」pp.40～44。

（27）『民立報』一九一一年一〇月二四日「赤十字会出発記」、一〇月二五日「電請保護張竹君」。

（28）『民立報』一九一一年一〇月二三日「紅十字会九月初三日開会広告」。

（29）『民立報』一九一一年一〇月二六日「張竹君致沈仲礼書」。

（30）『民立報』一九一一年一〇月二八日「沈仲礼覆張竹君女士書」、『申報』同年同月同日「沈仲礼駁張竹君書」。内容は同一。

（31）中国紅十字会総会編『中国紅十字会歴史資料選編　一九〇四～一九四九』（一九九四年、南京大学出版社）「〈一、電文、信函、……〉

日本赤十字社社長来電」p.58。ここには「一九一二年一月一二日スイスのジュネーブ発」とあるが、ICRCが赤十字聯合各国に向けて発信した回状では一九一二年一月一五日付である（赤十字国際広報〈国際委員会〉第一六九号（一九一二年一月）"Reconaissance de la Societe chinoise de la Croix-Rouge" P.8）。筆者は、一月一二日付の知らせは非公式のものではないかと考える。一月一五日こそ公式通知であり、池子華・郝如一主編『中国紅十字歴史編年［一九〇四－二〇〇四］』等の「一月一二日」説は再検討の必要ありではないか。

（32）張竹君と田北湖の「赤十字会」は同系統であるが男女で区別される。陸樹藩の「赤十字社」は一九一一年一〇月下旬に創設された。陸樹藩は一九〇〇年、上海に救済善会（紅十字に準じた結社）を創設した経歴を有する上海富紳。各結社とも辛亥年の『申報』、『民立報』に幾多の広告があるが、一九一三年夏ころには上海の報界では会名、社名が消える（『申報』上では、張竹君赤十字会記事が一九一三年七月二二日「上海医院女医士張竹君函」をもって最後とする）。天津紅十字会の設立は、一九一一年一一月一〇日徐静瀾観察を会長とし、元在日華僑の孫淦および女医金雅妹の二人を副会長とし、陳蔗圃らを幹事とした結社である（天津『大公報』一九一一年一一月一二日「紅十字会志略」）。広東の諸結社については前掲の池子華『紅十字与近代中国』（p.130）を参照されたい。

（33）『申報』一九一二年七月一八日「紅十字報告大会詳誌」。

（34）「しばしの統一安定期」は、沈敦和の逝去する一九二〇年までは維持された、と筆者は考えている。なお、一九一九年以降、北京軍閥政府が不安定さを増すとともに、孫文や共産党などの反北京勢力の下には、北京とつながらない独自の紅十字活動が展開する（拙稿「孫文とRed Cross――『紅十字会救傷第一法』、訳出と再販の意味するもの――（下）」『中国研究月報』第64巻8号を参照されたい）。

（35）台湾におけるRed Cross活動は、一八八〇年代後半に英国人宣教師マイヤーによって興された。が、日清戦争後の日本統治期に日赤の活動が展開したため、マイヤーの帰国（一九〇〇年前後）とともに彼の興した活動は消滅した（前掲、拙稿「孫文とRed Cross」を参照されたい）。朝鮮半島では、一九〇五年大韓皇帝の下で大韓赤十字社が興起したが、日本の韓国併合前夜一九〇九年七月、日赤によって吸収された（三木栄『朝鮮医学史及疾病史』p.285）。フィリピンでは、米西戦争の最中の一八九九年二月マビニ夫人ヒラリオ・デル・ロザリオが会長となって「フィリピン国赤十字婦人博愛協会」が設立された。米比戦争中の一九〇〇年八月には革命政府外交官フェリペ・アグンチロがジュネーブICRC委員長モワニエとの接触を試みるなどしたが、戦争に敗れ、フィリピン人のRed Cross活動は消息不明となる。一九〇五年八月には米国赤十字社（ANRC）がフィリピン支社を設置し、以後フィリピン人はこれに加入していった（日赤『日本赤十字』第83・84号（一九〇〇年三・四月号）「比律賓群島の独立戦争に於ける赤十字事業」（上）および（下）、Alfonso J. Aluit "The Concience of the Nation., A HISTORY OF THE RED CROSS IN THE PHIRIPPINES 1896-1997"（Galleon PUBLICATIONS, 1997）ほか参照）。台湾、朝鮮半島、フィリピンのいずれの地域においても、Red Cross史は今日なお未解明の部分が多く、とくに現地人のRed Cross活動の細部に関する研究はほとんど手がつけられていない。

比較的早く辛亥革命の教訓を論じた稀覯本『失敗』とその著者

蔡　楽蘇

序　言

筆者は同僚数名とアメリカ・スタンフォード大学を訪問した折、大学図書館での検索で『失敗』という本にたどり着いた。著者「長嘯」、民国三年（一九一四年）三月印刷、縦書き、一ページ約二五〇字、計八四ページ、約二万一〇〇〇字である。主に、辛亥革命がなぜ失敗したのか、及びそれに対する主張が論じられている。その後の調べで、北京の中国近代史資料を比較的多く蔵する図書館にもこの本はなかった。姚佐綬、周新民、岳小玉編『中国近代史文献必備書目』には記録がなく、張於英『辛亥革命書徴』(1)にもこの書名は見あたらない。近年出版されたものを含め、辛亥革命に関するさまざまな文献を調べても、書名、内容共に言及されていない。辛亥革命史の研究において、現在分かる範囲で、この書に触れられているのは台湾の呂芳上氏の研究だけであるが、内容や著者については詳しく触れていない。このように見てくると、『失敗』という書は発表から百年近く経ているが、流布が少なく、学界ではほとんど知られていないようである。その内容の学術的な意味、著者の身分に関する初歩的考察から、この著作の要点を紹介し、学界の関心を促す必要性が大いにあると感じた。

『失敗』は、「引論、革命経過之略史、失敗之由、中華民国之由来、経国之正誼与当世之概評、革党今后之行動、国民之自宅」の全七章から成る。この他、目次には、附『四将軍伝』とあるが、書中には見られない。書名は毛筆手書きで、巻頭には南京の情景獅子山の写真と長嘯の「辛亥過金陵感事」の詩三二句がある。

革命党の度重なる失敗の真の教訓は何か

著者は、革命党の活動史を運動、建国、政争の三つの時期に分け、それぞれの教訓を具体的に論じ、分析し、総括している。

運動時期は、甲午中日戦争〔日清戦争〕から、特に八か国連合軍以後、民族危機が深刻さを増した頃から、武昌蜂起が勃発するまでである。この時期の主な教訓は、指導者が蜂起することに拘り、全体としての組織構築がなおざりにされた点である。同盟会の指導者は孫文である。「孫文なる者、興中会の首領で、乙未の年〔一八九五年〕広州にて蜂起、失敗して海外を遍歴、幾多の危機に見舞われるも少しも屈しなかった。然るにその人となりは、大言壮語にして、見識に乏しく謀り事に浅かった。新たに団体を合併した勢いに乗じ、頗る急進主義であった」。当時、著者は東京におり、夜孫文に面会し、段階的に準備を整えた上で実行すべきであると諫言し、「まずは機関の配置に意を尽くし、党内の多少なりとも学識あるものに事に当たらせ、あまねく学生を集め、団体結社を連携させ、これを教育する。さらに多少なりとも際立った者を選び、各地に送り込み、それらのために策を練り、運動を助け、その勢力を統括させる。機が熟すのを待って、党のリーダーを結集し、進退を議論する。蜂起に偏ったやり方は採るべきでなく、党員が熱狂に向かい、賢者を尊び学問を大切にする美徳を蔑ろにするは不可だと力説した」。孫中山は著者の意見が迂遠に過ぎると感じ、聞き入れなかった。孫中山は一人南洋に行き激しい運動をした。汪精衛、胡漢民がこれに続いた。「党内の大勢は蜂起の実行に傾いた。しかし各地に機関が設けられることは極めて少なかった」。組織においても行動においても「系統と謀議を欠いた」ことにより、光復の後、革命陣営内部に意見の分岐が生じ、互いに排斥し合う状況となる。会党や軍は比較的大きく発揚されたが、理論学問の道は勢力を失った。故に光復の後、「秩序は乱れ、維持しがたく、道理をわきまえた人物が党員の信奉するところではなくなり、傍らで目にしながらも救うことのできない病を生じることがよくあった」。

孫中山、汪精衛、胡漢民は連れ立って南下し、南洋において勢力を得たが、本部の設置は度外視された。湖北の劉公、孫武等は別途に共進会を提唱した。「然るにこれも熱烈に偏っており、集まった連中の多くは知能が単純で、勢力を起こすのがはなはだ弱かった」。ほどなく『民報』が禁止され、要人は散り散りとなった。東京本部は名ばかりに等しかった。劉揆一等は各省の同志を募り、本部を再組織してあれこれ再起を謀った。宋教仁、陳其美も上海に機関を組織した。劉公、孫武等は数年来武漢で運動を続け、わずかながら成熟したが、遅れて八月に大難〔一九一一年旧暦八月一九日に起った武昌蜂起を指すと思われる〕が起こり、革命党の運動時期もここに終わりを告げる。

建国時期は、湖北軍の決起から始まり、これに呼応して、光復の熱潮が瞬く間に南方各省へ伝わった。しかし、黎元洪の声望が高まり、歓呼の声が集まった時、漢陽が陥落し、武昌に危機が迫って、人望の中心は移らざるを得なくなり、上海に集まった。南京もまた続いて光復し、各省代表が南京に行って新都の建設を唱え、政府を組織した。初め黄興を大元帥に推し、まもなくまた孫文を総統に選び、黄興を陸軍総長兼参謀総長とした。「黄興は、革命党第二の首領で、すこぶる勇敢をもって名高いが、このたびの漢陽の敗将である。漢陽が失われた後、本来であれば、黄興は湖南湖北の子弟を率いて奮闘し、自らの罪を贖うべきであったが、不当にも南京に望みをつなぎ、武漢を棄てて逃亡した。武漢はすでになすすべがないからには、南京に行って先鋒軍の将校として力を尽くすべきであった。不当にも大元帥や陸軍総長をもって自ら任じた。しかし当時黎元洪は逃亡者として電報を打って彼を手配した。しかし、各代表及び孫文は、黄興に大元帥や陸軍総長の権限を与えた。個人的な恨みにより民国の大計を誤るのは、愚かであること極まりない」。

孫中山が南京政府全体を率い、軍事の権は黄興がこれを司り、人事行政は胡漢民が主管した。胡漢民は俊才であり、学力も具えているが、「器が小さく、傲慢である」。二人はすでに大きな権力を握り、その一方は軍隊の編成に従事し、停戦時期を利用して一切の手筈を整えた。この時期、南京には各省の将軍が雲のごとく集まっていた。江蘇の徐宝山、林述慶、徐紹楨、李燮和、浙江の朱瑞、安徽の柏文蔚、江西の鄧文輝、広東の姚雨平、広西の王芝祥等がいた。「然るに黄興が制御できる者は極めて少なかった。各軍将もあまり従おうとしなかった。食糧や武器も行き渡らなかった。停戦期間は終わろうとしているが、軍事計画はまったく把握されていなかった。権力も人を従えるには足らず、諸将が信奉するところとなっていなかった。感情が利己的であったことも忘れることができない」。三人は一人として可といえる者がいなかった。黄興はまさにそうだったので非難されたのである。胡漢民等は一方で軍資金を集め、各部を組織し、「約法」を公布し、借款を計画した。然るに人材登用の面では、非難が集中した。革命党でない者は観望して前に出ず、前に出る者も物事を中心で謀るには力が足りなかった。「革命党の中で、湖北一派は、あまり従わなかった。孫、黄、胡は、広い知識に欠け、また周到さもなく、平素親しくしている者を除けば、招かれる者は極めて少なかった。その才略、志節はまた、衆人の模範となるには足りなかった。各方面の意見は、これを軽視すること甚だしかった」。人望の中心は、ついに分かれて三つとなった。一に北京、二に武昌、そして三は南京である。

孫等はここに至り、軍事上はその目指すところを得られず、人望も日に日に落ち込んでいることを知った。そこで和議に従わざるを得ず、謙譲の高名を博すことになった。そこで袁世凱は時運を得て、北方の兵権を握って、一方では清朝皇帝に迫り、これを退位させ、一方では湖北の元勲を利用して天下の大きな声望を獲得し、南京の根拠を大いに削いだ。協約の発表は、投降に等しかった。熱烈の士は激しく憤った。然るに重心が失われており、如何ともしがたかった。革命党の建国事業は、こうして流産した。南京臨時政府において、重要な権力を握ったのはいずれも革命党員であった。ある傍観者は流言飛語を飛ばし、同盟会を中傷して顕要の地位に盤踞し、寝ながらにして貴族になったと言った。孫中山等はこれを憂慮し、同盟会に関する事柄をしばらくの間放置した。「革命党はこの集中機関を失い、地方のために尽力する党員や策を携えてやって来る者を、孫文は皆知らないとした。志の大なる士は、剛直不屈であり、あえて自ら近寄ろうとしない。ゆえに南京の転覆没落は、形勢に駆られたものではあるが、人事の失敗もその半分を占める」。

政争時期は、南北和議の成立に始まる。「孫文等はそれまでの成果が無になることを恐れ、同盟会を政党に改めることを再び検討し、政治的手腕により袁氏の下で斡旋役を務めようと考えた」。北京の参議院において、同盟会と勢力を競い、政権を争ったのは共和党である。共和党は旧官僚派と民社が合体したもので、梁啓超と黎元洪が中心であった。両者はいずれも袁にくっついていた。同盟会はここにおいて、平民主義を中心とし、民国の正当性を宣揚して、世論の賛同を求め、新たに進もうとする国民の信奉を得る以外に活路はなかった。しかし、同盟会は、「在京の諸幹事は、とくにこれに考慮を向けることはなかった」。故にその類の著作が出されることは皆無であり、月刊の雑誌すらなかった。唐紹儀内閣が倒れ、同盟会の四総長が揃って辞職すると、革命党の政権における地位は回復不能となった。議会に全力を注ぎ、立法機関を拠り所として、国是を主張するしかなくなった。同盟会が宋教仁を領袖に推すと、宋は「権謀に長け、学識に富み、かつその才能をもって世に知られると、大胆に高論を吐き、身を挺して政治の要衝につくことを常に望んだ」。宋は五団体を糾合し、改組して国民党とした。臨時政府の終わりに際し、国内では大選挙の運動となった。国民党は平民主義と新たに進もうとする考えの鋭気により、新たな治世を望む国民心理に迎合し、大多数の議席を獲得した。人望が得られ、資質能力も合致して、平民政府の成立は、もはや時間の問題となった。これを耳にした袁世凱は大いに脅威を感じた。密かに「宋を倒すのに報酬と勲位を約束し、機を逃さず実行する」謀略が進められた。宋教仁は銃殺され、その悲報が全国に伝わった。国民党員は予想外のことに激怒し、言論は騒然となり、常軌を逸するまでになった。

運動、建国の時期から政争の時期まで、革命党の度重なる失敗は、確かに人を深く考えさせられる。個々の失敗には、さまざまに具体的な、偶然の要因があるが、革命党自身が根本的な要因であることを軽視すべきではない。『失敗』の著者は、以下のいくつかの面から総括すべきだと考えた。

第一に、「組織が不完全であり、団体を軽視して個人を重視し、系統を失して大計を害した」。革命党は国家改造を目的とした。その運動の当初は、一社会団体の事業であった。社会団体の時期にすでに系統を欠いており、整然と一律化できないのであれば、大きくなりようがない。同盟会が東京で設立されたが、それを主宰する者は、団体の法規を遵守して、重心を一つにし、公誼を謹んで守り、有能な士を登用すべきであった。そうすれば、一つのまとまりに、三面六臂の奇形や千心百意の衝突は生じない。苟も大挙するからには、最高責任者はあらかじめ各地の領袖を集めて熟議すべきであり、その上で実行すれば、挙国一致となり、失敗しても大事に至らない。「現状はこれと異なり、かつて東京本部が共和国式の完全な組織であった以外、各地の機関に合法的な組織は一つとしてない。人数ばかり多く、合議は正軌に依らず、最初は意志が行き渡らずに他の見解が生じ、継いで主管者は公誼を行わず、信念を破り棄てた。

団体の効用は大きく減ぜられ、個人の権勢が勢いを増した。賢愚を判別できなくなり、そのため大計を誤った。これは悪い結果の一とするに足る」。孫中山による党務処理は、党首領の意志により党員を指揮するのが常であり、本部の意思で各団体を指揮するものではなかった。命ぜられた党員のある者は大義と領袖が両立しなくなり、ひいては枝葉末節のことが次々に現れ、系統が失われた。また、ある者は意志が分裂し、考え方が変わった。これは悪い結果の二とするに足る。

第二に、「大義が明瞭でなくなり、同志間の気持ちが乖離した」。革命党の大義は、平民をもって旨とすべきである。政治上の手腕には、一、専制を覆し、一尊を排して、国権の源を民意とし、国会を拠り所として、政府と裁判所を最高の執行機関とする、二、地方の経営を重視し、下級の地方団体や人民に、最も機敏な公権をもって規則を遵守させ、その能力を発揮させ、賢哲を登用して、共に国是を維持する、の二つがあるべきである。その第一義は、南京政府がなお貫徹することができた。しかし第二義は、地方の権限を尊重し（この地方は各県を指す）、数多くの英傑を立てることで国民の奮起を促し、公誼を謹んで守ることで一切の紛争を解決することであるが、基本的には実行されていない。「各省軍府が設立されると、都督になった者は、皆権限の収集に汲々とし、自らの強大化を図った。各県同志による経営については、奨励や支援がないだけでなく、その力が強大になるのを嫌い、漸次切り崩しを行った。無欲の士は、高みにあって無作為となった。智に恵まれた輩は権勢者に取り入って出世し、才を競い、それが高じて権力を得ようとして猜疑し、群犬が食を争う状況となった。これにより党勢は傾き、尽きるに至った」。広東光復の当初、いわゆる民軍の統領は、それぞれ一軍を擁し、利益を求め、機に乗じて省都に群がり、表では食糧や武器を求め、裏では権威を争った。陳炯明は、当初は連合に取り組み、志を同じくしたが、後に不安に駆られ、処罰、攻撃をはばかることなく行った。そもそもそのような攻撃であり、その上計略が悪く、広東を賊国たらしめた。善良な同志は嫌われて、大いに排斥された。革命に大きく貢献した華僑の許雪秋は、無実の罪を着せられて死んだ。同盟会は度重なる脅迫を受け、成立しなかった。やったことで最も非道で影響が大きかったのは、北伐軍を排斥したことである。北伐軍は、初回の退役兵及び庚戌〔一九〇〇年〕の反乱後に逃亡した新軍の将卒および南洋の同志中の勇士とで組織してできたものだった。南京で、黄興が全軍を強制的に解散させた。広東省に戻ると、陳炯明が再び厳命を下し、三日以内に出て行かなければ罪に問うとした。北伐に戻ることができずにいると、不義との声が衆口に上った。結果、先に北伐に赴いた者が居場所を失い、後から入ってきた輩がその利を独占した。軍人の志節は落ち、貪欲に甘い汁を吸う道が開かれた。江西の事態が発生した当初、広東人は陳炯明が軍を率いて支援に向かうことを協議したが、兵士は皆これを口実にして、先発することに同意しなかった。陳炯明は私心から軍隊を使うこと甚だしく、これが下にも伝染し、軍中の将卒は各々私利により変節した。

第三に、「代表人物は保身に巧みで、優れた才知と計略により功を成す者がいなかった」。一つの群体が発展するためには、構成員の実力が必要なだけでなく、代表人物の賢明と勇武も必須である。構成員が優れていれば、総意は必ず発展し、且つ強い協力によりその進退を策することができるならば、代表人物が多少凡庸でも、大事に至らない。構成員が愚かで弱ければ、総意は頼りにならず、群体の力は必ず衰える。群体の進退は、すべて代表人物の優れた才知と計略に頼ることになり、事の成否は常に一人か二人の節操気概と方向性により決することになる。「今日革党の現状は、後者に類する。転覆没落の原因は、代表人物の志と操行に密接に関係している。概略すると、例えば南北の対峙では、最大の犠牲精神があるべきであり、和議が成ったからには、最も聡明機敏な方策があるべきである。また、宋教仁事件に際しては、最も勇敢果断な行為があるべきである。しかし現実はこれと異なり、甚だしきに至っては、利を見て立ち、困難に臨んで退き、虚名を盗み、幸運に満腹している。太平の世を処するにも拙劣である者が、茨を除いて道を切り開かねばならないこの混乱の折に、国家経営の大任を担っているのだ。これは革命党の失敗史の中でも極めて研究価値の高い問題である」。

第四に、「政策を確立できず、手腕に全く敏捷さがない」。南北の和議が定まり、建国事業は袁氏の手に移った。この時、革命党には民国の前途に対する次の三つの深謀遠慮が必須であった。一、袁世凱は総統の地位を個人の報酬と見なしている。総統の地位を得たのだから、清朝皇帝を退位させ、共和を宣言するのは、まさに簡単なことである。二、北方の軍将は、いずれも清朝の旧臣から袁家の配下に転身した者であり、国家の概念すらほとんどない。袁を主人として奉じるだけで、共和であろうがなかろうが賛成するのであり、或いは賛成の必要すらない。三、袁氏及びその側近は、平素から虚栄に溺れ、権威を誇示し合っており、高い地位や手厚い俸禄、そして自分の生死以外、国家に対する何らの志もない。この三つはいずれも共和政治と相容れない。猿に冠を被せて外見を飾っても、どうして長続きしようか、有識者は皆分かっているのである。共和の局面は、その実、すべてが形勢に駆られて生まれたものであり、新国家建設を唱える者が主管しているのではなく、また当事者の真意とも異なる。これほどにねじれた複雑な情勢において、適切且つ信頼できる方法は、革命党の勢力をそれに拮抗させることである。良法と善意に頼るだけでは袁世凱に対処できない。革命党の方略は、本来〝強硬主義〟であるべきだ。しかし、現実は同盟会から国民党への改組である。これは軟化であって強硬ではない。

以上を総合すると、著者は次のように認識している。「革命党の失敗の原因を、その最も要点を押さえ、簡明に示すことのできるものは、根本から述べると、団体の軽視であり、同志間の排斥である。活動の面では、地方経営の無視であり、政略の不確定であり、代表人物の愚劣である。国民の観点から述べれば、明確な大義が示されず、利害があいまいで、民心の共鳴を得られなかったことである。また、その地位にありながら善政を行えず、地位を確立して勇姿を示すこともできず、信望が守られなかったことである。この四つが交錯することで、赫々たる革命党は、一旦その規律を失うと、途中で崩れ、我が中華民国の今日の悲運が生じた。袁世凱による上の壟断、官僚党による下の独占はますます進む。国民活動の力がいつになったら起こり、時代と接触して、それが充分に発展できるのかは分からない」。著者は、これらは一人の考えに過ぎないというが、また、「のちの賢者が、必ずやもう一度これを志すべきだ」と考えている。

『失敗』の著者「長嘯」とは一体誰か？

『失敗』の著者は一体誰なのか。「長嘯」というのは明らかにペンネームであり、辞典類を検索すると、長嘯という筆名が二人見つかるが、いずれも辛亥革命とは全く関係がなく、時期的にも『失敗』を執筆した可能性はない。文献内容から検索すると、「第二革命」の司令官李烈鈞に「題長嘯『失敗』後」という七言詩八句が見つかる。李烈鈞は詩の中で「長嘯」が何者なのかを明らかにしておらず、当時『失敗』という書物が革命党に注目され、一定の影響力があったと分かるだけである。どうやら、調査の仕方を変えなければならないようである。『失敗』は辛亥革命の失敗の原因を検討した書であり、一九一四年三月に出版されている。それでは、同時期の辛亥革命に関する著述に、傾向や語調が『失敗』に近いものはないのだろうか。比較対照の結果、一九一四年に上海泰東図書局から発行された『中華民国開国史』が『失敗』と似た傾向であり、内容も関連していることがわかった。『失敗』は、教訓を総括し、政治理論を解明し、時の政治を批評し、将来の指針を述べることを主にしているため、当時の人をあれこれ論評することが多く、実名を使うのははばかられたが、一方、『中華民国開国史』は歴史事実の記述が中心であり、人物批評は非常に少なく、過激な政治見解との関わりも少ないため、実名で出すことができた。片や評論、片や歴史書であり、両者の内容には差があるが、互いに補完し合う関係が認められる。『中華民国開国史』には谷鍾秀著と署名がある。

谷鍾秀と長嘯は果たして同一人物なのか。「長嘯」と谷鍾秀という名前に何か関係はないのか。谷鍾秀（一八七四－一九四九）、直隷定州の人で、若い頃に保定蓮池書院に学び、桐城派の大家呉汝綸に教えを受け、後に京師大学堂に入り、一九〇四年に日本へ留学し、早稲田大学政治経済学部に入学、辛亥前に帰国して、「知県として浙江に赴き、増韞の幕僚を務めた」[2]。その後、郷里に戻り直隷諮議局議員に推挙された。武昌蜂起の際、谷鍾秀は順直諮議局の代表として武昌へ赴き、後に南京の臨時参議院議員となった。参議院が北京へ移された後は衆議院議員に選出され、憲法起草委員を務めた。谷鍾秀は当時の政界において目覚ましく活動した一人である。その桐城派としての素養は深く、筆を下ろせばたちまち長文を作り、文意は明解で、愛国の熱意に富んだ。一九〇三年、「京師大学堂師範、仕学両館学生上書管学大臣請代奏拒俄書」を執筆し、『大公報』に掲載した。一九〇七年、『中国新報』に二万字近い長編の政論「国会与二大問題」を発表した。一九一四年、一九一五年には、『中華民国開国史』を著述した以外に、雑誌『正誼』だけでも一二篇の政論や中外大事記（中国と外国の主な出来事を紹介した文）を発表しており、なかには長期の連載もあった。以上の状況から推断できるのは、谷鍾秀が『失敗』を執筆する可能性を完全に備えているということである。

それでは、彼はどうして「長嘯」を筆名としたのか。「長嘯」に関しては、明代の王志堅著『表異録』に、「鍾、一名長嘯、一名粲谷」[3]とある。つまり、長嘯が〝谷〟及び〝鍾〟と関連付けられるし、さらには、長嘯には隠遁者の比喩との解釈もある。この他、『史記』司馬相如伝には「長嘯哀鳴す」、『文選』嘯賦には「慷慨長嘯す」の表現がある。当時、これらの典故は一般人がよく分かってはいないものだったはずであり、著者の実名を隠すことができるし、著者の深い意図を隠すこともでき、巧妙に寓意された筆名であることを失わない。『失敗』は、著者が「長嘯」である以外に、その発行者が姑射となっており、発行所の欄には嶔崟書報社とある。これらも虚構の名称であるに違いなく、寓意が込められているのである。姑射は山の名で、『山海経』「東山経」に「姑射の山草木無く、水多し」とある。『庄子』「逍遥游」には「姑射の山、神人の居有り」とある。嶔崟も高く険しい山という意味で、また峭山を指すこともある。発行者と発行所がいずれも山の寓意であるのは何故だろうか。これもおそらく谷鍾秀の名前と関係している。谷鍾秀は、字を九峰という。九峰とは、多くの山である。民国初期、黄興は欧事研究会の同僚への電文で、谷鍾秀のことを称して九峰と呼んでいる[4]。九峰というのが、当時、友人の間でよく使われた呼び名であったことが伺える。谷氏は「姑射」、「嶔崟」等の群峰を寓意する優美な言葉によって自らを隠喩しており、分かる人には分かるようにしているのである。

もしも以上の推断は名前や号、典故のレベルの話に過ぎないというのであれば、谷鍾秀が公に署名した文章と『失敗』の本は、思考の道筋、観念から言葉の使い方に至るまで、相通じ一致する箇所を見いだすことができる。

まず、思考の道筋についてだが、『中華民国開国史』と『失敗』は、いずれも「世界の潮流」という視点から共和政体を擁護し、歴史の角度から君主専制を糾弾している。その第一編第二章「歴史之関係」における君主専制の批判は、切っ先の鋭さもまた、『失敗』で論じているところと非常に似ている。

観念については、特に注目に値するものが一つある。それは「正誼」という観念である。『失敗』第二章には、「同盟会は平民主義を中心に据え、民国の「正誼」を宣揚し、世論の賛同を求め、先進的な国民の信奉を得るより他に、術なし」とあり、第三章には「高位にある者が国家の「正誼」を知り、法を行う程度があれば、国民は法に従って自ら進む」とある。また、第五章の表題は『経国の正誼と当世の概評』であり、そこに「正誼」の観念が示されている。これらは、「正誼」が著者の心中に形成された自覚的で成熟した観念であることを説明している。それでは、この観念は谷鍾秀が公に署名した論著に、どのように現れているだろうか。学界で知られているように、一九一四年、谷鍾秀は上海で張東蓀等と共に『正誼』という雑誌を刊行している。その「発刊の辞」は谷鍾秀の手による。曰く「政府には、誠心誠意公道を広め、政治を刷新し、共和立憲を軌道に乗せることを望む。人民には、政治上の知識を増やし、道徳を育み、今日の好ましからぬ社会を次第に変えていくことを望む」。「吾らは強固巨大なる政府を切に望み、傍らから決壊流出し、範囲を逸脱するような政府を望まぬ」。「一国の政治は、一国人民の集合体の反映である。ゆえに、一国の政治が善良ならば、必ず一国人民の知識道徳も皆然りであり、相互につながっており、期せずして美しく清らかなる域を共有する」。このような正誼についての説明は、いずれも論者が卓越した知識人の独立した姿勢により、上は執政者を戒め、下は広範な国民を導いていることを示している。このような姿勢は、『失敗』の著者の心理状態と十分に符合するものである。

言葉の使い方の面については、ある比較的珍しい語句を、谷鍾秀が好んで使っている例がある。それは「窳敗」である。この語は、谷鍾秀が一九〇七年に『中国新報』で発表した長文「国会与二大問題」の中で一回使われている。『中華民国開国史』第一編第四章の出だしには「政治の窳敗、清末より甚だしきはなし」とあり、第五編第一章にも「官吏治績の窳敗、古今希なる」という語句が現れる。また『正誼』発刊の辞は、長文とは言えない政論だが、窳敗の登場頻度が最も高く、五回も現れる。例えば、「道徳の堕落は政治窳敗の源であり、それを固めるものなり。しかるに、どうして今日の政治があるかといえば、実に今日の社会がこれを醸成したのである。今日の社会は、実に今日の大多数の人民が構成するところである。然らば政治の窳敗は、ただ政府のみの咎にあらず、吾ら大多数の人民も共同の責を負うものなり」というごく短い文中に窳敗が二回連続で使われている。『失敗』は、『中華民国開国史』や雑誌『正誼』よりも時期が早く、窳敗の語が繰り返し現れてはいないが、第六章に使われており、曰く「領海権は尽く失われ、陸軍は窳敗し、領土を保守する機能は全くない。」とある。この「窳敗」という語は、当時、他者の論説にはほとんど見られないが、谷鍾秀のものからは比較的容易に見つかるのは、おそらく偶然の一致ではないだろう。

この他にも、『失敗』と『中華民国開国史』の両書には、いくつかの共通点がある。例えば、両書はいずれも孫中山を孫文と呼び、「革命党」あるいは「革党」と呼んでいる。これは生粋の同盟会員が使う呼称とは異なる。袁世凱の権勢に従う旧官僚派も、このような呼称は使わない。ただ革命党人に近い中間派の人士だけが、このように呼称するのである。『失敗』が確かに谷鍾秀の著作だとすると、谷氏は確かにそのような人物である。

民国初期の谷鍾秀の政治キャリアと『失敗』刊行のコンテクスト

民国初期、谷鍾秀は政界において一定の影響力を有する人物であった。彼は同盟会には加入していないようだが、[5]武昌蜂起の後、順直諮議局の代表として臨時政府の設立準備に関わった。湖北、上海、南京という三地の間を奔走したこともある。その政治上の立場は革命派と立憲派の間であり、民主法制及び人民の政治的、経済的能力の育成を主張した。世界の歴史潮流に順応し、学理を拠り所として、英才を取り込み、十分に準備が整い且つ万やむを得ない場合には武装反抗による専制との闘争を展開するとした。そのため、闘争の姿勢においては、常に穏健、中道の形になった。

谷鍾秀は憲友会を組織するのに関わったが、この会が後に共和統一党に改められた。一九一二年四月一一日には、谷鍾秀を党首とする共和統一党と国民共進会、政治談話会の三団体が合併し、南京に統一共和党が設立された。総幹事に蔡鍔、王芝祥等が選出され、殷汝驪、彭允彝が常務幹事を務めた。また、参議として沈鈞儒等二〇名が参加している。統一共和党の宗旨は、「全国統一を強固なものとし、完全な共和政治を建設して、世界の趨勢に従い、国力を発展させ、進歩に努める」であった。勢力は同盟会、共和党に次いだ。「性質上は、いわゆる民権派と国権派の間といえる」(6)。

一九一二年四月一三日、湯化龍、林長民、孫洪伊等の主宰により上海に〝共和建設討論会〟が設立され、梁啓超が党首に推された。参加者は三百余名である。谷鍾秀もこれに加わり、渉外幹事を務めた。その政治主張は共和憲政、中央集権、政党内閣、二党政治、並びに袁世凱が総統になることの擁護である。四月二九日、北京臨時参議院が開幕し、五月一日に正式に開会した。南京臨時参議院の林森議長が辞職し、副議長が欠員となり、谷鍾秀は臨時主席に選ばれた。

一九一二年八月二五日、国民党が設立された。統一共和党及び共和建設討論会の多くの政界の俊英が宋教仁により国民党へ迎え入れられた。谷鍾秀、彭允彝、李肇甫、張耀曽等も国民党の重要人物となった。同年九月には、谷鍾秀、李肇甫は、王寵恵、宋教仁と共に経済協会を結成し、全国の経済状態を調査して、財政方針を確定、整理することになった。

国民党が政党内閣の理想を抱き、自信に満ちあふれていたまさにその時、国内を震撼させる宋教仁事件は発生した。国民党内部には急進、穏健の両派が生まれた。穏健派は、法律に基づいて解決し、同時に速やかに憲法を定め、それにより袁氏を制することを主張した。例えば、一九一三年五月三日の衆議院の議事で、谷鍾秀は「善後大借款」が不法であると指摘した。急進派は無益な空論であるとし、張継、白逾桓等が続々と南下し、袁世凱に対する武力討伐に加わった。一九一三年八月七日、第二革命がまさに進行している中、国民党北京本部の責任者である張耀曽、谷鍾秀、呉景濂、湯漪、王正廷等は退勢を挽回すべく、国民党の両院議員百数十名を集めて会議を開き、組織を変更せず、現状を維持し、法規の範囲内で政治活動を行うことを宣言した。しかし、袁側の圧力を受け、多くの穏健派の国会議員は進退に窮し、脱党する者や別派を立てる者が日毎に増えていった。かつて統一共和党に所属していた国民党員は国民党からの離脱を望んだ。進歩党からは丁世嶧、藍公武、汪彭年、李国珍、劉崇佑等、国民党からは張耀曽、谷鍾秀、孫潤宇、沈鈞儒、湯漪、楊永泰、張治祥、曹玉徳、鍾才宏等が離党を決め、一九一三年一〇月二一日に、新たな組織として民憲党の設立が発表された。

民憲党の宣言書には、次のようにある。「西洋の賢者のいうところでは、立憲政治とは、政党政治である。憲政の良否は、純粋に政党の組織を見ることで移り変わる。吾々は現在の政党の不良に憤慨しており、また一方で政党政治は押し止められるものではないと考えている。国内の言語に絶する艱難辛苦の類を伴い、近世政治の陋習を排し、偏らずに独立して、純粋に正誼の政見をもって結び付き、節操があり篤実な政党に改造することがなければ、共和を保障し、憲政を擁護するに足りない。ここに民憲党が起こる由縁がある。今あえて我が国の人々に厳正に申し渡す。吾が党自体は、衆知を集め、力を結集し、民主精神を徹底して、立憲政治に努力することを旨とする。国家に対しては忠誠の義務を負う。吾が民主政体を揺るがす者があれば、必ず全力をもってこれを維持し、これを保護する。政治に対しては、まず国力を養い、次に国の威信を発揚する。政府が憲政の常軌に従うならば、吾が党はこれを良友とし、政府が憲政の常軌を逸脱するならば、吾が党はこれを共通の敵と見なす。へつらいもせず、攻撃も行わない。公平な態度をもって、緻密にこれを監督する」(7)。

民憲党の願いは、初めの短時間のうちは不可能ではないように思われた。一九一三年一〇月一七日、参議院で全院委員長の選挙が行われ、国民党籍の林森が一三一票で当選した。一〇月二〇、二一の二日間には、一二部門の常任委員及び委員長、理事がそれぞれ選出された。一〇月二七日、衆議院で全院委員長の選挙が行われ、張耀曽が二三五票で当選した。一〇月三一日、憲法起草委員会において憲法草案を三度読み上げて通過させた。一一月一日、憲法起草委員会は憲法草案各条文の説明文書の起草を開始した。しかし一一月四日になると、袁世凱の命により突然に国民党議員の資格取消が断行された。谷鍾秀を含む、多くの憲法起草委員が資格を失い、憲法起草委員会は法定人数を満たせず停止した。一一月一〇日には、国会の解散が宣言され、両院議員の職務を停止した。

李根源の言うところでは、反袁世凱の問題において、「孫黄両氏の意見には齟齬が多い。孫先生は、国民党は惰性化し、内部構成が複雑で、使い物にならないと考え、別途に党を結成することを主張し、中華革命党と名付けた。……黄先生は、既存の党を利用しようと考え、それを整理し、拡充することに努めた」[8]。章士釗が責任編集する『甲寅』及び谷鍾秀責任編集の『正誼』は、いずれも実際のところ黄興派の重要な活動であった。章士釗の一九四八年の回顧によると、「共和元年、党人は幸いにも成功を収めたが、その基礎は極めて不安定であり、持ちこたえる能力もなかった。先見の士は、前進のためにまず後退し、密かに力を養い、時を見計らって行動すべしと主張した。黄克強先生は董仲舒の〝明道〟、〝正誼〟の二語を標榜されており自ら考えを異にした」[9]。欧事研究会の発起人李根源の回顧によると、泰東図書局は「余輩の上海における秘密通信機関であった」[10]。『正誼』が禁止された後、一九一五年一〇月に谷鍾秀と楊永泰は『中華新報』を創刊して、黄興一派に緊密に協力し、南洋派又は漸進派と呼ばれ、護国・袁世凱打倒の闘争において世論を誘導する重要な役割を果たした。一方、欧事研究会に受け入れられた章士釗、陳独秀、李大釗、沈鈞儒、張東蓀等を含む、多くの卓越した知識人は、『甲寅』や『正誼』といった文化的環境において、穏健、漸進を旗印に、袁世凱打倒における他には代え難い動員の役割を果たし、同時にまた、その後さらに深化、拡大する新文化、新思想運動のための基礎を築いたのである。

結び

『失敗』及びその著者に関する初歩的な研究を通じて、私たちは辛亥革命の失敗の教訓を総括することも一つの複雑な歴史プロセスであったことを理解した。第二革命の失敗というこの時期だけでも、革命派内部には失敗の教訓を総括するという点で比較的大きな差が生じたのである。『失敗』という書は、革命党本流の手によるものではないが、世界的な観点を持つ、忠誠愛国の卓越した知識人の手によるものであり、それゆえに彼の論述は少なからぬ面で依然として豊富に生命力を含んでいる。この本により、私たちが辛亥革命の失敗の教訓を考える時に歴史的且つ具体的な中身を増すことになったし、一定程度過去の研究における不足を補うことができたのである。

註

（1）張静廬編『中国近代出版史料初編』、一四〇～一八三頁。
（2）沃丘仲子著『現代名人小傳』、中国書店影印一九八八年、一五一頁。
（3）王志堅著『表异録』第六巻「音楽部」総裁、中華書局、一九八四年、五十三頁。
（4）章開沅等編『辛亥革命史資料新編』（二）、湖北長江出版社集団、湖北人民出版社、二〇〇六年、十四～二十三頁。
（5）ある本には、彼は「日本で孫中山と知り合い、同盟会に入会した。」と書かれている（『定州市志』、北京中国城市出版社一九九八年、一一五三頁）。しかし、馮自由『革命逸史』中の「中国同盟会最初三年会員人名冊」によると、直隷定州籍会員は谷鍾英と谷鍾瑤であり、谷鍾秀の名前はない（『革命逸史』下冊、北京新星出版社、二〇〇九年、一〇六四頁）。陳旭麓等編『中国近代史詞典』と沃丘仲子著『現代名人小傳』にも、谷鍾秀が同盟会に入会したことは記載されていない。
（6）李剣農『戊戌以後三十年中国政治史』、中華書局、一九六五年、一五四頁。
（7）張玉法『民国初年的政党』、九十四頁。
（8）存萃学社編『政学系与李根源』、香港・大東図書公司、一九八〇年、九八頁。
（9）章士釗「劉霖生先生七十寿序」、饒懐民編『劉揆一集』、華中師範大学出版社、一九九一年、二四六頁。

(10) 注8に同じ、九九頁。

辛亥革命をどうとらえるか

辛亥革命期の孫文と日本――「満洲」（東北）租借問題を中心に――

藤井昇三

一　はじめに

一九一一年一〇月一〇日武昌で勃発した辛亥革命は、二〇〇〇余年に及ぶ皇帝専制支配を打倒し、アジアで最初の共和制国家の樹立に成功した。この辛亥革命は、一八世紀のアメリカ独立革命、フランス革命、二〇世紀のロシア革命とともに、共和制樹立によって世界史に巨大な影響を与えた画期的な大きな変革であったということができる。

一八九四年の興中会結成以来、辛亥革命までの約一七年間の孫文の革命運動の目標は、清朝打倒と共和制国家樹立におかれた。この二つの基本的目標が達成された後は、新生の中華民国のもとで、三民主義に基づく民主的国家の建設という新たな目標のために、孫文は袁世凱の強権的専制支配との闘いに全力を傾注せねばならなかった。そして一九一六年の袁世凱の死後、北京政府を支配下に置いた北洋軍閥との闘いに直面した孫文は、軍事的には殆ど勝算の見込みの無い絶望的に近い政治状況の中で、僅かに広東省の一角、広州を革命運動の拠点として保持しつつ、一九二五年の死に至るまで、約九年間の軍閥打倒のための闘争を続けたのである。

二　孫文の革命運動と日本

孫文の約三〇年にわたる革命運動の主な拠点は、日本と東南アジアの各地に置かれた。なかでも、日本が最も重要な革命の拠点となった。その理由は、①日本が中国に至近の位置にあり、革命蜂起に必要な武器弾薬の調達・輸送その他の連絡に極めて便利であったこと、②日本在留の華僑・留学生などの中に多くの革命支援者が得られたこと、③日本人の多くの革命援助者が存在したこと、などであった。

孫文の日本亡命の期間は、辛亥革命を中間に置いて、通算約九年に及んだ。これは、孫文の国外亡命期間約一九年間の半ばに近い。

また、孫文の来日の回数は一五回（一説では一六回）、そのうち一二回は政治亡命であり、残りの三回は公式あるいは非公式の来日であった（一九一三年、一八年、二四年の三回）。

孫文の満五八年の生涯を振りかえると、初期の革命思想を抱き始めたのは清仏戦争後の一八八五年頃であり、孫文の遺嘱の冒頭の言葉「余、国民革命に力を尽くすこと、およそ四〇年」はこれに由来する。革命運動の開始は、最初の革命団体興中会を組織した一八九四年であり、一九二五年の病死まで約三〇年の戦闘的生涯であった。その間、約九年間の日本亡命期間を通じて、在日華僑・留学生と日本人支援者たちの援助のもとで、革命勢力の結集と強化・拡大に努めるとともに、革命武装蜂起のための資金集め、武器入手などに奔走したのであった。

三　辛亥革命期の「満洲」租借借款問題

（一）　革命派と日本の四つの借款交渉

辛亥革命期において孫文が最も苦心した問題の一つは、どのようにして資金を調達するかという問題であった。革命軍の戦闘地域の拡大と戦闘の激化・長期化に伴い、武器弾薬等の購入、革命軍への給与支払い、占領地行政の支出等、多額の資金を必要とするに至っていた。しかし、これらの必要を充たすことのできる資金を中国国内において入手することは殆んど不可能であり、早急に多額の資金を調達するためには、革命派への資金提供に関心を有する外国の資本家に期待をかける以外には、有効な手段を見出すことはできなかった。このような多額の資金の早期の獲得が実現できなければ、その結果、革命軍の離散、戦闘継続の停止、さらには南京臨時政府の崩壊、あるいは清朝側に対する大幅な妥協による南北和議の締結を甘受せざるを得なくなる、という危機的状況に追い込まれるであろうと予想された。

革命軍は焦眉の急である武器購入を求めて、一九一一年一二月八日まず日本の大倉組を通じて武器弾薬の引き渡しが上海で行われ、それ以後も一二年一月から二月にかけて、大量の武器弾薬の引き渡しが南京、広東において続けられた。これらの代金支払いのため及びその他の資金等に充てるため、革命軍は一一年一一月以降、日本との間で借款交渉を開始し、その担保として鉄道、鉱山、船舶等を提供しようとした。その結果、一二年一月一日孫文が南京臨時政府の臨時大総統に就任ののち、蘇省鉄路公司、漢冶萍公司及び招商局をそれぞれ担保とする三つの借款交渉が一応の妥結をみた。

最初に成立した蘇省鉄路公司借款は、一月二七日同公司と大倉組の間で三〇〇万円の借款契約が調印された。同公司は三〇〇万円を受取ったのち、中華民国臨時政府財政部と契約を結び、その中から二五〇万円を革命政府に提供した。(1)

第二の漢冶萍公司借款は、二月二日民国臨時政府と漢冶萍公司と大倉組の間で五〇〇万円の借款条件による漢冶萍公司日中合弁契約が成立した。このうち三〇〇万円が孫文らの手に渡った。しかし、二月一四日孫文が臨時大総統を辞任したため革命派の勢力は後退し、また、この借款には、契約書のほかに、孫文・黄興と三井物産との間の秘密契約三項目が附加されており、その第二項には「中華民国政府ハ将来支那ニ於ケル鉱山、鉄道、電気其他ノ事業ヲ外国人ニ許可スル場合ニハ、他ト同条件ナレバ三井物産株式会社ニ其許可ヲ与フル事ヲ承諾ス」(2)という日本の優先権を認める規定があった。やがて中国側では、この借款に対する反対運動が起こり、三月に開かれた漢冶萍公司株主総会は日中合弁の取消しを決定し、漢冶萍公司日中合弁契約は解約となり、この借款は立ち消えとなった。

第三の招商局借款は、孫文・黄興と日本郵船との間で二月六日、一、〇〇〇万円の借款仮契約が調印された。しかし、その後イギリスの反対と北京政府の抗議によって契約の実行ができなくなって、消滅した(3)。

以上の三つの借款交渉は、一九一一年一一月から始まって一二年二月にかけて行われた。このほかに、同じ時期、中華民国中央銀行を設立する計画が、日本側から発案、提議され、孫文らとの間で交渉が進められた。

一九一一年一二月二八日、元大蔵大臣阪谷芳郎は、日本に亡命中の革命派の何天炯に、中央銀行設立の計画を提案した。一二年一月に入ると、阪谷は原口要とともに中華民国政府の財政顧問に任命され、渋沢栄一らと提携して設立計画を推進し、華南における日本の経済権益を確保する有効な手段にしようとした。この日本側の中央銀行設立の提案に同意した孫文らは、革命政府の財政危機を回避するために、一〇日以内に一、〇〇〇万円の借款と武器を手に入れようとする目的で、日本側の中央銀行設立提案に同意したのであった(4)。

前述の日中間の三つの借款交渉と、四つ目の中央銀行設立計画に際して約束されていた一、〇〇〇万円借款の問題は、一九一一年末から一二年二月にかけての時期に、孫文ら革命側と日本財界との間で進められたが、結局、蘇省鉄路公司借款三〇〇万円以外は、失敗に終わった。

（二）日本の「満洲」出兵問題

辛亥革命勃発に際会して、日本の政・軍の上層部には、「満洲」獲得の好機と見る主張が生まれた。元老山県有朋は一九一二年一月頃、「此機会に於て東三省を我者《ママ》となす事の密約を革命党となし置く事には賛成なり」[5]と三井物産の益田孝に語ったといわれる。この頃から山県は、朝鮮総督寺内正毅宛書簡や元老桂太郎宛書簡の中で「満洲」問題に積極的な関心と干与を示し始めている。特に桂宛書簡では、「満洲」における日本の権益を確保するため、出兵に踏み切るべき時期が来たと判断して、「満洲」出兵を提議している。そして、イギリスは異議がないであろうから、ロシアと十分に協議して日本とロシアが南北「満洲」に共同出兵することが特に緊要であると述べている[6]。

こうして、山県有朋を頂点とする山県系の軍部・官僚らは「満洲」出兵計画を推進し始めたが、ドイツとアメリカが日本の出兵への動きに反対の態度を明確にしたことは、日本政府にとって無視できないものであった。他方、日本の国内における革命非干渉論もかなり強かった。また、政府は財政難の折から、議会対策および総選挙対策も考慮せねばならなかった。かくて政府は、結局「満洲」出兵を躊躇せざるを得なくなった。「満洲」出兵計画中止を決定した西園寺内閣に対して、山県は、「千歳一遇之機会ヲ逸シ実ニ為国家不堪痛憤」[7]として激しく非難している。これ以後、山県系の反西園寺内閣の動きが強まり一九一二年一二月に始まる大正政変への前史が形成されて行く。

一方で、山県系の元老桂太郎は、「満洲」出兵計画の挫折のあと、「満洲」権益拡大のための次善の方策として、孫文に対する「満洲」租借交渉に着手することになるのである。

（三）　孫文と「満洲」租借借款問題

一九一二年二月三日、孫文と三井物産社員で上海支店勤務の森恪との間で「満洲」問題に関する会談が行われ、森が元老桂太郎の内意を受けた三井物産顧問の益田孝からの内命に基づいて孫文に提議したのは、革命派に対する日本側からの資金援助と交換に、「満洲」を日本の租借地にするという案であった(8)。

森恪は三井物産支那修業生の出身で、三井物産上海支店に勤務したのち、一一年三月ニューヨーク支店へ転勤となり、辛亥革命勃発後の一一月、東京に呼び戻され、革命政府側との折衝に当ることになった。東京では益田孝と常務取締役山本条太郎が指揮をとり、上海支店長藤瀬政次郎が現地の指揮に当り、森が東京と上海の間を往復しながら情報連絡と孫文ら要人との直接交渉に当るという役割分担であった。一方で、益田孝からは、井上馨、山県有朋、桂太郎らの元老や政府首脳へのパイプがつながっていたのである。

二月三日南京臨時政府の孫文を訪問した森恪は、証人として、革命派援助の日本人の中で、孫文、黄興ら革命派から特に厚い信頼を得ている宮崎滔天と山田純三郎の二人を同伴した。孫文は、病気の黄興に代って総統府秘書長胡漢民を列席させた。

この二月三日の孫文と森恪の会談の内容は、森から益田孝宛の二月八日付書簡（三井物産の会社名入りの便箋三六枚に書かれた長文のもの）に詳細に記されている。

次に、この森の書簡の要旨を述べておく。

森は「今ノ世界ハ黄色人ト白色人トノ戦場」であるとして「満洲保全」が日本の安全と東洋の平和にとって必要であるとし、その「満洲保全」を中国政府単独ではなし得ないが故に、日本に「満洲」を「一任」し、その代償として、前途に多くの困難をひかえている革命政府に対して日本は「特殊ナル援助」を与えようと提案し、この提案が元老桂太郎の発意に基づくものであることを明らかにした。

森の提案に対して、孫文は進んでこれに応ずる意思のあることを表明し、日本から早急に資金を借りたいと提案した。孫文は、森の語った桂のいわば「黄白人種闘争史観」に同感の意を表した上で、革命挙兵に先立って孫文らは「満洲」を日本に一任して、その代償として日本から援助を得たいと希望していたと述懐している。

さらに孫文は、日本からの資金援助については、革命政府の財政状態が窮乏の極に達しており、旧暦の年末（藤井註、一九一二年二月一七日）までにぜひとも軍隊維持のための資金を必要としていることを、繰り返し強調している。財政状態が現状のままならば、軍隊離散、革命政府崩壊に追い込まれるほかないから、今のうちに袁世凱と和議を結び、徐々に資金の調達を図って革命を再び起こし、北京政府側を武力で倒して革命を完成させる方針であり、現在は和議を進めつつある。しかし、もしも革命軍の給与のための資金を得られるならば、和議を延期し、旧年末を越えたのち一層資金を調達して、武力で「南北ノ異分子ヲ一掃」し「袁ヲ排シ」「他日内争ノ根ヲ断チ完全ナル共和政体ヲ樹立スル考ヘナリ」。二月九日までに、旧年末までに確実に受取れる一、五〇〇万円の入手見通しが立たなければ、袁との和議に応ぜざるを得ず、袁に政権を譲り渡すほかはない、と苦衷を訴えている。

孫文としては、当面何よりもまず、日本側から現金で資金を供給して貰い、急場を凌いでおいて、そのあとで、孫文か黄興のどちらかが日本を訪れ、桂と会見して「満洲」租借問題を確定しようとしたのであった。

この孫文の返答を聞いた森恪は、一案として、南北和議進行と「満洲」問題協議を同時に併行して進め、後者が妥結した時点で前者を破談とすることを提案した。

しかし孫文は、もしも先に和議が成立して袁世凱に政権が移譲されれば、もはや「満洲」問題などは早急に決定できなくなるであろうと、反論している。

そこで森は、孫文の資金援助要請に対する日本側の回答期限に関して、二月八日夜までに資金供給の可否を回答し、可能の場合には成るべく早く送金することにしたいと述べたので、孫文はこれを了承し、日本から「資金ノ貸与」を受けたならば直ちに、「軍隊ノ仕末ニ着手シテ、片附キ次第出発ス」る旨を約束した。孫文にとっては、何よりもまず日本から資金を入手することが最優先の課題であり、その次に借款契約を締結するという順序であった。日本側は、それとは逆に、桂と孫文あるいは黄興との間でまず借款契約を結ぶことを最優先課題と考えていたのである。(9)

以上が二月三日の孫文と森恪の間の会談内容の概略である。

森は、この会談のあと午後五時四〇分に、会談内容と結論を電報で益田孝に報告した。この電報は、森がまず中国文を作成し、これを孫文と胡漢民が添削し、次に森が日本文に翻訳し、暗号電報に置き換えたものであった。次は暗号化する前の日本語電文である。

「財政窮乏シ支那年末前一千五百万円ナケレバ戦争出来ヌ、革命政府ハ混乱ニ陥ラン、漢冶萍公司ト五百万円借款成立シタル故招商局ヲ担保トシテ日本郵船会社、英独米国ト一千万円借款交渉中ナリ、若シ五日以内ニ此ノ借款成立ノ見込ナケレバ万事休ス、孫黄ハ袁世凱ト和議ヲ定《ママ》結シ政権ヲ袁ニ授クベシ、孫ハ満洲租借ヲ承知セリ、故ニ日本ガ革命ノ解散ヲ防グ為メ、漢冶萍公司ノ五百万円ノ外ニ直グ一千万円ヲ借セ《ママ》バ、袁世凱トノ和議ヲ中止シ孫文又ハ黄興日本ニ行キテ満洲ノ秘密契約ヲ為サン、金手ニ入ラヌ内ハ軍隊解散ノ恐レアリ南京ヲ動ケヌト孫文ノ返事ナリ、満洲ノ件断行スル気ナレバ四日以内ニ、一千万円貸スト電信セヨ、袁世凱トノ和議ヲ中止サスベシ、用事アリ明日上海へ行ク　森」(10)

その後、二月五日正午、孫文から森に電報が届いた。孫文の希望する一、〇〇〇万円貸与の件について至急日本側の返事を聞きたい旨を益田に伝えてほしいという内容の電報である。そこで同日午後、森から益田・桂らの回答を督促する電報を益田宛てに打った。

二月六日益田からの返電が森に届いた。孫文の「満洲」租借承諾に接して、桂らが非常に満足しており、極力金策中である旨の内容であった。森はその夜、孫文に宛てて、次の電報を中国文で送った。

「満洲ノ事、貴意満足ニ思ヘリ、極力金策中ト東京ヨリ電信来タ、袁世凱ト和議ノ事ハ東京ヨリ何分ノ議申出ル迄延期セヨ、至急貴意返電アレ」(11)

この森から孫文宛て電報と行き違いに、二月六日午後五時発の孫文からの電報が森に届いた。

「九日迄袁世凱トノ和議ヲ延バス故夫レ迄ニ確答アリタシ」(12)

これらの孫文および森からの督促の電報に対して、桂、井上らは、益田の名で、次のような回答を二月八日午後発電で森宛てに送った。

「袁世凱トノ和議ニハ何等嘴ヲ容ルベキニアラザルモ孫黄ニ対シテハ深キ同情アルコトヲ告ゲヨ予等ハ孫黄ガ都合宜キ地位ニ於テ妥協ヲ為スコトヲ祈ル井上侯ハ直接ニ返事スルヲ難シトス当方ニ於テハ漢冶萍ノ二百五十万円ヲ

明日ニモ送金スルコトニ勉ムベシ銅官山モ明日確答セラルベク招商局借款成レバ金員ノ送方遅レサル様世話スベシ満洲ニ関シテハ一名日本ニ来ラレ秘密契約ヲナスコトヲ勧告ス左スレバ尚一層ノ同情ヲ得ルノ見込アリ　益田」(13)

この益田からの森宛て電報には、孫文への一、〇〇〇万円貸与についての応諾はなく、反対に、孫文と黄興が袁世凱側と妥協するよう勧めており、「満洲」租借問題については、孫・黄のうちどちらか一人と日本で協議し秘密契約を結びたいとしているのみであった。

こうして、「満洲」租借を条件とする日本側と孫文の一、〇〇〇万円借款交渉は、結局、孫文の期待した日本側の応諾の回答が得られず、失敗に終わった。

このあと、中国国内の政局は大きく変動する。二月一二日南北和議が成立し、清朝第一二代皇帝溥儀は退位を宣言した。二〇〇〇余年続いた皇帝専制支配の終焉である。二月一三日孫文は臨時大総統の辞任並びに後任に袁世凱を推薦することを臨時参議院に申し出た。その結果、臨時参議院は二月一四日孫文の辞職を承認し、翌一五日袁世凱を臨時大総統に選出した。

孫文が臨時大総統を辞任したのちは、もはや「満洲」租借借款を引き続き交渉するような状況は存在しなかった。

以上述べてきたように、辛亥革命期において「満洲」出兵計画を発意し推進しようとした日本の元老と陸軍上層部の意図は、国内外の諸条件に制約された西園寺内閣の遅疑逡巡によって挫折した。だが、元老は一部の財界の協力の下に、執拗に「満洲」権益の拡大を画策した。その表われの一つが革命派援助を条件とする「満洲」租借案であった。明治初期から膨張主義的大陸政策を推進してきた元老、軍部が、辛亥革命期の中国政情の混乱に乗じてその野心を「満洲」租借という形で一気に実現しようとしたことは、決して驚くには当らない。一方、孫文がこの日本側の提案に同意して、その条件として日本側に一、〇〇〇万円の借款供与を求めたことは、孫文が述べているように、南北和議・対袁妥協を回避して革命軍の維持を図り北伐を決行するためには、他に方法のない、いわば二者択一の方策であったと考えられる。また、孫文は、森恪に述懐しているように、かねてから「満洲」を日本に「一任」して日本の援助を獲得したいと希望していたのであり、このいわば「満洲」譲渡論が孫文の革命戦略の中に存在していたことを考慮するならば、南京臨時政府にとっての危機的状況に直面して、孫文が「満洲」租借借款受諾を確答したことは不思議ではない。

辛亥革命期における中央銀行設立計画をはじめとして、日中間の一連の借款交渉の殆んどは不成功に終わったが、日本財界の対中進出にとっては重要な契機となった。革命期に、日本財界は中国新政府と極めて良好な関係を築くことができた。この関係は、中国権益をめぐる列強との競争でも、日本が優位に立つことにつながった。さらに辛亥革命後の中国国内に起った経済発展も、日本財界の中国進出に多大の好機をもたらした。臨時大総統辞任のあと実業救国を強調した孫文の構想が、日本の財界の対中進出と結びついて、一九一三年孫文の訪日を機に、渋沢栄一らとの間で日中合弁の中国興業公司が設立された。この新会社は、日本の対中経済活動における多くの業務を網羅しており、日本の対中経済進出の重要な窓口となった。

しかし、一九一三年第二革命失敗により孫文ら革命派の日本亡命となり、中国興業公司は改組を余儀なくされ、一九一四年中日実業公司と改組・改称されて、袁世凱政権と日本財界をつなぐ組織に変わった。

一九一二年二月、日本側の桂ら元老、三井物産の益田らの提案した「満洲」租借借款案は、孫文が応諾して早期の実行を期待したにもかかわらず、日本側が借款条件を充たすことができず、挫折した。もし「満洲」租借借款が実現していたならば、日中両国にとってどのような結果をもたらしたであろうか。

短期的には、孫文らの臨時政府は、財政破綻の危機を一時的には免れて、袁世凱側との南北和議による妥協を回避し、袁政権の出現を阻止できたかもしれない。しかし長期的に見るならば、孫文は、一、〇〇〇万円借款と引替えに「満洲」租借という重大な対日妥協を甘受することによって、中国国民から中国の主権の一部を日本に売り渡したとして厳しい非難を受けることになったであろう。また、経済的にも、「満洲」の資源と市場の喪失は、その後の中国の経済的発展にとって大きな損失をもたらさずにはおかなかったであろう。孫文は、中国が強国となった暁には「満洲」を回収できると考えていたかもしれないが、将来日本の手から「満洲」を回収することは、二〇年後の一九三二年の傀儡国家「満洲国」擁立に見られるように、日本軍国主義がその大陸侵略政策を根本的に改変しない限り、到底望むべくもなかったであろう。

一方、日本が「満洲」租借を実現するに当たっては、北「満」に勢力範囲、既得権益を有するロシアとの間で、利権の調整、「分割」を行わねばならず、その交渉は難航が予想されたであろう。さらに、他の列強、特に日本の「満洲」出兵計画を挫折させる一因となったアメリカとドイツは、日本の「満洲」租借というような単独行動をそのまま容認するとは到底考えられず、日本のこのような単独行動は列国共同歩調に反するものとして、列強の非難の的となることは避けられなかったであろう。

このような見方に立つならば、辛亥革命期における「満洲」租借問題をめぐる孫文の対応は、日本帝国主義の大陸政策に対する理解と見通しの甘さと、中国の長期的な国民的利益に対する十分な配慮の欠如を指摘しなければならない。

四　孫文の対外依存から帝国主義批判への転換

辛亥革命前から辛亥革命期を経て辛亥革命後にかけて、孫文の革命運動は、武装蜂起に最重点を置く軍事戦略重視を中心とする基本路線を推進した。時には、準備不足にもかかわらず性急に武装蜂起を決行したこともあった。（第二革命など）しかし、第一次大戦末期から大戦後の時期にかけて、孫文はそれまでの革命戦略への反省の上に立って、また、ロシア革命と五四運動に見られる、政治を動かす原動力としての民衆動員の重要性を認識することによって、国内民衆への働きかけを強めることに革命運動の重点を移し、民衆への啓蒙と革命宣伝、民衆の組織化、民衆の世論の喚起に力を注ぐようになった。同時に、従来の日本の援助への依存的態度から対日批判へと基本的対外態度の転換に踏み切った。一九一九年以後、孫文は公然と日本帝国主義をきびしく批判し、日本をはじめとする列強に対して不平等条約廃棄を強く要求するにいたった。一九二四年の中国国民党第一回全国代表大会宣言（一全大会宣言）、最後の来日となる神戸訪問の際も「大アジア主義」講演等のなかで最も重要な対外的主張は、不平等条約廃棄要求であった。

五　結語

辛亥革命は日中関係に大きな変化をもたらした。孫文ら革命派は、革命の成否をかけて、日本からの借款獲得のため懸命の努力を重ねた。一九一一年末から一二年二月までの間、孫文・黄興らは、日本の元老、軍部、政府当局者、財界などに積極的に働きかけた。孫文らは、早急に（旧暦の年度末までに）少なくとも一、五〇〇万円を入手したいと望んでいたが、この時期に契約成立から貸与実行にまで進んだ借款交渉は、ごく一部の借款にとどまった。一、五〇〇万円が入手できなければ、孫文ら臨時政府は、袁世凱との和議交渉を進め妥協に到達せざるを得ない窮状に陥っていたのである。

このように、孫文らは袁世凱側との革命戦争を続行して北伐を目指すのか、それとも、袁世凱側との和議を続けて妥協への道を探るのか、二者択一の岐路に立っていたといえるであろう。この状況の中で、孫文にとって突然出現したのが、森恪との会談における「満洲」租借と引替えの一、〇〇〇万円借款供与案であった。孫文は、森が提議したこの租借借款案を即時に応諾し、一、〇〇〇万円入手に最後の期待をかけたが、両者の合意に反して日本側の借款供与は実現にいたらず、結局孫文は袁世凱との和議の道を選び、袁への臨時大総統職の譲位に妥協せざるを得なくなった。

かくて、辛亥革命期の「満洲」租借借款問題は、一旦は孫文と森恪の間で合意が成立したにもかかわらず、日本側の山県らの反対などにより実現しなかった。和議の成立で袁世凱が臨時大総統に就任し、次いで正式大総統となり、袁世凱の専制支配が始まることになる。

仮に「満洲」租借借款が実現していたとするならば、日本側の「満洲」支配が進み、傀儡国家「満洲国」の出現がもっと早まったであろう。このような推測が可能であるならば、「満洲」租借借款の挫折は、長期的には、一九三一年の「満洲」事変勃発までは、中国の主権喪失を防ぎ、中国の国民国家建設にとって歓迎すべきことであったと考えられるであろう。

主要参考文献

「森恪より益田孝宛書簡」一九一二年二月八日付『井上侯爵家より交附書類』（東京、三井文庫所蔵）。

拙稿「孫文の対日態度――辛亥革命期の「満洲」租借問題を中心に――」『石川忠雄教授還暦記念論文集　現代中国と世界――その政治的展開』慶應通信、一九八二年所収。

拙稿「辛亥革命期の孫文関係資料――「満洲問題」をめぐる森恪書簡――」アジア経済研究所、所内資料、一九八二年。

拙稿「孫文と日本・東アジア」中村義編『新しい東アジア像の研究』三省堂、一九九五年所収。

久保田文次『孫文・辛亥革命と日本人』汲古書院、二〇一一年。

李廷江『日本財界と近代中国――辛亥革命を中心に――』御茶の水書房、二〇〇三年。

兪辛焞「辛亥革命期の満洲借款と日中盟約・小池宛書簡の探求」国際アジア文化学会編『アジア文化』第一八号、アジア文化総合研究所出版会、一九九三年所収。

陳在俊「中日関係史上一椿重大疑案的辨正」上・下『近代中国』八三、八四期、台北、近代中国雑誌社、一九八〇年六月、八月所収。

註

(1) 臼井勝美「辛亥革命―日本の対応」日本国際政治学会編『国際政治』一九五八年九月所収。
(2) 三井文庫編『三井事業史』本編、第三巻上、三井文庫、一九八〇年、二一六頁。
(3) 臼井勝美、前掲論文。
(4) 李廷江『日本財界と近代中国』御茶の水書房、二〇〇三年。
(5) 『原敬日記』第三巻、福村出版、一九六五年。
(6) 『桂太郎文書』(国立国会図書館憲政資料室所蔵)。
(7) 同右。
(8) 「森恪より益田孝宛書簡」一九一二年二月八日付、『井上侯爵家より交附書類』(三井文庫所蔵)。
(9) 同右。
(10) 同右。
(11) 同右。
(12) 同右。
(13) 同右。

辛亥革命の世界的意義

王　暁秋

今年は辛亥革命百周年にあたる。世界的視野から百年前の辛亥革命を考察するとき、それが中国近代史上極めて重要で画期的な意義を持つ革命であると見るだけではなく、二〇世紀初頭の世界史上で非常に大きな影響を持った歴史的事件であると見なければならない。そのために、私達は辛亥革命の中国における偉大な歴史的意義を深く研究して解明するばかりではなく、同時に辛亥革命の重大な世界的意義を深く研究して解明しなければならない。

辛亥革命の世界的意義については、これまで専門的研究が比較的少なかった。たとえ中国近代史や辛亥革命史に関する著作中であっても、ただ簡潔にいくつかの結論を羅列するだけで、その上しばしばあまりにも大雑把で抽象的であった。それでは、どのようにして辛亥革命の世界的意義を一層深く知ることができるのであろうか。世界と時代に立脚した高度なマクロ的理論分析が必要なばかりではなく、更に着実で具体的なミクロ的実証研究が必要である、と筆者は考える。中国という地域的制限を越えた、大量の外国の史料と史実から出発し、真摯な解読、分析、解明を行うのである。本論では、両者の結合を試みて、辛亥革命の世界的意義について掘り下げて再検討する。

一

一九一六年九月、孫中山は浙江省の海寧で銭塘江の大潮を見物した際、逆巻く荒波に啓発され、有名な題辞「世界の潮流、滔々と流れ、これに従えば栄え、これに逆らえば亡びる」(1)を記した。辛亥革命の世界的意義は、マクロ的に言えば、二〇世紀初頭の世界の民主主義革命と民族解放運動という、この二つの世界と時代の歴史的潮流に順応したことである、と筆者は考える。

レーニンも、中国の辛亥革命の世界的意義について、本質的な論述を行っている。彼は次のように指摘している。辛亥革命は「地球人口の四分の一が、いわば休眠から光明へ、運動へ、闘争へとうつった」(2)ことを示すだけではなく、その上「アジアにもっとも偉大な世界的嵐の新しい源泉がひらかれた」、「われわれはいままさに、これらの嵐の時代、そしてそれがヨーロッパに〝反映〟する時代に生きている」(3)ことも意味している。彼はまた「アジアの目ざめとヨーロッパの先進的プロレタリアートによる権力獲得闘争の開始とは、二十世紀の初めにひらかれた世界史の新しい時代をあらわしている」(4)と考えている。

二

辛亥革命の世界的意義は、まず帝国主義の植民体制と侵略勢力に手痛い打撃を与えたことである。これまで辛亥革命の意義を説明するときは、清政府がすでに帝国主義の手先となり、「外国人の朝廷」であったため、清政府を倒したことはつまり帝国主義の中国における統治に打撃を与えたのだ、と常々強調してきた。しかし、このような解釈はただ単に全面的に説明していないばかりか、あまりにも単純化している。実際には、中国は当時帝国主義列強の東洋における最大の半植民地であり、列強がアジアで激しく争奪していた「僅かな富の源泉」でもあった。帝国主義列強は軍事、経済、政治および外交などの様々な手段を通じて、特に清政府に一連の不平等条約を締結するよう迫り、中国の多くの領土、主権、財産を奪い取った。腐敗し、国を裏切った清政府は、すでに帝国主義が中国を統治するための代理人や従順な道具に成り果てていた。そのため、帝国主義は中国が辛亥革命を通じて独立自主の国家に変貌することを決して願わなかったし、中国が民主的な豊かで強い国家となることも願わなかった。当然のことながら、中国が略奪、奴隷の対象から競争、抗争の相手に変貌することもいっそう願ってはいなかった。帝国主義列強の辛亥革命に対する様々な反応や言行の中から、辛亥革命が一体どのように帝国主義・植民地主義侵略勢力に打撃を与えたかを具体的に考察することができる。

辛亥革命から最大の衝撃を受けたのは日本帝国主義である。日本の統治集団は、自分達が侵略し、拡張する主要対象が革命を通して民族独立と民主共和の国家に変貌するのを、最も見たくはなかった。日本の前首相で軍閥の元老山縣有朋は、一言で隠された意図を言いのけた。「日本は、中国に強力な皇帝がいるのを望まないし、中国に一つの完成した共和国が存在するのもいっそう望まない。日本が望むのは、軟弱で無能な中国、日本の影響を受けた弱い皇帝が統治する弱い中国である。これこそが理想的な中国である」[5]と。それゆえ、日本政府は当初から辛亥革命に対して敵対する態度を抱いたのである。

武昌蜂起の翌日に、漢口日本総領事の松村貞雄は日本の外務大臣への報告の中で、革命軍を「暴徒」[6]と呼んだ。日本政府は知らせを聞いて直ちに軍艦を長江の中、下流一帯に増派し、日本の中国における利益を保護する一方、革命軍の行動を監視した。同時に武力干渉を行う機会を窺い、更には中国を分裂させ侵略すべく画策をしていた。日本陸軍および海軍は、出兵して大沽口や長江口などの戦略的要地を占領する計画を、それぞれ別々に作成していた。駐華公使の伊集院彦吉は、更にその上「此ノ形勢ヲ利用シ中清ト南清ニ尠クトモ獨立ノ二ヶ國ヲ起シ而シテ北清ハ現朝廷ヲ以テ之カ統治ヲ繼續セシムヘシ」(7)と提案したのである。

辛亥革命の一つの偉大な功績は、数千年中国を統治した専制君主制度を打倒し共和国を樹立したことであり、これが天皇制による統治が続いた日本に大きな衝撃をもたらした。日本の軍部は、中国の共和革命が日本の天皇制の危機を引き起こすことを心配していた。陸軍の一文書は、「日本帝国は、民主国たるか、将た君主国たるか、所謂る天下分け目の場合」(8)だと警告した。政治評論家の徳富蘇峰は、中国革命を「急性伝染病」に譬え、「ペストは有形の病也、共和制は有形の病也」(9)と声を張り上げ騒ぎ立てたのである。当時、中国が共和制を樹立することに対する日本の統治集団が抱いていた恐怖の念を、あるイギリス作家は「もしも近隣の中国という一つの中央君主制王朝が、苦力(クーリー)のようにいともたやすく蹴飛ばされるならば、日本においてどうしてこのようにならないはずがあろうか。仮に中国においてならば、清王室に年俸を渡して退位させることができる。ならば、同様の方法は、まさか日本の天皇や藩閥官僚には使うはずはないとでもいうのか。」(10)と生々しく描写した。

まさに上で述べた原因により、日本政府は辛亥革命の期間、中国において君主体制の維持を必死に企てたのである。一九一一年一二月二二日午後、日本の駐華公使伊集院彦吉は袁世凱に対して、「萬一貴國カ共和國トナルカ如キコトアルニ於テハ我國民ノ被ムル思想上ノ影響決シテ尠カラス此ノ點ニ於テモ能フヘキ限リ君主立憲主義ヲ援助シ其ノ目的ヲ達セシメント欲スル」(11)と言った。一二月二四日、天皇は対中方針を研究するための元老会議を開き、「帝國政府カ立憲君主ノ制ヲ確立スルヲ以テ時局ヲ救濟スルノ最良策ト認メタル」(12)と再度表明した。革命の急激な発展と列強の意見相違のために、日本政府は仕方なく「暫く事態の自然な流れに任せる」と表明した。また清政府が「帝國政府カ清國皇室並ニ國民ノ爲深く考慮ヲ費ヤシ最後ニ至ル迄出來得ル限リノ盡力ヲナシタルハ清國政府ニ於テ十分之ヲ諒知セラレタク」[13]と希望した。

日本の統治集団は、更に中国の辛亥革命が朝鮮など日本の植民地における民族解放運動を刺激し、また日本国内における革命思想の伝播を助長し、彼らの統治を揺るがすことを恐れていた。朝鮮総督である寺内正毅は、「清国共和論の我人心に影響する所大なる、実に可懼ものたる事は、今日我新聞界の青年輩の処論に鑑み可知次第に御座候」と指摘した。また、彼は当局宜く此辺の趨勢に対し相当覚悟ありて可然乎と存申候[14]と強調した。『大阪朝日新聞』は、「我が国がもし隣国の反乱（中国の辛亥革命を指す）に同情するならば、新たに加わった鮮民（日本の植民地にされたばかりの朝鮮人民を指す）に影響をもたらすであろう。その上、国内の危険思想を厳重に取り締まる一方で、外国の危険行為を承認するのは、論理的にも矛盾している」[15]といっそう明確に指摘し、『報知新聞』は、最小限に清国の混乱を抑え、それによって両国双方の危機を封じ込めなければならない[16]、と公然と唱えたのである。

当時帝国主義列強は、辛亥革命が中華民族の覚醒と反帝国主義感情の拡散を誘発することに対して憂慮していた。一九一二年三月二二日、駐華フランス公使館の武官コウラウドーは、フランス陸軍部長へのある報告の中で「外のものを排斥する感情はあらゆる中国人の魂の中に隠れていて、〝旧式な〟時代であろうが或いは〝少年の中国〟の時代であろうが、一回のいざこざ、一つのうわさ或いはただ単に騒乱の延長が、十分に外のものを排斥する感情を表に出させるものだ、と中国に常駐している外交代表達はほぼ同様に考えている」[17]と言っている。一九一一年一二月二〇日、イギリス、フランス、ドイツ、日本、ロシア、アメリカの六カ国駐上海総領事は南北和平交渉の双方代表に覚書を送って、「現在の中国の戦争が続くと、この国自身だけではなく、更に外国人の利益と安全に深刻な脅威を与えるであろう、と六カ国政府は考えている」[18]と述べている。

駐華フランス公使ペデローは、一九一一年一二月八日にフランスの外交部長へ送った手紙の中で、辛亥革命がフランスの侵略勢力やそのインドシナにおける植民地統治に衝撃を与えることに対して、気が気ではない心の内を綴って、「実際には、このような必然的結果からは逃れられないであろう。つまりもともと清朝に反対する一つの運動であったのが、突然反外国人の行動に変わり、その上インドシナに一連の困難をもたらすかも知れないのである。それらは年ごとに国境地帯をかき乱し、更には我が国の植民地内部の混乱を引き起こすかも知れないのである」[19]と語っている。

中国において侵略による利益を最も多く有するイギリス帝国主義も、辛亥革命が彼らの既得利益を損なうことを心配し、情勢を安定させ、中国における半植民地の秩序ある統治を維持したいと願っていた。武昌蜂起の後、イギリス政府は、武力を使って漢口での植民拠点である租界の安全を保護するばかりではなく、更にこの機に乗じて租界範囲の拡大を考えた。駐華イギリス艦隊司令官ウィンスロウ海軍中将は、「各国租界の安全の見地から、これらの租界を鉄道路線にまで広げ、更に租界と鉄道路線の間に居住している中国人を追い払う必要が絶対にある」[20]と盛んに唱えた。

帝国主義の侵略権益を守るため、列強は中国が共和制ではなく、立憲君主制を保持するのを支持していた。一九一一年一一月一四日、駐華イギリス公使ジョーダンは袁世凱の息子袁克定に対し、「この問題の最善の解決方法は、清王朝を象徴的国家元首として残し、元首が承諾したかのようにして立憲の改革を行うことである、と外国人は一般的に見ている。私が見たところでは、共和政体の政府はまだ中国に適さず、冒険的な一つの試みである」[21]と語った。そこで、「袁世凱が「外国の考えに妥協し、武力をもって」南方の革命派に対処し、かつ立憲君主制の方針を維持することをイギリスは支持した。相反して、イギリス政府の孫中山に対する態度は冷淡で、過酷なことさえもあった。一九一一年一一月、孫中山が香港経由で帰国する際、駐華イギリス公使ジョーダンは外務大臣のグレーに対し、「孫本人および香港総督はいずれも、情勢の変化にかんがみて、我々は孫中山が香港を通過するのを阻止できないと考えている。しかし、彼には香港にとどまって革命活動に従事してはいけないと警告する必要がある」[22]と報告し、イギリスの香港における植民地統治に影響をもたらすことをひたすら恐れていた。

駐華アメリカ公使館代理公使ウィリアムは、一九一一年一〇月一二日、アメリカ政府への報告の中で、武昌蜂起が中国において「太平天国の乱以来の最も深刻な反乱」[23]であることを認めている。アメリカが中国を侵略して得た利益から考えて、アメリカ政府の袁世凱および孫中山に対する評価と態度は、明らかに異なったものであった。一九一二年一月一六日、駐華アメリカ公使ガロクケンは国務長官ノックスへの報告の中で、袁世凱は「今日の中国で最も能力のある人」と称賛する一方、孫中山は広東の地方的な政治的人物に過ぎないと考えている。そのため、「孫逸仙が、局面全体を掌握し、清朝打倒後の様々な対抗勢力や利益を牽引できるかどうか、すこぶる疑わしい」[24]と報告したのである。

帝政ロシア帝国主義も、中国が辛亥革命を通じて強大になることを望まず、更には中国の分裂を願っていた。一九一二年一月一〇日、ロシアの外務大臣シャージャノーフは、皇帝ニコライ二世への上奏文の中で、露日両国は中国の隣国であり、「中国において他国よりもはるかに重要な政治的利益を有している。それゆえ、露日両国の上とりわけ有利な時機を利用して中国での地位を固めるとともに、中国政府がここ数年来求めている、露日両国の上述のごとき政治的利益に反対することを旨とする政策を、阻止すべきである」[25]と述べている。一九一二年一一月九日、ロシア外務大臣代理ニラートーフは、北京駐在のロシア公使コソルベイズへの手紙の中で「中国を一つ一つのある程度独立した国に分けることは、広い意味で我が国の利益に合致する、と私達は考える」[26]と記している。

帝国主義列強のこれらの言論は、彼らが中国の辛亥革命から衝撃を受けると同時に、侵略による利益を必死になって維持し拡大しようとしたことの、有力な証拠といえるものではあるまいか。

三

辛亥革命の世界的意義は、更に、この革命が二〇世紀初頭のアジアにおける民族解放運動を構成する重要な一部であり、「アジアの目ざめ」の主要な指標であることに現れている。中国の辛亥革命が清王朝の封建統治や君主専制制度の打倒に成功したことは、アジア各国の民族解放運動や民主運動を限りなく鼓舞し推進した。その上、孫中山や中国の革命を志す人々は、積極的にアジア各国の民族解放闘争を支持し援助した。

レーニンはかつて二〇世紀初頭の中国、インド、インドネシア、ペルシア、トルコなどの民族解放運動の高まりを「アジアの目ざめ」と称し、更に中国の辛亥革命を特に高く評価した。一九一三年五月一六日、彼は『プラウダ』に「アジアの目ざめ」という一文を発表し、「中国は長期に渡って完全に停滞した国家の典型であると、早くから公認されていたではないか。しかし今、中国の政治は沸き立ち始めて、社会運動と民主主義の大きな波が逆巻きながら発展している」、「民主革命がアジア全体を席巻した」と指摘している。彼は更に、アジアでは「しいたげられ、中世的停滞のなかで野性化した数億の住民が、新しい生活に目ざめ、基本的人権のため、民主主義のための闘争に目ざめたのである」[27]と言っている。レーニンは、「カール・マルクスの学説の歴史的運命」という一文の中で更に「いまさまざまの〝文明的な〟豺（さい）狼（ろう）がきばをといでねらっている偉大な中国共和国の運命がどうなるにしても、世界のどんな力も、アジアに古い農奴制を復活し、アジアおよび半アジア諸国の人民大衆の英雄的な民主主義を地表から一掃することはできないであろう。」[28]と言っている。

辛亥革命がアジアの民族解放運動を鼓舞し、推進し、支持したことについては、大量の歴史の事実があり、実証することができるのである。

例えば、中国の辛亥革命は革命がまさに低潮であったベトナムの革命家達を鼓舞し、新たに奮起して組織させ、ベトナムの民族解放運動の新たなる高まりが現れるのを後押しした。ベトナム革命運動の指導者潘佩珠（ファン・ボイ・チャウ）が、一九一二年初めに中国の広州に来た。続いてその他のベトナムの革命家達も次々とやって来て、二、三ヶ月のうちに百人余りが集まった。一九一二年二月、ベトナムの革命家達は広州沙河にある抗仏英雄劉永福の旧居の劉氏廟に集い、もともとは立憲君主制を主張していたベトナム維新会を、民主共和を勝ち取るベトナム光復会に改組することを決めた。革命の綱領を「仏賊を駆逐して、ベトナムを回復し、ベトナム民主共和国を建設する」として採択した。潘佩珠を総理に推挙し、指導機関を総務、評議、執行の三部に分け、そして光復軍を組織し、国旗、軍旗を制定し、また孫中山が軍票を発行した方法をまねて資金を調達することを決定した。ベトナム光復会が綱領から組織、活動まで、すべて中国同盟会および辛亥革命の直接的影響を受けているのは明らかである。当時、ベトナム人民はさらに家で公然と孫中山と黄興の写真を掲げ、中国革命の指導者への敬慕の念を表していた。

中国の革命を志す人々も、ベトナム民族解放運動を積極的に支持し援助した。一九一二年二月、孫中山は公務多忙の中、南京において潘佩珠に接見し、中華民国臨時参議院の会議を傍聴するよう招待した。黄興も潘佩珠と何度か会談を行い、「我が国がベトナムを援助するのは、確かに我々が辞すことのできない義務なのだ」(29)と語り、さらには、ベトナムの革命家達が若い学生を中国軍の幹部養成学校に入れ、それにより革命の人材を蓄えることを提案した。その後革命を志す多くのベトナムの青年達が広東、広西等の軍事学校に入って学び、ベトナム革命のための軍事的人材を育成した。潘佩珠は南京から広州に戻る途中の上海で、当時の上海都督陳其美を訪問し、陳其美は革命経費四千元および爆弾三〇発等の武器弾薬を贈っている。

ベトナムの民族解放運動の発展を推進するため、孫中山や中国同盟会の積極的な支持のもと、一九一二年八月、中国とベトナム両国の革命家は広州において、ベトナムを支援しフランスに抵抗する革命団体「振華興亜会」を組織し、二〇〇人余りが参加した。中国同盟会会員の鄧警亜が会長を務め、ベトナムの潘佩珠が副会長となった。この会の主旨は「中国を奮起させてアジアを復興すること」で、「第一段階はベトナムを援助し、第二段階はインド、ミャンマーを援助して、第三段階は朝鮮を援助すること」[30]であった。更にベトナム援助軍を組織することを計画したが、後に状況が変化したため実現できなかった。

韓国（朝鮮）の民族解放運動も辛亥革命から大きな影響を受けている。一八九七年朝鮮は国名を大韓帝国と改め、一九一〇年には日本に飲み込まれて植民地となった。多くの韓国の愛国志士は、中国の東北などの地へ亡命した。中国で勃発した辛亥革命は、彼らを奮起させ鼓舞した。ある韓国の革命家はわざわざ南京や上海へ急ぎ、近距離で中国革命を観察し影響を受けて、韓国の民族独立解放の道を探索したのである。例えば、韓国の志士李泰俊が一九一一年末中国へ亡命した動機は、「日本帝国主義の残酷な鎮圧に対する恨みが日増しに深まるとき、天下を揺り動かす大陸の革命軍のニュースに感動したから」[31]というものであった。後に上海韓国臨時政府外務部長を担当した金奎植も、辛亥革命のニュースを聞いて一九一二年秋に上海に亡命した。しかし鄭元沢の場合は、「中国で孫中山や黄興を中心とする革命運動がまさに起こり、韓国の志を持つ青年達も参加した」というニュースに接した後になって、一九一三年初頭に上海、南京へ亡命している。

辛亥革命および中国の革命を志す人々と更に密接な関係を持っているのは、韓国独立運動の指導者申圭植である。彼は一九一一年一一月下旬、中国の武昌蜂起のニュースが韓国に伝わった後、すぐにソウルから出発して鴨緑江を渡り、瀋陽経由で北京に到着した。一二月中旬、更に北京を発ち、天津、済南、青島を経由して上海に到着した。上海で彼は、中国の革命を志している戴季陶が創設した『民権報』の仕事に参加し、またその新聞に文章を発表して、さらに民権新聞社を上海に亡命している韓国人学生の連絡場所とした。申圭植は漢詩を書いて孫中山や黄興に送り、詩の中で「共和の新しい歳月が、再び古い天地を切り開いた、国中の人々は幸福で、中山万歳と尊ぶ」[32]と述べて中国革命と革命指導者を賛美したことがあった。黄興は返信を送り韓国の民族解放運動の支持を表明して、「永遠に韓国人に協力し、迅速に民族開放を成功させて、自由と幸福を共に享受しよう」[33]と述べている。一九一二年四月、申圭植はついに上海で敬慕して久しい孫中山と会った。彼は、孫中山の宿泊していた滙中旅館で、胡漢民の紹介を通じて孫中山に謁見し、孫中山から心のこもった接待を受けたのである。会談の時間は長くなかったが、申圭植を多いに鼓舞し、申は思わず興奮して大きな声で、「中華民国万歳!」、「アジアの初の大統領万歳!」と叫び、一九一二年四月一八日の『民権報』上に「拝謁孫中山記」と題する一文を発表した[34]。申圭植は、上海において更に宋教仁、陳其美などと交流し、上海都督陳其美の援助を受けている。

申圭植ら韓国の愛国志士は、中国の辛亥革命に鼓舞され、啓発されて、韓国民族が国の滅亡を救い祖国を復興する道筋と方法を探し始めた。一九一二年七月、彼らは上海で愛国団体の同済社を組織し、互いに援助し、一致協力して難関を突破することを謳って、韓国人亡命者や若い学生達を団結させて救国活動を展開し、その後独立運動を更に一歩発展させ、上海韓国臨時政府を樹立する基礎を築いたのである。後に申圭植は、一九一九年上海で成立した韓国臨時政府の法務部長と国務総理を担当した。同時に、韓国の革命家達と中国の革命家が連絡を取り、共同で新亜同済社を組織し、宋教仁、陳其美、胡漢民、戴季陶、廖仲凱など多数の中国同盟会の重要人物が参加し、中韓両国の民族解放運動の相互支援や連絡の絆となった。

この他、辛亥革命はまたインドネシアなどの東南アジア諸国の民族解放運動に対しても影響を生み、主に現地の華僑を通して影響を及ぼした。

例えば、中国の武昌蜂起の勃発や中華民国の成立のニュースがインドネシア（当時はオランダ領東インドと呼び、オランダの植民地であった）に伝わったとき、そこに住む多くの祖国を愛する華僑は喜びに奮い立ち、中国革命の成功を祝った。一九一二年二月、ジャカルタ等の都市では、華僑が大通りをパレードし、中華民国の五色旗を掲げ、爆竹を鳴らしたことから、オランダ植民当局の鎮圧に遭った。オランダ植民政府は多くの華僑を逮捕し、さらには旗使用禁止令を出した。中華民国政府が激しく抗議し、またインドネシア華僑が闘争を堅持して、オランダ植民政府は逮捕した華僑の釈放と旗使用禁止令の取り消しに追い込まれた。

辛亥革命は、インドネシア華僑のオランダ植民統治に抵抗する闘争意志を大いに高めたばかりではなく、インドネシア人民の民族解放運動を刺激し推進して、一九一二年にはイスラム連盟などの民族主義組織が設立された。インドネシア独立運動の指導者モハメッド・ハダはある演説の中で、「一九一一年に中国の革命は代々伝わる満州の政権を倒し、これに代わって中華民国とし、欧州の国と平等な権利や地位を持とうとしている。中国大陸で起こったこの偉大な事件が、インドネシア華僑の心の中の民族精神を呼び覚ました。彼らが自尊心に目覚めたことは、彼らの日常行動の中に現れている。そしてこういう情況が、インドネシア人民の心を激しく揺さぶり、更にイスラム連盟によって組織した最初の人民運動が出現するのを促進した」[35]と指摘している。

辛亥革命のインドに対する影響については、これまで研究が比較的少なかった。実は、孫中山、章太炎らは日本に亡命していた期間に、インドの愛国志士らと交流し、イギリス植民地統治に抵抗しているインドの民族解放闘争に関心を持っていた。辛亥革命の後、インドの革命家達は孫中山をいっそう敬慕し、インドの民族解放運動の指導者ガンジー、ゴーシュらはみな孫中山を近代中国の創設者と見做した。インドの革命家ハルカ・ダヤルは、アメリカで孫中山と会談したことがある。一九一三年彼がアメリカのサンフランシスコで太平洋沿岸インド人協会、すなわちカデル党を創立した際、孫中山をこの組織が最も崇敬する世界の民族英雄の一人とした。カデル党の人々はまた、常に孫中山が指導した中国の辛亥革命によって、自らの闘志を鼓舞したのである。この党の指導者の一人ムラー・シンガーは、中国人が共和国を設立できるなら、インド人がどうしてできないことがあろうか、「私達は中国やその他の国が歩んだ道を進み、インドの革命を実現しなければならない」[36]と語っている。

注意を払う価値がある事としては更に、辛亥革命の日本の民主運動に対する影響がある。当時日本の一部の進歩的文化人は、中国革命を声援し、中国が共和制を実行することを支持して、日本政府の中国への干渉に反対する、多くの言論を発表していた。同時にまた、中国革命への同情と支持を通じて、当時の、日本の天皇、軍閥、官僚の専制統治に対する不満や反対を表わし、それを利用して民衆の覚醒を導こうと願った。そのため、中国の辛亥革命は、日本の大正初年の護憲運動と「大正政変」に直接に影響しまた推進したとも言える。

『社会政策』の編集責任者和田三郎は文章を発表し、中国革命への干渉を唱える言論を批判し、もしも中国が日本と同様の君主制を採用しないから干渉するというのであれば、それは他人が自分と同じ帽子をかぶらないからその人の頭を殴るのと同じで、野蛮で粗暴なことであると述べた。彼はさらに、我が国の人民は無知ではあるが、もし目の前に我が国よりも先進の国家が現れ、自由の政治を実施しているならば、我が国とて目覚めざるを得ない。一旦目覚めれば、間違いなく官僚政治を打破することになるであろうと言い、また、鋭くも、今の官僚主義的政治家はこれを恐れて、皇室の安危に名を借りて、中国の共和制に干渉しているではないか[37]とも語った。早稲田大学教授永井柳太郎も、中国の革命を支持するならば、まず日本で国民運動を喚起し、閥族統治を駆逐するべきであると指摘している[38]。

日本では藩閥、軍部が横行し、立憲政治を破壊していたため、広範囲にわたって民衆の怒りが起こり、その上中国の辛亥革命や民主共和思想が刺激となって勢いづき、一九一二年(大正元年)から一九一四年までに巨大なエネルギーの二度にわたる護憲運動が勃発し、二期の軍閥反動内閣を倒し、日本の歴史上では、「大正政変」或いは「大正維新」とも呼ばれている。ちょうど日本で護憲運動が盛んに展開している最中の一九一三年二、三月に、孫中山が調査のため来日し、また各地へ行って演説して、中国革命の経験と共和政体に至るいきさつを紹介した。これが日本における護憲運動の火に油を注いだことは疑う余地がなく、日本国民が民主的な護憲政治を勝ち取る闘争に、積極的な影響をもたらしたのである。ある日本の詩人はわざわざ「孫逸仙に與ふる詩」と題して、「嗚呼一世の鼓吹家よ無冠の革命王孫逸仙!/君乞ふらくは淹留二月春深く/日本憲政花開き、櫻花を待って一枝を土産に還り給へ」[39]と書いたが、これは日本人の孫中山に対する敬慕と護憲運動の勝利を期待する心情を反映している。学者の稲垣伸太郎は、「大正新時代における新しい政治の一つは、藩閥、官僚というこれら明治時代から残っている弊害を取り除き、政治上の一大革命を行ったことである。つまり、大正維新は第二の中国革命を意味している」[40]と考えている。

四

辛亥革命の世界的意義は、それがまた世界中の思想に影響を与えたことに現れている。とりわけ孫中山が提出した三民主義思想及びアジアの復興、世界大同、天下為公(天下は公のものである)等の思想や主張は、アジアに対して、延いては世界各国にまで巨大で深遠な影響を生んだのである。これも真剣に発掘し詳しく説明する価値がある。

孫中山の三民主義思想は、当時アジアの民主主義革命や民族解放運動の思想家が提唱した思想・主張の中で、最も内容が豊富で、完成しており、また最も大きな影響をもたらした思想である。

レーニンは、一九一二年七月一五日、ロシアの『ネフスカヤ・ズヴェズダ』上に「中国の民主主義とナロードニキ主義」という一文を発表し、孫中山の三民主義革命の綱領に対して高い評価を与えた。彼は、「戦闘的な、真の民主主義が、孫逸仙の政綱の行間にしみこんでいる」、「そこには共和制の要求をかかげた完全な民主主義がある。そこには大衆の生活状態、大衆の闘争にかんする率直な問題提起、被搾取勤労者にたいするあつい同情、彼らの正しさ、彼らの力にたいする信頼がある」、「われわれのまえには、自分自身の幾世紀にもわたる奴隷状態をなげくばかりでなく、自由と平等を夢想するばかりでなく、またじつに幾世紀もの中国の抑圧者とたたかう道を知っている真に偉大な民族の、真に偉大なイデオロギーがある」(41)と指摘した。同時に、レーニンは孫中山の民生主義経済綱領における無政府主義と空想社会主義の傾向を深く分析し、「中国の民主主義者がヨーロッパにおける社会主義に心から同情しながら」も、取り出したのはむしろ「最大限に資本主義的な農業綱領」(42)であったと指摘した。レーニンは更に、中国における将来の無産階級政党が、孫中山の小資産階級の空想的観点を批判する際は、「きっと、彼の政治綱領と農業綱領の革命的=民主主義的核心を注意ぶかく取りだし、まもり、発展させるであろう」(43)と戒めている。レーニンのこれらの論断は、我々が十分に理解し深く考える価値を持つものである。

孫中山の思想は、彼が日本に亡命した時には、とっくにアジア各国の革命的青年達から高い評価を受けていた。当時、孫中山と付き合いのあったフィリピン民族解放運動の指導者ポンセは、一九一二年にマニラで『孫逸仙――中華民国の創建者』という一冊の本を出版し、孫中山は冷静かつ理想的思想家、演説家である、と心から称賛した。「孫中山は極東各国の共通問題を総合して研究することに優れている。そのため、彼は朝鮮、中国、日本、インド、シャム、フィリピンからやって来た若い学生を熱心に鼓舞する者の一人となった」(44)と彼は書いている。

孫中山の三民主義思想がアジア諸国へ与えた影響については、典型的な一つの例を挙げることができる。

インドネシア民族解放運動の著名な指導者であり、インドネシア共和国の創建者であるスカルノは、彼が如何に深く孫中山の三民主義思想の影響を受けたか、かつて何度も語っている。一九五六年一〇月四日、スカルノ大統領は訪中期間に清華大学で演説した中で、「青年時代に、私は三民主義を読んだことがあります。それもただ一度ではなく、二度も、三度も、四度も、最初から最後まで詳しく三民主義を読んだのです。一人の青年として、私は孫逸仙博士が提出した三民主義に鼓舞され、三民主義すなわち民族、民権、民生が私の魂を奮い立たせたのです。」[45]と回想して語った。スカルノは更に、後に彼が孫中山の三民主義の思想とその他の理論およびインドネシアの実情とを互いに結合して、一九四五年に提出した「五民主義」――「パンチャ・シーラ」(すなわち「インドネシア建国の五原則」)になったことを述べている。

一九五六年八月一五日、スカルノはジャカルタで宋慶齢のために開いた政府主催の宴会における演説中で、「私はかつて三民主義を何度も読んだことがあります。それは、私が戦い、我が国と人民を愛するように、奮い立たせたのです」と語った。彼は更に、孫中山の著作を読んだ後で、初めて「アジアは一家」という考えを知ったのだと語った。「孫中山は中国の指導者であるばかりではなく、さらにアジア全体の指導者でもある」[46]と彼は認めているのである。

スカルノは更にインドネシアの記者陳盛智に対して「自分は一八歳から、イスラム連盟に参加し、その時は何が民族主義であるかも分からず、後になって孫中山先生の学説を拝読し、やっと民族主義の重要性を知ったのです。孫先生の民族主義は、単に中国のためだけではなく、アジアのすべての弱小民族に適用するのです。だから私が敢えて言えば、孫先生の理想を実現しようとするなら、アジアには統治される植民地が一つもないように必ずしなければなりません。そのためには、私は中国に対して極めて大きな望みを託し、中国が解放独立を求めるアジア民族を援助してくれるのを希望しているのです」[47]と語ったことがある。

孫中山の三民主義およびアジアの振興、世界大同、天下為公などの思想は韓国、ベトナム、フィリピン、インドなどの国の革命家がみな影響を受けたが、ここではこれ以上には例を挙げないことにする。

総じて、辛亥革命の世界的意義は、やはり絶えず開拓し深く掘り起こす必要がある、依然としてとても大きな潜在力を持った一つの課題であり、私達が更に一層探究する意味がある。世界各国の学者が各種の外国語の資料を発掘し、利用して、共にこの課題を探究することを願っている。

註

(1) 劉望齢輯注『孫中山題詞遺墨汇編』、華中師範大学出版社、二〇〇〇年、二一七頁。
(2) レーニン「革新された中国」、『プラウダ』一六三号、一九一二年一一月八日、『レーニン全集』第一八巻、大月書店、一九六八年、四三〇頁。
(3) レーニン「カール・マルクスの学説の歴史的運命」、『プラウダ』五〇号、一九一三年三月一日、『レーニン全集』第一八巻、大月書店、一九六八年、六二九頁。
(4) レーニン「アジアの目ざめ」、『プラウダ』一〇三号、一九一三年五月七日、『レーニン全集』第一九巻、大月書店、一九六八年、七三頁。
(5) 蜜勒「民主政治与遠東問題」、滻巨光「日本対中国辛亥革命的態度」からの引用、『国外中国近代史研究』第二輯、中国社会科学出版社、一九八一年、三二八頁。
(6) 「在漢口松村總領事ヨリ林外務大臣宛」(電報)(一九一一年一〇月一一日)、日本外交文書七〇、第四十四巻、第四十五巻「別冊清國事變(辛亥革命)」、外務省、一九六一年、四六頁。
(7) 「在清国伊集院公使ヨリ内田外務大臣宛」(電報)(一九一一年一〇月二八日)、日本外交文書七〇、第四十四巻、第四十五巻「別冊清國事變(辛亥革命)」、外務省、一九六三年、三七七頁。
(8) 信夫清三郎編『日本外交史一八五三―一九七二』I、毎日新聞社、一九七四年、二五〇頁。
(9) 徳富蘇峰「對岸之火」、『国民新聞』一九一一年一一月一二日。
(10) A・M・波列『日本の外交政策』、ロンドン、一九二〇年、六四―六五頁。
(11) 「在清国伊集院公使ヨリ内田外務大臣宛」(電報)(一九一一年一二月二三日)、日本外交文書七〇、第四十四巻、第四十五巻「別冊清國事變（辛亥革命）」、外務省、一九六一年、四五一頁。
（12）「内田外務大臣ヨリ在清国伊集院公使宛」（電報）（一九一一年一二月二四日）、日本外交文書七〇、第四十四巻、第四十五巻「別册清國事變（辛亥革命）」、外務省、一九六一年、六〇四頁。
（13）「内田外務大臣ヨリ在清国伊集院公使宛」（電報）（一九一一年一二月二六日）、日本外交文書七〇、第四十四巻、第四十五巻「別册清國事變（辛亥革命）」、外務省、一九六一年、四六八頁。
（14）信夫清三郎編『日本外交史一八五三―一九七二』Ⅰ、毎日新聞社、一九七四年、三七六頁。
（15）『大阪朝日新聞』一九一一年一〇月二七日。
（16）『報知新聞』一九一一年一一月一四日。
（17）「高拉爾徳致陸軍部長先生」（一九一二年三月二二日）、法国陸軍部档案、『辛亥革命史資料新編』第七冊、湖北人民出版社、二〇〇六年、四一六頁。
（18）「朱爾典爵士致格雷爵士函」（一九一二年一二月二八日）及び同「附件二、同文照会」、『英国藍皮書有関辛亥革命資料選訳』上冊、中華書局、一九八四年、二六九―二七〇頁。
（19）「裴格致外交部長先生」（一九一一年一二月八日）、法国外交部档案、『辛亥革命史資料新編』第七冊、二三八頁。
（20）「朱爾典爵士致格雷爵士函」（一九一一年一一月二七日）、『英国藍皮書有関辛亥革命資料選訳』上冊、八七頁。
（21）「朱爾典爵士致格雷爵士函」（一九一一年一一月二四日）、英国外交部档案、『辛亥革命史資料新編』第八冊、一〇〇―一〇一頁。
（22）「朱爾典爵士致格雷爵士函」（一九一一年一一月二〇日）、『辛亥革命史資料新編』第八冊、一〇六頁。
（23）楊日旭「美国国務院外交関係文書中関於中山先生的記載」、『孫中山先生与近代中国学術討論集』第二冊を参照、台北、一九八五年、二〇一頁。
（24）楊日旭「美国国務院外交関係文書中関於中山先生的記載」、『孫中山先生与近代中国学術討論集』第二冊を参照、二〇一―二〇二頁。
（25）「外交大臣呈尼古拉二世奏章」（一九一二年一月一〇日）、『俄国外交文書選訳』二五七―二五八頁、中華書局、一九八八年。
（26）「代理外交大臣致駐北京公使廓索維慈」、『俄国外交文書選訳』、二〇〇頁。
（27）レーニン「アジアの目ざめ」、『プラウダ』一〇三号、一九一三年五月七日、『レーニン全集』第一九巻、大月書店、一九六八年、七三頁。
（28）レーニン「カール・マルクスの学説の歴史的運命」、『プラウダ』五〇号、一九一三年三月一日、『レーニン全集』第一八巻、大月書店、一九六八年、六二九頁。
（29）『潘佩珠年表』、七八頁、陳錫祺主編『孫中山年譜長編』上冊、中華書局、一九九一年、六六九頁を参照。
（30）『潘佩珠年表』、八四頁、楊万秀、周成華『孫中山与越南』からの引用、林家有、李明主編『孫中山与世界』、吉林人民出版社、二〇〇四年、五六一頁を参照。

(31) 裴京漢「武昌起義後中韓紐帯的開始」、『辛亥革命与二十世紀的中国』、二〇二九頁。

(32) 裴京漢「武昌起義後中韓紐帯的開始」、『辛亥革命与二十世紀的中国』、二〇四三頁。

(33) 裴京漢「武昌起義後中韓紐帯的開始」、『辛亥革命与二十世紀的中国』、二〇三一頁。

(34) 『拝謁孫中山記』、『民権報』、一九一二年四月八日、一一頁。

(35) 周南京『印度尼西亜華僑華人研究』、香港社会科学出版社有限公司、二〇〇六年、九一頁。

(36) 古普塔『印度革命運動史』、ムンバイ、一九七二年、四二頁。林承節『中印人民友好関係史』からの引用、北京大学出版社、一九九三年、九九頁。

(37) 和田三郎「国際上の社会政策」、『社会政策』一九一一年一二月号。

(38) 永井柳太郎「支那人に代りて日本人を嘲る文」、『中央公論』一九一三年一月号。

(39) 児玉花外「孫中山に與ふる詩」、『太陽』一九一三年三月号。

(40) 稲垣伸太郎「中国革命和我們的閥族政治」、『日本及日本人』一九一三年一月一五日。

(41) レーニン「中国の民主主義とナロードニキ主義」、『ネフスカヤ・ズヴェズダ』第一七号、一九一二年七月一五日、『レーニン全集』第一八巻、大月書店、一九六八年、一六五頁。

(42) レーニン「中国の民主主義とナロードニキ主義」、『ネフスカヤ・ズヴェズダ』第一七号、一九一二年七月一五日、『レーニン全集』第一八巻、大月書店、一九六八年、一六八—一六九頁。

(43) レーニン「中国の民主主義とナロードニキ主義」、『ネフスカヤ・ズヴェズダ』第一七号、一九一二年七月一五日、『レーニン全集』第一八巻、大月書店、一九六八年、一七〇頁。

(44) 彭西「孫逸仙——中華民国的締造者」、周南京『菲律賓与菲華社会』、香港社会科学出版社有限公司、二〇〇七年、一七九頁からの引用。

(45) 「清華大学におけるスカルノの演説」（一九五六年一〇月四日）、『新華半月刊』一九五六年第二一期。

(46) 「宋慶齢を招待した国宴におけるスカルノの演説」（一九五六年八月一五日）、周南京、孔遠志主編『蘇加諾、中国、印度尼西亜華人』、香港社会科学出版社有限公司、二〇〇三年、一一九頁。

(47) 「スカルノとインドネシア華人記者陳盛智との談話」（一九四七年）、周南京、孔遠志主編『蘇加諾、中国、印度尼西亜華人』、香港社会科学出版社有限公司、二〇〇三年、一一六頁。

辛亥革命と近代民権政治の困難

郭　世佑

辛亥革命が反満の目的を達した日、それは近代民権政治の正式な幕開けの時であった。中華民国建国以来、民権政治は絶え間ない波風にさらされ、その意義も様々に解釈され、後世の建設者たちや研究者たちも見解はそれぞれで、混乱したまま現在に至っている。辛亥革命の進展を整理することから始め、辛亥革命の大きな波はどのように生まれたか、また近代民権政治はどのようにもたらされたか、実際の効果はどれほどだったかを重点的に考察するのは、特定の党派の立場や、革命者の意思と非革命者の品格に拘泥するのでなければ、近代中国民権政治がいかに困難で得難いものか、いかに任重く長い道のりであるかを、一層体得する助けとなるかもしれない。

一　反満と民権政治の必然

周知の通り、清朝の統治者は関外の満州族が出自であり、中原に入ってから自身の漢化は徐々に進み、国家統治方法では儒家と法家を兼用する漢族の伝統的方式、すなわち君主専制を採用した。但し権力の分配と支配においては、清朝は漢族防備を基本的国策とし、満州族と漢族との矛盾が表面的に徐々に露呈する傾向にあったが、満漢両民族は各自の記憶と感情世界を全体として失ったわけではない。江蘇・浙江地区では、死者の入棺前になお、明朝時代に流行した漢族の衣装を着けなければ葬式を行えなかった。蒋夢麟の『西潮』には、彼の故郷である浙江省余姚市のこうした習俗を詳しく紹介している。歴史の記憶はもともとこのように固定したものだったのである。

「数千年来で最強の敵」を迎えた危機的局面において、漢族防備を基本的国策とする権力分配体制は、確かに漢族の民族的感情を刺激するものだった。ひいては種族主義的観点から満州族統治の合法性に疑問を投げかけ、反満民族主義の思潮が国と民族の危機に伴って盛り上がっていったことは事実である。このほか、西欧列強に度々うまく立ち回られ、君主専制の諸々の弊害も顕著になった。一部の先進的な知識層は、「その人の道を以てなおその人の身を治む」という旧来の手法を借り、「夷狄の進んだ技術を学んで夷狄を制する」という理念を抱いて、小農文明から派生した個人的権利意識の希薄さなどの国情の欠陥を乗り越え、国の存亡の危機を救うという名目の下、政治体制改革を呼びかけ推進し、ひいては革命的手段も辞さず、君臣間の壁を壊し、民権政治を発動し、革命・建国を実行して、直接に憲政体制を導入した。これらすべては、もとより自信を欠いており、満州族の皇統も徐々に衰退しつつあった清朝の統治者にとって尋常ならざる試練であり、薄氷を踏む思いであったであろう。もしも国民が西欧列強から全く新しい政治体制を学んで、それが立憲君主制であろうと民主立憲制であろうと、それで皆が大いに喜んだかどうかは恐らく問題であろう。清朝の統治者が国情を言い訳に政治体制の改革を先延ばしにするのは、もちろん妥当を欠き、最後に割を食ったのはやはり清朝の統治者自身であったが、立憲君主制にしろ民主立憲制にしろ、それ相応の国民的素養と社会的基盤が必要なことは確かで、好事魔多しで、さもなくば、単に「速やかならんと欲すれば則ち達せず」となるしかなかった[1]。

清朝が義和団事件を利用して排外主義を支持し、八か国連合軍が北京に侵攻して血なまぐさい虐殺を行ったことで、多くの災厄を抱えた中国を二〇世紀に引き入れ、狼狽して西へ逃げた西太后と光緒帝が再度神聖な輝きを失ったことで、人心の変容を招いたことは避けがたいことだった。大人で落ち着いた両江総督・劉坤一も、「今回の傷まことに大きく、実に亡国に異ならない。[2]」と言っている。職業的革命家である孫中山は、後に一八九五年一〇月の広州蜂起と一九〇〇年一〇月の恵州蜂起との民心の変化を振り返り、同じように失敗した蜂起だが、民衆の反応はすでに大きく異なっていた、と感慨深く述べている。乙未の年（一八九五年）の広州蜂起で失敗した時は「挙国の世論、我らをもって乱臣の賊、大逆不道と見なさない者はなく、呪詛漫罵の声が耳に絶えなかった」が、庚子の年（1900年）の恵州蜂起失敗後は、「一般人が非難の声を挙げるのを聞くのは少なく、有識の士はましてや多く我らがために扼腕嘆惜し、その事が成功しなかったことを残念がった。前後を相比べると、差は天地のようだ」と言う。このため孫中山は「心中のなぐさめは言い表すべくもなく、国民の迷いも徐々に覚醒の兆しあり」と述べている。[3]

「韃虜を駆逐し、中華を回復する」とは、当年、朱元璋が蒙古民族の支配による元朝を転覆させる時に使った既存のスローガンであった。孫中山はこれを借りて天下に号令し、満州族の支配による清朝の統治を覆すことを目指した。楊度は『民報』と『新民叢報』の論戦を読んだ後、梁啓超にこう言っている。反満革命を主張する孫中山らは「全員が漢民族であり、本来の意味での民族主義を持つことはできないから、これを一つの手段としているにすぎない。民族主義を手段としなければならないのは、実際には民主主義が目的であるからだ[4]」。長年に渡って、多くの著作が楊度のこの見方を踏襲しており、辛亥革命の民主革命または政治革命としての価値と意義に重きを置いてきた。しかし楊度はその一を知ってその二を知らぬと言わねばならない。革命党の人々にとって、反満主義は民主革命の手段であると同時に、革命の目的でもあったのである。

「中華民族」は近代以降の概念ではあるが、中華民族の一群は古来からの実体であり、漢人、漢族、華夏族はそもそもが流動的な概念であり、非漢族の強者が中華の主となるのは清朝だけの特例ではなく、満州族による権力掌握の合法性に問題はない。孫中山の手紙や原稿、演説記録を見ると分かるが、彼の「反満」宣伝には満州族に対する偏見と蔑視、さらに濃厚な人種差別主義的が入り混じり、他の反清朝の闘士たちと互いに影響し合っている。孫中山が「五族協和」を唱えたのは、清朝の転覆がすでに事実となり、国家建設の青写真をもう一度作り直さねばならなかった時のことである。孫中山は満州族の人々を常に「満胡」、「満州韃子」、「満奴」、「満賊」、「満虜」、「韃虜」、「清虜」、「胡虜」、「逆胡」、「異族」、「異種」、「外国人」、「外国から来た満州族」と呼び、清朝皇帝を「客帝」、「野番」と呼んだ。また清朝を「虜朝」、「異族政府」、「外国政府」と呼び、「満州政府」が「支那政府」とイコールでないこと、「大清国」が「中華国」と異なることを強調し、漢族を「皇漢」、漢人を「亡国の民」と自称し、君主立憲制を主張する者を「漢奸」[5]と見なして、「種族性から発する」民族主義を強調した。一九〇四年に致公堂章程を改訂した時は、「漢を興し仇を討つ」とまで主張し、多くの感情的で過激な言葉は孫中山の漢族至上主義的要素を表している。それらは事実でないばかりか、満州族貴族の専制統治下にいた普通の満州族人民の感情も傷つけることになった。梁啓超はかつて、民族融和の歴史的事実を根拠として同盟会の人種差別主義的感情を批判し、多くを政治的観点から論じることを求め、「数千年来の人民の賊」をより注意すべきであり、単に人種的観点から論ずるべきではなく、二〇〇年余りだけを重視すべきだという。梁啓超の批判には、的を得た意見が少なくない。「朝廷」と「国家」に対する彼の概念的な区別は、孫中山の「大清国」と「中華国」の区別に比べて実際的で鋭いものがある。だが、これは問題の一側面に過ぎない。満州族貴族は、軍を率いて中原に侵攻した時から、漢族に対して一貫した民族圧迫政策を推進しており、満漢の線引きを無くそうと主張した戊戌変法と「新政」期間においてさえ実質的な変化はなく、それゆえに国の人口の圧倒的多数を占める漢族の積年の恨みは深く、満州族貴族が作り出し、拡大し、激化させてきた満漢の矛盾が非常に突出したものであったことも事実である。満州族貴族は当時先進的だった漢族文化を謙虚に受け入れ、満州族の漢化を強力に推し進めてはきたが、だからと言って満州族と漢族の矛盾がなくなったり、緩和されたわけではなかった。華興会蜂起の報が漏れた時も、龍湛霖は刑部侍郎の重職にありながら、自宅に最重要指名手配犯の黄興（すなわち黄軫）を匿っており、黄興はまた龍家子弟の協力の下、無事に長沙まで逃げている。四川按察使だった趙藩は、決起を謀った四川籍の同盟会員・謝奉琦を厳罰に処さなかったばかりか、逆に逮捕後の謝の勇気ある態度に感服し、全力で救出することを決意した。救出が不首尾に終わると、憤激して職を辞している(6)。

理屈から言えば、高度に集権化された君主専制国家が対外戦争において発揮できる威力とエネルギーは、往々にして優勢で効率的である。残念ながら、満州族貴族の統治下にあった近代中国では、この種の長所が一貫して発揮されず、逆に短所ばかりが目立ち、何度も打撃を受け、威信は地に落ちた。その原因を追究すると、満州族貴族が長年に渡って行ってきた民族圧迫政策との関連は否定できない。相次いで名将や国土を失った後も、清朝の統治者は前非を悔いて政治に励むことなく、安逸な暮らしを貪り、しばしば改革を拒否したが、これは満州族の権力者が改革を恐れ、大権を奪われることを恐れる弱い心理と無関係ではない。満漢の矛盾が存在することで、漢族を主体とする中国臣民が列強の侵入に抵抗する信念と力量は大幅に削がれ、また「夷狄の進んだ技術を学んで」早期に近代化するという歴史過程を牽制し、妨げたことは明白である。満漢の矛盾は、中国人民が国の独立と民衆の幸福を追求する主要な障害となり、根本的な解決に向けて一刻の猶予も許されなかった。このため、孫中山が唱える反満の呼び声には、かなりの漢民族至上主義的情緒が混じっており、それは退けるべきものであるが、中華民族全体の利益から見て反満民族主義自体は必要で、ある程度合理的でもあった。しかも、孫中山は『民報』創刊一周年記念大会において、この問題に特に言及し、鋭くもこう補足しているのである。民族革命とは、満州民族を殲滅しようとするものではなく、革命者は満州人全員を恨んでいるわけではない。ただ漢民族を害する満州人を恨んでいるだけだ、と。

経済学者の王亜南は、中国官僚政治を研究する際に、こう指摘している。「もしも当時の中国統治者が異民族の愛新覚羅王朝ではなく、同民族の他の王朝だったら、社会の転換期において民族間の猜疑と軋轢が一つなくなり、もしかしたら比較的容易に日本のような立憲制へ歩みを進められたかもしれないし、中国伝統の専制官僚による政治形態からも、違う方式で歴史的な転換が行われていたかもしれないし、官僚政治そのものに最も必要な形式上の体面が保たれていたかもしれない。だが、最高統治階層の愛新覚羅王朝が異民族として中原の主となったため、当時、覚悟や時代認識を多少とも持っていた漢族の臣民も、最後の最後まで君主の神聖なる大権に関わる政治革新を提言できなかった。しかし満州族はといえばこの生死の境目においてすら、被支配者である漢族に有利で、自らの統治には不利な、いかなる性質の政治革新をも恐れたので、彼らは専制官僚政治のあらゆる弱点を暴露し尽くし、全ての膿を出し切ってから、ようやく中国政治の舞台から姿を消したのである」。

それ故に、孫中山らが民族革命実現の後に実施できた政治革命案は、伝統的君主制の転覆を前提とした民主立憲制度でしかなく、梁啓超らがかつて期待した君主立憲制ではあり得なかったし、漢族の中から君主を立てることも不可能であり、新たに皇帝統治を造るのは言うは容易しく、行うは難しいことであった。伝統的君主制は、満漢の矛盾解決と、満州族貴族が受け継いできた腐敗した朝廷の滅亡に伴って歴史のごみ箱に捨てられ、清朝の最期を飾る最も古く、かつ最も人の目をくらませるような副葬品となったのである。

二　訓政の構想と失敗

一九一一年武昌蜂起を起点とする辛亥革命は清朝転覆の総動員令となり、民権政治の契機は南方の革命党員たちの矜持において慌ただしくやって来た。袁世凱の専制独裁と軍閥の混戦で民権政治は苦境に立たされ、社会の動乱の中で辛亥革命もまた、袁世凱の時代に逆行した振るまいの道連れにされ、ののしりを受けた。孫中山は辛亥革命のリーダーとして、また中華民国の建国者として、申報館の求めに応じて寄稿しなければならなくなった時、慎重になって原稿を提出するのが最も遅く、翌年一月二九日まで引き延ばしてようやく「中国之革命」と題する文を書き上げた。

孫中山はこの文章の中で、まず辛亥の役は、「中国の大事であり、その得失利害は今後の国民全体の禍福に大きく影響するので、深く論じねばならない」と強調している。その価値は以下の二点であるという。「一つ目は二六〇年余りの恥辱を濯ぎ、国内の諸民族すべてを平等として、二度と反目や不和を起こさないこと、二つ目は四千年余りに渡る君主専制の痕跡を完全に絶ち、民生の安定を茲に始める事になる。この戦役を経て、独立を求める中国民族の性質と能力を毅然として世界に示し、動揺してはならない。この戦役を経て、中国の民主政治は既に国民の公認するところとなり、今後、帝政復活などという幻想は全国民の怒りを買い、存在できなくなる。その結果の偉大なること、実に中国史上に特筆大書し、百代に渡ってその利を得ると言うに足るものである」。だが「結果の偉大なること」を述べた後、革命が失敗に終わったことも認め、さらには「一二年来、民国の名のみがあり実がなかったのは、すべてこの戦役が原因である」(7)とさえ述べている。

なぜ革命後、革命を推進すればするほど混乱に陥ったのか。それは孫中山に言わせれば、「軍政期から一気呵成に憲政期に至ったためで、革命政府に人民を訓練する時間を全く与えなかった上に、人民にも自治能力を養う時間を全く与えなかったから」である。彼によると、「軍政期および訓政期において、最初に最も重視されるのは県を自治単位とすることで、そうして初めて民権政治のスタートができ、主権在民の規定が空文とならずに済む。現在はこの点を軽視したがために、その弊害は筆舌に尽くしがたいほどになった」。言い換えると、中華民国が、彼の当時構想していた「訓政」の考えによることがなかったということである。

論戦の約三年前、孫中山は「軍法――約法――憲法」という三段階の構想、すなわち「革命段階論」を提示していた。彼は言う。約法とは軍政府と地方政府が互いに契約を結ぶ方法で、期間は五年とする。軍政府は地方自治を約束し、「地方は学校や警察、道路の整備といった政策をどうするか、一県あたりどのくらい兵を出すか、軍費を出すかといった約束をする」、「地方にこの任に当たる人がいれば、軍政府の統制を受け、いなければ軍政府はこの任に当たる人間を選ぶ」。地方は「軍政府と約束し、戦時は各々軍費を出して敵と戦い、戦争が終われば駐屯する以外は各地に撤兵する。軍の指揮官が約束を違えれば、地方は軍費を引き上げ、軍費を出さない地方があれば、軍政府は他の地方と共にこれに懲罰を与える。これが、地方自治と軍政府との契約である[8]」。

孫中山がこの約法の順序を構想したのは、彼が共和制そのものを主張した理由と同じで、彼が考慮した重要な点は、革命により軍部が力を得た後、群雄が権力と地位を奪い合う事態となり、洪楊、洪石（太平天国における洪秀全と楊秀清の対立、石達開の洪秀全からの離脱を指す）と同じ轍を踏むことで、これは彼が最も頻繁に語っている点である。まず民衆の国民としての資格をどのように訓練し、民主の資質を向上させるか、ということは彼にとって二の次であり、それがこの構想の不備な点と言える。反満の次は民権政治を行わざるを得ないのに、民権政治を推進するには条件が成熟していないのは、二重の困難と言うべき状況であった。

暴力的革命に反対する梁啓超に回答するために、孫中山らは文明的革命を行えば列強の干渉を招くことはなく、革命後に共和制を推進すれば、革命者の権力争いから内乱に至るのを防げることができると強調した。人民の資質がまだ低い水準にあるため共和制は無理だと追及する梁啓超への回答としては、孫中山は我々人民のレベルは諸外国よりも高いと言っているが、このような回答は明らかに強引であり、梁啓超に弱みを握られているのである。

梁啓超の「開明専制論」が世に出る前、陳天華は「思黄」という筆名で『民報』第一号に「論中国宜改創民主政体」を発表し、「開明専制」を唱えたことがあった。彼は、日本留学生の取締りに憤激し、海で投身自殺をする前に「到湖南留学生書」を残しており、そこでもやはり「開明専制」等の言葉が見られる。梁啓超は「思黄」が陳天華だとは知らなかったが、「論中国宜改創民主政体」には非常に注目しており、陳天華の「到湖南留学生書」も読んでいた。梁の「開明専制論」の冒頭でこう言っている。「この文は陳天華烈士の遺書に「中国を救おうと欲すれば、必ず開明専制の語を用いるべし」との言葉があったため、その理由を発展させたものであり、これはまた私が近年来抱いている意見でもある」。梁氏は陳の言葉を借りて自論を展開したが、陳天華の反満という前提は避けて語っていない[9]。

長年に渡り、孫中山の「革命段階論」、特にその中の「訓政」理論については、多くの論述が批判的態度を取ってきた。「訓政理論の消極的要素は、人民大衆の力と知恵を過小評価していることである。この点について大方の認識は一致している」と言うのである。近年では、こうした姿勢をはっきりと堅持している著述は少なくなったが、このような論点をきちんと整理した論述もなく、一体、人民大衆の力と知恵をどのように評価すれば過小評価ではないのか、小農文明に浸りきった民衆の資質を高く評価するのは適切なのか、共和制の確立にはそれ相応の民衆の資質が必要なのかなどは、避けて通れない実際的問題である。

辛亥革命成功後、革命党の人々はなぜ訓政を行わなかったのか、なぜまず地方自治を実施しなかったのかを、孫中山は「中国之革命」の中で答えていない。実際には当時の情勢から見て、その意志がなかったわけではなく、不可能だったのである。一九〇七年に章太炎が東京同盟会本部で反・孫中山の風潮を巻き起こしてから、孫中山は海外での資金集めと華南地区での武装暴動に専念し、同盟会の組織立て直しを軽視し、さらに一九一〇年には、南洋地区で陶成章の分裂活動と中傷に様々な手段で対抗しながら、もう一方では「中華革命党」の旗印を使い始め、同盟会の四句一六文字の綱領を三句一八文字に改めた。科学補習所から文学社、さらに文学社と共進会の連合まで、長年武漢の兵営に根を張りそこで行動を起こすことを考えてきた武昌蜂起の発動者と参加者たちは、孫中山と直接の連絡をとっていなかった。これは事実であり、孫中山本人にとってさえ「武昌の成功は、予想外であった」と感じている(10)。

それのみか、武昌蜂起が勃発した時、孫中山は太平洋の向こう岸、コロラド州デンバーにおり、武昌で革命新軍が旗揚げしたことをホテルの新聞で知ったが、それでもすぐ帰国しようともしなかった。なぜなら彼は、自分がこの革命の波における中心人物ではなく、自分でなくともよいと考えていたからである。その後、彼は英仏を回って外交上の意思疎通を図り、南方での反清朝革命勢力が上海で議会組織を成立させ、黎元洪または袁世凱を大総統に推挙しようとしていることを知り、一一月一六日、上海の『民立報』を通じて民国軍政府に電報を打ち、こう言っている。「上海に議会組織ができたことを知り喜んでいる。総統には黎君が推されるだろうが、黎君は袁君を推薦していると聞き、またそれも良いと思う。いずれにしても宜しいように決めると良いが、早く国の基礎を固めてほしい。清朝時代の権勢や利益争いには、国民も長く嫌悪を抱いている。今後の社会は工商、実業面で競って、新中国のために新たな局面を開くべきである(11)」。彼は自らの英国人教師であるカントリーにも、自分が国内の政局について「気にしていない(12)」と述べており、米国人記者の取材を受けた時には、自分は既に歴史的使命を終えたとまで言っている。彼は言う。「中国人にも高い素養を持つ人物は大勢おり、彼らには新政府を組織する能力があると私は信じている。彼らは、旧中国の王朝を共和国へと転換させる、緻密で着実な計画を早くから立てていた」、「私が今後、中国の名目上の指導者となろうが、あるいは袁世凱や他の人と連合しようが、私にとっては重大なことではない。私はすでに自分の使命を全うしたのだから[13]」。

だがそうは言っても、孫中山は上海到着前の一二月二一日に香港に立ち寄り、胡漢民と親しく語り合う中でこう語っているのである。「革命軍が急激な蜂起で、今は近寄りがたい勢いを持っており、列強は慌てて何の策もないから、従来からの局外中立の慣例を守り、干渉せずにいるしかない。だがもしも我が方の形勢が頓挫した場合は、そうはうまくいかないかも知れない。太平天国の時のゴードン、バージェヴィンはこの種のやり方が多かったから、どうして心配せずにいられようか。袁世凱が信じるに値しないのは当然だが、私はだからこそ利用して、彼に二六〇年余り続いた貴族専制の満州を転覆させれば、兵一〇万を用いるよりも賢明だと思っている。たとえ袁世凱が満州族の後継者として悪を為しても、その基盤は清朝に遠く及ばず、これを覆すのは易しい。故に今はまず円満に一段落させるのがよい[14]」。南京で臨時大総統に就任する前にも、孫中山は袁世凱に電報を打ち、自らは「席を空けて待つ心境」だと述べ、「大計を早く定め、四億の人々の渇望を満たすことを望む[15]」と、袁世凱の誤解を招くことを恐れている。孫中山の譲位については単に約束を守ったにすぎず、後世の研究者たちが説明したように「名利に淡泊である」という品格とはあまり関係がなく、また後に、孫中山が「私の辞職は大きな政治的過ちだった。このことが政治にもたらした悪影響は、ロシアでコルチャックやデニキン、ウランゲルがモスクワへ行ってレーニンに取って代わったら起こったであろうことと同じだ[16]」と語ったほど重大なことでもない。

武昌蜂起の勃発から、武漢の防衛戦を経て、南方各省の代表が武漢と上海で論争を繰り返すまで、そして南北双方の代表が絶えず協議を行うに至るまでの丸二か月半、孫中山はずっと現場におらず、ただ黄興と黎元洪の間で大元帥選びが硬直し頓挫した際にようやく姿を現して、過渡的な臨時大総統の座に着き、袁世凱が清朝の皇室と決裂するのを静かに待っていただけである。辛亥年の武昌蜂起を最高潮とする辛亥革命の指導者が、他の誰でもなく同盟会総理であった孫中山だと言うのは、やはり強引に過ぎるであろう。

三　近代民権政治の困難

率直に言って、民主・自由の思想観念や国会・憲法等の政治制度は、全て中国の社会経済の発展や文化的蓄積の産物ではなく、「夷狄の進んだ技術を学んで」得たものであり、近代中国における辛亥革命について言えば、清朝転覆と民国建設は一枚のコインの裏表、一つが原因ならもう一つが結果であった。

武昌蜂起成功の報が大西洋の向こう岸に達した時、米国の『インディペンデントウィークリー』の社説は、古来の規範を墨守することに慣れた「歴史の古い中華帝国が共和国になれるのだろうか[17]」という疑問を呈した。また別の新聞でも、「中国の皇帝は天子であり、太陽や月、星と同等の威光を宿すというような観念の下では、共和制が生じる土壌などそもそも存在しない[18]」と述べた。米国紙の論述におけるこうした疑問や判断は、自ら「自由の女神」を独占していると信じる米国人の優越感や軽侮の念を充分に暴露しているが、生まれたばかりの資本主義経済は発展が遅くて、国難に見舞われている近代中国では、小農文明を基盤とする儒教的教えはまだ大きな支持を得ており、資本主義文明に対応する近代民権政治は、多数の民衆が自覚的に目指すものでも奮闘して追及する偉大な目標でもなく、新たに生まれようとしていた民主立憲という果実も、まだ完全に熟する時機ではなかったことも、争えない事実である[19]。

孫中山を首領とする革命党の人々は勿論、ゴール寸前にシュートを放ったと言える革命同盟軍の袁世凱も、全て民権政府の主導者であるが、彼らの民主についての素養はまちまちである。旧式軍人出身の権謀術数家・袁世凱の民主の素養が劣ることは詳細に論じる必要はないが、革命党の人々の規範意識もやはり希薄で、義侠心や傲慢さの方が目立ち、旧式の党派意識は梁啓超らの立憲党にも劣らなかった。正にモスコヴィッチが、「我々の時代の特徴の一つは、伝統的なエリートグループの中にも、往々にして大衆的人物と軽佻浮薄な俗物が溢れていることである。甚だしきに至っては、本質的にある種の資質が要求され、それが前提となる知識生活においても、我々は時に『似非インテリ』(pseudo-intellectual)の勢力が徐々に増大しつつあることに気づかされるのであり、いわゆる似非インテリとは、取るに足りない低劣な人物、および知的基準から見てインテリとしての資格をもたない人物を指す[20]」と言うごとくである。

民権政治のいずれの勢力も、相手の言葉や権利を尊重し、妥協する必要があり、さらには、西洋式の紳士的態度や、中国の伝統的な君子としての態度が求められ、自分の意見に固執したり、同じ党派の肩を持ち意見の異なる者を攻撃したりしてはならないが、近代民主革命運動の先駆者である孫中山は、異なる意見に耳を貸さない指導者であり、事あるごとに腹を立て、彼が率いる東京同盟会本部では、一九〇七年に打倒孫中山騒動が起こって以来、孫中山ばかりか黄興も組織の立て直しに真剣に取り組んではおらず、武昌蜂起が勃発して、地域的な革命をまっさきに行うという考えと、ばらばらの砂という全体の態勢が反清朝革命の波を迎えるに至ったことは、かなりの程度、袁世凱と競い合うべき同盟会の全体的実力に重大な悪影響を与えた。確かに、宋教仁、譚人鳳らが立ち上げた同盟会中部総会は、武漢や上海で反清朝革命の波を推進する中で、目覚ましい貢献をしたが、この貢献と同盟会の総理である孫中山との間に直接の関係がないことは、客観的事実であると共に、まさしく同盟会の一大悲劇である。その他の革命同志に至っては、大抵は血気盛んで革命的闘志に燃えているが、冷静な思考と大局的観念に乏しく、基本的な民主の素養を身に着ける訓練も不足しており、異なる意見を尊重することがあまりわかっておらず、個人的意見の多い宋教仁が革命同志から二度も平手打ちを食ったことがあるのは、その最も良い例である。

民権政治を確立する主観的・客観的条件を欠いていたことに加え、時間的に追われていることもあり、民国初期の根本的な制度設計には明らかな欠陥が存在し、徐々に修正していくにしても、なお時間が必要だった。孫中山ら革命先駆者が辛亥革命の神髄・象徴として守っていた「臨時約法」にも多くの弊害があり、紛争が頻発する原因の一つになった。その欠陥を四つのみ挙げると、総統と総理の責任と権限に明確な線引きがなく、絶えず二者の摩擦を生むしかなかったことが、その一である。その二に、参議院と衆議院の人数が多すぎ、前者は二七四人、後者は五九六人いたことである。両院議員の出席は不規則なのが常で、効率が悪いだけでなく、もめごとも絶えなかった。両院の権利は平等でかつ大きすぎて、立法機関として効果的に政府と協調できないどころか、逆に政府にとって障害となった。その三に、行政機関と立法機関の「協調の実現」を促す条文がなく、もしこの二つの機関が異なる政党に掌握されれば、「相互の敵視と対抗、衝突と硬直が避けようもなく起こり、国政を妨害する」ことになる。その四に、中央政府と各省の関係を規定する条文がないことである。[21] これだけを見ても、たとえ孫中山が数度に渡る護法運動を成功させたところで、政治的紛争は免れなかったことがうかがい知れる。

四　結論

近代中国民権政治の到来は、中国自身の社会的・経済的発展と文化的蓄積から必然的に生まれたものではなく、満州族統治下での漢民族排除と腐敗の結果であり、ある意味においては、満州族統治者からの贈り物である。だが、民権政治確立のための主観的・客観的条件がいずれも完全に具備されない状況で、中華民国の成長と発展はとたんに壁にぶつかることになった。

同盟会は元々、軍政から訓政、その後で憲政に至るという手順で、革命建国の任を果たそうと構想していたが、武昌蜂起の勃発は、「皇族内閣」に反抗する政治的各派を結集させ、慌ただしく民主憲政制度を立ち上げることになり、訓政というプロセスを省略してしまった。革命党の人々にとって、民権政治の到来は反満の必然的結果であったが、民権政治を確立する条件は十分でなく、やらないわけにもいかないが、やっても満足の行く結果になるとは限らないという、二重の困難というべき状況だった。多くの革命志士が何事も恐れぬ気概を持ち、手探りしながら前進したことは、非常に尊いことである。臨時政府の組織大綱から臨時約法まで、また参議院法、国務院官制、国会組織法、衆議院議員選挙法、参議院議員選挙法等の制定まで、さらには喧々諤々の二大政党制度まで、中華民国憲法の制定の完成を待たずに民主制度は確立され、張玉法氏の言を借りるならば、「その後、袁世凱が自分に不利な憲法の成立を阻止しようと反対党を鎮圧し、国会を破たんさせたため、政党政治は暫時中止されたが、建国初期に打ち立てられた民主的伝統は、その後の十余年間の国政の動向を左右しただけでなく、この六〇年間に一党制度を試行したことで、極めて大きな不満を引き起こして後、再び国民の追及する目標となった。これが、辛亥革命の残した最も貴重な経験である」[22]。

辛亥革命から今までちょうど一〇〇年の時が経った。山河は不変だが、人々は変わっていく。我々には、一〇〇年来の民権政治の成果を過大評価する理由もないし、辛亥革命の出発点の功績を無視する理由もない。複雑な歴史背景を考えずに、清朝末期の予備立憲の条文と「十九信条」を過剰解釈することは、豊富な想像力に基づくものであるが[23]、不必要である。辛亥革命があったからこそ、中国人の頭と脚は、もはや皇帝に叩頭の礼を執るためのものでなく、思考し行動するためのものとなった。辛亥の先賢たちの亡き霊を思う時、我々はその恩恵に感謝し、自省と尊重の気持ちを持つべきである。民権の確立はつまるところ暴力革命とは異なり、快刀乱麻を断つというわけにはいかないし、あおりたてる必要もなく、好事魔多しで、その実現には理性と忍耐が必要である。

註

（1）『論語』「子路」、長沙岳麓書社、一九八〇年。
（2）『劉坤一遺集』第五冊、北京・中華書局、一九五九年、二二八九頁。
（3）孫中山「建国方略」、『孫中山選集』第六巻、北京・人民出版社、一九八六年、一二三五頁。
（4）楊度「致『新民叢報』記者」一九〇七年四月上旬、劉晴波主編『楊度集』、四〇〇頁。
（5）詳しくは郭世佑『晩清政治革命新論』第六章第一節、湖南人民出版社、一九九七年第一版を参照。その増訂版（中国人民大学出版社、二〇一〇年）は『当代中国人文大系』叢書中にあるが、詳細な注釈を削除している。
（6）呉玉章『辛亥革命』、北京・人民出版社、一九六一年、八十九頁。
（7）孫中山「中国之革命」、申報館編『最近之五十年』第二編、一九二三年二月。また『孫中山全集』第七巻、六十六頁にある。その後まもなく、広州で各軍軍官を招待して宴会を開いた際に演説して、「国事を握っているのは皆軍閥の人間で、利権を争奪して国民に災いをもたらしている」のを目にし、「民国の政治は清朝の頃に及ばない」とさえ感じた。詳しくは『孫中山全集』、第七巻、一三三頁にある。
（8）「孫文之言」、『大陸』第二年第九号。
（9）拙稿「孫中山与晩清政治革命新論」、張磊主編『孫中山与中国近代化――記念孫中山誕生辰一三〇周年国際学術研討会文集』上冊、北京・人民出版社、一九九九年、四七九～四八〇頁。
（10）孫中山「建国方略」、『孫中山選集』、北京・人民出版社、一九八一年、二〇八頁。
（11）『孫中山全集』第一巻、五四七頁。一二月九日に黄興も、北京で釈放された汪精衛に返電し、袁世凱が南方の革命軍と一致した行動を採るように汪から袁に働きかけてほしいと頼んだ際に、次のように書いている。「今や民軍は十余省を鎮圧し、降参しないのは二、三省のみである。北京が早く平定されなければ、外国人の干渉を招く恐れがある……東南の人民は項城（袁世凱のこと）の考えが、早く完全なる土地を回復して、外国人の思いがけぬ干渉が起こるのを避けることのみにあることを願っている。」詳しくは『黄興集』、北京・中華書局一九八一年、九四頁を参照。
（12）『孫中山全集』第一巻、五五九頁。
（13）孫中山「我的回憶――対紐約『海浜雑誌』記者叙述革命経歴」、黄彦編『孫文選集』中冊、広東人民出版社、二〇〇六年、二三九～

二四一頁。
(14)『孫中山全集』第一巻、二六九頁。
(15)『孫中山全集』第一巻、五七六頁。
(16)「復蘇俄外交人民委員会斉契林書」(一九二一年八月二八日)、『孫中山全集』五〇三～五〇三頁。また、『孫中山全集』第五巻、五九二頁も参照。
(17)アメリカ、『インディペンデントウィークリー』、一九一一年一〇月一八日。薛君度「武昌革命爆発後的米国輿論和政策」(一九八六年の広州孫中山研究国際学術討論会論文)から引用。
(18)アメリカ、『環球商業報』一九一一年一二月二七日。注17の薛君度論文から引用。
(19)姜義華氏は大きいスケールでの民族主義「外を重んじ内を軽んじる」という歴史現象を指摘する時に、鋭くも次のように述べている。「外部で直面しているのは、西洋資本主義各国による甚だしい民族圧迫でありながら、内部で依存しているのは、主に依然として原生産方式、生活方式、従来の価値観、行動方式などを保有している多くの農民たちであり、まさにこの点が問題の鍵である。土地問題の解決を最も重要な地位に置き、市場化、工業化、都市化、世界化の発展を蔑視し、積極的に民族統一市場と民族経済を推進させないだけではなく、かえってそれらが資本主義生産方式と繋がっているために、急速に資本主義を消滅することを要求すると同時に、民族統一市場と民族経済を建立することに対して強烈な排斥の態度を採るのは、実のところ旧式の農民の利益と要求を反映しているのである」(姜義華「二〇世紀中国的民族主義鳥瞰」、『復旦学報』社会科学版　一九九三年第三期)。
(20)同上　八頁。
(21)詳しくは鮑明鈴「中国民治主義」第七章、「臨時約法及其欠点」、鮑明鈴著、鮑麗玲、毛樹章訳『鮑明鈴文集』、北京・中国法制出版社、七〇～八三頁。
(22)張玉法「辛亥革命与中国民主制度的建立」、『辛亥革命史論』台北・三民書局、一九九三年、四〇七～四〇八頁。
(23)ある研究者は、民国初年の政局の混乱に不満で、清朝の予備立憲を重視し、さらに摂政王載灃らが危局に対応する臨時の解決策として考案した「十九信条」を評価しているが、こうした論点は検討するに耐えないものというべきである。

革命、妥協及び連続性の創制[1]

汪　暉

二十世紀はついに幕が下りた。ホブズボームは欧州の視点に立ち、この世紀を一九一四年の世界大戦の勃発から一九九一年のソ連東欧の解体までを「極端な時代」の短い二十世紀と定義した。彼の見方と異なるところがあり、『去政治化的政治』と題した一書の中で、私は中国の二十世紀を一九一一年から一九七六年の「長々と続いた革命」の短い二十世紀と定義している。

第一の独自性はこの「短い世紀」の序幕、即ち革命建国の過程における帝国と国家の連続性の問題に集中している。第二の独自性はこの「短い世紀」の終幕、即ち革命と革命後の連続性の問題に集中している。上記二つの問題の一つ目は帝国と民族国家、帝制と共和の関係の問題にかかわり、二つ目は社会主義国家体制と市場経済の関係の問題にかかわる。革命と連続性のこの種のつながりは歴史の宿命ではなく、ある種の文化原理の必然的な産物でもなく、それらは全て特定の歴史事件の中で誕生したものであり、事に参与した者が各種の歴史が混じり合うという制約の下で創造した物である。事件はそうした人物や物語などの有形なものにかかわるだけでなく、思想、価値、習慣、伝統などの無形の力も事件の創造に参与し、かつ、事件の勃発の中で改めて構成される。あるいは、革命の勃発がなければ我々がここで討論する連続性の問題は存在しないが、連続性は革命の自然の延長と考えることは出来ないのである。

極めて明白なのは、この著作の歴史画面の中心を占めるのは、「大妥協」であって、「大革命」ではないことである。この「大妥協」は「連続性の創制」と称することも出来る。私がここで「創制」という一句を使用するのは、連続性を一つの自然のプロセスと見做すことを避けるためであり、それはむしろ革命が創造するところの歴史情勢の産物である——「革命」と「妥協」はこの事件の中にのみ発生し得たものであり、政治の賭けと策略が選択した産物であった。その意味で、清朝皇帝の退位という事件は法理論上「主権の連続性」を提供し、清朝皇帝退位の事件自体は、「大妥協」して主権の連続性を解決するために採られたツールなのである。革命の言語環境の中で、清朝皇帝の「禅譲」から来る主権の連続性、人民主権の政治の正当性、及び政治形式上の非世襲制は、いわゆる「旧邦新造」の三つの層を構成しているが、この三つの層の関係は調和一致とは程遠く、それはこの主権の連続性という枠組の下、主権を再構築することの含意がその後百年間中国の課題が持続し衝突する根源となることを意味しているのである。

もし、民国初期の建国運動が「大妥協」を通してこの主権の連続性を提供したとするならば、主権の連続性は事件の終りでは決してなく、これを規範性の前提とするところの、主権の再構築を持続する闘争の発端である。「大妥協」は複雑に入り組んだ一幕の芝居である。幕前のそれぞれの勢力——南方の革命党人、袁世凱を代表とする北方勢力（軍人集団、蒙古勢力及び共和に賛同しない北方の省）、皇室、及び立憲派の人士——はそれぞれに異なる利益の追求や政治目標を持っているが、「満、漢、蒙、回、蔵の五族の全ての領土を合わせて、一大中華民族である」（『退位詔書』）という前提には全てが賛同している。私が見るところでは、まさにこの三本の理論の糸が「大妥協」という物語のための手がかりを提供したのである。もし、この三本の縦糸横糸が無ければ、「大妥協」はその場限りのプランに過ぎず、この後の歴史変遷に重要な影響を及ぼすことは不可能であった。この三本の糸の一本目は、内陸アジア（外側の中国）

と海洋アジア（内側の中国）の視野の範囲で、近代中国のそれぞれ異なる「中国認識」を改めて見通すこと、及び折れ合い妥協することである。二本目は「主権在民」と「主権在国」の絡み合った関係から出発し、二十世紀の中国革命と建国運動の内部張力を理解することである。三本目は革命と連続性の関係において帝国と民族国家の関係を改めて模索することである。この三つの問題はそれぞれ重点の置き方が違うが、それはただ同じ問題の異なる側面に過ぎず、清朝皇帝の退位詔書と南北の「大妥協」は、丁度これらの問題を考える際の糸の中心位置にあるのである。

先ずは北方と南方、内陸と海洋という分け方によって形成された二つの中国観を見てみる。この二つの中国観は決して単純に、地域性のものではなく、その中には政治価値も含んでいる。前者は、清朝の地域と人口を中心とする多民族共同体であり、清末の立憲派の立憲君主、虚君共和、及び「内で競う」漢族民族主義に対して言うところの「外で競う」「大民族主義」は、即ちこの多民族共同体の政治的表現である。後者は伝統的な明朝の地域と人口を中心とする漢人共和国であり、清末の革命家の排満革命の主張、漢族民族主義（国粋主義）及び人民主権理論はこの漢人或いは漢人を絶対的中心とする民族国家の合法性の根源である。

一九一一年の革命運動の角度から見て、或いはいわゆる「共和制度が要求する完全な民主主義を含む[2]」綱領の角度から見て、ブルジョアジーの共和制と独立した民族国家は資本主義を発展させる政治の外殻（外側をおおう硬い殻）であるが、この外殻の形成を阻害する原因は沢山ある。帝国主義による中国分割のたくらみ、中国農村の保守勢力、及び「立ち遅れた北方」である。一九一二年の争い事について言えば、レーニンはかつて以下のように断言した。「袁世凱らの党が頼りにするのは中国の立ち遅れた北方」、即ち「中国の最も立ち遅れた地域の官僚、地主及び資産家である」[3]。彼は早くも一九一二年に袁世凱が自ら帝制を敷く可能性を予見し、同時にまた中国革命には「北方問題」があることを提示した。

いわゆる「北方問題」における「北方」は、事実上満、蒙、蔵、回の各民族が集中的に居住する広大な区域、即ち「五族共和」の概念に係わる四大民族群とその活動区域を含んでいた。一九一一年の革命前は、「五族君憲」と排満革命の漢民族主義は対立する両極にあった。辛亥革命後、共和が新たな共通認識に変わり、孫文も「五族共和」を呼びかけたが、村田雄二郎が指摘した如く「ただ、蒙、蔵、回の各民族と八旗の代表を前にして、彼は（孫文を指す——筆者注）やっと五族共和に触れた」だけだった。そして、その対立面では、王朝の零落により君主制度が維持できず、革命前に「五族君憲」を主張した立憲派の認識は転向し始め、即ち「五族君憲」から「五族共和」に変わったのである。[5]

しかし、この転換は表面で見えるような順調なものでは決してなく、南北問題もこの観念の生成と流行により消失することはなかった。広大な北方地帯で、君主制と共和制の闘争も共通認識に達せず、「五族君憲」も直ぐには「五族共和」に修正されなかった。正にこれにより、各方面の意見を汲み取った「大妥協」があって主権の譲渡があったのではなく、「革命に参加せず、共和に賛成しない地方と外藩諸国を依然として民国領土内に含み」、清朝発祥地としての東三省、賛成しないか或いは独立を宣言した直、魯、晋、豫の四省、更に言うまでもなく内外蒙古十盟、察哈爾省、烏梁海、哈薩克部落等の諸藩は「清朝皇帝に服従する義務を知るのみで、民主共和が何物であるかは理解していなかった」が、それらが「民国の一部」となるかどうかは、全て大いに問題になったのである。[6] 南北和議の過程で、国民会議を巡る準備、各省代表の招集も南北双方が分担して電報を打って招集した。そのうち、蘇、皖、贛、鄂、湘、晋、陝、浙、閩、粤、桂、川、滇、黔は南京臨時政府が担当し、直、魯、豫、甘、新、東三省は清朝廷が担当し、蒙古、西藏は両政府が電報を打ち招集した。北京での国民会議開催を認めさせるために、袁世凱が考えついた理由の一つは蒙古族、回族の代表が上海に南下することを願わないというものであった。清朝皇帝の退位詔書は国体問題上、孫文の『中華民国臨時大総統宣言書』及び『臨時約法』の修辞と一致している（「統治権は全国に帰属させ、共和立憲国体と定める」、「凡そ人民の安堵を期し、国内を安定させ、満、漢、蒙、回、藏五族全ての領土を合わせ、一大中華民国とする」[7]」が、退位譲渡の形式と「袁世凱が全権をもって臨時共和政府を組織し、軍民と統一方法を協議する」との政治的措置は、北方勢力に対し慰撫する意図を明らかに含んでいた。この決して安定的でない妥協と主権の連続性を固めた譲渡の形式、及びその後この主権の連続性を固めていった各種の革命と国家建設の過程がなければ、今日、中央アジア（Central Asia）、中央ユーラシア（Central Eurasia）、内陸アジア（Inner Asia）或いは内陸ユーラシア（Inner Eurasia）と称される広大な地域（西はヴォルガ川より、東は興安嶺に至る）及びヒマラヤ高原の構図は多分に異なることになり、中国はおそらく一つの「東アジア」の国家にすぎなくなったであろう。

アジア内陸の視点から言えば、中国革命の中でのこの妥協も一七世紀以降の清代の歴史発展の延長である。一九世紀の海洋の力及び商工業や都市の中国沿海地区での発展にともない、一種の新しい生産方式上の対峙が再び激しくなり始めた。そこで、レーニンは資本主義発展の趨勢の視点から、この区域を概括して「立ち遅れた北方」とした。また、孫文は一七世紀以降の「中国」の全体的な趨勢に着眼し、次第に「五族共和」の理念を捨て、新しい単一の「中華民族」に方向転換した。一九二〇年、孫文は上海での中国国民党本部の会議で講話を発表し、「五族共和」という用語を批評して、「非常に不適切である。我々国内はとても五族にとどまらない。私の考えでは、我々中国の全ての民族を一つの中華民族に融合しなければならない（例えば米国は、元々ヨーロッパの多くの民族が合わさったものであるが、現在では米国という一つの民族になり、世界で最も栄誉ある民族となった）。また、中華民族を非常に文明的な民族にしなければならず、しかる後に、はじめて民族主義は完了する。[8]」と語った。そうはいっても、一九一二年の「五族共和」論から、一九四九年以降、中華人民共和国憲法の枠組みの中で民族区域の自治制度がつくられるまで、「中華民族」という概念の内部には依然として上述した南北関係の痕跡を含んでいた。この観点から見て、一九一二年の「大妥協」の含意は奥深いものであり、楊昂の言葉を用いて言えば、「『退位詔書』から『臨時約法』に至るまで、和議のそれぞれの側は政治、知恵及び勇気をもって民国の中国北部辺境少数民族群地区——世界で最も広大で果てしない大陸の構成部分——に対する統治の合法性の基盤を築いた。(9)」満、蒙、藏、回、漢はこれにより法理論上、一つの国家民族の身分の中に組織化された。

二本目の糸は、「主権在民」の抽象的原則の下に生じる対立をどう解釈するかというところで、中国革命と建国運動に内在する張力を理解することである。一九一二年、袁世凱を臨時大総統に選んだ後、南京方面のみで制定した「中華民国臨時約法」は総統の権力を制限していることが特徴的であり、一九一三年には国民党が議会を支配する状況の下で、更に「ウルトラ級議会制」である「天壇憲法草案」を作った。これとは対照的に、宋教仁が暗殺され、それに続いて発生した「二次革命」の後、袁世凱は一九一四年に別途組織した特別制憲会議において、袁世凱の身のほどに合わせて作った「中華民国約法」を通過させた。この「ウルトラ級総統制」の憲法の枠組みの下で、議会は一つの諮問機関に降格となった。これにより、一九一五年の復辟が間近に迫った。

正にこれらの要因が、筆者の思考を、いったいどのような政治理論と憲法が議会と行政権力の間のバランスを得るための可能性を提供し得たのかに導くことになる。筆者は「主権在国」は「主権在君」、「主権在民」と並行する憲法学理論の命題と考え、前半の判断に同意するが、後半の判断に対しては態度を保留する。清末、梁啓超がドイツの国家有機体理論を紹介したが、それは「主権在国」の前奏であると言えるもので、君権を制限する立憲君主に憲法理論上の根拠を提供した。一九一三年に出現した「主権在国論」は、議会—政党権力（「主権在民」を互いに呼びかける）と国家行政権力との間の対立を背景としている。議会—政党を国民代表、即ち政治意志を発する者と見做し、また、行政権を一種の非政治的（非代表性の）なツールの性格を持つ権力と同一視する。このような行政のツールは純粋な官僚制的で、形式上もっとも合理的なものであり、非政治的な権威の類型である。これはウェーバー以来の行政権力を一種の非政治性を持ったツールと定義する理論と一脈相通じている。これとは対照的に、公共選択理論は、行政権力を情報が非対称に隠蔽された状況下で納税者の利益を犠牲にするところの個人の身勝手とレントシーキングの領域と見做す。我々は現代において、公権力の腐敗を恨む際にこの種の公共選択理論の影を見ることが出来る。この二つの歴史的視野において、行政権力はすべて制限される対象であり、通常はマイナス面の意味を持つ。康有為、梁啓超は行政権力を強めることを希望した。とすれば、彼らが想定した行政権力は、情報が非対称に隠蔽された状況下で納税者の利益を犠牲にする個人の身勝手とレントシーキングの領域とは当然異なるのであり、官僚制における行政権力と同等のものだとすることが出来るのであろうか。私が見るところでは、「主権在国」は「主権在民」と並列する憲法理論ではなく、「主権在民」理論の一つの変形であり、それは「国」は「国民全体」の意志を体現する可能性を持ち、したがって「国」の代表としての行政権力は一般の非政治的な官僚体制ではなく、一種の政治性を持った権力——一種の社会意思の統合者を意味している。一九一二年元旦、孫中山は『臨時大総統宣言書』の中で、「臨時政府の責任」を曾てこのように表現した。「国民は内においては統一の機関が無く、外においては対応する主体がないと考えており、建設の事は更に忽せに出来ず、かくして、臨時政府を組織する責任につながる」。[10] 社会の意志としての異なる考えが百出し、利益が多元化することにより、政治統合者の行政権力は政治統一を維持するとともに行政の力を維持する事であり、抜本的に改革する時代においては、政府とその行政はさらに内外の承認を獲得する政治機構である。行政権力が社会の異なる利益や必要を有効に統合し得るときは、この利益の統合は比較的強い社会参加を必然的に求めるので、それが腐敗する可能性や程度は相対的に低いものである。

「主権在国論」は理論上、清末の国家主義の思潮にさかのぼることが出来るが、全部が全部同じではない。そのわけは清末の国家主義が国権と君権の区分を重視して、「主権在国」は一種の主権に関する理論というよりは、一種の政治統合に関する政治理論といったほうが当たっているからである。行政権力を政治の統合者と見做すことは、行政権力が実際は国家と社会の仲介者であることを意味している。ドイツの「政治の統合者としての公共行政」理論と同じで、「主権在国論」も一種の分裂性を持った枠組みの中で生まれており、それらの共通点は国家或いは公共行政に政治の統合者としての役割を与えていることである。この意味において、「主権在国」は決して適当な表現ではない。康、梁について言えば、この表現は清末の国家主義の痕跡を残しており、彼らの公共行政の政治統合機能に対する期待をまだ正確に表現できるまでに至っていない。「政治統合」は一つの政治過程であり、即ち、分化した社会の力、社会の利益や要求を行政の有機的運営の中に取り入れることである。ただこの意味においてのみ、公共行政は形式的、官僚制的なだけでなく、政治的であり、即ち統合を通じて国民全体の意志を体現する存在なのである。行政は行政権力の象徴的人物が政府首脳（総統或いは総理）であることにより、「主権在国論」は君主を廃止した君主論の様相を呈するが、自由主義者は理由があってその人格的な専制に方向転換する可能性を懸念し（袁世凱が皇帝と称したのはちょうど手近な一例である）、民主主義者もまたこの原則の下で、「主権在民」の精神が有名無実になることを懸念するが、彼らはみなその「統合」の政治的役割を見落としている。一九一三年以降の言語環境の中で、どの観点から話すかに関わらず、この理論の零落はまことに当然のことであった。

「主権在国論」と「政治統合者による行政」を比較すれば気づくことが出来るが、前者の「国」は依然として抽象的であり、ヘーゲルの目的としての国家に似ているが、後者は具体的である。一九一二年三月、宋教仁らが南京で同盟会各省会員大会を招集し、「公開政党」の形式で組織を拡大し、国会選挙に参加し、組閣の実現を目指して努力することを提案した。その政党綱領には、行政の統一を完成し、地方自治を促進し、民族の同化を実行し、国家社会政策を採用し、義務教育を普及させ、男女同権を主張し、徴兵制度を励行し、財政を整理し、税制を改定し、国際的平等に努め、移民開墾事業に気を配るなど各分野を包含していた。一九一二年の南北和議から一九一三年に宋教仁が三月二〇日上海駅で暗殺に遭うまで、国会選挙を中軸とし、全国の範囲で各種の政党が続々と出現し、政党政治が一時の流行となった。宋事件の後、「二次革命」が失敗し、議会―政党を統合のメカニズムとする民主の潮流は終わりを告げた。議会―政党を政治統合のメカニズムとする事は、現代における西洋の民主の主要な形態であるが、それは命令を受けて行政を執行する、非政治性の官僚機構であるとし、それが政治統合の機能をもつことを承認するのを拒絶した。「主権在国論」の真のライバルは、この政党―議会制が政治の役割を独占し、国家（政府と行政）をただ非政治的官僚制だと見做す立場である。

「主権在民」の合法性を前提に「主権在国」を提唱することは、また、政治統合の重要な任務を政府と公共行政の肩に負わせることである。「湖南農民運動考察報告」の中で、毛沢東は辛亥革命に関する一つの有名な論断を行っている。「国民革命は大きな農村の変動を必要としている。辛亥革命にはこの変動がなかったので失敗した。[11]」これは新しい革命運動の角度からなされた総括である――新しいタイプの政党が指導する運動により、下から上への運動を通じて政治統合が行われつつあるというのである。「主権在民」の原則の普遍化という言語環境の中で、康、梁が希望を託した「国」ではなく、彼らにとって全く不案内で、怖気立つ革命運動であるが（正に康有為が言うところの「農夫革命」＋「士大夫革命」である）、統合が推進されつつある――国家の行政統合では無く、社会動員を通じての国家そのものの徹底した再編である。

康有為の憲法草案は一種のエリート聯盟を簡単な文章で表現しようとしたものであり、かつ儒教を政治統合の宗教―精神的基礎とした。しかし、公共行政の政治統合のメカニズムは主に以前の議会と政党の時期に存在し、それに対する必要も現在の議会─政党が政治統合を実行し得なくなった段階で出現した。私は、これは康有為が一方で「主権在民」の原則を受け入れ、他方ではまた民の総体性を論証することを通じて「主権在国」の命題を論証すべく目論んだ原因だと思う。四分五裂の枠組みの中で政治安定に対する要求を述べる以外は、国家主義は大半において、政治権力を握るあるエリート集団の旗印に過ぎない。「現代の君主」は「国」或いは「行政権力」そのものではありえず、努めて国家権力を掌握すると同時に社会の意志と要求を統合することを図る政党である。革命、妥協、議会闘争、ウルトラ級総統制及び復辟などの一連の芝居の後は、一九世紀の政党の延長ではなく、一種の政治的発明として二〇世紀の政党が生まれ、それはただ主要な政治舞台を占拠しただけでなく、官僚制国家の性質を最大限に変えた。この特殊な政党のタイプは時には右顧左眄して議会闘争に参加するが、しかし、直接的な社会動員をいっそう重視し、対抗性を持つ政治のやり方で政治の統合を推し進めた。この政治組織について言えば、「指導権」(hegemony) 或いは文化的覇権と人民の意志形成とはお互いに表裏の関係にあり、「革命」はほかならぬその合法性の根源である。これは特定の政治の承認という条件の下、政治統合の組織力を形成する─それはもはや中華民国初期の議会─政党制という条件下の政党ではなく、一種の社会意志を統合することを通じて政治権力を直接掌握する政治集団である─国民党の改組や共産党の出現はいずれもこの真の政治変化に対応しているのである。党は社会動員のオーガナイザー、参加者及び政治の統合者であり、正にこの種の政治統合の職能を通じて国家権力を掌握する条件を獲得する。この政治組織の用語では、国民は無論、やはり農民或いは労働者階級や苦難を強いられてきた大衆は、すべて中性的に叙述されるような概念ではなく、新しい政治範疇─国民革命の対立面は北洋軍閥と「旧勢力」或いは「封建勢力」に区分された都市や農村のエリートパワーであるが、農民革命やその他の被圧迫階級の解放運動は、対立面を古い、かつて革命をした力として設定した。農民、労働者、都市のプチブルジョアジーなどの術語も、実際に生活している畑の耕作者、肉体労働者或いは商売人を叙述するのに用いられたが、この概念は初めから政治の範疇であり、それは「人民」の概念を新たに組み替えた。革命政党とその指導下の各レベルの政府は群衆の中から来て群衆の中に帰る組織路線を励行し、一面で統一戦線を拡大し（政治統合）、一面で政党と革命政府の指導権を強化した。武装闘争と土地改革を通じて、初期の革命が提起した「平均地権」の要求を実行したが、これらの全てはこの政治組織が「政治統合」する方法と策略として見ることができる。つまり農民、労働者、プチブルジョアジーと同じように、群衆や統一戦線もまた政治統合の中で生れた政治の範疇である。政治化はその時代全体の特徴である。事実、一九二〇年に改組した後の国民党でも、一九二一年誕生の共産党でも、それらは党が国を治める方針を順守し、異なるレベルで国家行政に直接介入し、そこで公共行政は一般官僚制をもはや守らないというロジックが使えることになり、その組織構造は各々の社会細胞の中に深く浸み込んでいった。「政治統合」を公共行政に取り入れることは、レベルはそれぞれ異なるものの、この二つの政治組織に共通する特徴である。ここに、政党は国家と人民（社会）の間の仲介者となった―それは人民の代表でもあり、また国家行政の主導者でもある。党―国の相互作用を通じて、とりわけ政党が直接行政に介入し、国家も一種の政治統合を行う公共行政となり、これにより一種の新しい国家タイプ、すなわち議会多党制＋官僚行政体制と区別される党―国の体制が生まれた。我々もこの種の政党体制は一種の「ポスト政党政治の政党」であり、この政党体制が主導する国家は、政治統合と公共行政の二重の職能を兼ね備えた「政治統合メカニズムとしての公共行政システム」であると言い得るかもしれない。

このシステムが革命、戦争と建国の過程で形成した動員と統合は空前のものであり、その代表性の広範さも空前のものである。「長々と続いた革命」により、政党、国家の社会統合能力は如何なるその他の官僚制国家も成し得難いレベルに達した。その動員力と統合機能は対抗性を持った闘争の枠組みの中で展開されたもので、「民主専政」の二重性の合体である――「民主」はそれが広い政治統合能力と代表性を備えていることを指し、「専政」はこの政治統合が排斥性を持ちかつ暴力的なものを指す。もしこの独特の政治過程を「主権の連続性」という命題の下に同時に置くならば、中国革命と建国の過程で生じた「主権の連続性」が新しい政治主体の誕生に伴い、かつこの政治主体の統合能力の増強と拡張に伴ってこそ更新され完成されたのであり、それが北洋政府のような国際的な承認に頼ってその主権の連続性を確認するようなものでないことに気付くはずである。たとえソ連、東欧の社会主義国家と比較しても、中国国家制度の政治的(非官僚制的)な特徴が最も突出している。もし、「極端な年代」の終結後、中国の政治体制が依然としてある種の安定性を保持したのはなぜかに回答しなければならないとすれば、恐らくこの独特な現代の政治遺産から離れて解釈することは難しい。それはこの政治体制が官僚制から抜け出したということでは決してなく、事実、政党は運動の形態から国家と結合する形態に一旦転化すると、異なる程度の官僚化は避けられないものである。市場化と法制化の時代には、この組織体系はしだいに法行政による官僚制システムへ脱皮し或いはその方向に向かうことで、政治統合メカニズムは零落していく。私は『去脱政治化的政治』の一冊の中でこの過程を党国体制が国党体制に転換したと述べた。統合型国家の公民権利への圧制を抑制するために(事実、人々が真に抗議したのは官僚制国家の過渡期の統合型国家に対してであり、一九五七年と一九六〇年代の運動はすべてその通りだと見ることが出来るが、かえって間違って統合型国家の官僚化の趨勢を革命時代に形成された社会―政治統合及びその政治形式だと理解している)、人々は公民と国家の距離を拡大することを提唱し、実際に国家が統合型国家から官僚法制国家に転換することを希望するが、政治統合メカニズムの零落に伴い、公共行政の代表制の危機も到来して、結果は大衆路線或いは公共参加に対する訴えが改めて出現することになった[12]。上記の矛盾する訴えの中には、一種の二重現象が暗に含まれており、一方では、世界的範囲において自由政治と法制のスローガンは未だ代議政治の代表性の危機を救うことが出来ていないが、また一方では、公共行政が政治の統合者から非政治の官僚システムに転換するのにともない、党─国のシステムにおける代表性が断絶するのを免れなかった。これは専門的に研究する必要のある複雑な問題であり、ここでは一つの論点にしぼって説明すると、即ち、「人民主権」の深化については無論として、主権の連続性の完成について言っても、ある種の一九世紀の議会─政党モデルから区別される新型の政治組織とその社会や国家に対する二重の描写を離れては、我々は実際のところいったいどのような力と精神的資源が「短い二十世紀」の中国の「政治統合」を完成させたかを認識する方法はない。「人民主権」の正当性が一旦確立されると、革命の形態を以てこの政治統合を完成させることが、ある種の不可逆的なトレンドを備えることとなったのである。

三つ目の糸は、帝国と民族国家の二つの範疇の関係を改めて思考することである。ホブズボームが言うには、もし一九世紀のために一つの主題を探すとすれば、それはほかでもなく民族国家である。第一次世界大戦のあと、民族国家が帝国に取って代ったことは二十世紀における主要な物語であり、民族主義、人民主権、憲政体制、主権の単一性、条約及び談判は戦後民族主義が語る主要な面を構成しており、これと相対立するのが帝国、君主権力、専制政体、多元的宗主関係、朝貢及び軍事的征服である。しかし、民族主義の語りの中で、「共和に向かって進む」は帝国から民族国家に向かう政治的過程であり、国際政治領域においては、主権はすでに民族国家が規範性を持って相互に関連する領域であった。歴史研究の領域では、国家建設、民族主義、大衆動員、公共領域は、一つとして民族国家の範疇と緊密な関係のないものはない。

しかし、清朝皇帝の退位、主権の譲渡及びさらに広い範疇で発生した清朝と中国の連続と断絶に関わる議論は、この円滑な叙述において些か思考する価値のある問題を残している。一つ目は上の方で既に述べたとおり、第一次大戦後の各々の大帝国が「共和に向かう」過程で多くの民族国家に分裂するか或いは共和国に加盟したのとは異なり、辛亥革命は「五族共和」のスローガンの下、「大妥協」を通じて清朝と民国の主権譲渡を達成し、主権の連続性はこの後の国内政治における争い事を規定するところの前提となった。ソ連崩壊後、中国は先の二〇世紀の農業帝国の中で、唯一この連続性を二一世紀まで維持した国家である。二つ目に、帝国が民族国家に転化するのには一連の歴史の前提があった。一つ目について見れば、清代の歴史において、帝国建設と民族国家建設には若干の重複が存在したが、この重複は決して帝国から民族国家へ向かう過程の自然のプロセスと同じにすることはできない。清の入関から一八世紀の普遍性を持つ帝国体制の形成まで、さらに一九世紀中後期に西洋列強の侵略や一連の不平等条約の調印により発生した一定程度の制度改革まで、清朝の内外関係は持続的に変化が生まれた。境界を画定し、境界内では行政管轄権を実施し、貿易参入やその規模の査定などの通常民族国家の目安とみなされる現象は、清朝の対外関係——とりわけ北方内陸関係——の中で早くから存在し、また絶え間なく発展した。一八八四年の新疆建省もこの過程の有機的部分であり、それは多元的な権力の中心である帝国体制が杓子定規で不自由なものでなかったことを説明しており、主権単一化の過程も帝国体制の自己強化の産物なのである。二つ目について見れば、現代中国は民族群関係、宗教関係及び地縁関係で清朝の遺産を継承し、主権譲渡を通じてそれを合法化しただけでなく、その後の制度設計においても、例えば民族地区自治のような多元的体制の措置を残した。一九九七年に香港が返還され一九九九年にマカオが返還されたことは、欧州での植民地主義帝国体制の正式な終結を示しているが、特別行政区制度はある種の帝国時代の宗主権の変型を含んでいる。帝国内部で集中化する趨勢を民族国家の萌芽と見做すことは出来ず、帝国建設の一部であるのと同様、民族区域自治を帝国遺産の自然的遺物と見做すことは出来ず、歴史の伝統が民族国家の主権の原則と民族平等の原則の下で生みだした新しいタイプの創制なのである。そこで、三つ目としては、これらの現象は帝国と民族国家は二種類の異なる政治体としてはっきりと区分け出来ないことを表している。もし、清朝と民国の主権の連続性が中国に独特なものであることを標示しているのであれば、帝国と民族国家が相互に浸透する現象はかえって普遍的なのである。我々は、米国、ロシア、インド及び多くの「民族国家」体制とその行為の仕方の中に「帝国的」な要素を発見する。一九、二〇世紀の資本主義が最も適合した政治の外殻（レーニンの言葉）である民族国家が益々遣り繰りが困難になるに伴い、資本主義の世界が人々によって正に帝国として描写されたのである。二十世紀の幕が下りたのに伴い、歴史家たちは帝国から民族国家への叙述はあまりに単一過ぎることに気づき、両者の間には多くの交錯や重複が存在するばかりか、それらの帝国の特徴として帰結されたものが過去と現在に存在するだけでなく、さらに欧州の区域統合の進展の中においてある種の未来の政治形態としてもさし示している。

しかし、革命と変化は確かに起こった。「主権在民」は政治的合法性の重大な変化を表している。これも現代の平等な政治の基礎である。この命題に関して数えきれない論争と弁論が生じたが、それが歴史舞台に登場してから、政治合法性の原則はもう一度逆転することはあり得ない。

統治関係は持続的に変化が生まれているが、如何なる統治もこの原則の下で自己の合法性を樹立しなければならず、如何なる抵抗運動もこの原則の下で自己の政治目標の正当性を確認しなければならない。これは全ての中国革命に関する叙述が避けることの出来ない命題であり、我々が依然として一つの失敗した革命を「短い二十世紀」の偉大なスタートとした理由でもある。しかし、我々が同様に避けて通るわけにはいかないのは、これが一つの連続性を創造した革命であり、現代中国にとって言えば、平等な政治と歴史の多様性との間に、創造性のある関係或いは政治統合をいかに形成するかということであり、終始一貫して一つの重大なチャレンジなのだという点である。

二〇一一年一〇月三一日　月曜日

註

（1）本文は章永楽著『旧邦新造：一九一一―一九一七』に執筆した序言である。同書は北京大学出版社から出版される予定である〔二〇一一年一二月に出版された〕。
（2）『レーニン全集』第一八巻、一五二頁。
（3）注2に同じ、三九六頁。
（4）村田雄二郎「孫中山与辛亥革命時期的〝五族共和〟論」、『広東社会科学』二〇〇四年五期。
（5）注4に同じ。
（6）有賀長雄「革命時期統治権転移之本末」、『法学会雑誌』一巻八号（一九一三年一〇月）。
（7）第一歴史檔案館所蔵『清帝遜位詔書』。
（8）孫中山「在上海中国国民党本部会議的演説」（一九二〇年一一月四日）、『孫中山全集』第五巻、三九四頁。
（9）楊昂「民国法統与内陸亜洲」、タイプ印刷原稿。
（10）孫中山「臨時大総統宣言書」『孫中山全集』第一巻　一頁。
（11）毛沢東「湖南農民運動考察報告」『毛沢東選集』第一巻、一六頁。
（12）公民と国家関係の討論については、査爾斯・泰勒著『公民与国家之間的距離』、及び筆者が『文化与公共性』に執筆した緒言（汪暉、陳燕谷主編『文化与公共性』、北京・三聯書店、一九九八年、一九九～二二〇頁）を参照。

中国近代から見た辛亥革命

代田智明

I　はじめに――辛亥革命の世界史的意味

報告者は、辛亥革命に関する専門家ではないし、それどころか「歴史家」でもないので、辛亥革命について語ると言っても、「近代」と「中国」、さらには「革命」にかかわる諸言説について、いくらかの疑問と問題提起を述べておくにすぎないことを、予め断っておきたい。

辛亥革命が、世界史において、アジア最初の「共和国」を生みだしたことは紛れもない事実であろう。一九世紀末までに、西欧帝国主義が非ヨーロッパ地域のほとんどを植民地化・半植民地化し、かろうじて独立を保ったものも、日本を含め「王政」や「立憲王制」であった。したがって、この事件の世界史的意味は、やはり大きいというほかないのである。革命運動の中心のひとりであった孫文の遺志を継ぐ形で、一九二〇年代後半に国民革命が進められ、日中戦争の試練を経て、人民共和国の成立に至る歴史を概観すれば、その意義はさらに大きくなる。中国の近代化、とくに国民国家の形成を鑑みるとき、孫文から毛沢東へという強く太い流れがあることを理解するのはたやすい。辛亥革命は、いわばその流れの源となるものであった。

二〇一一年は辛亥一〇〇周年にあたり、日本の新聞報道にも、辛亥革命が取り扱われ、孫文や黄興と日本人との関係が紹介されている。辛亥革命とその前後のプロセスに直接間接にかかわった日本人は、かなり多かったであろう。彼らの多くは、日本明治の「自由民権運動」の挫折や敗北から、中国に関心を向けた者だったように思われる。たとえば、のちに二・二六事件に深く関与した北一輝もそのひとりで、彼の『支那革命外史』を読むと、敗北した「明治維新」を中国で勝利させ、東アジアに真の「(明治)維新」をもたらそうという意欲が伝わってくる。

しかしながら、中国清朝の崩壊と日本徳川幕藩体制の崩壊は、類似した事件であったのだろうか。言い換えれば、いわゆる「支那浪人」たちが目指した、真の「明治維新」を、辛亥の事件と重ね合わせることはできるのだろうか。これは日中の近世から近代化への転換を再検討するうえで、十分に考えるに値する問題であろうと思われる。

Ⅱ　溝口中国説における「辛亥革命」

問題は、前近代とくに近世の中国と日本をどう見るか、という課題と深く関わっている。いわば中国観と日本観、日中相互イメージの問題ともなるのだ。たとえばある日本史学者は、近代国民国家への転換について、日中間の差異をつぎのように述べている。「「近世」日本の体制は比較的に壊しやすかったと言える。[……]二つの中心の周りに二百数十の国家が連合した分権的なものであった。中国・朝鮮の集権体制は、現在の日本がそうであるように、壊しにくかった」。(中国・朝鮮の)「構造的に不整合が少なく、イデオロギー[朱子学]によってロックされた体制を壊すのは至難である。これに対し、近世日本の複合国家では、二つの中心の間に対立が生じたのをきっかけに、政治体制が緩やかに崩壊し始めた。［……］社会秩序を維持しながら、なお政治体制が転換できたのである。［……］これに対し、「東アジア的近世」が深く制度化されていた中国・朝鮮では、科挙官僚制と朱子学によって支えられた集権体制は壊しにくく、かつ一旦壊れた場合には、社会秩序の混乱まで招来し、再建も短期間では難しかった」(1)。この見解では日本は、結合の緩やかな分権的な社会だが、中国は集権的で、結合の凝固な社会だという見方に近いが、中国において中央と地方を結ぶ要因が、科挙官僚制や宗族であることを指摘している点は興味深い。

一方少し古いが、文化人類学者は、中国社会の開放性に注目する。ある研究者はつぎのように述べていた。中国の文化生態の「「環境」として注目をあびつつあるものは、中国の社会経済の「高度に細分化した細胞上の構造」である。中国の社会経済が単一的・全面的な一枚岩の組織を欠いていることは今日の常識であるが、じつに文明の発端以来、中国は地方経済や社会の自律を強調しつづけてきた」。「この細分化のために各細胞単位ははげしくたがいに競合するので、社会を開放的にし一種の平等主義をそだてる一面で、総体的にみればタテ方向の統合志向が近代の西洋からみて弱い社会をつくりだしたとみることができる」(2)。宋代以降の王朝政府と地方との関係についても、つぎのような記述がある。「政府は商人の成長に歯どめをかけながら、ぬかりなくその富力や技術を国の体制にみちびき、もちつもたれつの関係に入った。ただし政府の干渉が前代にくらべれば著しく柔軟で間接的、しかも妥協的になったことはまぎれもなく明らかである」(3)。こうした細胞化され細分化された地域が、中央政府に結合したのは、科挙官僚制度によって上昇志向が保証されていたからだというので、先にあげた歴史学者の認識と重なる部分もないわけではない。ただ中国社会の有り様としては、前者の歴史学者は社会の基層部分に対する観点が弱いように感じる。

さらに日中近世の集権的－分権的を、異なる方向から議論した最近の歴史家もいる。「一八世紀の日本と中国とでは凝集性と流動性、ほとんど対蹠的な差異が存在していた」と彼は主張している。清朝は、中国が移動の活発化した、きわめて流動化した社会であることを前提に、「下手に統制しては、かえって支配が危なくなる」と考えて、「中国社会の流動性をなるべく妨げないように配慮、わるくいえば、放置して、無用の騒擾を起こさない、開放的な政策方針をとった。民間の経済活動に介入しようとしなかったのである」と。

これに対して、徳川幕藩体制の日本では、対外貿易が減少して以降、「世界に比類のない自然資源の徹底した循環利用を産み出す」ことになった。しかし、それは「民間だけでは効率的になりにくい」ので、「その管理と調整には、権力の行使がどうしても必要だった。〔……〕権力と民間が一体となった、自然の開発・維持・活用が普遍的となったのである。これを彼は「クローズド・システム」と呼び、国内限りで完結する市場経済をつくりあげたとする。「西洋と同様に、政治と経済、権力と民間は密着した関係にある。いわゆる「クローズド・システム」を基礎とする「鎖国」日本の社会は、上下一体の凝集性に富んだ構造だったのである」と。[4]この日中社会の差異についての指摘は、留意すべきであろう。

このような中国社会の特質性をもとに、辛亥革命に対する評価にも言及したのが溝口雄三であった。溝口の議論は、辛亥にとどまらず、近世近代中国史の「書き換え」を迫る壮大な構想をもっている。私は個人的に、溝口の中国論を「溝口中国説」と呼んでいるが、その詳細は中国でも数種の翻訳が出ているので、それを参照して頂きたい。[5]なお私自身は何度か「溝口中国説」に批判的言及をしており、彼の議論を全面的に肯定するものではない。ここでは必要な範囲で、溝口の企図を私なりになぞっておこう。

彼によれば、唐宋変革を経て明代以降になると、すでに文化人類学の知見も承認したことだが、民間の力量が増大してくる。これを溝口は「郷里空間の拡大」と呼んでいるが、儒教の普及を促進し（これが礼教となる）、宗族の共同体意識を拡大して、西洋とは異なる基層文化を形成し、地方におけるネットワークを強化した。郷里の有力者は、中央から徴税を依託されたり、地方の秩序安寧を維持する役割を果たすこととなり、中央や末端の官吏と「もちつもたれつ」の関係となった。これが一九世紀アヘン戦争や太平天国の混乱のなかで、郷土防衛の意識をもって連携しはじめ、「省」単位の集合体として機能するようになったという。要するに湘軍や淮軍のことである。辛亥革命は、その延長上に生じた事件だというのだ。

つまり清朝政府は「最終的には各省の独立という地方分権的な共和制に至った、端的にいえば、中央集権体制が内部の地方分権体制――一六、七世紀以降の「民間」の地方勢力の増大化の趨勢に、一九世紀後期以降ヨーロッパの近代政治制度や思想がからみ、化学反応を起こすようにして生まれた新しい体制――の圧力によって倒された、と俯瞰することができる」。こうして、歴史的には革命の失敗と捉えられる、その後の軍閥割拠の状況も、溝口からは異なった見方が提示されることとなった。「軍閥を、ただ地方割拠というだけでいきなり「封建軍閥」と規定するこれまでの軍閥観は、中央集権的な国民国家を「近代」の典型とする西洋中心主義的な観点によるもので、この観点は、各省の独立による王朝体制(王朝の崩壊ではなく、王朝「体制」自体)の倒壊、終焉という、「地方分権化」の歴史作用の画期的な側面をことさらに無視するものである[6]」というのであった。

むろん、現代の歴史概説書も、こうした地方と中央の問題、とくに「省」の勢力の増大に触れていないわけではない。たとえば、つぎのような記述がみられる。「中央と地方の問題こそ[……]十九世紀末から一九二〇年代半ばの、あるいはそれ以降を含めて、中国国内政治の一大焦点となっていったのである[7]」。また「地方のエリートたちは、これらの諸事業への参加を通じて、総督・巡撫と太いパイプを持つようになり、さらに中央政府への参加を志向しつつ、省単位で結集したのである。辛亥革命が省や県単位で清朝から独立した形で進められたのも、革命後に「軍閥割拠」とよばれる事態が進行したのも、この構造変化の延長上の現象といえる[8]」などである。しかし、これらの記述では、辛亥革命に顕著に現れた、溝口のいう「郷里空間」の力量増大を、近世近代全体の過程と関連づけているわけではなく、全体としては補足的なテーマとしているのに近い。溝口中国説の意義と評価は、いまだ斯界でも確定されたとはいえないであろう。

Ⅲ　辛亥革命後の「地方主義」

「省」を単位とした「地方分権」の流れは、一九一〇年代以降どうなっていったのか。「軍閥割拠」という、一見すると否定的な歴史評価しか残らないのだろうか。まことに否定的な記述がある。割拠した軍閥の「唯一の関心は、大ならば「打天下」(てんかとり)であり、小ならば己が擁する武力の維持であった。大河の治水などは統一国家がなすべきことであり、彼らには与り知らぬことであった。ほとんど軍事一点張りであった。軍閥と言われるゆえんである。彼らが占拠した地域に向け、政策らしきものを打ち出したとしても、それは多くの場合、初めから実現不可能なものか、略奪者としての彼らの真の姿をカモフラージュするものであった」[9]。かなり単純化されているが、こうした側面は完全には否定できないだろう。

しかし、少し時間が経つが、そうではない「地方主義」の動きも五四運動前後に盛んになっていくのであった。それは「連省自治運動」である。この運動は、実は毛沢東が関与したことでも知られる出来事であった。若き毛沢東のことばから、その一端を覗いてみよう。「今後の要義は、消極方面は廃督裁兵、積極方面は民治建設にこしたことはない。現状を観察すれば、中国は二〇年以内に民治の総建設の望みはない。この期間には湖南に最も良いのは境域を守って自治を行い、湖南を桃源とするよう計画し、外になお他省や中央があるのを知らず［無視し］、百年前の北米諸州の一州のように自ら処る」ことだと[10]。

またこれについては、「二十七の小中国」を経ての「大中国」という展望であった可能性があるとともに、湖南独立と連邦制中国構想との区別は明確ではなかったとも言われる。「地方自治」ではなく「国」という表現が用いられていたために、その後の独立湖南建設論に道を開く可能性もあったと述べる研究者もいるのだ[11]。この構想は結局、急進派の毛沢東たちと省の有力層との折り合いがつかず、実現できなかったが、現実の歴史にまったく痕跡を残していないというわけではない。

湖南とともに「連省自治運動」が盛んであった広東では、陳炯明がその実体を創り出そうとしたことはすでに研究されたことだ。「広東の社会に影響をもった、一部の勢力はすでに連省自治を、省の自治を保護し、同時に連邦的路線による建国の理想的な手だてとみなしていた。これらの勢力のなかで最も偉大な指導者はほかならぬ陳炯明本人であった[12]」。彼は「三日間の労働」によって選挙権を与えるなど、ユニークな施策を打ち出していたが、一九二二年の六・一一事件の責任を採らされる形で、自らがかつて救援した孫文によって、下野させられる。のちに「開明的軍閥」と呼ばれたのはまだしも、「地方分裂主義者」というレッテルまで貼られるのは、皮肉な言い方をすれば、陳の勲章であろうか。

Ⅳ　現在につながる「地方-中央」関係

しかしながら、「地方主義」の流れは一九二〇年前後に顕在化するものの、その後は衰退し、民国の統一、北伐戦争が前景化してくる。毛沢東はコミュニストとして、国民党の一員となり、国民革命に参加していった。その後の中国革命の道のりは、周知の通りである。溝口は、この中国全体の転換について、分権的志向から集権的志向へ変化したと述べ、これを集権から分権へ、分権から集権へと循環するものと提示している。これはあたかも、金観濤・劉青峰『中国社会の超安定システム』の循環理論[13]を、適用したかにみえるが、はたして、溝口のいう明清以来の「地方主義」は、一九三〇年代以降、とりわけ人民共和国建国以降は、まったく消えてしまったのだろうか。

むろん社会主義時期から、改革開放を経て、現在の「新自由主義的」体制に至る比較的長いスパンをひとくくりにすることはできないだろう。時期によって、中央の権力が強い場合も、権限が地方に移譲され、省の権力が相対的に強かった場合もあるだろう。しかしながら、全体の傾向を見渡したとき、「地方主義」は潜在的にせよ、社会的機能を果たしていたのではないか。むろん「地方主義」は、その土地の民衆にとって有意義なこともあったろうが、「土皇帝」のように、苛酷な民衆からの搾取を正当化することもあっただろう。これは明清の「郷紳」という存在を、現在的観点から見直すときの重要な視点でもある。

もともと、文化人類学者や溝口自身は、官と民との関係を「もちつもたれつの関係」と規定していた[14]。したがって、中央と地方との関係も、単純な対立関係ととらえるのは、中国社会の理解にとって妥当ではないだろう。最近の研究者は、中央対地方という二項対立的な図式についても、再考を促している。そこでは、これまで多かった「集権――分権パラダイム」は否定され、新たに「融合――委任パラダイム」が主張されている[15]。地方の指導者が中央に迎合、融合しつつ、権限を中央から依託されて、地方行政を行っているという構図である。これは一見、中央の中心性が高い図式にも思われるが、にもかかわらず、中央の意向を先取りするという手段で、地方に利益を生み出す方法でもあった。委任という意味は、中央が直接統治することはできない、というあり方を示唆するものでもあろう。

辛亥革命は、確かに「大一統」的な統一的国民国家創成の第一歩であった。しかし一面では、中央と地方、集権と分権、融合と委任というような、中国社会のあり方を考えるとき、きわめて重要な問題のありかを際立たせてくれる事件でもあったのである。それは、凝集的なフランス・日本型の近代化とは異なる、中国近代化のあり方を垣間見せる。溝口のすべてではないにしても、その遺産の一部をひきつぐならば、中国の近現代史は、明清以来つづく「郷里空間」の拡大の顕在化であったし、それはときに潜在化しているにしても、現在まで見渡せる視点かもしれないのである。

V　おわりに――革命言説のゆくえ

最後に、「革命」という概念に触れて、雑ぱくとした報告を閉じることとしよう。金観濤・劉青峰は近著で、辛亥の事件が一般的に「辛亥革命」と呼ばれるようになったのは、一九二〇年代以降であることを、データベースをもとに実証している。アメリカ十三州の独立が、「独立戦争」だけでなく「独立革命」と呼ばれるのだから、辛亥における「省」の王朝政府からの離脱を、「革命」と呼んでもおかしくはない。けれども一〇年以上、「革命」という概念よりも「共和」や「改革」と結びついていた。それが満足のいく成果を得られなかったからなのか、それとも、別の事情があってのことか、究明が待たれるところである。金・劉は、当時は立憲改革の延長上の意識が強かったからだとし、国民党が自らを正統化しようとしたとき、「革命」となったのだと指摘している(16)。これは人びとの、辛亥革命に対する評価と意識ともかかわるであろう。

エピソードとしてもうひとつ、「革命」というイメージにかかわる話題を付け加えると、「清朝優待条件」に関する問題がある。愛新覚羅溥儀一族が紫金城に居住することを許可されていたことは有名だが、「八旗」を中心とした満洲族の人びとも、また中華民国の軍隊に編入され、戦場にかり出されていたそうである。「旗餉」という名目で払われていた給料が、民国政府の財政逼迫で長期に亘って不払いにされ、彼らが困窮を極めていたという新聞報道もあるという。[17] もっとも給料不払いは、満洲族だけでなく民国の公務員だった魯迅たち漢族に対しても同じであったから、とくに差別というのではない。むしろここで注目されるのは、優待条件は確かに南北妥協の産物であろうが、一般の満洲人にまで及んでいたことであろう。日本で言えば、いわば幕府の旗本が、そのまま維新政府の正規軍となっていたようなもので、なるほど「革命」と言うにはあやふやな実態が窺える事実である。その意味で、溥儀たちが宮殿を追われた一九二四年あたりから、「革命」言説が定着するのもうなずけることであろう。

一方評価という点では、一九九〇年代から語られ始めた「革命」への疑義に対しても、辛亥革命研究がどう応答するのか、興味深いことである。中国では「告別革命」(革命よ、さらば)ということばが現れてから久しいが、それと時を同じくするように、フランス革命の流血と独裁に対して、本国フランスで一部から強い疑問が呈されているという。たぶん辛亥革命は、踏み絵にならないだろうが、フランス研究者によれば、フランス革命の肯定否定は、現体制に対する肯定否定にも通じるそうである。「革命」の概念を拡げて、中国革命や文化大革命まで見通すと、中国においても、その肯定否定が現体制に対する微妙な「立ち位置」と交錯するのではないだろうか。

さてそれでは、近代中国の「革命史」のなかで、その第一波となった辛亥の事件は、肯定否定の交錯する革命言説に対して、何を提供してくれるのだろうか。辛亥革命の専門家でもなく、歴史学者でもないが、中国という対象に強い現代的関心をもつ者として、新しい見方と新しい研究を待ち望むところである。

註

(1) 三谷博『明治維新を考える』有志舎、二〇〇六年、p.236参照。

（2）斯波義信「社会と経済の環境」橋本萬太郎編『民族の世界史5　漢民族と中国社会』山川出版社、一九八三年、p.170-171参照。
（3）同上、p.204参照。
（4）岡本隆司『中国「反日」の源流』講談社メチエ新書、二〇一一年、pp.75-83参照。
（5）日本で出版された関連書目をあげると、『方法としての中国』一九八九年。『中国の衝撃』二〇〇四年、池田・小島との共著『中国思想史』二〇〇七年、いずれも東京大学出版会。
（6）同上『中国の衝撃』pp.93-94参照。
（7）川島真『中国近現代史②　近代国家への模索』岩波新書、二〇一一年、p.117。
（8）久保亨ほか『現代中国の歴史』東京大学出版会、二〇〇八年、pp.28-29
（9）福本勝清『中国革命を駆け抜けたアウトローたち』中央公論新書、一九九八年、p.7
（10）中前吾郎『初期毛沢東の思想――「世界苦」脱出のロマンティシズム』近代文芸社、二〇〇〇年、p.228。オリジナルは、「湖南改造促進会復曽毅書」『新民学会資料』人民出版社、一九八〇年。
（11）斎藤道彦「湖南共和国論――中国二七分割構想――」『中央大学論集』第六号、一九八五年。また近藤邦康は、「世界の民族自決の風潮のなかで、他者に征服・蹂躪された湖南人民の自決自治を実現し、世界の解放された民族と直接手を結べ、全中国の「総建設」はしばらく望みがないので、各省の「分建設」を図れ、各省人民の各省自治を実現して、一〇年二〇年後に「徹底的な総革命」が起こる、と主張した」と概括している。『毛沢東　実践と思想』岩波書店、二〇〇三年、p.41。
（12）杜賛奇『従民族国家拯救歴史――民族主義話語与中国現代史研究』社会科学文献出版社、二〇〇三年、p.185。
（13）『中国社会の超安定システム　「大一統」のメカニズム』研文出版、一九八七年を参照されたい。
（14）既出『中国思想史』には、官・紳・民が「相互乗り入れの関係」「持ちつ持たれつの関係」であったとし、そこから「官の空間から民の空間へ」拡充していくという仮説が提示されている。同書p.193参照。
（15）磯部靖『現代・中国の中央・地方関係――広東省における地方分権と省指導者』慶應大学出版会、二〇〇八年、pp.46-47参照。
（16）金観濤・劉青峰『観念史研究：中国現代重要政治術語的形成』香港中文大学当代中国文化中心出版、p.376参照。
（17）二〇一二年七月七日に行われた、中国社会文化学会における阿部由美子の報告「『京報日報』から見る中華民国北京政府時期の北京旗人社会」による。

辛亥革命と近現代中国——「政治社会」の観点からの一考察——

野村浩一

はじめに——基本的政治課題の浮上

辛亥革命は長期にわたるいわゆる「王朝体制」を倒壊させたという意味において、まことに巨大な変革であった。そのことは、おそらく誰しもが認める基本的な歴史的事実といってよいにちがいない。ところでこの場合、この伝統的政治体制は、最も概括的に、たとえば「儒教政治哲学」「皇帝政治——科挙官僚制」そして「郷紳社会」によって構成される「統一体」あるいは「統体（エンティティ）」とでも表現してよいのではないだろうか。さて、そうだとすると、実はこの時、この国のすべての人々にとって、きわめて根柢的な課題が浮上あるいは出現していたといえるだろう。それは、王朝体制という政治社会が解体した後、それに代わるどのような政治社会を創っていくのかという課題である（ここで「政治社会」という言葉は、それほど厳密な意味で用いているわけではない。一般に、経済社会、文化社会といった表現が使われているように、それと同様、かなり広い、またゆるやかな意味で、いわば社会の政治的側面、政治的基礎といった意味合いで使用している）。とはいうものの、時代がまさしくこのような課題を提起していたとして、こうした問題設定はむろん余りにも巨大な問いである。そして見方によっては、さらには現代にまで引き続く問題でもあるだろう。ただ、そうしたことを意識、理解しつつも、さし当たりここでは辛亥革命に始まる歴史の問題として、ある一つの視角から、そして何よりも問題索出のための、きわめてラフなスケッチを試みてみたい。これまで、いわば政治史的にはすでに様々の考察が加えられている。そうした考察に依りながらも、この「報告」では、問題点の若干の指摘にとどまることをお断りしておきたい。

なお、先ずは民国時期に限りたい。

Ⅰ　政治社会としての「中華民国」

さて、この課題に対して、直ちに、そしてきわめて鮮烈、明示的な形で応えたのは、やはり孫文を臨時大総統とする中華民国、そして「中華民国臨時約法」(＝臨時憲法、一九一二年三月)だったといってよいだろう。すなわち

「約法　第一条　中華民国は中華人民がこれを組織する」、

第二条　中華民国の主権は国民全体に属する」。

それは、王朝体制下、天子＝皇帝が全権をもって人民を統治するという政治社会のあり方に代わり、疑いもなく「西方民主」との接触の中で「人民主権」「主権在民」という一つの根本的な政治原則を提示するものだった。そしてそれはまた、「全権」の皇帝が「人民」を統治する、いわゆる「一君万民」の政治社会が否定された時、そこにおのずと出現する「人民主権」(＝人民全権)という、ある意味では一つの自然な構図であったのかも知れない。そしてこの「臨時約法」は、先ずは西洋モデルに依拠しつつ――そしてまた革命時の政情をにらみつつ――この時、その基本的制度

枠組みを規定していった。すなわち、参議院制（国会制）、臨時大総統制、国務員制（内閣制）、法院制……等々。

だが、政治社会の骨格が、文字通り憲法＝constitutionによって表示されるとして、さしあたり、いわゆる憲法史あるいは憲政史を通じて、その後の推移を辿ってみれば、周知のように、それはまことに混乱のうちに推移する。すなわち、先ずは「天壇憲法草案」（一九一三年）、次いで袁世凱の「中華民国約法」（新約法、一九一四年）－「新・旧約法の争い」、合わせて袁による帝政復活の試み（一九一五～一六年）、さらには曹錕（総統）によるいわゆる「賄選憲法」（一九二三年）に至るまで、そこにはほとんど名状しがたい程の民国憲法史が展開されることになった。そして、こうした過程を規定したのは、大きくは、いわゆる北京政府時期の諸軍閥の混戦という政治状況であったろう。

Ⅱ　南京国民政府の成立――「訓政」の開始と軍事力学

しかし、民国時期は一九二八年の南京国民政府の成立によって、一つの大きい区切りを迎える。そして、ここで見てきた政治社会構築の試みという視点に立つ時、この区切りはやはり新たな様相を示すことになったということができる。ここではたぶん二つの基本的特質が指摘されねばならない。

（1）先ず第一に、国民党・国民政府による「訓政」開始の宣言である（一九二八年三月）。

あらためて述べるまでもなく、国民党が「党是」とする孫文・三民主義理論では、革命・建国の過程を軍政、訓政、憲政の三段階に分け、「主権在民」の「憲政」の国家へと至る前に、人民をそのために教育、訓練する「訓政」の時期を設定していた。そして、そこではさし当り党が国家を統治する「以党治国」、つまり一党専政の段階を定めていた。ただ、その最大の政治目標はむろん「憲政」の実現にあり、すべてはそこへと方向づけられていた。当初、訓政期間はおおむね六年程度と了解されていたといってよいだろう。

（2）しかし第二に指摘されねばならないのは、この南京国民政府の樹立が、何よりも国民革命軍の「北伐」という武力、軍事力によってもたらされたという事実である。このことは、当時の中国社会が、基本的に、いわば「軍事力学」によって規定される場であったことを示している。こうした状況は国民政府成立以降も「中原大戦」（一九三〇年五月）などに見られるように、決してそれ程変らなかった。そしてむろんここでは、「北伐」＝国民革命渦中の「国共分裂」の後、根拠地建設へと向かった共産党との武力闘争、いわゆる「囲剿戦」の展開を付け加えておかねばならないだろう。

Ⅲ　抗日戦争時期――三つの構図

さて、南京国民政府時期は、全体として、何よりも「満州事変」＝「九一八」（一九三一年）から、次いで一九三七年に始まる日中全面戦争＝抗日戦争の時代である。この時期について考える時、日本の中国侵略が、中国とりわけその国家建設の過程に対して与えた阻害にかかわる問題を常に考えざるを得ないが、ともあれここでの主題に即して考察するならば、抗日戦争時期を通じて、政治社会の構築について、ほぼ三つの構図が提示されつつあったのではないだろうか。ここでは以下のように要約してみたい。

（1）先ず第一は、国民党による「憲政」実現の構図である。国民党は抗日戦争を「抗戦必勝」「建国必成」という大スローガンのもとに戦ったが、ここでめざされた建国は、むろん孫文の「三民主義」「五権憲法」を骨格とする「三民主義共和国」の実現というブループリントだった。歴史の中で透視してみる時、二〇世紀中国にどのような政治社会を創り上げるかについて、現実に即しつつ、最も具体的にその政治構造を提出していたのは――政権党としては当然のことだったとはいえ――やはり国民党だったといえるだろう。この場合、その基本構想は、むろん孫文に依っている。そして、こうした観点からみる時、孫文はたしかに傑出した、かつオリジナリティをもった人物だったことを確認させられる。たとえば彼は常に外部世界に対する考究につとめつつ、一九世紀、二〇世紀西洋に現れた社会問題、社会主義思潮を中国の伝統的政治用語、政治範疇である「民生」という言葉の中にあっさりと取り込んで、それを「民族、民権、民生」という「三民主義」の中の一つの柱にすえた。そして、「五権憲法」の中の「行政、立法、司法」に並ぶ「考試、監察」の二権もまた、中国の伝統的政治体制への歴史的引照として、むろん同様の位置にある。しかし、そうした側面と同時に、ここでは孫文の「三民主義」「五権憲法」が、この国・政治社会の統治構造として、独自のあり方を示していたことを指摘しておかねばならない。

孫文の民権の出発点は、先にも少しくふれたように、おそらく王朝体制の皇帝政治、すなわち皇帝が絶対的権力をもつ「皇帝全権」の政治を否定した時、そこにおのずと出現する「人民全権」の政治を実現することにあった。じっさい彼は『三民主義』講演「民権主義」の中でしばしば「四億の人間を皇帝にする」という表現をくり返し、そしてまた「民権主義」をまさしく「全民政治」という言葉によって説明していたのである。ただ、もとより全民つまり全人民で政治をすることは不可能である。それゆえに孫文は、周知のように、「全民政治」実現のために「政権」と「治権」の別という考え方を導入した。すなわち、人民は「政権」をもつとともに、他方、実際の政治は「治権」をもつ政府がこれを行う。孫文において、たぶん理念的には、人民は「政権」＝「政治を管理する権」をもち、そしてその「政権」は絶対である。だが、それでは「政権」とは、どのような形体をとるのか。彼がくり返し述べているように、それは「四権」つまり「選挙権、罷免権、創制権、復決権」に他ならない。政治を担当するものを選び、かつ罷免し、必要に応じて制度、法律を創り、また政府の法律が不適切と判断すれば造りかえる――最も図式的にいえば、これは人民がまことに自在に政府をコントロールする構図といって過言ではない。しかし、このように設定したうえで、最も重要かつ困難な問題は、いうまでもなく政権と治権との関係、より具体的には「政権」を統治構造の中にどのように落としこんでいくか、具体化していくかにある。そしてまさしくこの問題をめぐって、国民党の憲法論――憲政論は、憲法草案、いわゆる「五五憲草」の作成（一九三六年）以降、抗戦中を通じて、多くの論議また課題に直面しつつ展開していくことになる。そうした推移についてこれ以上ふれる必要はないだろう。むしろここで最も重要なことは、この構想が、これまで述べてきたような意味において、「政権」と「治権」という、いわば「二権構造」だったことである。そのことのもつ意味合いは、以下、政治過程の展開の中で明らかになるだろう。

（2）さて第二に、ここでの分析の次元においていえば、やはりいわゆる「第三勢力」的な、あるいは民主党派的な道をあげておかねばならない。より具体的には、抗日戦争中の国民参政会を出発点とする「憲政運動」を推進した諸党派、いわゆる「三党三派」――その結集体としての「中国民主同盟」の主張に代表される構図である。ふり返ってみれば、二〇世紀初頭以来、あるいは一九一〇年代の「新文化運動」以降、この国の文化、思想面においては、人間、個人、社会等についての、様々な視角からする根本的な反省的思索、省察が行われ、また「西方民主」との、より多面的な接触が生まれつつあった。そうした中で、政治社会の構想にかかわる領域においても、いくつかの構図が描き出されていくのは、むろん決して不思議ではない。こうした歴史状況を背景に、きわめて端的に表現するならば、たとえば「民主同盟」の「綱領草案」（一九四四年九月）は、その冒頭「政治」の第一項において、つぎのように表明していた。すなわち「民主国家は人民を主人とし、国家の目的は人民の公共の福利を謀るにあり、その主権は人民全体に属する」。以下、思想、信仰、集会、結社等の基本的自由権、法治、普通選挙等の主張とともに、さらにこの国の統治機構について、「草案」はより具体的に、「国会」を「人民が主権を行使する最高機関」と位置づけ、また「行政院」「大理院」（＝最高司法機関）を規定して、ほぼ「三権分立」の国家像を提示するのである。[1] 容易に察せられるように、これは何よりも「人民を主人とする民主国家」、そして「公共の福利を目的とする」国家という構図を基本にすえた、いわば近代西欧型の国家をめざすものだった。そしてつけ加えれば、この路線は新たに創出すべき政治社会について、それを支える思想的、あるいは理論的基盤をも、たしかに保持していたといってよいだろう。合わせて引用しておこう。戦争終結直後（一九四五年一〇月）のことになるが、民主同盟臨時全国代表大会における「大会政治報告」はいう。「民主という言葉はもともと民衆統治という意味であり、それは一種の政治制度ではあるが、……いまやそれは政治制度以上の広汎な意味をもっている。民主とは、人類が生活していくうえでの一種の方式であり、人類が人間として生きていくための一種の道理なのである。この道理は、人間こそが目的であり、社会一切の政治、経済組織は、ひとえに人類が人間として生きるという目的に到達するための道具であり、人間こそが一切の組織、一切の制度の主人であると考える。……この道理に基づくがゆえに、人民は国家の主人であり、人民が国家を組織する唯一の目的は、ひとえに全体人民の福利を謀ることにある」。[2]

ただ、このように辿ってきたうえで、こうした構図に対しては、やはり次の二つの点が合わせて指摘されねばならない。

（1）欧米世界とのいっそうのふれあいの中から醸成されてきたこの国家像は、知識人、学生とともに、たぶん広く一〇年代以降、徐々に進展してきたこの国の産業化――民族資本家層の成長、あるいは都市民の登場等に支えられていた。しかし他方、そのきわめて明快な「民主」の思想、構図は広大な大陸、そこに広がる伝統的な中国社会との間に、どのような形で接点をもち得るのだろうか。孫文の「三民主義」が「四億の人民を主人公にする」ために設定した「訓政」という課題に対して、ここではどのような「解」を見つけることができるのだろうか。

（2）そしていまひとつ、きわめて自明の、しかし余りにも核心的な問題ながら、「民主同盟」は、いかなる意味合いにおいても、その背後に武力をもってはいなかった。そしてそのこと自体が運動の出発点だった。「民盟」の前身だった「民主政団同盟的成立宣言」(一九四一年一〇月一六日、『光明報』社論)は、いう。「(同盟は)その政治的要求の後ろ盾となる武力を全くもってはいない。これは聯合内構成員(各党派あるいは個人)の共通する点であり、そして聯合外の両大方面(国民党と共産党を指す――筆者)と比べての重大な相違点である」。まさにそれゆえに「その前途は、ただ言論と理性による活動を通じ、大衆の同情と擁護を闘い取ることができるか否かにかかっている。このような啓蒙によって中国政治上の民主勢力が養成され、そして民主勢力の養成によってのみ、はじめて国内の永久平和の基礎を固めることができるのである」[3]。だが、先に指摘したように、この南京国民政府時期が、その成立以来、何よりも軍事力学が支配する歴史的場であったとするならば、政治社会をめぐるこうした構図は、いったいどのような位置を占めることができるのだろうか。

(3)ところで、第二に、「両大方面」の一方を形成していた共産党の提示する構図について、最も要約的にふれておかねばならない。共産党は、前二者とはいわば出自を異にするマルクス主義階級理論から出発しつつ、農村で土地革命を展開し、いわゆる「江西ソヴィエト区」において、先ずは「労農ソヴィエト政権」の樹立をめざした。その後、抗日戦争へ向けての「国共合作」の進展の中で、共産党はその政治目標を「人民共和国」(一九三五年一二月)、次いで「民主共和国」(一九三六年八月)へと変更し、抗戦中は、辺区政府として自らを位置づけた。しかし、総じていえば、その体制構想は、結局のところ、抗日戦争中に打ち出された毛沢東の「新民主主義論」(一九四〇年)に示されたといえる。それは一言で「新しい民主主義」であり、具体的には「革命的諸階級の連合独裁」による「新民主主義共和国」、そして「政体」としては「民主集中制」という構想が示されるわけである。

Ⅳ　戦後内戦期の政治状況――焦点としての「憲政」課題とその政治的帰結

さて、上記のような前史を受けつぎつつ、一九四五年八月、抗日戦争勝利後の中国には、あらためて政治社会構築の課題が真正面から浮上した。そしてそれは、より具体的には、国共両党がそれぞれ厖大な「党軍」を擁して、なお軍事力学が強く作用する磁場の中で、最大の政治課題として、「憲政」課題が登場したことを意味していたのである。

戦後中国の出発点が、国共双方の「重慶会談」（一九四五年八～一〇月）と「政治協商会議」（一九四六年一月）であったことは、述べるまでもないだろう。重慶会談で結ばれたいわゆる「双十協定」（一九四五年一〇月一〇日）において、国共両党が最大の政治課題として合意したのは、何よりも「すみやかな訓政の終結、憲政の実施」、「広く政治の民主化が、「平和建国のための必須の道程」（協定一項、二項）という確認であった。そしてまさしくそのために「国民政府による政治協商会議の召集」、すなわち「各党派代表及び社会賢達を集めての国是の協議」、及び「平和建国」の方策と「国民大会召集」等の問題の協議が決定されることになる。その後の推移は広く知られているとおりではあるが、行論の必要に限り、最も簡潔に跡づけておかねばならない。

「政治協商会議」は、会議に提起された五案、すなわち「政府組織案」「和平建国綱領案」「軍事問題案」「国民大会案」「憲法草案原案」を合意のうえ成立させたが、会議終了ほぼ一ヵ月後の国民党六期二中全会は「政協会議」の決定を正面から批判、そしてその焦点は疑いもなく「憲政課題」――憲法問題にあったといってよいだろう。すなわち「政協会議」で決定された「憲法制定原則」の中には「立法院を国家の最高立法機関とし、選挙民の直接選挙によって選ばれ、その職務は民主国家の議会に相当する」（第二項）という一項、いわば実質的には三権分立論が含まれており、それは「三民主義」「五権憲法」という国民党「憲政」の基本原則に背反するものだったからである。とはいうものの、「政協決議」に対するこうした真っ向からの反対が、単純に憲法論にだけかかわるものだったわけでは全くない。すでに様々の角度から明らかにされているように、その背後には、はるかに複雑な政治力学、そしてとりわけ当時の東北をめぐる国共双方の軍事力学が働いている。この国民党の決議に対して、当然のことながら共産党そして民主同盟は強烈に反撥した。そして、これをきっかけに歴史の局面は急速に逆転し、国民党による共産党の「中原解放区」進攻(一九四六年六月)を皮切りに内戦が始まった。その過程にふれる必要は全くあるまい。ここでは、ひとえに「憲政」課題の推移をクロノロジカルに追っておこう。

国民党は内戦を展開しつつ、「憲政」の実現をめざした。四六年一一〜一二月の間、共産党、民主同盟を欠いたまま、「憲法制定国民大会」いわゆる「制憲国大」を開催して、ここに「中華民国憲法」を制定した。その第一章総綱「三民主義に基づく」「民治、民有、民享」の「民主共和国」という規定、及びそこに示された諸内容は、ともあれ国民党「憲政」＝政治体制の骨格を、いわば最終的に表示するものであり、そして同時にそれはまた、二〇世紀一〇年代以降、この国の政治世界の中で問いかけられていた基本的な課題に対し、国民党がその思想的あるいは政治原理的次元に立脚しつつ、具体的に提示し得た答えだったと位置づけて誤りではないだろう。

だが、憲政実施のためには、もとよりこの憲法に従った政府が正式に形成されなければならない。それは、いわば必須、不可避の道程である。国民政府は直ちに「憲法実施国民大会」いわゆる「行憲国大」の開催へと向かう。そしてそのためには、まさしく「憲法」の規定に従い「国民大会」代表選出のための全国的選挙、すなわち普通、平等、直接、無記名(秘密)の選挙が必要だった。しかし、内戦を戦いつつ(従って共産党支配地区を欠いたままで)、いわば史上初めての総選挙を実施することが、それ自体どれほど困難であるかは、ほとんど想像を絶しよう。一九四七年一一月に行われた選挙は、様々の面で、政治的、制度的、社会的大混乱を引き起こしつつ進行した。一言で、国民党は内戦を戦いつつ、厖大なエネルギーを憲政実施のために費やしていたといってよい。そしてこの間、当初国民党の優勢とみえた内戦の形勢は、急速に逆転しつつあった。ここで、国民党が「制憲国大」「行憲国大」の開催の強行へと向かった根本的動因は、まぎれもなく国民政府の政治的正統性の流出ないし喪失にあったろう。[4] 政治協商会議以降、国民党はむろん一党専政を名乗り得る党ではもはやなく、むしろ合法的基盤を欠いた暫定的な政権にすぎなかった。そしてこの時、政権の政治的正統性確保への強い衝迫は、一方では、国際的政治状況の中で「近代世界」そのものが中華民国に課していた強い「拘束」であったと同時に、他方、それはまた、何よりも辛亥以後の中国に根柢的に問いかけられていた政治社会構築という課題への、いわば避けることのできない応答ではなかったろうか。

V　軍事力学、政治力学、社会力学——選挙と「保甲制」

民国時期の考察を、このような形で辿ってきたうえで、なお、若干の論点をつけ加えておきたい。内戦における国民党の敗北、共産党の勝利は、当然のことながら、ここで見てきたような「憲政」実現課題に発する諸問題——その政治的プロセスだけに由来するわけでは毛頭ない。そこには、すでにふれてきたような二〇世紀前半の中国という歴史的場を規定してきた軍事力学、その場に働いた一切の政治力学、そして同時に、やはり社会力学とでもいうべき次元の問題が根抵的に働いている。そして、そのきわめて重要な動因の一つが——その現実態についての様々の分析があり得るにせよ——やはり共産党による内戦時・土地革命であったことは、おそらく否定することができないであろう。ここでは最後に、この土地革命の問題、その歴史が、深いところで、国民党「憲政」実現のプロセスのある部分にかかわっていく側面をもち、まさしくそうした形で、いわば社会力学が政治力学へと連動していく問題性（あるいは歴史世界の多層性)に多少ともふれておきたいと思う。以下のような論及がかなりの唐突感を与えることを承知しつつも、少しく歴史をさかのぼりたい。

一九三〇年代前半、共産党は農村に土地革命を展開して、いわゆる「江西ソヴィエト」を建設した。それは、国民党にとって、全く異質の敵であった。これに対して蔣介石・国民党が五次にわたる「囲剿戦」を遂行したこともよく知られているとおりである。この場合、蔣介石が土地革命に対抗し、基層社会を維持、防衛すべく「軍事三分　政治七分」のスローガンを掲げて提示したのは、「自治」よりも「自衛」という大方針だった。そしてそのために採用、実施されたのは、何よりも伝統的王朝体制下で行われてきた、いわゆる「保甲制」だった。それは、最も一般的に、郷村において一〇戸を一甲とし、一〇甲を一保とするといった形で下から積み上げられた地方基層組織である。すなわちここでは、その条例に示されていたように(「剿匪区内各県編査保甲戸口条例」一九三二年八月)、個人を単位とする「自治」ではなくて、家を単位とする「自衛」こそが、土地革命に対抗し、基層秩序を防衛し得ると位置づけられたのである。まさにそれゆえに、保甲制のもとでは、戸長＝家長によって一家が代表され、制度的には戸長こそが、いわば一票をもつ。そうした保甲制は、当初の剿匪区域での実施から、おそらくその実効性のゆえに、急速に一〇数省に拡大された。そして要約していえば、保甲制は、次いで抗日戦争を迎え、「郷村の防衛」から、その機能を「国土の防衛」へと位相を変えつつ、やがて抗戦中、いわゆる「新県制」の実施(一九三九年九月)のもと、制度としての「地方自治」の一環へと法的にも組みかえられていった。ただ、ここでこうした推移にこれ以上ふれることは、むろん全く不要である。ここでは、この問題性に関するある連関性を辿りつつ、いま一度、国民党の「憲政」課題へと立ち戻らなければならない。

ふり返ってみれば、国民党が訓政期・民国最高の根本法と規定した、孫文の「国民政府建国大綱」(一九二四年)は、憲政実現の政治的条件を、何よりも「地方自治」の達成にこそ求めていた(「およそ一省すべての県が完全自治に達すれば、それは憲政開始の時期である」、第一六項)。そしてまた、人民が「四権」すなわち選挙、罷免、創制、復決の四権を行使することができて初めて、「完全自治の県が成立する」のである(第八項)。南京国民政府成立直後、その最大目標である「憲政」実現への一歩をめざして直ちに制定された幾つかの地方自治関連法規は、まさしく個々の人民＝公民が郷鎮から県レベルに至るまで、こうした「四権」を行使することを規定するものだった(「県組織法」、一九二八年九月、修正二九年六月。「郷鎮自治施行法」、一九二九年九月、修正一九三七年七月。等)。とはいうものの、およそ地方自治が、中国社会の最末端の無数の細胞にまでかかわるものであってみれば——農村社会研究が様々の実証によって明らかにしているように——むろんこうした地方自治が一片の法規によって実行されるわけでは全くない。そして、実際これらの法規もまた、現実の実施とは無縁であった。だが、ここでの最大の論点は、土地革命の衝撃が「自治」よりも「自衛」、そして「自衛」のための保甲制を呼び起こしたところにある。保甲制の立脚点はまさしく基礎単位としての戸にあり、戸長こそが一戸を代表して、いわば一票をもつ。それは、さし当りは、孫文・「建国大綱」の道をいわば逆方向へと切りかえるものでもあったろう。

さて、この辺りで急いで問題へと戻らなければならない。私はここで、保甲制にかかわる論点を、ある意味では、きわめてシンボリカルな問題として言及している。国民党は共産党の土地革命との対抗の中で「保甲」の道を選択し、やがてそれを組みこみつつ、国家建設の基礎をなす地方自治の建設をめざした。だが、程なくして戦後を迎え、すでに見てきたとおり、諸勢力、諸動因のきびしいせめぎ合いの中で、いわば一気に憲法の制定、憲政の実施へと向かう。しかし、一家一票の保甲制という前史、その体制と、そしてすでに見てきたような政治的プロセスの中で、まさしく中華民国憲法に従って行われた普通、平等、直接、無記名の全国選挙との間には、まことに目のくらむような距離が存在していたのではなかったろうか。そしてその距離を埋めるものは、まことに逆説的な表現ながら、現実にそこに生起した政治的大混乱以外ではなかったのではなかろうか。ともあれ、国民党は「辛亥」以後の中国に投げかけられた最も基本的な政治課題に対し、この時点において、まさしく「制憲」から「行憲」に至る一切の政治過程、そしてそこから生じた一切の政治的結果を通じて、自らの現実の答えを提示したといってよい[5]。

一九四九年一〇月、中華人民共和国は「人民政治協商会議」を母体に、その「共同綱領」に基づいて成立した。それは「新民主主義の国家」であり、また「人民民主専政」（毛沢東）の国家であった。「辛亥」以後の課題は、この時、「人民共和国」の成立によって、きわめて明白な、目に見える形をとって答えが示された。そのことは、全く疑うことができない。しかし、ここでの問題設定に従うとすれば、「辛亥」に始まる政治課題に対する応答は、内戦に勝利した共産党に対しても、抗戦期、内戦期を通じて、やはりそうした地点から、歴史的検討が加えられねばなるまい。そして同時にまた「辛亥百年」という時点に立ち戻れば、すでに共和国六〇余年、様々の政治姿態をみせて展開してきたこの国の推移をも、その基本的な論点について考察、検討することが必要とされるだろう。

註

（1）中国民主同盟中央文史資料委員会編『中国民主同盟歴史文献』文史資料出版社、一九八三年、二六～二七頁。
（2）同前、七四～七五頁。
（3）同前、一一頁。
（4）政治的正統性の問題については、西村成雄『中国ナショナリズムと民主主義』研文出版、一九九一年、また西村成雄「一九四六年民国政治：憲法制定権力の正統性流出」（田中仁・三好恵真子編『共進化する現代中国研究』大阪大学出版会、二〇一二年）が詳細な分析を加えている。
（5）台湾における国民党政権にかかわる問題についてはむろん別に考察されねばならない。

辛亥革命研究の回顧と提言

私の辛亥革命研究――四〇年余の回顧と反省

久保田文次

Ⅰ　久保田文次の略歴

私は一九三六年、山梨県八ヶ岳山麓の養蚕農家の次男坊として生まれ、「支那事変」「大東亜戦争」とともに成長、当時の軍国主義教育、特に講談社文化の影響を強く受けた。終戦によって軍国主義から民主主義・平和主義への価値観の急転換を体験した。農家だったから食糧には特に困らなかったが、養蚕業の衰微は我が家を直撃し、父母は葉タバコやホップ栽培に活路を求めたがうまくいかなかった。幼少時は我が家や近隣農家の「草刈り場（肥料・家畜の飼料・燃料の供給地）」が戦時中海軍航空隊のグライダー練習場に買い上げられ、と思ったらすぐに敗戦、中国東北からの引き揚げ者や大都会からやってきた人々が、短期間にそこに開拓集落を形成した。聖戦と信じていた戦争の敗北、原爆投下をはじめとする空襲の惨害、食糧難はもちろん見聞するところであり、あらゆる面で「滄海之変」を体験した。そして、食糧増産・開拓・「エクメネ（人間の活動空間）」拡大に関心を持ち、アマゾン川流域や中央アジアの砂漠開発を夢想して、地理学専攻を志望するようになった。

長野県立諏訪清陵高校や東京教育大学時代に「マルクス主義」に接触、生産の量的拡大よりは生産様式の質的転換を重視する考えを受容した。生産様式転換を目指す活動への参加も考えたこともあるが、党派に対する不信感があり、興味は学習の分野を中心とした。人文地理学にも未練を残し、心中で葛藤を繰り返しながら、大学三年次に歴史学「定住」を決意した。但し、対象地域は未開拓地の多いはずの「新疆」等イスラム地域であった。

一方、一九四九年に建国した中華人民共和国建国の発展で、日本が多年、戦争をしてきた相手国の変化に興味を持った。幼少時、戦争に弱い中国を軽蔑する雰囲気の中でも、我が家の周辺には、中国文化・中国料理を称賛する声はあり、「中国は大国」、「中国人は大人（たいじん）である」、「中国人は商売上手である」の評価もあった。生家の座敷には蘇東坡「赤壁賦」等の襖障子があり、その中から知っている漢字「七月、秋、舟、赤、壁……」等々を拾い読みして、読める字が多くなることを楽しんだが、これが漢字学習に役立った。中学・高校時代には中国古典の格言・四字成語などが好きになり、国語の一環としての漢文の授業で、李白・杜甫・白楽天を知り、興味を持った。

軍国主義教育を受け、『少年倶楽部』・『少国民新聞』を愛読した早熟な少年は、東条首相の「大東亜宣言」にも深く共鳴していた。これらが逆に新生中国への関心をかきたてた。こうして、大学院博士課程入学後の一九六一年ころに、辛亥革命期の中国近代史研究に「転向」し、「中原に鹿を逐う」ようになったのである。

Ⅱ　研究開始時の辛亥革命研究の状況

研究を始めたころは、辛亥革命は一九一一年に勃発、清朝を打倒し、中華民国を建設したブルジョア民主主義革命、というのが最も有力な定説であった。この革命はアジアで最初の共和国を建設し、民主共和の気風を普及したが、新しい社会経済体制や政治体制の建設には失敗し、「半植民地・反封建」体制は不変であった、それは革命を指導した民族ブルジョアジーの弱さが原因である、と言うのである。もちろん、毛沢東理論・中国歴史学界の影響を受けた説であった。中国革命が成功し、中華人民共和国が建国され、経済建設が正に進行中であると理解する人々が多かったから影響力を持ったのである。私も大いに説得力を感じて積極的に受け入れた。

ブルジョア革命説を基本的に受容する中で、ブルジョア的・資本主義的発展を比較的に重視する菊池貴晴・野沢豊氏等による辛亥革命研究が盛んであった。後に里井彦七郎氏が「資本主義派」と称して批判した潮流である。一方で、人民闘争・特に農民闘争を重視する里井氏、石田米子氏・狭間直樹氏等の研究も盛んであった。

他方では、方法的にはマルクス主義をとりながら、一九一一～一二年の歴史的事件を「絶対主義変革」、「半植民地・半封建コース」とする今堀誠二・横山英氏の見方があった。辛亥革命は新しい社会経済制度・政治体制を確立せず、「半植民地・半封建」社会が存続し、強化されたから、というのがその論拠である。市古宙三氏の「郷紳革命論」は、四川の鉄道国有反対運動は郷紳が指導したことを論拠としていた。

小野川秀美氏・島田虔次氏、あるいは野村浩一氏の思想史を中心として、事件を「辛亥革命」としてとらえた上で、伝統体制との関連を重視した実証的研究も展開されていた。

Ⅲ　研究開始時の久保田個人の状況

学部二年時に野沢豊「日本における孫文関係文献目録」（『思想』三九六号　一九五七年）の作成に協力した。『思想』同号は孫文特集号で野沢氏（三編）・竹内好・安藤彦太郎・野村浩一・野原四郎の各氏が執筆され、いずれにも大いに啓発を受けた。前記の次第で辛亥革命期の本格研究には至らなかったが、協力作業の体験と『思想』特集号の学習は後日の辛亥革命研究の進行に大いに役立った。また、宮崎滔天『三十三年の夢』、北一輝『支那革命外史』は愛読書でもあった。

中国近代史に転向後、上記『思想』を再読し、小野川秀美『清末政治思想研究』(一九六〇年)、東京教育大学アジア史研究会『中国近代化の社会構造：辛亥革命の史的位置』(一九六〇年)、野沢豊『孫文：革命いまだならず』(一九六二年)、野村浩一『近代中国の政治と思想』(一九六四年)、藤井昇三『孫文の研究：とくに民族主義理論の発展を中心として』(一九六六年)、島田虔次・小野信爾編『辛亥革命の思想』(一九六八年)等で基礎的な学習を続けた。

当時は史的唯物論(実は俗流唯物論)を素朴に信奉し、社会経済史から政治史を理解する姿勢であった。但し、「上部構造の相対的自立性」程度は心得ていた。当然のように商品生産・資本主義発展を重視、農村社会経済史の解明を目指した。自分が農民の出身であり、毛沢東の「農村から都市を包囲する」視点も評価していたし、日常的に野沢豊・菊池貴晴氏の薫陶を受けていたからである。また、明末清初の商品生産を重視された田中正俊氏の指導で理論的根拠を強めたとも信じていた。東京教育大学の先輩・友人である中村義・鶴見尚弘・渡辺淳・小島淑男・白石博男・鈴木智夫・小林一美・姫田光義の諸氏との緊密な交流の中で、この傾向はさらに強化された。こうして、里井彦七郎氏に批判された「資本主義派」の一員となった訳である。

しかし、毛沢東の考えにも共感していたから、人民闘争・農民闘争研究にも共鳴、「抗租抗糧」運動にも大変共感した。「大佃戸」、「押租」に着目し、小商品生産や富農的発展を示すような現象を評価したのも、農民の貨幣経済参画、所有権への要求が農民闘争展開の要因となる筈だと考えたからである。

四川省の鉄道国有反対運動(一九一一年)を研究してみて、そこに参政権や財産権等のブルジョア的利害・要求が表出されていることを認識し、経済史と政治史の結合を意図した。こうして「蜀」の「乱」を治めてから中国全体の歴史＝「中原」の歴史研究へ進出する野望を持つに至った。しかし、蜀の統一を固めないうちに、予定より早めに中原の辛亥革命・孫文の問題について発言するようになってしまった。

Ⅳ　辛亥革命・孫文の位置づけに関する研究

私にとって、辛亥革命を理解するにあたって、資本主義や農村の問題を重視するのは当然のことであった。また、一方で辛亥革命を長期的な視野から位置付けることを試みた。辛亥革命の非革命性を主張する見解は、一九一一年～一九一二年の事件の後、新しい政治体制・社会経済体制が確立しなかった事実をもとに立論している。ではこうした説が基準としている欧米では、革命直後に新しい政治経済体制が確立したのか、答は否である。この論法ではイギリス革命は国王・貴族・地主政権の存続をもたらし、アメリカ独立は奴隷制農場主支配体制の存続をもたらし、フランス革命は貴族・官僚・地主・軍部支配の継続と君主制復活をもたらしたことになる。フランス革命は幾多の流血を伴う政体の変転を経て、一九世紀後半の第三共和政を実現し、フランス革命の意義もようやく公に認知されるようになった。欧米の新体制確立は革命を重要な契機としつつも、その後の一世紀前後に亘る長い曲折に満ちた時間を経てなされた。一挙にして安定した体制を確立した革命は殆ど存在しない。

欧米の革命と対比すれば、辛亥革命は本格的・全体的な近代化を目指す綱領（「三民主義」）を自覚的に提起した点で世界最初の革命と言えるし、革命勃発時に自覚的に共和制や立憲君主制をめざす政治勢力が存在していた。こうしたことによって、その後も長く続く中国変革運動の起点となった。

私が辛亥革命研究を開始したころは、「光明が見えたのは一瞬間のみ、中国は再び暗黒の中に沈んでいった。何故この革命は無か、貧弱であったのか」(近藤邦康『辛亥革命』一九七二年)という評価もあった。同書は章炳麟・李大釗・魯迅を革命発展、継承、暗黒打破の主役としてとらえ、孫文を非常に軽視していた。私は章・李の役割を無視するのではないが、革命運動の中心人物は、通説通りやはり孫文だと考え、辛亥革命・孫文を長期的な中国近代化の過程で位置づけるべく努力した。

中国でブルジョアジーが政権を獲得しなかった「必然性」については、学界の「定説」を受容していたが、しかし社会主義経済発展において、資本主義段階を通過しなかったことの消極面については、何らかの「補習」が中国には必要であると考えていたから、「改革開放」政策の導入は良く理解できた。そして、その後の発展については楽観し、事実も予想以上の速度で経済成長を遂げたと思った。しかし一九八〇年代に佐々木衛氏を団長とする義和団発生地域の華北農村調査に参加し、華中や広東の先進地域と全く隔絶した状態を体験して、中国の都市と農村や地域間格差の大きさに衝撃を受け、中国の近代化の課題が途方もなく重いことを認識し、それだけに問題を提起した孫文等の偉大さを痛感した。

当然、孫文の思想・実践の中には日本に対する幻想や非現実的・空想的な綱領、独裁的性格等々、欠点・弱点・失敗・錯誤に満ち満ちていることは承知している。しかし、欠点・弱点・失敗・錯誤のない偉大な革命家は、今まで世界には存在しなかった。現在でも通用する近代化の基本原則、独立と国際的地位の向上を目指す「民族主義」、共和国建設と憲政実施を目指す「民権主義」、工業化と福祉充実を目指す「民生主義」の提起は他の何びとにもできなかったことである。綱領欠陥の是正も、提起後の実践の過程でしか是正できないのであって、変革勢力はその後も試行錯誤を続けなければならなかった。もちろん、孫文は超人ではなく、一九〜二〇世紀の中国が必要とした課題を象徴的に示す人物としてとらえる必要がある。

Ⅴ 「一〇〇周年」の辛亥革命と孫文

「改革開放」経済の進展に伴い、近代化の先駆者としての孫文や辛亥革命に対する評価が高まり、江沢民は共産党大会で近代中国を代表する人物として孫文・毛沢東・鄧小平の三人を挙げるにいたった。一〇〇周年をむかえて、三民主義がどの程度達成されたか、当然検証されねばならない。民族主義の当時の目標は達成され、民権主義は形式上は達成(台湾では制度化)、民生主義は「改革開放」を実現し、土地改革(大陸では後に農民的土地所有は廃止)や工業化で基本的に達成され、福祉問題は「和諧社会」の方向で重視されつつある。

しかし、民族主義では少数民族問題の深刻化、対外大国主義的傾向の端緒、民権主義では一党独裁、政治体制改革の未進展、人権問題や土地収用などへの強圧的対応、民生主義では、都市と農村や貧富の格差拡大、一般的福祉制度の未確立等々の問題が山積している。こうした問題は辛亥当時、夢にも思われなかった問題もあれば、近代化が進展したが故に却って発生した問題もある。また、孫文の思想や政策にも淵源が求められる場合もある。最近の中国では孫文・宋慶齢評価が高まり、毛沢東の闘争至上論は過去のもの、調和・相互扶助を重視した孫文の考えが「和諧社会」に適合的との見解(林明同)もある。宋慶齢が人民共和国にあって三民主義を堅持したことを評価し、毛沢東の急進的政策実施に抗議した事実を公表し、肯定的に評価した尚明軒氏、毛沢東の暴力的土地改革論に対し、平和的改革論を唱えていた孫文・宋慶齢の平和的改革論を対置した李玉貞氏の考えも注目される。

Ⅵ　反省少々

従来「革命史」と言うと、「革命党」・「革命運動史」ばかりが研究されてきた嫌いがある。私は歴史現象としての「革命」は、本来の「革命派」ばかりでなく、反革命派、非革命派、日和見派等との関係の中で帰趨が決まるのであるから、革命派以外の勢力を研究すべきだと考えてきたが取組は全く不充分であった。中国においては自覚的に「革命派」を名乗る政治勢力が「革命」概念に大きな影響を与えてきたこともあって、結果的に革命の成功に寄与した諸勢力の研究が不充分であったと思う。ただ近年、日本ばかりでなく、中国においても、清朝史、清末新政、立憲派等の研究が盛んになり、彼らなりの近代化への志向・努力を評価できるようになっていることは同慶に堪えない。

「革命」は政治・軍事・外交・経済・思想の分野においてばかりでなく、社会・文化・生活（風俗・習慣）・心理にも大きな影響を及ぼす筈である。私も民俗学のテーマで論文を書きたいと思ったことがあるが、用意もできていない。これまた、反省点であるが、この分野でも、多くの若い方々の研究が発表されているのは喜ばしい。ただ、もっと、もっとより大きな、近代史・中国史の把握方法をめぐる問題については、大きな深刻な問題が存在しており、私も本格的再検討を迫られているが、今回はまだ、発表できる段階にはない。

私の辛亥革命研究は、日本の学界の一部にあった、孫文よりも宋教仁ら湖南派の方が孫文よりも農民的であったとか、北一輝の『支那革命外史』に無批判に依拠して孫文を批判するとか、章太炎→魯迅→毛沢東が中国革命の主流を形成するとかいう見解を批判することに努力してきた。そのこと自体は正しかったと思っているが、そのあまりに「孫文正統史観」に批判的であったにもかかわらず、宋教仁・章炳麟・あるいは張謇等に対する積極的評価がおろそかになったことを深く反省する。また袁世凱を罵倒するだけではなく、袁がなぜ孫文を含めた革命派の推戴を受けたのか等について分析すべきだと考えていたのに成果を発表しなかったことも反省している。私は一九九五年一〇月、武漢で開かれた「社会転換と文化の変遷」をテーマとした国際学会(「社会転型与文化変遷国際学術研討会」)で「清末親政と革命派」(「清末新政与革命派」)を報告し、以下のように述べたことがある。この考え方は現在でも変わらない。

清朝政府が清末に実行した「新政」に対して、中国同盟会の革命派はその欺瞞性を鋭く暴露し、原則的な角度から批判を展開した。これらのことは周知の事実である。しかし、「新政」の過程で実施された軍隊・学校の近代化、実業振興・地方自治・法典整備等の政策については、革命派も中国近代化のためには通過しなければならない過程であるとみなし、革命運動発展のために、利用しても宜しいと、判断していた。したがって、革命派は合法的な新聞報道や政治活動の中では、「新政」を推進する高級官僚(端方などを含む)は肯定的に評価し、消極的な官僚には非難を加えた。立憲派や地方自治機関として機能する諮議局等に対しても、同じ観点からそれぞれ一定の評価を与え、期待と要求を表明し、利用もした。革命派系統の『警鐘日報』、『中国日報』を読めば、これらの傾向ははっきりとわかる。

私は辛亥革命を一九一一年~一九一三年の出来事だけで「失敗」と判断することに批判的であった。当時の革命派が最大の目標としていた清朝打倒に成功し、共和制は人心の支持を得たではないか。多くの歴史学者が革命の典型とみなすフランス革命(一七八九年勃発)も、革命が目指したとされる体制が定着したのは、一八七一年のパリコミューンを圧殺して成立した第三共和制以降のことである。辛亥革命が提起した課題や理想が制度化・実態化するには一世紀前後の時間で判断すべきだと主張してきた。二〇一一年の中国における「辛亥革命百周年」に、国際学会や記念行事も長期的に見た中国の本格的近代化の出発点と位置付けているし、金沖及・章開沅両氏の著作も同様であって、この点については近年の理解に勇気を得ている。

Ⅶ　報告の補足・追加

二〇一一年一〇月、同済大学図書館で開かれていた「歴史回眸：辛亥百年図片展」の説明文には「当然ながら革命勝利の果実は袁世凱に摘み取られ、中国の独立富強を達成する目的は実現しなかった。しかし、いかなる社会革命も一挙にして成功するものではない。前の波が消えないうちに後の波が起るような長期の歴史的過程としての革命の中で、辛亥革命は中国人民の反帝反封建革命の偉大な一波であり、……現在の社会主義建設と改革開放にいたるまで、みな、辛亥革命の継続であり、深化なのである。」とあった。社会革命の長期性を示す点で同感なので、ここに紹介する。

折角日本で開かれた国際学会なので、辛亥当時の日本政府の対応についての最近の研究成果を紹介しておきたい。櫻井良樹『辛亥革命と日本政治の変動』（岩波書店　二〇〇九年）は、辛亥革命当時の西園寺公望内閣が山県有朋（元老・陸軍の最高実力者）の中国東北への出兵要求を、海軍と協力して退けたことを詳細に明らかにした。山県の出兵案が実現しなかったのは、陸軍大臣が議会・世論・中国・外国の動向を顧慮したからであることは、以前から知られていた。同書は犬養毅の国民党が帝国議会の質問において、出兵が中国の領土保全を犯し、列強による分割の端緒となると指摘し、陸軍大臣・外務大臣から出兵を否定する発言を引き出したことを明らかにした。日本の外交政策決定が、政府・元老・軍部・陸軍・海軍・外務省・議会・政党・世論が一枚岩の状況で行われたのではなく、むしろ諸勢力決定の競合、多元的な構造の中でなされていることに、とくに外国の学者の注意をお願いしたい。

辛亥革命の失敗だけを強調する考えには私は賛成しない。しかし、当時、孫文や宋教仁の理想はもちろん、当面の政策も実現しなかったことは余りにも明白である。私は客観的条件、主体（主観）的条件のいずれもが未成熟であったことが、その原因だと考えている。客観的条件については理解しやすいだろう。今回の会議で、汪朝光・蔡楽蘇・郭世佑の諸先生の報告によって、革命派の主体的条件の未成熟を更に検証する必要を痛感した。イギリスの革命、アメリカの独立は地方自治の担い手や武力の所有者がリーダーであった。明治維新の指導者たる下級武士は武力そのものであり、割拠体制の中での地方行政の担当者であり、各地で行政経験と熾烈な権力闘争・武力闘争の試練を経て、日本の中央権力を掌握したのである。また、自由民権を主張した豪農層は村落自治の担い手であり、下層農民も自治には参画していた。身分制議会もなく、制度化された地方自治を欠き、武人軽視の傾向があった中国では、革命勢力と武力・地域社会との結合は至難であったと感じた。

こうしたことは、なにも中国社会の後進性だけを示すものではなく、むしろ、明確な身分制や地方割拠の欠如やヨーロッパで近代に獲得された「自由」が早期から存在していたこと、貨幣経済・統一の進展など、一面では中国の歴史的先進性を意味するものと考えている。この点についは今後も考察を進めてみたい。

〔追記　私のこれまでの研究については本報告以降公刊した拙著『孫文・辛亥革命と日本人』（汲古書院、二〇一一年）を参照されたい。〕

辛亥革命研究の回顧と提言

小島淑男

Ⅰ　自分の研究を回顧する

神奈川大学教授大里浩秋氏のご意向に従って自らの辛亥革命研究の回顧を出発点に話を始め、何か提言できることがあればその都度述べることにする。私が過去五〇余年の間に進めてきた辛亥革命に関する研究は、大きく四つの分野に分けられる。

第一は主として『近代中国の農村経済と地主制』（汲古書院、二〇〇五年一二月）に収録されている近代中国の農業を中心とする農村経済と地主制（地主－佃戸関係、特に小作争議）に関するもの、第二は辛亥革命前後の伝統的および近代的企業の実態と経済の発展（蘇州の絹織業と労働争議、上海を中心とする近代的企業の発展と労働運動、商工業者組織＝商会の役割、南洋勧業会の開催と華僑資本家、民国初年の臨時工商会議と袁世凱政権下の経済政策等）について、第三は辛亥革命における上海の独立と商工業経営者の政治参加ならびに下層民衆の動向、民国初期の中国社会党、純粋社会党、中華民国農党、中華民国工党、中華民国自由党および下層民衆の動向など、第四は主として『留日学生の辛亥革命』（青木書店、一九八九年八月）に記述されている辛亥革命期の中国をめぐる国際関係（特に一九一一年における露英仏の新たな中国侵略）と中国人日本留学生の民族運動の高まり（日本における留日中国国民会の結成と本国における中国国民総会および各省各府における中国国民分会または国民尚武会の結成と活動）及び留日学生の革命運動への参加である。おそらくはどのテーマも極めて標準的なものであり、私と同時期またはその前後にほかの日中の研究者たちも手をつけているものである。しかし、これらの研究には明らかに流行がある。そのことも以下に紹介する。

Ⅱ　日中の研究動向

卒直にいって私は最近極めて不勉強で、日中のほかの研究者の研究を回顧し研究史の総括をするなどとても出来る状況にはない。出来るとすれば自分の研究成果とそれらに直接関係のある研究成果を部分的に紹介するのみである。そのことをあらかじめお断わりしたうえで、日中の研究動向を少々整理してみたい。

私が最も力をいれた第一の研究は、現在日本だけでなく中国でも冷門（招かれざる分野）である。私が蘇州府とその周辺の農村経済や地主制および農民運動の研究を進めているとき或いはその後現在にいたるまで、北海道教育大学の夏井春喜教授が蘇州という限定された地域であるとはいえ、租桟文書や『申報』の記事を活用され精力的に農村構造の研究を進めている。すでに素晴らしい研究成果を『中国近代江南の地主制研究』（汲古書院、二〇〇一年）および調査報告集などにまとめられている。他には久々のことであるが農村の民衆運動にもふれた論文を読む機会を得た。鷲尾浩幸氏の「清末蘇州における地方自治の導入と基層社会の変化」（『東洋学報』第92巻第3号、一九一〇年一一月）

である。基層社会という言葉使いも心地よい。また藤谷浩悦氏の「一九一〇年の長沙米騒動と郷紳」(『社会文化史学』31号、一九九八年九月)をはじめとする一連の民変に関する研究がある。時の流れに身を任さない研究者の存在は心強い限りである。中国では日本ほど冷門ではないようである。

第二の研究は中国が改革・開放に踏み切ったおかげで、華中師範大学の章開沅教授の下で学んだ研究者(馬敏、朱英、虞和平、饒懐民の諸氏)や上海社会科学院経済研究所の老中青の研究者が進めた現代化(資本主義的経済発展や商会、南洋勧業会等)の研究も盛んになり、日本における「資本主義派批判」(後述)も影もひそめた。日本でも清朝末期の新政に基づく近代的経済改革や商会及び南洋勧業会など近代中国の資本主義的発展の研究も行われるようになった。しかし最近の日本では全体的に辛亥革命期の近代的経済発展に関する研究が手薄であるように思うのは私の不勉強のせいであろうか。

第三に分類した中の江亢虎を党首とする中国社会党と労農運動に関する研究「辛亥革命期の労農運動と中国社会党」(『歴史学研究』一九七一年大会特集号)などに対しては好意的な批評を下さる方もいたが、当時若手の西京の先生からは〝コロンタイ流〟(三省堂の『大辞林』によると、コロンタイという人物はソ連の政治家、女性初の人民委員で、婦人問題に関する著述多数、特に小説『赤い恋』は性の自由を説いて反響を呼んだという)との批評をいただいた。私はコロンタイの『赤い恋』という作品を読んだことはない。江亢虎は日本留学生で日本の代表的社会主義者とも交流があった。中国社会党は女性の参政権獲得を主張し、民国元年中国同盟会が国民党に改組した際に女子参政権獲得をその綱領から削除したが、中国社会党は民国二年袁世凱政権に解散させられるまでその主張を維持し続けた。李大釗も党員であった。私は江亢虎が男女平等を主張し、無家庭、無政府、無宗教の三無主義者であることは承知しているが、「性の自由」を説いたかどうかについては全く承知していない。この方の江亢虎及び中国社会党に対する評価は「中国社会党は江亢虎によって一九一一年一一月六日に設立されたもので、思想的には身分不分明の改良主義としか言いようのないものだったが、とにかく社会主義を党名とした政党のはしりであった。革命にともなう解放感を味わっていた青年たちの社会主義への関心を組織して急速に発展しながら、袁世凱政権の反動政策のまえにひとたまりもなく分解消滅してしまうような〝党〟なのである」というものである。

その後中国でも中国社会科学院近代史研究所の研究員である夏良才「試論民国初年的中国社会党」(『歴史教学』一九八〇年第四期)、曽業英「民国前後的江亢虎和中国社会党」(『歴史研究』一九八〇年六期)、沈駿「江亢虎的社会主義与中国社会党」(『華中師範大学学報』一九八九年第二期)、黄彦「中国社会党述評」(『近代中国』第14輯、二〇〇四年八月)、汪佩偉『江亢虎研究』(武漢出版社、一九九八年一月)など江亢虎や中国社会党に関する論文や著書が発表されている。日本でも信州大学の後藤延子氏が「李大釗と中国社会党」(『人文科学論集』第31号、一九九七年二月)という、すばらしい論文を発表されている。今や大先生としての地位を築かれている西京の先生は今でも同様の評価を下されるのであろうか。私は中国社会党にはじまり同党から派生した中華民国工党、中華民国農党、純粋社会党の結成と活動および女子参政権を要求する女性党員たちの参政権を要求する団体の結成と運動の高揚は、辛亥革命の貴重な果実であると理解している。

第四の辛亥革命期の留日学生の民族運動や革命活動については、のちほど川島真氏の著書に関連してやや詳しく述べるのでここでは省略する。服装や髪型の流行と同様に学問の分野でも流行があるのは避けがたいことである。学問には自由があるので研究テーマの選択や分析方法及びその内容に対し他人がいちいち容喙することは極力避けなければならない。

しかし、辛亥革命では専制君主制の清王朝が倒れ主権在民を国是とする中華民国が樹立された。辛亥革命は西欧的近代思想を背骨に持つ革命派が武装闘争を通じて実現したものである。辛亥革命は単に政治制度（行政・司法・立法・地方自治等）を変えただけではなく、不十分ながらも様々な分野で社会改革（教育・医療・金融・女性の地位向上等）もすすめられた。

清末民初の国際関係、政治構造、政治情勢、思想状況の研究はいうまでもなく、都市や農村の社会構造に関する研究は、辛亥革命を理解する上で最も基礎的で絶対に欠くことのできない基本線であるという自覚は持ち続けたいものである。いつまでも冷門にしていては辛亥革命研究の深化は図れないのではないだろうか。

Ⅲ　レッテルの暴力は忌避すべきである

辛亥革命研究会の維持存続に大きなかかわりを持った田中正俊、山根幸夫、里井彦七郎の三先生についてひとこと話させていただく。

大学時代の同班同学である日本女子大学名誉教授の久保田文次氏が、野沢豊氏が里井彦七郎氏に「資本主義派」（対極に「人民闘争派」の狭間直樹氏と山下米子氏がいる）のレッテルを張られて批判されたことを話された（その詳細は辛亥革命研究会編『中国近代史入門』汲古書院、一九九二年三月、九頁に記述されている）。当時若年で無党派（現在も）であった私はまさに「同志打ち」であると受け止めていた。しかし、遺憾ながらそのトバッチリは私のところにまで及んできた。原因は一九六〇年に教育書籍から発行されていた東京教育大学アジア史研究会編『中国近代化の社会構造』にある。この本に論文を載せた者は合わせて七人、白石博男「清末湖南の農村社会」と野沢豊「辛亥革命と大正政変」を除くと、中村義「清末政治と官僚資本」、鈴木智夫「清末・民初における民族資本の展開過程」、菊池貴晴「経済恐慌と革命への傾斜」、小島淑男「辛亥革命における上海独立と商紳層」、渡辺惇「袁世凱政権の経済的基盤」の五人は濃淡の差はあれ、清末民初の資本主義的発展を前提として論文を書いていた。レッテル「東京教育大学資本主義派」の誕生である。

菊池貴晴氏の著書『中国民族運動の基本構造』（大安、一九六六年）も批判を浴びた。文革派・人民闘争派から見れば最高の標的ということになる。この本の執筆者でない後輩までのちに標的にされた。当時このレッテルを興味本位に使っていた者もいたが、無責任な話である。農民・農村研究者であっても農村の経済発展、農民の所得や地位の向上といった視点に基づく研究業績にまで追い討ちがかけられたのである。文革全盛時代には資本主義的近代化に着目し研究する者、豊かになった農民や地位を向上させた農民を探求する研究者は悉く冷たい目で見られたのである。デリケイトな神経の持ち主である野沢豊氏はそのころから体調不良に陥り、周囲の人々を心配させた。このとき野沢豊氏を励まし支えて下さったのが、山根幸夫先生と田中正俊先生であった。お二人は私たち辛亥研の若手にまで多々気を配って下さった。辛亥革命研究会にとっても恩人である。

以上のようなことを書くと、読者は当時教育大出身の若手研究者は里井先生から厳しい批判を受けたり苛められたりしたのではないかと思われるかもしれないが、そのようなことは全くなかったことをはっきり申し上げておく。里井先生は私たち教育大の若手研究者に対しては非常に親切で優しい先生であった。私は里井先生に時に厳しく時に優しく指導されることはあっても苛められたことは一度もない。私にとって里井先生の学恩は計り知れない。私の推測では兄貴分の里井氏が弟分の野沢氏を研究上の観点からいさめたところ話が大きくなってしまったのではないかと今では考えている。当時私は博士課程を中退して都立高校の教員となっていた。研究費もままならない身分でほぼ毎年百万遍の安宿（寺）にとまり京都大学の人文研や図書館に通って資料の筆写を一〇年近く続けていた。当時里井先生と親しかった島田虔次先生、小野信爾、小野和子御夫妻と狭間直樹氏には一宿一飯以上のお世話になった。感謝こそすれ怨みなど一度もいだいたことはない。もし私たちにすれ違いがあるとしたらそれはあくまでも研究上の観点の食い違いにすぎない。面白おかしく語るようなことではない。

Ⅳ　川島真著『近代国家への模索』を読む

近代中国はアヘン戦争以来長期にわたり世界の資本主義強国の侵略にさらされていた。近代中国研究の中心的課題の一つが中国をとりまく国際環境・中外関係の研究にあることを否定する人はほとんどいないであろう。問題は辛亥革命の研究者が辛亥革命直前における資本主義列強の中国侵略の実情について、さらには革命を担った主体の活動についてどれほどの認識を持っていたかということである。

中国近現代史・アジア政治外交史専攻で、単著『中国近代外交の形成』（名古屋大学出版会、二〇〇四年）や編著『東アジア国際政治史』（名古屋大学出版会、二〇〇七年）を上梓されている東京大学大学院総合文化研究科国際社会科学専攻准教授の川島真氏の著書『近代国家への模索1894～1925』（岩波新書、二〇一〇年一二月発行）は、社会的に影響力のある岩波書店が発行した辛亥革命や五・四運動期を中心的位置にすえた最新の啓蒙書である。私は新進気鋭時代の川島氏の研究業績や資料紹介等から多くの学恩をいただいている者である。それ故に私は川島氏からこの岩波新書をいただいたとき、大きな期待をもっていち早く辛亥革命をふくむ第三章を通読し、そしてがっかりした。その理由は幾つかある。

その一つは同書の帯に〝本書で扱う時代に生きた知識人にとっての課題は「救国」にあった〟と書かれているのに、

辛亥革命勃発直前の一九一一年一月から一〇月までの時期、知識人である留学生たちが救国のためどのように考えどのように行動したのかについてこの本はほとんど書いていないということである。失望の原因は読む前の期待と期待した記述の乏しさのギャップがあまりにも大きいということである。ロシアは一九一一年一月以来無関税条項をふくむ一八八一年締結のイリ条約の延長・改定を求め、最終的には「自由行動」も辞さずとする最後通牒を清朝につきつけた。清朝はこの要求に屈服し三月二七日には部分的に承諾している。一八八一年に結ばれたサンクトペテルブルグ条約（イリ条約）の改正交渉について麻田雅文は「辛亥革命へのロシア帝国の干渉——中国東北を中心として——」（『東洋学報』第92巻第4号、二〇一一年三月）の中で、〝ついにロシアは同年（一九一一年）二月一八日に清朝に最後通牒を発する。……結局、三月二七日に清朝はロシアの要求の一つである領事館の増設を認めた。しかし条約のそれ以上の改変には応じず、交渉は暗礁に乗り上げて辛亥革命の勃発を迎える〟と記述し、さらには〝辛亥革命前の（露清）両国はいつ戦争に突入してもおかしくない、緊張をはらんだ状態だった〟とも記述している。一九一一年の中国では上海を中心に近代的企業経営者が成長し、一定の階層を形成していた。また商工業経営者の団体として商会を組織し、すでに大きな発言力を持つまでになっていた。かれらはイリ条約の延長、またその改定にも強く反対していたのである。イギリスは一月末植民地ミャンマーから雲南省永昌府の片馬に軍事進出してイギリスの勢力範囲である長江流域を窺う行動に出た。イギリスに対抗してフランスもヴェトナムから滇越鉄道を通って雲南省に兵を進めた。二月七日付け『時報』の孤憤署名の社説は、雲南省が日露に分割された満州の二の舞になることを警告している。これらのことは川島氏のこの本には全く記述されていない。存在する記述は僅かに〝清は日英米との条約改正交渉には臨めなかったが、ロシアとは一八八一年のイリ条約の更新時期（一九一一年）にあたり、その改正交渉を行おうとした（実際は失敗）〟とのみ記述しているだけで（一〇七頁）、その前後に何が起こったかについては何も書かれていない。国際外交史の専門家である川島氏の著書とは思えない内容である。

ロシア・イギリス・フランスのこの新たな中国侵略に対し、日本在住の中国人留学生は中国留学生総会を中心に二月二六日一二〇〇人規模の抗議集会を開き、救国会＝留日中国国民会を結成した。本国で頼りにならない清軍に代わる国民軍を創立することを目的として組織されたものである。熊越山、李肇甫、景耀月、劉揆一ら中国同盟会員のリーダーシップで作られたこの組織は、本国の上海に国民会本部（中国国民総会）を、各省に国民分会を組織するために楊大鋳・王九齢（第一陣）、蕭徳明・王葆真・蔣先凡ら六人（第二陣）ほか留学生たちの代表を本国に送り続けた。その数は氏名の判明している者だけでも三〇名以上にのぼった。その多数は中国同盟会員である。帰国代表の大半は上海経由であり、上海で『民立報』の記者をしていた宋教仁は帰国代表を歓迎するとともに漁父のペンネームで当時の中国が当面している民族的危機についてたびたび長文の論説を発表している。川島氏の同書はこのことも完全に無視している。

一九一一年の露英仏の中国への新たな軍事進出と留日学生達の救国運動は、すでに一九八二年に東京で開かれた辛亥革命七〇周年記念シンポジウム以来明らかにされている。このときに私が報告した文章は中国の代表的学術誌である『辛亥革命史叢刊第６輯』（中華書局、一九八六年五月）に丁日初訳「中国国民会与辛亥革命」の表題で登載されている。また英文ではシフリン編の *The 1911 Revolution in China*, University of Tokyo Press, 1984 に収録されている。日本では辛亥革命研究会の定期刊行物『辛亥革命研究』にさらに詳しく調べたものを連載し、それらの文章を添削して収録した本が青木書店発行の拙著『留日学生の辛亥革命』である。その要点はすでに一九八二年六月に東京大学出版会から発行していた姫田光義他五人の共著『中国近現代史上』（初版本一一六〜一一七頁）にも私の担当で記述しており、川島氏は『近代国家への模索』の参考文献欄にこの本を掲載している。

私の研究と深い関連を持つ研究に小野信爾氏の「ある謡言——辛亥革命前夜の民族的危機感——」（『花園大学研究紀要』第25号、一九九三年三月）がある。私の報告を補って余りあるハイレベルの研究内容である。私と同様の研究は中国社会科学院近代史研究所研究員の楊天石氏も私とは異なる資料も駆使され欧米留学生の動向も取り入れて「一九一一年的拒英、拒法、拒俄運動」（『中国社会科学院研究生院報』一九九一年第五期）という論文を書かれ、中国では高い評価を得ている。同論文は同氏の著書『尋求歴史的謎底』（首都師範大学出版社、一九九三年）にも収録されている。しばしば東京に来られている楊天石氏の名と業績まで無視したとは思いたくないので川島氏の御意見だけはぜひ聞かせていただきたい。その際〝紙幅の関係で〟というお話だけはご遠慮申し上げる。川島氏はいつも資料、研究書、論文等を博捜されて研究を進めていると理解していたので、とにかく『近代国家への模索』の内容は私にとってはあまりにも予想外のものであった。

第二以下の理由は暫時凍結する。機会をみて問いたいと思う。

V　辛亥革命研究への視点を考える

世界を見るまでもなく日本も「新自由主義」「ニューエコノミイ」の洗礼を経て、非正規労働者は増大し、「所得格差」は拡大し、一握りの高所得者と多数の低所得者を生み出し、かつての日本的中間層はその自覚を失いつつある。二〇一一年三月一一日の東日本大震災は関係者の危機意識の欠如で想定されなかった大地震と巨大津波により膨大な被災者を生み出し、原子力発電所の爆発と放射能の飛散によって故郷を追われた多くの難民を生み出した。にもかかわらず、日本の社会は非常に静かである。その静けさが世界の人々から賞賛されているとのことであるが、それは私にとっては「想定外」であるし、決して喜ばしいことではない。若者の「草食系男子」には「動物性蛋白質」を沢山摂取してもらい、怒りをもって真剣に「社会運動」に参加してもらいたいと思う。危険な原子力発電所の建設を「安全神話」で粉飾した電力会社の経営者、国会議員、担当中央官庁の高級役人、御用学者は言うまでもなく原子力発電所を誘致した地方公共団体の首長、地方議員、関連業界の経営者は厳しく処断されるべきである。原発被災者は怒りをもって抗議し、賠償を要求する権利がある。おとなしくしている必要など全くない。東北地方の被災地には実に多くの若者がボランティアで支援活動に参加してくれている。その活動には大いなる感謝と深い敬意を抱いているのだが、原発マネーに群がり原発の危険を放置して被災住民、被災難民を大量に生み出した白アリ達＝関係した官庁の役人・政党・議員・御用学者・地方自治体首長・関連企業の経営者たちに対する糾弾は永久に続けてほしい。なぜなら反省なくして過誤を改めさせることは困難であると考えるからである。お互い子孫のために〝沈香も焚かず、屁もひらず〟と評価されるような生き方だけは御免こうむろう。

最近世界には私たちの脳髄を強く刺激してくれる事象が多発している。アラブの民主化運動、独裁政権の打倒、アメリカの全土に広がっている「反格差運動」（We are the 99%）は私たちが今なにをなすべきかを示唆している。それらの運動を支えているのはともに〝人権〟を求める普通の庶民の願望である。旧社会主義圏もふくめ世界中で「貧富の格差」が拡大し、〝人権〟は無視され、大衆の生活は圧迫されている。貧しい人々の富者に対する憎しみは強くなることがあっても弱まることはない。インドのように国としては上昇気流に乗りつつもアウトカーストや低カーストの人々による階級闘争は激化し、武装闘争に発展しているところもある。

中国もまた例外ではあり得ない。経済の発展が豊かさをもたらす反面で〝公害〟の増大と〝人権〟の縮小がもたらされているとしたら、こんな不幸なことはない。中国において人権擁護の律師（弁護士）が活動を制限・妨害され、公害・

災害・人権などに対する取材・報道の自由が制限・禁止されている様子が世界で報じられている。農民工のストライキや在地政権の横暴に対する農民の抗議活動、民主主義の要求（自主的な村長選挙）も活発化している。少数民族と漢民族中心政権との矛盾も拡大している。

少しオーバーだと思うが、最近の中国社会は辛亥革命直前の社会に似てきていると指摘する人もいる。辛亥革命に期待した変革が現在もなお実現していないということであろう。二〇一二年三月九日の『日本経済新聞』は二〇一二年三月の全国人民代表大会で〝八日、一九九六年以来となる刑事訴訟法の改正案の趣旨説明をした。国家の安全やテロにかかわる容疑者に限り、家族に知らせず「特定の場所」に拘束できる規定を設けた〟と報じた。私は瞬間的に第一次世界大戦直後イギリスがインドの独立運動を取り締まるために公布したローラット法およびこれに抗議するインド人に対する大量虐殺（アムリットサル事件）を想起した。中国にも多くの問題が内包されているようであるが、杞憂に過ぎないことを念願する。辛亥革命研究に対するヒントは世界中に有り余るほど転がっている。

以上、多くのことを無秩序に述べてきた。わが意を得た人、気分を害された方ともにおられるであろう。しかし、以上が与えられた課題に対する私の当面の回答である。

［初出は『中国研究月報』（一般社団法人中国研究所発行）第66巻第4号、二〇一二年四月］

あとがき

多くの人の協力のおかげで、辛亥革命一〇〇年記念シンポジウムの報告集『辛亥革命とアジア』を公刊できる。まず、中国側編集を担当した李廷江教授を始めとする清華大学日本研究センターの皆さん、日本側の煩雑な事務を担当してくれた、池原治事務部長をはじめとする神奈川大学国際センターの皆さんに感謝します。また、報告者諸氏、中国語あるいは日本語への翻訳を引き受けて下さった方々、日本語表現に目を通して適切なアドバイスをして下さった武田景さんに感謝します。

そして、日本側編集を自任した割にはてきぱきと処理できずに、皆さんにご迷惑をおかけしたことをお詫びするとともに、原稿がそろうのを辛抱強く待って下さった御茶の水書房橋本盛作社長に感謝します。

大里浩秋

『辛亥革命とアジア』記念論文集が、このような形で出版できることになり、感無量である。歴史とは、過去との対話である。この意味で、この本は、一年前に開催されたシンポジュウムの論文集であるとともに、二一世紀を生きているアジア諸国の学者にとっては、百年前に勃発した辛亥革命とアジアとの関係を再検証する作業を共同で行い、この大事件と対話をした記録であると言って過言ではなかろう。辛亥革命の百年祭は、一生一度の出来事である。辛亥革命研究者として、執筆者の皆様と共に本論文集に登場できたことをこの上なく幸運に思う。最後に、大里先生及び、緑の下の力持ちである池原さんをはじめとする神奈川大学国際センターの皆様、橋本社長をはじめとする御茶の水書房の皆様、及び丁兆中さんをはじめする中国側の関係者の皆様に心からお礼申し上げる。

李　廷江

神奈川大学・清華大学・中国史学会：主催
辛亥革命一〇〇周年記念シンポジウム「辛亥革命とアジア」

■執筆者一覧

伊藤一彦　中国研究所
廖　大偉　東華大学
金　鳳珍　北九州大学
呉　雪蘭　清華大学大学院生
下斗米伸夫　法政大学
崔　志海　中国社会科学院
李　育民　湖南師範大学
陳　立文　台湾・中国文化大学
大里浩秋　神奈川大学
佐藤守男　北海道大学大学院・研究員
李　廷江　清華大学・中央大学
見城悌治　千葉大学
松本武彦　山梨学院大学
石川照子　大妻女子大学
孫　安石　神奈川大学
呉　偉明　香港大学
陳　争平　清華大学
藤谷浩悦　東京女学館大学
村井寛志　神奈川大学
戚　学民　清華大学
佐藤　豊　愛知教育大学
川上哲正　東京女学館高等学校
汪　朝光　中国社会科学院
篠崎守利　流通経済大学
蔡　楽蘇　清華大学
藤井昇三　電気通信大学名誉教授
王　暁秋　北京大学
郭　世佑　中国政法大学（同済大学）
汪　暉　清華大学
代田智明　東京大学
野村浩一　立教大学名誉教授
久保田文次　日本女子大学名誉教授
小島淑男　日本大学名誉教授

シンポジウム プログラム

11月5日（土）

【開会式】　　10:00～12:00　16号館セレストホール

司　　会：大里浩秋（神奈川大学）
開会挨拶：中島三千男（神奈川大学長）
　　　　　謝　維和（清華大学副学長）
　　　　　王　建朗（中国史学会秘書長）
趣旨説明：李　廷江（清華大学）・大里浩秋（神奈川大学）
特別講演：程　永華（駐日中国大使）………………辛亥100年と日中関係
　　　　　入江　昭（ハーバード大学名誉教授）……世界史のなかの辛亥革命

休　憩（12：00～13：00）

【分科会1】アジア・世界から見た辛亥革命Ⅰ　　13:00～15:00　1号館3階308会議室（1-308）

司　　会：村井寛志（神奈川大学）・劉　北成（清華大学）
報　　告：伊藤一彦（慶應義塾大学特別招聘教授）…辛亥革命前後における辺境の喪失
　　　　　廖　大偉（東華大学）……………………辛亥革命時期における列強の中立
　　　　　金　鳳珍（北九州大学）…………………辛亥革命と韓国独立運動－民主共和への道－
　　　　　呉　雪蘭（清華大学大学院生）………… 孫中山とベトナム華僑
コメンテーター：汪　朝光（中国社会科学院）・土田哲生（中央大学）

【分科会2】アジア・世界から見た辛亥革命Ⅱ　　15:30～17:30　1号館3階308会議室（1-308）

司　　会：鈴木陽一（神奈川大学）・郭　世佑（中国政法大学）
報　　告：下斗米伸夫（法政大学）……………………辛亥革命とロシア・ソ連
　　　　　崔　志海（中国社会科学院）…………… アメリカの辛亥革命に対する反応
　　　　　李　育民（湖南師範大学）……………… 辛亥革命時期の中国外交の変化
　　　　　陳　立文（台湾・中国文化大学）………… 辛亥革命と台湾
コメンテーター：伊藤一彦（慶應義塾大学特別招聘教授）・廖　大偉（東華大学）

【分科会3】日本との関わりから見た辛亥革命Ⅰ　　13:00～15:00　1号館8階804会議室（1-804）

司　　会：杉山文彦（東海大学）・馬　興国（神奈川大学）
報　　告：大里浩秋（神奈川大学）………………… 辛亥革命と宗方小太郎
　　　　　佐藤守男（北海道大学大学院・研究員）… 日本陸軍参謀と辛亥革命
　　　　　李　廷江（清華大学・中央大学）…………日本人顧問と辛亥革命
　　　　　見城悌治（千葉大学）……………………千葉医学専門学校留学生と辛亥革命
コメンテーター：陳　争平（清華大学）・藤谷浩悦（東京女学館大学）

【分科会4】日本との関わりから見た辛亥革命Ⅱ　　15:30～17:30　1号館8階804会議室（1-804）

司　　会：蔡　楽蘇（清華大学）・杉山文彦（東海大学）
報　　告：松本武彦（山梨学院大学）………日本地方社会の〈中国《China》〉問題《Issue》－1911～1916
　　　　　石川照子（大妻女子大学）………辛亥革命後の宋慶齢と日本
　　　　　孫　安石（神奈川大学）…………辛亥革命と日本－図像資料と赤十字救護団の派遣
　　　　　呉　偉明（香港大学）……………香港時代の梅屋庄吉
コメンテーター：李　廷江（清華大学・中央大学）・篠崎守利（流通経済大学）

11月6日（日）

【分科会5】辛亥革命の諸側面　10:00～12:00　1号館3階308会議室（1-308）

司　　会：孫　　安石（神奈川大学）・張　　勇（清華大学）
報　　告：陳　　争平（清華大学）………………辛亥革命期の中国対外貿易
藤谷浩悦（東京女学館大学）………湖南省の辛亥革命と新軍－愛国団の設立を中心に
村井寛志（神奈川大学）……………国家統合から見た辛亥革命－中央・地方関係を中心に
戚　　学民（清華大学）………………革命と学統、辛亥革命と常州学派
籟　　鈺匀（清華大学大学院生）……端方考
コメンテーター：仲　　偉民（清華大学）・馬　　興国（神奈川大学）

【分科会6】辛亥革命の思想的意義　10:00～12:00　1号館8階804会議室（1-804）

司　　会：崔　　志海（中国社会科学院）・石川照子（大妻女子大学）
報　　告：佐藤　　豊（愛知教育大学）…………章士釗と張振武事件－道徳と法治
川上哲正（東京女学館高等学校）…中国近代史学の創成と辛亥革命
汪　　朝光（中国社会科学院）………民国初期における西洋民主主義の実験
篠崎守利（流通経済大学）…………清末中国におけるRed Cross観
蔡　　楽蘇（清華大学）………………辛亥革命“失敗”の再検討
コメンテーター：斎藤道彦（中央大学）・李　　育民（湖南師範大学）

休　憩（12：00～13：00）

【全体会議Ⅰ】辛亥革命をどうとらえるか　13:00～15:30　16号館セレストホール

司　　会：汪　　朝光（中国社会科学院）・大里浩秋（神奈川大学）
報　　告：藤井昇三（電気通信大学名誉教授）……辛亥革命期の孫文と日本－「東北租借」問題を中心に
王　　暁秋（北京大学）………………辛亥革命の世界史的意義の再検討
郭　　世佑（中国政法大学）…………辛亥革命と近代中国の道統・法統の再建
汪　　　暉（清華大学）………………辛亥革命の思想と現代中国
代田智明（東京大学）………………中国近代から見た辛亥革命
野村浩一（立教大学名誉教授）………辛亥革命と近現代中国－「政治社会」の観点から

【全体会議Ⅱ】辛亥革命研究の回顧と提言　16:00～17:00　16号館セレストホール

司　　会：孫　　安石（神奈川大学）・李　　廷江（清華大学）
報　　告：久保田文次（日本女子大学名誉教授）……私の辛亥革命研究；40年余の回顧と反省
小島淑男（日本大学名誉教授）…………辛亥革命研究の回顧と提言
特別講演：福川伸次（日中産学官交流機構理事長）……日中関係・新次元への展開

【閉会式】　17:00～17:20　16号館セレストホール

主催者総括：王　　建朗（中国史学会）
劉　　北成（清華大学）
大里浩秋（神奈川大学）
閉会挨拶：池上和夫（神奈川大学副学長）

編者

大里浩秋（おおさと・ひろあき）

李　廷江（り・ていこう）

辛亥革命《しんがいかくめい》とアジア —— 神奈川大学《かながわだいがく》での辛亥《しんがい》100年《ねん》シンポ報告集《ほうこくしゅう》 ——

2013年3月31日　第1版第1刷発行

編　者　大里浩秋
　　　　李　廷江
発行者　橋本盛作
発行所　株式会社 御茶の水書房
〒113-0033　東京都文京区本郷5-30-20
電話 03-5684-0751
組版・印刷／製本：タスプ

Printed in Japan

ISBN978-4-275-01026-1 C3022